最高人民法院民四庭
大连海事大学法学院
大连海事大学海法研究院

组织编写

中国海事案例裁判要旨通纂

船舶船员卷

司玉琢 王彦君 关正义 主编

李晓枫 执行主编

②

编纂人员简介

主　编

司玉琢　大连海事大学原校长、教授、博士生导师,国际海事委员会(CMI)提名委员会委员,中国海事仲裁委员会、中国海商法协会顾问,交通运输部法律专家咨询委员会成员,中国香港城市大学、日本青山学院大学客座教授,北京大学海商法研究中心顾问,武汉大学、吉林大学、对外经济贸易大学等高校兼职教授。长期从事海商法教学和科研工作,《中华人民共和国海商法》主要起草人之一,《中国海商法研究》主编。

王彦君　1982年获北京大学法学院法学学士,2001年获美国天普大学法学硕士。先后在加拿大多伦多大学、英国伦敦大学进修国际商法,在最高人民法院从事涉外商事及海事海商审判工作多年,最高人民法院民四庭原副庭长(正厅级)、一级高级法官。中国海商法协会副主席、中国海事仲裁委员会副主任、国家法官学院兼职教授、北京大学海商法研究中心研究员。组织了海事诉讼特别程序法以及海上保险合同、无正本提单放货、船舶碰撞、海事赔偿责任限制、油污民事赔偿责任、货运代理、船舶扣押与拍卖等司法解释的起草工作。此外,还作为中方专家组成员,参加了1974年《海上旅客及其行李运输雅典公约》《国际燃油污染损害民事责任公约》等国际条约草案的谈判工作。

关正义　1982年毕业于吉林大学法律系,1998年和2005年分别获得大连海事大学法学硕士和博士学位。原任辽宁省高级人民法院审判员(正厅级),大连海事法院常务副院长;现任大连海事大学特聘教授、博士生导师,中国海事仲裁委员会仲裁员,辽宁省海商法研究会常务副会长。曾获首届全国审判业务专家和首届辽宁省中青年法律专家称号。著有《民法视野中的海商法制度》《扣押船舶法律制度研究》,编著《英汉海事词典》《海事诉讼文书样本与范例》等作品。发表《海事法与海商法的联系与区别——兼论海商法学的建立与发展》《论海事强制令的独立属性与功能》《对港口货物保管合同中的物权转移与代替交付的认识》《建立我国民事诉讼禁令制度的思考》等数十篇学术论文。

执行主编

侯　伟　海事卷执行主编。1977年生,湖北安陆人,法学博士,武汉海事法院环境资源审判庭负责人。1998年大学毕业后进入武汉海事法院工作,先后从事书记员、审判员工作,历任立案监督庭负责人、南京法庭副庭长、宜昌法庭副庭长,审理了多起重大疑难海事海商案件。在国内外发表多篇学术论文,在法国出版专著一部,主持或参加中国法学会、中国海商法协会多个重大课题,担任法国SCAPEL海商法、运输法杂志编委会成员,多次参加国际学术会议并作大会发言。

李晓枫　船舶船员卷执行主编。1982年生,山东烟台人,法学博士,中国外运长航集团法律顾问。2000年至2007年于大连海事大学攻读海商法,2007年硕士毕业考入宁波海事法院,先后分配至舟山庭、海商庭从事审判工作,主审数百起海事、海商纠纷。2011年年底担任中国租船有限公司法律与风险控制部法律顾问,2013年5月调入中国外运长航集团法律部。在职期间攻读大连海事大学国际法学博士,取得博士学位。在《法学杂志》《法律适用》《国际经济法学刊》《中国海商法研究》等CSSCI刊物、核心期刊上发表多篇学术论文。

张　虎　海上保险卷执行主编。1984年生,华东政法大学国际法学院讲师、博士后,大连海事大学法学博士,日照仲裁委员会仲裁员。曾任日照钢铁控股集团有限公司涉外法务经理、五矿营口中板有限责任公司法律事务部部长。主持部级项目4项,在 Marine Pollution Bulletin、《中国社会科学报》《政治与法律》《法学杂志》等核心刊物发表文章20余篇。

陈敬根　海上货物运输卷执行主编。1973年生,法学博士,上海大学法学院副教授、副编审,上海大学ADR与仲裁研究院副秘书长,《产权法治研究》编辑部主任;上海研究院副研究员;中国行为法学会粤港澳台联络处副秘书长,中国国际经济贸易法学研究会理事,中国法学会法学期刊研究会理事,上海法学会自贸区法治研究会理事、航空法研究会理事。主持国家社科基金项目1项、省部级项目7项。发表学术论文26篇。

张　波　综合卷执行主编。甘肃政法学院法学学士、中国政法大学法学硕士、香港城市大学法律硕士,青岛海事法院石岛法庭副庭长。审理海事海商案件逾千件;多次获得嘉奖、荣立个人二三等功,被评为山东省法院先进个人、山东省直机关优秀党员;撰写的裁判文书、调研报告获山东省法院一等奖,相关案例入选最高人民法院"一带一路"典型案例;撰写的论文获中国审判理论研究会海事海商专业委员会2016年年会一等奖;在《涉外商事海事审判指导》《山东审判》《海大法律评论》等发表多篇文章;曾在美国哥伦比亚大学学习并访问多国法院与国际组织。

编　委(以姓氏笔画为序)
付本超　山东省高级人民法院民四庭副庭长
邬先江　宁波海事法院副院长
许绍田　天津海事法院副院长
许俊强　厦门海事法院宁德法庭庭长
孙　光　大连海事法院海商庭庭长
李守芹　青岛海事法院副院长
初北平　大连海事大学法学院院长
荚振坤　上海海事法院副院长
钟　莉　武汉海事法院副院长
侯树杰　大连海事法院副院长
黄伟青　广州海事法院副院长
常中彦　辽宁省高级人民法院民事审判第三庭庭长
简万成　海口海事法院副院长

凡 例

一、分卷情况

《中国海事案例裁判要旨通纂》根据学科体系共分为五卷:海事卷、船舶船员卷、海上保险卷、海上货物运输卷和综合卷。

二、本书结构

1. 章节设置:本书以学科体系为依据,对各卷法律实务问题进行章节划分。
2. 案例结构:本书收录的案例一般由"裁判要旨""基本案情""法院查明事实""法院裁判"等部分构成。

三、本书案例来源

最高人民法院、各地海事法院及上诉审高级人民法院裁判文书。

四、案例选择

由于案例裁判时所依据的法律时有修改,本书尽可能选取在图书出版之前的新法背景下仍然具有指导价值的案例。但是,为保持裁判原貌,案例裁判所依据的法律仍保持与裁判当时一致。

五、裁判要旨编号

收入本书的裁判要旨以学科体系为依据进行编排,以便读者查找。示范如下:

编号	编号含义
No. HS-1.1-1	海事卷,第1.1项标题下,第一个裁判要旨。
No. CB-1.1-1	船舶船员卷,第1.1项标题下,第一个裁判要旨。
No. HX-1.1-1	海上保险卷,第1.1项标题下,第一个裁判要旨。
No. HY-1.1.1-1	海上货物运输卷,第1.1.1项标题下,第一个裁判要旨。
No. ZH-1.1.1-1	综合卷,第1.1.1项标题下,第一个裁判要旨。

六、案例索引

为方便读者查询案例,本书设置了案例索引。

七、主题词索引

为方便读者按主题查询、阅读,本书设置了主题词索引。

总目录

序言　贺　荣 …………………………………………… *1*
要目 ……………………………………………………… *3*
CONTENTS ……………………………………………… *5*
详目 ……………………………………………………… *7*

1. 船舶代理合同纠纷 ………………………………… 001
2. 船舶抵押权纠纷 …………………………………… 033
3. 船舶所有权纠纷 …………………………………… 057
4. 船舶建造合同纠纷 ………………………………… 083
5. 船舶买卖合同纠纷 ………………………………… 141
6. 船舶修理合同纠纷 ………………………………… 190
7. 船舶营运纠纷 ……………………………………… 255
8. 船舶租用合同纠纷 ………………………………… 313
9. 船员劳务合同纠纷 ………………………………… 397
10. 船员服务合同纠纷 ………………………………… 449
11. 船员人身伤亡损害赔偿纠纷 ……………………… 456

案例索引 ………………………………………………… 519
主题词索引 ……………………………………………… 525
后记 ……………………………………………………… 529

序言

贺荣（最高人民法院副院长）

　　为了适应海上运输和对外贸易事业发展的需要，1984年11月14日第六届全国人大代表大会常务委员会第八次会议通过了《关于在沿海港口城市设立海事法院的决定》，设立了大连、天津、青岛、上海、武汉、广州六家海事法院。之后，最高人民法院根据工作需要，先后于海口、厦门、宁波、北海增设四家海事法院。为了方便当事人诉讼，各海事法院根据自身情况，先后设立了包括三沙法庭在内的39个派出法庭，辐射范围涵盖北起黑龙江南至南海诸岛由我国管辖的全部港口、水域和岛礁。截至2014年年底，全国10家海事法院共受理各类海事案件247 761件，审结执结237 857件，结案标的额人民币1 460多亿元；其中审结执结涉外、涉港澳台海事案件66 564件，涉及70多个国家和地区。目前我国已经成为世界上设立海事审判机构最多、受理海事案件数量最多的国家。

　　经过30多年海事司法实践，我国已经积累了较为丰富的海事司法经验，这是我国建设国际海事司法中心，保障国家海洋强国战略实施的基础。为贯彻党的十八大三中全会精神，进一步深化司法公开，最高人民法院全面推进审判流程公开、裁判文书公开、执行信息公开，以增进公众对司法的了解、信赖和监督。在大数据时代背景下，如何将浩如烟海的裁判文书进行收集、分类、整理以及提炼，以方便公众查询，成为今后改进和完善司法公开制度的重要课题。北京大学出版社组织编撰的这套《中国海事案例裁判要旨通纂》，对598个具有典型意义的海事案件进行分类整理，并归纳裁判要旨，这对于总结我国海事司法实践经验，推动海商法理论与实务研究具有积极意义。搜集整理30多年的海事案例工程浩大，编者遇到了很多困难，案例的完整性有待进一步提高。编者采用案例非常注重典型意义，但有些案件的裁判观点随着理论与实践的发展，目前已经有所改变；有些观点还存在分歧。法律是稳定的，但不是一成不变。对于法律观点的争论永远存在，要辩证地看待这个问题。广大读者正是通过对这些案例的慎思明辨，才能全面地了解我国海事审判理论与实践的发展历程。

　　案例的编撰是一个长期系统的过程，但我们已经迈出了艰难的一步，并取得了阶段性成果。在此，我谨对《中国海事案例裁判要旨通纂》的面世表示祝贺，也希望这一工作持之以恒，形成精品，成为我国海事司法实践和海事法律理论研究的重要参考资料。

2016年10月16日

要 目

1. 船舶代理合同纠纷 ·· 001
　1.1 船舶代理人放货纠纷 ·· 001
　1.2 船舶代理人签发提单纠纷 ··· 007
　1.3 代理办理远洋渔业捕捞许可证 ····································· 011
　1.4 船舶代理人管理船舶资料不当 ····································· 017

2. 船舶抵押权纠纷 ·· 033
　2.1 担保期间 ··· 033
　2.2 船舶抵押权人的追及权 ·· 036
　2.3 船舶抵押权人转让债权 ·· 037
　2.4 船舶最高额抵押借款合同纠纷 ····································· 041
　2.5 船舶抵押权的从属性 ·· 045
　2.6 船舶拍卖对船舶抵押权的影响 ····································· 052

3. 船舶所有权纠纷 ·· 057
　3.1 未经抵押权人同意的船舶转让 ····································· 057
　3.2 船舶所有权的物上请求权 ·· 062
　3.3 船舶所有权登记的对抗效力 ··· 069
　3.4 船舶共有纠纷 ··· 079

4. 船舶建造合同纠纷 ·· 083
　4.1 船舶建造合同的合同效力 ·· 083
　4.2 建造中船舶所有权的认定 ·· 102
　4.3 船舶建造的合同性质及法律适用 ································· 111
　4.4 船舶建造合同的履行抗辩权 ··· 115
　4.5 船舶建造合同的损害赔偿 ·· 122
　4.6 船舶建造合同的佣金 ·· 132

5. 船舶买卖合同纠纷 ·· 141
　5.1 船舶买卖合同的效力及解除 ··· 141
　5.2 船舶交付争议 ··· 160

  5.3 船舶优先权对船舶买卖合同的影响 …………………………… 182
  5.4 挂靠船舶的船舶买卖 …………………………………………… 185

6. 船舶修理合同纠纷 ……………………………………………………… 190
  6.1 船舶修理事故的损害赔偿 ……………………………………… 190
  6.2 船舶修理迟延交船纠纷 ………………………………………… 216
  6.3 船舶修理留置权纠纷 …………………………………………… 235
  6.4 船舶修理质量争议 ……………………………………………… 241

7. 船舶营运纠纷 …………………………………………………………… 255
  7.1 船舶合伙经营纠纷 ……………………………………………… 255
  7.2 船舶物料供应合同纠纷 ………………………………………… 273
  7.3 其他 ……………………………………………………………… 295

8. 船舶租用合同纠纷 ……………………………………………………… 313
  8.1 定期租船合同纠纷 ……………………………………………… 313
  8.2 光船租赁合同纠纷 ……………………………………………… 371
  8.3 船舶融资租赁合同纠纷 ………………………………………… 395

9. 船员劳务合同纠纷 ……………………………………………………… 397
  9.1 法律适用 ………………………………………………………… 397
  9.2 船员劳务合同关系的认定 ……………………………………… 400
  9.3 船员工资的优先权 ……………………………………………… 417
  9.4 船员的劳务报酬、社会福利、经济补偿或赔偿金 …………… 423

10. 船员服务合同纠纷 ……………………………………………………… 449

11. 船员人身伤亡损害赔偿纠纷 …………………………………………… 456
  11.1 船员自身过错的影响 …………………………………………… 456
  11.2 船东的安全保障义务 …………………………………………… 475
  11.3 赔偿金的确定标准 ……………………………………………… 484
  11.4 船员工伤保险 …………………………………………………… 499
  11.5 调解协议书的法律效力 ………………………………………… 513

案例索引 ……………………………………………………………………… 519

主题词索引 …………………………………………………………………… 525

后记 …………………………………………………………………………… 529

CONTENTS

1. SHIP AGENCY CONTRACT 001
   1.1 Release of Cargo by Ship Agent 001
   1.2 Issuance of Bills of Lading by Ship Agent 007
   1.3 Apply for Ocean Fishing License on Behalf of Principal 011
   1.4 Take Care of Ship Documents Improperly 017

2. SHIP MORTGAGE 033
   2.1 Period of Guaranty 033
   2.2 Right of Pursuing for Ship Mortgagee 036
   2.3 Transfer of Rights by Ship Mortgagee 037
   2.4 Diputes over Ship Mortage Contract of Maximum Amount 041
   2.5 Nature of Subordination with Respect to Ship Mortgage 045
   2.6 Impact of Ship Auction on Ship Mortgage 052

3. SHIP OWNERSHIP 057
   3.1 Transfer of Ship Ownership Without Consent from Ship Mortgagee ... 057
   3.2 Right of Real Claim with Respect to Ship Ownership 062
   3.3 Opposing Effect of Registration with Respectto Ship Ownership ... 069
   3.4 Disputes over Joint Ownership of ship 079

4. SHIPBUILDING CONTRACT 083
   4.1 Validity of Shipbuilding Contract 083
   4.2 Determination of Ownership with Respect to Ship Under Construction ... 102
   4.3 Nature and Application of Law for Shipbuilding Contract 111
   4.4 Defence of Performance Under Shipbuilding Contract 115
   4.5 Damages Under Shipbuilding Contract 122
   4.6 Commissions for Shipbuilding Contract 132

5. SHIP SALE CONTRACT 141
   5.1 Validity and Termination of Ship Sale Contract 141
   5.2 Disputes over Delivery of Ship Under Ship Sales Contract ... 160

5.3 Impact of Maritime Liens to Ship Sales Contract ………………………… 182
5.4 Sales of Ship Under an Affilliating Relationship …………………………… 185

6. SHIP REPAIR CONTRACT …………………………………………………… 190

6.1 Damages Under Ship Repair Accidents ……………………………………… 190
6.2 Disputes over Delayed Delivery Under Ship Repair Contract …………… 216
6.3 Disputes over Possessory Lien Under Ship Repair Contract ……………… 235
6.4 Disputes over Quality Under Ship Repair Contract ……………………… 241

7. SHIP OPERATION ……………………………………………………………… 255

7.1 Disputes over Ship Operation Under Partnership Relationship ………… 255
7.2 Disputes over Supply of Ship Stores Contract …………………………… 273
7.3 Other …………………………………………………………………………… 295

8. CHARTER PARTY ……………………………………………………………… 313

8.1 Disputes over Time Charter Party …………………………………………… 313
8.2 Disputes over Bareboat Charter Party ……………………………………… 371
8.3 Disputes over Ship Financial Leasing Contract …………………………… 395

9. SEAFARER'S LABOR CONTRACT …………………………………………… 397

9.1 Application of Law Under Seafare's Labor Contract …………………… 397
9.2 Determination of Contractual Relationship for Seafarer ………………… 400
9.3 Maritime Liens for Seafarer's Wages ……………………………………… 417
9.4 Remuneration for Seafarer's Services, Social Welfare, Financial
   Compensation or Damages ………………………………………………… 423

10. SERVICE CONTRACT FOR SEAFARER …………………………………… 449

11. COMPENSATION FOR INJURIES OR DEATHS OF SEAFARERS ……… 456

11.1 Impact of Seafarer's Personal Fault ……………………………………… 456
11.2 Security Obligation of Shipowner ………………………………………… 475
11.3 Standard for Compensations ……………………………………………… 484
11.4 Industrial Injury Insurance for Seafarers ………………………………… 499
11.5 Legal Validity of Mediation Agreement for Injuries or Deaths of Seafarer … 513

TABLE OF CASES ………………………………………………………………… 519

INDEX ……………………………………………………………………………… 525

AFTERWORD ……………………………………………………………………… 529

详　目

1. 船舶代理合同纠纷 …………………………………………………… 001
1.1 船舶代理人放货纠纷 ………………………………………………… 001

1 上诉人三星洛基克斯公司与被上诉人五矿船务代理有限责任公司、五矿船务代理有限责任公司日照分公司船舶代理合同纠纷案【山东省高级人民法院(2007)鲁民四终字第101号】 …………………………………………… 001

> **No. CB-1.1-1** 委托人将承载的货物到达目的港后的放货事宜委托给船舶代理人,没有关于要求船舶代理人放货前需请示或通知委托人的约定,因此在货物卸载后,船舶代理人将货物交付给持有正本提单的收货人,不存在过错。委托人于放货完毕后要求船舶代理人留置货物,因货物已经不在船舶代理人的控制之下,失去将货物留置的条件,船舶代理人不应对此向委托人承担赔偿责任。 …… 001

2 原告中国工商银行汕头市韩江支行与被告中国汕头外轮代理公司无正本提单交货纠纷案【广州海事法院(2000)广海法汕字第15号】 …………… 003

> **No. CB-1.1-2** 垫付信用证项下货款的开证行选择以无正本提单交货侵权为诉因提起诉讼,没有违反法律规定,法院予以采纳。 …………………… 003

> **No. CB-1.1-3** 提单依据信用证交易通常程序流转,在开证申请人未付款赎单的情况下,提单作为债权担保而为开证行所占有,开证行对提单享有质权。开证行是受开证申请人的委托而与受益人建立信用证关系的,开证行垫付货款接受提单应视为其代表开证申请人而为,故从受益人角度而言,货物所有权已经转移为开证申请人享有。但是开证申请人只有通过付款赎单、合法持有提单,才享有完整的提单项下的物权。开证申请人付款赎单前,应确认开证行是提单的合法持有人,对提单享有质权。在权利质押的法律关系中,开证行是质权人,开证申请人是出质人,质押的标的是提单。开证行可以在开证申请人不履行债务时凭提单提货,并与开证申请人协议将提取的货物用于清偿所担保的债权。开证申请人在与开证行签订《进口押汇协议》时,已经凭保函提取了提单项下的全部货物,开证行已无法实现提单的质权。开证申请人无单提货后又与开证行签订《进口押汇协议》,是一种欺诈行为,法院认定《进口押汇协议》无效。开证行实际上是为开证申请人垫付了信用证款项,开证申请人应向其偿还垫付的信用证款项。 …… 003

> **No. CB-1.1-4** 承运人的船务代理作为专业公司,在未收回正本提单的情况下,擅自接受收货人(开证申请人)的保函放货,造成开证行合法持有正本提单而不能依法提取或控制货物,侵害了开证行对提单所享有的质权,应当对此产生的法律后果承担赔偿责任,赔偿开证行因此无法通过实现提单质权而获得开证申请人尚未偿付的信用证代垫款及垫付信用证项下货款之日起算的利息。 …… 004

1.2 船舶代理人签发提单纠纷 ··· 007

3 原告寰宇租船公司与被告中国湛江外轮代理公司船舶代理合同纠纷案【广州海事法院(2000)广海法湛字第46号】 ··· 007

No. CB-1.2-1 对于涉外船舶代理合同纠纷,因当事人没有选择本案实体争议所适用的法律,且涉案货物运输的装货港以及被告所在地均位于中国,根据《中华人民共和国民法通则》第145条第2款规定的最密切联系原则,适用中国法律处理实体争议。 ··· 007

No. CB-1.2-2 委托人通过代理人委托船舶代理人作为期租船舶的船舶代理,船舶代理人接受委托,双方委托代理合同成立。代理人不履行职责而给被代理人造成损害的,应当承担民事责任。委托人有权指示船舶代理人在尚未收到应收运费的情况下,拒绝签发运费预付提单。虽然此前委托人曾指示船舶代理签发提单,但提单被收回后,委托人有权重新指示船舶代理人拒绝签发,船舶代理人应当按照委托人新的指示不予签发,但船舶代理人未尽代理职责,擅自向托运人签发运费预付提单,超越代理人的代理权限,应当承担违约责任。因其向托运人签发运费预付提单,视为船舶代理已收取了提单项下货物的运费,应将运费赔付委托人。 ··· 008

1.3 代理办理远洋渔业捕捞许可证 ··· 011

4 上诉人珲春市瑞达贸易有限公司与被上诉人杨由发船舶代理合同纠纷案【山东省高级人民法院(2007)鲁民四终字第50号】 ··· 011

No. CB-1.3-1 根据《中华人民共和国渔业法》的规定,到他国管辖海域从事捕捞,国家实施许可证管理。农业部《远洋渔业管理规定》第7条要求"到他国专属经济区作业的,应当提供与外方的合作协议或他国政府主管部门同意入渔的证明,我驻项目所在国使(领)馆的意见,代理开展远洋渔业项目的主体需向相关部门提交代理协议并申请相关项目审批"。该程序性要求系代理人办理批准手续所必须遵守的。在本案合同未办理中朝两国政府审批手续的情况下,当事人无视合同的明确约定,明知远洋捕捞行为违法,仍然共同赴朝捕捞,该行为对合同的主要内容实施了变更。该变更及履行行为因违反《中华人民共和国渔业法》及其他法律的强制性规定而无效,由此产生的损失,法院根据我国法律关于无效合同的规定处理。 ··· 011

1.4 船舶代理人管理船舶资料不当 ··· 017

5 原告福州成明贸易有限公司与被告珠海经济特区长源船务企业有限公司船舶挂靠、代管合同纠纷案【广州海事法院(2001)广海法商字第12号】 ··· 017

No. CB-1.4-1 船舶挂靠及代管单位未经同意擅自将船舶资料提供给他人使用,损害了船舶资料所有人的合法权益,应承担相应的民事责任,在船舶挂靠及代管单位已无法返还船舶资料的情况下,应向船舶资料的所有人支付船舶资料的受让费。 ··· 017

⑥ 再审申请人东宁县华埠经济贸易公司与原审上诉人威海外运、威海原木材公司船舶进口代理合同、废钢船买卖合同纠纷案【最高人民法院（2000）交提字第3号】 021

> **No. CB-1.4-2** 依据《中华人民共和国和俄罗斯联邦关于民事和刑事司法协助的条约》第29条的规定，在俄国境内制作的官方文件、经俄国法院或者主管机关制作或证明的文书，只要经过签署和正式盖章即为有效。故俄罗斯航海船舶登记局签署的文件和公证人签署证明的文件，无须公证认证，即可作为证据使用。 021

> **No. CB-1.4-3** 本案是基于其与代理人的代理合同及与买方的船舶买卖合同而发生的船舶进口代理合同和国内废钢船买卖合同纠纷，当事人和合同事实均在中国境内，应适用中国的法律。因涉案船舶系从俄罗斯联邦共和国进口，部分证据源于该国，有关船舶所有权的转移及源于该国证据的效力，应当适用中国与俄罗斯的双边条约。 021

> **No. CB-1.4-4** 依据最高人民法院《关于在审理经济纠纷案件中涉及经济犯罪嫌疑若干问题的规定》第1条的规定，同一公民、法人或其他经济组织因不同的法律事实，分别涉及经济纠纷和经济犯罪嫌疑的，经济纠纷案件和经济犯罪嫌疑案件应当分开审理，故经济纠纷案件的涉案人员有犯罪嫌疑，也不影响其依据合法有效的合同法律关系维护自己的合法权益，对相关责任人提起诉讼，法院对民事纠纷仍然可以审理。 021

> **No. CB-1.4-5** 代理人在履行代理义务时，维护委托人的合法权益是其默示的基本义务。船舶代理及进口货物代理，有义务履行受委托的全部船舶代理和办理货物进口手续等事项，并交付形成或获取的相关文件资料，不得以委托人未给付代理费而拒绝向其交付相关文件资料。代理人拒不向委托人交付资料，反而将有关资料交予他人，违反了代理合同的约定，应当承担由此产生的损害后果。 021

> **No. CB-1.4-6** 代理人与他人恶意串通，损害委托人的利益，依据《中华人民共和国民法通则》第66条第2款、第3款的规定，应当与侵权人共负连带民事赔偿责任。 021

2. 船舶抵押权纠纷 033

2.1 担保期间 033

① 原告中国工商银行股份有限公司宁波某支行与被告恒某某航运有限公司船舶抵押合同纠纷案【宁波海事法院（2011）甬海法商初字第229号】 033

> **No. CB-2.1-1** 巴拿马法律难以查明，法院根据最密切联系原则适用中国法。 033

> **No. CB-2.1-2** 当事人约定的或者登记部门要求登记的担保期间，对担保物权的存续与否不具有法律约束力。 033

> **No. CB-2.1-3** 法院判决认定船舶抵押权的担保人承担担保责任,而且认定具体数额以其他法院生效的判决书为准。 033

2.2 船舶抵押权人的追及权 ······ 036

② 原告奉化市桐照农村信用合作社与被告林汉章船舶抵押借款合同纠纷案【宁波海事法院(2001)甬海商初字第27号】······ 036

> **No. CB-2.2-1** 未经船舶抵押权人同意转卖船舶,而受让人也没有代被告清偿合同债务,法院支持船舶抵押权人行使抵押权并优先受偿。 036

2.3 船舶抵押权人转让债权 ······ 037

③ 申请再审人浙江国联港务工程股份有限公司与被申请人杭州蓝海港务工程有限公司船舶抵押借款合同纠纷案【浙江省高级人民法院(2009)浙海提字第1号】······ 037

> **No. CB-2.3-1** 债权人可以将合同的权利全部或部分转让给第三人,但根据合同性质不得转让、按照当事人的约定不得转让或依照法律规定不得转让的除外。由于我国金融机构属于许可证管理制度管理,中国人民银行《关于商业银行借款合同项下债务转让有关问题的批复》明确规定,商业银行未经许可,不得将其债权转让给非金融企业,否则该债权转让合同无效。 037

2.4 船舶最高额抵押借款合同纠纷 ······ 041

④ 原告宁波市商业银行股份有限公司北仑支行与被告中宇浙江疏浚工程有限公司、赵军、沈国庆、阮惠利船舶抵押借款合同欠款纠纷案【宁波海事法院(2007)甬海法商初字第55号】······ 041

> **No. CB-2.4-1** 船舶抵押权人与抵押人签订的最高额抵押合同约定了最高债权限额,该限额包括本金、利息、逾期利息等。超过限额之外的债权,抵押权人对抵押的船舶不具有优先受偿权。 041

> **No. CB-2.4-2** 船舶抵押权合同约定,抵押人的法定代表人更换,或者抵押人未及时偿付任何一期欠款,抵押权人有权提前收回全部贷款,并要求抵押人支付相应的利息、复利、逾期罚息。该约定不违反法律的规定,法院予以支持。 041

2.5 船舶抵押权的从属性 ······ 045

⑤ 原告科纳银行诉被告江门市银湖拆船有限公司、澳大利亚五矿公司、广东省金属回收公司船舶抵押权纠纷案【广州海事法院(2010)广海法初字第737号】··· 045

> **No. CB-2.5-1**　船舶抵押权是从权利,依附于它所担保的主债权而存在,因此主债权是否存在,是抵押权人行使船舶抵押权的先决条件。　　045

> **No. CB-2.5-2**　船舶登记证书、卖契没有记载船舶抵押权,故船舶买受人应当认定为善意买受人,船舶抵押权人不能行使追及权,不能否认船舶转让的效力。　　045

⑥ 原告中海国贸(广州)有限公司与被告广州新公铁运输服务有限公司船舶购买和管理服务合同纠纷案【广州海事法院(2001)广海法初字第 79 号】 …… 049

> **No. CB-2.5-3**　船舶购买和管理服务合同项下的船舶在国外登记注册,具有涉外因素。因各方当事人的住所地、合同签订地以及合同履行地均在中国,依据《中华人民共和国民法通则》第 145 条规定的最密切联系原则,应当适用中国法律处理实体争议。　　049

> **No. CB-2.5-4**　《中华人民共和国商业银行法》第 11 条第 2 款规定,未经中国人民银行批准,任何单位和个人不得从事吸收公众存款等商业银行业务。企业法人间签订的《船舶购买和管理服务合同》包括资金垫付和提供技术咨询服务两项内容。资金垫付行为实为企业间借贷。因垫付款的企业法人不具备经营金融业务的资格,双方的借贷行为违反法律规定,法院确认资金垫付部分的合同无效(不影响技术咨询服务部分的效力)。垫付企业垫付的本金应由受益者偿还,合同中约定的资金占用费,实质属于约定的借贷利息,依法予以收缴,上缴国库。担保人以其所属船舶提供的抵押担保以及提供的保证担保,因系为无效的企业间借贷所作担保,应认定无效。根据《中华人民共和国担保法》第 5 条第 2 款关于担保合同被确认为无效后,债权人、债务人、担保人均有过错的,应当根据其过错各自承担相应的民事责任的规定,因各方当事人对该担保均有过错,应分担相应的责任。　　049

2.6　船舶拍卖对船舶抵押权的影响 ………………………………………… 052

⑦ 原告北欧商业银行—欧洲银行与被告佛他贸易有限公司船舶抵押权纠纷案【天津海事法院(2005)津海法商初字第 401 号】 ……………………… 052

> **No. CD-2.6-1**　朝鲜法院拍卖船舶的法律事实已经发生且被朝鲜法院的法律文书所证明,虽然当事人否认朝鲜法院拍卖程序的合法性,但不能否认朝鲜法院强制拍卖船舶的法律事实。根据《中华人民共和国海商法》的规定,依法拍卖并从拍卖价款中优先受偿是实现船舶抵押权的唯一途径,船舶抵押权未在朝鲜法院拍卖时主张并实现,丧失了实现抵押权的唯一机会。　　052

3. 船舶所有权纠纷 …………………………………………………………… 057

3.1 未经抵押权人同意的船舶转让 ………………………………………… 057

① 原告阮维昌、阮维潮、张舟为与被告张亚寿船舶权属纠纷案【广州海事法院（2008）广海法初字第381号】…………………………………………… 057

> **No. CB-3.1-1** 船舶抵押权设定后，未经抵押权人同意，抵押人不得将被抵押船舶转让给他人。由于事前未取得抵押权人同意，船舶所有权人不得将其所有的被抵押船舶转让给他人，但受让人代为清偿债务消灭抵押权的除外。 057

② 原告杭州联合农村合作银行周浦支行与被告邵雪良船舶所有权纠纷案【宁波海事法院（2009）甬海法事初字第23号】…………………………………… 060

> **No. CB-3.1-2** 最高额抵押借款合同办理了具有强制执行效力的公证书，抵押权人有权根据执行证书确定的执行标的，申请法院强制执行。 060

> **No. CB-3.1-3** 在法院执行过程中，船舶买方对执行提出异议，但是由于该船舶转让未征得抵押权人的同意，且未办理船舶过户登记手续，故船舶抵押权人的权利不受船舶转让的影响。 060

3.2 船舶所有权的物上请求权 ……………………………………………… 062

③ 原告何世福、何观仁、何洪达诉被告梁光民、湛江市捷海砂石工程有限公司船舶权属纠纷案【广州海事法院（2008）广海法初字第150号】………… 062

> **No. CB-3.2-1** 物权请求权不适用诉讼时效。 062

> **No. CB-3.2-2** 船舶所有权的转让应当向船舶登记机关登记，未办理所有权登记的，不能对抗第三人。但是，第三人亦不得侵害这种所有权，或妨碍所有权人合法行使对船舶占有、使用、收益、处分的权利。 062

④ 原告陈昌根、张国恒与被告徐振石、吴美火、宋昌华、郑建国、陈云国、孔海丰、杨仁德船舶所有权侵权纠纷案【宁波海事法院（2007）甬海法事初字第50号】…………………………………………………………………… 066

> **No. CB-3.2-3** 船舶所有人以侵权为由起诉，无权主张依据船舶租赁合同之中的违约金条款计算船期损失，但是可以参照船舶租金的标准计算船期损失。 066

> **No. CB-3.2-4** 侵害船舶所有权的侵权人应当负责返还船舶，并赔偿船舶所有人的船期损失。 066

3.3 船舶所有权登记的对抗效力 ··· 069

5 上诉人周绍利与被上诉人周海艳船舶所有权确认纠纷案【天津市高级人民法院(2010)津高民四终字第22号】 ··············· 069

> **No. CB-3.3-1** 当事人双方合意将涉案船舶登记在一方(登记船东)名下,但这并不代表真实的物权关系,另一方(真正的船东)对船舶所有权的行使不能对抗第三人。真正的船东作为所有权人,有权申请变更和申领船舶相关证书,法院有权作出确权判决,并要求登记船东对此提供协助船舶相关证书的变更和申领手续。 069

6 上诉人 Sealink Sdn Bhd(西林克公司)、Era Surplus Sdn Bhd(易拉公司)与被上诉人绍兴天龙进出口有限公司船舶所有权侵权纠纷案【浙江省高级人民法院(2008)浙民四终字第48号】 ············ 072

> **No. CB-3.3-2** 船舶等物权的设立、变更、转让和消灭,未经登记,不得对抗善意第三人。而涉案船舶在被申请扣押时,虽然所有权已经移转,但因未经登记,不产生物权的公示效力。因此,申请扣押船舶的行为不具有主观上的过错,申请人不应承担经济赔偿的过错责任。 072

7 上诉人周青顺与被上诉人戎松堂、原审被告贝红明船舶所有权侵权纠纷案【浙江省高级人民法院(2009)浙海终字第53号】 ············ 077

> **No. CB-3.3-3** 船舶承租人未经船舶所有人许可,擅自将涉案船舶出卖,属于无权处分,侵犯了船舶所有权,应当承担赔偿责任。所签订的船舶买卖合同系无效合同。 077

> **No. CB-3.3-4** 在购买涉案船舶时,第三人没有查询所有权归属情况,存在主观过错,不符合善意第三人的法定要件,不能取得涉案船舶的所有权。第三人购买涉案船舶并将其拆解,侵犯了船舶所有权,系共同侵权,应当与无权处分人承担连带赔偿责任。 077

3.4 船舶共有纠纷 ··· 079

8 原告潘大庚、王金保、郑军法与被告王仙寿、杨智慧、连云港星环贸易有限公司船舶所有权纠纷案【宁波海事法院(2011)甬海法台事初字第2号】 ··········· 079

> **No. CB-3.4-1** 对共有船舶的转让,如未经2/3船舶所有权人同意,该转让属于无权处分。 079

> **No. CB-3.4-2** 无权处分人与第三人恶意签订船舶买卖合同,且有权处分之人未追认合同效力,该合同自始无效。即使双方当事人对合同效力均无异议,法院也有权主动审查。 079

⑨ 原告张某某与被告宁波某围垦工程有限公司船舶共有纠纷案【宁波海事法院 (2011) 甬海法商初字第 306 号】 ·· 080

> **No. CB-3.4-3** 当事人签订合伙经营协议。一方当事人认为双方实为借款合同关系的,应就其主张承担举证责任。当事人不能证明双方系借款合同关系,亦未主张退伙清算的,法院判决驳回原告的还款诉请。 080

4. 船舶建造合同纠纷 ·· 083

4.1 船舶建造合同的合同效力 ·· 083

❶ 原告桂平市城厢第二水运公司诉被告广西壮族自治区桂平船厂船舶建造质量损害赔偿纠纷案【广州海事法院(2004)广海法初字第 264 号】 ·· 083

> **No. CB-4.1-1** 涉案船舶改建是根据《中华人民共和国船舶和海上设施检验条例》(1993 年)的规定,中国籍船舶的所有人或者经营人在建造或者改建船舶时必须向船舶检验机构申请建造检验。未及时办理申请手续的,船舶改建合同属于效力待定合同。根据最高院合同法有关司法解释,在一审法庭辩论终结前仍未办理批准手续的,该合同未生效。故双方当事人应当根据各自的过错比例,分担船舶沉没的事故损失。 083

❷ 上诉人富阳市天旺煤炭有限公司与上诉人宁波宇顺船舶有限公司船舶建造合同纠纷案【浙江省高级人民法院(2009)浙海终字第 2 号】 ·· 092

> **No. CB-4.1-2** 当事人超越经营范围订立合同,人民法院不因此认定合同无效。但违反国家限制经营、特许经营以及法律、行政法规禁止经营规定的除外。而船舶建造不属于国家限制经营、特许经营以及法律、行政法规禁止经营的行业,故超越经营范围订立合同并不导致合同无效。而且,涉案船舶最终由有资质的造船厂实际建造。法院认定船舶建造合同有效。 092

> **No. CB-4.1-3** 船舶建造合同的根本目的是建造一艘质量合格的船舶,而实际建造船舶的船厂具备造船资质,取得了主管部门的建造许可,合同已实际履行。因此,签订造船合同的承揽人不具有造船资质,不构成根本违约。 092

❸ 原告广州渔轮厂与被告阳江市江城阳兴渔业有限责任公司、冯祖兴船舶建造合同纠纷案【广州海事法院(2000)广海法商字第 99 号】 ·· 097

> **No. CB-4.1-4** 《建造合同》是双方当事人真实、一致的意思表示,虽然没有按照合同约定办理律师见证手续,但双方当事人确认了合同内容,船厂已经履行了合同义务,定作人在合同履行期间并未对合同效力提出异议,实际接受了船厂建造的船舶,而且在接船后与船厂进行结算并支付了部分造船款项,故法院认定建造合同合法有效,对双方有约束力。船厂履行了合同约定的交船义务,定作人应依约支付造船款。 097

> **No. CB-4.1-5** 船厂与定作人签订的《抵押合同》已依约由双方法定代表人签字,加盖单位公章或合同专用章,且该合同的主合同《建造合同》具有法律效力,故《抵押合同》合法有效,作为抵押物的船舶交付后,登记船舶所有人与船厂办理了船舶抵押权登记手续,可以推定登记船舶所有人继受了《抵押合同》之中的定作人义务。因定作人逾期未履行债务,船厂有权依法对登记船舶所有人所属的船舶行使船舶抵押权。……………………………………………………………………………098

4.2 建造中船舶所有权的认定 …………………………………………… 102

4 原告 Sealink Sdn Bhd、Era Surplus Bhd 与被告绍兴天龙进出口有限公司、浙江天龙进出口贸易有限公司船舶所有权侵权纠纷案【宁波海事法院(2006)甬海法事初字第 5 号】……………………………………………………………… 102

> **No. CB-4.2-1** 确认船舶的所有权状况,应首先核实船舶所有权登记。对于建造中船舶、未进行所有权登记的,应该根据船舶建造合同各方当事人的合意确定所有权归属。……………………………………………………………………………102

> **No. CB-4.2-2** 当事人提交的律师意见书、法条摘录、案例、学理著作等,是查明外国法的途径之一。……………………………………………………………102

> **No. CB-4.2-3** 船舶建造(买卖)合同之外的第三人错误扣押船舶,当事人主张船期损失参考船舶建造(买卖)合同中的逾期交船违约金标准予以确定,对方当事人不能提交反证予以反驳的,人民法院可予以支持。……………………102

5 原告嘉某有限公司与被告广东江门某有限公司船舶权属纠纷【广州海事法院(2012)广海法初字第 272 号】……………………………………………………… 108

> **No. CB-4.2-4** 对在建船舶起诉确认船舶所有权的,可以结合船舶建造合同交接协议、设备材料提供方等因素,综合认定船舶建造合同的约定。………………108

> **No. CB-4.2-5** 在建船舶已经下水,即可认定为海上移动式装置即海商法上之船舶。船名在船身上已作标记,并且具有国际海事组织的编号,可以识别,法院认定该轮可以成为法律上的独立物予以确权。…………………………………108

4.3 船舶建造的合同性质及法律适用 ……………………………………… 111

6 原告南通友好海运有限公司与被告无锡市安泰动力机械有限公司、浙江华夏船舶制造有限公司船舶建造合同违约赔偿纠纷案【宁波海事法院(2009)甬海法商初字第 55 号】…………………………………………………………………… 111

> **No. CB-4.3-1** 船舶建造合同属于合同法中的承揽合同,且应当适用《产品质量法》。……………………………………………………………………………111

No. CB-4.3-2 船舶定作人有权选择船舶主机的生产商或者销售商(船舶建造人)承担船舶主机的赔偿责任,但是无权主张二者承担连带责任。 111

No. CB-4.3-3 超过船舶建造合同的质量保证期,船舶主机的生产商仍然应当对船舶主机损坏及船舶定作人的船期损失等损失承担最终赔偿责任。 111

4.4 船舶建造合同的履行抗辩权 115

7 上诉人福州浩航船务有限公司与上诉人浙江七里港船业有限公司、原审被告陈华平船舶建造合同纠纷案【浙江省高级人民法院(2011)浙海终字第33号】 ... 115

No. CB-4.4-1 涉案船舶的定作人虽然提出未完全履行付款义务系行使先履行抗辩权,但抗辩权行使的目的在于对抗请求权,而涉案承揽人在诉讼前未请求定作人向其支付剩余的造船款,故定作人不能主张先履行抗辩权,从而拒付船款。 115

No. CB-4.4-2 定作人未按合同约定付款构成违约,承揽人在定作人未按期支付造船款的情况下,自行垫资将船舶建造完毕并转售,有权向定作人主张船舶价款的差价损失。 116

No. CB-4.4-3 金融危机属于正常商业风险,应当能够预见,不适用最高人民法院《关于适用〈中华人民共和国合同法〉若干问题的解释(二)》第26条规定的情势变更。 116

4.5 船舶建造合同的损害赔偿 122

8 上诉人福建国航远洋运输(集团)股份有限公司与上诉人武汉国裕物流产业集团有限公司、扬州国裕船舶建造有限公司船舶建造合同纠纷案【福建省高级人民法院(2010)闽民终字第419号】 122

No. CB-4.5-1 涉案船舶建造合同仅约定了交船如果超过约定日期90天,买方有权选择弃船并要求退还预付款及支付约定利息,除此之外,并未约定其他影响合同目的实现的违约情形。法院认为,本案判断卖方船舶建造人是否构成根本性违约的标准,是卖方是否存在延期交船超过90天的事实。 122

No. CB-4.5-2 船东应当预见到船舶建造人在船舶建造完成后可获得一定的利润,因此,法院判决保护可得利益的损失。在船舶建造人不提供证据的情况下,法院依职权调取船舶建造人的年检报告书,并基于其中损益表反映的经营利润情况,确定其可得利益的损失数额。 122

4.6 船舶建造合同的佣金 132

9 上诉人上海电气国际经济贸易有限公司、上海华利船舶工程有限公司与被上诉人格雷格航运公司船舶建造佣金合同纠纷案【上海市高级人民法院(2011)沪高民四(海)终字第160号】 132

> **No. CB-4.6-1**　本案系船舶建造佣金合同纠纷,经纪人并未在中国注册,没有取得从事经纪业务的资格。但是,涉案船舶建造合同的当事人不在同一国家,属于跨国居间服务。经纪人作为居间人订立合同、收取费用的行为符合国际商事惯例。合同合法有效。　　132

> **No. CB-4.6-2**　船舶建造合同由于当事人的违约而解除,除非另有合同约定,否则合同解除不能减免当事人支付居间费的法律责任。　　132

5. 船舶买卖合同纠纷 …… 141

5.1 船舶买卖合同的效力及解除 …… 141

1 上诉人浙江海宇疏浚工程有限公司与被上诉人陈刚、傅明丰、郑怀洪、张宏光等船舶买卖合同违约赔偿纠纷案【浙江省高级人民法院(2009)浙海终字第39号】…… 141

> **No. CB-5.1-1**　船舶买方提出,涉案船舶是300立方米绞吸式挖泥船且是内河船舶,与《船舶买卖合同》约定的2000立方米挖泥船不符,并且,请求解除《船舶买卖合同》。法院查明,本案当事人以现状交付船舶,不符合海上航行施工要求,而且,船舶卖方不能出具符合约定的证书和船舶国籍证书。经查,涉案船舶是改装船舶,改装尚未结束,而且船舶卖方已经实地上船检验,因此,原有的船舶检验证书并不具有实质意义,须待船舶改装完毕后经相关船检部门检验后才能出具船舶检验证书。法院认定,即使现状交付的船舶与船舶检验证书的吨载差异较大,船舶买方也无权因此解除合同。　　141

2 原告卓平与被告黄卫群船舶买卖合同纠纷案【厦门海事法院(2012)厦海法商初字第88号】…… 144

> **No. CB-5.1-2**　违反《中华人民共和国海商法》关于船舶买卖合同应当以书面形式订立的规定,并不必然导致合同无效,当事人未采用书面形式但一方已经履行主要义务而对方接受的,该合同成立。　　144

3 上诉人宏源国际海运有限公司与被上诉人五星锦绣海运有限公司船舶买卖合同纠纷案【上海市高级人民法院(2012)沪高民四(海)终字第40号】…… 146

> **No. CB-5.1-3**　废钢船买卖合同区别于普通二手船买卖合同,即便船舶不符合适航条件,也不阻碍合同目的的实现,故船舶不适航不构成根本违约。　　146

4 原告上海远宏游艇销售服务有限公司与被告上海混沌投资有限公司船舶买卖合同纠纷案【上海海事法院(2011)沪海法商初字第797号】…… 155

> **No. CB-5.1-4**　国内企业之间订立的船舶买卖合同,不应以欧元结算。国内交易以外币结算是被《中华人民共和国外汇管理条例》禁止的,故法院不保护相应的汇率损失。　　155

5 原告李树怀等与被告顺德市勒流镇扶闾建联船舶修造厂船舶买卖合同纠纷案【广州海事法院(2000)广海法商字第116号】·················· 157

> **No. CB-5.1-5** 《购船合约》的卖方未违反国家限制经营、特许经营以及法律、行政法规禁止经营的规定,故合同不因卖方超越经营范围而无效。 157
>
> **No. CB-5.1-6** 因卖方已无法依约定办理船舶行驶港澳航线的有关手续,也没有交付船舶,构成根本性违约,导致《购船合约》的合同目的无法实现,符合合同解除的条件。买方有权解除本案《购船合约》,卖方应返还购船款,同时依约支付违约金。 157

5.2 船舶交付争议 ·················· 160

6 上诉人吴其华等与被上诉人高体雄、高学华船舶买卖合同纠纷案【福建省高级人民法院(2011)闽民终字第168号】·················· 160

> **No. CB-5.2-1** 《船舶买卖合同》虽未以具体条款约定船舶的建造日期,而是按现状交付,但附随船舶的《海上船舶检验证书簿》记载的建造完工年份,是衡量船舶现有价值的重要指标之一,也是买卖双方在交易过程中需要考虑的关键因素之一。卖方向买方交付的《海上船舶检验证书簿》记载船舶建造年份的行为,可视为其保证该船舶符合船舶检验证书上的检验结果。卖方交付船舶实际的船舶建造日期和《海上船舶检验证书簿》记载的日期不一致的,买方可以以重大误解为由申请撤销合同。 160

7 原告李智洪与被告石德友船舶买卖合同纠纷案【广州海事法院(2001)广海法初字第279号】·················· 169

> **No. CB-5.2-2** 船舶买卖合同的卖方在交船之时,应负责使船舶符合适航状态。由于交船时船舶适航证书过期导致船舶无法营运的,卖方应当承担违约责任。 169

8 原告(反诉被告)林梅友与被告(反诉原告)梁美玲、周余良、管华平船舶买卖合同纠纷案【广州海事法院(1999)广海法深字第102号】·················· 172

> **No. CB-5.2-3** 在交付船舶时,卖方应该按合同的约定交付船舶附随的证书。卖方交付了伪造的《船舶检验证书簿》,无论其是否知道伪造,其交付不真实证书的行为构成违约,应当赔偿由于其提供伪造证书给买方造成的损失。但是,由于伪造的证书本身并没有影响涉案船舶营运,没有给买方造成损失。买方要求卖方赔偿的整改费用、停航损失和码头费用与伪造证书本身无任何因果关系,不应支持。 172

> **No. CB-5.2-4** 虽然《船舶买卖合同》约定船舶按现状交付,但卖方交付船舶的同时也交付了船舶检验证书的行为,应视为其保证该船舶符合船舶检验证书上的检验结果。船舶交付之后通过年度检验,并进行了换证检验,检验机关颁发了新的《船舶检验证书簿》,证明该轮船体、轮机、受压容器、电力、无线电、消防、救生、信号等设备符合现行规则、规范对其使用部分的各项规定,是适航的船舶,检验结果与卖方交付的《船舶检验证书簿》上的检验结果基本一致。故,法院认定卖方所交付的船舶符合其交付的《船舶检验证书簿》对该船的描述,船舶在交付时符合当时规则、规范的要求。 …… 172

> **No. CB-5.2-5** 接受船舶时,买方有理由依赖《船舶检验证书簿》的记载确定船舶的质量状况,但在船舶于交船后进行第一次年度检验时,如果船舶存在影响适航的质量问题,进行年度检验时就能够也应该发现,买方主张卖方交付的是一艘不合格的船舶而提起的赔偿之诉的诉讼时效期间,最迟应自此时起算。 …… 173

⑨ 原告(反诉被告)陈志安与被告(反诉原告)鲁忠瑞船舶买卖合同纠纷案【宁波海事法院(2000)甬海商初字第299号】………………………… 180

> **No. CB-5.2-6** 船舶买卖合同履行过程中,在船舶未经交接、验收和付清所欠船款的情况下,买受人擅自驾船驶离,属于违约行为。 …… 180

> **No. CB-5.2-7** 在买受人擅自驾船离开之后船舶发生了损坏、修理,虽然船舶未完成法律意义上的交付,但是,买受人占有期间的船舶损失风险应由买受人自行承担。 …… 180

5.3 船舶优先权对船舶买卖合同的影响 ………………………… 182

⑩ 原告王跃康与被告孙腾、董海芬船舶买卖合同纠纷案【宁波海事法院(2007)甬海法舟商初字第169号】………………………… 182

> **No. CB-5.3-1** 船舶买受人以船舶出卖人隐瞒船舶优先权债务为由请求解除合同,该请求不符合法律中有关合同解除的规定,买受人无权解除合同。 …… 182

> **No. CB-5.3-2** 船舶买受人由于船舶转让之前的船舶优先权而导致损失,出卖人应对买受人的损失承担瑕疵担保义务。船舶经司法拍卖执行的,买受人的损失数额参照拍卖价格确定。 …… 182

> **No. CB-5.3-3** 在船舶被司法拍卖的情况下,买受人自船舶被扣押之时起,船舶所有权已确定消灭,买受人自船舶被扣押之时即已损失整船,无权主张扣押期间的船期损失。 …… 182

5.4 挂靠船舶的船舶买卖 …………………………………………………… 185

⑪ 原告罗继福与被告杨贻武、宁波福海海运有限公司船舶股份转让纠纷案【宁波海事法院(2007)甬海法商初字第61号】………………………… 185

> **No. CB-5.4-1** 船舶登记所有人仅为被挂靠公司,在船舶股份转让之时,如果买方知悉船舶实际所有权人的情况,应当征得实际所有权人的同意,该转让才能具有法律效力。 185

6. 船舶修理合同纠纷 …………………………………………………… 190

6.1 船舶修理事故的损害赔偿 …………………………………………… 190

① 原告荷属安的列斯/东方航运有限公司诉被告中国/澄西船舶修造厂船舶修理合同纠纷案【武汉海事法院(2003)武海法商字第69号】 ………… 190

> **No. CB-6.1-1** 火灾原因和事故责任认定的法定机关是县级以上公安消防部门。如果公安消防部门从未出具调查报告,法院可以综合考虑起火位置受控制情况、消防协议的防火责任划分、当事人接触并提供证据的难易程度等内容,认定一方当事人承担举证责任。 190

> **No. CB-6.1-2** 原告向武汉海事法院提交的诉状中仅有其代理人的签名,缺少原告的身份证明和委托代理人享有代理权的证据,在提交诉状且诉讼时效届满之后,又提交了经公证认证的授权委托书。法院认定,自原告的代理人获得经公证认证的授权委托书之后,才视为其提起有效起诉的时间,故本案已过诉讼时效。 190

② 上诉人印度国家航运公司、联合印度保险公司与被上诉人青岛北海船舶重工有限责任公司船舶修理合同纠纷案【山东省高级人民法院(2008)鲁民四终字第95号】 ………………………………………………………… 195

> **No. CB-6.1-3** 海事局作为中国海上安全监督管理主管机关,对海上交通事故依法行使行政管理权。船舶在修理过程中进水而坐底、推定全损,构成重大海上交通事故。海事局组织了全过程调查,委托了检验公司对事故船舶进行检查和检验,出具了海事调查报告。海事调查报告及其结论意见可以作为法院在审理案件中的诉讼证据,除非有充分事实证据和理由足以推翻海事调查报告及其结论意见。 195

> **No. CB-6.1-4** 原告提交的起诉状虽然只有其委托代理人的签字,但原告出具的授权委托书中明确含有"提起索赔"的授权,应理解为包含以起诉方式提出索取赔偿的意思表示,故起诉状由原告委托代理人签章,符合法律规定。 195

> **No. CB-6.1-5** 船厂如对船舶安全负有法定义务,前提是船东将船舶交由船厂保管。船舶进水坐沉时,船员在船,船长负责管理船舶,船东控制船舶。法院依照《中华人民共和国海商法》第35条的规定,认定船舶并未交付给船厂,船长仍然负责船舶的管理和驾驶,并负有安全责任。在并非船厂原因导致船舶坐沉的情况下,应由船东自行承担相应的责任。 …… 195

6.2 船舶修理迟延交船纠纷 …… 216

3 上诉人 Grand Rodosi Inc.(格兰德罗德西公司)与被上诉人舟山万邦永跃船舶修造有限公司船舶修理合同纠纷案【浙江省高级人民法院(2009)浙海终字第149号】…… 216

> **No. CB-6.2-1** 船舶所有人向船舶修理人提出增加工程项目,视为双方已对修理的履行期予以变更。因此导致的船舶修理期限延长不由船舶修理厂负责。 …… 216

> **No. CB-6.2-2** 虽然试航完成后涉案船舶并未驶回船厂,而是停泊在公共锚地,但该轮锚泊期间的相关费用均系船舶修理人向有关部门支付,该公共锚地可视作该修理人租用的场地,涉案船舶仍处于万邦公司的范围内。船舶修理人以撤销船舶报关许可的方式留置该外籍船舶,属于合法行使留置权。 …… 216

4 原告广州市番禺德和航运有限公司诉被告广州市番禺粤新造船有限公司船舶修理合同纠纷案【广州海事法院(2003)广海法初字第105号】…… 225

> **No. CB-6.2-3** 在船舶修理改造期间,委托方要求增加了修理项目。由于双方没有约定新的修理期限,或者双方经协商没有就新的修理期限达成一致,委托方应当举证证明根据合同有关条款或者交易习惯,修理方存在逾期修理行为。如无法举证,委托方不能向修理方索赔逾期修理的各项损失。 …… 225

5 上诉人胶南市水产供销公司与被上诉人胶南市船舶修造厂船舶修理合同纠纷案【山东省高级人民法院(2006)鲁民四终字第48号】…… 232

> **No. CB-6.2-4** 因船舶修造人和定作人均未提供交船记录,实际交船日期无法确定,法院认为双方交船日期不可能早于渔业船舶安全证书记载的船舶的完工日期,据此认定以渔业船舶安全证书记载的船舶的完工日期为实际交船日期。船舶修造人迟延交船,应向定作人承担约定的违约责任。 …… 232

> **No. CB-6.2-5** 根据《中华人民共和国合同法》的规定,抵消分为法定抵消和合意抵消,法院依照船舶修造人提供的录音记录,认定在交接船的当时双方已经明知互欠债务,而且双方曾就互欠债务进行协商,法院据此推定双方对于互负债务的相互抵消已协商一致,构成合意抵消。 …… 232

6.3 船舶修理留置权纠纷

6 原告福建省马尾造船股份有限公司与被告亚联管理咨询服务有限公司船舶修理合同纠纷案【厦门海事法院(2009)厦海法商初字第550号】·················· 235

> **No. CB-6.3-1** 为实现留置权的费用属于留置担保的范围。原告委托专业律师进行诉讼,其支付的律师费用是必要的,属于实现留置权的必要和合理支出,法院予以保护。 ... 235

7 原告广州远洋船舶修理厂有限公司与被告卡斯特里公司船舶修理合同纠纷案【广州海事法院(2000)广海法事字第65号】·················· 237

> **No. CB-6.3-2** 涉外船舶修理合同纠纷案件,因当事人没有选择处理合同争议所适用的法律,依照《中华人民共和国民法通则》第145条第2款的规定,选择适用合同履行地国的法律。法院据此选择船舶修理地法律,即我国法律。 ... 237

> **No. CB-6.3-3** 船厂履行了修理船舶的合同义务,船舶所有人应支付船舶修理费用。因双方对修理费支付期限没有约定,根据《中华人民共和国合同法》第263条的规定,船舶所有人应在签署《工程完工验收单》之日支付修理费。船舶所有人拖欠修理费,属于违约行为,应承担违约责任。 ... 237

> **No. CB-6.3-4** 船舶修理人从船舶开始修理时起到该轮被法院扣押时止,一直占有该轮。因船舶所有人未支付修理费,船厂留置船舶以保证船舶修理费用得以偿还,符合《中华人民共和国海商法》第25条规定的留置权的法律条件。法院对船舶的扣押并不消灭船厂依据法律对船舶所享有的担保物权。法院确认船厂对船舶享有留置权。 ... 237

6.4 船舶修理质量争议 ·················· 241

8 原告湛江造船厂与被告湛江市东海岛经济开发试验区航运公司船舶修理合同纠纷案【广州海事法院(2002)广海法初字第134号】·················· 241

> **No. CB-6.4-1** 中华人民共和国船舶检验局颁布的《船舶及海上设施法定检验规则》规定了船舶安全航行与作业标准,但该规则不构成船舶修理标准。 ... 241

> **No. CB-6.4-2** 按照法定检验规则等技术规范,船舶适航是船舶所有人或经营人的法定义务,不是修船人的法定义务。如果修船人已经按照船方要求完成约定的修理项目而船舶仍不适航,为了船舶适航,船方可以继续委托修船人进一步就约定项目之外的项目进行修理。如果船方不继续委托,修船人没有义务在船方委托的项目外进一步修理至船舶适航。 ... 241

9 原告广东海运股份有限公司与被告湛江海滨船厂船舶修理合同纠纷案【广州海事法院(2001)广海法湛字第4号】·················· 251

> **No. CB-6.4-3** 船厂接受委托修理船舶,完工之后对船舶按照双方的约定进行了质量检验,并验收合格,此后发生尾轴漏油。法院认为,对通过工程完工质量检验不能发现的质量问题,应当按其是否在保质期内发生,以最终判断工程质量是否符合质量要求。委托人应就船舶尾轴漏油发生在保质期内承担举证责任,未能提供充分有效的证据予以证明的,法院对其提出的尾轴修理质量不合格的诉请不予支持。 251

7. 船舶营运纠纷 ·· 255

7.1 船舶合伙经营纠纷 ·· 255

1 上诉人叶宗耀与上诉人裘明通、被上诉人泮振宇船舶合伙经营合同纠纷案【浙江省高级人民法院(2008)浙民四终字第50号】·················· 255

> **No. CB-7.1-1** 通常情况下,确定合伙人之间的债权债务应当以清算结果为准,但本案并无一方当事人正式申请对合伙体的账目进行审计,也未采取相应措施使合伙体的财务账册到案,且在法院给予当事人自行对账时间的情况下,也未取得对账结果。法院根据现有证据和条件,对部分时段的账目进行审查处理,对其中一部分事实已经清楚的账目予以先行判决。 255

2 上诉人王志康与被上诉人赵后军、赵志军、邵悟挺、王科、钱召权、王惠庆、夏良位船舶合伙经营纠纷案【浙江省高级人民法院(2009)浙海终字第1号】··· 264

> **No. CB-7.1-2** 合伙人无直接的书面证据以证明该合伙的性质,法院对合伙关系的性质按通常情形进行考量,即在不足以认定为经营性合伙的情况下,应认定为股本性合伙,同时,即使船舶登记为某一合伙人所有,也不影响推定各合伙人共有船舶。 264

3 上诉人刘伯林与被上诉人刘殿茂、刘德芝、郑苏卿、刘金钢及原审被告鞠世胜船舶合伙纠纷案【山东省高级人民法院(2006)鲁民四终字第39号】·········· 268

> **No. CB-7.1-3** 渔船合伙关系自合伙人之一死亡而终止,合伙人因病不参与海上作业,并不失去合伙人身份,可依约参与合伙资产分配和承担合伙义务。合伙人在合伙关系清算过程中,有参与资产及收益分配的权利,但同时也要承担相应的股东义务。 268

> **No. CB-7.1-4** 法院根据渔船的售价,结合合伙人所占的股份,认定合伙人可分得的渔船固定资产的分配额。因另一合伙人拒不提供渔船收入情况,当地渔业主管部门和统计部门又没有同类渔船相关统计数据的情况下,法院参照要求合伙清算的合伙人的收益,推算其在合伙清算中应分得的纯收入。 268

> **No. CB-7.1-5** 根据合伙协议的约定,合伙人在不能上船期间,负有找人出海或出钱请合同工的义务,其未能派人上船代替出海,应按约定支付工人的工资。法院依据近3年的当地职工年平均工资,计算出其应支付的工资总额,并从其可分得的经营收益中扣除。 268

7.2 船舶物料供应合同纠纷 … 273

4 原告东方航运有限公司与被告海南龙力船务公司船用燃油确权纠纷案【海口海事法院(2002)海商初字第77号】 … 273

> **No. CB-7.2-1** 根据期租协议的约定,燃油属于期租人所有。由于船舶所有人的原因导致船舶被扣押,扣押期间消耗的燃油属于为海事请求人的共同利益而支付的其他费用,应当从船舶拍卖所得价款中先行拨付。 … 273

5 上诉人营口经济技术开发区福海疏浚工程有限公司与被上诉人天津港丰船舶燃料销售有限公司船舶燃油供应合同纠纷案【天津市高级人民法院(2011)津高民四终字第2号】 … 275

> **No. CB-7.2-2** 油品销售合同和对账单均加盖了船舶专用章,且船东未否认该印章的真实性。虽然船东与承包经营人协议约定经营期间发生的一切费用及一切事务均由承包经营人负责承担,但该承包经营协议约定的内容未向供油商明示,不能对外产生约束力。船舶所有人应对其船舶加油行为承担款项给付责任。 … 275

6 原告舟山市升宇石油销售有限公司与被告林永生、郑海明船舶物料供应合同纠纷案【宁波海事法院(2009)甬海法温商初字第62号】 … 278

> **No. CB-7.2-3** 在多次向船舶供应燃油及偿还部分欠款的情形下,如果合同双方当事人对油款支付方式无特别约定,法院认为应当根据通常的商业惯例,认定合同双方当事人按加油发生时间滚动结算货款。 … 278

> **No. CB-7.2-4** 加油单上盖有船章,法院推定船舶登记所有人为合同当事人,承担还款责任。 … 278

7 原告舟山市金晖石油有限公司与被告王兴君、舟山安邦船务发展有限公司、宁波宁杭海运有限公司船舶物料供应合同纠纷案【宁波海事法院(2010)甬海法舟商初字第193号】 … 281

> **No. CB-7.2-5** 本案加油单由船长、大副出具,应推定由实际经营人承担燃油的付款责任。船舶登记的"船舶经营人"实为船舶被挂靠人,如无证据证明其参与船舶的实际经营,法院认定该被挂靠人不承担燃油的付款责任。 … 281

> **No. CB-7.2-6** 船舶实际所有人应对船舶经营期间的燃油欠款承担连带还款责任。 … 281

8 上诉人蔡华峰与被上诉人林洪船舶物料供应合同纠纷案【山东省高级人民法院(2009)鲁民四终字第63号】 … 283

No. CB-7.2-7　根据国务院《对确需保留的行政审批项目设定行政许可的决定》，石油成品油批发、仓储、零售经营资格审批由商务部、省级人民政府商务行政主管部门实施。因此，船舶燃油供应者在不能证明已取得行政许可的情况下从事应当取得许可的石油成品油销售业务，违反了法律的强制性规定。依照最高人民法院《关于适用〈中华人民共和国合同法〉若干问题的解释（一）》第 10 条的规定，当事人超越国家限制经营、特许经营以及违反法律、行政法规规定订立的合同，法院认定燃油供应合同无效。 …… 283

No. CB-7.2-8　因燃油购买者已实际使用柴油，且已无返还可能，故应向燃油供应者支付油款。购买者在实际收取油料但未支付油款的情况下，就欠付油款的问题自愿出具还款协议，承诺了还款日期，并载明了预期还款的违约责任，该还款协议本身并不违反法律和行政法规的强制性规定，法院对其中的违约条款的效力予以认定。 …… 283

⑨ 原告徐立明与被告浙江海鑫船舶贸易有限公司、杨林斌、潘林国、吴正忠船舶物料供应合同欠款纠纷案【宁波海事法院（2010）甬海法台商初字第 43 号】 …… 286

No. CB-7.2-9　合伙人建造船舶，以挂靠企业的名义签订船舶物料供应合同，判决由合伙人共同承担还款责任。从保护善意第三人的角度出发，挂靠企业亦应承担连带还款责任。 …… 286

⑩ 原告阿卓燃油有限公司与被告瑞德柏格航运有限公司、曼德福钦航运公司船舶油料供应合同纠纷案【广州海事法院（2000）广海法商字第 110 号】 …… 288

No. CB-7.2-10　供油协议约定适用英国法律，依据《中华人民共和国民法通则》第 145 条的规定，涉外合同的当事人可以选择处理合同争议所适用的法律，法院适用英国法律处理实体争议。 …… 288

No. CB-7.2-11　根据英国《1979 年货物买卖法》（SALE OF GOODS ACT 1979）第 17 条第 1 项、第 19 条第 1 项的规定，英国法律允许当事人自由约定标的物所有权的移转时间。当事人签订的《海运燃油、润滑油和其他产品销售标准条款》中有关供油方在收到客户支付的价款之前，产品的所有权并不转移给客户、占有该产品的一方只是作为供油方的保管人保管该产品的规定，该约定符合英国法律的规定、合法有效。但船舶所有人并非合同当事人，不受该合同的约束，供油方不得向其主张权利。 …… 288

No. CB-7.2-12　光船承租人的受油方没有在供油协议所规定的时间内支付油款，构成违约。依照有关产品所有权的移转时间的规定，其承租船舶接受的燃油所有权仍由供油方享有，光船租船人只是以保管人的身份占有该产品，作为燃油所有权人的供油方有权请求返还燃油。因船舶被法院强制拍卖、燃油被变卖，供油方有权请求光船承租人返还相应的变卖价款。 …… 288

7.3 其他 ………………………………………………………………… 295

⑪ 肖宏银诉福建世达海运有限公司船舶挂靠合同纠纷案【厦门海事法院(2011)厦海法商初字第247号】……………………………………… 295

> **No. CB-7.3-1** 船舶挂靠合同的法律关系实际上是委托管理合同关系,在委托合同下,当事人可以随时解除委托合同,但因此给对方造成损失的,除不可归责于解除方的事由外,应当赔偿对方的损失。被挂靠人认为挂靠合同仍在有效期内、拒绝挂靠人的解约要求的主张于法不合,法院不予采纳。 295

⑫ 原告李经明与被告厦门厦经纬船务有限公司船舶经营管理合同纠纷案【厦门海事法院(2012)厦海法商初字第28号】……………………… 298

> **No. CB-7.3-2** 《船舶管理协议》对涉案船舶所有权约定的法律关系,仅在当事人之间有效,不能约束合同当事人以外的其他人。涉案船舶由船舶登记所有人为贷款而抵押予银行,并向船舶登记机关办理了抵押权登记时,未经抵押权人的银行同意,船舶登记所有人不得将被抵押船舶转让给他人。在此情形下,船舶实际所有人要求登记所有人协助船舶所有权变更登记手续的,法院不予支持。 298

⑬ 原告中国长城资产管理公司杭州办事处与被告孔仙昌、朱友营、李先进、陈茂民、尚贤法、台州市椒江区白云街道办事处、赵加勤船舶借款合同纠纷案【宁波海事法院(2002)甬海商初字第9号】…………………………… 301

> **No. CB-7.3-3** 债权人将债权转让给第三人时,仅通知了合伙体中的某一债务人。该债务人不是合伙事务的执行人,对债权转移确认的行为不能代表全体合伙人,该债权转让对其他船舶合伙人不具有法律约束力。 301

> **No. CB-7.3-4** 债务人在债权转让通知上签章,构成诉讼时效中断。 301

⑭ 原告王新军与被告周正日船舶营运借款合同纠纷案【宁波海事法院(2010)甬海法台商初字第110号】…………………………………… 304

> **No. CB-7.3-5** 合伙造船的一方合伙人退出合伙。在退伙之时,原合伙人书面确认了应向其退还的款项,该确认应视为双方对合伙期间的债务进行了结算。此后,原合伙人主张退伙,合伙人在退伙之前有违约事宜,该主张不能再得到法院的支持。 304

> **No. CB-7.3-6** 归还部分欠款的,由于双方未约定还款的性质,法院根据司法解释推定该款优先用于冲抵利息,如有余款再冲抵本金。 304

⑮ 原告宁波某控股有限公司与被告宁波某运有限公司、宁波某海运有限公司、胡某某船舶营运借款合同纠纷案【宁波海事法院（2012）甬海法商初字第191号】 ················ 306

> **No. CB-7.3-7** 企业借贷合同违反有关金融法规，属于无效合同。因该合同取得的财产，应当予以返还；不能返还或者没有必要返还的，应当折价补偿。双方关于利息的约定，由于合同无效而不予支持。 306

> **No. CB-7.3-8** 保证人为无效借贷合同提供担保，导致担保合同无效，应承担相应的过错责任，应对债务人不能清偿的借款本金承担1/3的民事责任。 306

⑯ 上诉人刘友敏与被上诉人福建明辉海外投资有限公司船舶营运有关的借款合同纠纷案【福建省高级人民法院（2011）闽民终字第171号】 ················ 307

> **No. CB-7.3-9** 《投资购船合同》约定投资人不参加经营，不承担风险，并享有利润，属于名为投资，实为借款的合同。投资人作为出借人，有权收回"投资款"本金，但无权要求利息。投资人虽然仅为个人，并非企业法人或者事业法人，但法律并未禁止企业向个人借款，不可参照最高人民法院《关于审理联营合同纠纷案件若干问题的解答》的有关规定，认定《投资购船合同》无效。 307

8. 船舶租用合同纠纷 ················ 313

8.1 定期租船合同纠纷 ················ 313

① 原告陈贺高与被告盈高管理服务有限公司定期租船合同纠纷案【广州海事法院（2000）广海法商字第138号】 ················ 313

> **No. CB-8.1-1** 涉港定期租船合同纠纷案，原告住所地、合同约定地、交还船港均在广东省，内地与合同有最密切联系，依据《中华人民共和国民法通则》第145条规定的最密切联系原则，适用内地法律处理本案。 313

> **No. CB-8.1-2** 以并不存在的公司名义与承租人签订定期租船合同，实际行为人应承担因该合同产生的出租人的权利和义务，具有诉权，有权要求承租人支付租金。 313

② 原告海口南青集装箱班轮有限公司与被告厦门南泰船业有限公司定期租船合同纠纷案【上海海事法院（2010）沪海法商初字第336号】 ················ 316

> **No. CB-8.1-3** 在海上货物运输合同项下，被认定为负有责任的人向第三人提起追偿请求的，时效期间为90日，自追偿请求人解决原赔偿请求之日起或者收到受理对其本人提起诉讼的法院的起诉状副本之日起计算。 316

> **No. CB-8.1-4** 根据定期租船合同的约定,由于船舶原因或船员未做到谨慎处理货物而造成的货损、货差,由船舶出租人负责。船舶承租人作为承运人,对托运人承担责任之后,可以根据定期租船合同的约定向船舶出租人追偿。 …… 316

3 原告上海兆新船务有限公司与被告上海宝英航运有限责任公司定期租船合同纠纷案【上海海事法院(2011)沪海法商初字第199号】…………… 319

> **No. CB-8.1-5** 关于多次往返航次的租船合同,租船合同没有约定装、卸货期限及其计算办法,也没有约定滞期费率和速遣费率。由于合同约定不明,出租人、承租人应当分担船舶停泊等候装卸的时间损失。如因单方违约导致了时间损失,违约方应当承担赔偿责任。 …… 319

> **No. CB-8.1-6** 由于租船合同未约定滞期费条款,故船舶出租人的损失应当以实际发生的船舶营运成本为依据,即船舶在停泊等候装卸货时的副机燃油消耗及船员工资。 …… 319

4 原告鹤山市水运公司诉被告江门江宁航运有限公司、江门国际货运代理公司定期租船合同租金纠纷案【广州海事法院(2003)广海法初字第470号】…… 322

> **No. CB-8.1-7** 船舶买卖合同中约定了所有权保留条款,即约定在未付清全部船舶价款的前提下,船舶所有权仍属于卖方所有。根据所有权保留条款,在买方未付清全部价款之前,船舶卖方有权出租船舶,因此承租人无权以此主张拒付租金。 …… 322

5 原告海发船务有限公司与被告福州保税区星浦数字船务有限公司定期租船合同欠付租金纠纷案【青岛海事法院(2003)青海法海商初字第117号】…… 327

> **No. CB-8.1-8** 出租方是否拥有船舶的所有权,不是船舶租用合同成立的必备要件。出租方可以出租其本身拥有的船舶,也可以出租其租赁的船舶。根据《中华人民共和国海商法》第270条的规定:"船舶所有权的取得、转让和消灭,适用船旗国法律。"原告提交的船旗国玻利维亚国颁发的船舶登记证书证实,其对涉案船舶有所有权,有完备的船舶证书,具备出租条件。原告属于依伯利兹法律注册的合法公司,具有从事国际航运业务的资格。原被告双方在签订合同时,虽然合同中原告的名称有"香港"字样,但在该合同盖章时,其所用公章仍为其注册的合法名称。原告作为出租人、被告作为承租人签订定期租船合同,并不违反法律规定,不能以原告不能提供船舶所有权证书为由,认定原告虚构合同主体和合同标的物,构成"合同诈骗"。 …… 327

> **No. CB-8.1-9** 承租人违约未付租金,出租人可依约撤船,并主张欠付租金,但应依约返还属于承租人的燃油和输送设备。拆除设备的费用属于必然产生的费用,不属于违约损失,因当事双方对该费用的负担没有约定,出租人要求承租人支付该费用,既没有合同依据,也没有法律依据,法院不予支持。 …… 327

6 原告蒋泉茂与被告毛顺忠定期租船合同欠付租金纠纷案【上海海事法院 (2005) 沪海法商初字第 282 号】 ………………………………………… 334

> **No. CB-8.1-10** 船舶在租期内不符合约定的适航状态或者其他状态，出租人应当采取可能采取的合理措施，使之尽快恢复。根据《中华人民共和国海商法》的规定，船舶不符合约定的适航状态或者其他状态而不能正常营运连续满 24 小时的，对因此而损失的营运时间，承租人可以不付租金，但是上述状态是由承租人造成的除外。 334

> **No. CB-8.1-11** 承租人应当按照合同约定支付租金。承租人未按照合同约定支付租金的，出租人有权解除合同，并有权要求赔偿因此遭受的损失。 334

7 原告重庆中侨船务有限公司与被告重庆新世纪游轮管理有限公司船舶租赁合同纠纷案【武汉海事法院 (2001) 武海法商字第 5 号】 ……………… 336

> **No. CB-8.1-12** 法律并未强制规定定期承租人签订租船合同时应具有租船资格，即拥有水路运输许可证，也未规定无证经营船舶运输必然导致租用船舶行为违法。承租人无证经营船舶旅游运输与租用船舶无法律上的直接联系，不影响船舶租赁合同的效力。 336

8 原告浙江省舟山市普陀永安海运有限责任公司与被告徐保云、济南济通轮船运输有限公司定期租船合同履行纠纷案【上海海事法院 (2004) 沪海法商初字第 313 号】 …………………………………………………………………… 339

> **No. CB-8.1-13** 双方在订立定期租船协议时对航行区域没有约定，对由于航区限制导致的协议不能履行，双方都有过失，应当对相应损失各自承担责任。 339

> **No. CB-8.1-14** 合同的权利义务终止，不影响合同中的结算和清理条款的效力。 339

9 上诉人钱广法与被上诉人付万和船舶租赁合同纠纷案【天津市高级人民法院 (2010) 津高民四终字第 0015 号】 ……………………………………… 342

> **No. CB-8.1-15** 尽管出租人提供的船舶中的一艘船舶是内河船，按照相关的法律规定不能在沿海作业，而且也不符合当事人之间的合同约定，但承租人在明知的情况下未提出异议并使用该船舶，视为承租人对该船舶的接受。 342

> **No. CB-8.1-16** 当事人一方主张解除合同的应通知对方，但法律对通知的方式并没有作出规定。当涉案双方已经就是否继续履行合同不能达成一致时，一方通过行为的方式将解除合同的意思传递给对方，对方不作拒绝表示，此后也未要求继续履行合同，因此应当认定双方已经解除了合同。 342

⑩ 原告毛某某、应某某与被告浙江某海洋经济科技开发有限公司定期租船合同纠纷案【宁波海事法院(2011)甬海法商初字第330号】························· 346

> **No. CB-8.1-17** 公司因项目部的行为在与工程建设有关的一般事项上对公司具有约束力,故他人有理由相信项目部有权代表公司签订租船协议,法院对项目部代表公司签署的租船协议的效力应当予以认定。 346

> **No. CB-8.1-18** 租船协议对船舶怎样使用以及由谁来配置船员,并未作出明确的约定,但在协议约定的租赁期内,船舶承租人从未对该船的使用提出过任何异议,且承租人的其他船舶也加盖了船章予以证实,故承租人应支付实际承租期间的租金。 346

⑪ 原告台山市南方船务有限公司与被告广州市环通建港工程有限公司定期租船合同纠纷案【广州海事法院(2006)广海法初字第52号】······················· 349

> **No. CB-8.1-19** 当事人协商一致,可以变更合同,在承租人未能举证证明已与出租人就合同变更达成一致意见,其单方面改变租金计算方法,不能构成合同变更,仍应按照原合同约定支付租金。 349

⑫ 上诉人福州源洲航运有限公司与被上诉人南安市轮船有限公司定期租船合同纠纷案【福建省高级人民法院(2010)闽民终字第581号】··············· 352

> **No. CB-8.1-20** 法人人格混同的问题,应结合不同法人的组织机构、高管人员、经营业务以及财务管理等方面综合判定。公司组织机构、人员、经营业务范围以及财务混同,可认定法人人格混同。 352

⑬ 原告郭能广与被告佛山市顺德区晋宏贸易有限公司与疏浚工程有关的船舶租金支付纠纷案【广州海事法院(2009)广海法初字第341号】··············· 357

> **No. CB-8.1-21** 船舶的挂靠公司以自己的名义与他人签订船舶租用合同,但并非船舶所有人,也未实际从事疏浚作业,只是接受实际船舶所有人的委托,以自己的名义对外办理签订合同事宜,实际船舶所有人从事疏浚作业,故实际船舶所有人有权收取船舶租金,挂靠公司应将收取的租金交付给实际船舶所有人。 357

⑭ 原告吉利轮船有限公司与被告北京华夏企业货运有限公司舶舶租赁合同纠纷案【天津海事法院(2003)津海法商初字第471号】······················· 359

> **No. CB-8.1-22** 在定期租船合同项下,当事人没有关于航速不够承租人可以解除合同提前还船的特别约定,有关法律也没有赋予承租人以此解除合同提前还船的权利,承租人没有提供足够的证据证明船舶在其租用期间的航速达不到约定的航速,即使航速低于合同约定的速度,也只能要求赔偿损失。故承租人提前还船构成违约,应当承担违约责任。 359

No. CB-8.1-23　在定期租船合同项下,承租人提前还船,出租人可以索赔的项目包括:自提前还船时起至出租人将船舶交付给新的租船人止的租金和燃油损失、船舶租给新租家的租金差额损失、船舶自还船地点至新租船合同约定的交船地点的引航费和燃料舱检验费、提早还船期间的利润损失。承租人提前还船,并不必然导致出租人向其上家提前还船,出租人无证据证明其已实际向其上家赔偿损失,且该损失与承租人的违约没有因果关系,法院不予支持。 …… 359

15 原告广东省石龙港务局诉被告东宝船务有限公司定期租船合同纠纷案【广州海事法院(2002)广海法初字第454号】 …… 362

No. CB-8.1-24　定期租船合同约定的租赁期间届满后,承租人继续使用租赁物,出租人没有提出异议的,原租赁合同继续有效,但租赁期限为不定期。有关租金及滞纳金的计算标准应依原合同的约定,但租赁期限为不定期。在不定期租赁期间,出租人有随时撤回船舶的权利,承租人亦有随时交还船舶的权利。 …… 362

16 上诉人中远航运股份有限公司与被上诉人中国人民财产保险股份有限公司上海市分公司定期租船合同保险代位求偿纠纷案【浙江省高级人民法院(2009)浙海终字第145号】 …… 364

No. CB-8.1-25　保险单抬头与实际签章不一致时,以签章为准识别保险人。 …… 364

No. CB-8.1-26　保险单记载的被保险人虽为船舶管理人,在证实船舶管理人代船舶所有人办理保险事宜的情况下,保险利益应当归船舶所有人,保险人向船舶所有人赔付后,依法取得代位求偿权,有权代船舶所有人向定期租船合同的承租人追偿其赔付范围内的损失。 …… 364

No. CB-8.1-27　定期租船合同当事人可以自由约定各自的权利、义务,只有在船舶租用合同没有约定或者没有不同约定时,才能适用《中华人民共和国海商法》关于定期租船合同的规定。 …… 365

No. CB-8.1-28　船长、船员虽然直接受雇于出租人,但在航运业务中,实际上同时具备了承租人和出租人的代理人身份,故不能简单地将船长、船员的行为直接认定为代表出租人。在出租人与承租人约定承租人在船长的监督下自负风险和费用、负责包括积载在内的全部货物操作的情况下,因船长听从承租人指示安排配载所造成的船舶损失,应由承租人承担,出租人有权向承租人索赔,但因货物积载造成船舶舱板超出承重能力,已涉及船舶安全,船长在船员编制积载图时未能尽到合理的监督义务,运输过程中又疏于检查货物状况,应对涉案事故承担部分责任,故出租人也应承担次要责任。 …… 365

8.2 光船租赁合同纠纷

17 原告(反诉被告)王勤稳与被告台州市江海船务有限公司、被告(反诉原告)管保顺、王仙根、王小康、吴保法、王保连、张理法租船合同纠纷案【宁波海事法院(2000)甬海商初字第21号】 …… 371

> **No. CB-8.2-1** 将内河货船光租用于海上航行,违反了《中华人民共和国海商法》和《中华人民共和国内河交通安全管理条例》的强制性规定,相应的光船租赁合同和解约协议无效,出租人多收的租金应予退还,且双方应按实际履行中的过错各自承担相应的责任。因船舶的结构和稳性均不适合在海上航行,未报经港监准许,未采取必要的安全措施,亦未配备合格的职务船员,冒险航行造成途中搁浅事故,导致船东弃船,双方对此均有过错,船东应负主要责任,被告光船承租人负次要责任,应按照合同约定的租金认定损失。 …… 371

> **No. CB-8.2-2** 船舶的挂靠单位和被挂靠单位对外应承担连带责任。 …… 371

18 原告钟海平与被告邵道元光船租赁合同纠纷案【宁波海事法院(2010)甬海法商初字第129号】 …… 374

> **No. CB-8.2-3** 出租人在将船舶光租给承租人的情况下,未经承租人同意出售给他人,构成违约,因涉案船舶已售于他人且事实上导致租船合同无法继续履行,承租人有权解除合同,要求返还定金和预付款。但因承租人未能依约接船而委托中介人另行找船,也应承担相应的责任,故,法院不支持双倍返还定金,酌定由出租人返还部分定金。 …… 374

19 原告全玉清诉被告郭永昌、湛江市水运总公司船务公司光船租赁合同纠纷案【广州海事法院(2005)广海法初字第52号】 …… 376

> **No. CB-8.2-4** 在光船租赁期间,未经出租人书面同意,承租人不得转让合同的权利和义务,或者以光船租赁的方式将船舶转租。转租未经出租人的书面同意,法院认定转租的光船租赁系无效合同。 …… 376

> **No. CB-8.2-5** 法院认定合同无效,因该合同取得的财产应当返还;不能返还或者没有必要返还的,应当折价补偿。有过错的一方应当赔偿对方因此所受到的损失。双方都有过错的,应当各自承担相应的责任。 …… 376

20 原告吴海山与被告洞头县新起点旅游有限公司、第三人洞头县兴海渡运有限公司船舶租用合同纠纷案【宁波海事法院(2009)甬海法温商初字第18号】 …… 382

> **No. CB-8.2-6** 公司股东有权为了公司的利益以自己的名义直接向人民法院提起诉讼,请求确认公司与第三方签订的船舶租赁合同无效。 …… 382

| No. CB-8.2-7 船舶以明显低的价格出租给第三方,法院认定出租人与第三方有恶意串通的主观恶意,该船舶租赁合同无效。 | 382 |

21 上诉人王建才、周桂荣与被上诉人文登市泽库镇滩西村村民委员会船舶租用合同纠纷案【山东省高级人民法院(2008)鲁民四终字第109号】……………… 385

| No. CB-8.2-8 在签订的书面租船合同约定的履行期届满后继续租用船舶,法院认定合同约定期满后的租船行为是合同约定的租船行为的延续,租金数额应参照双方的书面合同确定。 | 385 |

| No. CB-8.2-9 债务人部分履行债务的,应视为同意履行债务,根据最高人民法院《关于审理民事案件适用诉讼时效制度若干问题的规定》第22条,应当引起诉讼时效中断。 | 385 |

| No. CB-8.2-10 债权人无证据证明向债务人主张过某份租船合同的租金,在诉讼时效已届满后,债权人对该份租船合同约定的租船租金的请求权及违约金请求权超过法定诉讼时效,丧失胜诉权。 | 385 |

| No. CB-8.2-11 被告未能举证证明租船行为与夫妻共同生活无关,夫妻对共同债务负有共同清偿责任。 | 385 |

22 原告彭梅生、卢惠文与被告黄祥船舶租赁合同纠纷案【广州海事法院(2001)广海法商字第49、50号】……………………………………………… 390

| No. CB-8.2-12 在光船租赁合同项下,船舶租赁合同的出租人是否船舶所有人,并不影响租船合同的效力。虽然出租人未能证明其为船舶所有人,但将其占有的船舶按约定交付承租人使用,无证据证明有第三人主张该行为侵犯其合法权利,因光船租赁合同未办理登记手续,不能对抗善意第三人,但对合同当事人具有约束力。出租人依约将船舶交给承租人使用,承租人应依照合同约定支付租金。 | 390 |

| No. CB-8.2-13 租船协议约定,出租人交船给承租人使用时,应保证船只各种正常运作及交付船只有关证书。出租人在交船时已交付船舶的船舶检验证书簿、船舶签证簿等基本船舶证书,虽然承租人在租期内因船舶证书不齐,一度不能航行香港,但租船协议没有明确船舶航行区域及原告应交付哪些证书,法院认定出租人已履行了交付船舶证书的义务。承租人不得以出租人提供的船舶证书不齐为由拒绝支付船舶租金。 | 390 |

8.3 船舶融资租赁合同纠纷 ……………………………………………………… 395

23 原告湖北某国际融资租赁有限公司与被告宁波某海运有限公司海事债权确权纠纷案【宁波海事法院(2012)甬海法权字第5号】…………………… 395

> **No. CB-8.3-1** 对于以售后回租方式订立的船舶融资租赁合同,法院确认有效,并据此认定承租人未按合同约定支付租金构成违约,承租人应支付租金及其延付利息、罚息,并承担为实现债权而支出的诉讼费用、律师代理费。承租人预先支付的保证金等,可以冲抵其欠付的租金。 395

9. 船员劳务合同纠纷 ·· 397

9.1 法律适用 ··· 397

1 上诉人李宝森与被上诉人颜维兵船员工资纠纷案【山东省高级人民法院(2009)鲁民四终字第101号】·············· 397

> **No. CB-9.1-1** 《中华人民共和国劳动合同法》《中华人民共和国工伤保险条例》《非法用工单位伤亡人员一次性赔偿办法》和劳动与社会保障部《关于确立劳动关系有关事项的通知》,均是调整用人单位与劳动者之间的劳动关系的法律、法规、部门规章,不适用于自然人之间形成的劳务合同关系。自然人之间的劳务合同关系属于广义的雇佣关系,应由普通民事法律调整。 397

9.2 船员劳务合同关系的认定 ·································· 400

2 原告尹长星与被告宁波镇海明旭船务有限公司、福州泰海船务有限公司船员劳务合同欠款纠纷案【宁波海事法院(2009)甬海法商初字第196号】········· 400

> **No. CB-9.2-1** 船员在光船租赁期间上船工作,未提供证据证明其与船舶所有人之间存在劳动合同关系,也未提供证据证明其系受船舶所有人等派遣上船工作,因此不能向船舶所有人主张工资。 400

3 上诉人赵平、刘卫红与被上诉人李本洋船员工资纠纷案【山东省高级人民法院(2007)鲁民四终字第7号】·············· 402

> **No. CB-9.2-2** 雇主死亡后,雇佣关系主体发生变更,接管或继承雇主船舶的人与雇员形成雇佣关系,应承担相应的义务。 402

> **No. CB-9.2-3** 对于夫妻关系存续期间对外所负的债务,债务人妻子不能举证证明债权人与债务人明确约定涉案债务为个人债务,也未能举证证明债权人知道债务人夫妻对婚姻关系存续期间所得的财产约定归各自所有,夫妻一方在婚姻关系存续期间对外所负的债务应当按夫妻共同债务处理,夫妻应对债务共同承担清偿责任。 402

> **No. CB-9.2-4** 提起诉讼引起诉讼时效中断的情形,是以当事人向法院递交口头或书面起诉状为准,不以法院是否受理立案为准。对负有连带清偿共同债务人的任何一方主张权利,均会引起对共同债务诉讼时效的中断。 402

④ 原告苏约夫·苏约与被告吉玛印公司、卡斯特里公司船员劳务报酬纠纷案
【广州海事法院(2000)广海法事字第49号】 ………………………… 410

> **No. CB-9.2-5** 船员劳务报酬纠纷,当事人没有选择处理合同争议所适用的法律,依照《中华人民共和国民法通则》第145条的规定,应适用与争议有最密切联系的法律。因案件管辖地以及涉案船舶被扣押和被拍卖地在中国,故适用中国法律。 410

> **No. CB-9.2-6** 船员在船舶上工作,虽与船舶的所有人和经营人没有直接签订劳务合同,但双方形成了事实上的劳务合同关系。船员履行了合同义务,有权获取劳动报酬,船舶所有人和经营人应向船员支付薪酬。因船舶所有人违约不支付薪酬,船员提起诉讼,为诉讼而支出的委托律师公证费、外交送达文书翻译费、公证费等,也应由船舶所有人和经营人承担。 410

⑤ 上诉人王作成与上诉人沧州市远盛劳务合作有限公司船员劳务合同返还保证金纠纷案【天津市高级人民法院(2005)津高民四终字第123号】 ………… 412

> **No. CB-9.2-7** 公司在不具备从事对外劳务合作资质的情况下,与海员签订具有对外劳务合作性质的船员培训、劳务合同的行为超越了经营范围,且其超越经营范围所从事的经营活动,违反了国家特许经营的有关规定,应认定所涉船员培训、劳务合同无效。 412

> **No. CB-9.2-8** 根据《中华人民共和国海员证管理办法》,海员证仅限持证人在为其申请办理海员证的单位工作时使用。海员脱离原所在单位或派出单位,应将海员证交回,由所在单位或派出单位送交原颁发机关注销。法院对海员提出由其个人保管船员服务簿的请求不予支持。 412

9.3 船员工资的优先权 ……………………………………………… 417

⑥ 原告冯剑辉与被告海南汇祥实业有限公司、海南汇威货运有限公司船员劳动合同纠纷案【广州海事法院(2000)广海法商字第161号】 …………… 417

> **No. CB-9.3-1** 船员按合同约定,接受用人单位委派登轮工作,用人单位应依合同约定支付报酬。船舶所有人虽然与船员之间不存在劳动合同关系,但根据《中华人民共和国海商法》第22条第1款第1项的规定,船员因在船舶工作期间的船员劳务报酬提出的海事请求,对船舶享有船舶优先权,船员可以依法通过法院扣押船舶行使船舶优先权。船舶所有人为解除对船舶的扣押提供的相应担保,船员对船舶所有人提供的担保享有优先受偿权。 417

> **No. CB-9.3-2** 合同约定的聘用期限届满前,用人单位派人上船接替船员的大副职务,船员办理了交接手续,双方对解除该合同均无异议。根据《中华人民共和国劳动法》第28条和劳动部发布的《违反和解除劳动合同的经济补偿办法》第5条的规定,经劳动合同当事人协商一致,由用人单位解除劳动合同的,用人单位应根据劳动者在本单位的工作年限,每满1年发给相当于1个月工资的经济补偿金。工作时间不满1年的,按1年的标准发给经济补偿金。 418

[7] 原告朱沛云与被告浙江鸿嘉海运有限公司船员劳务合同纠纷案【宁波海事法院(2012)甬海法台商初字第22号】 ………………………………… 421

No. CB-9.3-3 船员就工资欠款主张船舶优先权,法院不再要求其以扣押船舶的方式行使。 421

[8] 原告欧某某与被告广州某船务有限公司船员劳务合同纠纷案【广州海事法院(2012)广海法初字101号】 ………………………………… 422

No. CB-9.3-4 内河船不适用《中华人民共和国海商法》有关船舶优先权的规定。 422

9.4 船员的劳务报酬、社会福利、经济补偿或赔偿金 …………………………… 423

[9] 原告何某与被告广州市某船务有限公司船员劳务报酬纠纷案【广州海事法院(2011)广海法初字第425号】 ………………………………… 423

No. CB-9.4-1 船员的用人单位自用工之日起超过1个月不满1年未与船员订立书面劳动合同的,应当向船员每月支付两倍的工资。 423

No. CB-9.4-2 由于用人单位没有为船员购买社会保险,船员有权在评定伤残后主动解除劳动关系,而且可以向用人单位主张解除合同的经济补偿金。 423

No. CB-9.4-3 船员应当证明其已依法向劳动行政部门投诉并且用人单位逾期未付工资,否则无权向用人单位主张迟延支付工资及经济补偿金的赔偿金。 423

[10] 原告周庆华与被告广东华龙远洋渔业有限公司船员劳动合同纠纷案【广州海事法院(2004)广海法初字第43、78号】 ………………………………… 428

No. CB-9.4-4 船员的用人单位应当按照法律的规定和合同的约定向船员支付工资,并且为船员缴纳社会保险、提供福利待遇。 428

No. CB-9.4-5 船舶驾驶不是船长的个人行为,而是以船长为指挥的全体船员相互协作的共同行为,同时受船舶本身的技术状况、航行水域的各种自然条件等因素的影响。对于船舶碰撞事故,船长的用人单位如不能举证证明船长对碰撞事故有过错以及过错程度,就不能相应扣减船长的工资。 428

No. CB-9.4-6 船员劳动合同中约定用人单位从船员收入中预扣部分款项作为合同押金,应认定为无效条款。 428

详 目 **37**

⑪ 原告伍兴与被告珠海经济特区海通船务有限公司船员劳务报酬纠纷案【广州海事法院(2000)广海法事字第71号】·················· 435

> **No. CB-9.4-7** 船员依照合同约定,接受用人单位指派登轮完成了安排的工作任务,用人单位有义务按其工资分配制度和标准,向原告发放工资和有关福利补贴。但由于社会保险费是由用人单位向社会保险部门缴纳的费用,船员没有提供社会保险手册以证明用人单位已经停止为其缴纳社会保险费用,对其申请用人单位支付保险费的请求不予支持。关于雇主两全险保险费,由于用人单位已经投保,船员也已享受相应福利,对船员的该请求不予支持。法院将两项保险费从应付工资中予以扣除。 435

> **No. CB-9.4-8** 根据《中华人民共和国海商法》第22条第1款第1项的规定,船员工资及其他劳动报酬属于船舶优先权,船员已在法院拍卖船舶时办理了债权登记,故可就拍卖价款优先受偿。 435

⑫ 原告金祥定与被告浙江勤丰海运有限公司船员劳务合同工资欠款纠纷案【宁波海事法院(2010)甬海法台商初字第29号】·················· 437

> **No. CB-9.4-9** 劳动合同在合同期届满前被解除,用人单位即被告应在解除劳动合同时一次付清劳动者工资。无故拖欠劳动者工资,用人单位除全额支付原告的工资报酬外,还需加付25%的经济补偿金。 437

> **No. CB-9.4-10** 劳动者认为用人单位提出解除合同,应当支付解除合同的经济补偿金,对此劳动者应就用人单位的解约负有举证责任。 437

> **No. CB-9.4-11** 根据船运业的惯例,船员在航行期间轮流当班、轮流休息,在没有证据证实双方在船上有额外加班工作或就休息日、法定节假日有特别约定的情况下,劳动者主张休息日、法定节假日的加班工资,法院不予支持。 437

⑬ 原告邓兰艳与被告重庆东方轮船公司船员劳务合同纠纷案【武汉海事法院(2005)武海法商字第548号】·················· 439

> **No. CB-9.4-12** 在雇员未履行相应的劳动义务的情况下,雇主有权根据法律规定或者双方的合同约定解除与其之间的劳动合同关系,但是必须证明其已向雇员履行了通知义务。 439

> **No. CB-9.4-13** 雇员有权要求雇主根据法律规定或者合同约定补缴不当除名期间的养老金。由于养老金的缴纳数额并非由当事人自行决定,而是由社会保险经办机构根据国家法律、行政法规以及被告东方公司的经营状况、职工人数等有关情况确定,故法院判令雇主向社保机构核定并补缴养老费用。 439

14 上诉人居琦与被上诉人长航凤凰股份有限公司上海华泰海运分公司船员劳务合同纠纷案【上海市高级人民法院(2010)沪高民四(海)终字第174号】…… 442

> **No. CB-9.4-14** 因用人单位作出的解除劳动合同决定而发生的劳动争议,由用人单位承担举证责任。 442

> **No. CB-9.4-15** 用人单位招用与其他用人单位尚未解除或者终止劳动合同的劳动者,给其他用人单位造成损失的,应当承担连带赔偿责任。 442

> **No. CB-9.4-16** 用人单位支付劳动者的工资报酬低于当地最低工资标准的,要在补足低于标准部分的同时,另外支付相当于低于部分25%的经济补偿金。 442

10. 船员服务合同纠纷……………………………………………… 449

1 上诉人林强与被上诉人杨春燕船员服务合同纠纷案【山东省高级人民法院(2009)鲁民四终字第18号】…………………………………… 449

> **No. CB-10.1-1** 在未取得《境外就业中介许可证》的情况下,从事船员出国中介服务属于《无照经营查处取缔办法》第4条第1款第5项规定的由工商行政管理部门予以查处的行为。 449

> **No. CB-10.1-2** 工商行政管理局依照规定作出处罚决定,是行政处罚行为,不属于《中华人民共和国合同法》第52条规定的导致合同无效的情形,不能以中介受到行政处罚为由认定关于安排培训和实习后取得相关船员证件、安排船员到境外船舶工作的合同无效。 449

2 上诉人于忠敏与被上诉人青岛中邦国际船舶管理有限公司海员服务合同纠纷案【山东省高级人民法院(2009)鲁民四终字第12号】……………… 452

> **No. CB-10.1-3** 根据山东省交通厅港航局文件及其颁发的国际海运辅助业经营资格登记证,涉案的外派单位可以接受船舶所有人或船舶承租人、船舶经营人的委托,经营船舶买卖、租赁及其他船舶资产管理;机务、商务和安排维修;船员招聘、训练和配备;保证船舶技术状况和正常航行的其他服务等国际船舶管理业务。但是,上述文件不足以证明该外派单位具有外派船员的经营资质。外派单位明知其不具有外派船员的经营资质而与船员签订劳务派遣合同,法院认定外派单位在合同签订时存在欺诈行为,船员有权主张撤销该合同。 452

> **No. CB-10.1-4** 由于外派单位不具有外派船员的资质,致使合同目的不能实现,外派单位存在过错,双方的外派合同应予撤销。外派单位应向船员返还所收取的费用,船员通过培训取得的船员证书等应予退还。但是,船员未提交证据证明其主张的未能外派期间的损失,而且法院认为虽然未从事外派海员工作,尚可通过其他途径获取收入,故法院对船员主张的经济损失不予支持。 452

11. 船员人身伤亡损害赔偿纠纷 ······ 456

11.1 船员自身过错的影响 ······ 456

1 上诉人李新东与被上诉人刘和国、被上诉人员心奎海上人身损害赔偿纠纷案【浙江省高级人民法院(2009)浙海终字第103号】 ······ 456

> **No. CB-11.1-1** 本案争议在于双方当事人之间是雇佣合同关系还是承揽合同关系。法院认为,承揽合同具有为完成一定工作、合同标的为承揽人的工作成果的重要特征。本案双方当事人约定按数量计酬,但这只是报酬支付方式,而缺少关于承揽的标的、质量、承揽方式、材料的提供、履行期限、验收标准和方法等承揽合同通常应具备的内容,故认定当事人构成雇佣合同关系。 456

> **No. CB-11.1-2** 雇员在从事涉案清砂劳动前,已有多次类似的劳动经历,对于该类工作之性质、特点、风险及本案作业的具体环境、条件、风险等应有相当之经验及认识。据此,法院认定雇员对于事故发生具有重大过失,酌定雇员自负20%的损失。 456

> **No. CB-11.1-3** 涉案《补偿协议》是在雇员受伤未完全康复的情况下所签订,雇员此后还产生了误工费、伤残赔偿金、后续治疗费等费用。法院认为,该协议构成显失公平,可予撤销。 456

2 原告徐明与被告丁立军海上人身伤亡损害赔偿纠纷案【宁波海事法院(2002)甬海事初字第104号】 ······ 461

> **No. CB-11.1-4** 船员在工作之中操作不当,对其自身受伤害有一定的过错,应适当减轻雇主的赔偿责任。 461

3 原告吴桂萍与被告宁波滨海船舶修造有限公司、浙江省三门县海运公司海上人身伤亡损害赔偿纠纷案【宁波海事法院(2008)甬海法事初字第45号】 ··· 463

> **No. CB-11.1-5** 受害人在作业时未进行必要的工具检查,在作业过程中亦未采取必要的防护措施,安全意识淡薄,故受害人对事故的发生具有重大过错,法院酌定其自负20%的损失。 463

> **No. CB-11.1-6** 发包人明知承包人自身不具备船舶除锈的安全生产条件,仍然将生产场所等出租,根据《中华人民共和国安全生产法》的有关规定,认定发包人与承包方、承租方承担连带赔偿责任。 463

4 原告李偓娥、于秋仙、林云干、林平诉被告潘爱芳、郑昌富海上人身损害责任纠纷案【宁波海事法院(2011)甬海法台事初字第43号】 ······ 467

> **No. CB-11.1-7** 雇员在船舶靠泊装货期间，在船上如厕时突然昏厥，后经医院抢救无效死亡，系自身疾病原因所致。该雇员死亡与其所任船上职务及从事的实际工作之间并无必然因果关系，死者家属亦未举证证实雇主对于死者的去世存在相应的主观过错。但因事发地点位于当时正在进行装货作业的船舶上，属于工作场合，客观上不能完全排除雇员的昏厥、死亡与其从事的实际工作之间存在局部关联的可能。因此，法院根据公平原则，判令雇主承担30%的补偿责任。 ………… 467

5 原告刘历历与被告舟山市定海永恒船舶修造服务有限公司、舟山市沥港船舶修造有限公司海上人身伤亡损害赔偿纠纷案【宁波海事法院(2008)甬海法舟事初字第4号】……………………………………… 470

> **No. CB-11.1-8** 受害人在不具有电焊资质的前提下从事电焊操作，对违规操作导致的事故具有重大过失，法院酌情其承担20%的责任。 ………… 470

> **No. CB-11.1-9** 在船舶修理的承包经营中，如果作为承包人的雇主不具有船舶修理资质，应由发包人与承包人对人身伤亡事故承担连带赔偿责任。 ………… 470

11.2 船东的安全保障义务 …………………………………… 475

6 原告蒋荷娣与被告乐亨国海上人身伤亡损害赔偿纠纷案【宁波海事法院(2002)甬海事初字第18号】……………………………………… 475

> **No. CB-11.2-1** 雇主负有对雇员工作期间的人身健康给予必要照顾的附随义务。对远洋渔船上生产作业的雇员，雇主对其人身健康给予关照的附随义务应与这种特殊的工作环境相适应，未能及时帮助雇员回航治导致延误治疗的，法院认定雇主没有尽到对雇员健康给予必要照顾的附随义务，构成责任竞合。 ………… 475

> **No. CB-11.2-2** 当事人对造成损害均无过错，但一方是在为对方的利益或者共同的利益进行活动的过程中受到损害的，法院根据公平原则，判令一方给予另一方经济补偿。 ………… 475

7 上诉人郑建国与被上诉人刘学军海上人身伤亡损害赔偿纠纷案【浙江省高级人民法院(2009)浙海终字第151号】……………………………… 477

> **No. CB-11.2-3** 最高人民法院《关于审理人身损害赔偿案件适用法律若干问题的解释》第6条规定的安全保障义务的责任主体，为从事住宿、餐饮、娱乐等经营活动或者其他社会活动的自然人、法人、其他组织。事发船舶在当时尚处于改建阶段，未对公众开放，故不属于经营活动，也不属于从事其他社会活动，因此其船舶所有人不属于司法解释规定的社会活动的安全保障义务人。但是，由于该改建船舶存在危险性，船舶所有人也有义务对登船人员的安全尽相应的注意义务，如警示提醒、提供伴护、照明指引等，否则应当对事故损失承担次要责任。 ………… 477

⑧ 原告孙胜然与被告亚太船务有限公司海上人身伤亡损害赔偿纠纷案【厦门海事法院(2010)厦海法事初字第48号】 ………………………………………… 481

> **No. CB-11.2-4** 在船舶停泊期间，非值班船员上岸休息，是航海实践的惯例，均属于工作期间。船员为了回到工作的船舶而受伤，应当属于在受雇期间间接为了雇佣活动而受伤，雇主应当承担赔偿责任。船员未尽到应有的安全注意义务，也未尽到一般人对自己应有的通常的安全注意义务，可以减轻船东的赔偿责任。 …… 481

11.3 赔偿金的确定标准 ……………………………………………………… 484

⑨ 原告周良米与被告张志挺海上人身伤亡损害赔偿纠纷案【宁波海事法院(2007)甬海法事初字第60号】 …………………………………………… 484

> **No. CB-11.3-1** 雇主与船员未签订书面船员劳务合同，致使船员担任的具体职务与工资标准产生争议，主要责任在于雇主。法院据此认定船员的职务，并按当地情况酌定船员的工资标准。 ……………………………………………… 484

> **No. CB-11.3-2** 双方当事人对护理时间有争议，法院根据司法鉴定意见书认定护理时间。 …………………………………………………………………… 484

> **No. CB-11.3-3** 被扶养人还有其他成年子女等扶养人的，赔偿义务人只需赔偿受害人应当承担的部分扶养费。 ……………………………………………… 484

⑩ 原告张理想与被告毛华兵、陈福华、中国人寿保险股份有限公司三门县支公司海上人身伤亡损害赔偿纠纷案【宁波海事法院(2007)甬海法台事初字第33号】 ………………………………………………………………………… 489

> **No. CB-11.3-4** 虽然医院出具证明认定受害人可休息3个月，但根据有关规定，因伤持续误工的误工时间最晚只能计算至定残前一日，故以较短的后者为准。 …… 489

> **No. CB-11.3-5** 受害人未能提供其需要护理的证明，但考虑其受伤严重，法院保护其住院期间的护理费，酌定35元/天。 ……………………………………… 489

> **No. CB-11.3-6** 原告不能证明其曾在城镇连续生活1年以上，其住所应认定为其户籍所在地，并按农村户口计算残疾赔偿金。 ………………………………… 489

> **No. CB-11.3-7** 法院未支持雇员向保险公司直接起诉。 …………………… 489

⑪ 原告刘勇诉被告郑原兵海上人身伤亡损害赔偿纠纷案【宁波海事法院(2010)甬海法台事初字第36号】 ………………………………………………… 493

> **No. CB-11.3-8** 受害人未提供有效证据证实其月工资为5 000元,雇主亦不予认可,故法院按照全省上一年度职工日平均工资标准计算受害人的误工损失。 …… 493

> **No. CB-11.3-9** 受害人以违约为诉因进行起诉,并主张精神抚慰金。法院认为受害人的人身损害较为严重,精神损害客观存在,故支持精神抚慰金的诉请,并酌定合理数额。 …… 493

⑫ 上诉人杨守俊与被上诉人刘金亮海上人身损害赔偿纠纷案【山东省高级人民法院(2010)鲁民四终字第104号】 …… 495

> **No. CB-11.3-10** 录音包含雇员工作天数、月工资数额、雇主为雇员购买人身保险、雇主给雇员看病治疗等内容。雇主否认该录音系其与雇员通话情况的记录。鉴于该录音内容足以体现雇主与雇员之间的雇佣情况,对其真伪,法院给予雇主7日期限提出鉴定申请,若其在给定期限内未申请,法院视其放弃异议的权利。雇主未在法院给定期限内对录音真伪申请鉴定,法院据此认定该录音资料具有证明力,予以采信。而且,住院病案首页联系人的记载,与录音资料中关于雇主为雇员看病的情况相互印证,进一步佐证了雇员受雇于雇主、因受雇作业受伤的事实。 …… 495

> **No. CB-11.3-11** 雇员在受雇用过程中从事雇佣工作而受伤,雇主应向雇员赔偿医疗费、住院伙食补助费、护理费、残疾赔偿金等。 …… 496

> **No. CB-11.3-12** 目前我国精神损害抚慰金责任的承担仅适用于民事侵权案件,雇员基于雇佣关系起诉精神损害抚慰金,法院不应支持。 …… 496

11.4 船员工伤保险 …… 499

⑬ 原告黄贞生、钟国珍、黄郑、黄顺、何洁云诉被告陈炳根水上工伤事故社会保险待遇赔偿纠纷案【广州海事法院(2004)广海法初字第360号】 …… 499

> **No. CB-11.4-1** 我国境内的各类企业、有雇工的个体工商户应当按规定参加工伤保险,为单位全部职工或者雇工缴纳工伤保险费。如果未参加工伤保险,用人单位职工发生工伤的,应当由用人单位按《中华人民共和国工伤保险条例》规定的工伤保险待遇项目和标准,支付费用。 …… 499

⑭ 原告黄国辉与被告佘明仁、李宛然海上人身损害赔偿纠纷案【厦门海事法院(2010)厦海法事初字第19号】 …… 507

> **No. CB-11.4-2** 个人非《中华人民共和国劳动法》意义上的用人单位,与个人之间系《中华人民共和国民法通则》所调整的雇佣关系,而非《中华人民共和国劳动法》所调整的劳动关系,个人并无义务为其雇员建立工伤保险关系。鉴于个人在雇佣活动过程中受伤,雇员选择以侵权起诉其个人雇主,其伤残等级应参照《道路交通事故受伤人员伤残评定》标准予以确定。《劳动能力鉴定——职工工伤与职业病致残等级鉴定》对涉案情形不适用。 …… 507

⑮ 原告陈成法与被告浙江中兴海运有限公司海上人身伤亡损害赔偿纠纷案【宁波海事法院(2010)甬海法舟事初字第3号】 …………………………… 509

> **No. CB-11.4-3**　在存在劳动合同关系的情形下,受雇人主张其在工作期间因履行职务而受伤害,不能选择依赖"雇主责任"直接向雇主索赔人身伤害损失,而应依法经由工伤认定——行政诉讼之程序获得工伤保险救济。　509

> **No. CB-11.4-4**　受雇人在工作期间受伤,在其可能丧失工伤保险等其他救济权利的情况下,法院根据民法的公平原则,判令雇主补偿部分损失。　509

11.5　调解协议书的法律效力 …………………………………………… 513

⑯ 原告苟洪源与被告欧后顺海上人身伤害赔偿纠纷案【宁波海事法院(2010)甬海法事初字第54号】 ………………………………………… 513

> **No. CB-11.5-1**　在雇主与受伤船员签订调解协议书时,受害人尚未确定伤残等级,双方对定残后应得的赔偿未明确约定。考虑到受害人当时尚未定残,其对定残后可得之赔偿亦存在认识上的显著缺陷,且受害人定残后依法可获之赔偿额与调解协议书约定的赔偿额差距巨大,已构成重大误解并导致显失公平。因此,法院判决对调解协议书内容予以变更,对原告定残之后3项费用(包括残疾赔偿金、精神损害抚慰金、鉴定费),雇主应当另行支付。　513

⑰ 原告李剑与被告李爱松海上人身伤亡损害赔偿纠纷案【宁波海事法院(2010)甬海法台事初字第16号】 …………………………………… 515

> **No. CB-11.5-2**　涉案《人民调解协议书》系双方真实意思表示,形式规范,但因约定的和解款项与原告各项费用或损失的数额相差过大,对原告而言显失公平,法院同意受害人申请撤销该调解协议。　515

案例索引 ………………………………………………………………… 519
主题词索引 ……………………………………………………………… 525
后记 ……………………………………………………………………… 529

1. 船舶代理合同纠纷

1.1 船舶代理人放货纠纷

1 上诉人三星洛基克斯公司与被上诉人五矿船务代理有限责任公司、五矿船务代理有限责任公司日照分公司船舶代理合同纠纷案
案例来源:山东省高级人民法院(2007)鲁民四终字第101号
主题词:船舶代理　凭单放货　委托人指示

> **裁判要旨**
>
> **No. CB-1.1-1**　委托人将承载的货物到达目的港后的放货事宜委托给船舶代理人,没有关于要求船舶代理人放货前需请示或通知委托人的约定,因此在货物卸载后,船舶代理人将货物交付给持有正本提单的收货人,不存在过错。委托人于放货完毕后要求船舶代理人留置货物,因货物已经不在船舶代理人的控制之下,失去将货物留置的条件,船舶代理人不应对此向委托人承担赔偿责任。

一、基本案情

上诉人(原审原告):三星洛基克斯公司(SAMSUN LOGIX CORPORATION)(以下简称三星公司)

被上诉人(原审被告):五矿船务代理有限责任公司(以下简称五矿公司)

被上诉人(原审被告)五矿船务代理有限责任公司日照分公司(以下简称五矿日照公司)

青岛海事法院查明,2005年2月,三星公司委托五矿日照公司作为其代理人,安排有关"柴乐宾斯可"轮自印度海运到日照港22 220吨精铁矿卸载事务。涉案提单由日照钢铁控股集团有限公司持有。提单载明,托运人埃克斯芬(印度)矿石有限公司,收货人凭指示(空白指示)通知方五矿钢铁有限公司。提单由"柴乐宾斯可"轮船长代表英特欧辛船务有限公司签发。提单运输条款第1条规定,提单正面注明日期的租船合同被并入本提单,但提单正面没有注明租约的签订日期。涉案租约载明船东为日本可库赛航运公司,承租人为科莱斯特海洋租船印度有限公司。三星公司作为授权代表在租约出租人一栏处签字。租约另订有FIOST条款,即船东不负责装卸费、积载和平舱费。租约还规定,船舶所有人得因未收的运费、亏舱费、滞期费和滞留损失而对货物享有留置权。承租人应对装货港发生的亏舱费和滞期费负责。承租人还应对卸货港发生的运费和滞期费负责。滞期费最迟在卸货完成后30天内结算。"柴乐宾斯可"轮到

达目的港日照港后，2005年2月16日，收货人日照钢铁控股集团有限公司与日照港股份有限公司签订卸货作业合同。货物于2005年2月26日全部卸至收货人租用的码头堆场。2005年5月27日，货物全部运离堆场。2005年5月31日，三星公司向五矿日照公司递交留置货物声明。三星公司以五矿公司、五矿日照公司违反了代理人的基本义务为由，请求判令赔偿滞期费损失55 022.54美元及利息，并承担本案的诉讼费用。

二、一审裁判

青岛海事法院认为，本案系一起涉外船舶代理合同纠纷，代理业务发生地为日照港，三星公司提起诉讼，五矿公司和五矿日照公司也未提出管辖权异议，山东省高级人民法院依法具有管辖权。各方当事人分别援引中国法律进行起诉、答辩，对适用中国法律并无异议，本案应适用中国法律解决纠纷。涉案提单系由船长代表英特欧辛船务有限公司签发，承运人系英特欧辛船务有限公司，三星公司并非涉案海上运输合同的承运人，其不享有对涉案货物的留置权。涉案提单约定将租约并入提单，但并未注明具体签订租约的日期，未将涉案租约特定化，涉案租约未能有效并入提单。本案争议的产生系三星公司认为五矿日照公司的行为造成其丧失对收货人行使留置权的机会。本案应判断三星公司对收货人是否享有留置权。滞期费是租船合同中出租人对承租人享有的权利，本案的收货人并不是租船合同的承租人，其没有承担滞期费的义务，三星公司无权向收货人行使留置权。租约是否有效并入提单，并不会改变滞期费承担的义务主体，三星公司依此租约提出相应的主张，显然不能成立。综上所述，本案三星公司不是承运人，收货人也不是承租人，三星公司所诉称的留置权并不成立。五矿日照公司凭正本提单放货，履行代理事务，并无过错，符合法律的规定。三星公司要求赔偿因丧失留置权造成的损失，证据不足，于法无据，应予驳回。根据《中华人民共和国民事诉讼法》第64条、《中华人民共和国合同法》第396条、《中华人民共和国海商法》第87条之规定，判决：驳回三星公司对五矿公司、五矿日照公司的诉讼请求。案件受理费10 286元人民币，由三星公司负担。

三、上诉与答辩

上诉人三星公司不服一审判决，上诉称，三星公司是该批货物的承运人，完全有权对货物享有留置权，被上诉人接受我方委托后，代理我方对外放货，应当及时向我方报告货物的放货信息，这是代理人的基本责任。在其将货物放走后，没有将放货情况通知我方导致我方留置权的落空，被上诉人应对他们的失职对我公司承担赔偿责任，请求二审法院撤销一审判决，改判由两被上诉人承担赔偿责任并承担诉讼费用。

被上诉人五矿日照公司和五矿公司答辩称，三星公司并非合同的承运人，两代理人履行代理义务没有过错，应驳回上诉，维持原判。

四、二审裁判

山东省高级人民法院经审理查明事实与一审查明事实相同。

山东省高级人民法院认为,三星公司系在韩国注册的公司,是外国法人,本案为涉外案件,一审根据各方当事人的选择,以中华人民共和国的法律作为处理各方争议的准据法,符合法律规定,山东省高级人民法院对此予以确认。

2005年2月11日,三星公司就"柴乐宾斯可"轮承载的货物到达日照港后的放货事宜委托给五矿日照公司,在双方的合同中并没有要求五矿日照公司放货前需请示或通知三星公司的约定,货物卸载后,收货人日照钢铁控股集团有限公司持有正本提单要求五矿日照公司放货,至2005年5月27日,上述货物全部放货完毕。上述放货过程不违反代理合同的约定,而且将货物放给了合法的提单持有人,五矿日照公司的放货行为没有过错。三星公司要求五矿日照公司放货前应向其汇报的主张既不符合合同的约定,也没有法律依据。2005年5月30日,在货物放货完毕后,三星公司才通知五矿日照公司对货物留置,但此时货物已经不在五矿日照公司的控制之下,已经失去将货物留置的条件。本案中,三星公司与五矿日照公司缔结的是代理合同,三星公司是否是该批货物承运人,并不影响其成为该代理合同的委托人,三星公司享有的代理合同的权利也不受其是否是承运人的影响,因此,判断期租合同是否并入提单以及是否依据并入提单的期租合同认定三星公司为该批货物的承运人,对本案的审理已无意义。由于货物留置的行为没有发生,而且五矿日照公司在履行代理合同中没有过错,因此,判断三星公司是否享有该批货物的留置权,对本案的审理也没有实际意义。

综上所述,三星公司上诉无理,上诉请求不能成立,一审判决认定事实清楚,适用法律得当,判决结果应当维持,依据《中华人民共和国民事诉讼法》第153条第1款第1项之规定,判决如下:

驳回上诉,维持原判。

2 原告中国工商银行汕头市韩江支行与被告中国汕头外轮代理公司无正本提单交货纠纷案

案例来源:广州海事法院(2000)广海法汕字第15号
主题词:船舶代理人 无正本提单放货 提单质权 侵权责任

裁判要旨

No. CB-1.1-2 垫付信用证项下货款的开证行选择以无正本提单交货侵权为诉因提起诉讼,没有违反法律规定,法院予以采纳。

No. CB-1.1-3 提单依据信用证交易通常程序流转,在开证申请人未付款赎单的情况下,提单作为债权担保而为开证行所占有,开证行对提单享有质权。开证行是受开证申请人的委托而与受益人建立信用证关系的,开证行垫付货款接受提单应视为其代表开证申请人而为,故从受益人角度而言,货物所有权已经转移为开证申请人享有。但是开证申请人只有通过付款赎单、合法持有提单,才享有完整的提单项下的物权。开证申请人付款赎单前,应确认开证行是提单的合法持有人,对提单享有质权。在权利质押的法律关系中,开证行是质权人,开证申请人是出质人,质押的标的是提单。开证行可以在开证申请人不履行债务时凭提单提货,并与开证申请人协议将提取的货物用于清偿所担保的债权。开证申请人在与开证行签订《进口押汇协议》时,已经凭保函提取了提单项下的全部货物,开证行已无法实现提单的质权。开证申请人无单提货后又与开证行签订《进口押汇协议》,是一种欺诈行为,法院认定《进口押汇协议》无效。开证行实际上是为开证申请人垫付了信用证款项,开证申请人应向其偿还垫付的信用证款项。

No. CB-1.1-4 承运人的船务代理作为专业公司,在未收回正本提单的情况下,擅自接受收货人(开证申请人)的保函放货,造成开证行合法持有正本提单而不能依法提取或控制货物,侵害了开证行对提单所享有的质权,应当对此产生的法律后果承担赔偿责任,赔偿开证行因此无法通过实现提单质权而获得开证申请人尚未偿付的信用证代垫款及垫付信用证项下货款之日起算的利息。

一、基本案情

原告:中国工商银行汕头市韩江支行

被告:中国汕头外轮代理公司

原告诉称:汕头市水果蔬菜发展总公司(下称水果公司)因进口聚乙烯,向原告申请开具金额为306 000美元的即期信用证。原告接受其申请,于1999年5月28日开出编号为LC47299094TB的即期信用证。原告于6月11日收到信用证项下的单据,遂通知水果公司付款赎单,水果公司未能按期付款赎单。原告按照国际惯例垫付信用证项下的货款。当原告持正本提单准备向被告提货时,得知被告在没有正本提单的情况下向他方出具小提单,已将货物交给他人。被告的无正本提单放货行为,严重侵害了原告的合法利益,致使原告无法收回信用证代垫款138 569.36美元及利息5 518.65美元(按年利率9.27%计,其中本金306 000美元,从1999年8月4日计至1999年9月29日的利息为4 412.52美元,欠款138 569.36美元,从1999年9月29日计至1999年10月29日的利息为1 106.13美元),共144 088.01美元。因原告与被告不存在合同关系,原告以侵权为诉因提起诉讼。在本案跟单信用证业务中,原告承兑付款后,包括提单在内的全套单据转移到原告,原告成为提单的合法持有人,享有提单项下的物权。被告出具小提单并实际放货的行为已构成对原告的侵权,侵权行为与原告的损害结果之间具有因果关系,依法应承担赔偿责任。请求判令被告赔偿原告经济损失144 088.01美元及其至付款之日止的利息,并承担本案的诉讼费用。

被告辩称:(1)本案是一宗无单放货纠纷,在司法实践中被定性为违约行为,原告以侵权为依据提起诉讼不应得到法院的支持。(2)被告与原告之间不存在合同关系，被告无须对原告承担任何合同义务，包括依据提单向原告交付提单项下货物的义务。(3)水果公司在原告付清信用证项下货款时由于对买卖合同的完全履行而获得提单项下全部权利，原告付款后仅为本案所涉提单的保管者，并非提单的善意持有者，且此时提单已不具备物权凭证的效力，原告不能就该提单主张任何权利。(4)原告诉称的损失与被告的无正本提单放货行为不存在因果关系。本案是一起原告与水果公司的押汇借贷合同纠纷，原告未收回的款项是水果公司尚欠原告的部分押汇借款。在借贷法律关系中，被告不是当事人，不存在侵权；工商银行"特种转账借方(付出)传票"载明"金额306 000美元、转账用途为付LC99094TB"，证明水果公司付清了信用证项下的款项。原告提交的"水果公司开证申请书"中有一个"结清"字样，也证明原告已收回为水果公司开出的信用证项下的款项，原告的主债权已实现；"押汇协议"没有约定提单用于质押，被告无单放货行为，并未侵犯原告的主债权及其从属的担保物权。故，请求驳回原告的诉讼请求。

二、法院查明的事实

广州海事法院认定了以下事实：

1999年5月19日，水果公司与韩国大宇公司签订了一份编号为99DWSNT074的买卖合同，约定：水果公司向大宇公司购买聚乙烯500吨，每吨单价612美元，价格条件CNF汕头，总金额为306 000美元；付款方式为不可撤销的即期信用证，受益人为大宇公司；装船日期为1999年5月底之前。

1999年5月20日，水果公司向原告提出开证申请。根据5月24日水果公司向原告出具的《开证申请人承诺书》记载，水果公司要求原告根据其申请的内容，依照国际商会第500号出版物《跟单信用证统一惯例》开出不可撤销跟单信用证，并保证向原告支付信用证项下的货款、手续费、利息及一切费用，以及在跟单信用证表面相符的前提下办理有关付款/承兑手续。同日，汕头市来荣企业有限公司应水果公司的要求，向原告出具《不可撤销信用证担保书》。

1999年5月28日，原告接受水果公司的申请，向受益人大宇公司开具编号为LC47299094TB的信用证，金额为306 000美元。6月1日，水果公司申请修改信用证，经原告同意后将装船最迟日期变更为1999年6月5日之前。6月11日，原告收到韩国议付行釜山银行6月8日寄交的信用证项下的全套正本提单、商业发票等单证，并向水果公司发出《进口付款通知书》。根据提交议付的编号为IMTCOP36US0601的提单记载，该提单是指示提单，承运船舶为"澳航"轮(MV. OH POONG)，装货港为韩国蔚山(ULSAN)，卸货港为中国汕头，提单项下聚乙烯数量500吨、毛重501.500吨，提单签发日期为6月5日，承运人为"贝塔威示航运有限公司"(BETAWISH SHIPPING LIMITED)。发票记载的货款总金额为306 000美元。同日，水果公司确认"单据齐全、同意付款"。

1999年6月16日，"澳航"轮抵汕头港卸货。6月18日，被告作为"澳航"轮的船舶代理人，应水果公司的要求签发了小提单，提单项下的货物因此被水果公司委托的提货人澄海市对外加工装配服务公司、汕头成信包装制品厂、汕头协新塑料制品厂及澄海市冠华进出口贸易有限公司提走。庭审中，被告确认货物被全部提走的时间是1999年7月8日，原告确认知道货物被提走的时间是1999年8月9日。

1999年8月4日，原告（乙方）与水果公司（甲方）签订一份《进口押汇协议》，约定：在进口信用证（LC47299094TB）下，甲方由于资金困难，由乙方代甲方垫付进口货款，在一定期限内由甲方偿还乙方的上述垫款以及由此产生的利息、佣金、费用、逾期罚息等；进口押汇金额为306 000美元，押汇年利率9.26%，押汇期限自1999年8月4日起至1999年8月13日止；为保证乙方如期全额收回代甲方垫付的货款及利息、费用等，甲方愿将信用证涉及的进口货物的所有权归乙方所有，甲方到期不能偿还乙方债务时，乙方有权处分该货物及/或享有从处分抵押价值中优先得到押汇本息偿付权利。汕头市来荣企业有限公司作为水果公司的担保人在该协议上盖章确认。同日，原告根据《进口押汇协议》，将押汇款306 000美元转入水果公司账户。

1999年8月5日，原告对外支付了信用证（LC47299094TB）项下的货款306 000美元。同日，水果公司向原告付款306 000美元。根据原告向水果公司开具的《工商银行特种转账借方（付出）传票》记载，付款单位是"水果"（水果公司），收款单位是"韩江支行"（原告），收款时间是1999年8月5日，付款金额为306 000美元，付款（转账）原因为"付LC99094TB"。

1999年9月29日，水果公司向原告申请购汇，金额167 430.64美元。水果公司向原告申请购汇的《客户申请购汇工作单》记载，水果公司购汇用途为"付还L/C垫款"，原告同意水果公司的购汇申请。原告出具的《外汇买卖套汇付出传票（人民币）》记载，原告收到水果公司支付购汇的款项人民币1 388 000元，折合167 430.64美元，注明是"水果公司购汇付押汇款"。水果公司尚欠原告138 569.36美元。

水果公司1999年6月18日出具的《委托书》记载，水果公司委托被告将其进口的货物交给其受托单位。6月18日出具的《担保函》记载，水果公司以货物的正本提单未到而又急需提货为由，要求被告在未见提单的情况下将货物交给水果公司，并保证承担因此产生的任何责任和费用。

此外，2000年4月26日，本院根据原告提出的诉讼保全申请，依法裁定冻结被告在中国银行汕头市分行的银行存款1 194 475.19元。原告缴纳了财产保全申请费7 000元、执行费1 000元。

三、法院裁判

广州海事法院认为，原告选择以无正本提单交货侵权为诉因提起诉讼，属于原告的诉讼权利，没有违反法律规定，应予采纳。

本案所涉提单依据信用证交易通常程序流转，在开证申请人未付款赎单的情况下，提单作为债权担保而为开证行所占有，开证行因此对提单享有质权。开证行是受开证申请人的委托而与受益人建立信用证关系的，开证行垫付货款接受提单应视为其代表开证申请人而为,故从受益人角度而言,货物所有权已经转移为开证申请人享有。但开证申请人只有通过付款赎单,合法持有提单,才享有完整的提单项下的物权。在水果公司付款赎单前,应确认原告是提单的合法持有人,对本案所涉提单享有质权。

在权利质押的法律关系中,原告是质权人,水果公司是出质人,质押的标的是提单。原告可以在水果公司不履行债务时凭提单提货,并与水果公司协议将提取的货物用于清偿所担保的债权。但水果公司在与原告签订《进口押汇协议》时,其已经凭保函提取了提单项下的全部货物,在这种情况下,原告已无法实现提单的质权。因此,水果公司无单提货后又与原告签订《进口押汇协议》是一种欺诈行为,应认定该《进口押汇协议》无效。原告实际上是为水果公司垫付了信用证款项 306 000 美元。水果公司于 1999 年 9 月 29 日通过购汇向原告付还信用证垫款 167 430.64 美元,故水果公司尚应支付原告为其垫付的信用证款项 138 569.36 美元。

被告作为船务代理的专业公司,在未收回正本提单的情况下,擅自接受水果公司的保函放货,造成原告合法持有正本提单而不能依法提取或控制货物,侵害了原告对提单所享有的质权,故应当对此产生的法律后果承担赔偿责任。被告的侵权行为直接导致原告无法通过实现提单质权而获得水果公司尚未偿付的信用证代垫款 138 569.36 美元及相关利息,故原告主张该损失合法,应予支持。相关利息应从原告垫付信用证项下货款之日起算。原告将部分利息计算复利,该请求缺乏法律依据,不予支持。

据上,依照《中华人民共和国海商法》第 71 条和《中华人民共和国民法通则》第 106 条第 2 款的规定,判决如下:

被告中国汕头外轮代理公司赔偿原告中国工商银行汕头市韩江支行经济损失 138 569.36 美元及其从 1999 年 9 月 30 日计至付款之日止按照中国人民银行同期企业流动资金贷款利率计算的利息;以及 306 000 美元从 1999 年 8 月 5 日计至 1999 年 9 月 29 日止按照中国人民银行同期企业流动资金贷款利率计算的利息。

1.2 船舶代理人签发提单纠纷

3 原告寰宇租船公司与被告中国湛江外轮代理公司船舶代理合同纠纷案
案例来源:广州海事法院(2000)广海法湛字第 46 号
主题词:船舶代理人　运费预付提　超越代理权

> **裁判要旨**
>
> **No. CB-1.2-1**　对于涉外船舶代理合同纠纷,因当事人没有选择本案实体争议所适用的法律,且涉案货物运输的装货港以及被告所在地均位于中国,根据《中华人民共和国民法通则》第 145 条第 2 款规定的最密切联系原则,适用中国法律处理实体争议。

> **No. CB-1.2-2** 委托人通过代理人委托船舶代理人作为期租船舶的船舶代理,船舶代理人接受委托,双方委托代理合同成立。代理人不履行职责而给被代理人造成损害的,应当承担民事责任。委托人有权指示船舶代理人在尚未收到应收运费的情况下,拒绝签发运费预付提单。虽然此前委托人曾指示船舶代理签发提单,但提单被收回后,委托人有权重新指示船舶代理人拒绝签发,船舶代理人应当按照委托人新的指示不予签发,但船舶代理人未尽代理职责,擅自向托运人签发运费预付提单,超越代理人的代理权限,应当承担违约责任。因其向托运人签发运费预付提单,视为船舶代理已收取了提单项下货物的运费,应将运费赔付委托人。

一、基本案情

原告:寰宇租船公司(UNIVERSAL CHARTERING INC.)
被告:中国湛江外轮代理公司

原告寰宇租船公司诉称:1998年10月9日,原告与"莫拉克"(MERAKS)轮船东散运(欧洲)公司[BULKTRANS(EUROPE)CORP.,以下简称散运公司]签订定期租船合同,约定船东授权原告签发有关该轮运输的提单。同日,原告以出租人的身份与星贸太平洋公司(STAR TRADE PACIFIC INC.,以下简称星贸公司)签订航次租船合同,约定由"莫拉克"轮自中国湛江港和北海港运载20 000吨袋装化肥至孟加拉赤塔根港(CHITTAGONG),运费为每吨19美元。租船合同签订后,原告即通过代理人尼普顿货物代理公司(NEPTUNE CARGO BROKERS INC.,以下简称尼普顿公司)委托被告作为"莫拉克"轮在湛江港的船舶代理人。10月12日,被告复函接受原告的委托。之后,原告曾致函被告,要求被告在原告收到运费之前不得向托运人签发"运费已付"提单,被告复函答应其将按照原告的指示办理。然而,在原告迟迟不能收到运费的情况下,要求被告将有关的提单寄给原告时,被告却置若罔闻。事后得知,被告违背原告的指示,已经将"运费已付"提单签发给了托运人。由于被告的上述违约行为,导致原告丧失了向租船人和提单持有人收取运费的权利,以及为收取运费而对货物享有的留置权。对此,被告应承担违约责任,赔偿原告的运费损失。按"莫拉克"轮在湛江港装载货物11 022吨,每吨19美元计算,原告运费损失为209 418美元。请求判令被告赔偿原告上述运费损失及其利息,并承担本案诉讼费用。

被告中国湛江外轮代理公司辩称:被告接受尼普顿公司的委托,作为"莫拉克"轮在湛江港的船舶代理人,在整个代理过程中,都是与尼普顿公司进行联系。原告不是"莫拉克"轮的出租方,与托运人贵州翁福进出口公司(以下简称翁福公司)签订租船合同的出租方为SINO TRANSPAC CORPORATION(以下简称TRANSPAC公司)。原告也不是被告的委托人,被告未与原告发生委托代理关系,原告不具有诉权,无权请求被告赔偿损失。货物装船后,被告根据尼普顿公司1998年10月20日的传真指示,向托运人签发了提单。应托运人要求,并经尼普顿公司同意,提单被收回,对内容作了更改。提单更改后,被告要求尼普顿公司确认并批准签发,但尼普顿公司不予答复。10月31日,被告函告尼普顿公司信用证将到期,提单若不签发,将导致托运人不能结汇,建议为避免发生纠纷,提单应尽快签发给托运人。尼普顿公司以没有收到运费为由,不准被告签发提单。在此情况下,被告根据托运人提供的已付运费凭证及保函签发提单,没有过错。原告由于与船东、出租人就有关运费分配发生争议,于12月23日与船东代理、托运人签订一份协议。根据协议,原告实际收取涉案运费230 596美元,比应收取运费多收了30 985美元。原告诉称遭受运费损失与事实不符,请求判令驳回原告的诉讼请求。

二、法院查明的事实

广州海事法院认定以下事实:

1. 原、被告之间是否存在委托代理关系

原告认为,原告的经纪人尼普顿公司在发给被告的传真中,已明确地向被告说明了委托方是原告。被告在其签发的提单中也明确记载了其是原告的代理人。因此,原、被告之间存在委托代理关系。被告认为:被告只是接受尼普顿公司的委托,作为"莫拉克"轮在湛江港的船舶代理人。在整个代理过程中,被告从未接到过原告的委托指示。提单中记载被告作为原告的代理人,是被告根据尼普顿公司的指示填写的,并不代表被告的真实意思表示。据此,原、被告之间不存在委托代理关系。

广州海事法院认为:尼普顿公司1998年10月9日发给被告的传真中,已明确告知是原告委托被告作为"莫拉克"轮在湛江港的船舶代理人。10月12日,被告复函接受委托。在整个代理过程中,尼普顿公司的传真也多次提到是根据原告的指示通知被告的。被告签发提单时,又在"作为船东寰宇租船公司的代理人"上面加盖了公章,即使是尼普顿公司的要求,但被告未提出异议,说明被告已确认其是原告的代理人。因此,原、被告之间存在委托代理关系,双方的委托代理合同从被告10月12日复函接受委托时成立。被告主张原、被告之间没有委托代理关系,理由不充分,不予支持。

2. 原告是否已收取涉案货物的运费

原告认为,翁福公司支付的199 584美元运费并未付给原告。TRANSPAC公司支付给原告的70 569美元不是运费,而是弥补"莫拉克"轮滞期费。翁福公司根据其与原告、SERREX公司签订的协议向原告支付150 000美元,是为了使"莫拉克"轮恢复航行将货物顺利运抵卸货港。根据协议规定,若原告从有关方收回本航次所有费用,翁福公司有权向原告收回该笔款项。该款实际上是翁福公司向原告提供的暂借款。原告至今未收到"莫拉克"轮本航次涉案货物的运费。被告认为:原告未与TRANSPAC公司签订"莫拉克"轮的航次租船合同,TRANSPAC公司不负有向原告支付船舶滞期费的合同义务,原告称TRANSPAC公司向其支付的70 569美元不是运费,而是弥补"莫拉克"轮滞期费没有事实依据,该款应属原告收取的部分运费。由于原告以中止本航次运输为要挟,翁福公司在已向TRANSPAC公司付清全部运费的情况下,又被迫向原告

支付 150 000 美元运费。原告实际收取的运费已超过其应收取的数额,其诉称遭受运费损失与事实不符。

广州海事法院认为,由于"莫拉克"轮本航次承运了湛江港和北海港装载的两批货物,原告无证据证明北海港装载的货物也是由 TRANSPAC 公司签约运载,TRANSPAC 公司给付原告的 70 569 美元是为该批货物支付的款项。原告又无证据证明"莫拉克"轮本航次发生了滞期,TRANSPAC 公司同意向原告支付滞期费用。因此,原告认为该款是弥补"莫拉克"轮滞期费,依据不足,不予支持。该款应视为是 TRANSPAC 公司支付本案所涉货物的部分运费。根据翁福公司与原告、SERREX 公司签订的协议约定,若原告从有关方收回本航次所有费用,翁福公司有权向原告收回已支付的 150 000 美元。据此,被告主张该款是翁福公司支付给原告的运费,理由不充分,不予支持。

三、法院裁判

广州海事法院认为,本案为涉外船舶代理合同纠纷。原、被告没有就处理本案实体争议所适用的法律提出选择意见,因本案所涉货物运输的装货港是中国湛江港,被告为中国公司,根据《中华人民共和国民法通则》第 145 条第 2 款规定的最密切联系原则,应适用中华人民共和国法律处理本案实体争议。

原告通过尼普顿公司委托被告作为"莫拉克"轮在湛江港的船舶代理,被告接受委托,双方委托代理合同成立,合法有效。原告有权指示被告在其尚未收到应收运费的情况下,拒绝签发运费预付提单。虽然原告在此之前曾指示被告签发提单,但提单被收回后,原告有权重新指示被告拒绝签发,被告应当按照原告新的指示不予签发。但被告未尽代理职责,擅自向托运人翁福公司签发运费预付提单,超越了代理人的代理权限,应当承担违约责任。依照《中华人民共和国民法通则》第 63 条第 2 款、第 66 条第 2 款的规定,代理人在代理权限内,以被代理人的名义实施民事法律行为。代理人不履行职责而给被代理人造成损害的,应当承担民事责任。被告未按其委托人原告的指示,擅自向托运人翁福公司签发运费预付提单,视为被告已收取了提单项下货物的运费,被告应将运费赔付原告。原告应收取的运费根据其与星贸公司的航次租船合同的约定每吨 19 美元,以"莫拉克"轮在湛江港的实际装货量 11 022 吨计算为 209 418 美元。因原告已收取了 TRANSPAC 公司支付的 70 569 美元运费,该款应从原告应收取的运费中扣减。余额 138 849 美元及利息,被告应赔付原告。利息从被告注明提单签发日期之次日即 1998 年 10 月 19 日起算。

综上,依照《中华人民共和国民法通则》第 66 条第 2 款、第 106 条第 1 款的规定,判决如下:

一、被告中国湛江外轮代理公司赔偿原告寰宇租船公司运费损失 138 849 美元及利息(利息从 1998 年 10 月 19 日起,按中国人民银行同期流动资金贷款利率计至本判决确定支付之日止);

二、驳回原告寰宇租船公司的其他诉讼请求。

1.3 代理办理远洋渔业捕捞许可证

4 上诉人珲春市瑞达贸易有限公司与被上诉人杨由发船舶代理合同纠纷案

案例来源:山东省高级人民法院(2007)鲁民四终字第50号
主题词:远洋捕捞　捕捞许可证　合同无效

裁判要旨

No. CB-1.3-1　根据《中华人民共和国渔业法》的规定,到他国管辖海域从事捕捞的,国家实施许可证管理。农业部《远洋渔业管理规定》第7条要求"到他国专属经济区作业的,应当提供与外方的合作协议或他国政府主管部门同意入渔的证明、我驻项目所在国使(领)馆的意见,代理开展远洋渔业项目的主体需向相关部门提交代理协议并申请相关项目审批"。该程序性要求系代理人办理批准手续所必须遵守的。在本案合同未办理中朝两国政府审批手续的情况下,当事人无视合同的明确约定,明知远洋捕捞行为违法,仍然共同赴朝捕捞,该行为对合同的主要内容实施了变更。该变更及履行行为因违反《中华人民共和国渔业法》及其他法律的强制性规定而无效,由此产生的损失,法院根据我国法律关于无效合同的规定处理。

一、基本案情

上诉人(原审原告):珲春市瑞达贸易有限公司(以下简称瑞达公司)
上诉人(原审被告):杨由发
上诉人(原审被告):张立贵

青岛海事法院查明:2005年7月10日,瑞达公司(甲方)与船主(乙方)签订水产捕捞代理合同书,合同约定:(1)甲方负责取得朝鲜政府批准中国渔船在朝鲜东海海域进行水产捕捞生产许可批文,乙方负责引进主机总功率450马力船只4艘。(2)甲方责任:首先出示中朝两种文字的政府批文,及与朝方会社的合作捕捞合同书;为乙方提供渔船进入朝鲜所需的及乙方进入朝鲜作业前朝方的一切手续;捕捞期间,负责与朝方会社的一切事情(包括朝方海关、商检、报关、卸货、记账、直到拉货车离开罗津海关),其中一切费用由乙方承担;向乙方提供朝鲜渔业法规,地方政府关于水产捕捞的文件及影响水产捕捞的信息等。(3)乙方责任:首先办理渔船入朝作业中方的一切手续,向甲方提供渔船的吨位、马力数、详细资料及船员名单;每对船向甲方交纳政府批文的手续费3万美元,船到罗津港后,每对船应向甲方交纳1万美元方可出海作业,剩余2万美元在渔业生产作业后交纳(即出海作业后1个月内交齐);负责渔船进入朝鲜罗津后,向朝方交纳的一切费用(即海关、商检、边检、水产捕捞许可证、船改号费)及货物出关的报关费。(4) 利润分成:采取航次见产分成,即在一个航次抵港卸货时产品的30%归甲方,70%归乙方。……(6) 生产周期:2005年7月15日至10月15日,历时3个月。……(8) 乙方向甲方交纳代理费后,双方法定代表人签字盖章生效,并具有法律效力。(9) 违约责任:双方应共同遵守合约,一方违约将负责对方的全部经济损失。……甲方在合同书上盖了公章,并有代表人于永新、赵传忠的签字;乙方即船主方有张立贵的签字。签订合同时,杨由发以船主的名义出现,并表明由张立贵代表其签字。

2005年8月23日张立贵出具欠条一张,欠条载明:今欠于永新、赵传忠、王兆朋代理费4万美元,在2005年9月10日前还2万美元,剩余2万美元在2005年9月20日前还清。根据合同,张立贵共应支付代理费6万美元,但只支付了2万美元代理费,对拖欠的4万美元一直未付。

2006年3月13日,朝鲜罗津海岸通行检查所出具证明证实:2005年7月16日,瑞达公司指定的"鲁荣渔2321""鲁荣渔2322""鲁荣渔1597""鲁荣渔1598"4艘渔船到达朝鲜罗津港。在罗津港,张立贵以"鲁荣渔2321""鲁荣渔2322"号船主的名义、杨由发以"鲁荣渔1597""鲁荣渔1598"号船主的名义进行登记、船检、改号,朝鲜罗津海岸通行检查所要求提供船舶所有权证书原件等资料,张立贵、杨由发说所有权证书和登记证书原件未带入朝鲜,只带了船检证书原件,朝鲜罗津海岸通行检查所扣留了4条渔船的船检证书,并把4条船的船号分别改为朝鲜大洋1、2、3、4号。4条渔船船检证书原件表明,"鲁荣渔2321""鲁荣渔2322"号渔船的所有人为张立贵,"鲁荣渔1597""鲁荣渔1598"号渔船的所有人为杨由发,张立贵、杨由发在进行捕捞登记时还上交了4条渔船的船舶所有权证书、登记证书、检验资料、船员证书等复印件,瑞达公司从朝鲜罗津海岸通行检查所提取了上述船检证书原件以及所有权证书、登记证书、检验资料、船员证书等复印件,并提交青岛海事法院。

2005年8月24日朝鲜罗津海岸通行检查所对涉案4条渔船故意逃走行为作出了处罚决定:朝鲜青松贸易会社大洋支社申请获得了共同捕捞许可证,委托朝方的罗津水产合作会社和中方的瑞达公司组织共同捕捞作业。因为在捕捞许可证上申请的4条渔船未到,所以瑞达公司指定的"鲁荣渔2321""鲁荣渔2322""鲁荣渔1597""鲁荣渔1598"来代替,在朝鲜东海进行了共同捕捞作业。在作业过程中,4条渔船于2005年8月21日17点故意逃走,所以扣留渔船并处以支付20万美元的罚款,保证无条件放行扣留的4艘渔船。

2006年3月13日,朝鲜罗津海岸通行检查所出具证明证实:罗津海岸通行检查所2005年8月24日向张立贵、杨由发送达了《关于渔船逃跑的处罚决定》。参加的人员有:中方船主张立贵、杨由发及船主翻译;瑞达公司于永新、赵传忠、崔燕姬;朝方:青松会社韩昌洙;海岸通行检查所金仁哲;翻译安全范。

2006年3月24日,朝鲜罗津海岸通行检查所出具证明证实:2005年8月27日,上述4条渔船从朝鲜罗津码头私自逃走。

2005年5月21日,瑞达公司根据2005年5月18日与朝鲜罗津珲春水产合作会社签订的共同捕捞合同,向罗津珲春水产合作会社支付2组中国渔船在朝鲜海的共同捕捞渔业许可证手续费6万美元。

2005年7月11日,罗津珲春水产合作会社向瑞达公司收取涉案4条渔船的捕捞费27 000美元。

2005年8月4日,瑞达公司为张立贵、杨由发支付工作服费600美元、检查费200美元、经费15 000美元。

瑞达公司与朝鲜青松贸易会社大洋文社履行共同捕捞合同过程中,由于张立贵、杨由发中途逃走,造成瑞达公司与朝方履行合同时违约,应支付违约金4.5万美元。

原审另查明,自2005年7月10日至同年10月15日即上述水产捕捞代理合同签订、履行期间,涉案4条渔船"鲁荣渔2321""鲁荣渔2322""鲁荣渔1597""鲁荣渔1598"均登记在张立贵名下。2004年3月16日杨由发取得"鲁荣渔1597""鲁荣渔1598"号渔船的所有权,2005年5月9日该两渔船过户给张立贵,同年10月20日又过户给杨由发。

瑞达公司诉前申请法院扣押了杨由发所属的"鲁荣渔1597""鲁荣渔1598"号渔船,产生保全费用10 000元人民币。

二、一审裁判

青岛海事法院认为,本案当事人争议的焦点问题主要有三个:(1)涉案水产捕捞代理合同的法律效力;(2)张立贵、杨由发的法律责任;(3)瑞达公司的实际损失。

关于涉案代理合同的法律效力问题,青岛海事法院认为,《中华人民共和国渔业法》第23条明确规定:"国家对捕捞业实行捕捞许可证制度……到他国管辖海域从事捕捞作业的,应当经国务院渔业行政主管部门批准,并遵守中华人民共和国缔结的或者参加的有关条约、协定和有关国家的法律。"涉案代理合同的当事方在未取得我国渔业行政主管部门许可的情况下,私自组织渔船赴朝从事远洋渔业捕捞,明显违反了我国法律的强制性规定,因此该代理合同应当认定无效。

关于张立贵、杨由发的法律责任问题,青岛海事法院认为,在涉案代理合同签订以及履行时,虽然"鲁荣渔1597""鲁荣渔1598"号渔船的登记所有人已经由杨由发变更为张立贵,但杨由发却仍以该两船船主的名义出现并实际履行合同,在朝鲜罗津港进行登记、船检、改号时,其亲自向朝方提交了该两船所有权变更前的有关资料,包括船检证书原件、所有权证书复印件等,上述资料均显示,杨由发是"鲁荣渔1597""鲁荣渔1598"渔船的所有人;张立贵作为船主方的"代表人",在签订、履行涉案代理合同过程中,亦未向瑞达公司及朝方说明"鲁荣渔1597""鲁荣渔1598"号渔船所有权的变更情况,张立贵、杨由发的上述过失行为导致瑞达公司认为杨由发是"鲁荣渔1597""鲁荣渔1598"号渔船船主,并且在履行合同过程中为杨由发支付了有关费用;另外,在缔结涉案代理合同时,双方约定由"船主"方负责办理"中方的一切手续",这里的"船主"既指向在合同上签字的船主代表张立贵,也应指向以"鲁荣渔 1597""鲁荣渔 1598"号渔船船主的名义出现并实际履行合同,而且让张立贵代表其在代理合同上签字的杨由发,"中方的一切手续"当然应当包括远洋捕捞许可手续,由于张立贵、杨由发未办理该手续的过失行为导致代理合同无效。因此,青岛海事法院认为,在缔结涉案代理合同的过程中张立贵、杨由发均存在过失,这种缔约过失行为,损害了瑞达公司的合法权益,造成瑞达公司的经济损失,应共同承担主要责任。

瑞达公司作为上述 4 条渔船赴朝作业的代理公司,在组织渔船入朝作业时未对中方审批手续的办理情况进行严格的审查;在涉案代理合同的签订、履行过程中亦未审查四条渔船的所有权证书原件,仅凭张立贵、杨由发提供的所有权证书复印资料就认为杨由发是"鲁荣渔 1597""鲁荣渔 1598"号渔船船主,对造成的后果亦存在一定的过错,应承担一定的法律责任。

关于瑞达公司的实际损失问题,青岛海事法院认为,瑞达公司为涉案 4 条渔船支付的费用包括办理捕捞许可证的手续费 6 万美元、捕捞费 27 000 美元、工作服费 600 美元、检查费 200 美元、经费 15 000 美元,共计 102 800 美元。对合同约定的代理费 6 万美元,因为合同无效,法院不予支持,张立贵已经支付的 2 万美元瑞达公司应予以返还。关于朝鲜青松贸易会社大洋文社向瑞达公司催交的违约金 4.5 万美元,因为没有有效的证据证明瑞达公司已经实际支付,法院不予支持。

综上,青岛海事法院认为,对于瑞达公司的实际损失 102 800 美元,应由张立贵、杨由发共同承担 70% 的责任,共同赔付瑞达公司 71 960 美元,因张立贵已经支付瑞达公司 2 万美元的代理费,张立贵、杨由发需再共同支付 51 960 美元,约合 415 680 元人民币;其余损失,由瑞达公司自负。

依照《中华人民共和国民法通则》第 106 条第 1 款、《中华人民共和国合同法》第 52 条之规定,判决:

一、张立贵、杨由发于本判决生效之日起 10 日内一次性共同赔付瑞达公司 415 680 元人民币;

二、驳回瑞达公司其他的诉讼请求。

案件受理费 14 610 元人民币,由张立贵、杨由发共同负担 3 197 元人民币,瑞达公司负担 11 413 元;保全费 10 000 元,由张立贵、杨由发共同负担。

三、上诉与答辩

瑞达公司不服原审判决向山东省高级人民法院上诉称:青岛海事法院不认定其为张立贵、杨由发支付的码头费、入港同意费、港口费、作业费为履约损失不当,不认定其实际支付的船舶改号费不当,不认定其违约金 4.5 万美元不当。青岛海事法院认定"水产捕捞代理合同"无效不当,其已按照约定全面履行合同义务,不应承担过错责任。请求山东省高级人民法院依法撤销原审判决予以改判。

杨由发不服青岛海事法院判决,向山东省高级人民法院上诉称:在 2005 年 7 月 10

日至2005年10月15日期间,杨由发不是"鲁荣渔1597/1598"船主,亦非"水产捕捞代理合同"当事人,对于其与张立贵系合伙"捕捞"没有事实依据,青岛海事法院认定其以船主身份出现并实际履行了合同不当。青岛海事法院认定因其与张立贵过失导致合同无效承担主要责任不当。青岛海事法院对瑞达公司自认的代理卖鱿鱼的款项私自扣留未予认定,对瑞达公司的损失计算没有依据。请求山东省高级人民法院撤销原审判决,驳回瑞达公司对杨由发的诉讼请求。

张立贵辩称:同意杨由发的观点,杨由发不是合同当事人,船舶所有权证书上载明的船主是张立贵。码头费、入港同意费、港口费、作业费、改号费的证据已在一审提交,不应认定为是新证据。一审认定的6万美元是用于办理许可证,但未见到"许可证",对该笔费用亦不予认可。

四、二审裁判

经审理查明:原审判决中认定经费为1.5万美元,系笔误,经与当事人核对,该笔经费为1万美元,0.5万元人民币。二审期间瑞达公司提交的证据系原审时已经提交过的,仅完善了公正认证手续,故山东省高级人民法院认定的事实与一审一致。

山东省高级人民法院认为,根据当事人的上诉及被上诉人的答辩,本案存在三个焦点问题:(1)杨由发是否应当承担法律责任?(2)涉案的水产捕捞代理合同是否有效?(3)原审认定的过错分配比例是否正确,损失的范围及数额是否计算得当?

(一)杨由发是否应当承担法律责任的问题

根据山东省高级人民法院查明的事实,杨由发不是合同列明的当事人,也未在合同上签字,争议发生期间杨由发亦非船舶登记的船主。虽然朝鲜罗津海岸通行检查所提供的资料证明,杨由发在合同实际履行期间是"鲁荣渔1597""鲁荣渔1598"的船主,但该资料与船舶实际登记情况并不相符,依船舶登记上述船舶在当时为张立贵所有。张立贵以船主的名义订立合同,其义务是负责引进4艘船,事实上,涉案4艘船舶在合同履行期间均为张立贵所有。瑞达公司支付的费用是代合同相对人张立贵支付的,本案中的欠条也是张立贵个人出具,签署合同时杨由发是否指定张立贵代签合同与实际履行的一系列行为发生在不同的时间段,不能印证李辉证言内容的真实性。因此,青岛海事法院判令杨由发承担责任没有法律和事实依据。

杨由发上诉请求中提到的青岛海事法院未认定的捕捞鱿鱼款问题,虽与瑞达公司的原审起诉具有牵连关系,因杨由发自己主张不是合同当事人则其无权主张,而张立贵一审期间亦未提出相应反诉,故山东省高级人民法院不予审查。

综上,杨由发未签署合同亦非合同履行过程中的船主,青岛海事法院对杨由发的法律责任认定不当,瑞达公司对杨由发的诉讼缺乏事实与法律上的依据,应予驳回。

(二)《水产捕捞代理合同》的效力问题

该问题应当分合同实际履行前和实际履行后两个阶段进行判断。实际履行前,合同就办理审批及合作捕捞的具体事项作出了明确约定,该约定并未违反法律法规的禁止性规定,合同本身并非无效。合同约定瑞达公司首先出示中朝两种文字的政府批文,及与朝方会社的合作代理合同书。而一审、二审中张立贵、杨由发均否认瑞达公司持有朝方政府批文,庭审中瑞达公司表示无法提供批文或合作单位相关文件,可以认定瑞达公司不持有朝方的政府批文或与朝方会社的合作捕捞合同书。而根据《渔业法》,到他国管辖海域从事捕捞的,国家实施许可证管理,当事人获得批准必须按照有关规定提交材料。农业部《远洋渔业管理规定》第7条要求,到他国专属经济区作业的,应当提供与外方的合作协议或他国政府主管部门同意入渔的证明、我驻项目所在国使(领)馆的意见;代理开展远洋渔业项目的主体需向相关部门提交代理协议并申请相关项目审批。该程序性要求系代理人办理批准手续所必须遵守的,而本案中,代理方瑞达公司却并不持有朝方的政府批文或与朝方会社的合作捕捞合同书,且合同笼统约定由被代理人张立贵办理"国内一切手续"与《渔业法》《远洋渔业管理规定》不符,故未能办理国内项目批准的责任在瑞达公司一方。

在合同未办理中朝两国政府审批手续的情况下,张立贵、瑞达公司无视合同的明确约定,明知远洋捕捞行为违法,仍然共同赴朝捕捞,该行为是对合同的主要内容实施了变更,该变更及履行行为因违反我国渔业法及其他法律的强制性规定而无效。由此产生的损失应根据我国法律关于无效合同的规定处理。

(三)一审认定的损失范围、数额,过错责任的分担比例问题

二审期间,瑞达公司所主张的入港同意费、改号费、作业费均系朝鲜青松贸易会社大洋支社收取的,因未载明向谁收取,不能证明与本案有联系,不符合证据关联性的要求;违约金系青松贸易会社收取的,虽然能够证明向瑞达公司收取,却无法证明瑞达公司已实际支付,亦不能证明与本案的联系,故不能证明是因本案船舶收取的合同违约金。码头费的证据虽然注明收取的是青松贸易会社大洋支行租赁的中国籍的船舶码头费用,但是也没有客观证据证实系本案船舶,公证书添加的关于这些费用是为本案张立贵、杨由发代交的证明内容,因没有基础证据证明,山东省高级人民法院不予认定。本案中,几份证据的公证书上虽然载明是收取的张立贵和杨由发的费用,但这些公证的结论没有基础证据印证,故对超出公证范围的内容,山东省高级人民法院不予认定。综上,瑞达公司请求张立贵、杨由发支付码头费、入港同意费、港口费、作业费为履约损失,船舶改号费、违约金的上诉请求缺乏事实依据,山东省高级人民法院予以驳回。

损失责任的比例分配问题,山东省高级人民法院认为,在合同实际履行阶段,张立贵提供渔船,瑞达公司积极协调朝鲜方面,双方合作入朝鲜捕捞的行为共同故意违反了我国相关法律的强制性规定,双方应当对违法损失后果共同分担。瑞达公司要求张立贵、杨由发承担全部损失的上诉请求缺乏法律依据,故山东省高级人民法院予以驳回。鉴于本案中杨由发的相关责任已被排除,张立贵未提出上诉,除庭审中确定的一审计算错误予以纠正外,山东省高级人民法院对损失的范围、数额以及一审判决认定

的损失比例不予调整。本案的实际损失即为97 800美元并5 000元人民币,应由张立贵单独承担70%的责任即偿付551 180元人民币,因张立贵已经支付瑞达公司2万美元的代理费,张立贵需再支付391 180元人民币。

综上,青岛海事法院认定事实部分不清,予以纠正;杨由发的上诉请求部分有理,山东省高级人民法院予以支持。依照《中华人民共和国民事诉讼法》第153条第1款第3项的规定,判决如下:

一、维持青岛海事法院(2006)青海法烟海商字初第4号民事判决的第2项;

二、变更青岛海事法院(2006)青海法烟海商字初第4号民事判决的第1项为张立贵于本判决生效之日起10日内一次性赔付珲春市瑞达贸易公司391 180元人民币。

1.4 船舶代理人管理船舶资料不当

5 原告福州成明贸易有限公司与被告珠海经济特区长源船务企业有限公司船舶挂靠、代管合同纠纷案

案例来源:广州海事法院(2001)广海法商字第12号

主题词:船舶挂靠及代管　船舶资料　赔偿责任

> **裁判要旨**
>
> **No. CB-1.4-1**　船舶挂靠及代管单位未经同意擅自将船舶资料提供给他人使用,损害了船舶资料所有人的合法权益,应承担相应的民事责任,在船舶挂靠及代管单位已无法返还船舶资料的情况下,应向船舶资料的所有人支付船舶资料的受让费。

一、基本案情

原告:福州成明贸易有限公司

被告:珠海经济特区长源船务企业有限公司

原告诉称:原告受买家的委托,从国际市场物色了一艘二手LPG船。1999年1月7日,原告与被告签订《船舶挂靠及代管协议书》,根据协议书的约定,原告向被告提供了拟进口船舶"光邦丸6号"轮的《船舶规范》《验船报告》《旧船舶进口技术评定书》等资料。由于被告未在协议约定的时间内办妥申请进口手续,导致原告不能代理买家对外履约,丧失了对该轮的购买权,造成原告的佣金损失。此后,被告未经原告同意,将原告以60 000元受让的上述资料有偿提供给他人使用。被告的违约行为造成原告经济损失,请求判令被告偿还原告上述资料的受让费60 000元;支付原告违约赔偿金

60 000 元;支付上述款项的利息 18 960 元(自 1999 年 1 月 20 日起至 2001 年 3 月 20 日止,按每日万分之四计算),并承担本案诉讼费用和差旅费。

被告辩称:合同签订后,被告依约及时、全面地履行了合同义务,取得了申请单位署名为被告的《旧船舶进口技术评定书》和《机电产品进口证明》。原告不能代理买家对外履约,并非由于被告的原因所造成,而是原告没有实际取得"光邦丸 6 号"轮的购买权。上述资料的所有权属于被告,在原告不能对外履约的情况下,被告可自行处理上述资料。况且,被告在处理上述船舶资料前已得到原告及其代表周庆鼎的同意,在办理"光邦丸 6 号"轮进口手续的过程中,原告也从未提出异议。因此,被告不存在违约的事实,原告的诉讼请求缺乏事实依据,应予以驳回。

二、法院查明的事实

广州海事法院认定了以下事实:1998 年 9 月 19 日,中国船级社应申请单位瓯江船务有限公司(下称瓯江公司)的申请,派验船师到日本德山港对"光邦丸 6 号"轮进行状况检验后出具《验船报告》,并于 9 月 24 日向瓯江公司签发了《旧船舶进口技术评定书》。1998 年 12 月 29 日,原告与瓯江公司签订《协议书》,瓯江公司将有关"光邦丸 6 号"轮的《旧船舶进口技术评定书》《验船报告》等船舶资料出让给原告,费用为人民币 60 000 元。瓯江公司于 2000 年 1 月 19 日向原告出具收款收据,收到原告支付"光邦丸 6 号"轮的资料转让费 60 000 元。12 月 15 日,瓯江公司在其出具的关于转让 LPG 船"光邦丸 6 号"轮《旧船舶进口技术评定书》的有关情况说明中,证实将"光邦丸 6 号"轮有关船舶资料出让给原告。

1999 年 1 月 7 日,委托方温州华电油气运输有限公司(下称温州华电公司)、原告作为委托方的代理、被告作为船舶挂靠及代管单位,三方共同签订《船舶挂靠及代管协议书》(以下简称《协议书》)。该《协议书》约定:温州华电公司通过其代理(即本案原告)拟进口"光邦丸 6 号"轮,将该轮挂靠在被告处并以被告的名义申报和办理进口手续;船舶进口后,由被告向有关部门申请,将"光邦丸 6 号"轮更名为"温汽运 1 号",同时由被告代管船舶,由温州华电公司向被告支付代管费。此外,《协议书》第 4 条第 1 款约定:在委托方及其代理完成船舶检验和技术评定合格的基础上,由挂靠单位提供经主管部门批准的购船指标,并以其本单位的名义申报和办理上述船舶的《机电产品进口证明》(即进口许可证)。《协议书》第 7 条第 1 款约定:本协议签订之后,委托方代理应向挂靠代管单位提供该船的所有技术商务资料,挂靠代管单位在接到资料后两周内办妥《进口证明》和购汇手续。

同年 1 月 8 日,珠海市机电产品进口办公室同意被告上报购船指标。同日,被告向中华人民共和国海事局递交《关于申请换发旧船舶进口技术评定书的报告》,请求将申请单位为瓯江公司的《旧船舶进口技术评定书》变更为被告。被告同时将该报告抄发瓯江公司,瓯江公司发传真给中华人民共和国海事局和中国船级社入级部,同意被告的申请,将"光邦丸 6 号"轮的《旧船舶进口技术评定书》中的"申请单位"一栏由瓯江公司变更为被告。1月18日,中华人民共和国海事局向被告签发了申请单位为被告的《旧船舶进口技术评定书》。1月21日,被告与中国运输机械进出口公司(下称中国机械公司)签订《委托代理协议》,委托中国机械公司代理进口一艘二手LPG船,负责申请购汇和对外付款等。1月22日,被告传真通知原告,要求原告将购船款及银行费用汇入中国机械公司的账户。1月25日,被告向珠海港务监督局申请,将"光邦丸6号"轮更名为"温气运一号"。1月27日,国家机电产品进出口办公室向被告签发了《机电产品进口证明》。

庭审中,被告确认于1999年7月30日用《旧船舶进口技术评定书》和《机电产品进口证明》等资料向珠海海关办理了"光邦丸6号"轮的进口手续,但进口方并非本案原告,也不是原告的委托方。

另根据中华人民共和国海事局《关于旧船舶进口检验有关规定说明的函》(海船检字[1998]36号)查明,凡申请进口的旧船舶,须由我国有资质的验船部门(如中国船级社)进行检验并签发《船舶状况检验报告》,海事局根据验船报告及有关情况,对符合国家安全和环境保护的强制性标准及有关法律法规要求的受检船舶签发《旧船舶进口技术评定书》。拟进口旧船舶的使用单位持签发的《旧船舶进口技术评定书》(正本、副本)及其他相关的文件向外经贸部机电进出口司申领《机电产品进口证明》和办理审批手续。《旧船舶进口技术评定书》(正本)连同《机电产品进口证明》在办理海关进口手续时一并使用。

三、法院裁判

广州海事法院认为,本案是一宗船舶挂靠、代管合同纠纷。原、被告和温州华电公司三方共同签订的《船舶挂靠及代管协议书》是经各方协商一致达成,意思表示真实,没有违反法律的强制性规定,依法成立并有效,对各方当事人均具有约束力。

原告虽是温州华电公司的代理,但根据协议的约定,其有义务向被告提供"光邦丸6号"轮的船舶资料,被告应在收到资料后的两周内办妥该轮的有关进口手续。该协议对原、被告之间的权利义务作了约定,现原告以被告擅自处理了"光邦丸6号"轮的有关船舶资料,损害其合法权益为由,依据该协议向被告提起诉讼,原告作为诉讼主体适格。

原告为证明其是"光邦丸6号"轮船舶资料的所有人,提供了原告与瓯江公司签订的协议书、瓯江公司出具的收款收据以及瓯江公司出具的关于转让LPG船"光邦丸6号"轮的《旧船舶进口技术评定书》的有关情况说明等证据。原告提供的上述证据足以证明原告是通过向瓯江公司支付受让费后取得"光邦丸6号"轮有关船舶资料的,因此,原告是"光邦丸6号"轮有关船舶资料的所有人。原告将资料提供给被告,被告依据原告提供的船舶资料,以其名义申报和办理"光邦丸6号"轮的进口手续,取得《旧船舶进口技术评定书》和《机电产品进口证明》,是双方在履行协议中约定的义务,有关"光邦丸6号"轮的船舶资料的所有权仍属原告。被告关于《旧船舶进口技术评定书》

及《机电产品进口证明》是由其申请取得,因此上述资料的所有权应属被告的抗辩理由缺乏法律依据,不予支持。被告未经原告同意擅自将原告所有的船舶资料提供给他人使用,损害了原告的合法权益,应承担相应的民事责任。被告以其在办理"光邦丸6号"轮进口手续的过程中,已征得原告及其代表周庆鼎的同意,原告也从未提出异议的抗辩理由,缺乏事实依据,不予采信。在被告已无法返还船舶资料的情况下,原告请求被告支付受让费60 000元合理,予以支持。

原告还主张被告没有在协议约定的两周内办妥"光邦丸6号"轮的有关进口手续,导致原告不能对外履约造成其佣金损失,要求被告支付违约赔偿金60 000元。根据《协议书》第7条第1款的约定:本协议签订后,委托方代理(即本案原告)应向挂靠代管单位(即本案被告)提供该船的所有技术商务资料,挂靠代管单位在接到资料后两周内办妥《进口证明》和购汇手续。因此,认定被告是否违约,应以被告在接到原告提供的资料后是否在两周内办妥进口证明和购汇手续作为依据。根据《中华人民共和国民事诉讼法》第64条第1款的规定,当事人对自己提出的主张,有责任提供证据。原告首先负有举证义务,证明原告何时将资料提供给被告。原告对此不能提供充分有效的证据予以证明。因此,原告不能举证证明被告违约,其要求被告支付违约赔偿金60 000元的主张,缺乏事实和法律依据,不予采信。原告请求被告支付每日万分之四的利息,亦缺乏法律依据,不予支持。利息可按中国人民银行同期存款利率计算。原告要求被告支付差旅费,但没有提供相应的证据,不予认定。

此外,被告为证明原告不能对外履约是由于原告对"光邦丸6号"轮没有购买权,提供了《船舶买卖代理合同书》。该证据表明,1999年2月27日,温州市太平洋船务贸易公司作为买方,与代理方上海久发进出口有限公司签订《船舶买卖代理合同书》。合同约定:由买方委托代理方向日本丸福株式会社代理购买LPG"第六广邦丸"轮,对外支付购船款等费用,并将该轮从日本接回国内。买方代表周庆鼎、代理方代表卢建珍在合同上签名。由于本案原告是以被告擅自处理"光邦丸6号"轮的有关船舶资料,损害其合法权益为由而提起诉讼,被告提供的该份证据与本案纠纷没有关联性,不能作为本案定案的依据。

综上,依照《中华人民共和国民法通则》第106条的规定,判决如下:

一、被告珠海经济特区长源船务企业有限公司向原告福州成明贸易有限公司赔偿60 000元及其利息(利息自1999年7月30日起至本判决确定的付款之日止,按中国人民银行同期存款利率计算)。

二、驳回原告福州成明贸易有限公司的其他诉讼请求。

⑥ 再审申请人东宁县华埠经济贸易公司与原审上诉人威海外运、威海原木材公司船舶进口代理合同、废钢船买卖合同纠纷案
案例来源:最高人民法院(2000)交提字第3号
主题词:船舶代理合同　经济犯罪嫌疑　恶意串通

裁判要旨

No. CB-1.4-2　依据《中华人民共和国和俄罗斯联邦关于民事和刑事司法协助的条约》第29条的规定,在俄国境内制作的官方文件、经俄国法院或者主管机关制作或证明的文书,只要经过签署和正式盖章即为有效。故俄罗斯航海船舶登记局签署的文件和公证人签署证明的文件,无须公证认证,即可作为证据使用。

No. CB-1.4-3　本案是基于其与代理人的代理合同及与买方的船舶买卖合同而发生的船舶进口代理合同和国内废钢船买卖合同纠纷,当事人和合同事实均在中国境内,应适用中国的法律。因涉案船舶系从俄罗斯联邦共和国进口,部分证据源于该国,有关船舶所有权的转移及源于该国证据的效力,应当适用中国与俄罗斯的双边条约。

No. CB-1.4-4　依据最高人民法院《关于在审理经济纠纷案件中涉及经济犯罪嫌疑若干问题的规定》第1条的规定,同一公民、法人或其他经济组织因不同的法律事实,分别涉及经济纠纷和经济犯罪嫌疑的,经济纠纷案件和经济犯罪嫌疑案件应当分开审理,故经济纠纷案件的涉案人员有犯罪嫌疑,也不影响其依据合法有效的合同法律关系维护自己的合法权益,对相关责任人提起诉讼,法院对民事纠纷仍然可以审理。

No. CB-1.4-5　代理人在履行代理义务时,维护委托人的合法权益是其默示的基本义务。船舶代理及进口货物代理,有义务履行受委托的全部船舶代理和办理货物进口手续等事项,并交付形成或获取的相关文件资料,不得以委托人未给付代理费而拒绝向其交付相关文件资料。代理人拒不向委托人交付资料,反而将有关资料交予他人,违反了代理合同的约定,应当承担由此产生的损害后果。

No. CB-1.4-6　代理人与他人恶意串通,损害委托人的利益,依据《中华人民共和国民法通则》第66条第2款、第3款的规定,应当与侵权人共负连带民事赔偿责任。

一、基本案情

二审法院查明的事实:
再审申请人(原审被上诉人):东宁县华埠经济贸易公司
原审上诉人(一审被告):中国外运山东威海公司(原山东省对外贸易运输分公司

威海支公司)

原审上诉人(一审被告):威海市经济技术开发区腾达工业有限公司(原威海市经济技术开发区木材公司)

原审第三人:原烟台市拆船工业公司。

山东省高级人民法院(二审法院)原终审判决认定:1993年12月8日,黑龙江省边境贸易管理局以0220161-03864HLDO-1206号《委托代理批准书》批准华埠公司委托东宁县边境贸易公司(以下简称边贸公司)代理与原苏联、东欧各国开展易货贸易和经济技术合作。1994年4月21日,东宁县华埠经济贸易公司(以下简称"华埠公司")以边贸公司名义与俄国纳霍德卡市南滨海区社会股份有限公司(以下简称俄滨海区公司)签订了进口废钢船、盘元和出口牛肉罐头两份合同,合同号均为"HLDO-1206",进、出口合同的总值均为328 000美元,其中废钢船的价值为228 000美元。两份合同均于同年4月26日经黑龙江省边境贸易管理局盖章备案。中华人民共和国东宁海关于同年4月27日签发了编号为"940749"的《进出口货物征免税证明》,批准对废钢船以易货贸易减半征税。

1994年4月25日,华埠公司与威海经济技术开发区腾达工业有限公司(以下简称原木材公司)签订协议约定,由华埠公司进口废钢船卖给原木材公司,到港完税价为每吨146美元,共计4 300吨(以船舶文件档案吨为准),计627 800美元。原木材公司于4月29日前付定金人民币30万元,并提前做好接船准备工作,船到大连港后付人民币150万元,3天内接船交接完毕,5天内付清余款。5月1日,废钢船"尼古拉·依萨英阔"(NIKOLAI ISAENKO,以下简称"尼古拉"号)船驶抵大连港,5月5日,原木材公司与华埠公司补充协议:经原木材公司要求,船舶转移至威海港,华埠公司报关后,原木材公司马上接船,5天内付清船款。华埠公司要求俄方将船航行至威海港交船时,俄方要求先付10万美元现金,否则将船开回俄国。同日,华埠公司与中国外运山东威海公司(以下简称威海外运)订立代理合同,委托威海外运"作为船舶代理和货物代理,办理'尼古拉'船舶的一切进口手续"。5月17日,原木材公司与俄罗斯南海捕鱼船队有限公司(以下简称俄船队公司)签订购销"尼古拉"号废钢船协议,转售给原木材公司,每吨115美元,共计447 005美元;解除俄方与华埠公司的购销废钢船合同。同日,原木材公司、威海外运与俄方"尼古拉"号在船人员办理了船舶交接手续。

1994年6月1日,原木材公司以华埠公司名义,按东宁海关批准易货贸易减半征税额申报并缴纳关税人民币59 233.02元,进口增值税172 861.70元。6月2日,威海海关放行"尼古拉"轮。6月8日,原木材公司向威海外运支付代理费3 259元。此前,华埠公司向威海外运索要经海关放行的"尼古拉"轮提单,威海外运以未支付代理费为由拒绝交还提单。

原木材公司于1994年6月2日,与拆船公司签订买卖合同,将该废钢船以4 971 890元人民币的价格卖给烟台市拆船工业公司(以下简称"拆船公司")拆解。

1994年6月5日,威海外运通知威海港监,该轮手续已办完,可以放行;该轮离港后,威海外运又以该轮手续不齐为由要求威海港监不予放行。

1996年3月12日,黑龙江省牡丹江市郊区人民法院审理牡丹江市大丰农贸公司(以下简称"大丰农贸公司")诉华埠公司牛肉罐头购销合同案,判决华埠公司承担违约责任,赔偿该案原告人民币114 600.00元。该案判决已发生法律效力,并已执行完毕。

山东省高级人民法院查明认定的上述事实与青岛海事法院一审查明认定的事实相同。该院还查明,接受华埠公司船舶代理的应为威海外运下属的威海船务代理公司,但由于其注册资金不到位而不具备法人资格,其民事责任应由组建单位威海外运承担。

山东省高级人民法院根据以上事实作出(1997)鲁经终字第236号民事判决,驳回威海外运和原木材公司的上诉,维持青岛海事法院(1995)青海法海事重字第1号民事判决:

一、威海外运赔偿华埠公司经济损失370 600.00美元,及自1994年6月8日起至本判决确定的付款之日止的银行同期存款利息,以及人民币129 600.00元,原木材公司承担连带赔偿责任。

二、原木材公司赔偿华埠公司违约金人民币300 000.00元,将原木材公司以华埠公司名义缴纳的进口关税、进口增值税合计232 094.72元抵充后,最终偿付违约金人民币67 905.28元。

二、再审裁判(二审法院)

山东省高级人民法院再审认定:1994年4月21日,华埠公司除以边贸公司的名义与俄方签订了两份易货贸易合同外,又以本公司名义与俄方同一公司签订了两份编号与易货贸易合同相同的现汇合同(中俄文各一份),船价均为32.8万美元,但该两份合同未经黑龙江省边境贸易管理局盖章备案。

原木材公司依据其与俄方签订的购销废钢船协议取得"尼古拉"船后,随即转卖给拆船公司。拆船公司付清船款后,与原木材公司通过烟台港监联系威海港监协调放船,威海港监未对该船例行检查予以放行,威海外运发现后通知港监称,该船手续不全,不能放行;威海港监高频电话通知该船抛锚待命,该船未予理睬。

山东省高级人民法院再审裁定还认定:再审庭审过程中,华埠公司提供的俄方证据均与原木材公司在一、二审时提供的证据针锋相对,但华埠公司及原木材公司提供的俄方证据均未经我国驻俄使馆公证或认证。

山东省高级人民法院再审裁定:

(1)华埠公司在签订易货贸易合同后又与俄方签订现汇贸易合同,并在履行合同过程中,诸多行为与易货贸易合同相悖而与现汇贸易合同吻合。并且,俄方在一审时申请参加诉讼的询问笔录中承认,其与华埠公司实为现汇贸易,实际交易额为447 005美元。华埠公司欺骗海关,伪报贸易性质及交易价格,偷逃关税数额巨大,已涉嫌构成走私犯罪。原木材公司事后知道华埠公司伪报贸易性质、瞒关走私,仍积极参与并直接与俄方订立非法现汇买卖合同、偷逃关税、转卖走私货物牟取暴利,其行为亦涉嫌构成走私犯罪。威海外运事后亦知道华埠公司及原木材公司的违法行为,仍为其进行代理报关,也有一定错误。原一、二审判决认定易货贸易合同合法有效、现汇贸易合同无效,但对当事人之间实际履行的是何种贸易合同没有明确认定,致使在客观上对当事人的一系列违法行为予以保护,是错误的,应予纠正。

(2)威海外运在接受华埠公司的委托后,在整个代理过程中,未介入华埠公司、原木材公司及俄方的商务活动,其行为并未超出船舶代理职责范围。"尼古拉"船是否允许离港是港务监督的权力,与威海外运是否打电话并无法律上的因果关系。海关放行提单一直在威海外运手中,并未给华埠公司或者原木材公司,不存在威海外运与原木材公司恶意串通、私下放船的事实。原审判决认定威海外运与原木材公司恶意串通,擅自通知威海港监放船给原木材公司,损害了华埠公司的利益,缺乏事实依据。华埠公司对威海外运的诉讼请求应予驳回。

(3)原木材公司在一、二审期间,华埠公司在再审期间分别提供的俄方证据,是针对同一事实完全相反的证据,双方当事人均没有足够的证据否定对方的证据,且上述证据均未经我驻俄使领馆认证或公证,该院无法核实,均不予采信。

(4)本案是由船舶买卖而发生的纠纷,原一、二审将该案案由定为船舶代理纠纷,未能反映本案实质,以偏概全,应予纠正。

山东省高级人民法院再审裁定:撤销该院(1997)鲁经终字第236号民事判决和青岛海事法院(1995)青海法海事重字第1号民事判决;驳回华埠公司的起诉;本案移送公安机关处理。

三、再审申请与答辩

华埠公司不服山东省高级人民法院的再审裁定,申请最高人民法院再审并提出理由如下:

(1)华埠公司诉求的是威海外运违反代理协议、超越代理权限与原木材公司串通造成被代理人重大经济损失的船舶代理纠纷案,再审裁定将该案定性为船舶买卖纠纷案,进而改变华埠公司与俄方的贸易合同性质,认定华埠公司构成走私,是地方保护主义。再审裁定认定华埠公司实际履行现汇合同是没有事实与法律依据的。根据1984年12月15日国务院文件规定由黑龙江省制定的黑边局贸字(1993)201号文件,华埠公司委托有进出口权的边贸公司与俄方签订的是易货贸易合同,实际履行的也是易货贸易合同。华埠公司委托签订的易货贸易合同是合法有效的,华埠公司的贸易行为也是合法的。再审裁定主观臆断拼凑认定所谓现汇合同,是混淆事实,违反法律法规的规定。所谓现汇合同的买方不是东宁边贸公司,文本也未经华埠公司法人或当时的法定代表人签章,该文本仅为李文义个人签字的俄文意向书,根据最高人民法院《关于适用涉外经济合同法若干问题的解答》第4条、第6条的规定,是无效的。并且,文本中没有标的物的船名、吨位等与易货贸易合同标的物为同一物的事实,根据俄方提供的具有法律效力的证据、威海外运曲寿章代理我方与俄方签字的"尼古拉"船交货单(写明"根据1994年4月21日第HLDO-1206号易货合同规定")、俄方开具的商业发票、华埠公司为履行易货贸易合同与国内供方订立的购买牛肉罐头合同等证据,以及华埠公司除给付俄方3万美元船员遣返费和中介公司10万美元中介费外,没有支付俄方一分钱船款的事实,证明华埠公司签订并履行的是易货贸易合同。

(2)再审裁定认定华埠公司一起办理的船舶交接手续,但是威海外运和原木材公司承认华埠公司未参加与俄方办理交接手续的事实。事实是:华埠公司无人于5月9日登船;5月17日,威海外运背着华埠公司伙同原木材公司与俄方办理交接手续,并私自将"尼古拉"船交给原木材公司。威海外运与原木材公司串通的事实有:① 外运公司代理华埠公司办理进口手续时,背着华埠公司带领原木材公司的人办理手续,并把华埠公司与原木材公司的买卖船舶协议交有关部门,使有关部门误认为该船是原木材公司进口的,为原木材公司偷着拖走"尼古拉"号船奠定了基础。② 威海外运于1994年5月7日代华埠公司报关后,把华埠公司的原始合同及从"尼古拉"号船取回的船舶资料一并交给原木材公司。③ 本案诉讼1年后,威海外运提供一份收货人为威海外运的提单。④ 威海外运声明从1994年5月9日以后终止与华埠公司的代理关系,而成为原木材公司的代理。⑤ 威海外运背着华埠公司伙同原木材公司一起与俄方办理船舶交接手续,并将船舶交给了原木材公司。⑥ 1994年6月2日,华埠公司向威海外运索要提单时,威海外运以未交代理费为由拒绝还给提单,并称原木材公司交了代理费,实际上原木材公司在6月8日才交的代理费。⑦ 6月5日威海外运曲寿章电话通知港监手续办妥可以放船,致原木材公司可以将船顺利拖走。

(3)华埠公司提供的俄方证据是经过俄罗斯国公证机关公证的。裁定认定为未经公证,是隐瞒事实否定其法定效力。裁定对双方有关证据都不予采信,实际上是否认华埠公司的有效证据。

威海外运和原木材公司在答辩期限内未进行答辩。威海外运在庭审时辩称:

(1)华埠公司未取得对废钢船合法权益,对威海外运没有诉权。华埠公司与俄方签订易货贸易合同的同时还签订相同合同号的现汇贸易合同,华埠公司的代表已实际向俄方支付13万美元并出具付款"保证书",原木材公司支付剩余船舶价款后,俄方才交船,说明实际履行的是现汇贸易;华埠公司是仅有注册资金人民币30万元的皮包公司,以易货贸易合同骗取减半征收进口关税手续,根本没有能力履行易货贸易合同;华埠公司将合同权益转让给木材公司是其真实意思表示,华埠公司对本案易货贸易合同标的不享有任何权益,自然对废钢船没有所有权,更没有诉权。

(2)原木材公司是本案贸易合同中的真正权利人,船舶交接不存在错误。原木材公司接受船舶是其与华埠公司合同以及华埠公司与俄方不能履行合同所决定的,不存在交付错误。威海外运应华埠公司、俄方和原木材公司的要求办理船舶联检等船舶交接手续,没有任何过错和恶意串通。

(3)威海外运依法正确履行了与华埠公司之间的代理合同。本案标的物是进口废钢船,华埠公司委托威海外运的代理业务具有船代业务和货代业务的双重性,既有船舶联检、船员交接等船代业务，又有将船舶作为进口货物报关等货代业务。作为货代应将海关放行的提单交给华埠公司，但作为船代，应当按照海关要求将海关放行的正本放行单留存以备查验。威海外运发现华埠公司提交的提单没有俄方的签字，要求其提供符合要求的正本提单。本案提单不具有"物权属性"，俄方是凭付款凭证和现金收讫交船的。由此，不难理解华埠公司在未付清船款前就持有提单，俄方为何在原木材公司付清船款后向原木材公司签发第二套提单，并且在4年后又向华埠公司签发第三套提单。威海外运没有将提单释放给未支付一分船舶价款的华埠公司是非常正确的。威海外运得知原木材公司在未经威海港监同意将船舶拖出威海港后，即通知威海港监该船放行手续不全不能放行。华埠公司称威海外运指示港监放行没有根据。威海外运发现华埠公司实际履行现汇贸易，但考虑到华埠公司已支付13万美元，为维护中方利益才继续履行代理合同。

（4）此案是以易货贸易为幌子，行现汇贸易偷逃关税涉嫌走私犯罪，多方单位和人员涉嫌共同犯罪。提请法院和有关部门依法追究涉嫌犯罪嫌疑人的刑事责任。

原审第三人拆船公司因未参加1999年度检验而被吊销营业执照，已于2000年7月25日被烟台市工商行政管理局依法注销，丧失了本案诉讼主体资格。

四、再审裁判（最高法院再审）

（一）华埠公司向法院提交的证据材料

（1）两个合同号均为HLDO-1206的进口废钢船和盘元、出口牛肉罐头的合同及船舶发票、发货票，以证明易货贸易合同的事实。

（2）黑龙江省边贸局批准委托代理证书、黑龙江省边贸局[1993]201号文件和东宁县边贸局计字（1994）014号文件，以证明易货贸易合同合法有效。

（3）有关购买牛肉罐头合同纠纷的判决书及执行和解协议，以证明华埠公司有为履行易货贸易合同在国内组货的行为。

（4）报关单，以证明威海外运代理以废钢船易货贸易合同进口报关。

（5）海关放行的记名提单，上面有俄罗斯海关和中国海关的放行签章，以证明提单有效，船舶作为进口货物应当交给华埠公司。

（6）国际航行船舶进口申请书（从海关监管二科提取的复印件），以证明威海外运为华埠公司代理申请船舶进口。

（7）进口关税和进口增值税专用缴款书，以证明纳税人是为华埠公司代理进口业务的黑龙江省东宁边境经济贸易公司。

（8）威海外运的发票，以证明威海外运收取了由木材公司代华埠公司交付的代理费。

（9）经俄国公证人公证的1997年9月5日俄方船长尼科尔斯基的证明文件，以证明华埠公司给付的13万美元的用途，其中10万美元用于支付中介服务费，3万美元用于支付船组人员费用，并非船舶价款。

（10）俄方总经理德契克签署的证明，以证明俄方交货履行的是HLDO-1206号易货合同,并根据《中苏交货共同条件》和合同第 15 条的规定,已在 1994 年 4 月 26 日将船舶所有权转移给华埠公司。

(11)俄方 1994 年 4 月 26 日签发的记名提单正本、俄方尼科尔斯基和德契克的证明,以证明补交给华埠公司一份签署有效的正本提单的来源,原交给华埠公司用于报关的记名提单与留在俄方公司的提单正本是一致的,提单收货人是华埠公司。

(12)经俄国公证人公证的 1997 年 9 月 5 日俄方船长尼科尔斯基的证明文件,以证明 1994 年 5 月 7 日,威海外运以华埠公司的名义从船长手中获取了"尼古拉"号的所有船舶文件及船舶注销证书。

(13)经俄罗斯航海船舶登记局沿海边疆区登记局监察长官认定真实的《俄罗斯航海船舶登记局撤销船舶登记证明书》复印件,以证明"尼古拉"号轮由于俄方与华埠公司的 HLDO-1206 号合同,于 1994 年 4 月 24 日在娜霍德卡渔港撤销登记。

(14)俄罗斯航海船舶登记局监察长官签署的证明文件,以证明根据 HLDO-1206 号合同,登记局于 1994 年 4 月 25 日为"尼古拉"号船签发一次性转到大连港的航行许可证。

(15)俄国远东渔业股份公司命令传真件,以证明该公司已依据合同将"尼古拉"轮作为废钢船卖给华埠公司。

(16)船舶交货单,以证明俄方于 1994 年 5 月 17 日交船,并且是根据 1994 年 4 月 21 日 HLDO-1206 号易货合同向华埠公司交付"尼古拉"轮,收货方签字的是威海外运的曲寿章。

(17)经俄国公证人公证的 1997 年 9 月 5 日俄方船长尼科尔斯基的证明文件,以证明俄方于 1994 年 5 月 17 日向华埠公司交船时,询问华埠公司为何没有来人,是威海外运的曲寿章称全权代表华埠公司。

(18)经俄国公证人公证的 1997 年 9 月 5 日俄方船长尼科尔斯基关于保证书的证明文件,以证明李文义从未代表华埠公司作出任何违反易货贸易合同的保证;并证明是威海外运和原木材公司一再要求俄方以现汇贸易将船舶直接卖给原木材公司,并要求对华埠公司施加压力改易货贸易为现汇贸易。

(19)俄方船长尼科尔斯基和南海捕鱼船队股份公司总经理德契克的证词,以证明俄方在被蒙骗情况下与原木材公司于 1994 年 5 月 13 日签订的现汇买卖协议的经过,5 月 17 日是原木材公司篡改的。俄方声明该协议无效。

(20)俄方签发给原木材公司的指示提单,以证明威海外运和原木材公司恶意违约的行为。

(21)中国银行威海经济技术开发区支行的 4 张进账单,以证明原木材公司与银行串通出具假汇款单据。

(22)黑龙江烟草总公司关于"徐总""白总"的证明材料,以证明威海外运和原木材公司关于"白总"的证词是伪造的虚假的。

(23)中俄交货共同条件。

（二）威海外运向法庭提交一份有35项证据的清单，其中有属于威海外运提交的证据

（1）1994年4月21日华埠公司与俄方签订的现汇买船合同、1994年4月22日华埠公司与俄方签订的现汇买船合同的补充协议，以证明华埠公司与俄方实际签订的是现汇贸易合同。

（2）华埠公司李文义给俄方写的付款保证书，以证明华埠公司保证履行现汇贸易。

（3）原木材公司与俄方签订的现汇买船协议书，以证明俄方交船是根据与原木材公司的现汇贸易合同。

（4）俄方代表斯拉瓦写给山东省高级人民法院的函，以证明是现汇贸易。

（5）原木材公司向法院提交的"事实经过补充说明"。

（6）俄方现汇买船证明，以证明实际存在和履行的现汇合同。

（7）俄方代表人斯拉瓦上船取档案资料的证明，以证明俄方履行现汇买卖合同。

（8）华埠公司李文义给原木材公司的收款收条，以证明李文义向原木材公司借款，华埠公司没有能力履行与俄方的贸易合同。

（9）海关放行的提单，以证明提单未经俄方签字无效。

（10）1994年6月5日威海港监全天值班记录以及威海港监值班室提供的证据，以证明威海外运没有指示港监放船。

（11）代理费收据，以证明代理费是原木材公司交付的，华埠公司没有支付代理费。

（12）俄方签发给原木材公司的正本指示提单，以证明俄方将船舶卖给原木材公司。

威海外运对华埠公司的证据质证表示：华埠公司与俄国的易货贸易合同经边贸局备案没有异议，但易货贸易合同从形式上就有瑕疵，实际并未履行；华埠公司与俄方还有未经备案的现汇贸易合同，是李文义自己书写的保证书表示保证付款；对于俄方的证明证据，与开始时提供的证明自相矛盾，根据国际惯例，这些证据应当经过公证认证才可以作为证据使用；对中国银行威海经济技术开发区支行的进账单的证据来源表示怀疑，且该证据不能证明威海外运与银行的串通。华埠公司对威海外运的质证反驳说明：华埠公司提交的俄方提供的证据文件经过公证，根据中俄司法协助双边条约的规定应当是有效证据，相反，对方提供的所谓俄方证据不符合中俄双边条约的规定；进账单是二审后，俄方交给华埠公司的。

华埠公司对威海外运的证据质证表示，对证据(1)，承认现汇合同和补充协议文本的客观存在，但是该合同文件因没有生效而不发生法律效力，并且与本案没有关联性；对证据(2)，该"保证书"缺乏必要内容，并且华埠公司对威海外运事后在上面添加的内容不知道，该保证书无法律效力；对证据(5)，仅可以证明威海外运知道原木材公司在搞现汇买卖；对证据(4)、(6)、(7)，与经俄国公证的证据是矛盾的，已被俄方否认，不

予认定;对证据(8),客观存在,但该证据是收款收条而不是借条;对证据(9)真实性没有异议,提单经过海关签章放行,虽无签字不影响合法有效性;对证据(10)、(11)没有异议;对证据(12),该提单没有俄国海关出口放行章,不符合要求。威海外运对质证反驳说明:保证书所保证事项已经履行了;俄方的证明是当事人在中国书写的,不需要公证;有无出口国海关放行章不是提单的要件。

最高人民法院经开庭质证认为,华埠公司与原木材公司签订的"尼古拉"号废钢船买卖合同,华埠公司与威海外运订立的代理合同的事实,有双方协议和补充协议书、代理委托书等书证,当事人各方均不否认,最高人民法院予以认定。依据《中华人民共和国和俄罗斯联邦关于民事和刑事司法协助的条约》第29条的规定,在俄国境内制作的官方文件、经俄国法院或者主管机关制作或证明的文书,只要经过签署和正式盖章即为有效。本案俄国航海船舶登记局签署的文件和公证人签署证明的文件,最高人民法院认定作为证据使用,威海外运对此提出的异议和抗辩最高人民法院不予支持。威海外运对银行进账单的来源表示怀疑,但没有提供相反证据否定其客观性,原木材公司在一审过程中已经承认其曾将船款汇入以俄船队公司名义在威海市开立的"特别账户"后又转入自己的账户,可以证明该"特别账户"确实发生过该笔进账,该进账单的真实性最高人民法院予以认定。威海外运提交的华埠公司现汇贸易合同书文本客观存在,但该合同书未经黑龙江当地边贸管理局批准,有关双方均不予认可,因此不能认定为有效的合同,有关材料不应作为本案的证据使用,故最高人民法院不予认定。威海外运提交的担保书,华埠公司和俄国的证明均予以否认,最高人民法院对该担保书不予认定。当事人没有异议的其他证据和事实,最高人民法院均予以认定。据此最高人民法院查明:

华埠公司经主管机关批准委托边贸公司与俄滨海区公司签订了进口废钢船、盘元和出口牛肉罐头易货贸易合同,合同约定废钢船、盘元等于同年5月交货,牛肉罐头在1994年内交货。合同经黑龙江省边境贸易管理局盖章备案,并获中华人民共和国东宁海关批准对易货贸易进口废钢船减半征税。俄滨海区公司为履行交货义务,于1994年4月24日已经办理了"尼古拉"号船舶注销登记并依据合同于26日将所有权转移给华埠公司。华埠公司为履行易货贸易合同,与国内供货方签订了相等价值的牛肉罐头买卖合同。

华埠公司与原木材公司签订废钢船买卖协议(合同)及补充协议,华埠公司与威海外运订立代理合同的事实与山东省高级人民法院对本案原终审判决查明认定的事实一致。

威海外运于1994年5月4日,向威海港务监督申报"尼古拉"号船舶进口;5月7日,威海外运以华埠公司的名义从"尼古拉"号船长手中接过该船舶的所有船舶文件和俄国主管机关签发的船舶注销登记证书,并于当日向海关申报"尼古拉"号船作为货物进口报关。其后,华埠公司于6月2日向威海外运索要提单及进口船舶的文件,威海外运以华埠公司没有支付代理费为由予以拒绝。

同年 4 月 30 日,原木材公司向华埠公司支付了买船定金人民币 30 万元,又于 5 月 6 日、7 日相继共支付部分船款美金 10 万元。

同年 5 月 13 日,原木材公司与俄船队公司签订购销"尼古拉"号废钢船协议,约定将该船转售给原木材公司,原木材公司将该签约日期更改为 5 月 17 日。

同年 5 月 17 日,威海外运在华埠公司未参加和不知情的情况下,同原木材公司一起与俄方"尼古拉"号在船人员办理了该船的船舶和船员交接手续。威海外运曲寿章在交货单上的收货方处签字。

同年 6 月 1 日,在收取了原木材公司以东宁边贸公司的名义缴纳的进口关税及进口增值税后,威海海关在报关的记名提单上签盖放行章准予放行。

同年 6 月 2 日,原木材公司与拆船公司签订买卖合同,将"尼古拉"号废钢船以 4 971 890 元人民币的价格卖给拆船公司拆解。

同年 6 月 8 日,原木材公司向威海外运支付了代理费 3 259 元。

最高人民法院认为,本案是华埠公司基于其与威海外运的代理合同及与原木材公司的船舶买卖合同而发生的船舶进口代理合同和国内废钢船买卖合同纠纷,当事人和合同事实均在中华人民共和国境内,本案应当适用中华人民共和国的法律。本案涉及的船舶系从俄罗斯联邦共和国(以下简称"俄国")进口,部分证据源于俄国,有关船舶所有权的转移及源于俄国的证据的效力,应当适用中华人民共和国与俄国的双边条约。华埠公司经边贸公司代理与俄滨海区公司签订的进口废钢船和盘元、出口牛肉罐头易货贸易合同,经边贸管理局批准并经东宁海关核准减半缴纳关税,属合法有效合同。华埠公司与国内供货方大丰农贸公司订立的牛肉罐头购销合同、俄方其后要求华埠公司继续履行合同交付牛肉罐头,即是其履行易货贸易合同的旁证。本案不是华埠公司与俄滨海区公司之间的贸易合同纠纷,而且依据该合同的仲裁约定,山东省高级人民法院对该合同并没有管辖权,因此,该院原再审裁定将本案定性改为买卖合同纠纷,并着重审查中俄买卖双方的合同是否履行不当。俄方出具的经过公证的文件证实与华埠公司签订并履行的是易货贸易合同,"尼古拉"号离开俄罗斯港口开往中国大连港交船时,已向俄罗斯船舶登记局注销了船舶所有权,依据中俄双边贸易协定的规定,该船舶所有权已经转移给华埠公司。"尼古拉"号船抵达大连港后,应原木材公司的要求,俄方又将"尼古拉"号开往威海港交船,必然增加或产生新的运输义务和风险,发生燃油、淡水消耗,依据协议由中方支付俄国船员及俄船队公司的上述费用,不等于向俄滨海区公司支付船款,不应计算在废钢船的船价中。山东省高级人民法院再审认为实际存在华埠公司与俄方现汇贸易合同,但除了有据可查的支付俄国船员和俄船队公司 13 万美元外,没有证据证明华埠公司以现汇向俄滨海区公司支付了船款。山东省高级人民法院原再审裁定认定华埠公司与俄方实际履行的是现汇合同证据不足,据此推定华埠公司以易货贸易合同为名掩盖现汇贸易之实,构成走私嫌疑不当。

威海外运作为华埠公司的船舶代理及进口货物代理,从委托人手中接受了为进口报关所需的易货贸易合同、批准减免关税证明、提单等全部单证文件,有义务履行受委托的全部船舶代理和办理货物进口手续等事项,在办理完毕各种手续或者在委托人要求退还有关文件时,除依法应当留存在海关、港监等有关部门的文件外,应当交还全部文件。代理人在履行代理义务时,维护委托人的合法权益是其默示的基本义务。威海外运在从俄国船长处取得"尼古拉"号船舶文件和注销船籍的证明文件后,既不代理华埠公司到船舶登记机关办理船舶登记手续,又不将有关文件交与华埠公司去办理船舶登记,其不作为损害了华埠公司的合法权益。威海外运要求华埠公司支付代理费是其正当权利,但以华埠公司未给付代理费为由拒绝向华埠公司退还经海关签章放行的提单及有关易货贸易合同的全套文件、"尼古拉"号船舶文件及注销船籍文件,并将提单之外的上述文件交予原木材公司,威海外运的上述行为违反代理合同的约定,应当承担由此产生的损害后果。威海外运在明知船舶是华埠公司进口的情况下,既拒绝交付有关文件,又不通知华埠公司到现场,却和原木材公司一起与俄方办理船舶交接手续,将"尼古拉"号船舶交给原木材公司委请的中方船员管理,从而实际置于原木材公司掌管之下,致原木材公司有机会将该轮拖离威海港,威海外运对此亦应当承担相应的责任。

威海外运、原木材公司除应当依据各自与华埠公司的合同约定承担相应的合同义务外,同时应当承担默示义务,即尊重华埠公司对进口的"尼古拉"号船舶所享有的权利。原木材公司作为与华埠公司订立国内废钢船买卖合同的买方,对卖方华埠公司通过国际贸易合同取得从俄罗斯进口"尼古拉"船舶所有权并转卖给自己的事实是明知的,并且从威海外运手中得到了包括船舶注销船籍的证明文件在内的船舶文件,其欠付华埠公司船款已经构成违约,应当承担违约责任;原木材公司又与已注销"尼古拉"轮俄国船籍并对该轮丧失所有权的俄船队公司船方人员签订"尼古拉"废钢船买卖合同,属于恶意行为,该"合同"不具有法律效力,由此而发生的后果及给华埠公司造成的损失,原木材公司应当承担相应的民事责任。威海外运作为华埠公司进口的"尼古拉"船的船舶和货物代理人,对华埠公司通过贸易合同合法取得"尼古拉"号所有权是明知的。威海外运在原木材公司与俄船队公司非法签订合同前,已经获取"尼古拉"号船舶文件,得知俄方注销了该船舶船籍,在其以后的代理行为中,认可该不法合同,屡屡维护原木材公司的不当利益,先后将船舶文件和船舶均交给原木材公司,损害委托人的合法权益,与原木材公司恶意串通的事实已经构成,依据《中华人民共和国民法通则》第 66 条第 2 款、第 3 款的规定,应当与原木材公司负连带民事赔偿责任。

最高人民法院认为,山东省高级人民法院再审裁定认定本案当事人涉嫌犯罪根据不足。即使涉案人员有犯罪嫌疑,也不影响华埠公司依据合法有效的合同法律关系维护自己的合法权益,对威海外运和原木材公司提起诉讼。依据最高人民法院《关于在审理经济纠纷案件中涉及经济犯罪嫌疑若干问题的规定》第 1 条"同一公民、法人或其他经济组织因不同的法律事实,分别涉及经济纠纷和经济犯罪嫌疑的,经济纠纷案件和经济犯罪嫌疑案件应当分开审理"的规定,人民法院对本案民事纠纷仍然可以审理。原审法院再审裁定适用法律错误,裁定驳回华埠公司的起诉,将本案全案移送公安机关不当。该院(1997)鲁经终字第236号民事判决虽然对本案部分事实未予认定并对部分事实认定欠当,但是基本事实认定清楚,法律适用正确,判决结果得当,应予维持。据此,裁定如下:

一、撤销山东省高级人民法院(1997)鲁经再字第167号民事裁定;

二、维持山东省高级人民法院(1997)鲁经终字第236号民事判决。

本裁定为终审裁定。

2. 船舶抵押权纠纷

2.1 担保期间

1 原告中国工商银行股份有限公司宁波某支行与被告恒某某航运有限公司船舶抵押合同纠纷案

案例来源:宁波海事法院(2011)甬海法商初字第229号
主题词:船舶抵押权　担保期间　其他法院判决

> **裁判要旨**
>
> **No. CB-2.1-1**　巴拿马法律难以查明,法院根据最密切联系原则适用中国法。
>
> **No. CB-2.1-2**　当事人约定的或者登记部门要求登记的担保期间,对担保物权的存续与否不具有法律约束力。
>
> **No. CB-2.1-3**　法院判决认定船舶抵押权的担保人承担担保责任,而且认定具体数额以其他法院生效的判决书为准。

一、基本案情

原告:中国工商银行股份有限公司宁波某支行

被告:恒某某航运有限公司

原告中国工商银行股份有限公司宁波某支行起诉称:2008年9月22日,原告与被告签订最高额抵押合同,约定由被告以其所有的"恒裕"轮为宁波市北仑蓝天造船有限公司(以下简称蓝天某某)提供最高额1.5亿元抵押担保。该船在巴拿马共和国办理了抵押登记手续。原告分别于2009年8月27日、8月28日、9月3日发放贷款3000万元、4500万元、4950万元,又于2009年11月12日、11月18日分别发放国内保理1296.9万元、1521.9万元,总计融资15268.8万元,均由"恒裕"轮作为抵押担保。但还款期限届满后,蓝天某某未及时归还本息。为此,请求法院判令:

1. 原告对被告所有的"恒裕"轮享有1.5亿元的抵押权并优先受偿;

2. 被告承担本案一切诉讼费用。2011年9月7日,原告进一步将其第1项诉讼请求明确为:原告就蓝天某某欠原告的借款本息162 852 072.2元(其中本金152 688 000元,利息10 164 072.2元)对被告所有的"恒裕"轮在最高抵押额若干元内享有抵押权,从该轮拍卖或变卖的价款中优先受偿。

被告恒某航运有限公司答辩称:原告对"恒裕"轮的抵押权已于 2010 年 8 月 18 日到期,原告无权再对该轮主张抵押权。

二、法院查明的事实

宁波海事法院认定下列事实:"恒裕"轮为被告所有,船籍为巴拿马。2008 年 9 月 22 日,原告与被告签订编号为 2008 年鼓楼(抵)字船舶 001 号最高额抵押合同,约定被告以"恒裕"轮向原告提供抵押担保,所担保的主债权为自 2008 年 8 月 27 日至 2010 年 12 月 31 日期间,在人民币 1.5 亿元的最高余额内,原告依据与蓝天某某签订的借款合同、银行承兑协议、信用证开证合同、开立担保协议以及其他融资文件而享有的对蓝天某某的债权,不论该债权在上述期间届满时是否已经到期,也不论该债权是否在最高额抵押权设立前已经产生。合同还对抵押范围和抵押登记、抵押权的实现等内容进行了约定。

上述最高额抵押合同签订后,原告与蓝天某某先后签订以下 5 份融资合同并按约定的金额放款给蓝天某某:

(1)(2009)年(鼓楼)字(0241)号流动资金借款合同,金额 3 000 万元,借期:2009 年 8 月 26 日至 2010 年 8 月 25 日;

(2)(2009)年(鼓楼)字(0246)号流动资金借款合同,金额 4 500 万元,借期:2009 年 8 月 28 日至 2010 年 8 月 27 日;

(3)(2009)年(鼓楼)字(0250)号流动资金借款合同,金额 4 950 万元,借期:2009 年 9 月 3 日至 2010 年 9 月 3 日;

(4)2009 年 11 月 12 日 2009(鼓楼)字 0314 号国内保理业务合同(原告有追索权),金额 1 296.9 万元;

(5)2009 年 11 月 17 日 2009(鼓楼)字 0324 号国内保理业务合同(原告有追索权),金额 1 521.9 万元。

另查明:原、被告双方在最高额抵押合同签订后不久,于 2008 年 10 月 8 日向巴拿马第十二联合公证处办理了船舶抵押公证,担保金额为 1.5 亿元,文件号为 10086。2011 年 8 月 29 日,巴拿马海事局船务凭证与赋税公共注册处总局出具证明,证明此抵押于 2008 年 10 月 20 日登记备案。因蓝天某某未能清偿债务,并已宣告破产,原告提起本案诉讼。

三、法院裁判

宁波海事法院认为:原、被告双方当事人在庭审中主张本案适用巴拿马法,但被告未提供相关巴拿马法律,原告所提供的巴拿马海商法复印件因真实性和合法性无法确认,难以采用。鉴于巴拿马相关法律难以查明,且本案合同签订抵押标的物在浙江省宁波市,根据最密切联系原则,宁波海事法院认为本案应适用中华人民共和国法律。

本案双方当事人就被告为蓝天某某提供融资担保问题签订最高额抵押合同,该合同依法成立,对双方均有约束力。

根据双方当事人的诉辩意见,宁波海事法院认为本案的争议焦点主要是原告对"恒裕"轮所享有的抵押权是否已到期? 原告是否有权对该轮主张抵押权?

被告辩称,原告对"恒裕"轮的抵押权已于2010年8月18日到期,所依据的是船舶抵押公证书中所记载的如下一段文字:

1. 根据巴拿马共和国商业法案第1515章规定:
(1)本抵押的担保金额为1.5亿元人民币;
(2)年利率为8.5905%;
(3)到期日至2010年8月18日。

被告认为此处的"到期日"指抵押的到期日,但宁波海事法院认为被告的解释并不合理,理由有二:一是"本抵押的"在行文中仅为定语,限定"担保金额",因此,从上下文来看,到期日也应当指"担保金额"的到期日;二是如果列在第3项的"到期日"指的是"抵押"的到期日,列在第2项的"年利率"指的也应当是"抵押"的年利率,但很显然抵押本身不存在利率的问题,只有受担保的1.5亿元主债权才有利率问题。因此,从语境来说,被告将"到期日"理解为抵押的到期日不合逻辑。

此外,从本案所涉5份融资合同来看,其中的3份借款合同均明确载明还款到期日在2010年8月18日之后,也就是说,如果依被告理解,2010年8月18日是所谓的抵押到期日,此后抵押失效,则主债权的还款期尚未届满,而抵押权已到期,这既与原、被告双方约定的被告以"恒裕"轮作为蓝天某某债务担保的本意不合,更不符合《中华人民共和国担保法》第52条关于抵押权与其担保的债权同时存在的规定。而最高人民法院《关于适用〈中华人民共和国担保法〉若干问题的解释》第12条规定,当事人约定的或者登记部门要求登记的担保期间,对担保物权的存续不具有法律约束力。依照此规定,即使2010年8月18日是双方当事人约定的或登记部门所要求登记的抵押期间,对原告在"恒裕"轮上所享有的抵押权也无影响。因此,被告的抗辩,宁波海事法院不予采信。

综上,原告要求就本案5份融资合同下蓝天某某未清偿债权对"恒裕"轮享有抵押权的主张,证据与理由充分,宁波海事法院予以支持。依照《中华人民共和国海商法》第11条、《中华人民共和国民事诉讼法》第235条的规定,判决如下:

原告中国工商银行股份有限公司宁波某支行就(2009)年(鼓楼)字(0241)号、(2009)年(鼓楼)字(0246)号、(2009)年(鼓楼)字(0250)号、2009(鼓楼)字0314号、2009(鼓楼)字0324号5份融资合同下未从宁波市北仑蓝天造船有限公司获得清偿的债权,对被告恒某航运有限公司所有的"恒裕"轮("HENGYU"轮)在1.5亿元的额度内享有船舶抵押权。

2.2 船舶抵押权人的追及权

2 原告奉化市桐照农村信用合作社与被告林汉章船舶抵押借款合同纠纷案

案例来源:宁波海事法院(2001)甬海商初字第 27 号

主题词:船舶抵押权　船舶所有权转让　追及权

裁判要旨

No. CB-2.2-1　未经船舶抵押权人同意转卖船舶,而受让人也没有代被告清偿合同债务,法院支持船舶抵押权人行使抵押权并优先受偿。

一、基本案情

原告:奉化市桐照农村信用合作社

被告:林汉章

原告奉化市桐照农村信用合作社诉称:1999 年 12 月 24 日,被告由于修船、生产需要资金,向原告借款 20 万元,以"浙奉渔10021"船作抵押,约定于 2000 年 11 月 2 日前归还本息,月息为 6.9‰。期间,被告分两次归还本金 5 000 元,尚欠 195 000 元。借款到期后,经原告多次催讨,得知该抵押的船舶已非法转卖给他人,且被告避而不见。特请求判令被告立即归还借款 195 000 元,并对抵押的船舶享有优先受偿权。

被告林汉章未作书面答辩,也未提供证据。

二、法院查明的事实

宁波海事法院认定了如下事实:1998 年 11 月 3 日,原、被告双方签订抵押担保借款合同一份,约定:原告于 11 月 19 日发放给被告贷款 20 万元,归还期限为 1999 年 10 月 25 日,月利率 8.07‰;被告将其所有的"浙奉渔10021"木质渔船作抵押担保等。同月 27 日,双方向宁波渔港监督局办理了渔业船舶抵押权登记手续,终止日期为 1999 年 11 月 2 日。期间,被告仅归还贷款利息,贷款到期后未能归还贷款本金。1999 年 11 月 3 日,原、被告双方又签订了抵押担保借款合同一份,借款金额也为 20 万元,同时又约定继续以"浙奉渔10021"渔船作抵押,双方并出具了"浙奉渔10021"渔船抵押物清单一份。1999 年 11 月 24 日,双方又在宁波渔港监督局办理了该船抵押权转移至 2000 年 11 月 2 日止的抵押登记手续。1999 年 12 月 24 日,原告发放给被告贷款 20 万元。同日,被告将该 20 万元的贷款归还了前一借款合同的贷款本金。2000 年 2 月 12 日,被告归还本金 2 000 元及利息 18.86 元;2000 年 8 月 15 日,被告归还本金 3 000 元及利息 99.36 元。借款期限到期后,由于被告捕捞生产亏损,未能按期归还原告的借款本金、利息。2001 年 1 月,被告未经原告同意,将抵押的"浙奉渔10021"渔船以 78 000 元转卖给他人,除 2 万元归还其他债务外,余款偿付了船员工资。原告经催讨未果,遂诉至宁波海事法院。

三、法院裁判

宁波海事法院认为,原、被告双方分别签订两份 20 万元的抵押担保借款合同,后一合同属以贷还贷性质,我国目前有关法律、金融法规对以贷还贷行为都没有作出禁止性或限制性规定,也无事实证明以贷还贷具有社会危害性,且本案双方当事人的主体合格、合同内容合法、意思表示真实,确认 1999 年 11 月 3 日签订的借款合同有效。被告应按合同约定的期限归还借款,逾期未还应承担违约责任。船舶抵押担保物权是在原登记的基础上延续,并在渔监部门又办理了登记手续。登记机关载明的抵押日期与债务清偿时间相同,该登记的抵押担保期间对船舶抵押担保物权的存续不具有法律约束力。被告在借款合同债务尚未清偿前,未经原告同意将抵押的"浙奉渔 10021"船转卖给他人,而受让人也没有代替被告清偿合同债务,该行为已损害了原告的合法权益。现原告行使抵押权,应予支持,其仍享受船舶抵押优先受偿权。原告诉请有理,依法予以保护。依照《中华人民共和国合同法》第 206 条、《中华人民共和国担保法》第 41 条、第 49 条第 1 款、最高人民法院《关于适用〈中华人民共和国担保法〉若干问题的解释》第 12 条、第 67 条第 1 款、《中华人民共和国民事诉讼法》第 130 条的规定,判决如下:

被告林汉章于本判决生效后 15 日内归还原告奉化市桐照农村信用合作社借款 195 000 元,原告就上述款项对"浙奉渔 10021"船享有船舶抵押优先受偿权。

2.3 船舶抵押权人转让债权

3 申请再审人浙江国联港务工程股份有限公司与被申请人杭州蓝海港务工程有限公司船舶抵押借款合同纠纷案
案例来源:浙江省高级人民法院(2009)浙海提字第 1 号
主题词:船舶抵押权 债权转让 金融债权

裁判要旨

No. CB-2.3-1 债权人可以将合同的权利全部或部分转让给第三人,但根据合同性质不得转让、按照当事人的约定不得转让或依照法律规定不得转让的除外。由于我国金融机构属于许可证管理制度管理,中国人民银行《关于商业银行借款合同项下债务转让有关问题的批复》明确规定,商业银行未经许可,不得将其债权转让给非金融企业,否则该债权转让合同无效。

一、基本案情

申请再审人(一审被告):浙江国联港务工程股份有限公司(以下简称国联公司)

被申请人(一审原告):杭州蓝海港务工程有限公司(以下简称蓝海公司)

宁波海事法院审理查明:2007年9月11日,国联公司与中国民生银行股份有限公司杭州分行(以下简称民生银行杭州分行)签订了(2007)年(借80)字(101)号《借款合同》和(2007)年(抵80)字(006)号《抵押合同》,约定:国联公司向民生银行杭州分行湖墅支行借款金额4 000万元用于归还委托贷款和资金周转,期限两年,自2007年9月13日至2009年9月12日,利率为8.64%(贷款基准利率下浮20%),按月计息、结息,担保方式为保证和抵押两项,还款方式为:2008年9月12日和2009年9月12日分别偿还本金2 000万元;国联公司以其所有的"国联9"号工程船提供抵押担保,抵押担保范围为4 000万元的本金及利息、逾期利息、罚息、复利、违约金、损害赔偿金、实现债权和担保权利的费用等。签约后,双方在杭州湾海事处对"国联9"号工程船的船舶抵押依法办理了登记,船舶抵押登记证书号为DY0707070012。民生银行杭州分行即向国联公司发放了4 000万元的贷款。2008年4月25日,民生银行杭州分行以国联公司财务状况发生重大变化为由,向国联公司发出《贷款提前到期通知书》,通知4 000万元贷款提前到期,要求立即还贷,国联公司在回执上盖章。2008年5月28日,民生银行杭州分行内部审批决定将债权转让。同年6月13日,民生银行杭州分行与蓝海公司签署了编号为2008年杭债转让001号的《债权转让协议》,将其对国联公司在《借款合同》下所享有的全部债权共计4 030.24万元以及相关的从属权利(含对"国联9"号工程船的抵押权)转让给蓝海公司,约定同价转让,另加2008年5月21日至价款支付日的利息。2008年6月17日,蓝海公司将4 027.216万元转入民生银行杭州分行湖墅支行的贷款扣款过渡账户。2008年6月25日,民生银行杭州分行向国联公司送交了《债权转让通知书》,国联公司及其法定代表人均在通知书上签名确认。同日,蓝海公司与国联公司签订了《债务清偿协议》,约定:双方确认蓝海公司已从民生银行杭州分行收购了对国联公司总计4 030.24万元的债权,蓝海公司因此享有对国联公司的债权及抵押权,国联公司应在2008年6月20日前归还4 030.24万元的债权本金及423 160元的利息,若逾期不能支付,国联公司应支付本息合计的20%作为违约金,若在2008年9月20日前仍不能付清全部本息和违约金,蓝海公司有权对抵押物进行拍卖并优先受偿;违约责任的清偿,不影响国联公司支付截止到最后还款完毕日的同期商业银行贷款利息。因国联公司一直未付款,纠纷成讼。蓝海公司为此诉至宁波海事法院,请求判令:(1)国联公司支付4 030.24万元的欠款本金、806.048 0万元的违约金、截至2008年6月20日的利息42.316万元、暂计算至2008年10月31日的后续欠息133.336 4万元(最终应计算至判决或调解之日);(2)国联公司按实际承担蓝海公司为本案支出的诉讼费用、保全费用、扣押费用及处分抵押船舶的相关费用;(3)国联公司承担蓝海公司支付的一审律师代理费用30万元;(4)国联公司承担蓝海公司为经办员工、代理律师支付的差旅费用。

二、一审裁判

宁波海事法院审理认为,本案蓝海公司起诉的诉因是船舶抵押借款合同纠纷,国联公司抗辩蓝海公司获得的债权是无效的,故本案应对蓝海公司债权来源的合法性进行审理。蓝海公司从民生银行杭州分行通过转让取得对国联公司的债权,并非是与国联公司本就存有的原始债权。根据《中华人民共和国合同法》第79条的规定,债权人可以将合同的权利全部或者部分转让给第三人,但该条又规定,根据合同性质不得转让、按照当事人的约定不得转让或依照法律规定不得转让的除外。由贷款形成的债权及其他权利只能在具有贷款业务资格的金融机构之间转让,我国金融机构属于许可证管理制度管理,虽然法律无明文规定非金融企业从商业银行受让贷款债权是否合法,但中国人民银行办公厅相关文件对此有禁止性规定。中国人民银行在2001年7月31日的办函【2001】648号中国人民银行办公厅《关于商业银行借款合同项下债权转让有关问题的批复》(以下简称《批复》)明确商业银行未经许可,不得将其债权转让给非金融企业。《中华人民共和国中国人民银行法》第4条第5项规定,中国人民银行有权发布有关金融管理和业务的命令和规章。因此中国人民银行作为金融管理机构,其所作批复在业内具有规范的效力。另借贷业务等是经特许专属于金融机构的业务,根据贷款合同性质,也是禁止转让给其他非金融企业的,否则会使企业之间的借贷合法化。故本案蓝海公司受让民生银行杭州分行的贷款债权因违反《批复》而无效。由于蓝海公司的债权来源不合法,故其与国联公司之间并不存在合法的债权债务关系,双方的《债务清偿协议》也依法无效。现蓝海公司向国联公司主张债权,于法不符,不予支持。依照《中华人民共和国合同法》第52条第1款第5项、第79第1款第1项和第3项的规定,宁波海事法院于2008年12月18日判决:驳回蓝海公司的诉讼请求。案件受理费291 780元,由蓝海公司负担。

该判决由于双方当事人未提出上诉而发生法律效力。

三、再审申请与答辩

判决发生法律效力后,国联公司不服原审判决,向浙江省高级人民法院申请再审称:国联公司与蓝海公司之间的《债务清偿协议》依法并非全部无效,该协议与蓝海公司和民生银行杭州分行之间的《债权转让协议》是两个独立的法律关系;蓝海公司已代国联公司偿还民生银行杭州分行的债务,该行为合法有效;国联公司欠民生银行杭州分行的债务由于蓝海公司代为归还已消灭,民生银行杭州分行的抵押权也随之消灭,而蓝海公司与国联公司的债权为普通债权,非海事请求,也不构成海商法上的"与船舶有关的债权",依法不享有船舶拍卖的优先受偿,不能就拍卖船舶申请债权登记。原审判决以蓝海公司与案外人民生银行杭州分行之间的贷款债权转让不合法为由,从而否认国联公司与蓝海公司之间的债务清偿协议,属于认定事实不客观,适用的法律依据牵强。请求撤销一审判决,确认蓝海公司代国联公司偿还民生银行杭州分行的行为有效,国联公司与蓝海公司之间的《债务清偿协议》有效。

被申请人蓝海公司答辩称:国联公司申请再审时的主张与其一审答辩时的主张明显相悖;国联公司与蓝海公司签订的有关债务清偿合同,属于从合同,主合同无效,从合同也无效。请求驳回国联公司的再审申请。

四、再审裁判

结合双方当事人的再审申请及其答辩,本案的争议焦点是:国联公司与蓝海公司之间的《债务清偿协议》是否无效。

浙江省高级人民法院认为,蓝海公司从民生银行杭州分行通过转让取得对国联公司的债权,而并非与国联公司本就存有原始债权。根据《中华人民共和国合同法》第79条的规定,债权人可以将合同的权利全部或者部分转让给第三人,但根据合同性质不得转让、按照当事人的约定不得转让或依照法律规定不得转让的除外。由于我国金融机构属于许可证管理制度管理,中国人民银行在《批复》中明确商业银行未经许可,不得将其债权转让给非金融企业。故蓝海公司受让民生银行杭州分行由于商业贷款而形成的债权无效。由于蓝海公司的债权来源不合法,故其与国联公司之间并不存在合法的债权债务关系,双方的《债务清偿协议》也依法无效。宁波海事法院据此依照《中华人民共和国合同法》的有关规定判决驳回蓝海公司的诉讼请求,并无不当。

国联公司申请再审称蓝海公司已代国联公司偿还民生银行杭州分行债务,国联公司欠民生银行杭州分行的债务由于蓝海公司代为归还已消灭,民生银行杭州分行的抵押权也随之消灭,而国联公司与蓝海公司之间成立新的普通债权债务关系。但国联公司未能提供证据加以证明。相反,通过《债权转让协议》、蓝海公司2008年6月17日进账单等,能够证明蓝海公司向民生银行杭州分行指定的贷款扣款过渡账户汇款是为取得债权转让。蓝海公司与国联公司的《债务清偿协议》也确认了上述事实。蓝海公司上述债权转让被一审法院确认无效后,民生银行杭州分行向宁波海事法院申请海事债权确认并得到了判决认可,也说明国联公司所称的欠民生银行杭州分行的贷款由于已归还而消灭的事实不存在。同时,国联公司关于《债务清偿协议》并非全部无效的主张,与其一审主张相违背,从禁止反言的诉讼原则出发,对其主张亦不能予以支持。

综上,蓝海公司从民生银行杭州分行通过转让取得对国联公司的债权,该转让因违反《中华人民共和国合同法》第79条及中国人民银行的相关规定而无效。由于蓝海公司的债权来源不合法,双方的《债务清偿协议》也依法无效。宁波海事法院驳回蓝海公司要求国联公司清偿债务的诉讼请求,并无不当。国联公司申请再审主张《债务清偿协议》有效，缺乏证据与理由，不能成立，浙江省高级人民法院不予支持。原审判决认定事实清楚，适用法律正确。依照《中华人民共和国民事诉讼法》第 153 条第 1 款第 1 项、第 186 条之规定，判决如下：

驳回再审申请，维持原判。

2.4 船舶最高额抵押借款合同纠纷

4 原告宁波市商业银行股份有限公司北仑支行与被告中宇浙江疏浚工程有限公司、赵军、沈国庆、阮惠利船舶抵押借款合同欠款纠纷案

案例来源：宁波海事法院（2007）甬海法商初字第 55 号

主题词：船舶抵押权　最高额抵押　担保范围

> **裁判要旨**
>
> **No. CB-2.4-1**　船舶抵押权人与抵押人签订的最高额抵押合同约定了最高债权限额，该限额包括本金、利息、逾期利息等。超过限额之外的债权，抵押权人对抵押的船舶不具有优先受偿权。
>
> **No. CB-2.4-2**　船舶抵押权合同约定，抵押人的法定代表人更换，或者抵押人未及时偿付任何一期欠款，抵押权人有权提前收回全部贷款，并要求抵押人支付相应的利息、复利、逾期罚息。该约定不违反法律的规定，法院予以支持。

一、基本案情

原告：宁波市商业银行股份有限公司北仑支行（以下简称北仑支行）

被告：中宇浙江疏浚工程有限公司（以下简称中宇公司）

被告：赵军

被告：沈国庆

被告：阮惠利

原告北仑支行诉称：2006 年 7 月，原告与被告中宇公司签订一份短期借款合同，约定原告向被告中宇公司贷款 800 万元，月利率 8.775‰，从 2007 年 2 月 10 日起分 5 期还款。2006 年 6 月 23 日，原告与被告中宇公司、赵军、沈国庆、阮惠利签订了一份最高额抵押合同，四被告以其所有的"中宇工 1"船为原告上述贷款提供抵押担保，并到船舶登记机关办理了船舶抵押手续。原告又与被告赵军签订了一份最高额担保函，被告赵军为原告的上述贷款承担连带保证责任。2006 年 7 月 11 日，原告按合同约定发放了贷款。2007 年 2 月 10 日，第一期 100 万元还款期限届满后，被告中宇公司没有按期归还贷款。另外，被告中宇公司变更法定代表人并更换营业执照没有提前通知原告，违

反了借款合同约定。原告依据借款合同约定决定收回全部贷款,遂于 2007 年 2 月 26 日向法院提起诉讼,要求被告中宇公司归还 800 万元贷款以及合同约定的利息,包括复利、逾期罚息(计算至 2007 年 2 月 25 日止的利息为 156 731.93 元,当庭变更为计算至 2007 年 4 月 4 日止的利息为 256 142.83 元),被告赵军对上述借款承担连带归还责任,该债权对经抵押登记的被告中宇公司、赵军、沈国庆、阮惠利所有的"中宇工 1"轮享有优先受偿权,四被告承担相应的诉讼、保全费用。

被告中宇公司辩称:借款合同和借款借据均明确规定借款到期日为 2007 年 6 月 13 日,借款借据附件没有落款时间,且在借款合同和借款借据中都没有说明,其提早还款期为 2007 年 2 月 10 日不可信,我公司承诺提早还款是计划安排;从中国人民银行取得的"基本信用信息报告"看,我公司并无贷款不良信息,也没有逾期贷款记录,说明本贷款的实际到期日为 2007 年 6 月 13 日,故不存在罚息和复利。

被告赵军、沈国庆没有提供书面答辩意见。

被告阮惠利辩称:原告变更诉讼请求超过举证期限;原告计算复利不合法;根据抵押合同的约定,其没有违反抵押合同规定,不承担案件受理费和保全费;四被告之间的约定,与贷款风险无关。

二、法院查明的事实

宁波海事法院确认如下事实:

(1) 2006 年 7 月 11 日,原告与被告中宇公司签订了一份短期借款合同,约定原告向被告中宇公司贷款 800 万元短期借款,借款用途为船舶建造,借款期间自 2006 年 7 月 11 日起至 2007 年 6 月 13 日止,月利率 8.775‰,按季结息,逾期还款加收 50% 的罚息,对被告中宇公司应付未付利息,原告有权计收复利,并约定借款借据是本合同不可分割的组成部分,本合同记载的放款日、借款金额、利率、到期日如与借款借据记载不相一致时,以借款借据为准。2006 年 7 月 11 日,原告按合同约定发放贷款 800 万元。另外,借款借据附件约定被告中宇公司分别于 2007 年 2 月 10 日、3 月 10 日、4 月 10 日、5 月 10 日各归还 100 万元,6 月 13 日归还 400 万元。截至 2007 年 4 月 4 日,被告中宇公司没有按时归还原告第一、二期各 100 万元借款及相应的利息。

(2) 2006 年 6 月 23 日,原告与被告中宇公司、赵军、沈国庆、阮惠利签订一份最高额抵押合同,约定四被告自愿为被告中宇公司自 2006 年 6 月 23 日起至 2008 年 6 月 23 日止,在原告处办理约定的各项业务,所实际形成不超过折合等值人民币 800 万元的最高债权限额内的原告所有债权提供四被告所有的"中宇工 1"船抵押担保,担保范围包括主合同项下的主债权及利息、逾期利息、复利、罚息、违约金、损害赔偿金和诉讼费、保全费、执行费、律师费、差旅费等实现债权的费用和所有其他应付的费用,并于 2006 年 7 月 11 日到船舶登记机关办理了船舶抵押权登记证书。

(3) 2006 年 6 月 23 日,原告又与被告赵军签订了一份最高额担保函,约定被告赵军自愿为被告中宇公司自2006年6月23日起至2007年6月23日止,在原告处办理约定的各项业务,所实际形成不超过折合等值人民币800万元的最高债权限额内的原告所有债权提供连带保证担保,担保范围包括主合同项下的主债权及利息、逾期利息、复利、罚息、违约金、损害赔偿金和诉讼费、保全费、执行费、律师费、差旅费等实现债权的费用和所有其他应付的费用。

被告中宇公司于2006年1月9日成立,法定代表人为被告赵军,2007年1月8日变更法定代表人为张宁东,并领取了新的企业法人营业执照。被告中宇公司变更法定代表人和领取新的营业执照后,没有按合同约定及时通知原告。"中宇工1"船系被告中宇公司、赵军、沈国庆、阮惠利按份共有,分别占51%、18%、16%和15%。

三、法院裁判

宁波海事法院认为,原告与被告中宇公司签订的短期借款合同,与被告赵军签订的最高额担保合同,与四被告签订的最高额抵押担保合同,均系原告与各被告之间的真实意思表示,内容约定符合法律规定,确认这3个合同都合法有效。合同生效后,各方当事人必须按照合同约定履行,违反合同约定的,应当承担相应的违约责任。针对本案争议的焦点,宁波海事法院分析如下:

(一) 关于还款期限的确定及利息的计算

原告与被告中宇公司签订的短期借款合同以及相应的借款借据均明确约定借款期间自2006年7月11日至2007年6月13日止,按季结息,到期还本付息。借款借据附件,虽在短期借款合同、借款借据中均没有提及,而且又没有具体的落款时间,在形式上有一定的缺陷,但该附件系原告与被告中宇公司的真实意思表示,是对短期贷款合同和借款借据中约定的还款计划的适当调整,应予以认可。按照该附件约定,第一期100万元还款期于2007年2月10日届满,被告中宇公司未能及时还款和支付相应的利息,且被告中宇公司变更法定代表人和更换企业法人营业执照没有及时通知原告,违反短期借款合同约定,原告有权提前收回全部贷款。短期借款合同约定的利息、复利和逾期罚息,不违反法律规定,应予以支持。被告中宇公司以本贷款的实际到期日为2007年6月13日,故不存在罚息和复利的抗辩,证据和理由均不充分,宁波海事法院不予采信。被告阮惠利认为计收复利不合法,没有法律依据,宁波海事法院不予采信。

(二) 关于最高额抵押合同中"最高额"的理解

最高额抵押,是指抵押人与抵押权人协议,在最高债权额度内,以抵押物对一定期间内连续发生的债权作担保。根据最高人民法院《关于适用〈中华人民共和国担保法〉若干问题的解释》第83条第2款的规定,"抵押权人实现最高额抵押时,如果实际发生的债权余额高于最高限额的,以最高限额为限,超过部分不具有优先受偿的效力;如果实际发生的债权余额低于最高限额的,以实际发生的债权余额为限对抵押物优先受偿"。本案中,虽然原告的债权,包括本金及利息,已经超过 800 万元的最高限额,但是原告认为,最高额抵押借款合同约定的最高限额 800 万元仅指主债权的最高限额,而利息、逾期利息等附属债权不包括在最高限额以内,也应当在抵押物拍卖、变卖价款中优先受偿。宁波海事法院认为,原告与四被告签订的最高额抵押合同明确约定最高债权限额为 800 万元,而实际发生的借款本金及利息的总债权已超过 800 万元,则在最高限额 800 万元以内的债权对抵押的船舶有优先受偿权,而超过 800 万元部分对抵押的船舶不享有优先受偿权,原告对此的主张没有法律依据,不予采信。另外,对于实现抵押权所发生的费用,如扣押、拍卖被抵押的船舶等费用,可以在船舶拍卖、变卖价款中扣除。

综上,被告中宇公司没有按借款合同约定将其法定代表人变更信息通知原告,也没有按承诺的还款时间分期归还贷款及相应利息,应当承担违约责任,原告有权依照合同约定提前收回全部贷款,并要求被告中宇公司支付相应的利息、复利、逾期罚息。四被告以其所有的"中宇工 1"船为被告中宇公司向原告借款提供 800 万元的最高额抵押担保,并办理了船舶抵押登记手续,抵押权成立。800 万元最高额抵押担保的范围应包括主债权以及利息、复利、罚息等债权。原告对"中宇工 1"船的拍卖、变卖价款享有 800 万元债权的优先受偿权。原告主张超过 800 万元部分的债权也享有抵押权并优先受偿,于法无据,不予支持。原告为实现抵押权而对被抵押船舶实施保全等费用,应当由作为抵押人的四被告承担,并可在船舶拍卖、变卖价款中扣除。被告阮惠利抗辩其不承担扣押抵押物产生的相应费用,证据和理由均不充分,不予采信。被告赵军为被告中宇公司向原告借款提供 800 万元最高额担保,对原告负有最高额 800 万元借款的连带偿付责任。依照《中华人民共和国合同法》第 198 条、第 206 条、第 207 条,《中华人民共和国担保法》第 14 条、第 21 条第 1 款、第 59 条、第 60 条第 1 款,《中华人民共和国海商法》第 11 条,《中华人民共和国民事诉讼法》第 64 条第 1 款、第 130 条之规定,判决如下:

一、被告中宇浙江疏浚工程有限公司于本判决生效之日起 10 日内支付原告宁波市商业银行股份有限公司北仑支行本金 800 万元以及借款合同约定的利息、复利和逾期罚息(自 2006 年 12 月 21 日起至 2007 年 4 月 4 日止的利息、复利和逾期罚息为 256 142.83 元);

二、原告宁波市商业银行股份有限公司北仑支行对设置抵押的被告中宇浙江疏浚工程有限公司、赵军、沈国庆、阮惠利所有的"中宇工 1"船享有 800 万元债权的优先受偿权;

三、原告宁波市商业银行股份有限公司北仑支行对被告中宇浙江疏浚工程有限公司上述债权,被告赵军承担最高额 800 万元的连带偿付责任。

2.5 船舶抵押权的从属性

5 原告科纳银行诉被告江门市银湖拆船有限公司、澳大利亚五矿公司、广东省金属回收公司船舶抵押权纠纷案

案例来源:广州海事法院(2010)广海法初字第 737 号
主题词:船舶抵押权　从属性　善意取得

> **裁判要旨**
>
> **No. CB-2.5-1**　船舶抵押权是从权利,依附于它所担保的主债权而存在,因此主债权是否存在,是抵押权人行使船舶抵押权的先决条件。
>
> **No. CB-2.5-2**　船舶登记证书、卖契没有记载船舶抵押权,故船舶买受人应当认定为善意买受人,船舶抵押权人不能行使追及权,不能否认船舶转让的效力。

一、基本案情

原告:科纳银行(Corner Banca S. A.)
被告:江门市银湖拆船有限公司(以下简称银湖公司)
被告:澳大利亚五矿公司(Minmetals Australia Pty Ltd.,以下简称五矿公司)
被告:广东省金属回收公司(以下简称回收公司)

原告诉称:2006 年 5 月 24 日,原告与玛宝贸易公司(Marbel Trading Corp.,以下简称玛宝公司)签订贷款协议,约定原告贷款 250 万美元给玛宝公司。同日,双方签署巴拿马船舶第一优先抵押合同,约定玛宝公司将"黑珍珠"(Black Pearl)轮抵押给原告,抵押金额 319 万美元,以担保玛宝公司按照贷款协议足额及时地偿还贷款及利息。"黑珍珠"轮的抵押已在巴拿马登记机关登记。因玛宝公司未及时履行贷款协议约定的还款义务,原告于 2007 年 7 月 17 日发出书面通知,要求玛宝公司在 10 个工作日内就违约事件采取补救措施。至 2009 年的 12 月 31 日,玛宝公司仍拖欠原告的贷款本金及利息 2 176 807.96 美元。2009 年 9 月,玛宝公司在未告知原告并经原告准许的情况下,私自将"黑珍珠"轮出卖给五矿公司,五矿公司又将该轮卖给了回收公司,回收公司随后将该轮转卖给银湖公司。2010 年初,银湖公司将"黑珍珠"轮进口至中国江门进行拆解,原告多次通知银湖公司,"黑珍珠"轮负有原告合法登记的抵押权,要求银湖公司不得侵犯原告的合法权益,停止拆解。但银湖公司不顾原告的反对,最终拆解了"黑珍珠"轮。三被告的行为严重侵犯了原告的合法权益,致使原告无法行使对"黑珍珠"轮的合法抵押权,三被告应对原告所遭受的损失承担连带赔偿责任。请求判令三被告连带赔偿原告损失 2 083 334 美元及利息(利息应按合同约定的利率计至被告实际支付时止),并承担本案诉讼费及原告为处理本案支出的所有费用。

被告银湖公司辩称:① 原告没有证据证明其已根据贷款协议放款给了玛宝公司以及玛宝公司实际收到了贷款,也没有证据证明玛宝公司未偿还贷款;② 原告主张的船舶抵押权没有在船舶登记证书上记载,原告又没有提供原始的抵押权登记证书,不能证明抵押权经过了公示。因此,该抵押权不能对抗第三人;③ 在船舶买卖合同链中,银湖公司与玛宝公司没有任何合同关系。银湖公司对"黑珍珠"轮上的抵押权不知情,并已向卖方回收公司支付了全部价款,是善意的第三人;④ 银湖公司将"黑珍珠"轮当废钢船买进并拆解,履行了申报义务,取得了主管部门的批准,不存在任何违法行为。综上,请求驳回原告的诉讼请求。本案诉讼费由原告承担。

被告五矿公司辩称:① 五矿公司与回收公司、银湖公司未实施共同侵权行为,不可能共同造成同一损害,不应当承担连带责任;② 贷款协议和船舶抵押合同均没有玛宝公司的签字盖章,尚未生效,不能证明原告的贷款债权及抵押债权合法存在;③ 原告没有提供合法有效的船舶抵押权登记证书,其提供巴拿马公共注册局官员乔尔·安东尼奥·科斯奥(Johel Antonio Coccio)的证明,该证明作为证人证言,因证人未出庭接受质询,不能作为有效证据予以采信;④ 原告主张的抵押权没有经过公示,不能对抗第三人,五矿公司购买"黑珍珠"轮,已尽买方应有的注意义务,并且支付了全部价款,是善意第三人,没有过错,不构成对原告船舶抵押权的侵犯。综上,请求驳回原告的诉讼请求。本案诉讼费由原告承担。

被告回收公司辩称:① 贷款协议和船舶抵押合同只有原告和INTERSEA MANAGEMENT SA的签字,没有玛宝公司的签字盖章,原告没有证据证明INTERSEA MANAGEMENT SA是玛宝公司的授权代表,因此不能证明玛宝公司是合同当事人,与原告之间存在贷款合同和船舶抵押合同的法律关系;② 原告主张的船舶抵押权以其对玛宝公司的贷款债权的存在为前提,原告没有提供任何生效仲裁裁决书或法院判决书证明玛宝公司拖欠其贷款未偿清,故其主张船舶抵押权没有事实和法律依据;③ 玛宝公司提供的船舶登记证书显示其是"黑珍珠"轮的所有人,没有批注有效抵押,五矿公司、回收公司和银湖公司不可能知晓"黑珍珠"轮设有抵押,属于善意买受人,主观上没有过错,不应承担侵权责任;④ 根据原告的违约通知,玛宝公司从2007年7月17日起违约不偿还贷款,但原告一直不行使抵押权,直至"黑珍珠"轮最终被银湖公司购买拆解,也未申请扣押船舶。原告怠于行使抵押权,表明其对抵押权是否合法存在的犹疑或者不确信;⑤ "黑珍珠"轮已被拆解,抵押物完全灭失,抵押权也随之消灭,根据最高人民法院《关于已登记的抵押物的善意受让人在抵押物灭失后应否对抵押权人承担赔偿责任的复函》的精神,回收公司作为善意受让人,无须承担赔偿责任。综上,请求驳回原告的诉讼请求。本案诉讼费由原告承担。

二、法院查明的事实

广州海事法院经审理查明并确认如下法律事实:

(1) 2006年5月24日,原告与玛宝公司在瑞士卢加诺签订贷款协议,约定:原告同意向玛宝公司贷款250万美元,玛宝公司同意在支取贷款3个月后连续每季度向原告分期付款,每次支付208 333美元,贷款利息按伦敦同业拆借3个月利率+2%利差计算,利率每3个月调整一次;玛宝公司在支取贷款日前或当天,签署原告对依据巴拿马法律登记的船舶享有一级抵押权的契约并转交给原告用于登记;贷款协议受瑞士法律管辖,但对于抵押物则适用巴拿马法律。同日,双方又签订了第一优先船舶抵押合同,约定:为保证偿还贷款,玛宝公司承认原告享有对"黑珍珠"轮的第一优先抵押权,抵押合同所担保的金额为319万美元;在签订合同3日内,玛宝公司向原告递交了一份巴拿马共和国船舶注册处正式盖章的船舶抵押文书原件,以证实"黑珍珠"轮抵押文书已登记注册;船舶抵押文书在巴拿马共和国船舶注册处临时登记一周后,玛宝公司应向原告提供一份由巴拿马共和国船舶注册处颁发的新证书,证明临时登记被改为正式登记。贷款协议及船舶抵押合同在借款人和抵押人一栏均加盖INTERSEA MANAGEMENT SA印章,没有玛宝公司签字盖章。

(2)根据巴拿马商船登记处于2009年1月8日签发的"黑珍珠"轮登记证书记载,该轮所有人玛宝公司,建造地点日本爱知,建造日期1981年铺设龙骨,钢质油轮,长度170米,船宽32.2米,船深19.2米,总吨29 864,净吨12 528,证书有效期至2010年1月7日。

(3)2009年3月19日,乔尔·安东尼奥·科斯奥出具证明:"黑珍珠"轮于2006年6月22日登记注册,船舶所有人玛宝公司,第一优先船舶抵押人为原告,担保数额319万美元,登记编号1001224,登记日期2006年8月24日,直至本证明签发之日抵押权仍登记在案。该证明加盖巴拿马公共注册局印章。

庭审中,原告委托代理人称有船舶抵押文书原件,广州海事法院通知其限期提交,但原告至今未提交船舶抵押文书的证据。

原告出具的放贷记录和还贷记录记载:原告于2006年6月30日放贷250万美元给玛宝公司,至2006年12月31日,玛宝公司尚欠原告贷款2 125 561.97美元。放贷记录和还贷记录没有玛宝公司的签字盖章。

2009年9月15日,五矿公司与玛宝公司签订协议备忘录,约定:五矿公司向玛宝公司购买"黑珍珠"轮,价格以9 086.61长吨(相当于9 232公吨)计算,每长吨281美元,交船地点为中国新会,价款2 553 337.41美元,付至玛宝公司指定的收款人SEA DARN BROKERS SA账户;交船时间2009年11月10日/15日。五矿公司于2009年9月18日、9月22日、12月24日分别向SEA DARN BROKERS SA支付购船款619 184.33美元、19 150.02美元、1 838 402.93美元,合计2 476 737.28美元。玛宝公司向五矿公司开具了2 553 337.41美元的商业发票,并向五矿公司出具卖契,保证"黑珍珠"轮没有任何已登记的抵押、海上留置权、产权负担、索赔和任何其他债务约束。

2009年9月18日,回收公司与五矿公司签订船舶买卖合同,约定:回收公司向五矿公司购买"黑珍珠"轮,价款2 544 250.80美元;交船时间2009年11月10日/15日,交船地点为中国新会。回收公司于2009年12月28日向五矿公司支付了购船款

2 544 250.80 美元,五矿公司向回收公司开具了 2 544 250.80 美元的商业发票。

2009 年 9 月 22 日,银湖公司与回收公司签订废钢船买卖合同,约定:银湖公司向回收公司购买"黑珍珠"轮,价款人民币 21 093 491.08 元;交船地点按对外合同的约定,交船时间按对外合同的约定,具体由船东选择。银湖公司于 2009 年 12 月 25 日向五矿公司支付了购船款人民币 21 103 032.24 元。回收公司向银湖公司开具了人民币 21 103 032.24 元的发票。

"黑珍珠"轮于 2009 年 12 月 26 日驶抵银湖公司船厂,经回收公司申请,广州黄埔出入境检验检疫局于 12 月 30 日签发运输工具检疫处理证书,准许拆解;广州黄埔老港海关于 2010 年 1 月 19 日核准进口。经银湖公司申请,江门海事局于 2010 年 2 月 2 日审核同意拆解。"黑珍珠"轮现已拆解完毕。

三、法院裁判

广州海事法院认为:

(一)关于原告请求抵押权损失是否成立的问题

船舶抵押是以船舶担保债权人利益的一种担保方式,设定船舶抵押权是为了担保一定的债权得到实现。船舶抵押权是项从权利,依附于它所担保的主债权的存在而存在、消灭而消灭,处于从属地位。因此,主债权是否存在,是抵押权人行使船舶抵押权的先决条件,只有主债权存在,抵押权才存在,抵押权人才有权对债务人转让的抵押船舶行使抵押权。原告主张三被告侵犯其抵押权,请求三被告赔偿损失,但原告没有提供有效的证据证明玛宝公司未按照贷款协议偿还贷款,其对玛宝公司的贷款债权仍然存在,因此,应承担举证不能的法律后果。由于原告不能证明主债权的存在,其索赔从债权即抵押权损失没有事实和法律依据,不予支持。

(二)关于三被告购买"黑珍珠"轮是否侵犯了原告的船舶抵押权的问题

原告主张"黑珍珠"轮的抵押已在巴拿马登记机关登记,并提供了乔尔·安东尼奥·科斯奥出具的证明。乔尔·安东尼奥·科斯奥出具的证明只是证人证言,不具有船舶抵押权证书的效力,不能据此证明"黑珍珠"轮已在船籍国登记机关办理了抵押登记。而且,乔尔·安东尼奥·科斯奥作为证人没有出庭作证,在没有其他证据相互印证的情况下,对其出具的证明不予采信。庭审中,原告称除乔尔.安东尼奥.科斯奥的证明外,还存在船舶抵押权登记文件,但原告未向法庭提供。由于原告不能举证证明"黑珍珠"轮已办理了抵押登记,其与玛宝公司签订的船舶抵押合同约定的抵押权不具有公示效力。三被告在购买"黑珍珠"轮时审查了船舶登记证书和玛宝公司提供的卖契,已尽了应有的注意义务,并且支付了价款。由于船舶登记证书和卖契均没有船舶抵押的记载,三被告不可能知晓"黑珍珠"轮设有抵押,属于善意买受人,主观上没有过错,不构成对原告的抵押权的侵犯。依照《中华人民共和国海商法》第 13 条第 1 款关于"设定船舶抵押权,由抵押权人和抵押人共同向登记机关办理抵押权登记;未经登记的,不得对抗第三人"的规定,三被告不应承担侵权责任。

综上,依照《中华人民共和国民事诉讼法》第64条第1款、《中华人民共和国海商法》第13条第1款的规定,判决如下:

驳回原告科纳银行的诉讼请求。

6 原告中海国贸(广州)有限公司与被告广州新公铁运输服务有限公司船舶购买和管理服务合同纠纷案

案例来源:广州海事法院(2001)广海法初字第79号

主题词:船舶抵押权　企业间借贷　混合过错

裁判要旨

No. CB-2.5-3　船舶购买和管理服务合同项下的船舶在国外登记注册,具有涉外因素。因各方当事人的住所地、合同签订地以及合同履行地均在中国,依据《中华人民共和国民法通则》第145条规定的最密切联系原则,应当适用中国法律处理实体争议。

No. CB-2.5-4　《中华人民共和国商业银行法》第11条第2款规定,未经中国人民银行批准,任何单位和个人不得从事吸收公众存款等商业银行业务。企业法人间签订的《船舶购买和管理服务合同》包括资金垫付和提供技术咨询服务两项内容。资金垫付行为实为企业间借贷。因垫付款的企业法人不具备经营金融业务的资格,双方的借贷行为违反法律规定,法院确认资金垫付部分的合同无效(不影响技术咨询服务部分的效力)。垫付企业垫付的本金应由受益者偿还,合同中约定的资金占用费,实质属于约定的借贷利息,依法予以收缴,上缴国库。担保人以其所属船舶提供的抵押担保以及提供的保证担保,因系为无效的企业间借贷所作担保,应认定无效。根据《中华人民共和国担保法》第5条第2款关于担保合同被确认为无效后,债权人、债务人、担保人均有过错的,应当根据其过错各自承担相应的民事责任的规定,因各方当事人对该担保均有过错,应分担相应的责任。

一、基本案情

原告:中海国贸(广州)有限公司(以下简称中海国贸)

被告:广州市新公铁运输服务有限公司(以下简称新公铁公司)

被告:杨小林

被告:陈月华

被告:刘运春

原告中海国贸诉称:1999年7月6日,原告与被告新公铁公司签订了《船舶购买和管理服务合同》。该合同约定:原告为被告新公铁公司垫付资金200万元,用于购买5000吨级"PRINCE"轮,垫资期限为3个月;原告为被告新公铁公司提供该船的商务和技术咨询服务,新公铁公司自原告垫付购船款之日起每月向原告支付技术咨询服务费和资金占用费共计8万元;如果超过3个月未付清购船款,除继续支付每月8万元外,还应按未还资金额的每天万分之五支付违约金。被告杨小林、陈月华、刘运春在合同上签字,为新公铁公司提供担保。合同签订后,原告为新公铁公司垫付了200万元购船款,并提供了有关的技术咨询服务。后因其他原因船舶未在国内注册,而在柬埔寨登记注册,船舶更名为"CHANG LI"(常利)。原告与被告新公铁公司于1999年12月22日又签订了一份《关于延长购船垫资时间的协议》,原告同意延长购船垫资期限至2000年3月8日止,延长期内的资金占用费为每月2.5万元。同日,原告与被告新公铁公司签订了《船舶抵押协议》,将船舶抵押给了原告。至今,被告新公铁公司仅向原告支付了10.5万元,尚欠技术咨询服务费和购船垫付款263.5万元。请求法院判令四被告连带偿还原告上述款项263.5万元以及违约金46.7万元。

四被告均未作答辩,且均未提交任何证据材料。

二、法院查明的事实

广州海事法院认定以下事实:1999年7月6日,原告与被告新公铁公司签订了一份《船舶购买和管理服务合同》。该合同约定:由原告为新公铁公司垫付资金200万元,用于购买5 000吨级"PRINCE"轮,垫资期限为3个月,被告新公铁公司将船舶的所有权抵押给原告,同时该合同文本上署名的个人也为被告提供担保;原告为被告新公铁公司提供该船的商务和技术咨询服务,被告新公铁公司自原告垫付购船款之日起每月向原告支付技术咨询服务费和资金占用费共计8万元;如果超过3个月未付清购船款,除继续支付每月8万元外,还应按未还资金额的每天万分之五支付违约金。被告杨小林、陈月华、刘运春作为担保人在合同文本上签字。同日,原告与被告新公铁公司按照约定,订立了《船舶抵押协议》。7月8日,原告支付给新公铁公司购船垫资款200万元。12月22日,原告与被告新公铁公司签订了一份《关于延长购船垫资时间的协议》,约定:由于船舶重新在柬埔寨登记注册,船名为"CHANG LI",故双方需重新签订船舶抵押协议书;原告同意延长购船垫资期限至2000年3月8日止,延长期内的资金占用费为每月2.5万元。同日,原告与被告新公铁公司按约定又签订了一份《船舶抵押协议》,约定被告新公铁公司将其所属"常利"轮的所有权抵押给原告。但原告与被告新公铁未就该船舶抵押权进行登记。虽然原告与被告新公铁公司之间未直接明确技术咨询服务费的计算标准,但是双方签订的《船舶购买和管理服务合同》中约定的资金占用费和技术咨询服务为每月8万元,《关于延长购船垫资时间的协议》中明确约定的资金占用费为每月2.5万元,故技术咨询服务费的标准可按每月5.5万元计算。因此,被告新公铁公司按约定应当向原告支付3个月的技术咨询服务费共计16.5万元。至原告起诉时止,被告新公铁公司已支付原告技术咨询服务费共计10.5万元,尚欠原告6万元技术咨询服务费。对此,因被告新公铁公司未提出异议,故合议庭对该笔费用予以确认。

经原告的申请,广州海事法院于2001年6月13日裁定扣押了被告新公铁公司所属"常利"轮。

三、法院裁判

广州海事法院认为:本案是船舶购买和管理服务合同纠纷。

被告新公铁公司、杨小林、陈月华、刘运春经传票传唤无正当理由拒不到庭,依据《中华人民共和国民事诉讼法》第130条的规定,可以缺席判决。

本案所涉"常利"轮在柬埔寨登记注册,具有涉外因素。因本案各方当事人的住所地、合同签订地以及合同履行地均在中国,依据《中华人民共和国民法通则》第145条规定的最密切联系原则,应当适用中华人民共和国法律处理实体争议。

原告与被告新公铁公司签订的《船舶购买和管理服务合同》包括资金垫付和提供技术咨询服务两项内容。原告与被告新公铁公司均属企业法人,资金垫付行为实为企业间借贷。因原告不具备经营金融业务的资格,双方的该借贷行为违反了《中华人民共和国商业银行法》第11条第2款关于未经中国人民银行批准,任何单位和个人不得从事吸收公众存款等商业银行业务的规定,应确认无效。原告垫付的本金200万元,应由被告新公铁公司偿还。合同中约定的资金占用费,实质属于约定的借贷利息,依法应当予以收缴,上缴国库。被告新公铁公司以其所属船舶提供的抵押担保以及被告杨小林、陈月华、刘运春提供的保证担保,因是为无效的企业间借贷所作担保,应认定无效。根据《中华人民共和国担保法》第5条第2款关于担保合同被确认为无效后,债权人、债务人、担保人均有过错的,应当根据其过错各自承担相应的民事责任的规定,本案各方当事人对该担保均有过错,应承担相应的责任。原告作为一方、被告新公铁公司作为一方以及被告杨小林、陈月华、刘运春作为一方,三方当事人对于被告新公铁公司不能清偿原告的200万元垫款的部分,应各承担三分之一的责任。原告请求被告杨小林、陈月华、刘运春承担连带责任的主张,不予支持。原告与被告新公铁公司之间签订的《船舶购买和管理服务合同》中有关技术咨询服务的条款合法有效。原告为被告新公铁公司提供了技术咨询服务,有权收取技术咨询服务费。根据原、被告签订的《船舶购买和管理服务合同》第4款约定,被告新公铁公司提供的船舶抵押担保以及被告杨小林、陈月华、刘运春为新公铁公司提供保证担保仅针对垫付的购船资金人民币200万元。因此,原告提出的被告新公铁公司提供的船舶抵押担保的范围以及被告杨小林、陈月华、刘运春提供的保证担保的范围包括技术咨询服务费的主张,没有事实依据,不予支持。根据《中华人民共和国经济合同法》第7条第1款第1项、第2款,第16条,《中华人民共和国担保法》第5条的规定,判决如下:

一、原告中海国贸(广州)有限公司与被告广州市新公铁运输服务有限公司之间签订的《船舶购买和管理服务合同》涉及垫付购船资金及担保的约定和相应的船舶抵押协议无效。

二、被告广州市新公铁运输服务有限公司应付还原告中海国贸(广州)有限公司垫付的购船资金200万元。

三、被告杨小林、陈月华、刘运春对被告广州市新公铁运输服务有限公司偿还原告中海国贸(广州)有限公司200万元债务中不能履行的部分承担三分之一的赔偿责任。

四、原告中海国贸(广州)有限公司与被告广州市新公铁运输服务有限公司所定《船舶购买和管理服务合同》中约定的资金占用费(按每月2.5万元从1999年7月9日计算至本判决生效止),由被告广州市新公铁运输服务有限公司交由本院上缴国库。

五、被告广州市新公铁运输服务有限公司向原告中海国贸(广州)有限公司支付技术咨询服务费余额6万元及利息(利息从1999年10月9日起至本判决确定的付款之日止,按照中国人民银行同期流动资金贷款利率计算)。

六、驳回原告的其他诉讼请求。

2.6 船舶拍卖对船舶抵押权的影响

7 原告北欧商业银行—欧洲银行与被告佛他贸易有限公司船舶抵押权纠纷案
案例来源:天津海事法院(2005)津海法商初字第401号
主题词:船舶抵押权　国外拍卖　丧失抵押权

裁判要旨

No. CB-2.6-1　朝鲜法院拍卖船舶的法律事实已经发生且被朝鲜法院的法律文书所证明,虽然当事人否认朝鲜法院拍卖程序的合法性,但不能否认朝鲜法院强制拍卖船舶的法律事实。根据《中华人民共和国海商法》的规定,依法拍卖并从拍卖价款中优先受偿是实现船舶抵押权的唯一途径,船舶抵押权未在朝鲜法院拍卖时主张并实现,丧失了实现抵押权的唯一机会。

一、基本案情

原告:北欧商业银行—欧洲银行(Bcen-Euro Bank)

被告:佛他贸易有限公司(Ferta Trade Ltd. S. A.)

原告诉称:原告自1999年11月开始向案外人海洋资源贸易商业公司(Ocean Resource Trade Commerce Ag)(以下简称资源公司)发放贷款,案外人兰德尔公司(Rendell Associates Corp.)为担保资源公司按时还款,将其所有的"凤凰"轮("Phoenix")抵押给原告并办理了抵押登记。由于资源公司未归还贷款,2003年9月11日,法国巴黎商业法庭根据原告的请求作出裁决,裁定资源公司归还原告贷款200万美元及自2000年9月8日起按协议约定利率计算的利息,但资源公司一直未履行上述判决。现"凤凰"轮已更名为"联盟"("Union")轮,船东变更为被告,"凤凰"轮的抵押登记现依然存在且合法有效,船舶更名损害了原告的抵押权,更换船东也违反了国际公约的规定。请求法院：(1) 确认原告对"联盟"轮享有抵押权，且原告有权行使该抵押权以追偿原告在巴黎商业法庭裁决项下的债权，即本金200万美元及自2000年9月8日起至实际支付之日止的利息；(2) 案件诉讼费用、扣船费用、追船费用及律师费用均由被告承担。

被告辩称：

(1) "凤凰"轮被朝鲜罗津法院拍卖给朝鲜罗津石油公司，罗津石油公司将"凤凰"轮更名为"罗津"（"Rason"）轮并在朝鲜海事局进行了临时登记，朝鲜海事局颁发了"罗津"轮无抵押权、无债务证书，可见依据朝鲜法律，依附于"凤凰"轮上的船舶抵押权已经消灭。后罗津石油公司将"罗津"轮转卖给被告，被告在伯利兹办理了船舶登记，船名改为"联盟"轮，"联盟"轮上自然也不存在原告的抵押权。中华人民共和国最高人民法院于1994年发布的《关于海事法院拍卖被扣押船舶清偿债务的规定》仍然有效，该《规定》第1条第15项规定："拍卖船舶结束后，海事法院应在前述报刊上刊登公告，说明船舶业已公开拍卖给买方，船舶所有权及其风险自移交时起已经转移，买方对船舶在移交以前所负的债务不承担任何责任，船舶原所有人应向原登记机关办理注销登记。"《中华人民共和国海事诉讼特别程序法》第40条规定："买受人接受船舶后，应当持拍卖成交确认书和有关材料，向船舶登记机关办理船舶所有权登记手续。原船舶所有人应当向原船舶登记相关办理船舶所有权注销登记。原船舶所有人不办理船舶所有权注销登记的，不影响船舶所有权的转让。"因此，即使法院在审理本案时无法查明朝鲜法律，依据中华人民共和国上述法律的规定，也同样可以确认原告对"凤凰"轮的抵押权已经消灭，罗津石油公司及被告对"凤凰"轮拍卖以前的债务不承担任何责任。

(2) 法院强制拍卖船舶是法院行使国家公权力对船舶实施的强制变价行为，法院在整个拍卖程序中居于主导地位，拍卖导致船舶所有权的变更并非基于原船舶所有人的意愿，因此买受人取得拍卖船舶的所有权属于原始取得，买受人对于船舶原有债务不承担责任。朝鲜法院适用其本国法及相关规定拍卖船舶，是该国司法主权的体现，中国法院对此应当予以尊重，对其合法性和有效性无权进行审查，原告也无权对此提出异议。

(3) 中华人民共和国和朝鲜均未批准、核准或者接受《1993年船舶优先权和抵押权国际公约》，因此该《公约》不适用于本案。朝鲜既然不是该《公约》的缔约国，就没有遵守该《公约》的法律义务，朝鲜法院依据其国内法和相关国际惯例拍卖船舶，拍卖行为和相关程序并不违法。退一步讲，即使上述《公约》能够适用于本案，也得不出原告抵押权仍然存在的结论。依据该《公约》的规定，拍卖船舶的法院有义务通知已知的抵押权人，而买受人无此义务。即使朝鲜法院未履行通知义务，也是法院自己的过错，与买受人无关，不能让买受人承担由此产生的不利后果，况且朝鲜法院在拍卖船舶前已经通知了相关方，并未违反《公约》的规定。

(4) "凤凰"轮被朝鲜法院拍卖后，法律意义上的"凤凰"轮已不复存在，"凤凰"轮的抵押登记未注销不能证明原告对被告所有的"联盟"轮享有抵押权。

二、法院查明的事实

天津海事法院查明：1999年11月4日，原告和案外人资源公司签订贷款协议，由原告向资源公司提供500万美元贷款，"凤凰"轮所有人兰德尔公司为担保资源公司的债务，于同日将"凤凰"轮抵押给原告并办理了抵押登记，后因资源公司未能归还原告贷款，原告于2001年12月11日向法国巴黎商业法庭提起诉讼。2003年9月11日，巴黎商业法庭判决资源公司偿还原告200万美元借款及利息。因资源公司未履行巴黎商业法庭的上述判决，原告以行使船舶抵押权为由，于2005年6月24日申请天津海事法院扣押"联盟"轮，天津海事法院7月27日裁定准许并扣押了"联盟"轮，被告作为"联盟"轮所有人，随即向天津海事法院提出异议。11月8日，被告向天津海事法院提交了支持其异议理由的相关证据，天津海事法院于11月13日裁定解除了对"联盟"轮的扣押。

"凤凰"轮船籍国为圣文森特和格林纳丁斯，所有人为兰德尔公司，光船租赁给西珊瑚公司（Atoll-west company）12年，光租期间悬挂俄罗斯国旗，1999年7月办理光租登记，原告为"凤凰"轮第一优先顺序抵押权人，1999年11月办理抵押登记。为更换船员和维修船舶，"凤凰"轮于2003年5月13日驶抵朝鲜罗津（Rason）港，因船东拖欠船员工资、港口费和黄金三角洲贸易银行贷款而被朝鲜罗津法院扣留。2004年9月20日，上述债权人共同向朝鲜罗津法院递交拍卖船舶申请。11月1日，朝鲜罗津法院发布关于强制出售"凤凰"轮的通知。11月5日，朝鲜罗津法院将"凤凰"轮拍卖给朝鲜罗津石油公司，罗津石油公司分别于2004年11月5日和26日向朝鲜罗津法院支付1 525 424美元买船款。11月26日，朝鲜罗津法院收到全部卖船款后出具裁定，确认"凤凰"轮已经于2004年11月26日出卖给罗津石油公司。2005年1月18日，罗津石油公司将"凤凰"轮更名为"罗津"轮，并在朝鲜海事局办理了临时登记，朝鲜海事局向罗津石油公司颁发了没有第三人索赔证书，该证书记载，"罗津"轮"自登记之日起不存在任何的抵押权和第三人的索赔"。2005年6月8日，罗津石油公司与被告签订"罗津"轮买卖合同，将"罗津"轮转让给被告，被告将"罗津"轮更名为"联盟"轮，并于2005年7月7日在伯里兹国际商船登记处办理了船舶登记。经朝鲜罗津法院拍卖后，"凤凰"轮在圣文森特和格林纳丁斯的抵押登记和船舶注册登记均未注销。

三、法院裁判

天津海事法院认为，"凤凰"轮的抵押权设立于船舶光租期间，原船舶登记国为圣文森特和格林纳丁斯，根据《中华人民共和国海商法》第271条的规定："船舶抵押权适用船旗国法律。船舶在光船租赁以前或者光船租赁期间，设立船舶抵押权的，适用原船舶登记国的法律。"故本案可适用圣文森特和格林纳丁斯法律，但原、被告均未向天津海事法院提出法律适用要求，也未向天津海事法院提供圣文森特和格林纳丁斯法律，因此处理本案纠纷应适用中华人民共和国法律。中华人民共和国虽在《1993年船舶优先权和抵押权国际公约》上签字,但至今尚未批准、核准或接受该公约,因此该公约不适用于本案。船舶抵押是以船舶为抵押物,以债权人为抵押权人的一种债务担保,如果抵押人不履行船舶抵押所担保的债务,抵押权人就可以依法拍卖船舶,从卖得的价款中优先受偿。原告自涉案抵押协议成立之日起依法取得"凤凰"轮的抵押权,但船舶抵押权同其他民事权利一样并非永恒存续,船舶抵押权得因一定的法律事实出现而消灭。中华人民共和国最高人民法院《关于海事法院拍卖被扣押船舶清偿债务的规定》规定,拍卖船舶结束后,船舶所有权及其风险自移交时起转移,买方对船舶在移交以前所负的债务不承担任何责任。上述规定说明,法院强制拍卖船舶可使船舶抵押权消灭。

首先,法院拍卖船舶不同于通常的商业买卖,是法院通过司法程序强制改变船舶所有权的一种措施,买受人取得船舶所有权不以船舶原所有人的意志为转移,因此买受人通过法院强制拍卖程序购买船舶属于原始取得,而原始取得则意味着买受人购买的船舶是除去各种负担的船舶,自船舶移交之日起,买受人对依附于原船舶上的各种债务不承担任何责任。罗津石油公司自朝鲜罗津法院购买"凤凰"轮后,朝鲜海事局颁发了没有第三人索赔证书,可见"凤凰"轮原有船舶抵押权已经消灭。其次,根据《中华人民共和国海商法》的规定,依法拍卖并从拍卖价款中优先受偿是实现船舶抵押权的唯一途径,抵押权人既可以自行申请法院拍卖抵押船舶,也可以在其他债权人已经提起的拍卖程序中进行债权登记,从拍卖价款中优先受偿,无论其债权是否得到满足,均属抵押权的实现,其未满足的部分债权成为普通债权。换言之,船舶抵押权只能通过拍卖船舶实现,既然原告未在朝鲜罗津法院拍卖"凤凰"轮时主张并实行其抵押权,则原告也就丧失了实现其抵押权的唯一机会,其抵押权应随朝鲜罗津法院拍卖船舶程序的结束而消灭。

朝鲜罗津法院拍卖"凤凰"轮后,"凤凰"轮原所有人兰德尔公司应办理"凤凰"轮抵押权的注销登记,但兰德尔公司一直未履行该项义务,导致原告本已消灭的抵押权在形式上依然存在,原告也以此为由认为其仍享有抵押权,显然原告只注意到抵押权取得的条件而忽视了抵押权消灭的原因,兰德尔公司不办理抵押权的注销登记并不影响"凤凰"轮抵押权依法消灭。国家主权平等、主权国家之间互无管辖权是国际法的一项基本原则,朝鲜罗津法院拍卖"凤凰"轮是否符合其本国法,不属天津海事法院的审查范围,原告认为朝鲜罗津法院拍卖"凤凰"轮不合法,应按朝鲜的法律规定的程序,通过朝鲜司法机关解决。法律事实是指法律所确认的足以引起法律关系产生、变更和消灭的事件和行为。由此可见,行为一旦作出,就是一种法律事实。朝鲜法院拍卖"凤凰"轮无疑引起了法律关系的变更,使"凤凰"轮的所有人由兰德尔公司变更为罗津石油公司,这种变更也受到朝鲜法律确认,因此朝鲜法院拍卖"凤凰"轮的行为是一件法律事实。法律事实只有发生和未发生的区别,而不管他人是否承认。朝鲜法院拍卖"凤凰"轮的法律事实已经发生且被朝鲜法院的法律文书所证明,它不依任何人的意志为转移而客观存在着,虽然原告否认朝鲜法院拍卖程序的合法性,但不能否认朝鲜法院强制拍卖"凤凰"轮的法律事实,因此天津海事法院确认"凤凰"轮已被朝鲜法院强制拍卖,属于对法律事实的认定,而不是对朝鲜法院判决的承认。原告认为承认朝鲜法院拍卖"凤凰"轮,就等于承认朝鲜法院判决的主张缺乏事实和法律依据,理由不成立,天津海事法院不予支持。

综上,"凤凰"轮被朝鲜法院拍卖后,原告对"凤凰"轮享有的抵押权即行消灭,原告无权向买受人罗津石油公司主张"凤凰"轮的抵押权,更无权向"凤凰"轮的转受让人即本案被告主张抵押权。依据《中华人民共和国海商法》第11条的规定,判决如下:

驳回原告北欧商业银行—欧洲银行(Bcen-Euro Bank)的诉讼请求。

3. 船舶所有权纠纷

3.1 未经抵押权人同意的船舶转让

1 原告阮维昌、阮维潮、张舟为与被告张亚寿船舶权属纠纷案
案例来源:广州海事法院(2008)广海法初字第381号
主题词:船舶所有权转让　船舶抵押权　受让人清偿债务

> **裁判要旨**
>
> **No. CB-3.1-1**　船舶抵押权设定后,未经抵押权人同意,抵押人不得将被抵押船舶转让给他人。由于事前未取得抵押权人同意,船舶所有权人不得将其所有的被抵押船舶转让给他人,但受让人代为清偿债务消灭抵押权的除外。

一、案件事实

原告:阮维昌

原告:阮维潮

原告:张舟

被告:张亚寿

原告阮维昌、阮维潮、张舟诉称:三原告与被告4人原拥有"梅航8""梅航6"两艘货轮各25%的产权,但在"梅航6"轮的船舶所有权登记证书中载明:被告占该轮的34%股份,原告阮维昌占该轮的33%股份,原告张舟占该轮的33%股份。在合伙经营期间,原、被告分别以"梅航8"轮和"梅航6"轮作为抵押物向湛江市经济技术开发区农村信用合作社(以下简称开发区信用社)贷款68万元和80万元用以建造新船及偿还浙江台州造船厂欠款。由于被告个人占用了开发区信用社的80万元贷款及欠下三原告298 000元,三原告与被告于2007年12月9日签订协议,约定:(1)"梅航6"轮的所有权归三原告拥有,"梅航8"轮的50%股份归被告所有,另外50%股份归三原告所有;(2)"梅航6"轮作价215万元,"梅航8"轮作价173万元;(3)"梅航8"轮尚欠的贷款62万元由被告偿还,"梅航6"轮尚欠的贷款76万元由三原告偿还。2008年4月7日,被告向原告阮维潮借款614 000元偿还贷款,同年4月底,被告将其所有的"梅航8"轮50%股份转让给原告阮维潮,并办理了船舶所有权变更登记手续。现因三原告暂无能力偿还贷款而未办理"梅航6"轮的所有权变更登记手续。为维护三原告的合法权益,请求法院确认被告所有的"梅航6"轮的34%股份属于三原告所有。

被告张亚寿答辩称:其向三原告借款属实,同意三原告的诉讼请求。

二、法院查明的事实

广州海事法院经审理查明并确认如下法律事实：

2006年2月3日，三原告与被告签订"梅航8"轮经营协议书，内容为：三原告与被告已于2006年1月付清"恒运8"轮购船款，已进行船名和所有权变更，船名变更为"梅航8"轮，所有权变更为原告阮维潮、张舟各占25%股份，被告占50%股份。因股东原告阮维昌身份证遗失，其所占股份挂在被告名下经营，实际上三原告与被告各占25%股份。"梅航8"轮的利润分红、亏损、安全责任按各股东所占百分比进行分配。同年6月5日，三原告与被告签订了"梅航8"轮股份证明书，证明全体股东一致同意集资建造一艘千吨货船，同意将"梅航8"轮所有权变更为被告拥有100%股份以便向银行贷款，实际上，"梅航8"轮仍属于原全体股东所有，银行贷款由全体股东共同负责。

2007年2月22日，三原告与被告签订"梅航6"轮合股经营协议书，内容为："梅航6"轮是由三原告及被告共同出资建造，于2007年2月1日建成，建造该轮的资金来源是以"梅航8"轮作抵押向银行贷款68万元及"梅航8"轮利润投入，余下部分由三原告和被告共同出资；因"梅航6"轮要向银行贷款，现"梅航6"轮船舶所有权登记为被告占34%股份，原告阮维昌、张舟各占33%股份，实际股份分配是三原告及被告各占25%股份，该轮的利润、亏损、安全责任也按4人平均进行分担。"梅航6"轮的银行贷款是以原告阮维昌名义所贷，由各股东平均进行分担贷款本金及利息。

根据湛江海事局颁发的登记号码为200007000039的船舶所有权登记证书记载，被告为"梅航6"轮的所有人，取得船舶所有权的日期是2007年2月3日，该轮为非共有船舶。2007年3月5日"梅航6"轮从非共有船舶变更为被告占34%股份，原告阮维昌占33%股份，原告张舟占33%股份。2007年3月20日，该轮办理了抵押登记手续，抵押人为被告，抵押权人为开发区信用社，债权数额为80万元，受偿期限从2007年3月20日至2009年3月20日。

2007年6月27日，被告分别立下3张借据，写明借原告阮维昌9.3万元，借原告阮维潮船份分数转欠款10.5万元，借原告张舟10万元。

2007年12月9日，三原告与被告签订"梅航8"轮"梅航6"轮被告股份处理结算协议书，内容为：被告占用各股东资金29.5万元和台州造船厂欠款57万元，经全体股东协商，同意被告全部退出"梅航6"轮股份，"梅航6"轮由三原告共同所有；被告入股"梅航8"轮25%的股份，"梅航8"轮由被告占有50%的股份，三原告共同占有50%的股份，资金结算如下：(1)"梅航8"轮按173万元价格进行入股处理，"梅航6"轮按215万元价格进行退股处理；(2)"梅航8"轮所欠开发区信用社贷款62万元由被告负责，与三原告无关；(3)"梅航6"轮债权债务及一切责任与被告无关；(4)被告退出"梅航6"轮，入股"梅航8"轮，尚欠各股东20.5万元和前期占用原告阮维潮10.5万元、原告阮维昌9.3万元、原告张舟10万元，共欠各股东50.3万元，按月利率1.5%计算利息，被告愿意将"梅航8"轮股份作为上述欠款的抵押；(5)"梅航6"轮"梅航8"轮由签字日起按股份比例进行结算。随后三原告与被告又签署了一份"梅航6"轮股份证明书,证明"梅航6"轮原股东之一被告已退股,因该轮尚欠银行贷款不能办理产权变更手续,经三原告协商,仍按原来的登记,实际"梅航6"轮所有权人为三原告共同拥有,今后一切事宜与被告无关。同日,被告又立下两张欠据,一张欠据写明于当日转让"梅航6"轮34%股份,尚欠三原告共20.5万元;另一张欠据写明欠原告阮维昌9万元(分数超支转欠)。

2008年4月7日,被告出具借据,写明其向原告阮维潮借款61.4万元用于归还被告欠开发区信用社的62万元贷款,被告愿意将"梅航8"轮的30%股份归原告阮维潮所有。2008年4月20日,原告阮维潮与被告签订了"梅航8"轮转让协议书,约定:被告将其所有的"梅航8"轮作价205万元转让给原告阮维潮,原告阮维潮在合同签订当天付订金30万元给被告,余款在2008年4月28日付清;"梅航8"轮在移交之前的债权、债务由被告负责,移交后一切责任由原告阮维潮负责;"梅航8"轮交接地点为吴川市黄坡港,时间在2008年4月31日前。2008年4月28日,原告阮维潮与被告签订了"梅航8"轮船舶移交书,同日,三原告也签署了一份"梅航8"轮股份证明书,证明是由三原告共同接受被告拥有的"梅航8"轮50%股份,"梅航8"轮的股份由三原告平均分配,利润、亏损、安全责任也由三原告分配承担,为便于办证,"梅航8"轮的船舶所有权登记于原告阮维潮名下,实际为三原告共同拥有。根据登记号码为200008000072的船舶所有权登记证书记载,原告阮维潮于2008年4月28日取得"梅航8"轮的所有权,该轮为非共有船舶。

另查明:三原告于2008年7月15日向本院申请诉前保全被告所有的"梅航6"轮34%股份,并以原告阮维昌、张舟所有的"梅航6"轮66%股份作为本案的反担保。本院经审查认为三原告的申请符合法律规定,于2008年7月16日作出(2008)广海法保字第111-2号民事裁定,准许了三原告的请求,冻结原告阮维昌、张舟所有的"梅航6"轮各33%的产权份额,冻结被告所有的"梅航6"轮34%的产权份额。随后通知了"梅航6"轮的抵押权人开发区信用社。

2008年12月8日,开发区信用社出具证明书写明:原告阮维昌因流动资金需要,于2007年3月20日在该社借款80万元,抵押人被告用"梅航6"轮作抵押,并已在海事局办理抵押登记。现借款人原告阮维昌于2008年12月5日已归还该社贷款本息。同年12月9日,开发区信用社在向湛江海事局申请办理"梅航6"轮抵押权注销登记的船舶注销登记申请书上盖章确认。

三、法院裁判

本案是一宗船舶权属纠纷。三原告与被告签订的"梅航8"轮"梅航6"轮被告股份处理结算协议书,是双方真实意思表示,依照《中华人民共和国合同法》第44条"依法成立的合同,自成立时生效。法律、行政法规规定应当办理批准、登记等手续生效的,依照其规定"和《中华人民共和国海商法》第9条第1款"船舶所有权的取得、转让和消灭,应当向船舶登记机关登记"的规定,三原告和被告签订的协议书符合法律规定,本应自双方当事人签订合同时成立并生效,但因为"梅航6"轮所有人已在该轮上设置了船舶抵押权,并办理了船舶抵押权登记,按照《中华人民共和国海商法》第17条"船舶抵押权设定后,未经抵押权人同意,抵押人不得将被抵押船舶转让给他人"的规定,被告转让合法有效的抵押权标的物的行为,事前未取得抵押权人开发区信用社的同意,被告不得将其所有的被抵押船舶"梅航6"轮34%股份转让给他人。在本案审理期间,因原告阮维昌向开发区信用社清偿贷款本息以消灭在"梅航6"轮上设置的船舶抵押权,依照《中华人民共和国物权法》第191条的规定:"抵押期间,抵押人经抵押权人同意转让抵押财产的,应当将转让所得的价款向抵押权人提前清偿债务或者提存。转让的价款超过债权数额的部分归抵押人所有,不足部分由债务人清偿。抵押期间,抵押人未经抵押权人同意,不得转让抵押财产,但受让人代为清偿债务消灭抵押权的除外。"被告可以将其享有的"梅航6"轮的股份转让给他人,被告与三原告签订的转让"梅航6"轮股份的协议书已发生法律效力,三原告的诉讼请求有理,合议庭予以支持。

依照《中华人民共和国合同法》第44条、《中华人民共和国物权法》第191条的规定,判决如下:

确认被告张亚寿的"梅航6"轮34%股份归原告阮维昌、阮维潮、张舟所有。

2 原告杭州联合农村合作银行周浦支行与被告邵雪良船舶所有权纠纷案

案例来源:宁波海事法院(2009)甬海法事初字第23号
主题词:船舶所有权转让　船舶抵押权　公证债权文书

裁判要旨

No. CB-3.1-2　最高额抵押借款合同办理了具有强制执行效力的公证书,抵押权人有权根据执行证书确定的执行标的,申请法院强制执行。

No. CB-3.1-3　在法院执行过程中,船舶买方对执行提出异议,但是由于该船舶转让未征得抵押权人的同意,且未办理船舶过户登记手续,故船舶抵押权人的权利不受船舶转让的影响。

一、基本案情

原告:杭州联合农村合作银行周浦支行(以下简称周浦支行)
被告:邵雪良

原告周浦支行起诉称,2006年7月24日,原告周浦支行作为贷款人与借款人赵伟刚、抵押人赵其六签订了最高额抵押借款合同,周浦支行同意在2006年7月24日至2008年7月20日期间向赵伟刚发放最高限额为40万元的借款;赵其六则同意以其所有的"浙建德采00017"轮为该合同下发生的所有债权提供抵押担保,抵押担保的范围包括本金、利息等。卢小荣作为"浙建德采00017"轮共有人亦签字同意抵押。合同签订后,周浦支行与赵其六共同办理了船舶抵押权登记证书。同年 7 月 25 日,杭州市公证处根据上述合同,出具了具有强制执行效力的公证书。2007 年 7 月 23 日,周浦支行向赵伟刚发放借款 40 万元,约定借款到期日为 2008 年 7 月 15 日。因赵伟刚在借款到期后拒不按约归还借款本息,杭州市公证处于 2008 年 8 月 4 日出具(2008)杭证执字第 98 号执行证书,确定周浦支行有权向法院申请强制执行的标的为:本金及利息 402 589.61 元(利息计至 2008 年 7 月 15 日,之后另计)、公证费 400 元及实现债权的相关费用。同年 8 月 11 日,周浦支行以执行证书为依据,向宁波海事法院申请强制执行。该院于同年 8 月 25 日立案执行,案号为(2008)甬海法执字第 187 号。该院在执行过程中,依法扣押了"浙建德采00017"轮,被告邵雪良对此提出执行异议,主张其系该轮所有权人,并提供了买卖协议、收据等证据。2009 年 1 月 8 日,宁波海事法院裁定:杭州市公证处(2008)杭证执字第 98 号公证书中止执行。原告周浦支行认为,原告享有的船舶抵押权已经依法办理登记手续,具有公示效力。而被告邵雪良仅提供杨剑将"浙建德采00017"轮转让给周荣虎的协议和收据,却未能提供赵其六将该轮转让给杨剑及周荣虎将该轮转让给被告邵雪良的协议和收据,且未办理船舶过户登记手续,故被告邵雪良未取得该轮船舶所有权。请求法院判决:(1) 对(2008)甬海法执字第 187 号案件的执行标的本金及利息 402 589.61 元(利息计算至 2008 年 7 月 15 日,之后另计)许可执行;(2) 原告周浦支行就上述款项对"浙建德采00017"轮的折价或者拍卖、变卖所得的价款优先受偿。

被告邵雪良未提交书面答辩状,亦未出庭应诉。

二、法院查明的事实

根据庭审中认定的证据,宁波海事法院对原告周浦支行主张的事实均予确认。

三、法院裁判

宁波海事法院认为,原告周浦支行与赵伟刚、赵其六签订的最高额抵押借款合同应当依法认定有效。由于该合同办理了具有强制执行效力的公证书,周浦支行有权根据执行证书确定的执行标的申请法院强制执行。周浦支行与"浙建德采00017"轮的所有权人赵其六约定,周浦支行就 40 万元借款对"浙建德采00017"轮享有船舶抵押权,并办理了船舶抵押权登记证书,系该轮合法的抵押权人。被告邵雪良主张其向周荣虎购得该轮,现系该轮所有权人,依据不足。即使被告邵雪良确系该轮的最终买受人,因该轮的转让未征得抵押权人同意,且未办理船舶过户登记手续,周浦支行对该轮享有的船舶抵押权亦不受影响。原告周浦支行的诉请有理,宁波海事法院予以支持。依照《中华人民共和国海商法》第 9 条第 1 款、第 11 条、第 17 条,《中华人民共和国民事诉讼法》第 130 条的规定,判决如下:

一、继续执行(2008)甬海法执字第 187 号案件的执行标的本金及利息 402 589.61 元(利息计算至 2008 年 7 月 15 日,之后另计);

二、原告杭州联合农村合作银行周浦支行就上述款项对"浙建德采00017"轮享有船舶抵押权。

3.2 船舶所有权的物上请求权

3 原告何世福、何观仁、何洪达诉被告梁光民、湛江市捷海砂石工程有限公司船舶权属纠纷案

案例来源:广州海事法院(2008)广海法初字第150号
主题词:船舶所有权 物上请求权 诉讼时效

裁判要旨

No. CB-3.2-1 物权请求权不适用诉讼时效。

No. CB-3.2-2 船舶所有权的转让应当向船舶登记机关登记,未办理所有权登记的,不能对抗第三人。但是,第三人亦不得侵害这种所有权,或妨碍所有权人合法行使对船舶占有、使用、收益、处分的权利。

一、基本案情

原告:何世福(曾用名何进福)
原告:何观仁(何世福之子)
原告:何洪达(何世福之子)
被告:梁光民
被告:湛江市捷海砂石工程有限公司(以下简称捷海公司)

原告何世福、何观仁、何洪达诉称:2003年初,经安铺水运公司的梁美介绍,梁光民等4人来到原告家,称其在湛江港领有200万立方米沙方,需要原告的抽沙船抽沙。双方经协议,签订了一份施工合同,约定梁光民先付给三原告2万元进场费,修理抽沙船机械费10万元,共计12万元。原告按约定拖船至湛江霞山港后,梁光民称没有钱,不履行合同的约定。在原告回家取伙食费时,梁光民却将三原告的抽沙船拖走卖掉。被告捷海公司为梁光民出具了证明,使得梁光民能顺利卖掉该船。原告为此多次恳求有关部门责令梁光民返还抽沙船,但至今未果,为此起诉,请求法院判令:(1)两被告返还拖走的价值40多万元的抽沙船一艘,并拖回至廉江安铺港晨光场码头交予原告;(2)两被告共同赔偿每天1 000元给三原告,自2003年5月31日起至2008年5月21日止共计179万元,并计算至被告返还船舶之日止;(3)被告梁光民赔偿合同违约金50万元给原告何洪达。

被告梁光民辩称:没有证据证明涉案抽沙船系三原告所有。涉案抽沙船的价值,不可能达40万元,最多不过3至4万元。该船没有生产能力,原告主张每天1 000元的损失没有依据。因原告未提供符合要求的抽沙船,造成我方无法开工,原告违约在先,

因而其主张 50 万元的违约金没有依据。原告因不能偿还借款才同意我转让船舶的，转让涉案船舶时，原告是知道的，我在扣除原告该还我的借款后把剩余的钱提存在派出所，只因原告不能证明船舶系其所有，派出所才未将卖船款付予原告。请求法院驳回原告的诉讼请求。

被告梁光民为支持其抗辩理由，在举证期限内向法庭提交了由何洪达签名的 3 份借据，总金额为 25 375 元。

被告捷海公司辩称，原告没有举证证明捷海公司对其实施了侵权即参与了扣留、变卖涉案船舶。捷海公司仅为其公司员工开具了一张船舶买卖证明书，这与原告的损失没有因果关系。原告主张每天 1 000 元的经济损失，既不符合法律规定，亦与捷海公司无关。原告的诉请早已过了诉讼时效，请求法院驳回原告对我方的诉讼请求。

二、法院查明的事实

广州海事法院查明案件事实如下：

2002 年 9 月 19 日，原告何洪达与被告梁光民签订的合同书约定：被告梁光民将其承接的湛江霞山至南油新建跨海大桥南油吹填工程之送沙工程承包给原告何洪达，工程量为 200 万立方米。该合同第 4 条约定了进场付款办法，梁光民先付 2 万元，即签订合同时付 12 000 元，余下 8 000 元到湛江支付；第 5 条约定，乙方付船舶修理费、机械修理费 10 万元；第 6 条约定，进场费、机械修理费共 12 万元。

合同签订当日，梁光民的合作伙伴朱荣付给原告何洪达 12 000 元，为此，何洪达立有借据一份，记载："兹借到朱荣人民币 12 000 元，领款人：何洪达，2002 年 9 月 19 日"。2002 年 10 月 12 日，何洪达再从朱荣处借款 11 000 元，其借据记载："兹借到朱荣拖船费 11 000 元，此据，何洪达，2002 年 10 月 12 日"。在被告梁光民提交的借据中，还有如下记载："于 10 月 14 日支款 530 元，何洪达"，"于 10 月 15 日支 1 845 元，包括电费、按金在内。何洪达"。综上，何洪达从梁光民及其合作伙伴朱荣处共领到现金 25 375 元。

原告于 2002 年 9 月下旬将其抽沙船拖到湛江市霞山区麻章水产批发市场码头。

据被告梁光民在湛江市公安局水上派出所的笔录，其陈述称：经原告何洪达请来的修船师傅实地考察后认为，涉案船舶的修理费需要 25 万元至 28 万元，大大高于双方合同预计的 10 万元，梁光民因此表示无法承受多出部分的资金，希望何洪达能找人来参股，但何表示办不到，因而原被告之间的合作无法进行。原告则声称是被告梁光民未履行合同，没有依约垫付船舶修理费，以致合作不能进行，被告又不付钱给原告将船舶拖回廉江安铺港，船舶被迫停在海富码头。

在看船人即原告何观仁回家取伙食款期间，梁光民以何洪达拖欠其 25 000 元借款为由，于 2003 年 5 月 21 日上午通过中间人林亚懒将涉案船舶以 46 300 元的价格卖给东莞东方工程机械有限公司的钟镜波，在扣除给中间人林亚懒 3 000 元中介费后，梁光民实际收取了船舶变卖款 43 300 元。在买卖双方协商时，林亚懒曾问及该船有何手续与证件，梁光民告知该船舶没有任何有效手续和证件。在公安机关的询问笔录以及本案庭审中,被告梁光民称变卖涉案船舶,其通过电话取得了何洪达的同意。而原告方面则认为,梁光民仅是电话征询过意见,原告方并未同意卖船。

因钟镜波要求一张船舶买卖方面的证明才能将船拖回东莞,梁光民遂于2003年5月22日到被告捷海公司开具了一张盖有捷海公司公章的证明,记载:"兹有我公司职工梁光文、朱荣转让一艘挖泥绞吸船(规格长19米、宽5.3米)给东莞东方工程机械有限公司钟镜波,转让价为46 300元正。特此证明。湛江市捷海砂石工程有限公司,2003年5月22日。"

2003年5月31日,何观仁发现船舶失踪,便向警方报案。警方分别于6月4日和8月8日两次传讯梁光民,并制作了问话笔录。湛江市公安局霞山分局认定该案属经济纠纷,遂于2005年8月11日作出湛霞公不立字(2005)NO.0000001号不予立案通知书,记载:"控告人何观仁,你于2003年5月31日提出控告的抽沙船被他人盗窃,我局经审查认为你和他人的经济纠纷,根据《中华人民共和国刑事诉讼法》第八十六条之规定,决定不予立案。"何观仁拒绝签收该不予立案通知书。2005年9月8日,湛江市公安局霞山分局向何世福、何洪达、何观仁出具湛霞公法(2005)5号答复书,记载:我局经重新审查认为,该案不属于团伙诈骗、盗窃案,而属于经济往来中的纠纷案,我局不予立案的理由充分、证据确凿。何观仁于2006年8月22日向广东省公安厅上访,该公安厅于8月28日书面答复何观仁,称该事项应通过诉讼、复议、仲裁等方式解决,请向有关部门提出。

何洪达、何世福于2006年4月28日向我院邮递起诉状,我院于5月8日收到该起诉状。其后原告不断对诉状及其相关材料进行补正,我院于2008年3月27日予以立案。

另查明,2001年6月11日,何世福与钦州市达锋疏浚土石方工程公司(下称达锋公司)签订一份购船协议书,约定:何世福向达锋公司购买两艘已不能抽沙的旧抽沙船,转让价78 800元,大船长约18.7米,宽5.5米,高度1.4米,马力12V190,小船长约16.8米,宽4.76米,高度1.54米,马力12V135。何世福已向达锋公司支付了78 800元船舶转让款。

2001年10月15日,何世福与广西钦州人氏黄其胜签订了一份合同书,约定:何世福向黄其胜购买一艘挖泥船的船壳,该船壳长18米多,宽6米左右,型深1.6米至1.8米,转让价格为129 800元。

原告称涉案的绞吸船舶是由上述三艘船舶改装而成,长约18米,宽约6米,船舱深度约1.6米至1.8米,柴油机为济南产12V190,1 200马力,船舶总吨约70,抽沙远程1 000米至2 000米。涉案抽沙船是一艘无船名、船号,无船舶证书,无船籍港的"三无"船舶。

原告何观仁、何洪达系原告何世福的儿子。庭审中,原告强调被告必须返还船舶,或者按船舶原样新造一艘船舶给原告,拒绝接受船舶灭失的赔款。

三、法院裁判

广州海事法院认为,本案是船舶权属纠纷。争议的焦点问题是:原告起诉是否已超过诉讼时效期间;被告对涉案船舶的转让是否有过错,对原告返还船舶的诉求应否支持;对原告经济损失及违约金的诉求应否支持。

(一) 本案是否已超过诉讼时效期间

原告提起的是船舶权属纠纷诉讼,属于物权请求权方面的诉讼。《中华人民共和国民法通则》第 135 条规定:"向人民法院请求保护民事权利的诉讼时效期间为二年。法律另有规定的除外。"最高人民法院《关于审理民事案件适用诉讼时效制度若干问题的规定》第 1 条规定:"当事人可以对债权请求权提出诉讼时效抗辩",这就意味着我国现行法律仅规定可以对债权请求权提出时效抗辩,当事人不得对物权请求权提出诉讼时效方面的抗辩。另外,我国法律并没有规定占有时效制度,对于无法律根据占有他人的物,不论其占有多长时间,都不能因此而取得对该物的所有权。因此,物权请求权不适用时效制度,原告要求被告返还船舶的诉讼请求,不存在超过诉讼时效的问题。

退一步讲,就算物权请求权适用两年的诉讼时效规定,本案因原告在发现其船舶失踪之日即 2003 年 5 月 31 日就向公安机关报案,主张其民事权利,从而导致诉讼时效中断。2005 年 9 月 8 日,湛江市公安局霞山分局向何世福等三人出具答复书,表明公安机关不予立案的理由充分、证据确凿,此时诉讼时效期间重新计算。何洪达、何世福于 2006 年 4 月 28 日向我院邮递起诉状,其间并未超过两年,而时效期间从其邮递诉状之日起再次中断。因之,原告提起本案诉讼没有超过诉讼时效期间,被告捷海公司关于原告起诉已超过时效期间的抗辩理由不成立。

(二) 被告对涉案船舶的转让是否有过错,对原告返还船舶的诉讼请求应否支持

三原告为父子关系,并未主张涉案船舶为按份共有,因而应认定该船系原告的家庭共同共有之财产。该船舶乃原告自行组装的一艘无船名、船号,无船舶证书,无船籍港的"三无"船舶,因该船舶不符合国家海事行政主管部门的有关要求而不能进行合法的营运并取得收益。但是,根据《中华人民共和国船舶登记条例》第 5 条"船舶所有权的取得、转让和消灭,应当向船舶登记机关登记;未经登记的,不得对抗第三人"之规定,船舶所有权的取得不以船舶登记为先决条件,未经登记的,并非不能取得船舶所有权,只是该所有权不能对抗第三人。因此,原告对涉案船舶享有受法律保护的所有权,其他人不得侵害这种所有权或妨碍所有权人合法地行使对船舶占有、使用、收益、处分的权利。

被告梁光民称其将涉案船舶卖予钟镜波,电话取得了何洪达的同意,一方面梁光民并未向法庭提供何洪达同意其卖船的证据,另一方面何洪达等原告否认同意梁光民变卖其船舶,因此,梁光民变卖涉案船舶并非原告事前同意的结果,原告事后也未予以追认,实属梁光民擅自处分了原告享有所有权的财产,构成对原告的侵权。

根据我国法律的规定,船舶所有权的转让应当向船舶登记机关登记,而钟镜波购买的涉案船舶系"三无"船,未办理所有权登记手续或过户手续,因此即使其支付的对价是合理的,也不能对抗第三人,更不能对抗船舶所有权人。梁光民无权处分涉案船舶,其转让行为并不受法律保护。目前没有证据证明涉案船舶不存在,因此,根据《中华人民共和国民法通则》第 117 条第 1 款"侵占国家的、集体的财产或者他人财产的,应当返还财产,不能返还财产的,应当折价赔偿"的规定,原告作为船舶的所有权人,有

权追回船舶,被告梁光民负有返还原告船舶之法律义务,即原告的该项诉讼请求,法院依法予以支持。

捷海公司所出具的证明中"兹有我公司职工梁光文",因"文"和"民"在广东话中发音相同,捷海公司在庭审中一直把该证明中的"梁光文"视为本案被告梁光民,因此"梁光文"系梁光民的笔误。捷海公司是在梁光民与钟镜波船舶转让成交后的第二天出具的证明,从该证明的内容上看,仅表明了船舶变卖的双方当事人和成交价格,并没有关于船舶是梁光民所有的内容;从该证明的作用上看,是为了达到让买受人钟镜波顺利将船舶拖回东莞的目的,而不是起到促成交易的作用。因此,捷海公司出具该证明与梁光民变卖涉案船舶之间没有因果关系,捷海公司不应承担涉案船舶变卖的法律责任。

(三)对原告经济损失及违约金的诉讼请求应否支持

梁光民与何洪达之间签订的租船合同书,并未约定合同不履行给原告造成损失的赔偿责任,且合同不能履行系船舶修理费超过合同约定的数额、双方不能达成新的协议所致。船舶尚未修好,不可能进行抽砂作业,即船舶不具有进行经营的前提条件,且该抽砂船系"三无"船舶,不能进行合法经营并获得合法收益。因此,原告主张每天1 000元损失赔偿,自2003年5月31日起至2008年5月21日止共计179万元,并计算至被告返还船舶之日止的诉讼请求,没有合同依据和法律根据,依法应予驳回。原告主张被告梁光民赔偿合同违约金50万元给何洪达,并无合同依据,根据《中华人民共和国合同法》第114条第1款"当事人可以约定一方违约时应当根据违约情况向对方支付一定数额的违约金,也可以约定因违约产生的损失赔偿额的计算方法"之规定,亦应予以驳回。

经广州海事法院审判委员会讨论决定,根据《中华人民共和国民法通则》第117条第1款之规定,判决如下:

一、被告梁光民向原告何世福、何观仁、何洪达返还涉案船舶;

二、驳回原告何世福、何观仁、何洪达的其他诉讼请求。

4 原告陈昌根、张国恒与被告徐振石、吴美火、宋昌华、郑建国、陈云国、孔海丰、杨仁德船舶所有权侵权纠纷案

案例来源:宁波海事法院(2007)甬海法事初字第50号

主题词:船舶所有权 物上请求权 侵权之诉

裁判要旨

No. CB-3.2-3 船舶所有人以侵权为由起诉,无权主张依据船舶租赁合同之中的违约金条款计算船期损失,但是可以参照船舶租金的标准计算船期损失。

No. CB-3.2-4 侵害船舶所有权的侵权人应当负责返还船舶,并赔偿船舶所有人的船期损失。

一、基本案情

原告:陈昌根

原告:张国恒

被告:徐振石

被告:吴美火

被告:宋昌华

被告:郑建国

被告:陈云国

被告:孔海丰

被告:杨仁德

原告陈昌根、张国恒诉称:其于2005年10月27日从福建省连江县苔录镇横塍村商志雄处购买渔船一艘,因浙江省渔政部门不接受渔业辅助船注册,暂时挂靠在原告张国恒的名下,船号为"闽连渔F0598"。2006年6月17日,原告陈昌根将该渔船租给被告徐振石、郑建国、吴美火、宋昌华经营,被告陈云国作为隐名合伙人参与承租经营。2006年12月12日,原告陈昌根发现自己所有的船舶已由被告孔海丰、杨仁德购得。原告认为,被告徐振石、郑建国、吴美火、宋昌华、陈云国将租赁的船舶私自出卖,被告孔海丰、杨仁德明知没有产权证书却购买船舶,七被告应承担相应的民事赔偿责任。故请求法院判令七被告返还两原告所有的"闽连渔F0598"号渔船及随船设备、相关船舶证件,并依法判令七被告共同赔偿两原告经济损失156 600元。

被告徐振石辩称:(1)答辩人确实参与合伙租船,但2006年10月10日由于合伙经营不善造成亏损,答辩人和吴美火已经退伙。(2)答辩人对船舶转让并不知情,原告于2006年12月中旬向象山县公安局经侦大队报案,经侦大队已经将该船依法扣押,因此原告应向经侦大队要求返还。(3)答辩人从2006年10月10日退伙后,就已对船舶没有任何权利和义务,原告所主张的经济损失属于间接损失,答辩人不应承担相应责任。

被告吴美火辩称:答辩人只是以自己的劳动力入伙,后因合伙亏损等原因退伙,对郑建国卖船一事毫不知情且未在船舶转让协议上签字,协议上的名字是他人签的,应由郑建国承担私自卖船的责任。原告所主张的经济损失,属于间接损失,答辩人不应承担责任。

被告宋昌华辩称:答辩人在船舶转让协议上签字是由于受郑建国的欺骗,当时没有考虑清楚,原告所主张的经济损失属于间接损失,故答辩人不应承担责任。

被告陈云国辩称:对于出让船舶并不知情,答辩人并没有入股承租船舶,只是入伙收鱼货生意。

被告孔海丰、杨仁德辩称:鹤浦当地买卖没有所有权证书的船舶很常见,属于交易习惯。在购买船舶时,船舶各方面的配套设施都不齐全,58万元的购买价格符合市场价格,自己购买船舶是善意行为,对原告主张的经济损失不应承担法律责任。

被告郑建国未作任何形式的答辩,也未提供任何证据。

二、法院查明的事实

宁波海事法院确认了如下事实：

2005年10月27日,原告陈昌根从福建省连江县苔录镇横塍村村民商志雄处购买渔船一艘,并将该船登记在原告张国恒名下,船号为"闽连渔F0598"。2006年6月17日,原告陈昌根将该船出租给被告徐振石、郑建国、吴美火、宋昌华,租期为6个月,自2006年6月26日至2007年2月16日止,租金为18.8万元并已付清。租船协议上的承租方由被告徐振石、吴美火、宋昌华、郑建国签名。被告陈云国未在租船协议上签名,但出资参与合伙生产经营。租赁后,承租方将其更名为"浙象渔运0598"号。在船舶租赁期间,被告郑建国先后两次向案外人金海岛借款20万元,共计40万元,因无力偿还借款,于2006年11月21日将该船舶以55万元价格抵给金海岛。被告郑建国、宋昌华在转让协议书上签字。2006年12月13日,金海岛将船舶更名为"浙洞渔运1218"号,以58万元的价格转让给被告孔海丰、杨仁德。后原告陈昌根发现涉案船舶被卖给被告孔海丰、杨仁德,遂以七被告共同侵犯其船舶所有权为由诉至宁波海事法院,请求返还船舶并赔偿损失。

关于两原告的损失,庭审中,两原告明确其主张的156 600元损失计算依据为原告提供的定期租船协议第10项之约定：租期届满,若承租方逾期还船,每天加付租金1 000元。因本案系侵权纠纷,租船协议中约定的违约金计算方法不能作为船期损失之计算依据。原告陈昌根与被告郑建国、徐振石、宋昌华、吴美火签订的定期租船协议中约定,租期自2006年6月26日至2007年2月16日止,租金共计188 000元。故每天租金为796.6元,取近值800元,可以作为原告实际船期损失计算的依据。原告主张的损失时间自2007年2月17日至2007年7月5日共计139天,故原告的经济损失为111 200元。

三、法院裁判

宁波海事法院认为,被告郑建国、徐振石、吴美火、宋昌华合伙租赁船舶,被告陈云国参与合伙经营。在租赁期间,被告郑建国、宋昌华擅自将所租船舶出卖给他人,已侵犯了两原告的船舶所有权,应承担侵权的民事责任,即返还涉案船舶并赔偿原告的损失。两原告对被告郑建国、宋昌华的诉讼请求,证据充分,理由正当,应予支持。

被告吴美火、徐振石为船舶承租人,被告陈云国为承租船舶的合伙经营人,但其均未参与出卖承租船舶,主观上亦不明知,故两原告主张被告吴美火、徐振石、陈云国构成侵权的理由不足,宁波海事法院不予支持。

被告孔海丰、杨仁德购买涉案船舶时,并不明知原告是该船所有权人,且已支付与船舶实际价值差距不大的58万元购船款,虽然被告孔海丰、杨仁德在买船过程中,对船舶有无所有权证书未作任何审查,买船后也未办理所有权变更登记,但该行为与两原告的损害后果之间无必然的因果关系,不应承担损害赔偿责任。由于涉案船舶并未办理所有权变更登记,根据《中华人民共和国海商法》第9条之规定,被告孔海丰、杨仁德仍应将购得的船舶无条件返还该船的原所有权人,即两原告。

综上,依照《中华人民共和国民法通则》第75条第2款、第106条第2款、第117条、《中华人民共和国海商法》第9条、《中华人民共和国民事诉讼法》第64条第1款、第130条之规定,判决如下:

一、被告郑建国、宋昌华、孔海丰、杨仁德共同返还原告陈昌根、张国恒"闽连渔F0598"号渔船及相关船舶证件;

二、被告郑建国、宋昌华于本判决生效后10日内共同赔偿原告陈昌根、张国恒经济损失111 200元,两被告互负连带责任;

三、驳回原告陈昌根、张国恒的其余诉讼请求。

3.3 船舶所有权登记的对抗效力

5 上诉人周绍利与被上诉人周海艳船舶所有权确认纠纷案
案例来源:天津市高级人民法院(2010)津高民四终字第22号
主题词:船舶所有权 对抗效力 确认之诉

> **裁判要旨**
>
> **No. CB-3.3-1** 当事人双方合意将涉案船舶登记在一方(登记船东)名下,但这并不代表真实的物权关系,另一方(真正的船东)对船舶所有权的行使不能对抗第三人。真正的船东作为所有权人,有权申请变更和申领船舶相关证书,法院有权作出确权判决,并要求登记船东对此提供协助船舶相关证书的变更和申领手续。

一、基本案情

上诉人(原审被告):周绍利

被上诉人(原审原告):周海艳

天津海事法院一审查明:2006年2月,周海艳从案外人处购买渔船一条,因政策原因,登记在周绍利名下,船号为"津塘渔02317",渔船所有手续系由天津市塘沽大沽渔业协会协助办理,相关船舶证书包括出海船舶户口簿、出海船民证、小型渔业船舶检验证、小型渔业船舶登记证书、海洋捕捞许可证等为周海艳持有,相关年检齐备。周绍利不持有与"津塘渔02317"号渔船登记证书内容相符的渔船,周海艳所持有渔船尺寸与船舶证书相符。另查明,周海艳户籍系河北省,周绍利户籍系天津市塘沽区。

二、一审裁判

天津海事法院认为,本案为船舶所有权确认纠纷。船舶作为动产,所有权从交付时转移,周海艳从案外人处购得"津塘渔02317"号渔船,依法取得"津塘渔02317"号渔船的所有权。虽然双方合意将涉案船舶登记在周绍利名下,但并不代表真实的物权关系,只能使周海艳对船舶所有权的行使不能对抗第三人。周绍利虽主张周海艳不持有符合"津塘渔02317"号渔船登记证书的渔船,但并未能提供证据加以证明,且周海艳所提供的船舶证书上盖有船舶检验章,证明"津塘渔02317"号渔船为周海艳拥有,真实存在。因此,原审法院对周海艳要求确认"津塘渔02317"号渔船为周海艳所有的请求予以支持。船舶权属登记应与实际权利状况相一致,周海艳为使其渔船能够在天津渔港登记和作业,将相关证书登记于周绍利名下,在符合现行法律、法规、政策规定的情况下,周海艳作为所有权人,有权申请变更和申领"津塘渔02317"号渔船的相关证书,周绍利应予协助。周绍利对于船舶补偿的相关主张,与本案诉请事项无关,不属于本案审理范围。据此,依照《中华人民共和国民法通则》第72条、《中华人民共和国物权法》第64条之规定,判决如下:

一、确认登记在周绍利名下,即船舶登记证书所指向的船就是周海艳所经营的船。二、周绍利于判决生效之日起10日内协助周海艳办理"津塘渔02317"号渔船的中华人民共和国渔业船舶所有权证书、海洋小型渔业船舶证书(小型渔业船舶检验证书、海洋捕捞许可证、小型渔业船舶登记证书)的变更和申领手续。

三、上诉与答辩

周绍利不服原审判决,向天津市高级人民法院提起上诉。请求撤销原审判决,依法驳回周海艳的诉讼请求或发回重审;一、二审诉讼费用全部由周海艳承担。主要理由:(1)原审法院认定事实错误。本案诉争之船没有船舶所有权证及相关船舶手续,不存在将该船过户到周绍利名下的事实。原审法院误认为诉争之船有所有权证并过户到周绍利名下是错误的。事实上,周绍利持有的船舶所有权证及相关登记材料所对应的"津塘渔02317"号渔船已经报废。"津塘渔02317"号渔船所有权人是苏某,其在2005年将此船卖给山东人,后山东人又卖给邹贺存,邹贺存在使用过程中报废。后邹贺存将持有的"津塘渔02317"号渔船的所有权证和相关手续给了周绍利。2006年9月18日,周绍利在船舶已经报废的状态下,将船舶所有权证及相关船舶手续由苏某过户到周绍利名下。很显然,周绍利持有的"津塘渔02317"号渔船的所有权证及相关船舶手续与诉争之船不是同一条船,与诉争之船没有关系。原审判决认定"周海艳从案外人处购得"津塘渔02317"号渔船,依法取得"津塘渔02317"号渔船的所有权,显然将诉争之船与登记在周绍利名下的"津塘渔02317"号渔业船舶所有权归周海艳所有是错误的。(2)原审法院适用法律错误。登记在周绍利名下的"津塘渔02317"号渔船系一条报废的渔船,根据《中华人民共和国渔业船舶登记办法》第31条第3项的规定,船舶报废或拆毁,船舶所有人应当向船籍港登记机关申请办理所有权注销登记。"津塘渔02317"号渔船系一条所有权证和相关船舶手续依法应办理注销登记的报废船舶。原审判决周绍利协助周海艳办理"津塘渔02317"渔船相关证书的变更和申领手续,不符合上述法律规定。周海艳未提交书面答辩意见,庭审中请求驳回上诉,维持原判。

二审期间,周绍利申请证人邹贺存出庭作证。邹贺存证实,其在2005年从山东一对父子处花3 000多元买的船和"津塘渔02317"号船证,原船证所有人姓苏。2005年底该船报废之后,就将船证交给周绍利了。周海艳经质证认为,证人邹贺存陈述的船是在姓苏的名下,没有说清楚与诉争船是什么关系。所以,证人邹贺存陈述与本案无关。天津市高级人民法院对证人邹贺存陈述的认证意见如下,首先,证人邹贺存的陈述与周绍利在原审庭审中称其所有的"津塘渔02317"号渔船在2006年撞毁后灭失的陈述相互矛盾;其次,证人邹贺存称"津塘渔02317"号渔船已经报废,但没有相关的证据加以佐证。因此,天津市高级人民法院对证人邹贺存证言的真实性不予采信。

四、二审裁判

天津市高级人民法院认为,本案为船舶权属纠纷。根据"津塘渔02317"号渔船的出海记录、年度检验以及天津市塘沽大沽海洋渔业协会出具的证明及相关证人证言,证明"津塘渔02317"号渔船一直为周海艳占有、使用,周海艳系"津塘渔02317"号渔船的实际权利人。该船虽然登记在周绍利名下,但不代表真实的物权关系。周海艳作为"津塘渔02317"号渔船的实际权利人,有权要求周绍利协助其办理船舶相关证书的变更和申领手续。关于周绍利主张其持有的"津塘渔02317"号渔船的所有权证和相关船舶手续所对应的船舶与诉争船舶不是同一条船的问题,周绍利不能按其主张提供"津塘渔02317"号渔船所有权证所对应船舶的下落。同时,周绍利在原审庭审中陈述的"津塘渔02317"号渔船所有权证对应的船舶来源及船舶灭失等关键性问题,与其在二审期间提供的邹贺存的证言相互矛盾。因此,对周绍利的主张,天津市高级人民法院不予支持。综上,原审判决查明事实清楚,适用法律正确,依据《中华人民共和国民事诉讼法》第153条第1款第1项之规定,判决如下:

驳回上诉,维持原判。

6 上诉人 Sealink Sdn Bhd(西林克公司)、Era Surplus Sdn Bhd(易拉公司)与被上诉人绍兴天龙进出口有限公司船舶所有权侵权纠纷案

案例来源:浙江省高级人民法院(2008)浙民四终字第 48 号
主题词:船舶所有权　对抗效力　扣押船舶

裁判要旨

No. CB-3.3-2　船舶等物权的设立、变更、转让和消灭,未经登记,不得对抗善意第三人。而涉案船舶在被申请扣押时,虽然所有权已经移转,但因未经登记,不产生物权的公示效力。因此,申请扣押船舶的行为不具有主观上的过错,申请人不应承担经济赔偿的过错责任。

一、基本案情

上诉人(原审原告):Sealink Sdn Bhd(西林克公司)
上诉人(原审原告):Era Surplus Sdn Bhd(易拉公司)
被上诉人(原审被告):绍兴天龙进出口有限公司

宁波海事法院审理查明:2003 年 9 月 19 日,浙江天龙进出口贸易有限公司(以下简称浙江天龙)与南通惠港造船有限公司(以下简称惠港公司)签订船舶建造合同,约定惠港公司为浙江天龙建造两艘远洋拖轮,交船地点为 FOB 上海,建造期内船舶的所有权归浙江天龙所有,建造风险由惠港公司承担。

2004 年 3 月 22 日,Sealink Sdn Bhd(西林克公司,以下简称西林克公司)与浙江天龙订立船舶建造(买卖)合同,约定:浙江天龙作为卖方,安排在惠港公司建造、装备、完成和交付给买方西林克公司两艘 3 200 马力远洋拖轮,一旦船舶交付给买方,并且买方接受船舶,船舶将悬挂马来西亚船旗并由买方自己付费将船舶注册在马来西亚海事当局;两艘拖轮的合同总价为 2 363 600 美元,签署合同及收到卖方发票时支付 10%,余款于签署交接备忘录及收到卖方发票时付清;船舶应于 2004 年 8 月 31 日在惠港公司由卖方交付给买方,如迟延交付,卖方应向买方支付每艘船每天 500 美元。2004 年 3 月 24 日,双方签订补充协议,将两艘拖轮的主发动机组的功率与左右舷锚链的长度增加,两轮的成本因此增加 26 600 美元。2004 年 4 月 2 日,西林克公司支付浙江天龙合同总价 10% 的定金 236 360 美元。2006 年 1 月 18 日,西林克公司与浙江天龙在江苏启东惠港公司码头签订船舶交接备忘录,载明西林克公司订购的两艘 3 200 马力远洋拖轮已完全建造完毕,卖方同意交付,买方亦同意接收船舶,此备忘录证明了交接手续的完成。2006 年 1 月 23 日,买方分三笔付清全部剩余购船款项,金额分别为 248 190 美元、118 180 美元、817 470 美元,其中第三笔 817 470 美元系按浙江天龙的指令付至绍兴天龙进出口有限公司(以下简称绍兴天龙)账户内。2006 年 1 月 22 日起,西林克公司、Era Surplus Sdn Bhd(易拉公司,以下简称易拉公司)派遣上海新绿联运有限公司的船

员上船,准备接船后开往上海,到上海出关、换旗后驶往马来西亚。

2006年1月24日,绍兴天龙作为原告在绍兴市中级人民法院提起诉讼,要求浙江天龙偿还欠款12 936 257元人民币,同时申请诉讼财产保全。同日,绍兴市中级人民法院作出民事裁定,并于次日在惠港公司码头扣押了"SEALINK MAJU 4""SEALINK MAJU 5"两拖轮,西林克公司、易拉公司所派船员离船,该两拖轮一直在惠港公司被扣押。2006年2月7日,西林克公司、易拉公司以浙江天龙与绍兴天龙侵犯其已经合法取得的船舶所有权为由,诉至宁波海事法院,请求判令浙江天龙与绍兴天龙:(1)立即停止侵害,排除对西林克公司、易拉公司行使船舶所有权和占有权的妨碍;(2)立即裁决先行交还被扣押的船舶;(3)共同赔偿船期损失、船舶维持费用等30万美元。该案案号为(2006)甬海事初字第5号。

该案经审理,宁波海事法院确认"SEALINK MAJU 4""SEALINK MAJU 5"两艘远洋拖轮的所有权已于2006年1月18日(最迟至1月23日)由浙江天龙移转给了西林克公司。绍兴天龙以该两拖轮属浙江天龙所有为由申请扣押船舶,侵犯了西林克公司的所有权。因记载易拉公司为船舶登记所有人的马来西亚暂时性登记证书已经失效,没有证据证明易拉公司在该案中对"SEALINK MAJU 4""SEALINK MAJU 5"两艘远洋拖轮具有所有权,故易拉公司在该案中所提出的索赔主张,理由不足,不予支持。西林克公司未能按时对两艘远洋拖轮予以占有、使用及收益,必然遭受船期损失,其主张参照逾期交船违约金计算船期损失,结果相似,数额较为合理,该院予以支持。西林克公司诉请的船舶被扣押期间的维持费用、损坏损失等,因两拖轮现仍在扣押之中,无法确定其数额,该院暂不予保护,西林克公司可另行提起索赔主张。综上,该院于2006年7月25日判决:

一、驳回易拉公司的诉讼请求;

二、绍兴天龙立即停止对西林克公司所享有的"SEALINK MAJU 4""SEALINK MAJU 5"两艘远洋拖轮所有权的侵害,申请解除对该两轮的诉讼财产保全;

三、绍兴天龙支付西林克公司自2006年1月25日起至船舶解除扣押之日每日1 000美元的船期损失;

四、驳回西林克公司的其他诉讼请求。

双方当事人均不服该案判决,向浙江省高级人民法院提起上诉。浙江省高级人民法院经审理后认为,绍兴天龙对原判证据认定和事实认定部分提出的上诉理由均不能成立,二审认定的事实与原判认定的一致。并认为:虽然涉案两拖轮在被扣押时,绍兴天龙和西林克公司、易拉公司双方均不能提供证据证明船舶所有权业已登记,但船舶所有权未登记并不影响船舶所有权的认定。涉案船舶被扣押前,西林克公司付清了合同项下船舶款项,双方签署了交接备忘录,西林克公司也派船员接管船舶,故根据合同的约定及我国法律的规定,涉案两拖轮的所有权应当归属西林克公司所有。绍兴天龙上诉认为船舶所有权归浙江天龙所有的上诉理由,不能成立。由于涉案两拖轮的所有权归属西林克公司所有,西林克公司享有物上排除妨碍的请求权。绍兴天龙为与浙江天龙之间的欠款纠纷,申请法院扣押涉案两拖轮,已经侵犯了西林克公司的船舶所有权,根据《中华人民共和国民法通则》第134条的规定,绍兴天龙应当承担停止侵权、排除妨碍的民事责任,原审判令绍兴天龙立即停止对西林克公司所享有的两拖轮所有权的侵害,申请解除对该两轮的诉讼财产保全正确。如绍兴天龙不履行排除妨碍的义务,宁波海事法院应当立即裁定解除对涉案两拖轮的扣押。鉴于绍兴天龙在申请扣押船舶之时,涉案两拖轮的所有权并没有进行登记,不产生所有权的公示效力,绍兴天龙的申请行为不具有主观上的过错,其不应承担经济赔偿的过错责任。原审判令绍兴天龙承担自2006年1月25日起至船舶解除扣押之日每日1000美元的船期损失不当,应予以纠正。西林克公司和易拉公司提出的要求增加经济赔偿额的上诉理由没有法律依据,不予支持。综上,浙江省高级人民法院于2007年4月25日作出(2006)浙民三终字第174号民事判决:

一、维持中华人民共和国宁波海事法院(2006)甬海法事初字第5号民事判决第一、二、四项,即驳回易拉公司的诉讼请求;绍兴天龙立即停止对西林克公司所享有的"SEALINK MAJU 4""SEALINK MAJU 5"两艘远洋拖轮所有权的侵害,申请解除对该两轮的诉讼财产保全;驳回西林克公司的其他诉讼请求。

二、撤销中华人民共和国宁波海事法院(2006)甬海法事初字第5号民事判决第三项。

另查明:根据(2006)浙民三终字第174号民事判决和宁波海事法院通知,绍兴天龙于2007年5月17日向宁波海事法院申请解除了对"SEALINK MAJU 4""SEALINK MAJU 5"的扣押,为此,船舶所有人承担了两拖轮扣押期间的看管、维持费用等1 705 000元人民币。

2007年5月10日,西林克公司和易拉公司向宁波海事法院提起本案诉讼,请求判令:(1)船期损失3 185 000元人民币;(2)船舶看管、维持费用1 705 000元人民币;(3)惠港公司至马来西亚的拖航、临时修理费用1 630 737元人民币;(4)关税、滞纳金1 950 000元人民币;(5)境外修理费、重新入级费用8 395 805.6元人民币;(6)保险费203 369.4元人民币,合计人民币17 069 912元。

二、一审裁判

宁波海事法院审理认为:关于"SEALINK MAJU 4""SEALINK MAJU 5"两拖轮属西林克公司所有,绍兴天龙申请扣押涉案两拖轮,侵犯了西林克公司的船舶所有权,已被(2006)浙民三终字第174号民事判决所确认。故易拉公司提出的索赔主张,事实和理由均不足,不予支持。(2006)浙民三终字第174号民事判决同时确认,鉴于绍兴天龙在申请扣押船舶之时,涉案两拖轮的所有权并没有进行登记,不产生所有权的公示效力,绍兴天龙的申请行为不具有主观上的过错,其不应承担经济赔偿的过错责任。原审判令绍兴天龙承担自2006年1月25日起至船舶解除扣押之日每日1000美元的船期损失不当,应予以纠正。西林克公司和易拉公司提出的要求增加经济赔偿额的上诉理由没有法律依据,也不予支持。由此看出,绍兴天龙不应承担经济赔偿的过错责任,从时间上说自申请扣船之后,从内容上看不仅包括船期损失,而且还包括船舶损坏及维持费用等损失。故本案西林克公司所诉称的船舶扣押期间的看管、维持费用等,虽在(2006)浙民三终字第 174 号民事判决中未作具体处理,但应包含在绍兴天龙不承担经济赔偿的过错责任原则之内。西林克公司关于绍兴天龙申请扣船主观上有过错的主张,与(2006)浙民三终字第 174 号民事判决相悖,故其诉请无理,不予支持;绍兴天龙关于西林克公司和易拉公司的诉讼违背已经生效的法院判决和裁定,其不应承担任何赔偿责任的抗辩有据,予以采纳。

据上,宁波海事法院根据《中华人民共和国民事诉讼法》第 64 条第 1 款、《中华人民共和国民法通则》第 146 条第 1 款、第 106 条第 2 款之规定,于 2008 年 7 月 28 日判决:驳回西林克公司和易拉公司的诉讼请求。案件受理费 124 220 元人民币,财产保全申请费 5 000 人民币元,共计 129 220 元人民币,由西林克公司和易拉公司承担。

三、上诉与答辩

宣判后,西林克公司、易拉公司不服,向浙江省高级人民法院提起上诉称:

1. 我国不是判例法国家,宁波海事法院未依据事实和法律作出公正判决。绍兴天龙扣船存在三个重大过错:(1) 绍兴天龙的扣押船舶申请明确侵犯了西林克公司和易拉公司的船舶所有权。(2) 绍兴天龙以"普通借款纠纷"为由向绍兴中级人民法院提出船舶扣押申请,违反了《中华人民共和国海事诉讼特别程序法》关于只有海事请求才能扣押船舶的规定。(3) 绍兴天龙向绍兴中级人民法院提起的扣押申请,也违反了扣押财产保全专属于海事法院管辖的最高人民法院的有关规定。

2. 一般侵权行为成立必然表明侵害人存在过错,宁波海事法院在一般侵权行为过错责任认定上存在明显错误。宁波海事法院认定船舶所有权归属西林克公司是正确的,但认定绍兴天龙申请扣船行为不具有主观过错则属错误。

3. 宁波海事法院在损失项目认定上存在重大偏差。宁波海事法院对船期损失、拖航/临时修理费用、关税和滞纳金、船舶境外修理费用/重新入级费用、保险费损失未予认定,存在重大错误,明显与事实不符。请求二审法院撤销原判,支持西林克公司、易拉公司的诉请。

绍兴天龙答辩称:(1) 西林克公司、易拉公司的上诉理由不能成立。原审判决已经确认,两船舶没有登记,绍兴大龙的扣押行为在主观上没有过错。根据相关规定,生效判决书可以作为人民法院认定案件事实的依据。(2) 西林克公司、易拉公司主张的各项费用与绍兴天龙没有关系,也没有任何依据。请求二审法院驳回上诉,维持原判。

四、二审裁判

浙江省高级人民法院经审理查明:各方当事人对原审判决查明的基本事实无异议,浙江省高级人民法院予以确认。

根据双方当事人的上诉和答辩,浙江省高级人民法院确定本案二审的争议焦点为:(1)绍兴天龙在本案中的申请扣船行为是否有主观过错;(2)易拉公司、西林克公司的诉请是否成立。对于浙江省高级人民法院归纳的争议焦点,双方当事人均无异议。

针对争议焦点,浙江省高级人民法院分析认定如下:

(一)绍兴天龙在本案中的申请扣船行为是否有主观过错

浙江省高级人民法院认为,本案中,涉案"SEALINK MAJU 4""SEALINK MAJU 5"两拖轮被扣押前,西林克公司已经付清了合同项下船舶款项,并与浙江天龙签署了交接备忘录,西林克公司也派船员接管船舶,故涉案船舶属西林克公司所有。此节事实,原判已予认定,双方当事人亦无异议。虽然绍兴天龙申请扣押涉案两拖轮的行为,最终侵犯了西林克公司的船舶所有权。但鉴于绍兴天龙在申请扣押"SEALINK MAJU 4""SEALINK MAJU 5"之时,涉案两拖轮的所有权并没有进行登记。《中华人民共和国物权法》第24条规定:"船舶、航空器和机动车等物权的设立、变更、转让和消灭,未经登记,不得对抗善意第三人。"而涉案"SEALINK MAJU 4""SEALINK MAJU 5"两拖轮在绍兴天龙申请扣押时,所有权虽已由浙江天龙转至西林克公司,但因未经登记,不产生物权的公示效力。因此,绍兴天龙的申请扣押"SEALINK MAJU 4""SEALINK MAJU 5"的行为不具有主观上的过错,不应承担经济赔偿的过错责任。

(二)易拉公司、西林克公司的诉请是否成立

前已述及,本案中绍兴天龙并无主观过错,不应承担经济赔偿的过错责任。因此,虽然自绍兴天龙申请扣船之后,"SEALINK MAJU 4""SEALINK MAJU 5"两拖轮产生了船期损失,以及船舶损坏等损失,但绍兴天龙并不负有赔偿责任。至于西林克公司还主张船舶扣押期间的看管、维持费用等,虽(2006)浙民三终字第174号民事判决中对此未作具体处理,但上述损失同样因绍兴天龙主观上无过错而不承担赔偿责任。另外,易拉公司并非涉案船舶的所有人,故易拉公司提出的上诉请求与理由,并无权利基础与法律依据,不能成立。

综上,本案系船舶所有权侵权纠纷。绍兴天龙申请扣押了西林克公司所有的"SEALINK MAJU 4""SEALINK MAJU 5"两拖轮,但因申请时不知晓船舶所有权的真实状况,主观上并无过错,故不应负赔偿责任。西林克公司、易拉公司的上诉请求与理由不能成立,浙江省高级人民法院不予支持。原判认定事实清楚,适用法律正确。依照《中华人民共和国民事诉讼法》第153条第1款第1项之规定,判决如下:

驳回上诉,维持原判。

7 上诉人周青顺与被上诉人戎松堂、原审被告贝红明船舶所有权侵权纠纷案

案例来源：浙江省高级人民法院(2009)浙海终字第53号

主题词：船舶承租人　无权处分　善意取得

裁判要旨

No. CB-3.3-3　船舶承租人未经船舶所有人许可，擅自将涉案船舶出卖，属于无权处分，侵犯了船舶所有权，应当承担赔偿责任。所签订的船舶买卖合同系无效合同。

No. CB-3.3-4　在购买涉案船舶时，第三人没有查询所有权归属情况，存在主观过错，不符合善意第三人的法定要件，不能取得涉案船舶的所有权。第三人购买涉案船舶并将其拆解，侵犯了船舶所有权，系共同侵权，应当与无权处分人承担连带赔偿责任。

一、基本案情

上诉人(原审被告)：周青顺

被上诉人(原审原告)：戎松堂

原审被告：贝红明

宁波海事法院审理查明："浙普渔运8565"船为钢质渔运船，1989年建造，长26.73米，宽5.40米，深2.50米，84总吨，所有人为戎松堂。2007年，戎松堂将"浙普渔运8565"船不定期出租给贝红明使用，贝红明承租后一直未付租金。2008年1月，贝红明私自将"浙普渔运8565"船出卖给周青顺。周青顺购船后，将该船放在临海涌泉满固船厂拆解完毕。戎松堂于2008年3月3日向宁波海事法院提起诉讼，请求判令：(1) 确认贝红明与周青顺签订的"浙普渔运8565"船买卖合同无效；(2) 贝红明与周青顺连带赔偿经济损失25万元。据宁波海事法院委托评估，该"浙普渔运8565"船价值35万元。原审第二次庭审前，戎松堂增加诉讼请求，请求判令贝红明与周青顺连带赔偿经济损失35万元。

二、一审裁判

宁波海事法院审理认为，公民的合法财产权受法律保护。贝红明租赁戎松堂所有的"浙普渔运8565"船，在没有处分权的情况下将该船擅自出售，侵犯了戎松堂的船舶所有权，该买卖合同应确认无效。按法律规定，船舶所有权均应依法登记并向社会公示，周青顺未核实"浙普渔运8565"船的所有权登记情况即予以购买并拆解，亦对戎松堂的合法权益构成了侵害。贝红明、周青顺共同侵权，应当承担连带责任。贝红明、周青顺私自买卖"浙普渔运8565"船，属于非法侵占戎松堂的财产，本应予以返还；但鉴于"浙普渔运8565"船已被拆解无法返还，贝红明、周青顺应当折价赔偿，其数额以评估确

定的船价计算。戎松堂诉请有理,予以支持。依照《中华人民共和国民法通则》第117条、第130条、《中华人民共和国合同法》第51条、《中华人民共和国民事诉讼法》第130条的规定,宁波海事法院于2008年7月15日判决:

一、确认贝红明、周青顺之间关于买卖"浙普渔运8565"船的协议无效;

二、贝红明、周青顺于判决生效后10日内赔偿戎松堂经济损失35万元,并互负连带责任。如果未按判决指定的期间履行给付金钱义务,应当依照《中华人民共和国民事诉讼法》第229条之规定,加倍支付迟延履行期间的债务利息。

三、上诉与答辩

周青顺不服原审判决,向浙江省高级人民法院提起上诉称:(1)周青顺与贝红明签订的"浙普渔运8565"船买卖合同合法有效,周青顺签订合同时不知道戎松堂系该船的所有权人,周青顺属于善意第三人,船舶所有权应当自交付时转移。

(2)贝红明无权处分涉案船舶,侵犯了戎松堂的船舶所有权,周青顺的行为不构成共同侵权,不应承担连带责任。

(3)宁波海事法院剥夺了周青顺选择鉴定机构和重新鉴定的权利,系程序违法,依据鉴定结论认定损失35万元是错误的。综上,原判认定事实不清、适用法律错误,请求二审法院依法改判。

戎松堂答辩称:(1)周青顺不属于善意第三人,其与贝红明签订的船舶买卖合同是无效的。(2)周青顺在没有取得船舶所有权的情况下,对戎松堂的船舶进行拆解,其行为构成侵权。(3)周青顺在一审中经宁波海事法院合法传唤拒不到庭参加诉讼,放弃了质证的权利,无权申请重新鉴定。请求二审法院驳回上诉,维持原判。

贝红明未提供答辩意见。

四、二审裁判

根据周青顺和戎松堂的上诉和答辩,浙江省高级人民法院认为,本案二审的争议焦点是周青顺购买"浙普渔运8565"船并将其拆解的行为是否侵犯了戎松堂的船舶所有权。对于浙江省高级人民法院归纳的争议焦点,各方当事人均无异议。

针对争议焦点,浙江省高级人民法院分析认定如下:戎松堂系"浙普渔运8565"船的所有权人。贝红明作为船舶承租人,未经戎松堂许可,擅自将涉案船舶卖予周青顺,属于无权处分,侵犯了戎松堂的船舶所有权,应当承担赔偿责任。贝红明与周青顺签订的船舶买卖合同系无效合同。周青顺购买涉案船舶并将其拆解侵犯了戎松堂的船舶所有权,系共同侵权,应当与贝红明承担连带赔偿责任。周青顺主张签订合同时不知戎松堂系涉案船舶的所有权人,周青顺属于善意第三人,可以取得涉案船舶所有权。浙江省高级人民法院认为,船舶所有权依法采取登记制度,权利人、利害关系人可以查询船舶登记情况,周青顺在购买涉案船舶时,没有查询所有权归属情况,存在主观过错,不符合善意第三人的法定要件,不能取得涉案船舶的所有权。关于损失数额,宁波海事法院依戎松堂申请进行评估,评估机构属于宁波海事法院鉴定机构名册范围,周青顺、贝红明经宁波海事法院合法传唤,两次庭审均未到庭,放弃了举证质证的权利,亦未对评估报告提出异议,宁波海事法院根据评估报告确定损失数额35万元并无不当。综上,周青顺的上诉请求和理由均不能成立,浙江省高级人民法院不予支持。原判认定事实清楚,适用法律正确。依照《中华人民共和国民事诉讼法》第153条第1款第1项之规定,判决如下:

驳回上诉,维持原判。

3.4 船舶共有纠纷

8 原告潘大庚、王金保、郑军法与被告王仙寿、杨智慧、连云港星环贸易有限公司船舶所有权纠纷案

案例来源:宁波海事法院(2011)甬海法台事初字第2号
主题词:船舶共有　船舶所有权转让　合同无效

> **裁判要旨**
>
> **No. CB-3.4-1** 对共有船舶的转让,如未经2/3船舶所有权人同意,该转让属于无权处分。
>
> **No. CB-3.4-2** 无权处分人与第三人恶意签订船舶买卖合同,且有权处分之人未追认合同效力,该合同自始无效。即使双方当事人对合同效力均无异议,法院也有权主动审查。

一、基本案情

原告:潘大庚

原告:王金保

原告:郑军法

被告:王仙寿

被告:杨智慧

被告:连云港星环贸易有限公司(以下简称星环公司)

原告潘大庚、王金保、郑军法起诉称:"浙椒工17"轮(以下简称17轮)原系被告王仙寿所有。2009年12月12日,三原告与王仙寿、杨智慧签订股东协议书,约定:17轮由王仙寿出资516万元占30%的股份,由潘大庚、王金保、杨智慧各出资344万元,并各占20%的股份,由郑军法出资172万元,占10%的股份,以上各股东出资额为买船投资款,船舶改装款不包括在内,船舶改装款需各股东另行出资等。事后各股东按约定份额出资并按比例投入资金对17轮进行了改装。为便于作业,各股东协商将该船挂

靠在杨智慧投资的星环公司名下经营。但王仙寿与杨智慧恶意串通,在未经三原告同意的情况下,王仙寿与星环公司擅自于2010年5月14日签订船舶买卖合同,以218万元的低价将17轮转让给星环公司,同年5月24日,双方又擅自签订船舶交接书。2010年6月10日,王仙寿对17轮办理船舶注销登记,现该轮虽尚未过户至星环公司名下,但造成三原告无法共同对该轮行使占有、使用、收益、处分的权利。三原告认为,17轮应为其与被告王仙寿、杨智慧按份共有,三被告擅自将船舶过户的行为,严重侵犯了三原告的利益,依照《中华人民共和国合同法》第52条第2款及第56条之规定,请求判令被告王仙寿与被告星环公司于2010年5月14日签订的《船舶买卖合同》无效,同时确认潘大庚、王金保、郑军法、王仙寿、杨智慧为17轮的共有人。

三被告对三原告所举证据均无异议,并承认三原告所提出的全部诉讼请求。

二、法院裁判

经审查,宁波海事法院认为,三被告承认三原告的全部诉讼请求,没有违反法律规定,三原告诉请应予保护。唯关于合同无效之理由,因被告王仙寿未经拥有17轮50%股份的原告潘大庚、王金保、郑军法同意,擅自与被告杨智慧担任法定代表人的星环公司签订船舶买卖合同,该行为属于无权处分;在事后三原告对此明确表示不同意或拒绝追认,而且被告在处分后也没有取得处分权的情况下,应视王仙寿与星环公司签订的船舶买卖合同自始无效。依照《中华人民共和国物权法》第97条、《中华人民共和国合同法》第51条、第56条之规定,判决如下:

一、被告王仙寿与被告连云港星环贸易有限公司于2010年5月14日签订的船舶买卖合同无效;

二、确认"浙椒工17"轮为原告潘大庚、王金保、郑军法及被告王仙寿、杨智慧按份共有,其中潘大庚、王金保、杨智慧各占20%股份,郑军法占10%股份,王仙寿占30%股份。

9 原告张某某与被告宁波某围垦工程有限公司船舶共有纠纷案

案例来源:宁波海事法院(2011)甬海法商初字第306号
主题词:船舶共有 借款关系 举证责任

裁判要旨

No. CB-3.4-3 当事人签订合伙经营协议。一方当事人认为双方实为借款合同关系,应就其主张承担举证责任。当事人不能证明双方系借款合同关系,亦未主张退伙清算的,法院判决驳回原告的还款诉请。

一、基本案情

原告:张某某

被告：宁波某某围垦工程有限公司

原告张某某起诉称：2007年10月27日，原、被告签订《合伙经营协议书》一份，约定由被告吸收原告入伙，共同经营SKK1208GDT-F挖泥船，该船投资总额为1 500万元，均分为10股，每股投资额150万元，被告持有该船92%的股份，原告出资120万元，占8%的股份，各方出资全部按月息15‰计息。协议还约定合伙船舶由被告全权经营管理，原告也可以派人参与经营管理，被告于每月初六前向原告通报有关生产、财务状况并提供财务报表，每月10日前把应得的利润和利息汇到原告账户。协议签订后，原告当日将120万元入伙资金交付被告。原、被告合伙购买的"博围工1"挖泥工程船于2008年7月16日经有关部门验收后投入运营，并由被告经营至今，该船舶全部登记在被告名下。但被告自负责经营船舶以来，并未按照约定按月向原告通报有关情况与提供财务报表，也未将经营利润与利息汇给原告，违反了合伙约定，损害了原告作为合伙人的权益，故诉请解除原、被告之间的合伙协议，返还原告入股款120万元，并支付利息64.8万元。

庭审中，原告认为，其依照协议约定将合伙资金交付被告后，被告并未将船舶所有权登记在原告名下，原告实际上并没有取得合伙财产的共有权，无法行使合伙共有人的权利，故原、被告间的合伙协议的实质是被告为了吸收原告资金而签订的名义合同，双方之间实际成立的是民间借贷关系，故变更诉请为判令被告返还借款120万元，并支付尚欠的利息57.6万元（按月息15‰计算，4年为86.4万元，扣除收到的288 000元后为57.6万元）。

被告宁波某某围垦工程有限公司（以下简称某某公司）对原告在起诉状中所述的原告出资入伙的事实没有异议，但认为双方并非民间借贷，确属投资合伙关系，而且被告方没有违约，目前作为合伙财产的船舶仍在正常经营，原告也一直知晓该船的经营状况，且原告已经取得利息288 000元，只是因被告法定代表人和总经理涉嫌走私被判处徒刑，公司被判处罚金，船舶也被法院查封，无法对合伙财产进行清算，故请求驳回原告的诉请。

二、法院查明的事实

宁波海事法院根据双方当事人的陈述及法院确认的有效证据，认定下列事实：

2007年10月27日，被告某某公司与原告张某某签订《合伙经营协议书》一份，约定原告以120万元入股投资SKK1208GDT-F挖泥船，该船预计总投资额为1 500万元左右，分为10股，每股投资额150万元左右，被告持有该船92%的股份，原告持有该船8%的股份，各方出资全部按月息15‰计息。协议还约定合伙船舶由被告全权经营管理，原告也可以派人参与经营管理，被告于每月6日前向原告通报有关生产、财务状况并提供财务报表，每月10日前把应得的利润和利息汇到原告账户。协议签订后，原告当日将120万元的入股款存入被告账户，被告出具了收条。被告与原告合伙购买的挖泥船即为日本东荣汽船株式会社代理出售"第三龙王"船舶，2008年4月从国外进口后经改装，于2008年7月16日经有关部门验收后命名为"博围工1"船，登记在被告名下，并由被告经营至今。2010年2月12日和2011年1月30日，原告两次收到被告支付的"利息"各 144 000 元。2011 年 7 月 7 日,被告及叶银华、杨松武等被提起公诉后,张某某兄妹作为股东参加了 2011 年 7 月 19 日的与"博围工 1"船经营有关的股东会议。2011 年 8 月 22 日,被告及其法定代表人杨松武、总经理叶银华因在"博围工 1"船等船舶的进口过程中犯有走私普通货物罪,分别被宁波市中级人民法院判处罚金及有期徒刑等,"博围工 1"船也于 2011 年 10 月 11 日被法院查封。

三、法院裁判

宁波海事法院认为:本案原、被告争议的焦点,首先在于双方之间法律关系的性质。原告张某某主张双方之间实际上是民间借贷关系,应按借款关系来处理双方之间的纠纷。而被告某某公司则认为双方确属投资合伙关系,被告从来没有拒绝原告参加"博围工 1"船的经营管理,该船登记在被告名下原告方是认可的,从来没提出过异议,目前该船仍在正常经营,被告并没有违约,原告可以退伙,但目前无法进行合伙财产的清算。

宁波海事法院认为:涉案合伙经营协议系原告自愿与被告订立,该协议对原告的出资金额、投资项目,约定十分明确,对合伙事务的管理也有明确约定;"博围工 1"船其余 92% 的股份也并非完全属于被告所有,亦是被告代表其他投资者持有;被告将船舶所有权全部登记在自己名下,以及原告是否实际参与"博围工 1"船生产经营等事实,均不能推翻双方之间有关船舶共有的约定,即原告主张原、被告之间系民间借贷关系与宁波海事法院查明的事实不符,宁波海事法院不予支持。经宁波海事法院当庭及庭后多次释明,原告仍坚持诉请被告按借贷关系返还借款及利息,该诉请于法无据,故依照《中华人民共和国民事诉讼法》第 64 条第 1 款、最高人民法院《关于民事诉讼证据的若干规定》第 35 条第 1 款的规定,判决如下:

驳回原告张××对被告宁波××围垦工程有限公司的诉讼请求。

4. 船舶建造合同纠纷

4.1 船舶建造合同的合同效力

1 原告桂平市城厢第二水运公司诉被告广西壮族自治区桂平船厂船舶建造质量损害赔偿纠纷案

案例来源：广州海事法院(2004)广海法初字第264号

主题词：船舶改建　申请建造检验　合同无效　过错比例

裁判要旨

No. CB-4.1-1　涉案船舶改建是根据《中华人民共和国船舶和海上设施检验条例》(1993年)的规定，中国籍船舶的所有人或者经营人在建造或者改建船舶时必须向船舶检验机构申请建造检验。未及时办理申请手续的，船舶改建合同属于效力待定合同。根据最高院合同法有关司法解释，在一审法庭辩论终结前仍未办理批准手续的，该合同未生效。故双方当事人应当根据各自的过错比例，分担船舶沉没的事故损失。

一、基本案情

原告：桂平市城厢第二水运公司(以下简称水运公司)

被告：广西壮族自治区桂平船厂

原告桂平市城厢第二水运公司诉称：1993年7月6日，"203"船船东李松寿与被告签订该轮的船舶建造合同。该船于1993年11月建成，船舶价值80万元。因当时政策不允许个人拥有船舶，李松寿便以原告名义办理该船的"船舶所有权证书""船舶国籍证书""船舶检验证书"及"船舶营业运输证"等有关证件。1995年李松寿病故后，"203"船由其子李庆波(已故)继承经营，并于2001年1月10日发包给原告委托代理人李先杰经营。经李庆波及原告同意，李先杰将该船委托被告改建，船体纵向加长6.00米，加高0.75米，干舷不变，将原1.2吨油压舵改为1.6吨油压舵，主机间距由3米改为4.3米。"203"船于2001年4月2日改建完毕后，李先杰向被告修船部副经理杨树发支付改建船舶材料费114 607元。同日，被告将该船交付李先杰使用，但没有出具船舶出厂质量证明书和申报船检部门进行检验。2001年4月13日，改建后的"203"船首航，从桂平港空载开往贵港市南斗码头载货，同月17日装水泥800吨，19日起航前往深圳东角头。31日该轮空载返航，途经南海九江时安装了抽水泵。5月5日19：55时左右，"203"船在肇庆港黄岗河段靠泊在"粤肇庆工0019"挖沙船右舷开始装沙，装沙顺序为由货舱尾部、中部至首部。约22：05时，尾部装沙完毕后，在向中部装沙至一半时,"203"船货舱中前部船底发生横向裂开并立即进水下沉,"粤肇庆工0019"挖沙船立即解缆分开两船,"203"船即发生沉没,船员10人落水,其中8人获救,1人死亡,1人失踪,造成直接经济损失100多万元,其中打捞费105 000元。因种种原因"203"船于2002年4月19日才打捞出水,交由肇庆西江桥左岸边林佐荣船厂保管,每日场地费、保管费100元。肇庆海事局经过调查,于2003年3月27日送达《"203"船沉没事故调查报告》(以下简称《调查报告》)给李先杰。《调查报告》认定的事实,除"航行途中又私自开流水槽及安装抽水系统"不合事实外,其他基本属实。肇庆海事局收取事故调查交通、电讯费3 500元。原告认为,"203"船由被告改建,与被告签有书面合同。该船改建完成后,被告还出具了出厂证明和放行条(后在事故中遗失),但被告没有出具出厂质量证明书以及申报船检部门进行检验,该船应属于不合格产品。改建质量低劣是造成沉船的原因,被告应对沉船造成的各项损失及人员死亡负全部赔偿责任。请求法院判令被告:(1)赔偿"203"船船舶损失903 407元;(2)赔偿船舶打捞费105 000元,场地保管费36 500元(从2002年4月19日起至2003年4月20日止,按每天100元计算)、清洗、焊接材料、人工费12 000元;(3)赔偿事故调查交通、电讯费3 500元。

被告广西壮族自治区桂平船厂(以下简称桂平船厂)辩称:(1)"203"船的所有人应为李松寿、李庆波的合法继承人,原告对该船没有合法的处分权,该船与原告的关系属于个人资产挂靠到集体企业性质,依照《中华人民共和国民法通则》第71条、《中华人民共和国民事诉讼法》第108条第1款的规定,原告与本案没有直接利害关系,不能成为本案的适格主体,应驳回原告的起诉。(2)2001年2月份,李先杰要求被告提供场地供其使用以维修、除锈、油漆船舶,被告同意了其请求。该船2001年2月12日进厂后没有船名。李先杰在未经被告同意,也没有提供有关改建船舶的图纸资料、船检部门批准改建证书等的情况下,擅自组织一批修船人员对该轮进行改建(其中油漆工吴燕清1999年12月份从被告厂退休)。被告没有与李先杰签订过改建该轮的合同,更没有派人参与该轮的改建。李先杰在改建期间,曾向桂平市蒙坤容购买过船用材料。根据李先杰、蒙坤容以及被告船检部商定,船用材料由蒙坤容提供,材料款6万多元由李先杰于改建完成后支付,被告修造船部提供担保并受蒙坤容委托收取材料款,被告修造船部另外收取管理费3 000元。李先杰支付上述材料款6万多元后,要求被告修造船部开具材料费、厂费收据时多开金额5万多元,作为已支出的其他材料费用的依据,便于与原船主讨价还价,所以,被告修造船部杨树发开具了收到李先杰改建船舶材料费、厂费等114 607元的收据。2001年3月21日,该轮改建完工。3月22日,李先杰以武宣船的名义向被告交付了14 135.50元的缆车费、水电费、使用材料费、服务费、管理费(即租用船台费)等款项,但没有修船人工费这一项目。李先杰与被告之间、原告与被告之间均没有签订过改建合同,被告也没有承接改建或派出人员对该轮进行改建,原告请求被告对该轮的船舶质量损害进行赔偿,没有事实依据。(3)"203"船所有权人和使用人,未经原设计单位同意,未向船检部门报批,擅自改装船舶,船舶质量没有保证,本身存在重大隐患。2001年4月13日,"203"船首航时共装载水泥800吨,超过该轮核定的载重量,也可能导致船体结构发生变化,是造成事故的隐患之一。"203"船为一艘干货船,只应适用于运输干货,但该船的使用人在2001年返航经南海九江时,自行安装抽水系统及流水槽,拟作沙船用,改变了原船的结构,"203"船的甲板及龙骨受到重大破坏,支撑结构严重受损。该船在装运河沙时装载不平衡,导致船体结构强度发生变化,这是导致事故发生的直接原因。该事故责任应由"203"船的所有权人和使用人承担。请求法院驳回原告的诉讼请求。

二、法院查明的事实

(一)关于"203"船船舶所有权的事实

据桂平港航监督所1996年6月11日签发的登记号码为391600652的"船舶国籍证书"记载,"203"船长40.00米,宽9.15米,深2.40米,货轮,建成日期为1993年11月,造船厂名为被告,船舶所有人为原告,船舶经营人为李庆波。1998年8月3日该轮主尺度变更为长44.00米,宽9.30米,深2.35米,吨位变更为总吨357,净吨199。桂平港航监督所1996年6月11日签发的登记号码为391600652的"船舶所有权登记证书"记载,"203"船船舶价值为80万元,船舶所有人为原告,地址为桂平市桂平镇城南街182号。广西壮族自治区桂平船舶检验站2000年1月6日签发的"内河船舶检验证书簿"记载,"203"船船舶所有人为原告,建造厂为被告,总长44.00米,型宽9.30米,型深2.35米,船舶类型为干货船。该轮的内河船舶适航证书有效期至2001年5月25日。据1993年7月7日桂平市工商行政管理局签发的"桂平市城厢第二水运公司203号船"的企业法人营业执照记载,"桂平市城厢第二水运公司203号船"的法定代表人为"负责人李庆波"。原告称因1993年国家政策尚未允许个人拥有船舶,李松寿将"203"船挂靠原告处经营,船舶所有人登记为原告。李松寿去世后,该轮作为其遗产由李庆波继承。2001年1月10日,李先杰与李庆波签订一份《协议书》,载明李庆波将其自有"203"船发包给李先杰经营,经营期限为2年,从船舶开航之日算起。原告提供的该《协议书》为复印件,原告称原件在海事局无法提供。被告以只有所有权人才能将经营权发包为由,对该《协议书》不予确认。

(二)关于"203"船改建的事实

2001年春节后,李先杰经原告、李庆波同意,将"203"船在被告厂内进行改建,将该轮船体纵向加长6.00米,加高0.75米,干舷不变,将载重线标志上移以保持原有干舷值,将原1.2吨油压舵改为1.6吨油压舵,主机间距由3米改为4.3米。原告称其与被告就"203"船改建工程签有书面合同,但在沉船事故中遗失;被告称其从未与原告或李先杰签订过书面改建合同。

2月18日,"203"船开始进入被告厂内改建。3月22日,被告出具了一份"船舶修理承包结(预)算单",载明修理单位为"武宣船",进厂时间为2001年2月12日,完工日期为2001年3月21日,收费项目包括电力、氧气电石瓶、剪板、剪板折边、压护舷、生活用水、油漆管理费、管理费等,共计14 315.5元;同日,被告出具一份金额为14 315.5

元的《桂平市工业性加工统一发票》，载明付款单位为"武宣船"，内容为"修费"。原告代理人李先杰在庭审中称没有见过该发票和"船舶修理承包结(预)算单"，也没有向被告财务部交纳过这笔费用。2001年4月2日，该轮改建完毕并下水交付李先杰使用，原告称被告向原告出具了出厂证明及放行条(后在事故中遗失)，但原告没有收到改建方出具的船舶出厂质量证明书和申报船检部门进行检验的有关证书。同日，被告修造船部副经理杨树发向李先杰出具一份收据，载明收到李先杰改建船材料费、厂费等114 607元。被告称根据其记录和财务部收费的情况表明，的确有一艘来自武宣的船舶(以下简称武宣船)在被告处进行过改建，武宣船到被告厂改建是由李先杰自行聘请人员进行的，被告职工没有参与过该轮的改建。被告原职工黄良朝是该轮改建工程的承包者，但黄良朝从1995年开始就向被告请假，独立在外面承揽工程。本案改建行为应属于黄良朝的个人行为，被告仅仅向黄良朝出租船台等改建场地，被告修造船部副经理杨树发向李先杰收取钱款属于个人行为，因为按照被告企业的规定，收取款项应由财务部负责，杨树发的个人行为与被告无关。被告收取李先杰交来武宣船有关该船在被告厂内使用的电费、场地费等，而不涉及修船的人工费，这也说明，被告向李先杰出租场地和部分设施，李先杰也从被告处领取电石、氧气等，李先杰与被告的关系实际是租用场地、设施和支付材料费的关系。

(三)"203"船沉没事故和损失的事实

2001年4月13日，改建后的"203"船首航从桂平港空载开往贵港市南斗码头载货，同月17日装水泥800吨，19日起航前往深圳东角头。31日该船空载返航，途经南海九江时，自行安装了抽水泵系统及流水槽，拟作沙船用。5月5日19:55时左右，该船在肇庆港黄岗河段靠泊"粤肇庆工0019"挖沙船右舷开始挖沙，装沙顺序为：由货舱尾部、中部至首部。尾部装沙完毕后，该船处于船尾下沉，船首上抬的状态；约22:05时，在货舱中部装沙至一半时，"203"船货舱中前部船底发生横向裂开并立即进水下沉，"粤肇庆工0019"挖沙船立即解缆分开两船，"203"船即发生沉没，船员10人落水。22:20时，"粤肇庆工0019"轮向肇庆海事局西江检查站请求援助，该站接报后出动摩托快艇2艘、监督船1艘、监督人员20多人在事故现场搜救。次日01:30时，搜救行动结束，10名落水船员8人获救，1人死亡，1人失踪。

2001年5月6日，肇庆市水上区厂排船舶修造厂打捞队对沉船进行初步勘查认为，该沉船已经超出其打捞能力；5月14日，李庆波、李先杰联系的梧州桂东打捞队也复电肇庆海事局称无法打捞该沉船；同日，经肇庆海事局联系，李先杰与佛山栏石打捞队达成口头打捞协议，但至17日，该打捞队抵达事故现场后又因西江洪水开始上涨，水流流速大而无法打捞。至2002年3月23日，李先杰委托佛山市建雄起重打捞工程有限公司对沉船进行探摸、打捞，双方约定打捞费105 000元。2002年4月19日，"203"船打捞出水，后放置于肇庆西江桥左岸边肇庆市水上区厂排船舶修造厂。原告称打捞费105 000元已通过当地海事局转交，但没有提交支付打捞费的有关凭证。李先杰已向该厂支付上排费、排租费、舱内清洗费用、场地租用和电费等共计12 000元。

双方还约定该轮的场地租用费按照每天100元计算,但李先杰尚未支付。

2002年10月10日,肇庆海事局出具了《调查报告》。该报告认为事故原因为:(1)该轮改建不合理、质量没有保证,这是造成事故的重要原因。该轮没有提供改建图纸和有关资料,改建后无船舶出厂质量证明书,也没有申报船检部门进行检验。从船舶断裂情况分析,该轮折断沉没与改建施工质量低劣有直接关系。(2)船舶改变用途和装载不良是造成事故的直接原因。该轮为普通干货船,由于未经检验擅自改建,航行途中又私自开流水槽及安装抽水系统作沙船用,改变了船舶的用途。在装运河沙时,装载不平衡使船体结构强度发生变化最终导致船舶断裂,这是事故发生的直接原因。(3)违法改建是造成事故的重大隐患。经对有关材料分析,该轮改建时将原船从中部位置切割开,加长6米。施工过程中,因载货甲板距基线的距离狭窄,舱内施工环境差,不排除存在未焊透、气孔、夹渣、裂缝等缺陷。施焊全过程均没有试验和检验,明显无法保证质量。肇庆海事局认为,本次事故应由"203"船负全部责任。该调查报告于2003年3月27日送达李先杰。肇庆海事局收取"203"船海事调查交通、电讯费3500元。

原告于2003年6月9日向本院申请对"203"船改建部分以及该轮修复至符合国家质量标准所需费用进行评估鉴定。7月8日,原告同意由广州海事法院指定鉴定部门进行鉴定;7月10日,被告认为,"203"船不是由其承接改建的,被告不应对该轮的沉没事故承担任何责任,原告申请对该轮进行质量鉴定与被告无关,应由法院对此作出处理决定。9月15日,原告向广州海事法院明确了鉴定事项为:"203"船改建部分是否符合质量要求、是否因改建部分质量问题造成沉船事故;有否恢复改建前原状的价值及评估该轮改建前的船舶价值和该轮残值。9月17日,广州海事法院委托广东华南海事司法鉴定中心对前述事项进行鉴定。9月22日,原告向本院预交鉴定费26 000元。11月28日,广东华南海事司法鉴定中心出具粤海司鉴中心〔2003〕船检咨字第010号司法鉴定报告书,认为该轮的改建无图纸资料(含强度、干舷和稳性计算书),未经验船机构审核批准,可能存在强度、稳性等缺陷;无船舶改建质量证明书(含材料证书、无损探伤和密性试验证明等),未经船舶检验机构检验,存在或可能存在材料、焊接质量等缺陷,如右舷加建的顶列板下焊缝与原来临近焊缝相距0—40mm并交叉;上述缺陷不符合中华人民共和国《内河船舶法定检验技术规则》(1999)的有关规定。该轮沉船原因主要是可能存在强度不足等缺陷,存在或可能存在材料、焊接质量等缺陷,装载原因以及由普通干货船改建后作为沙船用,强度和稳性未经校核等。该轮无恢复改建前原状的价值。该轮于1993年11月30日建成,价值80万元,按7%的年折旧率计算至2001年2月为396 800元,考虑到市场行情,该轮改建前的价值约为48万元。该轮按照废钢船残值估算为9万元。该司法鉴定报告书于2003年12月9日送到法院。广州海事法院于12月19日召集双方当事人到庭对该司法鉴定报告书进行质证,广东华南海事司法鉴定中心高级工程师、验船师魏伟仁到庭接受双方当事人的质询。原告、被告对广东华南海事司法鉴定中心出具的粤海司鉴中心〔2003〕船检咨字第010号司法鉴定报告书均没有异议。

另据查,陈炳英、钟树达、李建英、黄美玲、吴坤明、淡庆雨、黄燕南、林添源均不是被告的职工,吴燕清原为被告职工,于1999年退休。据被告2002年5月的职工花名册记载,黎玉明、杨树发、黄良朝、梁福林均为被告的职工。

原告与被告对以上证据和事实均没有异议或者提供相反证据予以反驳,合议庭对以上证据和事实予以确认。

原告为证明"203"船由被告改建,提供了原告制作的陈炳英调查访问笔录以及钟树达、李建英、黄美玲、吴坤明、吴燕清、淡庆雨、黄燕南、林添源分别出具的3份证明。陈炳英在笔录中称,其1998年至2001年为被告厂工作,无固定工资,收入来源为介绍船主到被告处修船的提成,武宣的船大多是由陈炳英介绍到被告处维修或改建。李先杰为其邻村人,在承包"203"船后,委托陈炳英找被告对该轮进行加高、加长。陈炳英介绍李先杰与被告职工梁福林相识。具体如何改建以及费用多少其不清楚。该轮在被告厂内,先在露天工地加高后,再拉入水泥工棚加长。整个改建过程陈炳英均在场。陈炳英还负责检查该船焊接后是否有渗漏,被告职工杨树发共支付给陈炳英工资1800元;钟树达称"203"船于2001年2月15日至2001年5月5日期间在被告处改建,先在露天工场加高0.75米,然后拉入水泥棚加长6米。2001年4月2日,该船改建全部完工下水;李建英、黄美玲、吴坤明、吴燕清、淡庆雨、黄燕南称,2001年2月15日李先杰与他们协商一致,于2001年2月25日在被告厂为"203"船铲除油漆。该船先在露天工场加高0.75米然后拉入水泥棚加长6米。整船铲锈油漆工程(不包含驾驶楼)人工费共4300元,李先杰已支付2000元,尚欠2300元;林添源称"203"船从2001年2月18日至4月2日一直由被告改建,其在改建期间在该船搞机械维修。以上9位证人均未出庭作证,也未说明不能到庭的理由。

被告提供其职工黎玉明的证言称:2001年2月上旬,李先杰到被告修造船部找黎玉明要求为其船舶维修所需钢板提供担保,使钢材卖家能在其付款前提供钢板使用。黎玉明同意了李先杰的要求,钢材卖家蒙坤容在李先杰没有付款前为其提供了价值6万多元的钢板。2001年4月底左右,李先杰到被告修造船部要求开具钢板材料费收据,并要求将钢板费之外的其他材料费5万多元一并开入收据。黎玉明叫杨树发按照李先杰的要求开具了一张11万多元的收据,实际上蒙坤容委托修造船部代收的钢板材料费金额为6万多元。修造船部收取了3000元作为管理费。被告提供蒙坤容的证言称,2001年3至4月份,被告修造船部经理黎玉明介绍叫其帮武宣船东代购钢材20多吨,货款6万元左右由被告与蒙坤容核实后由被告修造船部担保支付,双方商定由杨树发在办公室将货款点交蒙坤容。被告还提供杨树发的证言称,2001年4月左右,黎玉明叫其代收李先杰购买钢材款一笔,除扣除厂费3000元作为修造船部管理费外,其余约6万元钢材款由其转交蒙坤容。钢材款交款地点为修造船部办公室,时间为3月下旬,补开收据日期为4月2日,李先杰因购买其他材料和其他费用开支,没有单据不好"出数",经黎玉明同意由黎玉明要求杨树发开具了金额约为11万多元的收据。

原告称不存在李先杰要求被告修造船部提供担保以及多开收据的事实,李先杰也没有支付所谓3 000元管理费,黎玉明的证言与被告出具的金额为14 315.5元的"武宣船"《桂平市工业性加工统一发票》不符;李先杰不认识蒙坤容其人,也没有向其购买过钢材;李先杰的改建船舶费用由其自行负担,没有夸大收据金额的必要。黎玉明、蒙坤容、杨树发均未出庭作证,也未说明不能到庭的理由。

三、法院裁判

广州海事法院认为,本案是一宗船舶建造质量损害赔偿纠纷。本案的争议焦点主要在于原告的主体资格、原告与被告之间是否存在船舶改建合同关系以及本案所涉船舶沉没的责任主体。

关于原告的主体资格。被告认为,据1993年7月7日桂平市工商行政管理局签发的"桂平市城厢第二水运公司203号船"的企业法人营业执照记载,"桂平市城厢第二水运公司203号船"的法定代表人为李庆波,由此可以看出,该轮的所有权人就是李庆波;从原告的起诉状也可以看出该轮的所有权人为李松寿,只是因为当时国家政策不允许个人拥有船舶才挂靠于原告。在李松寿的儿子李庆波去世以后,该轮船舶所有权人应为其合法继承人。根据《中华人民共和国海商法》第9条的规定:船舶所有权的取得、转让和消灭,应当向船舶登记机关登记;未经登记的,不得对抗第三人。《中华人民共和国船舶登记条例》第6条规定:船舶抵押权、光船租赁权的设定、转移和消灭,应当向船舶登记机关登记;未经登记的,不得对抗第三人。因此,在涉及第三人的场合,船舶所有权人的识别应以在船舶登记机关的登记为依据。根据本案"船舶所有权登记证书"记载,"203"船的船舶所有人为原告,地址为桂平市桂平镇城南街182号。因此,根据本案船舶登记的有关事实以及原告、李先杰在本案诉讼中的意思表示,原告才是本案所涉船舶改建合同关系的主体,原告享有依据其所主张的船舶改建合同提起诉讼的权利。至于原告与李庆波(在李庆波去世后为李庆波的合法继承人)以及李先杰之间的内部关系如何,与本案争议无关,被告关于本案船舶所有权人是李庆波的合法继承人,原告不是本案适格主体的主张没有事实和法律依据,不予支持。

关于原告与被告之间是否存在船舶改建合同关系。根据最高人民法院《关于民事诉讼证据的若干规定》第5条的规定:在合同纠纷案件中,主张合同关系成立并生效的一方当事人对合同订立和生效的事实承担举证责任。因此,原告要依据其与被告的船舶改建合同关系要求被告赔偿其因被告改建不合格而造成的损失,应先证明其与被告之间存在船舶改建合同关系。

根据《中华人民共和国合同法》第10条第1款的规定,合同的形式可以是书面的,可以是口头的,也可以是其他形式。原告称其与被告关于本案所涉"203"船改建工程签有书面合同,但在沉船事故中遗失;被告称其从未与原告或李先杰签订书面改建合同,也从未派人参与该轮的改建工程。因此,在原告没有提供本案船舶的书面改建合同且被告对原告所主张的双方曾签订书面改建合同的事实不予确认的情况下,应认定双方没有就本案所涉船舶改建合同采取书面形式签订。

被告认为，其修造船部副经理杨树发的收据是原告方李先杰支付蒙坤容钢材款的凭证，被告提供了黎玉明、杨树发、蒙坤容的书面证言。原告对被告的该3份证言不予确认。合议庭认为，因该3位证人没有到庭作证接受当事人的质询，也没有说明具有法定的"确有困难不能出庭"的特殊情况，因此，该3份证言不能单独作为认定事实的依据。被告没有提供证明李先杰曾向蒙坤容购买钢材、该收据的收费项目是钢材款的其他证据，因此，对该3份证人证言不予采信，可以确认原告方李先杰曾向被告修造船部副经理杨树发支付"厂费、材料费"114 607元。

被告提供了"桂平市工业性加工统一发票"和"船舶修理承包结（预）算单"，原告对该"桂平市工业性加工统一发票"和"船舶修理承包结（预）算单"不予确认。合议庭认为，该"船舶修理承包结（预）算单"所载付款单位是武宣船而不是"203"船，且该武宣船进厂时间与完工时间分别为2001年2月12日和2001年3月21日，与本案"203"船的修理时间不符，该两份证据本身均没有任何表明与"203"船有直接联系的内容，因此，在被告没有提供其他相关证据予以印证的情况下，对该"桂平市工业性加工统一发票"和"船舶修理承包结（预）算单"不予确认。

本案可以确认的基本事实是：原告所属的"203"船曾于2001年2月18日至4月2日期间在被告厂内进行改建，以及原告向被告修造船部副经理杨树发支付"厂费、材料费"114 607元。原告船舶在被告厂内进行改建，改建完毕后向被告职工支付了费用，根据以上两项基本事实，可以认定原告已经完成了双方实际存在船舶改建合同关系的举证责任。被告对此提出反驳，应承担相应的举证责任。

被告称原告的改建工程实际由黄良朝个人承包，被告仅向原告提供了船台、电力、用水等场地和设施，被告收取的也只是材料费、场地费等收费项目，而没有修理的人工费，因此，被告与原告只是租用场地、设施等的关系。但被告没有对其主张的黄良朝承包本案船舶改建工程的事实提供证据。合议庭认为，被告没有对其主张的事实提供相应的证据，应承担举证不能的不利后果。因此，对黄良朝承包本案船舶改建工程的主张不予确认。

综上，原告已经完成了合同关系成立的举证责任，被告没有提供足够证据予以反驳，应承担举证不能的不利后果。因此，可以认定原告与被告之间存在船舶改建合同关系。但，本案船舶改建发生在2001年，根据当时适用的《中华人民共和国船舶和海上设施检验条例》（1993年）第7条的规定：中国籍船舶的所有人或者经营人，在建造或者改建船舶时必须向船舶检验机构申请建造检验，即改建船舶时向船舶检验机构申请建造检验的一方应是船舶的所有人或者经营人而不是改建方（船厂）。原告没有申请建造检验甚至没有改建的图纸资料，没有依照《中华人民共和国船舶和海上设施检验条例》的强制性规定办理批准手续（即申请建造检验），擅自对其船舶进行改建，其与被告的船舶改建合同属于效力待定的合同。根据最高人民法院《关于适用〈中华人民共和国合同法〉若干问题的解释(一)》第9条的规定,依照《合同法》第44条第2款的规定,法律、行政法规规定合同应当办理批准手续,或者办理批准、登记等手续才生效,在一审法庭辩论终结前当事人仍未办理的,人民法院应当认定该合同未生效。而本案的批准手续因"203"船已经实际改建完毕且最终沉没而无法办理,因此,应认定本案船舶改建合同关系无效。

根据《中华人民共和国合同法》第58条的规定,无效合同的双方当事人应返还因该合同所取得的财产,不能返还的应当折价补偿,有过错的一方应当赔偿对方因此所受到的损失。因本案船舶改建工程已经实际履行完毕而无法恢复原状,在双方均没有提供证据证明本案合同存在《中华人民共和国合同法》第54条所规定的可以变更合同的法定事由的情况下,应认定双方均不应向对方折价补偿。原告没有向船舶检验机关就本案船舶改建申请建造检验,没有图纸资料,在改建完毕后使用未经检验合格的船舶从事水路货物运输,擅自改变船舶的用途,原告对"203"船沉没所造成的损失应承担80%的责任;被告作为船舶建造、修理的专门厂家,明知原告在没有申请建造检验、没有图纸资料等情况下,仍根据原告委托对该轮进行违法改建,被告应对"203"船沉没所造成的损失承担20%的责任。

原告请求的损失包括:船舶的损失,船舶打捞费,场地保管费,清洗、焊接材料、人工费,事故调查交通、电讯费等。其中,根据广东华南海事司法鉴定中心出具粤海司鉴中心〔2003〕船检咨字第010号司法鉴定报告书,该轮无恢复改建前原状的价值,船舶的损失为"203"船沉没前的市场价值48万元,扣除沉没后的残值9万元,即39万元;"203"船已经实际打捞出水,对于打捞费金额105 000元,被告没有提供相反证据予以反驳,应予确认,且无论该笔费用是否已经实际支付,均足以构成原告的损失;清洗、焊接材料、人工费为12 000元;事故调查交通、电讯费3 500元;原告主张场地保管费从2002年4月19日起至2003年4月20日止,按照每天100元计算,为36 500元,因原告在事故发生后应采取适当措施防止损失的扩大,"203"船保管于肇庆西江桥左岸边林佐荣船厂至本案起诉时已达17个月之久,考虑原告处理该船舶的实际情况,该笔场地保管费酌情按两个月计算,即原告的场地保管费按6 000元计算。综上,原告的损失共计516 500元。

根据双方在导致合同无效方面的过错程度,被告对原告损失516 500元应承担20%的赔偿责任,即103 300元。

依照《中华人民共和国合同法》第52条第1款第5项、第52条,判决如下:
被告桂平船厂赔偿原告水运公司损失103 300元。

2 上诉人富阳市天旺煤炭有限公司与上诉人宁波宇顺船舶有限公司船舶建造合同纠纷案

案例来源:浙江省高级人民法院(2009)浙海终字第2号
主题词:船舶建造合同　建造资质　合同效力

> **裁判要旨**
>
> **No. CB-4.1-2**　当事人超越经营范围订立合同,人民法院不因此认定合同无效。但违反国家限制经营、特许经营以及法律、行政法规禁止经营规定的除外。而船舶建造不属于国家限制经营、特许经营以及法律、行政法规禁止经营的行业,故超越经营范围订立合同并不导致合同无效。而且,涉案船舶最终由有资质的造船厂实际建造。法院认定船舶建造合同有效。
>
> **No. CB-4.1-3**　船舶建造合同的根本目的是建造一艘质量合格的船舶,而实际建造船舶的船厂具备造船资质,取得了主管部门的建造许可,合同已实际履行。因此,签订造船合同的承揽人不具有造船资质,不构成根本违约。

一、基本案情

上诉人(原审原告、反诉被告):富阳市天旺煤炭有限公司(以下简称天旺公司)
上诉人(原审被告、反诉原告):宁波宇顺船舶有限公司(以下简称宇顺公司)

宁波海事法院审理查明:通过近四个月的磋商,2008年1月1日、2日,天旺公司与宇顺公司签订《20 000吨散货船建造合同》(以下简称《合同》)及其《补充协议》各1份,约定由宇顺公司为天旺公司建造一艘20 000吨级散货船,总造价1.3亿元,双方就工程施工和建造依据、船舶主要技术规范、建造周期、付款方式、双方责任、鉴定与验收、监造、质量保证、合同变更及修改等进行了详细约定。其中《合同》第3条3.2约定:乙方(宇顺公司)必须提供合格的设备、技术、劳动和建造场地并予以说明,完成船舶的建造,未经甲方(天旺公司)同意,不得把建造任务出让给第三方。建造场地由宇顺公司负责租用,租用的建造场地必须符合国家船检、消防和船舶建造等有关要求,由于建造场地引起的一切问题由宇顺公司负责赔偿;《合同》第六条6.2—6.6约定:双方签字盖章合同生效后5天内天旺公司付定金1000万元到第三方,宇顺公司开始筹备船舶动工建造,在宇顺公司履行补充协议第1、2条的条件下,定金1000万元转移支付给宇顺公司,2008年2月5日前在宇顺公司履行补充协议第1、2条的前提下,天旺公司向宇顺公司支付第二期货款1000万元;2008年5月15日前支付第三期货款1 000万元;2008年6月15日前支付第四期1000万元;2008年7月15日前支付1000万元,余款由宇顺公司出资,待该船舶抵押贷款资金到位后,由天旺公司付清余款,该船舶所有权转移给天旺公司;上述各期付款均为现款,如天旺公司不能按合同规定时间向宇顺公司支付上述各项款项,宇顺公司有权要求解除合同并赔偿由此产生的经济损失。

《合同》第12条12.1约定:本合同自双方签字后生效,任何一方提出解除,都必须承担《合同》金额10%的违约金。补充协议第1条约定:双方签订主合同后,宇顺公司应及时与供方签订陕柴生产的8PC2-6L(船用发动机)购销的有效合同。补充协议第2条约定:签订主合同后,宇顺公司应及时与宁波东和船舶修造有限公司(以下简称东和船厂)签订20 000吨级散货船建造场地的租用协议。合同签订后,天旺公司自2008年1月19日至2月22日间,分6次共向宇顺公司支付1 430万元。其中,2月5日(含当日)前,至多支付1 180万元,2月4日前至多支付430万元。宇顺公司则于2008年1月9日与东和船厂签订了船舶建造加工承揽合同,约定由宇顺公司委托东和船厂建造涉案散货船,东和船厂提供船台设施、冷作加工设备、组织施工队伍,负责船体建造、设备安装、居室装饰及船体油漆等。宇顺公司需支付定金100万元,年内再支付建造加工定金100万元,其余共分五期支付,开工日支付第一期加工费10%,以后每2个月支付10%,剩下款项交船时付清,宇顺公司如有违约,定金没收并需承担一切损失。该合同签订后,双方至今仍在实际履行。2008年1月20日,宇顺公司与宁波前进农业机械有限公司签订工矿产品购销合同,订购陕柴生产的8PC2-6L船舶主机,约定价格2 300万元,预付款800万元,半个月到位合同生效,但该合同因宇顺公司未按期支付预付款而未实际履行。2008年4月7日,浙江省船舶检验局宁波检验处函复东和船厂:经过对东和船厂送审的资料进行核对审查,并对生产和现场船舶开工前条件的检查,同意开工建造。

2008年3月15日,天旺公司委派人员到东和船厂进行监造。天旺公司认为,其于同年3月底、4月初发现宇顺公司根本没有建造该船舶的资格和能力,而是将船舶建造工作交予其他单位,严重违反了合同约定和法律规定,天旺公司于2008年6月19日向宁波海事法院起诉,请求判令:(1)解除涉案造船合同及其补充协议;(2)宇顺公司立即返还已收加工款1 430万元并支付违约金1 300万元。

宇顺公司于同年7月4日提起反诉,请求判令:(1)解除涉案造船合同及其补充协议;(2)由天旺公司支付违约金1 300万元。

宁波海事法院另查明:宇顺公司于2007年11月12日注册成立,经营范围为船舶及其配件的批发、零售,船舶信息咨询服务、一般商品信息咨询服务、自营和代理各类货物和技术的进出口,但国家限定经营或禁止进出口的货物和技术除外;海上、航空、陆路的国际货运代理业务。天旺公司在签订涉案造船合同前,对宇顺公司的企业状况有所了解。

二、一审裁判

宁波海事法院审理认为,为保证船舶建造质量,我国对船舶建造及检验进行了严格规定,每艘船舶从建造到最终获得船舶证书,均需经过船舶检验机构的多次法定检验并全程监督管理,船舶建造企业在注册资金、生产场所、加工设备、技术人员等生产条件与能力水平方面,亦均须符合规定的标准,方能获得船舶建造许可。宇顺公司并非造船企业,不具有建造船舶的经营范围,更不具备建造20 000吨级船舶的生产条件与能力,其与天旺公司签订的船舶建造合同依法应认定为无效。根据法律规定,该合同对双方自始没有法律约束力;因该合同取得的财产,应当予以返还;对于履行合同造成的损失,应按各自过错程度承担相应责任。故天旺公司、宇顺公司主张解除合同并支付相应违约金的请求因合同无效而无法律依据,不予支持。在该无效合同签订过程中,宇顺公司明知本公司并非造船企业,不具备造船能力,而与天旺公司订立造船合同,天旺公司也明知宇顺公司并非造船企业,并不具备建造 20 000 吨级船舶的能力,仍与宇顺公司签订造船合同,双方对无效合同的订立均有过错,且过错相当。在该无效合同的履行过程中,宇顺公司通过委托东和船厂建造的方式至今仍在履行,投入资金已超过 3 000 万元,宇顺公司虽不能举证钢材下跌所造成的具体损失情况,但鉴于目前钢材价格下跌以及航运市场运价大幅下跌,船舶需求萎缩的实际情况,根据双方的诉请和意见,将在建船舶归属宇顺公司以便其履行与下家的造船协议,并酌定宇顺公司的实际造船损失为投入的 20% 左右即 600 万元,该损失由双方各半负担。综上,根据《中华人民共和国合同法》第 52 条第 5 项、第 56 条、第 58 条,《中华人民共和国民事诉讼法》第 64 条第 1 款之规定,宁波海事法院于 2008 年 11 月 21 日判决:

一、涉案在建船舶所有权归属宇顺公司;
二、宇顺公司于判决生效后 15 日内返还天旺公司 1 430 万元;
三、天旺公司于判决生效后 15 日内赔偿宇顺公司经济损失 300 万元;
四、上述二、三两项相抵,宇顺公司还需支付天旺公司 1 130 万元;
五、驳回天旺公司、宇顺公司的其余诉讼请求。

如果未按判决指定的期限履行给付金钱义务,应当依照《中华人民共和国民事诉讼法》第 229 条之规定,加倍支付迟延履行期间的债务利息。本诉案件受理费 178 300 元,财产保全费 5 000 元,合计 183 300 元,由天旺公司负担 84 905 元,宇顺公司负担 98 395 元;反诉案件受理费 49 900 元,由天旺公司负担 11 515 元,宇顺公司负担 38 385 元。

三、上诉与答辩

天旺公司、宇顺公司均不服原审判决,分别向浙江省高级人民法院提起上诉。天旺公司上诉称:(1) 天旺公司与宇顺公司订立的涉案造船合同为有效合同,原审判决认定为无效合同是错误的;(2) 宇顺公司违反了造船合同及其补充协议的约定,应当承担违约责任;(3) 宇顺公司起诉时没有提出赔偿损失的诉讼请求,宁波海事法院判令天旺公司赔偿宇顺公司损失 300 万元,违反民事诉讼不告不理的原则。

请求二审法院撤销原判第三、四、五项,依法判决:(1) 解除天旺公司与宇顺公司签订的《20 000 吨散货船建造合同》及其《补充协议》;(2) 宇顺公司返还天旺公司 1 430 万元,并支付违约金 1 300 万元;(3) 由宇顺公司承担诉讼费用;(4) 驳回宇顺公司的反诉请求。

宇顺公司答辩称:(1) 宇顺公司认为涉案造船合同为有效合同;(2) 天旺公司对宇顺公司没有造船资质是明知的,宇顺公司依约履行了义务,不存在违约行为;(3) 宇波海事法院判决涉案在建船舶归宇顺公司所有是错误的。

宇顺公司上诉称：(1)涉案造船合同及其《补充协议》系当事人真实意思表示，是合法有效的合同；(2)天旺公司明知宇顺公司没有造船资质仍签订合同并支付定金，故双方签订的合同名为船舶建造合同，实为委托代理合同，天旺公司要求基于承揽加工合同性质提出的解除合同的理由不能成立；(3)天旺公司诉请解除合同的行为构成根本违约，应当承担违约责任；(4)天旺公司实际支付给宇顺公司的造船履约金为1 230万元人民币，原判认定为1 430万元是错误的。

请求二审法院依法撤销原判，改判：(1)解除天旺公司与宇顺公司签订的《20 000吨散货船建造合同》及其《补充协议》；(2)天旺公司支付违约金1 300万元；(3)驳回天旺公司的诉讼请求。

天旺公司针对宇顺公司的上诉答辩称：(1)坚持涉案造船合同为有效合同的意见；(2)涉案造船合同从名称和内容上看均为承揽合同，而非委托合同；(3)天旺公司共向宇顺公司支付了1 430万元，其中200万元支付给持有宇顺公司收据的俞刚，等同于向宇顺公司支付。

四、二审裁判

双方当事人关于天旺公司向宇顺公司支付的造船款数额存在争议，证人俞刚在一审庭审中确认收到天旺公司支付的200万元造船款，由于他与宇顺公司的其他债务关系未清，所以未转交给宇顺公司，宇顺公司认可俞刚收到上述款项。浙江省高级人民法院认为，天旺公司于2008年2月5日通过俞刚支付两笔造船款共计750万元，宇顺公司予以认可。故天旺公司向俞刚交付200万元，符合双方的交易习惯，且天旺公司取得了宇顺公司的收据，应当认定天旺公司已向宇顺公司支付了相应款项。原判认定天旺公司共向宇顺公司支付1 430万元正确，浙江省高级人民法院予以维持。

根据天旺公司、宇顺公司各自的上诉和答辩，浙江省高级人民法院确定本案二审的争议焦点为：(1)天旺公司与宇顺公司签订的涉案《20 000吨散货船建造合同》及其《补充协议》的效力；(2)如果涉案造船合同有效，该合同的履行情况及当事人的责任问题。对于浙江省高级人民法院归纳的争议焦点，双方当事人均无异议。

针对争议焦点，浙江省高级人民法院分析认定如下：

(一)天旺公司与宇顺公司签订的涉案《20 000吨散货船建造合同》及其《补充协议》的效力

天旺公司与宇顺公司订立的《20 000吨散货船建造合同》及其《补充协议》符合合同的形式要件，依法成立。由于宇顺公司的经营范围不包括船舶建造，该合同系宇顺公司超越经营范围订立。最高人民法院《关于适用〈中华人民共和国合同法〉若干问题的解释(一)》第10条规定："当事人超越经营范围订立合同，人民法院不因此认定合同无效。但违反国家限制经营、特许经营以及法律、行政法规禁止经营规定的除外。"船舶建造不属于国家限制经营、特许经营以及法律、行政法规禁止经营的行业，故宇顺公司超越经营范围订立合同并不导致合同无效。而且宇顺公司虽然自身没有建造船舶的资质,但其委托了具有资质的东和船厂建造,东和船厂通过主管部门的检验并取得开工许可,涉案合同也已实际履行。浙江省高级人民法院认为,天旺公司与宇顺公司签订的《20 000 吨散货船建造合同》及其《补充协议》系当事人平等自愿签订,不违反法律、行政法规的强制性规定,应具有法律效力。原审判决认定涉案造船合同无效于法无据,浙江省高级人民法院予以纠正。涉案造船合同及其补充协议从权利义务上分析,完全是船舶建造的内容,宇顺公司认为该建造合同及补充协议是代理合同的上诉理由不能成立。

(二)涉案合同的履行情况及当事人的责任问题

依法订立的合同,双方均应依约履行。双方当事人均以对方违约为由,要求解除合同并主张 1 300 万元违约金。天旺公司主张宇顺公司将船舶交东和船厂建造违反合同约定。浙江省高级人民法院认为,根据《合同》第 3 条第 3.2 及《补充协议》第 2 条的约定,结合宇顺公司法定代表人曾伟国在公安机关关于最初向东和船厂租赁场地,但经过东和船厂提议,签订了加工承揽合同的陈述,可以认定天旺公司委托宇顺公司建造船舶,场地向东和船厂租赁,未经天旺公司同意,宇顺公司不得把船舶建造任务转让给第三方的约定系双方真实意思表示。宇顺公司未经天旺公司同意将船舶交东和船厂建造,违反了合同约定。宇顺公司辩称:天旺公司知道宇顺公司不具备造船资质,同意将船舶承揽给东和船厂建造。根据证人叶金桂、王金龙关于宇顺公司向天旺公司出具过营业执照的陈述,结合双方曾多处考察造船场地以解决场地租赁问题的客观实际,可以确认天旺公司明知宇顺公司不具备造船资质和能力,但不能就此认定天旺公司同意由东和船厂承揽建造船舶。天旺公司以宇顺公司根本违约为由诉请解除合同。双方订立合同的根本目的是建造一艘质量合格的船舶,承揽建造船舶的东和船厂具备造船资质,取得了主管部门的建造许可,合同已实际履行,宇顺公司的行为并未导致合同目的无法实现,天旺公司认为宇顺公司根本违约的理由不能成立。同样,其以此为由要求解除合同的诉讼请求不能成立。关于天旺公司依据《合同法》253 条解除合同的主张,天旺公司明知宇顺公司不具备造船资质的情况下,一味强调造船任务须由宇顺公司完成,否则便要解除合同,不符合合同目的,有违诚实信用原则,故天旺公司依据承揽合同的特别规定解除合同的主张,浙江省高级人民法院不予支持。

宇顺公司主张天旺公司未依约支付造船款及单方面解除合同的行为构成根本违约,要求解除合同并由天旺公司支付违约金。浙江省高级人民法院认为,涉案合同约定了造船款的支付方式,天旺公司未依约在主合同签订后 5 日内支付定金及船台租赁费,且未按期、足额支付造船款,构成违约。天旺公司辩称:未按时付款是由于宇顺公司没有履行在先义务,即订立购买主机的有效合同以及租用东和船厂场地的协议。浙江省高级人民法院认为,当事人约定双方签字合同生效后,5 天内天旺公司付定金 1 000 万元到第三方,天旺公司未履行,此时并不存在宇顺公司的在先义务,天旺公司未履行付款义务构成违约。由于天旺公司、宇顺公司自身均存在违约行为,无权以对方违约为由解除合同。关于双方提出的违约金的诉讼请求,《合同》第12条1的约定,是指根据一方的提出或根本违约使合同被解除的情形,本案的情形不适用合同约定的违约金条款,双方当事人要求支付违约金的诉讼请求均不能成立。

综上,天旺公司与宇顺公司签订的《20 000吨散货船建造合同》及其《补充协议》合法有效,具有法律约束力。天旺公司、宇顺公司在履行合同的过程中互有违约行为,均不享有合同解除权。根据天旺公司、宇顺公司各自的诉讼请求和庭审中的意思表示,表明双方当事人均无意继续履行合同,涉案合同已无履行的必要,浙江省高级人民法院根据双方当事人一致要求解除合同的诉讼请求,判令解除涉案造船合同及其《补充协议》。合同解除后,未履行的部分终止履行。天旺公司、宇顺公司均存在违约行为,且程度相当,应当各自承担相应的责任。宇顺公司应当返还天旺公司1 430万元。起诉时,造船投入约3 000余万元,其后宇顺公司增加投入继续建造船舶,宇顺公司一审庭审中表示愿意接受在建船舶,故涉案在建船舶所有权应归宇顺公司所有。宇顺公司主张存在损失但未提供相应证据,由于合同解除,造成宇顺公司无须向天旺公司交付船舶从而收回投入,损失必然发生,宁波海事法院根据市场情况酌情确定宇顺公司的损失为600万元亦无明显不当,有利于减少当事人诉累,浙江省高级人民法院予以维持,该损失由双方各半承担。天旺公司上诉认为合同有效有理,应予支持,但其认为宇顺公司应承担违约责任缺乏依据,不予采信;宇顺公司上诉认为合同有效有理,亦予以支持,但其认为合同为委托代理性质及要求天旺公司承担违约责任同样缺乏依据,不予采信。原判认定事实不清、适用法律不当,应予纠正。依照《中华人民共和国民事诉讼法》第153条第1款第3项之规定,判决如下:

一、维持宁波海事法院(2008)甬海法商初字第158号民事判决第一、二、三、四项;
二、解除天旺公司与宇顺公司签订的《20 000吨散货船建造合同》及其《补充协议》;
三、驳回天旺公司、宇顺公司其他诉讼请求。

3 原告广州渔轮厂与被告阳江市江城阳兴渔业有限责任公司、冯祖兴船舶建造合同纠纷案

案例来源:广州海事法院(2000)广海法商字第99号
主题词:船舶建造合同　合同效力　船舶抵押权

> **裁判要旨**
>
> **No. CB-4.1-4**　《建造合同》是双方当事人真实、一致的意思表示,虽然没有按照合同约定办理律师见证手续,但双方当事人确认了合同内容,船厂已经履行了合同义务,定作人在合同履行期间并未对合同效力提出异议,实际接受了船厂建造的船舶,而且在接船后与船厂进行结算并支付了部分造船款项,故法院认定建造合同合法有效,对双方有约束力。船厂履行了合同约定的交船义务,定作人应依约支付造船款。

> **No. CB-4.1-5** 船厂与定作人签订的《抵押合同》已依约由双方法定代表人签字，加盖单位公章或合同专用章，且该合同的主合同《建造合同》具有法律效力，故《抵押合同》合法有效，作为抵押物的船舶交付后，登记船舶所有人与船厂办理了船舶抵押权登记手续，可以推定登记船舶所有人继受了《抵押合同》之中的定作人义务。因定作人逾期未履行债务，船厂有权依法对登记船舶所有人所属的船舶行使船舶抵押权。

一、基本案情

原告：广州渔轮厂

被告：阳江市江城阳兴渔业有限责任公司（以下简称阳兴公司）

被告：冯祖兴

原告广州渔轮厂诉称：1997年2月23日，原告与被告阳兴公司签订《32.60M双拖渔船建造合同》（以下简称《建造合同》）一份。约定原告为被告阳兴公司建造32.6米双拖渔船4艘，总造价844.546万元。被告阳兴公司在合同签订后5日内应预付造船款264万元；在第二对船交船前应支付预付款11.5万元及该对船建造期间利息82 700元；在每对船交船之日起2年内分期付清其余造船款及从每对船交船之日起按年利率12.06%计算的利息。不能按期还本付息，宽限两期以复息计算。原告依照合同约定建造完工两对渔船，交付被告阳兴公司。被告阳兴公司仅支付造船款326.5万元，尚欠526.316万元（含第二对船建造期间利息82 700元）。《建造合同》的附件四《抵押合同》约定，被告阳兴公司以《建造合同》项下4艘渔船作为抵押。船舶交付后，4艘渔船的登记所有人冯祖兴与原告办理了渔业船舶抵押登记手续。请求判令两被告连带偿还上述造船款526.316万元及按合同约定利率计算至2000年5月31日的利息177.6399万元。

被告阳兴公司辩称：被告阳兴公司委托原告建造4艘渔船及拖欠造船款均为事实。但《建造合同》规定该合同经律师见证签字后生效，而被告持有的合同未经律师见证，原告持有的合同上的见证律师印章是事后补加的。因此该合同并未生效，拖欠造船款的数额及利息不应以该合同为准，而应以原告与被告阳兴公司于1999年5月20日结算的数额为准，1999年5月以后的利息应以该次结算约定的利率，按实际欠款数额计算。原告请求的造船款利息中不应包括复利。由于《建造合同》未生效，故作为合同附件的《抵押合同》也未生效。另外，原告为被告阳兴公司建造的4艘渔船存在严重质量问题，船舶交付后多次修复。除本案所涉4艘渔船外，被告阳兴公司还委托原告建造另外两艘渔船，之后因故取消，原告将其持有的被告阳兴公司取得的这两艘渔船的批文及捕捞许可证非法转让给他人。请求判令原告赔偿被告阳兴公司船舶修理费336 748元及经济损失752.0076万元，返还上述两艘渔船的捕捞许可证。

被告冯祖兴答辩意见与被告阳兴公司相同。

二、法院查明的事实

广州海事法院认定了以下事实：1996年12月12日、1997年2月19日，被告阳兴公司的前身阳江市江城区水下工程公司与原告签订两份渔船建造合同，委托原告建造渔船6艘。1997年2月23日，原告与被告阳兴公司协议解除上述两份合同，并于同日签订(97)广渔厂经合字第19号《建造合同》。合同约定由原告为被告阳兴公司建造32.6米双拖渔船两对共4艘。第一对船每艘造价171.5万元，第二对船每艘造价250.773万元，4艘渔船造价合计844.546万元。被告阳兴公司应于该合同签订之日起5天内，预付造船款264万元；第二对船交船前支付预付款11.5万元及第二对船建造期间欠付的利息82 700元；其余造船款577.316万元（造船合同价加第二对船建造期间利息，扣除两笔预付款），从每对船交船之日起两年内分期支付该对船的本金及按年利率12.06%计算的利息，具体数额及期限详见双方整理确认的还款期限及金额表。如果被告阳兴公司因客观原因不能按期还本付息，宽限两期以复息计罚。被告阳江公司以该合同项下4艘渔船作为抵押。第一对船应于1997年9月1日交船，第二对船应于1998年1月31日交船。该合同自双方法定代表人签字、加盖公章，并经律师见证签字后生效。

1998年2月3日，原告与被告阳兴公司签订《抵押合同》，作为《建造合同》的附件四，约定被告阳兴公司以《建造合同》项下4艘渔船作为原告为其垫支造船款项的抵押。《抵押合同》第4条第2款约定，被告阳兴公司归还贷款本息以两个月为一期；第3款约定，利息由被告阳兴公司承担，从交船之日起按年利率12.06%计算，在每期付款时与本金一起支付原告。《抵押合同》规定该合同与主合同如有抵触部分，以该合同为准。该合同由双方法定代表人或其授权的代理人签字并加盖公章，主合同生效之日生效。

1998年1月30日、31日，原告与被告冯祖兴在阳江渔港监督处分别办理了"粤阳江99028""粤阳江99029"（即《建造合同》项下第一对船），及"粤阳江99038""粤阳江99039"（即《建造合同》项下第二对船）的渔业船舶抵押权登记手续。渔业船舶抵押权登记证书记载，上述4艘渔船的所有人为冯祖兴，抵押契约号为(97)广渔厂经合字第19号合同附件四。

围绕原告与被告阳兴公司之间船舶建造合同的履行情况，原告提交了以下证据：（1）1997年2月17日，阳江市江城区水下工程公司委托黄亮邦为负责6艘渔船监造代表的《授权委托书》；（2）黄亮邦签字的本案所涉4艘渔船的《工程完工验收单》4份；（3）1997年8月31日、1998年2月4日，原告与被告阳兴公司签订的《32.6M双拖渔船结算单》两份；（4）1998年2月3日，原告与被告阳兴公司签订的《建造融资渔轮卖方贷款本息计算表》。

两被告提交的证据有：（1）1999年5月20日，原告与被告阳兴公司签订的《关于

"四艘双拖渔船"结算款及计息情况》;(2)本案所涉 4 艘渔船的《渔业船舶检验证书》。

原告对两被告所提交《关于"四艘双拖渔船"结算款及计息情况》的真实性予以确认,但认为该份证据漏计了第二对船建造期间的利息 82 700 元。此外,原告与两被告对上述其他证据均无异议,合议庭予以采信。原告称黄亮邦在阳江市江城区水下工程公司变更为被告阳兴公司后继续担任该公司船舶监造代表,被告阳兴公司予以确认。

《建造合同》项下 4 艘渔船中,"粤阳江 99028""粤阳江 99029"两船于 1997 年 8 月 19 日建造完工,9 月 2 日被告阳兴公司验收合格后接船。"粤阳江 99038""粤阳江 99039"两轮于 1998 年 1 月 25 日建造完工,同日被告阳兴公司验收合格并接船。黄亮邦代表被告阳兴公司在两对船的《工程完工验收单》和《32.6M 双拖渔船结算单》上签字,确认每对船造价与合同价相同。

1998 年 2 月 3 日,原告与被告阳兴公司签订《建造融资渔轮卖方贷款本息计算表》,记载第一对船造价 343 万元,被告阳兴公司借款 79 万元,自 1997 年 9 月 1 日至 1999 年 9 月 30 日分 12 期清偿;第二对船造价 509.816 万元(含建造期间利息 82 700 元),被告阳兴公司借款 498.316 万元,自 1998 年 2 月 3 日至 2000 年 2 月 2 日分 12 期清偿。该表还详细列明每期起止日期及该期应支付的本金、利息的数额。利息均按年利率 12.06% 计算。

1999 年 5 月 20 日,原告与被告阳兴公司签订《关于四艘双拖渔船结算款及计息情况》,确认第一对船结算价为 343.4528 万元,第二对船结算价为 501.0932 万元,合计 844.546 万元。截至 1999 年 2 月,被告阳兴公司尚拖欠原告造船款 548.046 万元。有关拖欠船款计息事宜,双方认为根据《抵押合同》第 4 条第 3 款的规定,利息由被告阳兴公司承担,从交船之日起,按年利率 12.06% 计算,利息在每期付款时与本金一起支付。第一对船拖欠本金以 79 万元计,第二对船拖欠本金以 498.316 万元计,从每对船交船之日至 1999 年 4 月 30 日应付利息共计 91 万元。上述欠款本金未结清之前,利息计算会顺延。该份文件中双方确认的欠付造船款和利息额中均未包括《建造合同》中约定的第二对船建造期间利息 82 700 元,但计算交船后利息时将该笔款项计入第二对船欠款本金。

另外,在庭审过程中,原告与被告阳兴公司均确认被告阳兴公司 1997 年 2 月以前支付原告造船款 264 万元,1998 年 1 月支付 11.5 万元,6 月 25 日支付 8 万元,12 月 21 日支付 10 万元,1999 年 2 月 12 日支付 3 万元,11 月 12 日支付 30 万元,合计 326.5 万元。

围绕船舶质量问题及被告阳兴公司因此遭受的损失,和 1997 年 2 月 23 日前被告阳兴公司委托原告建造、后来取消的另两艘船的捕捞许可证问题,原告与两被告也提交了有关证据材料。

2000 年 6 月 7 日,广州海事法院根据原告的诉前财产保全申请,裁定将被告冯祖兴所属的"粤阳江 99028""粤阳江 99029""粤阳江 99038""粤阳江 99039"等 4 艘渔船在阳江市吉树港予以扣押。诉前财产保全申请费 2 万元,已由原告预交;原告和被告冯祖兴分别预交了执行费 2 万元。6 月 20 日,上述诉前财产保全转入诉讼财产保全。

7月31日,根据被告冯祖兴的申请,广州海事法院裁定变更上述4艘渔船的扣押方式,限制船舶处分,允许其继续营运。

三、法院裁判

广州海事法院认为:本案是船舶建造合同纠纷。原告与被告阳兴公司签订的《建造合同》是双方当事人真实、一致的意思表示,没有违反法律规定。虽然没有办理合同约定的律师见证手续,但双方当事人对合同内容均予确认,原告已经履行了合同义务,被告阳兴公司在合同履行期间并未对合同效力提出异议,而且实际接受了原告建造的4艘渔船,在接船后与原告进行结算并支付了部分造船款项,故,该合同合法有效,对双方有约束力。被告阳兴公司认为该合同未经见证律师签章,合同尚未生效的主张不能成立,原告履行了合同约定的交船义务,被告阳兴公司应依约向原告支付造船款。《建造合同》约定的4艘渔船造价和交船后双方确认的结算价均为844.546万元。截至原告起诉之日,被告阳兴公司已支付326.5万元,尚欠518.046万元,应予清偿。

《建造合同》中关于分期支付造船款并按约定利率计息的约定,具有融资的性质。该合同约定被告阳兴公司应承担第二对船建造期间利息82 700元,并从第二对船交船之日起支付利息。1998年2月3日,原告和被告阳兴公司在《建造融资渔轮卖方贷款本息计算表》中对此再次确认。虽然双方在1999年5月20日《关于四艘双拖渔船结算款及计息情况》中确认的拖欠造船款及利息额中未包括该笔款项,但被告阳兴公司不能举证证明双方已就取消该笔款项达成协议,而且在计算第二对船欠付利息时,将该笔款项计入本金,故原告关于1999年5月20日结算时漏计该笔款项的主张成立。第二对船建造期间利息82 700元,被告阳兴公司应予清偿,并应依约自第二对船交船之日起支付利息。

《建造合同》及《抵押合同》均约定每对船欠付造船款分别自该对船交船之日起,按年利率12.06%计收利息。被告阳兴公司应依照实际欠款数额,按双方约定利率及期限支付利息。《建造合同》中虽有因客观原因不能按期还本付息,宽限两期以复息计罚的规定,但《关于四艘双拖渔船结算款及计息情况》约定,逾期付款利息按《抵押合同》第4条第3款规定计算。《抵押合同》中没有关于复息的规定。《关于四艘双拖渔船结算款及计息情况》所列的计息情况表中也没有计算复息,并载明该次结算确认的欠款本金未结清以前,利息顺延计算。由以上事实,可以认定双方就利息计算问题重新达成协议,变更了《建造合同》中约定的利息计算办法,对逾期支付的利息不再计算复利。原告请求判令被告阳兴公司支付欠款部分自每对船交船之日至2000年5月31日的利息,对其请求的利息额中基于造船款本金和第二对船建造期间利息部分的应予支持,对其中基于每对船交船之后逾期支付的利息计收的复利部分,不予支持。按照双方1999年5月20日的结算结果,截至1999年4月30日利息额为91万元,应予确认。1999年5月1日至2000年5月31日欠款利息应依照实际欠款金额及期限,按双方约定的利率计算。1999年5月1日至1999年11月11日,欠款本金以556.316万元计算,利息额为36.3413万元;1999年11月12日至2000年5月31日,欠款本金以

526.316万元计算,利息额为35.6158万元。以上利息总额为162.9571万元。

原告与被告阳兴公司签订的《抵押合同》已依约由双方法定代表人签字,加盖单位公章或合同专用章,且该合同的主合同,即《建造合同》具有法律效力。故该《抵押合同》合法有效,两被告关于《抵押合同》不具有法律效力的主张不能成立。作为抵押物的4艘船舶交付后,登记船舶所有人冯祖兴与原告办理了渔船抵押权登记手续,可以推定被告冯祖兴继受了《抵押合同》规定的被告阳兴公司的义务。被告阳兴公司逾期未履行债务,原告有权依法对被告冯祖兴所属的4艘渔船行使抵押权。

两被告以原告建造的渔船质量存在问题为由主张原告赔偿其修理费及经济损失,并请求原告返还建造合同被撤销的两艘渔船的捕捞许可证。本案原告诉请两被告支付造船款及利息,两被告上述主张不构成对原告诉讼请求的抗辩,属于独立的诉讼请求,不属于本案审理范围,本案不予审理。

据上,依据《中华人民共和国民法通则》第111条、《中华人民共和国担保法》第46条的规定,判决如下:

一、被告阳江市江城阳兴渔业有限责任公司支付原告广州渔轮厂造船款本金518.046万元,"粤阳江99038""粤阳江99039"两船建造期间利息82 700元及自每对船舶交付之日至2000年5月31日的利息162.9571万元,以上共计689.2731万元。

二、被告冯祖兴以其所属"粤阳江99028""粤阳江99029""粤阳江99038""粤阳江99039"等4艘渔船变卖的价款,对被告阳江市江城阳兴渔业有限责任公司的债务承担担保责任。

4.2 建造中船舶所有权的认定

4 原告 Sealink Sdn Bhd、Era Surplus Bhd 与被告绍兴天龙进出口有限公司、浙江天龙进出口贸易有限公司船舶所有权侵权纠纷案
案例来源:宁波海事法院(2006)甬海法事初字第5号
主题词:建造中的船舶所有权　外国法查明　错误扣押船舶

> **裁判要旨**
>
> **No. CB-4.2-1**　确认船舶的所有权状况,应首先核实船舶所有权登记。对于建造中船舶、未进行所有权登记的,应该根据船舶建造合同各方当事人的合意确定所有权归属。
>
> **No. CB-4.2-2**　当事人提交的律师意见书、法条摘录、案例、学理著作等,是查明外国法的途径之一。
>
> **No. CB-4.2-3**　船舶建造(买卖)合同之外的第三人错误扣押船舶,当事人主张船期损失参考船舶建造(买卖)合同中的逾期交船违约金标准予以确定,对方当事人不能提交反证予以反驳的,人民法院可予以支持。

一、基本案情

原告:Sealink Sdn Bhd(以下简称西林克公司)

原告:Era Surplus Bhd(以下简称易拉公司)

被告:绍兴天龙进出口有限公司(以下简称绍兴天龙)

被告:浙江天龙进出口贸易有限公司(以下简称浙江天龙)

原告西林克公司、易拉公司诉称:2004年3月22日,两原告与浙江天龙订立船舶建造(买卖)合同,约定西林克公司向浙江天龙购买"SEALINK MAJU 4""SEALINK MAJU 5"两艘远洋拖轮,由浙江天龙在南通惠港造船有限公司(以下简称惠港公司)安排建造。2005年8月23日,该两拖轮在船旗国马来西亚办理了以易拉公司为船舶所有人的船舶登记证书。2006年1月18日,西林克公司与浙江天龙签订船舶交接备忘录,并于23日付清全部购船款项,根据合同约定,船舶所有权和灭失风险已于交接完成后转移给买方。2006年1月24日,两原告派遣船员接船时,发现被告绍兴天龙已于当日向绍兴市中级人民法院申请扣押了该两拖轮,使原告无法行使合法所有权、占有权及经营使用权。请求法院:(1)判令两被告立即停止侵害、排除对两原告行使船舶所有权和占有权的妨碍;(2)立即裁决先行交还被扣押的船舶;(3)判令两被告共同赔偿两原告每天1.5万美元的船期损失及其他一切经济损失。庭审中,两原告明确诉讼请求,要求两被告共同赔偿两拖轮1000美元/天的船期损失暂计16万美元、利息损失8万美元、船舶维持费用和船舶在扣押期间的损坏估计6万美元,共计30万美元。

被告绍兴天龙辩称:(1)原告易拉公司并非本案买卖合同的当事人,在本案中没有诉讼主体资格。(2)两原告主张先行裁决交还被扣押船舶,应按照《中华人民共和国海事诉讼特别程序法》的规定提供相应担保,否则不应予以支持。(3)原告西林克公司与被告浙江天龙之间属船舶买卖合同关系,而非船舶建造合同关系,真正的造船合同是由浙江天龙与惠港公司订立的,因该造船合同未履行完毕,惠港公司未将船舶交付给浙江天龙,所以西林克公司与浙江天龙之间的船舶买卖合同也无从履行,船舶所有权尚未转移,两原告对涉案船舶无利害关系,无权主张任何权利。(4)两原告与浙江天龙系买卖合同关系,但与绍兴天龙之间是侵权法律关系,两者不能混淆在同一案件中,绍兴天龙不是适格的被告。请求驳回对绍兴天龙的诉讼请求。

被告浙江天龙辩称:两原告的购船款我司尚未全部收取,最后一笔81万余美元两原告没有支付给我公司,而是直接付给了绍兴天龙。

二、法院查明的事实

宁波海事法院确认了如下事实:

2003年9月19日,被告浙江天龙与惠港公司签订船舶建造合同,约定惠港公司为浙江天龙建造两艘远洋拖轮,交船地点为FOB上海,建造期内船舶的所有权归浙江天龙所有,建造风险由惠港公司承担。

2004年3月22日，原告西林克公司与被告浙江天龙订立船舶建造（买卖）合同，约定：浙江天龙作为卖方，安排在惠港公司建造、装备、完成和交付给买方西林克公司两艘3 200马力远洋拖轮，一旦船舶交付给买方并且买方接受船舶，船舶将悬挂马来西亚船旗并由买方自己付费将船舶注册在马来西亚海事当局；两艘拖轮的合同总价为236.36万美元，签署合同及收到卖方发票时支付10%，余款于签署交接备忘录及收到卖方发票时付清；船舶应于2004年8月31日在惠港公司由卖方交付给买方，如迟延交付，卖方应向买方支付每艘船每天500美元。除非船舶建造迟延导致交付日期推迟，如果买方履行了本合同下的所有义务，船舶交付将在签署交接备忘录时生效，这个备忘录表示买方确认交付船舶和买方接受船舶；船舶的所有权和灭失风险在交接完成后转移给买方，在交付完成前船舶和其设备的所有权和灭失风险归属卖方；如果当事人之间因为本合同或者其他规定产生争议并且不能用和谈解决，此争议依据新加坡法律提交新加坡仲裁，当事人还同意本合同及每一条款的效力及解释受新加坡法律调整。2004年3月24日，双方签订补充协议，将两艘拖轮的主发动机组的功率与左右舷锚链的长度增加，两轮的成本因此增加26 600美元。2004年4月2日，西林克公司支付浙江天龙合同总价10%的定金23.636万美元。

2005年8月3日，惠港公司签发建造者证书两份，载明惠港公司为西林克公司建造船名为"SEALINK MAJU 4""SEALINK MAJU 5"的船舶。8月23日，马来西亚海事当局向该两拖轮签发了有效期为6个月的暂时性船舶登记证书，载明：船名"SEALINK MAJU 4""SEALINK MAJU 5"，2005年中国惠港公司建造，注册港马来西亚纳闽，船舶所有人为易拉公司。两原告还先后为该两轮办理了美国船级社临时船级证书、国际载重线证书、吨位证书、系栏桩拉力测试证书等船舶证书。2005年12月10日，惠港公司出具质量证明书，证明该两拖轮经该公司质量检验合格。

2006年1月18日，西林克公司与浙江天龙在江苏启东惠港公司码头签订船舶交接备忘录，载明西林克公司订购的两艘3 200马力远洋拖轮已完全建造完毕，卖方同意交付，买方亦同意接收船舶，此备忘录证明了交接手续的完成。2006年1月23日，买方分三笔付清全部剩余购船款项，金额分别为24.819万美元、11.818万美元、81.747万美元，其中第三笔81.747万美元系按浙江天龙的指令付至绍兴天龙账户内。

由于南通港为未对外开放水域，不允许外轮航行，浙江天龙向南通海事局申请颁发了"SEALINK MAJU 4""SEALINK MAJU 5"两拖轮的中华人民共和国船舶国籍证书，载明船名为"天龙9""天龙10"，船舶所有人栏为空白，船舶经营人为惠港公司，证书有效期至2006年2月16日。惠港公司还向中国船级社申请对"天龙9""天龙10"两轮进行临时检验，该社于2005年12月16日签发了适航证书、载重线证书、吨位证书，该社的检验报告载明要求和美国船级社签发的证书换发该社的上述三份证书，单程一水由五仓港至上海，有效期至2006年2月16日。2006年1月22日起，两原告派遣新绿公司的船员上船，准备接船后开往上海，到上海出关、换旗后驶往马来西亚。

2006年1月24日，绍兴天龙作为原告在绍兴市中级人民法院提起另案诉讼，要求被告浙江天龙偿还欠款1293.6257万人民币元,同时申请诉讼财产保全。同日,绍兴市中级人民法院作出民事裁定,并于次日在惠港公司码头扣押了"SEALINK MAJU 4""SEALINK MAJU 5"两拖轮,两原告所派船员只能离船,该两拖轮一直在惠港公司被扣押至今。两原告以两被告侵犯其已经合法取得的船舶所有权为由,诉至宁波海事法院要求停止侵害、排除妨碍并赔偿损失。

三、法院裁判

宁波海事法院认为:根据《中华人民共和国民法通则》第146条的规定,侵权行为的损害赔偿,适用侵权行为地法律。本案两原告所诉侵权事实发生在中国境内,故本案适用中国法。

根据《中华人民共和国民法通则》第72条第2款的规定,按照合同或者其他合法方式取得财产的,财产所有权从财产交付时起转移,法律另有规定或者当事人另有约定的除外。因此,要确定船舶所有权的转移时间,首先应遵从法律的强制性规定,法律没有规定的,依从当事人的约定,如仍不能确定的,则以财产的交付时间作为所有权转移的时间。

根据《中华人民共和国海商法》第9条的规定,船舶的所有权状况应进行登记,未经登记的,不得对抗第三人。因此,要确认船舶的所有权状况,应首先依其登记。两原告主张,根据马来西亚暂时性船舶登记证书的记载,两拖轮的登记所有人应为易拉公司。对此,宁波海事法院认为,该暂时性登记证书的有效期仅为6个月,期满失效后即不再具有证明效力,不能作为确定本案船舶所有权的依据。从该两艘远洋拖轮的国内船舶证书看,两轮登记船名为"天龙9""天龙10",被告绍兴天龙关于"天龙9""天龙10"与"SEALINK MAJU 4"和"SEALINK MAJU 5"系不同船舶的主张,与事实不符,宁波海事法院不予采纳。"天龙9"与"天龙10"两轮的中华人民共和国船舶国籍证书虽未标明为暂时性或临时性,但其有效期至2006年2月16日届满,与该两拖轮的中国船级社临时性船检报告、船检证书的有效期相同,仅为在南通至上海未开放水域航行所需而颁发的临时性证书,不具证明所有权状况的效力。何况,该国籍证书中的"船舶所有人名称"栏为空白,"船舶经营人名称"栏填写为惠港公司,亦无法证明船舶的所有权归属。

由于两艘远洋拖轮刚建造完毕,尚未在国内或国外进行正式登记,无法以船舶登记来确定其所有权归属,在此情况下,只能根据当事人的合意来确定船舶的所有权状况。根据浙江天龙与西林克公司的船舶买卖合同,有关该合同的有效性、合同整体及合同每一条款的解释,均受新加坡法律的管辖。宁波海事法院认为,该法律适用条款是合同双方的真实意思表示,不违反我国法律强制性规定,应确认有效。据此,船舶交接备忘录的效力、"SEALINK MAJU 4""SEALINK MAJU 5"两艘远洋拖轮所有权的转移时间等问题,应依照新加坡法律认定。

两原告提供新加坡立杰律师事务所合伙人杜建星律师出具的法律意见书(附杜建

星律师简介)。杜建星律师认为,新加坡法和英国法接近,属于英美法系,成文法与判例法同时存在。杜建星律师提供了新加坡的成文法《新加坡货物买卖法》节选、新加坡上诉法院判例 United Overseas Bank Ltd. v. Bank of China 以及三本法学著作的论述,并根据上述法律提供了法律意见。宁波海事法院认为,根据最高人民法院《关于贯彻执行〈中华人民共和国民法通则〉若干问题的意见(试行)》第193条的规定,对于应当适用的外国法律,可由当事人或中外法律专家提供,两原告提供的新加坡国法律以及杜建星作为法律专家所出具的法律意见,符合我国法律规定,被告亦未提供相反意见,可以适用于本案。

1. 在分析两艘远洋拖轮的所有权是否已由浙江天龙移转给西林克公司的问题之前,首先需确定卖方浙江天龙在出卖船舶时对船舶是否具有处分权。因该问题由2003年9月19日浙江天龙与惠港公司的船舶建造合同约定,该合同双方均为中国法人,故该合同的解释与效力依中国法认定。根据该合同第9条"所有权和风险转移"的约定,在建造期内船舶的所有权归浙江天龙所有,建造风险由惠港公司承担。因此,浙江天龙在出卖船舶时拥有船舶的所有权,有权对船舶进行处分。

2. 根据《新加坡货物买卖法》第17(1)条的规定,货物所有权在当事人有意将其移转的时候移转给买方。因此,根据新加坡法律,本案两艘远洋拖轮的所有权何时发生转移,取决于当事人的意图。该规定与中国法的相关规定类似,不违反我国法律的公序良俗,应予适用。按被告浙江天龙与原告西林克公司的船舶买卖合同第7条第2款下半句:"船舶交付将在签署交接备忘录的时候生效。这个备忘录表明买方确认交付船舶和买方接受船舶",以及第4款:"船舶的所有权和灭失风险在交接完成后转移给买方。"可以看出当事人双方的意图,即:船舶交接备忘录一旦被签署,所有权即从卖方转移到买方。该约定符合新加坡法律的规定,应确认有效。因此,两艘远洋拖轮的所有权已经于2006年1月18日船舶交接备忘录签署时合法转移至买方西林克公司名下。

3. 根据浙江天龙与西林克公司的买卖合同第7条第2款上半句"如果买方履行了本合同下的所有义务,船舶交付在双方签署交接备忘录时立即生效"的约定,买方须履行全部义务为签署的交接备忘录产生船舶交付效力的前提。西林克公司付清全部购船款的时间为2006年1月23日,而备忘录的签署时间为1月18日,双方签署船舶交接备忘录时,买方西林克公司并未履行合同下的所有义务,备忘录的签署是否因此而无效? 对此,宁波海事法院认为,从浙江天龙自愿签署备忘录的行为,可以合理推定浙江天龙已认可西林克公司必将履行合同下的所有义务,否则不会签署如此重要的交接文件;该合意亦可视作双方合意对原合同关于付款后才能办理船舶交接手续的约定的变更,此种变更应确认有效。退一步讲,即使2006年1月18日签署交接备忘录当时因买方未全部履行合同义务处于效力未定状态,在1月23日西林克公司付清全部船款时已完全具备法律效力,对双方具有约束力,标志着两船所有权的转移;而船舶所有权的转移时间是1月18日还是23日,对本案的最终处理没有影响。

建造中的船舶所有权・外国法查明・错误扣押船舶

4. 被告绍兴天龙认为,船舶的交付应先由惠港公司交付给被告浙江天龙,才能由浙江天龙交付给西林克公司,否则无法交付。宁波海事法院认为,根据《新加坡货物买卖法》的规定,货物所有权在当事人有意将其移转的时候移转给买方。只要卖方浙江天龙拥有两艘远洋拖轮的所有权,该两轮的所有权转移时间就只能由浙江天龙与西林克公司之间的合意来确定,这种合意,不以浙江天龙是否向西林克公司实际交付船舶为前提,更不以船舶是否已经由惠港公司实际交付给浙江天龙为前提。不论是签署备忘录的当时,还是在本案审理过程中,被告浙江天龙均明确确认,更从未否认其已经将船舶所有权转让给原告的意愿与实际现状。因此,宁波海事法院确认,"SEALINK MAJU 4""SEALINK MAJU 5"两艘远洋拖轮的所有权已于2006年1月18日(最迟至1月23日)由浙江天龙移转给了西林克公司。绍兴天龙以该两拖轮属于浙江天龙所有为由申请扣押船舶,侵犯了西林克公司的所有权。

因记载原告易拉公司为船舶登记所有人的马来西亚暂时性登记证书已经失效,没有证据证明易拉公司在本案中对"SEALINK MAJU 4""SEALINK MAJU 5"两艘远洋拖轮具有所有权,故原告易拉公司在本案中所提出的索赔主张,理由不足,宁波海事法院不予支持。两原告以侵权为由提起诉讼,而在另案中作为原告起诉并申请财产保全的只有绍兴天龙,浙江天龙在另案中作为被告无法左右绍兴天龙的诉讼行为,两原告未能举证证明浙江天龙具有侵权行为。因此,两原告对浙江天龙所提出的诉讼请求,证据与理由不足,宁波海事法院不予支持。

原告西林克公司以其与被告浙江天龙的船舶买卖合同为据,认为该合同约定每船的逾期交付违约金为500美元/天,主张两船的船期损失以每天1 000美元计算。宁波海事法院认为,原告西林克公司未能按时对两艘远洋拖轮予以占有、使用及收益,必然遭受船期损失,原告主张参照逾期交船违约金计算船期损失,结果相似,数额较为合理,宁波海事法院予以支持。原告西林克公司诉请的船舶被扣押期间的维持费用、损坏损失等,因两船现仍在扣押之中,无法确定其数额,宁波海事法院暂不予保护,原告西林克公司可另行提起索赔主张。因船舶被扣押系另案中绍兴市中级人民法院依绍兴天龙的申请所采取的诉讼财产保全措施,在两原告或浙江天龙未提供相应担保的情况下,先行解除另案中的财产保全于法无据,故两原告诉请要求先行裁定交付船舶的主张,宁波海事法院不予支持。

综上,依据《中华人民共和国民法通则》第106条第2款、第134条、第146条第1款、《中华人民共和国民事诉讼法》第64条第1款、第237条的规定,判决如下:

一、驳回原告易拉公司的诉讼请求;

二、被告绍兴天龙立即停止对原告西林克公司所享有的"SEALINK MAJU 4""SEALINK MAJU 5"两艘远洋拖轮所有权的侵害,申请解除对该两轮的诉讼财产保全;

三、被告绍兴天龙支付原告西林克公司自2006年1月25日起至船舶解除扣押之日每日1 000美元的船期损失;

四、驳回原告西林克公司的其他诉讼请求。

5 原告嘉某有限公司与被告广东江门某有限公司船舶权属纠纷

案例来源:广州海事法院(2012)广海法初字第 272 号

主题词:建造中的船舶所有权　船舶识别　独立物

> **裁判要旨**
>
> **No. CB-4.2-4**　对在建船舶起诉确认船舶所有权的,可以结合船舶建造合同交接协议、设备材料提供方等因素,综合认定船舶建造合同的约定。
>
> **No. CB-4.2-5**　在建船舶已经下水,即可认定为海上移动式装置即海商法上之船舶。船名在船身上已作标记,并且具有国际海事组织的编号,可以识别,法院认定该轮可以成为法律上的独立物予以确权。

一、基本案情

原告:嘉某有限公司

被告:广东江门某有限公司

原告嘉某有限公司诉称:2010 年 6 月 1 日,原、被告签订 JMSY201005-02A 号船舶建造合同,约定被告为原告建造"嘉某"(CARLUNG)油轮。该轮技术指标满足了中国船级社有关规范及香港海事处的认可条例,适合航行于香港水域;本船不含原告采购提供给被告的设备造价为港币 2 939 万元,分 6 期支付;开工建造日期 2010 年 9 月 10 日,本船应于 2012 年 1 月 10 日前在原告指定的香港海域交船;本船包括所有用于船舶建造的设备和材料的所有权属于原告;建造期间至交船前,本船毁损、灭失等损失的风险由被告承担;在建造期间及试航时至本船交付时,被告应根据建造保险条款以原告为受益人向国内保险公司投保。2010 年 9 月 29 日,该轮安装龙骨。2011 年 10 月 27 日,按船台阶段船体建造方案,该轮完成船体结构工程并经检验合格。原告依约支付了前三期进度款港币 1 616.45 万元。2012 年 2 月 27 日,双方在广东省江门市签订关于变更 JMSY201005-01A、JMSY201005-02A 船舶建造合同的协议(以下简称补充协议),将合同中争端解决条款的约定变更为将本合同争议提交给本院裁判。因被告无法按约定日期交船,双方于同日签订交接协议,约定解除船舶建造合同,被告以该轮现状交付给原告,该轮所有权、收益权、处分权及其他附着于本船的所有权益归原告拥有。鉴于该轮尚不具备航行能力,交接后该轮剩余工程项目仍交由被告承揽,所有因建造剩余项目所需要的设备和材料由原告负责。2012 年 3 月 16 日,某法院根据江门某商业银行股份有限公司的申请以(2012)江蓬法民二初字第 321、322 号民事裁定书裁定扣押了该轮。至起诉时该轮仍处于建造阶段。原告是在香港注册的中国某化工集团公司的全资子公司,该轮建造竣工后拟在香港登记,原告无法依据《中华人民共和国船舶登记条例》(以下简称《船舶登记条例》)在内地办理该轮的所有权登记手续。自开工建造至起诉时,该轮所有权由原告持续地享有,被告从未取得该轮的所有权。

某法院的保全措施导致该轮建造工作停顿,损害了原告的权益。原告对该轮的权属处于不安状态。船舶所有权的归属须经普通程序进行确认。请求:确认"嘉某"轮的所有权归原告嘉某有限公司所有。

被告广东江门某有限公司承认原告起诉主张的事实,对"嘉某"轮所有权属于原告没有异议。

二、法院查明的事实

广州海事法院经审理查明并确认了如下法律事实:

2010年6月1日,原、被告签订JMSY201005-02A号船舶建造合同,约定被告为原告承建"嘉某"轮;原告负责船舶的图纸设计并送中国船级社审批,再将船级社的批复图送香港海事处审批,被告按审批图及香港海事处的出牌要求建造船舶。本船造价为港币2939万元;船舶的进口设备如船用柴油主机、船用齿轮箱、船用柴油发电机、船用货油泵各两台由原告提供,价值191.352万美元;其他设备由被告提供。本船总值为港币44 315 456元。双方约定本船的所有权属于原告,被告不得对本船进行买卖、转让、设置抵押等处分或者限制性措施。双方同意合同条款的有效性和解释均受中国的法律管辖。双方合同管辖权条款约定争议由中国海事仲裁委员会仲裁,仲裁地点在广州。2012年2月27日双方变更争议解决方式,约定管辖权法院为广州海事法院。

2010年11月25日,被告根据约定为该轮向中国大地财产保险股份有限公司投保,约定保单第一受益人为本案原告。

建造中的"嘉某"轮系2 500吨成品油船,总长69米,型宽16米,型深6.5米,主机功率956千瓦(2台),船体号为VJC201002A。原告已经向香港船舶注册处提出注册申请。香港船舶注册处于2011年12月1日出具的船舶标记纪要及标记证明书或证明书记载,船名为"CARLUNG 嘉某",编号HK-3360,呼号VRJV6。该轮在香港船舶注册处档案编号为SD/L-13094,在国际海事组织的编号为9637997。

"嘉某"轮于2012年2月22日下水,现停泊在广东江门某有限公司船厂附近水域。船名"CARLUNG 嘉某"已经以油漆髹上船身的方式予以标记。因被告未依约交船,双方于2月27日签订交接协议解除船舶建造合同,约定被告以该轮现状交付给原告,还约定交付后由被告继续占有该轮完成剩余工程项目。未完工项目包括:机舱、货油舱、主甲板、驾驶室等区域的机电设备安装及调试,室内装饰、系泊试验、试航及未列出的其他项目。被告对剩余工程项目仅向原告收取了加工费。截至2012年4月25日"嘉某"轮的建造进度为:主船体和上层建筑制作、安装、焊接完成,内外大部分油漆完成;天桥、首桅杆、全船门窗、吊机座等舾装件船上安装;尾轴系、舵系加工安装完成;主机、齿轮减速箱、灭火装置、海水淡水压力柜、热水柜、冷却泵、燃油泵等机械设备已安装到船上;货油泵、柴油发电机组已经到厂,即将进机舱安装;全船管系制作完成,大部分管系已安装;驾控台已经进驾驶室安装;全船防火和隔热敷料安装,围壁和天花支架安装、防火门安装、部分甲板敷料,全部家具制作;吊机、舵机、锚机、拖揽机、空调机、主配电板、电箱、电缆等机电设备厂家制作已完成,待款提货。

另查明:某法院受理江门某商业银行股份有限公司(以下简称某银行)诉广东江门某有限公司、广东某实业集团有限公司金融借款合同纠纷。该院于 2012 年 3 月 16 日以(2012)江蓬法民二初字第 321、322 号民事裁定书裁定扣押"嘉某"轮。

三、法院裁判

广州海事法院认为,本案是船舶权属纠纷。涉外合同或者涉外财产权益纠纷的当事人,可以用书面协议选择与争议有实际联系的地点的法院管辖。本案合同履行地、标的物所在地在广州海事法院辖区,双方可以约定争议由广州海事法院管辖;被告答辩期间,对广州海事法院管辖未提出异议,并应诉答辩,视为承认广州海事法院为有管辖权的法院。故广州海事法院对本案有管辖权。双方约定适用中华人民共和国法律,应以此作为本案审理的准据法。

船舶建造合同、补充协议及油船交接协议是双方的真实意思;双方承揽(船舶建造)合同关系成立并有效,对双方均具有约束力。

《中华人民共和国物权法》(以下简称《物权法》)第 33 条规定:"因物权的归属、内容发生争议的,利害关系人可以请求确认权利。"本案中,"嘉某"轮在建造中尚未进行所有权登记,案外人某银行申请某法院对该轮进行保全,而该轮的权属在原告与被告间不明确。该轮权属的不明确导致原告的权利或其他法律上之地位有不安之危险,而其不安之危险有以确认判决除去之必要。因此原告作为利害关系人,有权提起确认之诉,请求确认权利。

建造中的"嘉某"轮已经下水,属海上移动式装置即海商法上之船舶。该轮船名"CARLUNG 嘉某"已经以油漆髹上船身的方式予以标记,并且具有国际海事组织的编号,因此该轮在法律上是独立之物。

《船舶登记条例》第 13 条第 3 款规定:"就新造船舶申请船舶所有权登记的,应当提供船舶建造合同和交接文件。但是,就建造中的船舶申请船舶所有权登记的,仅需提供船舶建造合同"。据此,船舶建造合同是船舶和建造中的船舶所有权取得的证明文件之一。原告持有 JMSY201005-02A 号"嘉某"轮建造合同并且是定作人,是其享有所有权的初步证据。

在本案开庭审理中,被告作为承揽人,确认"嘉某"轮所有权属原告所有。

双方在"嘉某"轮建造合同中明确约定,该轮(含所有用于本船建造的设备和材料)的所有权属于嘉某有限公司。双方在签订交接协议解除船舶建造合同时再次约定,该轮所有权、收益权、处分权及其他附着于本船的所有权益归原告拥有。双方还约定船舶保险保单第一受益人为原告。上述约定是双方的真实意思表示,是有效的,可据此认定该轮物权属于定作人嘉某有限公司所有。

因建造而取得所有权是船舶所有权取得(原始取得)的方式之一。本案中,"嘉某"轮的进口设备如船用柴油主机、船用齿轮箱、船用柴油发电机、船用货油泵均由原告提供,而该轮是由原告作为定作人委由被告承揽建造,由原告负责船舶的图纸设计及报批;而双方还约定所有用于该轮建造的设备和材料的所有权属于原告。据上,原告是以自己大部分材料委由被告建造船舶,被告只负担小部分材料;原告还负责船舶的设计。因此,原告作为主物所有人,因建造取得合成物"嘉某"轮之所有权。

即使双方未约定所有权的归属,而认为双方之间是船舶买卖合同关系,或者基于建造合同认定广东江门某有限公司因建造成为"嘉某"轮所有权人,原告也因交接协议的生效而成为所有权人。《海商法》《船舶登记条例》对建造中的船舶所有权的归属问题没有特别规定,故应适用《物权法》关于动产的规定。《物权法》第27条规定:"动产物权转让时,双方又约定由出让人继续占有该动产的,物权自该约定生效时发生效力。"双方于2012年2月27日签订书面合同约定被告以"嘉某"轮现状交付给原告,交付后由被告继续占有该动产完成剩余工程项目。该约定于同日生效,该轮物权的转让自该日发生效力。

综上,原告持有船舶所有权取得的证明文件之一,即"嘉某"轮建造合同;被告在诉讼中确认该轮所有权属于原告;双方约定该轮所有权属于原告所有;原告可因建造取得该轮的所有权;即使认为被告因建造成为所有权人,原告也因交接协议的生效而成为该轮的所有权人。因此,应当确认"嘉某"轮的所有权属于原告嘉某有限公司所有。

依照《中华人民共和国物权法》第33条、《中华人民共和国民事诉讼法》第13条的规定,判决如下:

确认"嘉某"(CARLUNG)轮的所有权属于原告嘉某有限公司所有。

4.3 船舶建造的合同性质及法律适用

6 原告南通友好海运有限公司与被告无锡市安泰动力机械有限公司、浙江华夏船舶制造有限公司船舶建造合同违约赔偿纠纷案
案例来源:宁波海事法院(2009)甬海法商初字第55号
主题词:船舶建造合同 合同性质 法律适用 连带责任 质量保证期

裁判要旨

No. CB-4.3-1 船舶建造合同属于合同法中的承揽合同,且应当适用《产品质量法》。

No. CB-4.3-2 船舶定作人有权选择船舶主机的生产商或者销售商(船舶建造人)承担船舶主机的赔偿责任,但是无权主张二者承担连带责任。

No. CB-4.3-3 超过船舶建造合同的质量保证期,船舶主机的生产商仍然应当对船舶主机损坏及船舶定作人的船期损失等损失承担最终赔偿责任。

一、基本案情

原告:南通友好海运有限公司

被告:无锡市安泰动力机械有限公司(以下简称安泰公司)

被告:浙江华夏船舶制造有限公司(以下简称华夏公司)

原告起诉称:2007年4月29日,原告委托被告华夏公司建造船舶,并签订船舶建造合同。约定"乙方对船体、机械设备、电气设备等,凡属于乙方施工质量及材料缺陷、安装工艺等问题引起的种种故障、损坏,乙方应予以免费修理或更换"。同年12月,被告华夏公司将建造完工的"友润"轮交付给原告,其中船用主机由被告安泰公司提供。"友润"轮在使用4 000多个小时后主机零件发生损坏,主机运行8个多月后曲轴断裂,致无法营运,并遭受巨大经济损失。原告因向两被告索赔未果,遂诉请法院判令两被告连带赔偿因其违约所造成的损失188.75万元,支付至法院判决履行之日止的相应利息,并承担本案诉讼费用。

被告安泰公司答辩称:(1)原告与被告华夏公司之间签订船舶建造合同,与本公司无合同关系,故本公司不应成为本案被告,最多以第三人身份参加诉讼;(2)涉案船舶已于2007年12月交付给原告,原告主张质量问题已超过10个月的保修期,两被告无修理、更换责任;(3)原告诉请的损失非必然产生,也非由两被告造成。综上,请求法院依法驳回原告对其的诉请。

被告华夏公司答辩称:(1)避开《船舶交接协议》的其他约定,原告诉称的主机曲轴断裂事实发生于2008年10月24日,已不在船舶质量保证期内;(2)本公司与原告于2007年12月13日签订的《船舶交接协议》第3条和第6条的约定,进一步明确了原告对本公司的诉请不能成立。故请求法院依法驳回原告对其的诉请。

二、法院查明的事实

宁波海事法院认定如下事实:

2007年4月29日,原告与被告华夏公司签订船舶建造合同一份,约定原告向被告华夏公司定购新建钢质货轮一艘,其中主机型号X8300ZCB无锡柴油机,3998马力;船舶交接日期为2007年8月28日,交船地点黄华。质量保证为:"船舶交接后10个月内为本船保修期,在保修期内,乙方(即被告华夏公司)对船体、机械设备、电气设备等,凡属乙方施工质量及材料缺陷、安装工艺等问题引起种种故障、损坏,乙方应予免费修理或更换,但甲方(即原告)提前通知乙方,乙方应迅速答复并及时处理,由于甲方在船舶使用过程中因操作不当所引起上述事宜的故障、损坏及连带损害,乙方不予以负责和承担。"期间,被告安泰公司向被告华夏公司提供型号为X8320ZC4B-1船用主机一台,随附柴油机技术证明书、检验合格证和电渣熔铸曲轴钢件产品证书各一份。同年12月7日原告办理取得"友润"轮船舶所有权证书。12月13日,原告与被告华夏公司签订船舶交接协议,确定"友润"轮由被告华夏公司建造完毕,总造船款2 980万元在协议签订时同时结清,船舶于同日在黄华港交给原告,双方确认就船舶建造协议的履行再无纠纷等。

2008年9月5日,原告与天津海顺通货运代理有限公司签订租船合同一份,天津海顺通货运代理有限公司租用"友润"轮三个月从事广州黄埔港至天津港内贸水路集装箱班轮运输。同年10月22日"友润"轮装载254只集装箱,从泉州开航驶往天津。24日21:15时,该轮抵长江口水域时,机舱主机故障致紧急停车,后经机舱人员检查发现主机曲轴断裂,未能自行修复,遂抛锚并电告公司和上海海事部门。10月26日17:45时"友润"轮由"浙定拖1006"拖带,次日11:30时在舟山老唐山锚地抛锚等待靠泊计划,原告为此支付拖轮费用265 000元。10月28日13:23时,"友润"轮由"甬港拖20、19"拖带,同日14:57时靠大榭招商码头3号泊位卸箱,货物装上钦州市钦州港威龙船务有限公司的"威龙66"轮,原告为此支付运费274320元。10月29日15:24时,"友润"轮再由"甬港众联12、11"拖带,同日1604时移至2号泊位。10月31日09:54时由"甬港拖20、19"拖带,于同日13:24时靠大榭船厂码头。原告为此产生拖轮费损失49 200元,支付大榭船厂服务费用70 000元。

2008年11月2日,原告、两被告签订《关于"友润"轮更换曲轴协议》,约定曲轴价款70万元,考虑到乙方(即原告)资金困难,先由乙方支付甲方(即被告安泰公司)25万元作为曲轴押金,押金到账后,甲方即刻发货至停靠港口,并安排2名技术人员上船进行曲轴安装指导,整机调整开机试车。同时约定"新曲轴到乙方船上后,原换下的断曲轴和飞轮全部立即返回甲方,甲方会对曲轴断口进行材料分析和判断。乙方可保留曲轴断口切块一片,以便自行进行材料断口分析。""对断曲轴断口分析化验后(以最终化验报告为准)或其他原因造成曲轴断裂,确定哪方责任,则损失由哪方承担。"等等。原告在支付25万元曲轴押金后,11月16日主机更换新曲轴并启动试车完毕。为更换新曲轴,原告还支付被告安泰公司安装配件款46 062元。

应原告委托,宁波市产品质量监督检验所对曲轴断面切片金相成分进行分析检验,于2008年11月21日作出检验报告,对金相组织的检验结果为"该组织属于调质不良组织,铁素体大量分布,成分偏析,再加上大量非金属夹杂物分布,使材料应力集中,容易开裂失效。"又应原告委托代理人委托,双希公司对曲轴断裂原因进行检验,于2008年12月26日出具"友润轮主机曲轴断裂损失检验报告",结论为"友润"轮主机曲轴的断裂是由于曲柄臂处的金属组织在铸造过程中遗留下的缺陷所导致。原告支付两次检验费用共26 700元。

三、法院裁判

根据原告诉称、两被告辩称及庭审认定证据和查明事实,宁波海事法院归纳本案的争议焦点有以下三方面:

(一) 关于原、被告间的法律关系

原告诉请两被告承担违约和连带赔偿责任,被告安泰公司辩称其与原告无合同关系,不需承担本案任何责任。宁波海事法院认为,原告与被告华夏公司签订的船舶建造合同属于合同法上的承揽合同。根据《合同法》关于承揽合同的规定,被告华夏公司作为船舶建造承揽方,应按约向原告交付工作成果,并就工作成果的质量等向原告负责。又根据我国《产品质量法》的规定,建设工程使用的建筑材料、建筑构配件和设备,属于该法所规定的产品范围,适用该法规定。故本案船舶主机属于《产品质量法》的调整范围。原告诉称船舶主机存在质量缺陷,其有权作为受害人向产品的生产者即被告安泰公司要求赔偿,也有权向产品的销售者即被告华夏公司要求赔偿。同时,为更换主机曲轴,两被告与原告签订的协议中也明确被告安泰公司作为柴油机的生产厂家,而被告华夏公司为见证方。表明三方对主机的质量问题在明确责任的前提下,将被告安泰公司作为可能最终承担责任的生产者,故原、被告之间具有合同权利义务关系,但原告主张两被告承担连带责任,则缺乏法律依据。

(二) 关于船舶建造合同的质量保证条款

本案船舶建造合同除约定检验方式以船检部门检验合格为准外,对于船舶及其设备的内在质量缺陷,约定了10个月的质量保证条款。质量保证期是购买者(包括加工承揽合同中的定作人)与生产者或销售者(包括加工承揽合同中的承揽人)针对产品本身的质量问题,约定由生产者、销售者或承揽人负责修理、更换、退货的期限,是合同关系下物的瑕疵担保责任期限。本案"友润"轮主机曲轴断裂是由于主机内在质量缺陷所引起,造成了原告各项财产损失,已不仅仅是主机本身质量不符合约定的问题。我国《产品质量法》第43条规定:"因产品存在缺陷造成人身、他人财产损害的,受害人可以向产品的生产者要求赔偿,也可以向产品的销售者要求赔偿。"可见对于产品缺陷造成他人财产损失的,应不受产品购销或承揽定作双方所约定的质量保证期限的约束。故本案中,原告与被告华夏公司虽约定了10个月的质量保证期,但该约定并不免除两被告分别作为主机曲轴的销售者和生产者,对其生产销售的缺陷产品所造成的财产损失应承担的赔偿责任。且原告与两被告签订的更换曲轴协议明确"确定哪方责任,则损失由哪方承担",未涉及质量保证期问题,因曲轴断裂系本身缺陷所致,故被告安泰公司对原告由此造成的损失承担赔偿责任。

(三) 关于原告因主机曲轴断裂而造成的损失

原告诉称因主机曲轴断裂而造成的损失共计16项。被告安泰公司对原告支付更换曲轴押金25万元、安装配件款46 062元的事实予以确认,由于主机曲轴质量缺陷,应由被告安泰公司予以修理、更换,故上述费用应由被告安泰公司返还原告。原告针对转船运费274 320元、两次拖轮费用265 000元和49 200元、大榭船厂服务费用70 000元,以及检验费用26 700元,提供了相应的证据,是两被告可以预见的实际损失,应由被告安泰公司予以赔偿。由于主机曲轴断裂确实造成原告承运货物另船转运,使原告额外支付了运费274 320元。原告根据其与天津海顺通货运代理有限公司签订的租船合同关于违约金的约定,主张船期损失57万元,由于原告未提供其向承租人支付违约金的证明,且货物实际转船运费原告已主张,原告关于船期损失的诉请与转船运费主张有重复,故对原告主张的转船运费予以支持,其他船期损失不予支持。原告诉请的

船舶建造合同 · 合同性质 · 法律适用 · 连带责任 · 质量保证期

其余损失无充分证据证明,宁波海事法院均不予认定。

综上,宁波海事法院认为,原告与被告华夏公司之间签订的船舶建造合同意思表示真实,不违反法律或行政法规的强制性规定,也不具有合同无效的其他情形,故宁波海事法院认定该合同合法有效。被告华夏公司在承揽建造船舶期间,向被告安泰公司订购船舶主机,其应对船舶整体包括主机对原告承担质量保证责任。船舶主机曲轴因质量缺陷发生断裂,根据双方协议的约定和我国《产品质量法》的规定,被告安泰公司作为主机的供应商,对产品质量缺陷造成原告损失负有责任,应承担本案的最终赔偿责任,且该赔偿责任不受建造合同约定的质量保证期的约束。原告要求被告安泰公司承担相应损害赔偿责任的诉请成立,但其要求两被告承担连带质量赔偿责任无法律依据。被告安泰公司关于其与原告无合同关系,故不承担赔偿责任的抗辩,与事实不符,证据与理由均不足,宁波海事法院不予采信。原告未明确诉请中的利息标准,故其利息损失按中国人民银行同期贷款利率计算。原告诉请有理部分,宁波海事法院依法予以支持。依照《中华人民共和国合同法》第 261 条、《中华人民共和国产品质量法》第 26 条、第 41 条第 1 款、第 43 条、第 44 条第 2 款、《中华人民共和国民法通则》第 64 条第 1 款之规定,判决如下:

一、被告无锡市安泰动力机械有限公司于本判决生效之日起 10 日内,返还原告南通友好海运有限公司曲轴押金、配件款 296 062 元及利息(自 2009 年 2 月 16 日起至本判决确定的履行之日止,按中国人民银行公布的同期贷款利率计算);

二、被告无锡市安泰动力机械有限公司于本判决生效之日起 10 日内,赔偿原告南通友好海运有限公司各项损失 685 220 元及利息(自 2009 年 2 月 16 日起至本判决确定的履行之日止,按中国人民银行公布的同期贷款利率计算);

三、驳回原告南通友好海运有限公司的其他诉讼请求。

4.4 船舶建造合同的履行抗辩权

7 上诉人福州浩航船务有限公司与上诉人浙江七里港船业有限公司、原审被告陈华平船舶建造合同纠纷案
案例来源:浙江省高级人民法院(2011)浙海终字第 33 号
主题词:船舶建造合同　先履行抗辩　差价损失　情势变更

> **裁判要旨**
>
> **No. CB-4.4-1**　涉案船舶的定作人虽然提出未完全履行付款义务系行使先履行抗辩权,但抗辩权行使的目的在于对抗请求权,而涉案承揽人在诉讼前未请求定作人向其支付剩余的造船款,故定作人不能主张先履行抗辩权,从而拒付船款。

No. CB-4.4-2　定作人未按合同约定付款构成违约,承揽人在定作人未按期支付造船款的情况下,自行垫资将船舶建造完毕并转售,有权向定作人主张船舶价款的差价损失。

No. CB-4.4-3　金融危机属于正常商业风险,应当能够预见,不适用最高人民法院《关于适用〈中华人民共和国合同法〉若干问题的解释(二)》第26条规定的情势变更。

一、基本案情

上诉人(原审原告、反诉被告):福州浩航船务有限公司(以下简称浩航公司)
上诉人(原审被告、反诉原告):浙江七里港船业有限公司(以下简称七里港公司)
原审被告:陈华平

宁波海事法院审理查明:2007年12月3日,陈华平代表七里港公司与浩航公司签订《建造船舶合同书》,约定:七里港公司为浩航公司建造DWT11800吨散货船一艘,造价4770万元;浩航公司于合同签订之日付定金270万元,2008年1月30日前、3月30日前、6月30日前各付1000万元,2008年8月30日前付500万元,余款1000万元交船时办好所有权证书(3日内)一次性付清;建造期间,七里港公司所购材料必须经浩航公司认可后方可购买使用,船舶必须严格按照设计图纸和2006年《船舶建造规范》以及合同约定施工,因违反合同约定而造成的损失由七里港公司自行负责;船舶按Ⅱ类航区规范要求,经温州船检部门检验合格并取得有效船检证书;交船日期为2008年12月18日,交船地点温州七里港;合同经双方签字生效,单方面不得随意变更或解除;超过规定交船期,按所支付船款的1%按天计算利息;浩航公司逾期付款,则七里港公司有权按逾期时间推迟交船,等等。浩航公司于2007年12月23日至2008年12月5日期间,共支付七里港公司涉案船舶建造合同项下价款2780万元,尚欠1990万元。

2009年9月6日,七里港公司与浙江新东航海运有限公司(以下简称新东航公司)签订船舶买卖合同,将涉案船舶卖予新东航公司。2009年10月15日,船舶建造完毕,船名"新东胜"。2009年10月26日,新东航公司取得船舶所有权登记。2009年11月9日,温州船检处签发"新东胜"轮船舶检验证书簿。2009年12月7日,"新东胜"轮投入营运。

在本案一审过程中,新东航公司于2010年3月23日出具承诺书,称如法院判决本案继续履行合同的,则其同意协助履行。

宁波海事法院另认定:"新东胜"轮经鉴定,船体符合设计质量标准;建造材料设备基本满足质量要求;除个别焊缝存在"咬边"外,船体结构满足国内航行钢质船舶建造质量要求;主机机座装配不符常规安装工艺技术要求。"新东胜"轮2009年9月份市场价约2 950万元,2010年10月份造价约3 300万元,折旧后市场价值约3 200万元。

二、一审裁判

宁波海事法院审理认为:浩航公司、七里港公司在一审庭审中明确,陈华平代表七里港公司与浩航公司签订合同,其收取的款项均已转交七里港公司,符合《合同法》第9条第2款的规定。涉案2007年12月3日签订的《建造船舶合同书》的合同主体应确定为浩航公司与七里港公司,并应确认合同有效。陈华平不是浩航公司船舶建造合同的相对方,不对浩航公司承担合同责任。

根据各方当事人的诉辩意见,宁波海事法院对本案的争议焦点归纳并评析如下:

(一)关于合同解除还是继续履行的问题。

对此,浩航公司认为:七里港公司购买材料未事先经其认可,未按合同约定建造船舶,未在指定的交船日期交付船舶,还将船舶售与他人,无法履行合同,构成根本性违约,致使浩航公司订立合同的目的无法实现,根据《合同法》第94条的规定,浩航公司有权解除合同;造船合同为承揽合同,根据《合同法》的规定,浩航公司作为定作人,随时有权要求解除合同;金融危机不可预计,且七里港公司推迟交船,继续履行合同将造成浩航公司重大损失,损失和风险由浩航公司承担不公平,浩航公司有权解除船舶建造合同。七里港公司认为,浩航公司未按约定时间和方式付款,存在重大违约,七里港公司在这种情况下,自己投入资金建造船舶,所建船舶质量符合合同和规范要求,为减少损失而将船舶出卖,不存在任何违约,只要浩航公司付款,完全可以继续履行合同。

宁波海事法院认为,《建造船舶合同书》第4条约定,船舶建造期间,七里港公司所购材料必须经过浩航公司认可后方可购买使用,否则因材料不合格不能使用而造成的损失由七里港公司自行负责。可见,即使如浩航公司主张,七里港公司购买材料未事先经浩航公司认可,其后果是七里港公司自负损失,而并未赋予浩航公司相应的合同解除权。

涉案船舶已经双方约定的温州船检部门检验合格并取得船舶检验证书,经鉴定也符合设计质量标准和船舶建造质量要求。至于鉴定结论认定的主机机座装配不符常规安装工艺技术要求以及个别焊缝存在"咬边"现象,鉴定人已在庭审中作了"可以方便地进行补救"的说明。根据《合同法》第262条的规定,浩航公司可以就此要求七里港公司承担修理、赔偿损失等违约责任,但此类质量缺陷,尚不构成根本性违约,浩航公司不得据此要求解除合同。

《建造船舶合同书》第3条约定,除定金270万元外,浩航公司应在2008年1月30日前、3月30日前、6月30日前各付1 000万元,在2008年8月30日前付500万元,但浩航公司各期付款皆存迟延现象,且至今仅支付2 780万元,尚差1 990万元。依合同第7条第4款的约定,浩航公司逾期付款,七里港公司有权推迟交船,因此,浩航公司不得以七里港公司未在指定日期交付船舶为由主张解除合同。

根据《合同法》第119条的规定,当事人一方违约后,对方应当采取适当措施防止损失的扩大。浩航公司不按时付款,已经构成违约。七里港公司在浩航公司未按时付款的情况下,自垫资金将船舶建造完毕,转卖给新东航公司投入营运,但其在诉讼过程中已明确表示可向浩航公司交付涉案船舶,新东航公司也承诺协助继续履行合同。浩航公司在 2008 年 12 月 5 日之后就停止了付款,"新东胜"轮于 2009 年 10 月 26 日登记在新东航公司名下,期间相差 10 个多月;七里港公司将船舶以 2 900 万元变卖给新东航公司,与鉴定结论认定的 2009 年 9 月份的市场价 2 950 万元十分接近。可见,七里港公司将船舶建造完毕后交新东航公司投入营运,并不导致合同不能继续履行的法律后果,且有利于船舶的保管和维护,符合合同经济履行的目的,应视为对浩航公司逾期付款违约行为所采取的防止损失扩大的措施。涉案船舶从投入营运至今不足 1 年时间,因此造成船舶折旧,根据《合同法》第 111 条的规定,可通过减少价款方式继续履行合同,尚不足以致合同目的不能实现。七里港公司主张继续履行合同,此后如不能向浩航公司交付船舶的,也可由其承担折价赔偿责任。因此,浩航公司不得以涉案船舶已经变卖为由主张解除合同。

浩航公司以金融危机不可预见,且七里港公司推迟交船,继续履行合同将造成其重大损失,对浩航公司不公平,为其有权解除合同的理由,属于情势变更抗辩。根据最高人民法院《关于适用〈中华人民共和国合同法〉若干问题的解释(二)》第 26 条的规定,因情势变更而变更或解除合同的,应符合"合同成立以后客观情况发生了当事人在订立合同时无法预见的、非不可抗力造成的不属于商业风险的重大变化,继续履行合同对于一方当事人明显不公平或者不能实现合同目的"之条件。船价和航运市场价格大幅波动,时有发生,并未异乎日常生活经验,当事人在订立合同时应有所预见,尚属商业风险范围。七里港公司推迟交船,系浩航公司未依约付款所致,符合双方之间合同的约定,并非客观情况发生变化所应考虑的因素。因此,浩航公司也不得以情势变更为抗辩,主张解除合同。

综此,浩航公司主张解除双方之间 2007 年 12 月 3 日签订的《建造船舶合同书》的前述几项理由,均不成立,不予采信;七里港公司对此抗辩成立,予以采纳。

船舶建造合同系承揽合同,根据《合同法》第 268 条的规定,定作人可以随时解除合同。浩航公司起诉要求解除船舶建造合同,诉讼过程中也坚持要求解除合同,属于行使定作人解除权的行为,符合法律规定。浩航公司的此项诉讼请求,应予支持。双方之间于 2007 年 12 月 3 日签订的《船舶建造合同书》自浩航公司起诉状副本送达七里港公司之即 2009 年 12 月 23 日起解除。对浩航公司此项解除权的行使,七里港公司作为承揽人,可主张损失赔偿,但不得作合同继续履行的抗辩。

(二) 关于合同解除后如何处理的问题。

对此,浩航公司认为,七里港公司应返还其已付船舶价款,并支付违约金;七里港公司未按约定全面履行建造和交船义务,浩航公司有权依约不支付剩余价款;合同并未约定逾期付款需支付的违约金,七里港公司主张的违约金缺乏依据。七里港公司认为,浩航公司未依约付款,根据对等原则,应对逾期付款承担违约金;因浩航公司不付款,致船舶长期停泊,后减价卖给新东航公司,浩航公司应当承担船舶跌价的损失。

宁波海事法院认为:《合同法》第 97 条规定:"合同解除后,尚未履行的,终止履行;已经履行的,根据履行情况和合同性质,当事人可以要求恢复原状、采取其他补救措施,并有权要求赔偿损失。"第 268 条规定:"定作人可以随时解除承揽合同,造成承揽人损失的,应当赔偿损失。"涉案合同解除后,七里港公司不再向浩航公司交付船舶,但应返还浩航公司已付的合同价款 2 780 万元。双方约定造船总价款 4 770 万元,七里港公司于 2009 年 9 月以 2 900 万元的价格变卖船舶,司法鉴定结论认定 2009 年 9 月份船舶市场价约 2 950 万元。合同解除造成的船舶跌价损失确定为 1 820 万元(即 4 770 万元减去 2 950 万元),应由浩航公司予以赔偿。因此,浩航公司要求七里港公司返还已付合同价款的诉讼请求,有理部分,予以支持,超过部分,不予保护;其要求七里港公司承担逾期交船违约金的诉讼请求,理由不成立,不予支持。七里港公司要求浩航公司承担船舶跌价损失的反诉主张有理,按浙江省高级人民法院认定的金额予以支持,超过部分,不予保护。上述本、反诉诉讼请求支持部分的金额相抵后,多余部分七里港公司应当返还浩航公司,并同时返还自合同解除之日起的相应利息。《建造船舶合同书》约定,浩航公司逾期付款的,七里港公司有权按逾期时间推迟交船,而并未约定逾期付款违约金,七里港公司要求浩航公司按未付款金额支付违约金的反诉请求,于法无据,予以驳回。综上,依照《中华人民共和国合同法》第 9 条第 2 款、第 97 条、第 268 条的规定,宁波海事法院于 2010 年 11 月 16 日判决:

一、浩航公司与七里港公司于 2007 年 12 月 3 日签订的《建造船舶合同书》自 2009 年 12 月 23 日起解除。

二、七里港公司应返还浩航公司已付合同价款 2 780 万元。

三、浩航公司应赔偿七里港公司经济损失 1 820 万元;以上第二项和第三项冲抵后,七里港公司应支付浩航公司 960 万元及该款自 2009 年 12 月 24 日起的利息(按照中国人民银行同期企业短期贷款基准利率计算至判决确定的履行之日止),于判决生效后 10 日内付清。

四、驳回浩航公司的其他诉讼请求。

五、驳回七里港公司的其他反诉请求。

如果未按本判决指定的期限履行给付金钱义务,应当依照《中华人民共和国民事诉讼法》第 229 条之规定,加倍支付迟延履行期间的债务利息。本案本诉案件受理费 278 270 元,由浩航公司负担 107 100 元,七里港公司负担 171 170 元;财产保全申请费 5 000 元,由七里港公司负担;反诉案件受理费 123 970 元,由七里港公司负担 66 700 元,浩航公司负担 57 270 元;船舶质量鉴定费 83 500 元(已预交)及鉴定人差旅费 10 000 元(未预交),由鉴定申请人浩航公司负担;船舶价值鉴定费 60 000 元(已预交),由鉴定申请人七里港公司负担。

三、上诉与答辩

浩航公司、七里港公司均不服原审判决,向浙江省高级人民法院提起上诉。

浩航公司上诉称：

1. 原审判决认定事实错误。（1）浩航公司共向七里港公司支付船舶建造款3 480万元，而非2 780万元。原审判决将其中浩航公司于2008年5月15日支付的200万元及2008年5月26日500万元从本案剔除是错误的。（2）温州海泰资产管理服务有限公司出具《司法鉴定书》及宁波航达海事技术咨询公司出具的"新东胜"轮《船舶价格评估》不能作为本案定案依据。

2. 原审判决适用法律错误。（1）根据《建造船舶合同书》的约定，七里港公司购买材料之前要经过浩航公司的同意，现七里港公司未履行该项义务，浩航公司依法行使先履行抗辩权，暂时停止支付后期造船款并不违法。退一步讲，船舶建造合同系承揽合同，承揽合同的标的物所有权属于浩航公司，在浩航公司未向承揽人支付报酬或者材料费等价款的情况下，七里港公司可行使留置权实现其权利。但是七里港公司在收取浩航公司大部分造船款项后，将浩航公司定作的船舶出售给新东航公司，导致浩航公司订立合同目的不能实现，构成根本性违约，浩航公司有权解除合同，并要求七里港公司赔偿损失。（2）原审判决判令浩航公司赔偿七里港公司的损失1 820万元错误。

3. 浩航公司请求解除合同并要求七里港公司支付违约金有事实和法律依据，应当得到支持。七里港公司一审中并未对此进行抗辩，故应视为其放弃对该项诉讼请求的抗辩。

4. 一审法院适用程序错误。浩航公司在一审诉讼权的基础是根据《中华人民共和国合同法》第94条的规定，而原审判决依据《中华人民共和国合同法》第268条的规定，判决解除合同，超出了浩航公司的一审诉讼请求。而七里港公司在反诉请求中要求继续履行合同，并没有提出赔偿1 820元损失的反诉请求，浩航公司在反诉中也未对此进行答辩、抗辩、举证。综上，原判认定事实不清，适用法律错误，请求支持浩航公司的诉讼请求，驳回七里港公司的反诉请求。

七里港公司答辩称：（1）原审判决认定700万元为浩航公司履行2008年5月9日合同所支付的款项正确。（2）两份鉴定合法有效，应作为定案依据。（3）七里港公司不存在任何违约行为，本案是由于浩航公司根本性违约，七里港公司将船舶卖给新东航公司是减少损失的行为。况且，新东航公司也承诺，保证协助七里港公司继续履行合同。（4）原审判决程序合法。请求驳回浩航公司的上诉。

陈华平陈述称：陈华平并非船舶建造方，因此无须承担责任，请求驳回浩航公司的诉讼请求。

七里港公司上诉称：（1）原审判决认定浩航公司共支付七里港公司涉案船舶建造合同项下价款2 780万元，与事实不符。事实上，浩航公司仅支付七里港公司涉案船舶建造合同项下价款2 380万元。（2）原审判决认定《船舶建造合同书》约定浩航公司逾期付款的，七里港公司有权按逾期时间推迟交船，而未约定逾期付款违约金，七里港公司要求浩航公司按未付款金额支付违约金的反诉请求，于法无据，予以驳回错误。（3）原审判决认定涉案《船舶建造合同书》自2009年12月23日起解除，并判决返还款项自 2009 年 12 月 24 日起计算利息于法无据。请求撤销原判,依法改判。

浩航公司答辩称:(1)浩航公司共向七里港公司支付船舶建造款 3 480 万元。(2)双方在合同中并无违约金的约定。(3)合同从解除之日起计算利息正确,请求驳回七里港公司的上诉请求。

陈华平陈述同意七里港公司的上诉理由。

四、二审裁判

浙江省高级人民法院经审理查明的事实与原判认定的一致。

根据各方当事人的上诉和答辩意见,本案二审审理的焦点是:(1)浩航公司支付涉案船舶的款项数额;(2)本案合同违约方及相应的法律后果;(3)原审程序是否违法?针对前述争议焦点,浙江省高级人民法院分析如下:

(一)浩航公司支付涉案船舶的造船款项数额

本案浩航公司、七里港公司对浩航公司共向七里港公司支付造船款项 3 480 万元无异议,浙江省高级人民法院予以确认。浩航公司认为该 3 480 万元用于支付涉案造船合同,七里港公司则认为仅有 2 380 万元涉及本案,其余 1 100 万元是浩航公司支付双方之间于 2008 年 5 月 9 日之合同。浙江省高级人民法院认为,浩航公司于 2008 年 5 月 15 日支付给七里港公司的 200 万元,虽在款项用途上写明"造船款",但从其付款金额及时间看,与 2008 年 5 月 9 日之合同的约定更为相符,何况由浩航公司提供的其于 5 月 26 日支付给七里港公司的 500 万元凭证上标注"105 新",容易使人误解为 2008 年 5 月 9 日之合同约定的"10500 吨散货船",浩航公司对此也无合理解释,故原审判决由此认定该 700 万元并非系履行本案合同项下之款项,从而从本案中剔除,并无不当。至于 2008 年 6 月 17 日浩航公司向七里港公司支付的 400 万元,七里港公司并未提供证据证明该款项系履行 2008 年 5 月 9 日的合同,故应认定系履行本案合同项下之款项。

(二)本案合同违约方及法律后果

根据浩航公司与七里港公司签订的《建造船舶合同书》约定,足额、按期支付造船款项是浩航公司的主要合同义务。本案浩航公司仅支付造船款项 2 780 万元,其虽提出未完全履行付款义务系行使先履行抗辩权,但抗辩权行使的目的在于对抗请求权,本案七里港公司在诉讼前未请求浩航向其支付剩余的造船款,故浩航公司的先履行抗辩权亦无从行使。浩航公司未按合同约定付款构成违约,七里港公司在浩航公司未按期支付造船款的情况下,根据《建造船舶合同书》第 4 条第 2 款中"造船过程当中的一切风险均由七里港公司负担"之约定,自行垫资将船舶建造完毕并转售,其有权向浩航公司主张差价损失。况且,新东航公司在一审中也承诺:其可协助七里港公司继续履行合同。因此,七里港公司处置涉案船舶的行为系减损行为。至于浩航公司上诉称温州海泰资产管理服务有限公司出具的《司法鉴定书》及宁波航达海事技术咨询公司出具的"新东胜"轮《船舶价格评估》不能作为本案定案依据,经审查,此两项鉴定结论均由宁波海事法院委托有相应资质的鉴定机构作出,可以作为本案的定案依据。由于涉案合同并未就浩航公司违约的违约金作出约定,故原审判决驳回七里港公司要求浩航公司支付违约金的诉请正确。

(三) 原审程序是否违法？浩航公司虽根据《中华人民共和国合同法》第94条规定起诉,但其在一审坚持解除合同,宁波海事法院根据《中华人民共和国合同法》第268条规定的承揽合同的定作人享有的合同解除权,判决解除涉案合同并无不当。在一审第二次庭审中,七里港公司的诉讼请求已变更为以浩航公司严重违约,请求解除合同并赔偿七里港公司损失。因此,原审程序并无违法。

综上,本案双方之间的《建造船舶合同书》当事人主体适格,意思表示真实,内容不违反法律、行政法规的强制性规定,应当依法确认有效,双方均应按约履行。因本案承揽合同的定作人浩航公司行使合同解除权,故本合同依法予以解除。浩航公司、七里港公司的上诉理由均不能成立,浙江省高级人民法院不予支持。原判认定事实清楚,适用法律正确。依照《中华人民共和国民事诉讼法》第153条第1款第1项之规定,判决如下：

驳回上诉,维持原判。

4.5　船舶建造合同的损害赔偿

8 上诉人福建国航远洋运输(集团)股份有限公司与上诉人武汉国裕物流产业集团有限公司、扬州国裕船舶建造有限公司船舶建造合同纠纷案
案例来源:福建省高级人民法院(2010)闽民终字第419号
主题词:船舶建造合同　根本违约　损失计算

裁判要旨

No. CB-4.5-1　涉案船舶建造合同仅约定了交船如果超过约定日期90天,买方有权选择弃船并要求退还预付款及支付约定利息,除此之外,并未约定其他影响合同目的实现的违约情形。法院认为,本案判断卖方船舶建造人是否构成根本性违约的标准,是卖方是否存在延期交船超过90天的事实。

No. CB-4.5-2　船东应当预见到船舶建造人在船舶建造完成后可获得一定的利润,因此,法院判决保护可得利益的损失。在船舶建造人不提供证据的情况下,法院依职权调取船舶建造人的年检报告书,并基于其中损益表反映的经营利润情况,确定其可得利益的损失数额。

一、基本案情

上诉人(原审原告、反诉被告):福建国航远洋运输(集团)股份有限公司(以下简称国航公司)

上诉人(原审被告、反诉原告):武汉国裕物流产业集团有限公司(以下简称武汉国裕公司)

上诉人(原审被告、反诉原告):扬州国裕船舶制造有限公司(以下简称扬州国裕公司)

原审第三人:武汉江裕海运发展有限公司

厦门海事法院原审查明,2008年7月10日,扬州国裕公司、武汉国裕公司与武汉江裕海运发展有限公司(以下简称江裕公司)签订编号为GY441的《57 000吨散货船建造合同》,合同日期倒签为2006年12月5日。同日,国航公司与扬州国裕公司、武汉国裕公司、江裕公司四方在上海签订《船舶建造合同转让协议》。国航公司概括受让江裕公司在编号为GY441的《57 000吨散货船建造合同》项下的权利义务。

建造合同约定:本合同标的是一艘在海水比重为1.025吨每立方米、船舶结构吃水为12.8米状态下、载重量为57 000公吨的、满足无限航区航行的钢质海船。2008年7月15日开工,2008年7月20日第一分段上船台,2008年8月20日合拢,2008年12月15日主机进舱,2009年1月20日下水,2009年6月30日交船。如果船舶的实际交船时间比合同约定的交船时间推迟1~30天,则本船的合同价格不作调整;如果推迟超过30天,则从第30天午夜12时起算,卖方须每天补偿买方15万元,补偿的款项从合同价款中扣除;如推迟超过90天,买方有权选择弃船。合同价格由买方分5期向卖方支付。第一期,第一次付款,买方应不晚于2008年7月15日支付300万元给卖方;第二次付款,买方应在收到卖方开具的金额为合同价20%的银行退款保函后的10个银行工作日内支付7 660万元给卖方。第二期,买方应在收到卖方切割第一块钢板的电报或传真通知、买方代表以及船级社相应确认书、卖方开具的金额为合同价20%的第二期款项的银行退款保函、卖方的付款通知和银行担保后,在10个银行工作日内将第二期款项7 960万元以电汇形式付到卖方指定的账号,但该付款不早于第一期第二次付款后的30个日历日。交船前买方向卖方支付的任何款项均应当视为对为建造本船而支付的预付款。若依据本合同规定,买方终止合同,本合同被认为无效,买方或卖方各自一方或双方根据本合同终止、取消或解除本合同,卖方应在3个银行工作日内退还全部预付款,及该款从卖方收到预付款之日全买方收到所退款项之日止,以每年360天为基础,按年利率9%计算的利息。买方未按照合同约定的期限付款,且超过合同约定期限25个银行工作日,则视为买方严重违约。从买方迟延支付款项的第一天起,卖方有权保留买方向卖方支付的款项以及买方供应品(若有)。若买方违约给卖方造成的损失超过买方已支付的款项加上买方供应品的价值,则买方应向卖方支付差额;若损失小于买方已支付的款项加上买方供应品的价值,则卖方应退还买方差额,但不超过买方所付分期款额与买方提供发票值的总金额。卖方应为减少损失采取必要的措施。

2008年7月15日,国航公司向扬州国裕公司汇款300万元;2008年8月22日,国航公司向扬州国裕公司汇款7 660万元。扬州国裕公司2008年8月28日,就履行案涉造船合同切割了第一块钢板,其后陆续制造了一些船舶分段等。2008年9月16日,扬州国裕公司通知国航公司,2008年8月28日已正式钢板切割,要求付第二期款。2008年9月20日,国航公司函至扬州国裕公司,该函载明,收到第二期付款保函复印件,由于办理融资租赁需要一定的审批时间,第二期支付款项可能出现延误,要求延期1个月。

2008年11月12日,国航公司与扬州国裕公司、武汉国裕公司签订GY441船补充协议。该协议载明:鉴于买方国航公司不能在建造合同规定的最后期限内将合同规定的第二期进度款79 600万元支付给共同卖方,经双方协商达成一致意见,即共同卖方同意将第二期进度款的付款最后期限延长至2008年12月12日,延期付款期间的相应利息应在第5期进度款中一并结算,由买方支付给共同卖方。若建造合同在买方支付第5期进度款之前因买方违约被取消、解除或终止,则共同卖方有权随时要求买方支付上述利息。若截至2008年12月12日,买方仍未将第二期进度款实际支付完毕,则构成买方严重违约,共同卖方拥有终止建造合同的权利,并可要求买方承担由此给共同卖方造成的损失。

2008年12月12日,国航公司致函扬州国裕公司、武汉国裕公司,提出鉴于目前的船舶建造情况,不适宜继续履行建造合同及其相关协议,并提出减少损失的意见。2008年12月30日,国航公司致函扬州国裕公司、武汉国裕公司,要求扬州国裕公司、武汉国裕公司在2009年1月15日前就其损失作一个书面计算,供双方协商确认。2009年3月29日,国航公司再次致函扬州国裕公司、武汉国裕公司,要求"终止该建造合同","贵方应退还我方依据建造合同已经预付的款项,包括但不限于期间产生的利息"。2009年4月10日,扬州国裕公司、武汉国裕公司共同致函国航公司,针对2009年3月30日国航公司函提出的意见。2009年4月13日,扬州国裕公司、武汉国裕公司共同致函国航公司,该函载明:鉴于贵司逾期未付款的行为已构成严重违约,根据GY441船舶建造合同第11条的约定,我方拟于2009年4月27日,开始GY441船的出售工作。

原被告双方确认,合同倒签的原因是规避在造船时执行新的涂层强制标准。

2009年12月29日,厦门海事法院就反诉原告损失应围绕成本损失、可得利益损失举证,以及应申请鉴定问题对反诉原被告双方进行释明,但双方都不申请鉴定,也不提供其他证据证明损失情况。

二、一审裁判

厦门海事法院认为,本案为船舶建造合同纠纷,涉及本诉和反诉,案件争议的焦点包括合同效力、原被告双方的违约情况及违约的处理等。

(一)关于合同的效力

原告认为,国际海事组织的《船舶专用海水压载舱和散货舱双舷侧处保护涂层性能标准》系对我国适用的国际公约,案涉船舶建造合同为了避免执行新的油漆强制标准而倒签合同,应被认定为无效合同。被告认为,合同时间倒签并没有损害第三方及国家的利益,合同合法有效。厦门海事法院认为,案涉船舶建造合同中关于船舶专用海水压载舱和散货舱双舷侧处保护涂层性能标准的约定,如果不符合国际海事组织的《船舶专用海水压载舱和散货舱双舷侧处保护涂层性能标准》规定的强制标准,则属于部分约定无效,但该部分约定的无效,并不影响整体合同的效力。况且本案所涉合同在实际履行过程中,因双方都表明终止或解除合同,且案涉船舶在建造过程中尚未实际涉及该问题,因此本案的处理与实际应适用的涂层性能标准没有关联性,对于实际应适用的涂层性能标准没有必要展开分析。

(二)被告的违约情况及违约处理

原告认为,被告在合同履行过程中,施工的工期严重滞后,挪用已经造好的船舶分段,并且不配合原告的融资租赁要求,构成根本性违约,因此被告应返还原告的全部预付款及其利息。被告认为,原告在2008年8月22日才付清第一期款,其于8月28日开工,符合合同约定,没有延期施工;船舶分段的挪用,是因为原告不支付第二期款,被告不得已采取的减损措施,况且如果原告在12月12日付清第二期款,被告还可以重新制作分段;被告的行为不构成根本性违约,因为依照合同约定,只有被告交船超过合同约定日期90天,原告才可以弃船;被告已经配合原告办理融资租赁。厦门海事法院认为,关于被告是否配合原告办理融资租赁的问题,前述的事实查明部分已经查明,原告没有证据证明被告存在不配合原告办理融资租赁的情况,因此原告主张被告此项违约,没有事实依据,不能予以支持。

关于被告挪用船舶分段是否构成根本性违约的问题,首先,被告在同意原告延期至2008年12月12日支付第二期款项,且没有证据证明原告到期确定不付款的情况下,于2008年11月17日起就将船舶分段挪用,是一种违约行为;原告提供专家的证言证明船舶分段挪用,是一种根本性违约行为,但这些专家的既没有出庭接受质询,也没有提供身份证、工作证或资格证书等有效身份和任职证明,且意见中也没有涉及船舶分段挪用是一种根本性违约行为的明确判断,因此专家的证言不能证明船舶分段挪用是一种根本性违约行为。挪用船舶分段是否根本性违约行为,还须依据合同约定来判断,但案涉合同中并没有这样的约定,当然挪用船舶分段必然会延误一些施工的工期,并可能导致交船期的延期,因此是否会导致交船严重延期,而使得原告获得解约权,这在下文中一并予以分析。

关于施工的工期延期是否构成根本性违约的问题。首先,被告的实际施工工期存在不符合同约定的违约行为,如合同约定2008年7月15日开工,但其8月28日才开工;又如约定7月20日上船台,但也没有按期进行;再如被告挪用船舶分段的行为,势必使已完成的工作成果需要重新制作,从而导致工期的延误。第二步的问题是,被告实际施工工期的延期,是否构成了根本性违约,判断的依据,还是合同的约定;案涉合同中没有关于被告没有按期施工就构成根本性违约的约定,但约定了被告交船期如果超过合同约定日期90天,原告就可以弃船(即解除合同),因此判断是否被告已经根本性违约的标准是被告的行为是否必然导致交船时间超过合同约定日期 90 天，可是原告并没有提供证据证明被告的上述违约行为必然导致交船时间超过合同约定日期 90 天，因此原告关于被告根本性违约的主张，依法不能予以支持。关于被告违约的处理问题，被告违反合同约定，因此给原告造成的损失，依法应予以赔偿，但原告没有提供证据证明其损失的数额，因此无从判决被告因其违约行为应赔偿给原告的数额。

（三）反诉被告的违约情况及违约处理

反诉原告认为，反诉被告应在 2008 年 10 月 9 日前支付第二期款项，但未支付；在反诉原告同意其延期至 2008 年 12 月 12 日支付后，到期仍未支付，也未通知中止合同的履行，导致反诉原告不得不于 2009 年 4 月 10 日通知反诉被告解除案涉合同，并低价转售船舶，造成反诉原告巨额合同价差损失，反诉被告应予以赔偿。反诉被告认为，反诉原告工期严重滞后，且挪用全部船舶分段，故在 2008 年 12 月 12 日通知中止合同；反诉原告一直未提供银行担保，导致付款条件未满足，反诉被告未违约；再出售合同系虚假交易，且以合同价差计算损失，不符合法律规定。

厦门海事法院认为，关于反诉被告的违约情况，反诉被告与反诉原告 2008 年 11 月 12 日所签的 GY441 船补充协议，已经清楚表明了反诉被告不能在合同约定的期限内将第二期款项支付给反诉原告，因此反诉被告违约的事实清楚，并且该补充协议清楚表明，如果截至 2008 年 12 月 12 日，反诉被告仍未能支付第二期款项，则反诉原告有权终止合同，并要求反诉被告承担因此给反诉原告造成的损失；而截至 2008 年 12 月 12 日，反诉被告未支付第二期款项，因此反诉被告已构成了根本性违约。反诉被告认为，反诉原告一直未提供银行担保，导致付款条件未满足，反诉被告未违约的主张，没有合同依据，也与补充协议反映的事实相矛盾，依法不能予以支持。反诉被告认为，反诉原告在 2008 年 12 月 12 日前工期严重滞后，且挪用全部船舶分段，其因此中止合同，有权不支付第二期款项的主张，如上所述，因反诉原告的行为尚不构成根本性违约，反诉被告中止合同没有依据，依法不能予以支持。

关于反诉被告的违约处理，依照《中华人民共和国合同法》第 113 条第 1 款的规定，反诉原告可以获得赔偿的损失，包括实际成本的损失和合同履行后可得利益的损失两个部分。反诉原告认为，其损失应按照合同价差来计算，既没有事实依据，也没有法律依据，因为船舶分段已经被反诉原告全部挪用，因此不存在再转让的问题，不能予以支持。关于实际成本的损失，反诉原告已经将船舶分段全部挪用到其他船舶的建造中，也没有提供证据证明其还存在实际成本的损失，因此对于其实际成本的损失，不予支持。

关于可得利益的损失，反诉原告在厦门海事法院对其释明后，仍不提供证据证明其可得利益的损失，为公平处理本案纠纷，宜参照 2008 年损益表反映的经营利润情况确定其可得利益的损失。2008 年损益表反映的经营利润系反诉原告 2008 年度企业整体的主营业务收入扣除主营业务成本、主营业务税金及附加、经营费用、管理费用后的整体经营利润,虽然不能完全与案涉船舶单船的利润相同,但应是较为接近的数据,在反诉原告与反诉被告经原审法院释明后都不申请鉴定,也不举证的情况下,以此参照确定反诉原告的可得利益损失,符合公平正义的法理精神。本案所涉船舶建造的合同金额为 39 800 万元,参照扬州国裕公司 2008 年度损益表反映的主营业务净收益率为 3.45686% 的标准,考虑到 2008 年度国内造船业利润率通常较高的情况,酌定建造案涉船舶的净收益率为 5%,因此扬州国裕公司可得的收益为 1 990 万元。

综上所述,厦门海事法院判决:

一、解除原告福建国航远洋运输(集团)股份有限公司与被告扬州国裕船舶制造有限公司、被告武汉国裕物流产业集团有限公司之间签订的 GY441 号 57 000 吨散货船建造合同及相关协议;

二、反诉被告福建国航远洋运输(集团)股份有限公司赔偿反诉原告扬州国裕船舶制造有限公司、武汉国裕物流产业集团有限公司损失 1 990 万元;

三、被告扬州国裕船舶制造有限公司、被告武汉国裕物流产业集团有限公司退还原告福建国航远洋运输(集团)股份有限公司 7 960 万元;

四、上述第二项、第三项相抵后,被告扬州国裕船舶制造有限公司、被告武汉国裕物流产业集团有限公司在判决生效之日起 10 日内退还原告福建国航远洋运输(集团)股份有限公司预付款 5 970 万元;

五、驳回原告福建国航远洋运输(集团)股份有限公司的其他诉讼请求;

六、驳回反诉原告扬州国裕船舶制造有限公司、武汉国裕物流产业集团有限公司的其他诉讼请求。

三、上诉与答辩

一审宣判后,国航公司上诉称:(1)扬州国裕公司和武汉国裕公司有工期延期和挪用船舶分段的行为,国航公司依法有权解除合同。原审判决认定扬州国裕公司和武汉国裕公司未构成根本性违约,从而驳回国航公司关于解除合同、支付利息的请求,属于适用法律错误。(2)扬州国裕公司和武汉国裕公司未满足约定的付款条件,并且国航公司基于对方工期延期和挪用分段的违约行为,均可以行使后履行抗辩权拒付第二期款项。(3)即使国航公司违约(假定,上诉人否认),扬州国裕公司和武汉国裕公司未能证明其"可得利益"损失,应承担举证不能的责任,其反诉请求应当驳回。上诉请求:撤销原审判决第二、四、五判项,依法改判支持国航公司原审的全部诉讼请求,驳回扬州国裕公司和武汉国裕公司的反诉请求;一、二审诉讼费用全部由对方承担。

扬州国裕公司和武汉国裕公司二审答辩并上诉称:(1)原审法院对本案的重要证据认定错误。扬州国裕公司和武汉国裕公司在一审中向法院提交了其与仪征高新技术产业园有限责任公司签署的关于转售本案所涉 57 000 吨散货船的建造合同,以及仪征高新技术产业园有限责任公司支付首期货款 3 000 万元的进账单和电子汇兑补充凭证。上述证据共同证明,由于国航公司的违约,导致扬州国裕公司和武汉国裕公司不得不以远低于原合同的价格,按照合同的约定转售案涉船舶,并且该转售合同已经开始履行。原审法院将两份证据割裂开来,认为该付款行为与本案审理的事实不具有关联性,这一认定是错误的。(2) 原审法院关于船舶分段挪用事实认定错误。(3) 原审法院关于案涉船舶的整船出售的事实认定错误。所谓的船舶转售,本质上是一种船舶建造合同的转让方式。根据双方签署的原船舶建造合同第 11 条之约定,在买方严重违约的情况下,卖方即获得了无须被上诉人同意即可将原合同项下未完工或已完工的船舶转让的权力。(4) 原审法院认定由于国航公司严重违约给扬州国裕公司和武汉国裕公司造成的损失数额错误。国航公司违约给上诉人造成的损失,应当包括完全履行合同的情况下所能给扬州国裕带来的预期利益。而这一利益,只有在该船完全建造完成的情形下方能完全体现。而由于对方的严重违约行为,导致原合同已经不可能履行完毕。扬州国裕公司和武汉国裕公司只有将合同项下船舶转售才能维护自身应得的利益。由于转售时的市场价格发生了重大变化,转售的合同价格远远低于原合同的价格,两价格之间的差额(15 840 万元)即应为本案的损失数额。

四、二审裁判

福建省高级人民法院经审理查明:(1) 根据双方的《57 000 吨散货船建造合同》,买方有权派送监造师,参加对本船及其机械、设备和舾装进行的测试和检验,以及买方具体授权的其他事务;卖方同意在本船建造期间内买方可派 5 人以内常驻卖方船厂内。监造组所作出的监理周报、阶段性总结等文件,未得到扬州国裕公司和武汉国裕公司的确认,证明力不足。但其中能与本案的其他证据相互印证的文件,可以作为本案的证据使用。(2) 扬州国裕公司和武汉国裕公司与仪征高新技术产业园有限责任公司签署的 GY441 船转售合同,证据本身的真实性可以确认,至于是否真实的交易及与本案的关联性,福建省高级人民法院结合其他证据在下文具体阐述。(3) 对原审法院诉讼保全的证据及依职权调取的证据,可以作为本案的证据使用。(4) 2008 年 9 月 18 日,中信银行股份有限公司武汉分行开具受益人为国航公司的《预付款保函》,国航公司于 2008 年 9 月 22 日收到该保函原件。对原审查明的其他事实双方无异议,福建省高级人民法院亦予以确认。

福建省高级人民法院对本案的争议焦点分析认定如下:

(一) 扬州国裕公司和武汉国裕公司是否存在工期迟延及挪用船舶分段的行为,该行为是否构成根本性违约?

案涉的船舶建造合同明确约定了开工时间为 2008 年 7 月 15 日,第一分段上台时间为 2008 年 7 月 20 日,此时国航公司已按合同约定期限支付了第一期第一次款项 300 万元。扬州国裕公司和武汉国裕公司认为应在第一期款项全部付清后才能开工,但合同并未有此约定,该主张没有合同和法律依据。因此扬州国裕公司和武汉国裕公司迟至 2008 年 8 月 28 日才开工,并且未按合同约定时间将船舶分段上台,存在工期延误的情形。关于是否存在挪用船舶分段的事实,2009 年 4 月 16 日,厦门海事法院在扬州国裕公司实施证据保全时,因扬州国裕公司拒绝配合,经驻厂的监造师带领对建造 GY441 船的场地和 4 号船台进行录像,并向监造师丁开南、李国敏制作调查笔录,还提取了第 001 至 010 期监理报告。根据录像和调查笔录,建造 GY441 船的场地和 4 号船台上没有 GY441 船生产项目,GY441 船舶分段和材料在 2008 年 11 月 17 日起已被挪用,相应的监理报告亦可印证该事实。扬州国裕公司和武汉国裕公司在原审第二次庭审中,也并不否认其已将 GY441 船舶分段挪用的事实,但强调该行为是一种减损及自我保护措施。综合已查明的事实和证据,福建省高级人民法院对扬州国裕公司和武汉国裕公司在 2008 年 11 月 17 日起就将 GY441 船舶分段挪用于他船建造的事实予以认定。但国航公司在已经知道扬州国裕公司和武汉国裕公司存在上述行为的情况下,只是提出了质疑,并无证据表明国航公司因此曾向对方提出过上述行为已构成违约而拒绝继续付款的主张。反而是双方在 2008 年 11 月 12 日签订了《GY441 船补充协议》,该协议确认:"买方不能在建造合同规定的最后期限内将建造合同第十条规定的第二期进度款支付给共同卖方。……共同卖方同意将第二期进度款的付款最后期限延长到 2008 年 12 月 12 日,迟延付款期间的相应利息应在第 5 期进度款中一并结算。"上述补充协议的内容进一步表明了国航公司并未提出过对方因工期迟延而违约的主张,国航公司未能支付第二期进度款系其自身的原因所致。国航公司提出的关于对方不配合办理融资租赁事宜致使其未能按期付款的主张,因没有证据证实,福建省高级人民法院亦不予支持。但在《GY441 船补充协议》签订后第五天即 11 月 17 日,船厂就将已造好的船舶分段及其他造船材料(钢板、设备等)挪用至他船,此时距离双方约定的第二期进度款的最后付款期限(2008 年 12 月 12 日)尚有时日,在无证据表明国航公司将违约不付款的情况下,卖方的上述行为属于违约的情形。关于卖方的违约责任,案涉合同仅约定了交船期如果超过约定日期 90 天,国航公司有权选择弃船并要求退还预付款及支付约定利息,除此之外,合同并未约定其他影响合同目的实现的违约情形。因此判断卖方是否构成根本性违约的标准是卖方是否存在延期交船超过 90 天的事实。本案中,造船工序只是进行到建造船舶分段阶段,离合同约定的交船日期为时尚早。扬州国裕公司和武汉国裕公司虽存在工期延误、挪用船舶分段的行为,但该行为并不必然导致交船时间超过合同约定日期 90 天,因此不能据此认定卖方的上述行为将会导致合同目的无法实现而构成根本性的违约。

(二) 国航公司是否未按期支付第二期款项,是否构成根本性违约?

《GY441 船补充协议》同时还明确:若截至 2008 年 12 月 12 日,买方仍未将第二期进度款实际支付完毕,则构成买方严重违约,共同卖方有权终止合同,并可要求买方承担因此造成的损失。而截至 2008 年 12 月 12 日,国航公司未支付第二期款项,按约定已属严重违约行为,扬州国裕公司和武汉国裕公司有权解除合同并要求赔偿损失。国航公司认为对方一直未提供银行担保,导致付款条件未满足的主张,与事实不符。2008 年 9 月 18 日,中信银行股份有限公司武汉分行开具受益人为国航公司的《预付款保函》,已具有银行担保的性质,国航公司在实际履行合同过程中,并未对此提出过异议,故福建省高级人民法院对该主张不予支持。在 2008 年 12 月 12 日《关于 57 000 吨散装货船建造事宜的函》中,国航公司提到:鉴于目前的船舶建造情况(二审庭审时国航公司明确指的是工期滞后、挪用全部船舶分段的情况),合同中止。但如上所述,国航公司未能按期支付第二期进度款系其自身的原因所致,扬州国裕公司和武汉国裕公司的行为并不构成根本性违约。因此国航公司关于卖方先期违约,其享有后履行抗辩权的主张,没有事实和法律依据,福建省高级人民法院不予支持。

(三)扬州国裕公司和武汉国裕公司在本案中的损失及计算方法

国航公司未按《GY441 船补充协议》规定的期限支付第二期款项,根据双方的约定属于严重违约的行为,扬州国裕公司和武汉国裕公司有权解除合同并要求赔偿损失。依照《中华人民共和国合同法》第 113 条第 1 款的规定,损失的赔偿额应当相当于违约所造成的损失,包括合同履行后可以获得的利益。本案中,扬州国裕公司和武汉国裕公司虽进行了前期的工作和投入,但其已经将船舶分段及其他造船材料全部挪用到他船的建造中,也没有提供证据证明还存在其他实际成本的损失(经一审法院释明后仍未能提供),因此对于其实际成本的损失,在本案中不予支持。扬州国裕公司和武汉国裕公司认为其损失应按照合同价差来计算,福建省高级人民法院认为,首先,在已经建造好的船舶分段被扬州国裕公司和武汉国裕公司全部挪用后,船舶建造实际上等同于未开工。按双方合同的约定,卖方有权出售的是已完成或未完工的本船,案涉船舶实际上等同于未开工,不符合可以出售的情形。其次,即使是船舶建造合同的转让,案涉合同同时约定了卖方应为减少损失采取的必要措施。在船舶建造市场价格大幅度下跌的情势下,为减少损失,卖方也不应当将本案的船舶建造合同转让给第三人,其前期的投入损失(若有)和可得利益的损失完全可以在本案中通过举证证明得到赔偿。第三,船价大幅度下跌的同时,船舶建造成本也相应下跌,因此不能简单地以两份合同的价差作为卖方的损失。对扬州国裕公司和武汉国裕公司所主张的损失计算方法及数额,福建省高级人民法院不予采纳。

关于可得利益的损失,国航公司在订立合同时应当预见到对方在船舶建造完成后可获得一定的利润,因此该部分损失符合法律规定,国航公司应当赔偿。关于可得利益的计算,在双方当事人经原审法院释明后都不申请鉴定,也不举证证明的情况下,原审法院为使本案得到公平妥善处理,依职权调取了扬州国裕公司 2006、2007、2008 年度的年检报告书,并参照了 2008 年损益表反映的经营利润情况确定其可得利益的损失。2008 年损益表反映的经营利润,系扬州国裕公司 2008 年度企业整体的主营业务收入扣除主营业务成本、主营业务税金及附加、经营费用、管理费用后的整体经营利润。在扬州国裕公司的代理人已经承认本公司只开展了船舶的制造、销售业务,其他业务基本未开展的情况下,原审法院由此计算出主营业务净收益率为 3.45686%,虽然不能完全与案涉船舶单船的利润相同,但具有较高的参考价值。原审在确定利润率时,已经考虑到了 2008 年度国内造船业利润比已往年度高的情况,因此酌定建造案涉船舶的净收益率为 5%,确定扬州国裕公司可得利益的损失为 1 990 万元。福建省高级人民法院认为,原审法院为公平合理地处理本案,依职权调取证据以确定可得利益的损失,并无不当。双方当事人在二审期间仍未能提供更为充分的证据以证明可得利益的损失,因此对一审法院酌定的 1 990 万元的可得利益的损失,福建省高级人民法院予以维持。

（四）国航公司是否有权要求退还预付款及利息？

在合同的履行过程中,虽因国航公司严重违约的行为导致了合同的解除,但在此之前,扬州国裕公司和武汉国裕公司亦存在工期迟延及挪用船舶分段的违约行为,在国航公司按合同及法律规定承担违约责任的前提下,扬州国裕公司和武汉国裕公司也应承担相应的违约责任。因扬州国裕公司和武汉国裕公司的违约行为尚不至于导致合同的终止、取消或解除,双方在合同"卖方的退款"条款中约定退款及支付约定利息（年利率9%）的情形并未出现,因此不能据此判令扬州国裕公司和武汉国裕公司退款并支付约定利息。在尚无证据表明国航公司将违约不付款的情况下,扬州国裕公司和武汉国裕公司无权在 2008 年 11 月 17 日将船舶分段挪用,其挪用船舶分段的行为,实际上是对国航公司第一期进度款（7 960 万元）的挪用,应按中国人民银行公布的同期一年期流动资金贷款利率向国航公司支付资金使用费,从 2008 年 11 月 17 日起计至 2009 年 4 月 10 日止。在 2009 年 4 月 10 日扬州国裕公司和武汉国裕公司致函国航公司解除合同后,按照合同第 11 条的约定,扬州国裕公司和武汉国裕公司应将扣除其损失后的余款返还给国航公司,但其在合同实际解除后至诉讼期间仍占有国航公司第一期进度款的余款,没有合同及法律依据,应退还余款 5 970 万元（7 960 万元—1 990 万元）并向国航公司支付利息,该部分利息从 2009 年 4 月 11 日起按中国人民银行公布的同期一年期流动资金贷款利率,向国航公司计付至本判决确定的还款之日止。

综上所述,原审判决在认定国航公司构成根本性违约并判令国航公司按合同及法律规定承担违约责任的前提下,对已认定的扬州国裕公司和武汉国裕公司的违约行为没有判令其承担相应责任,属于适用法律不当,依法予以纠正。依照《中华人民共和国民事诉讼法》第 153 条第 1 款第 2 项之规定,判决如下:

一、维持厦门海事法院（2009）厦海法商初字第 123 号民事判决第一、二、三、五、六项;

二、变更厦门海事法院（2009）厦海法商初字第 123 号民事判决第四项为:武汉国裕物流产业集团有限公司、扬州国裕船舶建造有限公司应向福建国航远洋运输（集团）股份有限公司支付资金占用期间的利息,其中 2008 年 11 月 17 日至 2009 年 4 月 10 日期间,以本金 7 960 万元计算;2009 年 4 月 11 日起至本判决确定的还款之日止,以本金 5 970 万元计算;以上利息均按中国人民银行公布的同期一年期流动资金贷款利率计付。

4.6 船舶建造合同的佣金

⑨ 上诉人上海电气国际经济贸易有限公司、上海华利船舶工程有限公司与被上诉人格雷格航运公司船舶建造佣金合同纠纷案

案例来源：上海市高级人民法院（2011）沪高民四（海）终字第 160 号

主题词：船舶建造合同佣金　合同效力　主合同解除

> **裁判要旨**
>
> **No. CB-4.6-1**　本案系船舶建造佣金合同纠纷，经纪人并未在中国注册，没有取得从事经纪业务的资格。但是，涉案船舶建造合同的当事人不在同一国家，属于跨国居间服务。经纪人作为居间人订立合同、收取费用的行为符合国际商事惯例。合同合法有效。
>
> **No. CB-4.6-2**　船舶建造合同由于当事人的违约而解除，除非另有合同约定，否则合同解除不能减免当事人支付居间费的法律责任。

一、基本案情

上诉人（原审被告、反诉原告）：上海电气国际经济贸易有限公司（以下简称电气公司）

上诉人（原审被告、反诉原告）：上海华利船舶工程有限公司（以下简称华利船舶）

被上诉人（原审原告、反诉被告）：格雷格航运公司（Graig Shipping Plc.。以下简称格雷格公司）

上海海事法院一审查明，2005 年 12 月 8 日，电气公司与华利船舶共同作为卖方与格雷格公司介绍的 Shipcraft Transport Ltd（以下简称 S 公司）为建造船壳号系 HL18、HL19、HL20 及 HL21 的 4 艘船舶，分别签订了 4 份造船合同，造船合同还载明 S 公司或指定方作为买方。同日，电气公司、华利船舶共同作为卖方与格雷格公司签订了 4 份内容一致的佣金合同，分别对应 HL18、HL19、HL20、HL21 四艘船舶的造船合同。每份佣金合同均约定了佣金总额为 146 000 美元，同时约定按照造船合同约定：买方向卖方按期支付造船款项，卖方收到每期款项后向格雷格公司按比例支付各期佣金款项。卖方须以造船合同约定的、可自由兑换的币种支付佣金。佣金合同还约定，若各造船合同未生效或者船舶建造期间买方/卖方取消和/或解除各造船合同，卖方可以立即解除未付合同款项部分的佣金，且本合同就此失效。2006 年 5 月 25 日，电气公司与华利船舶向格雷格公司支付了上述 4 份造船佣金合同项下的第一期佣金，每笔佣金均为 29 200 美元，共计 116 800 美元。2006 年 11 月 15 日，电气公司与华利船舶向格雷格公司支付了 HL18 船舶造船佣金合同项下的第二期佣金，计 29 200 美元。2007 年 3 月 2

日,电气公司与华利船舶向格雷格公司支付了 HL19 船舶造船佣金合同项下的第二期佣金,计 29 200 美元。2008 年 5 月 22 日,电气公司与华利船舶向格雷格公司支付了 HL20、HL21 船舶造船佣金合同项下的第二期佣金以及 HL18、HL19 船舶造船合同项下的第三期佣金,每笔佣金均为 29 200 美元,共计 116 800 美元。至此,电气公司与华利船舶共支付了 4 个造船佣金合同项下的 10 笔佣金,共计 292 000 美元。2009 年 1 月 5 日,电气公司、华利船舶收到了买方支付的 HL20 及 HL21 两艘船舶的第三期造船分期款。2008 年 12 月 31 日,格雷格公司向电气公司与华利船舶开具编号为 GV00234 和 GV00235 两张佣金发票,分别是 HL20 及 HL21 两艘船舶的第三期佣金各 29 200 美元,共计 58 400 美元。2009 年 2 月 3 日,格雷格公司通过电子邮件向电气公司刘达庆询问,请查收 GV00234 和 GV00235 发票这是因 HL20 以及 HL21 轮龙骨安放而应付的款项。对于此款项是否有疑问?如果没有,请问我司何时能够收到此款。次日,电气公司刘达庆回复称,我已收到贵司编号为 GV00234、GV00235 的发票,但是由于我们没有收到华利船舶的付款指示,因此到今天为止仍没有支付此款项。因此,请就此事联系华利船舶。一旦收到华利船舶的付款指示,我司就会立即付款。同年 2 月 25 日、4 月 8 日、7 月 8 日,格雷格公司数次通过电子邮件催收佣金款项。2009 年 11 月 24 日,格雷格公司的代理人林江律师向电气公司与华利船舶发出追讨拖欠造船佣金的律师函。2009 年 12 月 8 日 10 时 16 分 08 秒,华利船舶向格雷格公司代理人林江律师转发了 S 公司 Per Nykjaer Jensen(以下简称 Per)于 2009 年 11 月 3 日发给华利船舶的邮件,内容是"请查阅附件关于 HL18/19/20/21 的全部 4 份造船合同解除的解约通知函件,备注:HL18/19/20/21 买方 Panther 公司、Tiger 公司、Jaguar 公司及 Lion 公司均由 S 公司指定。"附件中关于 HL20 船舶造船合同的解约通知主要内容是:根据造船合同第 10 条发出本解约通知。参照我司丹麦法律顾问 Kromann Reumert 律师行 2009 年 10 月 26 日发出的函件中通知贵司,若 2009 年 11 月 2 日之前各方不能达成合理可行的解决方案,我方将基于贵司建造延滞行为解除造船合同。……基于上述情况,我方认为目前未能达成令各方满意的合理可行的解决方案,因此,我方特此声明,现根据合同第 3 条第 1 款 C 项及第 10 条的规定,行使解除本合同的权利。我方现要求贵方返还我方已付的所有合同款项及根据合同第 10 条第 3 款所产生的利息。请贵方在 2009 年 11 月 9 日前将下述款项全额、不作任何扣除地支付至我司下述账户:第一期款项 = 1 464 000 美元,利息 6% 自 2006 年 3 月 29 日起算 = 347 650 美元;第二期款项 = 1 464 000 美元,利息 6% 自 2008 年 4 月 17 日起算 = 140 913 美元;第三期款项 = 1 464 000 美元,利息 6% 自 2009 年 1 月 5 日起算 = 73 786 美元;总计 = 4 954 349 美元。上述款项应支付至受益人 Lodestar Shipholding Ltd. 在丹麦诺底亚银行的账户,落款由 S 公司指定方 Jaguar 公司和丹麦诺底亚银行授权代表签字。而 HL21 船舶造船合同的解约通知内容与 HL20 船舶造船合同的解约通知内容一样,仅是落款由 S 公司指定方 Lion 公司和丹麦诺底亚银行授权代表签字。2009 年 12 月 10 日,格雷格公司代理人林江律师再次给电气公司与华利船舶发出律师函提道:"昨日我司收到并审阅陶经理提供的有关造船合同终止的材料。

我司认为,造船合同的终止是由于贵两司严重违反相关造船合同而造成,且格雷格公司主张相关佣金的权利即贵两司支付相关佣金的义务发生在合同终止的一年之前……"之后,因电气公司与华利船舶仍未支付第三期佣金,也未就佣金支付事宜作出进一步回应,格雷格公司遂诉至法院。

一审法院另查明,2006 年 2 月 27 日,S 公司向电气公司、华利船舶以及 Lion 公司发出关于指定 HL21 船舶造船合同的买方被指定人的函,具体内容为 S 公司不可撤销且无条件地指定其关联公司 Lion 公司(以下简称被指定人)代表其购买造船合同项下的船舶。被指定人在下方签字,即代表其接受了前述指定。被指定人确认,其已收到并审阅造船合同的副本,同意并接受造船合同的条款。根据第 14 条第 2(g)款的规定,在买方根据本函指定被指定人后,卖方应将船舶交付给被指定人,并将一切交船文件和证明递交给被指定人。S 公司将在船舶建造期间指定一个监造队及在船舶交付前,与被指定人共同对造船合同项下买方的义务负责。请卖方在本函下文签字栏中签字,以确认其接受买方根据本函对被指定人作出的与造船合同相关的指定,并将签署后的本函副本交还 S 公司。2006 年 2 月 28 日,Lion 公司的授权代表在该函上签字并以 DHL 快递方式递交给了 S 公司的 Per 先生。2006 年 3 月 13 日,电气公司的刘达庆和华利船舶的陶岗分别在该函上签字。2006 年 3 月 13 日,电气公司的刘达庆和华利船舶的陶岗还分别在 S 公司于 2006 年 2 月 27 日同时发出的指定 Jaguar 公司为 HL20 船舶造船合同买方被指定人、Tiger 公司为 HL19 船舶造船合同买方被指定人、Panther 公司为 HL18 造船合同买方被指定人的 3 份函件上签字确认。

2009 年 11 月 3 日,电气公司与华利船舶收到买方 S 公司解约通知后,通过来往邮件的方式,与买方代理律师 Morten Schou Kierulff(以下简称 Morten)磋商终止和解协议的文本、签署主体、和解款项(造船分期款本金和利息计算)以及退还造船分期款的期限和方式等。

2009 年 11 月 16 日 07 时 49 分,华利船舶回复买方代理律师 Morten,表示经过各方的紧张工作和不懈努力,目前和解协议的内容已经得到各方的充分讨论和理解。现在通知您华利船舶和电气公司已经正式确认 11 月 13 日贵方修改后的和解协议版本。接下来,就协议签署工作,我们建议有下述两种签署方式可供选择:一种是与 2005 年 12 月 8 日造船合同相同的合同方以及签约人员,包括 Larsson 先生、陈鸿先生以及陶岗先生。另一种是由 PER 先生签署,但必须出具 4 个公司——Panther 公司、Tiger 公司、Jaguar 公司及 Lion 公司表示转让授权的函件。至于是否有必要安排签署正式文件的时间和地点,我们还望您以及买方就此发表意见。如果各方均认为没有必要,我们接受经由各方批准的 PDF 文件版本作为正式文件。关于利息金额,恳请你提供利息计算公式及表格。

同日 11 时 23 分,Morten 律师回复前一封邮件表示,我建议四合同的和解协议文件按照下述程序执行:(1)买方和卖方分别签署 3 份正本合同;(2)买方和卖方通过电子邮件互相发送已签署合同的 PDF 版本文件;(3)买方向华利船舶和电气公司分别邮寄

1 份合同正本原件，且卖方向买方邮寄 1 份合同正本原件。现附上已经公证的每一买方的授权委托书副本，据此贵司可以看出，Per 先生已经合法授权作为代表买方签署和解协议的唯一受托人。就此提醒贵方注意，2006 年 2 月 27 日 S 公司已经通过指定函指定上述 4 家公司作为买方，也就是说，这 4 个公司是造船合同下的买方，和解协议应是以这 4 个买方公司的名义签署，并且也是这 4 个公司签署了解约通知。Larsson 先生无任何理由和依据签署和解协议，因为他没有得到 4 个公司的任何授权。现在安排买方签署协议并尽快通过电子邮件将 PDF 格式文件发送给你，请您同样安排卖方签署文件。同时附上利息计算表格的 PDF 文件，供您参考……请您转账成功之后立即将银行单据提供给我们。

同日 18 时 33 分 16 秒，Morten 律师通过电子邮件告知电气公司与华利船舶，现附上供各方执行的和解协议版本，已将今天的日期（2009 年 11 月 16 日）插入文件中。请注意这是各方将要签署的文件版本。11 月 17 日，华利船舶回复前一封邮件称，已收到您 11 月 16 日的邮件，我们同意您所建议的协议签署程序。我们也相信 Per 先生已经 4 个公司的合法授权足以使其签署文件。但 4 份授权委托书中若干条款的授权不太明确，希望增加补充条款。

11 月 18 日 01 时 48 分 15 秒，Morten 律师回复前一封邮件称，根据目前授权委托书的内容已经足以授权 Per 先生签署和解协议。现在离协议所规定的还款期限只剩下两天时间，已没有足够的时间准备新版本的授权委托书及其签署、公证事宜。现附上 2009 年 11 月 16 日版本的协议，已经由买方签署。请尽快安排卖方签署并通过邮件回传给我们。我们之后可以再安排交换文件原件。

同日 11 时 26 分，华利船舶回复前一封邮件称，很高兴通知你，华利船舶和电气公司已同意并签署 2009 年 11 月 16 日版本的和解协议，现附上协议的 PDF 版本，随后我们会安排交换文件原件。之后一段时间内，我们会安排还款，2009 年 11 月 26 日仍作为还款期限。由 Jaguar 公司作为买方和作为卖方的电气公司与华利船舶于 2009 年 11 月 16 日签订的和解协议中，各方约定：鉴于卖方和买方于 2005 年 12 月 8 日签署的船壳号为 HL20 的造船合同，合同第 2 条规定船舶的购买价格为 732 万美元，该价格应当由买方平均分成五期支付给卖方，每期 146.4 万美元，须在船舶建造期内的不同时间支付。

在 2006 年 3 月 29 日至 2009 年 1 月 5 日期间，买方向卖方共支付 439.2 万美元，相当于船舶购买价格第一至三期分期款的总和。截至 2009 年 11 月 2 日，根据合同条款的规定，买方以过度延误为由通知终止合同，并要求返还已付的分期款，以及按照合同约定之利率计算的利息。各方现约定：(1) 根据买方于 2009 年 11 月 2 日发出的通知，买方已终止合同。(2) 卖方应当在 2009 年 11 月 19 日之前，向买方退还已收到的所有分期款，并支付从分期款付给卖方之日起算，直至退还给买方之日为止，按年利率 6% 计算的每期分期款的利息（该等本金及其利息称为"和解款项"）。……(3) 在卖方向买方支付全部和解款项后，买方应当立即将交通银行上海分行出具的 3100102006M500002000 号退款保证书交还卖方。……(5) 本协议应当在各方签署本协议后立即生效。Per 代表 Jaguar 公司在和解协议上签字。由 Lion 公司作为买方和作为卖方的电气公司与华利船舶于 2009 年 11 月 16 日签订的和解协议中,对应的造船合同为船壳号 HL21,退款保证书编号为 3100102006M500002200 号,协议的其他内容均与上述 HL20 的和解协议内容一致,落款由 Per 代表 Lion 公司签字。同日还签署了针对船壳号为 HL18 和 HL19 两份造船合同的两份终止和解协议,内容除了造船分期款支付时间、退款保证书编号、买方名称外,与上述两份和解协议基本一致。

2009 年 11 月 24 日 17 时 11 分,电气公司刘达庆给 Morten 律师发出邮件称,我们正在安排付款,请确认我们通过回复邮件的方式所计算出的款项具体金额(本金和利息),以便我们在 2009 年 11 月 26 日之前付款。同日 20 时 36 分,Morten 律师回复邮件给刘达庆和华利船舶称,今天我们收到发自还款银行(交通银行)的 SWIFT 确认信息,该行将按照我方要求金额还款,并且表示按照贵司之前邮件以及附件所述的利息款项今天一并支付。我们已经请求诺底亚银行如果款项 2009 年 11 月 26 日到达且利息金额正确,将向还款银行发出 SWIFT 信息以确认。

2009 年 11 月 25 日 18 时 38 分 12 秒、15 秒、19 秒、23 秒,交通银行向丹麦诺亚底银行汇出 4 笔款项分别是 5 183 582 美元、4 971 483 美元、5 152 335 美元、4 971 483 美元。

2009 年 11 月 26 日 20 时 51 分,Morten 律师向华利船舶发送邮件称,诺底亚银行确认今天已从交通银行收到退款。我会要求诺底亚银行以 SWIFT 信息方式向交通银行确认其已收到退款(即退款索赔已全部付清)我相信这样足以满足还款保函中的要求,还款保函也是交通银行和诺底亚银行以 SWIFT 信息互相传送。我也会要求 Per 先生向华利船舶和电气公司用快递各寄送各和解协议正本 1 份(由各买方签署)。同时请贵方也通过快递方式寄送各和解协议的正本 1 份(由卖方签署)至以下地址:ShipcraftA/S,收件人为 Per 先生,Gl. Hovedgade14,DK-2970Horesholm,Denmark。

一审法院还查明,格雷格公司支付了律师费 10 512 美元;公证认证费 1 391 英镑;证据公证费人民币 2 000 元;翻译费人民币 500 元。

二、一审裁判

一审法院认为,格雷格公司系外国企业,涉案造船佣金合同属于涉外合同,格雷格公司与电气公司、华利船舶可以协议选择合同适用的法律,在庭审中,各方当事人一致同意适用中国法,故一审法院确认对涉案纠纷的处理适用中华人民共和国法律。

涉案纠纷起因是作为造船合同中介的格雷格公司,依据其与电气公司、华利船舶签订的佣金合同,向电气公司、华利船舶主张欠付佣金,而电气公司与华利船舶认为涉案佣金合同属于特殊的居间合同。一审法院认为,涉案纠纷不属于典型的海商合同纠纷,是与造船合同相关联的独立的佣金合同纠纷,合同性质更接近于合同法下的居间合同,在海商法并无对应纠纷类型可适用法律规定的情况下,对涉案纠纷处理应适用我国《合同法》总则及《合同法》分则关于居间合同的相关规定。

关于涉案佣金合同是否终止。一审法院认为,涉案 4 份佣金合同中均约定了如下条款:若各造船合同未生效或者船舶建造期间买方/卖方取消和/或解除各造船合同,卖方立即解除未付合同款项部分的佣金,且佣金合同就此失效。该条款属于附解除条件的条款,根据《中华人民共和国合同法》第 45 条的规定,当事人对合同的效力可以约定附条件。附生效条件的合同,自条件成就时生效。附解除条件的合同,自条件成就时失效。因此,涉案佣金合同是否终止,取决于对应的造船合同的情况。电气公司与华利船舶主张 HL18、HL19、HL20 及 HL21 4 艘船舶的造船合同已由其与 S 公司的指定方即实际买方协议终止,并提供了相应的证据。一审法院认为,根据查明事实,上述四艘船舶的造船合同已经终止,因此,涉案 4 份佣金合同也因解除条件成就而失效。2009 年 11 月 2 日,造船合同买方通知解除造船合同之时,也是涉案佣金合同终止之日。

涉案佣金合同终止后如何处理。这里涉及两个方面的问题:一是对合同终止时,尚未支付的佣金的处理,包括 HL20 和 HL21 船舶对应的佣金合同的第三期佣金和 4 个佣金合同项下的第四、第五期佣金;二是对合同终止前,已经实际支付的佣金的处理。这正是各方当事人本诉与反诉争议的关键所在。一审法院认为,虽然涉案佣金合同与造船合同存在生效、履行、终止条件上的联系,但两类合同本身属于独立的合同,并不存在主、从关系。涉案佣金合同的终止仅是发生了合同约定的终止条件,而使得佣金合同效力从终止条件成就时开始不再继续有效。本案是合同之诉,契约自由是合同的基本原则之一,意味着各方当事人的权利义务主要依据各方的合同约定,只有在合同没有约定或约定不明的情况下,才依据调整系争合同关系的法律规定确定各方的权利义务,即"有约定从约定,没有约定从法定"。

涉案合同约定如果相关造船合同被解除或取消,卖方可以立即解除未付合同款项部分的佣金,且佣金合同就此失效。这里有两层意思:一是佣金合同从此时起失去效力,不再发生法律上的效力,但这不等于合同无效,也不等于合同被撤销,从合同的约定来看,也没有发生溯及既往的意思表示。二是合同对于终止的法律后果也作出了明确约定,即造船合同被解除或取消,则作为卖方的电气公司与华利船舶立即被解除未付合同款项部分的佣金,此处的未付合同款项部分,显然是指未付的造船合同分期款部分,此时被解除的应当是这部分造船分期款对应的佣金,而已经收到的造船分期款对应的佣金属于应当支付而未支付的佣金,本身已属于违约责任范畴,在合同失效不溯及既往的情况下,违约责任显然不能被一并免除。因为,电气公司、华利船舶与格雷格公司签订的涉案佣金合同的第一条便明确约定了佣金的总额,支付该合同项下的所有佣金,均为电气公司与华利船舶应承担的义务,而且与造船分期款支付进度相对应,佣金也被分成 5 期,对应造船的 5 个进度,所以对于电气公司与华利船舶而言,支付佣金义务的内容是明确的,具体金额也是确定的。佣金合同中约定电气公司与华利船舶在收到造船分期款后支付相应一期佣金,只是对其履行合同义务所设定的一个期限,并非如电气公司与华利船舶所称是约定了支付条件,也并非是指电气公司与华利船舶只有收到造船分期款才会产生支付佣金的义务。对于本诉系争的第三期佣金,电气公司与华利船舶在收到第三期造船分期款时就应当及时予以支付,而从其知道应当支付之日,到造船合同终止之日将近 1 年时间,电气公司与华利船舶未支付第三期佣金,显然已违反了佣金合同约定。

因此,一审法院对格雷格公司本诉主张电气公司与华利船舶向其支付两个佣金合同项下的第三期佣金的请求予以支持。但涉案佣金合同约定,支付币种是美金,合同履行中电气公司与华利船舶支付前两期佣金的币种也是美金,格雷格公司现以人民币作为主张佣金损失的币种,缺乏法律依据,一审法院不予支持。格雷格公司主张利息计算以金融机构贷款基准利率为准,但未提供相应证据和法律依据,该院不予支持。

二审法院以格雷格公司起诉状上的币种和金额支持其该项诉请,即电气公司与华利船舶应向格雷格公司支付涉案佣金合同项下第三期佣金,金额为 58 400 美元。同时,电气公司与华利船舶应承担逾期付款的违约赔偿,即以欠付佣金 58 400 美元为基数,以中国人民银行同期美元存款利率计算从 2009 年 1 月 5 日起至本判决生效之日止的利息。

电气公司与华利船舶主张,合同解除后,原则上应发生恢复原状的法律后果。一审法院认为,涉案佣金合同对合同解除的后果和处理方式已作出明确约定,这个约定也是符合合同性质的。涉案佣金合同符合我国《合同法》分则中的居间合同性质,居间合同是指居间人向委托人报告订立合同的机会或者提供订立合同的媒介服务,委托人支付报酬的合同。居间人促成合同成立的,委托人应当按照约定支付报酬。因居间人提供订立合同的媒介服务而促成合同成立的,由该合同的当事人平均负担居间人的报酬。格雷格公司为 S 公司与电气公司、华利船舶签订造船合同提供了媒介服务,并促成造船合同的订立,有权获得相应的报酬。在格雷格公司与电气公司、华利船舶签订的涉案佣金合同中,约定了其作为居间人可获得报酬的总额,同时约定了佣金支付方式为分期支付,且与造船分期款的支付进行挂钩,应当视作格雷格公司为自己报酬权利的实现增加了一定的风险,将本可一次性获得的报酬分了若干期。但即使是这样,也不意味着格雷格公司会再进一步放弃权利。有约定从约定,只要买方支付了造船分期款,卖方收到了造船分期款,格雷格公司就有权按照合同约定获得这一期的佣金,至于造船分期款支付后又被退还,对于格雷格公司而言,不能等同于造船分期款没有收到。造船合同解除后,佣金合同也随之终止,佣金合同从终止时起失去效力,佣金合同明确约定免除未付合同款项部分的佣金,但对于之前已经支付的并未约定返还,此处并非没有约定或约定不明,而是基于居间合同的特性,对于已经获得的报酬,约定不再返还。因此,一审法院对电气公司与华利船舶主张的格雷格公司应向其返还已支付的 4 个佣金合同项下全部佣金的反诉请求,不予支持。

基于涉案佣金合同的相关约定,在电气公司与华利船舶收到 HL20 及 HL21 两艘船舶的第三期造船款后,格雷格公司有权向其主张相应的第三期佣金,此时,佣金合同尚处于有效存续期间,而电气公司与华利船舶故意拖延不付,已构成合同违约,理应承担相应的违约责任。当涉案佣金合同因所附解除条件成就而终止时,应按照合同约定的合同终止后的处理条款,对权利义务进行处理,佣金合同对于已经支付的佣金并未作出返还的约定,因此,电气公司与华利船舶反诉主张格雷格公司应返还之前已取得的佣金,缺乏合同和法律依据,对其相关反诉请求,一审法院不予支持。

综上,一审法院遂依据《中华人民共和国合同法》第 8 条、第 45 条第 1 款、第 60 条第 1 款、第 107 条、第 424 条、第 426 条第 1 款,《中华人民共和国民事诉讼法》第 64 条第 1 款之规定,判决如下:

一、确认格雷格公司与电气公司、华利船舶于 2005 年 12 月 8 日签订的 4 份造船佣金合同已于 2009 年 11 月 2 日解除;

二、电气公司、华利船舶应于判决生效之日起 10 日内共同向格雷格公司支付佣金损失 58 400 美元及相应利息损失(利率按中国人民银行同期美元存款利率计算,自 2009 年 1 月 5 日起计算至判决生效之日止);

三、对格雷格公司的其他诉讼请求不予支持;

四、对电气公司、华利船舶的其他反诉请求不予支持。

三、上诉与答辩

电气公司、华利船舶上诉认为:(1) 涉案佣金合同系附条件合同,电气公司与华利船舶能否收到造船合同分期款是格雷格公司能否收取佣金的条件;(2) 原审法院对于佣金合同中"未付佣金"的理解有误,"未付佣金"包括电气公司、华利船舶应付而未付的,与 HL20、HL21 合同关联的第三期佣金;(3) 涉案佣金合同解除后,其效力应溯及既往,格雷格公司应退还其收到的所有佣金;(4) 格雷格公司在签订涉案合同时,未在我国合法登记注册,且不具备在我国从事经纪业务的资格,故并非适格的合同主体,其所签的涉案合同当属无效。据此,请求二审法院撤销原判,依法改判。

格雷格公司答辩认为,原审认定事实清楚,判决结果正确。格雷格公司已经完成了居间义务,应当收取相应费用,包括电气公司、华利船舶应付而未付的费用。关于格雷格公司的主体资格问题,电气公司、华利船舶在一审中未提及,故二审中不应被采纳。同时,格雷格公司系在英国注册的公司,具有完全的资格订立涉案合同,并不需要在我国进行注册登记。据此,请求二审法院驳回上诉,维持原判。

各方当事人在二审中均未提交新的证据材料。

四、二审裁判

上海市高级人民法院二审经审理查明,原判认定事实清楚,应予确认。

二审法院认为,本案系船舶建造佣金合同纠纷。本案的争议焦点是:(1) 涉案合同的效力;(2) 涉案合同关于付款的约定系附条件还是附期限;(3) 涉案合同中"未付佣金"是否包括应付而未付的佣金;(4) 涉案合同终止后是否具有溯及既往的效力。

(一)关于涉案合同的效力问题

电气公司、华利船舶认为,格雷格公司并未在中国注册,且未取得从事经纪业务的资格,违反了《中华人民共和国公司登记管理条例》的相关规定,故其签订的合同无效。

二审法院认为,格雷格公司作为一家注册在英国的企业,其为国外买家 S 公司及中国卖家电气公司、华利船舶提供居间服务,涉案合同从性质上看属于国际居间合同。格雷格公司提供跨国居间服务并收取费用的行为,符合国际商事惯例。故电气公司、华利船舶提出的涉案合同无效的上诉理由不能成立。

(二)关于涉案合同付款的约定系附条件还是附期限的问题

二审法院认为,涉案合同性质上属于居间合同,居间人的义务是向委托人提供订立合同的机会或者提供订立合同的媒介服务。本案中,格雷格公司已经提供了相应的服务,并促使 S 公司和电气公司、华利船舶签订了船舶建造合同,格雷格公司有权取得相应的报酬。涉案佣金合同对于上述报酬的支付方式、金额和支付时间进行了约定,该种约定应当被理解为对于付款的期限进行了约定,而非为付款设定条件。二审法院对电气公司、华利船舶提出的合同付款约定系附条件条款的上诉理由,不予支持。

(三)关于涉案合同中"未付佣金"是否包括应付而未付的佣金问题

二审法院认为,涉案佣金合同约定,船舶建造合同解除后,免除电气公司、华利船舶支付未付佣金的义务。根据佣金合同约定的付款期限,对于应付而未付的佣金,其付款期限早在涉案佣金合同终止前已经到期,系由于电气公司、华利船舶的违约行为而导致至今未付的部分。合同终止不能免除电气公司、华利船舶的违约责任。故涉案合同中约定的"未付佣金"应指在合同终止时,尚未满足付款期限约定的那部分佣金,并不包括因电气公司、华利船舶违约而尚未支付的应付款项。二审法院对电气公司、华利船舶提出的未付佣金包括应付而未付部分佣金的上诉理由,不予支持。

(四)关于涉案合同终止后是否具有溯及既往的效力问题

二审法院认为,涉案佣金合同中对于合同终止后各方权利义务的处理已经作出了明确的约定,且该约定并不违法,应予确认。涉案合同终止后,电气公司、华利船舶免予支付的佣金仅限于未付佣金。根据合同意思自治原则,有约定应当从约定,故涉案佣金合同终止后并不具有溯及既往的效力。二审法院对电气公司、华利船舶提出的涉案合同终止后其效力溯及既往的上诉理由,不予支持。

综上所述,电气公司、华利船舶的上诉理由缺乏事实和法律依据,上海市高级人民法院对其上诉请求不予支持。上海海事法院认定事实清楚,判决结果正确,应予维持。依照《中华人民共和国民事诉讼法》第 152 条第 1 款、第 153 条第 1 款第 1 项、第 158 条之规定,判决如下:

驳回上诉,维持原判。

5. 船舶买卖合同纠纷

5.1 船舶买卖合同的效力及解除

1 上诉人浙江海宇疏浚工程有限公司与被上诉人陈刚、傅明丰、郑怀洪、张宏光等船舶买卖合同违约赔偿纠纷案

案例来源:浙江省高级人民法院(2009)浙海终字第39号

主题词:船舶买卖合同　船舶改造　合同解除

> **裁判要旨**
>
> **No. CB-5.1-1**　船舶买方提出,涉案船舶是300立方米绞吸式挖泥船且是内河船舶,与《船舶买卖合同》约定的2 000立方米挖泥船不符,并且,请求解除《船舶买卖合同》。法院查明,本案当事人以现状交付船舶,不符合海上航行施工要求,而且,船舶卖方不能出具符合约定的证书和船舶国籍证书。经查,涉案船舶是改装船舶,改装尚未结束,而且船舶卖方已经实地上船检验,因此,原有的船舶检验证书并不具有实质意义,须待船舶改装完毕后经相关船检部门检验后才能出具船舶检验证书。法院认定,即使现状交付的船舶与船舶检验证书的汇载差异较大,船舶买方也无权因此解除合同。

一、基本案情

上诉人(原审被告):浙江海宇疏浚工程有限公司(原名舟山市坤华疏浚工程有限公司,以下简称浙江海宇疏浚公司)

被上诉人(原审原告):陈刚

被上诉人(原审原告):傅明丰

被上诉人(原审原告):郑怀洪

被上诉人(原审原告):张宏光

(以上被上诉人简称:陈刚等)

宁波海事法院审理查明:2008年2月26日,陈刚等与浙江海宇疏浚公司签订了一份《船舶买卖合同》,约定:陈刚等将其共有的"新鸿顺7" 2 000立方米绞吸式挖泥船以1 680万元的价格出售给浙江海宇疏浚公司;浙江海宇疏浚公司应当在合同签订后两个工作日内向陈刚等支付定金100万元,在船舶过户后10个工作日内支付第二期购船款700万元,余款860万元在2008年5月30日前一次性结清;陈刚等收到浙江海宇疏浚公司的定金后,负责办理该船舶所有权证书、国籍证书、船舶检验证书等相关证书的注销及出让予浙江海宇疏浚公司的手续;如一方违约,须支付另一方总船价20%的违约

金;本合同经双方签字盖章后生效。船舶买卖合同订立后,浙江海宇疏浚公司未依约履行支付定金和分期购船款等合同义务,陈刚等遂诉至宁波海事法院,请求判令浙江海宇疏浚公司依约承担违约金336万元。

二、一审裁判

宁波海事法院审理认为:陈刚等与浙江海宇疏浚公司之间订立的船舶买卖合同,经双方当事人签字确认,双方当事人均没有异议,合同依法成立;浙江海宇疏浚公司虽然抗辩海上船舶检验证书系合同的重要组成部分,陈刚等没有该检验证书,陈刚等在上述合同订立的过程中存在蓄意欺诈的意图和行为,请求依法撤销该合同,但是浙江海宇疏浚公司没有对此提供任何证据,撤销合同的理由又不充分,不予采信;该合同中虽然有定金条款,但是合同生效是以双方当事人签字盖章为要件,并不是以支付定金为前提,故浙江海宇疏浚公司没有支付定金不影响该合同的效力。综上,陈刚等与浙江海宇疏浚公司订立的船舶买卖合同,意思表示真实,内容合法,应确认为有效。合同订立后,浙江海宇疏浚公司未依约履行支付定金和分期购船款等义务,显属违约行为,应当承担相应的民事责任。陈刚等诉请合同约定的违约金,证据和理由充分,予以支持。依照《中华人民共和国民事诉讼法》第64条第1款、《中华人民共和国合同法》第107条、第114条第1款的规定,宁波海事法院于2008年12月22日判决:浙江海宇疏浚公司于判决生效后10日内支付陈刚等违约金336万元。如果未按判决指定的期间履行给付金钱义务,应当依照《中华人民共和国民事诉讼法》第229条之规定,加倍支付迟延履行期间的债务利息。案件受理费33 680元,由浙江海宇疏浚公司负担。

三、上诉与答辩

浙江海宇疏浚公司不服原审判决,向浙江省高级人民法院提起上诉称:陈刚等共有的"新鸿顺7"原船名"谷城绞吸1号",于1998年10月1日建造完工,于2004年12月10日改建完工。经船舶原所有权人谷城县航运公司申请,湖北省船舶检验处谷城检验站认定,该船符合《内河航行船舶法定检验技术法规》,并出具了该船《内河船舶检验证书簿》。因此,"新鸿顺7"是内河船舶,而《船舶买卖合同》要求的是海上航行的施工船舶;该船配置只符合《内河航行船舶法定检验技术规则》,而《船舶买卖合同》约定船舶必须符合《中华人民共和国船舶和海上设施检测条例》的规范,因此该船没有《海上船舶检验证书簿》,只有《内河船舶检验证书簿》;该船没有检验登记信息及《船舶国籍证》。另《船舶买卖合同》约定为2 000立方米绞吸式挖泥船舶,而该船为300立方米绞吸式挖泥船舶。根据现行船舶交易的法律、法规,船舶交易必须具备船舶所有权证书、船舶检验证书、船舶国籍证,而该船只有船舶所有权证书。据此,合同目的不能实现,陈刚等构成根本违约。请求撤销原判,判令解除合同,浙江海宇疏浚公司不支付相关款项。

陈刚等在庭审中称:原审认定事实清楚,法律适用正确。(1)浙江海宇疏浚公司与陈刚等是对现船进行买卖。浙江海宇疏浚公司对该船进行考察后才签订合同,是真实的意思表示。(2)"新鸿顺7"的船舶检验证书要等船舶改装完毕,经相关部门检验后才能制作。(3)《船舶买卖合同》规定陈刚等须注销检验证书,而不是提供新的检验证书。法律并未规定船舶买卖必须具备船舶所有权证书、船舶检验证书、船舶国籍证。请求驳回上诉,维持原判。

四、二审裁判

根据双方当事人的上诉和答辩,浙江省高级人民法院确定本案二审的争议焦点为:浙江海宇疏浚公司解除《船舶买卖合同》的理由是否成立,其要求不支付合同约定的违约金的请求能否得到支持。对于浙江省高级人民法院归纳的争议焦点,各方当事人均无异议。

针对本案争议的焦点,浙江省高级人民法院分析认定如下:浙江海宇疏浚公司认为,"新鸿顺7"是300立方米绞吸式挖泥船且是内河船舶,与《船舶买卖合同》约定的2 000立方米挖泥船不符,并不适合海上航行施工。陈刚等亦不能出具合同约定的海上船舶检验证书和船舶国籍证,构成根本违约。陈刚等认为本案的船舶买卖是现船交易,浙江海宇疏浚公司对"新鸿顺7"进行了实地查验,对船舶状况是知情的。船舶检验证书需待船舶改装完毕并经检验部门检验后才能制作。浙江省高级人民法院认为,"新鸿顺7"是已经建造完工的船舶,浙江海宇疏浚公司作为船舶买方在签订《船舶买卖合同》之前应对船舶现状有相当的认识。虽然双方均认可签订合同时船舶在船厂改装,但合同并未涉及改装事宜,也未载明浙江海宇疏浚公司对该船的改装要求。《船舶买卖合同》载明,"新鸿顺7"为2 000立方米绞吸式挖泥船舶,应为签订合同时双方对船舶当时状况的描述。合同同时载明,船舶质量已经浙江海宇疏浚公司确认,并约定按船舶现状交付。双方约定在合同签订后两个工作日内浙江海宇疏浚公司交付定金100万元,浙江海宇疏浚公司并未按约支付。经查,"新鸿顺7"至今仍在改装中。浙江海宇疏浚公司否认"新鸿顺7"是2 000立方米挖泥船,不符合合同约定,但没有提供相应的证据推翻其在签订合同时对船舶的描述。因"新鸿顺7"是改装船舶,原有的船舶检验证书并不具实质意义,须待船舶改装完毕后经相关船检部门检验后才能出具船舶检验证书。船舶国籍证并非船舶交易的必要条件,合同亦未约定陈刚等需出具该证书。综上,浙江海宇疏浚公司上诉认为"新鸿顺7"是300立方米绞吸式挖泥船舶没有相关证据予以佐证,其认为陈刚等没有出具船舶检验证书、船舶国籍证书致使合同目的不能实现,因此要求解除合同的上诉请求和理由不能成立。

综上,本案系船舶买卖合同纠纷。双方签订的《船舶买卖合同》是真实的意思表示,应确定为有效,双方均应按合同约定履行。浙江海宇疏浚公司未按合同约定履行支付定金和支付船款的义务,违反了合同约定,应承担相应的违约责任。浙江海宇疏浚公司上诉认为船舶不符合合同约定,且没有船舶检验证书和船舶国籍证书,因此要求解除合同的上诉请求和理由不能成立,依法不予支持。原审判决认定事实清楚,适用法律正确。依照《中华人民共和国民事诉讼法》第153条第1款第1项之规定,判决

如下:

驳回上诉,维持原判。

② 原告卓平与被告黄卫群船舶买卖合同纠纷案

案例来源:厦门海事法院(2012)厦海法商初字第88号

主题词:船舶买卖合同　书面形式　定金罚则

> **裁判要旨**
>
> **No. CB-5.1-2**　违反《中华人民共和国海商法》关于船舶买卖合同应当以书面形式订立的规定,并不必然导致合同无效,当事人未采用书面形式但一方已经履行主要义务而对方接受的,该合同成立。

一、基本案情

原告:卓平

被告:黄卫群

原告卓平诉称,原、被告经案外人黄表介绍,于2011年1月8日达成口头协议,约定原告向被告购买自抽自卸的"闽福州货0230"号沙船一艘,交易价格为125万元(人民币,下同),并约定被告应当在2011年2月初将沙船交付给原告。当日,原告向被告支付了定金5万元,并由被告亲笔出具了"收条"。之后,被告未能按约将船舶交付原告,且经原告多次催促,被告仍拒不履行交付义务,被告的行为已经构成严重违约。2011年9月5日,原告正式函告被告解除双方的船舶买卖协议,并要求其返还定金,但被告仍置之不理。故原告请求法院判令:确认解除原、被告之间的船舶买卖协议,并判令被告双倍返还原告所支付的定金共计10万元。

被告辩称,对原告经黄表介绍向其买船的事实无异议,其也收了5万元定金。被告收取定金后,将船交原告保养和维修,这些均是2011年1月间的事,原告诉状中陈述的2011年2月是双方约定的过户时间。双方约定原告先付船款,其才办理过户,但后来原告说不买船了,所以就没有过户。

二、法院查明的事实

厦门海事法院查明:原、被告经黄表介绍,于2011年1月8日口头达成船舶买卖协议,约定由原告向被告购买"闽福州货0230"号沙船,合同价款125万元,在原告交付5万元定金后,由被告将船舶交付原告维修。等船舶维修好后,原告需付船款110万元,剩余10万元待船舶证件办好后再支付。双方曾就协议内容草拟了书面合同,但均未签字。当日,原告通过黄表支付定金5万元给被告,并由被告出具了收条,然后将船舶交给原告在泉州进行维修。修理过程中,原告从修理师傅口中得知,案涉船舶曾由于碰撞码头引起过纠纷,所有权证件被扣留在泉州海事部门。在原告知道船舶证书被扣留在海事部门之后,因担心船舶过户问题,遂要求被告先办理所有权注销、过户,再支付剩余船款,但遭到被告拒绝。由于双方此后未能就此达成一致,原告停止支付船款、返还被告船舶并解除合同。

"闽福州货0230"轮系在福建省福州市地方海事局登记的散货船,524总吨,登记所有权人为林必敬等2人(林必敬持有51%的股份,黄国树持有49%的股份),登记船舶经营人为福州航丰运输有限公司。被告在庭审时称,船舶是其挂靠在其他公司名下。原告在诉讼中陈述,在买船之前和买船过程中,原告并不知道"闽福州货0230"船舶的所有权登记情况,被告也从未将船舶证书交予原告查看,但被告向原告承诺船舶是被告所有,并可以由被告办理过户。另据证人黄表陈述,原告在买船时,通过福州的朋友查过船舶的产权情况,黄表也将船舶挂靠公司的事情告知了原告。另查明,2010年9月16日,"闽福州货0230"轮在航行过程中碰撞到中国石油化工股份有限公司福建泉州石油分公司(以下简称中石油公司)所属的后渚石油码头。2010年9月21日,被告黄卫群作为船东代表,接受泉州海事局的水上交通事故调查。2011年3月16日,中石油公司在厦门海事法院对林必敬、黄国树和福州航丰运输有限公司提起诉讼,要求三者赔偿损失,并主张对"闽福州货0230"轮享有船舶优先权。2011年9月8日,中石油公司以纠纷庭外自行和解为由,向厦门海事法院提出撤诉申请,厦门海事法院裁定予以准许。

三、法院裁判

厦门海事法院认为,依据我国法律的规定,船舶买卖合同应以书面形式订立。本案中,原、被告只是就船舶买卖事宜口头达成一致,未签订书面合同,形式上违背了法律规定。不过,依照《合同法》第36条,法律、行政法规规定或者当事人约定采用书面形式订立合同,当事人未采用书面形式但一方已经履行主要义务,对方接受的,该合同成立。本案中,原告已支付购船定金并由被告接受,被告也将船舶交付原告占有,原告接受船舶并进行维修,证明双方愿意并实际开始履行船舶买卖合同。因此,从尊重当事人的意思自治与合同自由的角度出发,厦门海事法院认为本案的船舶买卖合同应认定为成立。

本案中,原告在接受了被告交付的船舶后,才得知船舶的所有权证书因为碰撞纠纷扣留在当地的海事部门,假如原告支付了船款,但碰撞纠纷仍不能得到解决,其购船目的就会受到阻碍。因此,在被告不能证明其能交出船舶所有权证书,应认定被告可能丧失履行债务的能力,故原告有权根据《合同法》第68条的规定行使不安抗辩权而中止合同的履行,以避免损失扩大。在经双方交涉后,被告仍不能恢复履行能力并且未提供适当担保的,双方也未就合同的变更达成一致,原告有权根据《合同法》第69条的规定解除合同。

本案中,被告交付的船舶已由原告返还,但原告交付的定金被告尚未返还,故原告有权请求被告返还定金5万元。对于原告要求双倍返还定金的请求,已经超出了恢复原状的范围,厦门海事法院不予支持。虽然《合同法》第115条规定了双倍返还定金的罚则,但该条适用的前提是收受定金的一方不履行约定的债务,也就是说,收受定金的一方已经违约,而本案属于被告因丧失或者可能丧失履行能力而由原告提前解除合同的情形,不能认定被告已经违约,因此该法律规定不适用本案。

综上,依照《中华人民共和国合同法》第10条、第36条、第68条第1款、第69条、第97条,《中华人民共和国海商法》第9条,《中华人民共和国民事诉讼法》第130条之规定,判决如下:

一、确认解除原告卓平和被告黄卫群之间的"闽福州货0230"轮船舶买卖协议;

二、被告黄卫群应于本判决生效之日起5日内返还原告卓平定金5万元;

三、驳回原告卓平的其他诉讼请求。

3 上诉人宏源国际海运有限公司与被上诉人五星锦绣海运有限公司船舶买卖合同纠纷案

案例来源:上海市高级人民法院(2012)沪高民四(海)终字第40号

主题词:船舶买卖合同　废钢船　船舶适航

裁判要旨

No. CB-5.1-3　废钢船买卖合同区别于普通二手船买卖合同,即便船舶不符合适航条件,也不阻碍合同目的的实现,故船舶不适航不构成根本违约。

一、基本案情

上诉人(原审原告、反诉被告):上诉人宏源国际海运有限公司(HONG YUAN INTERNATIONAL MARINE TRANSPORTANTION CO.,LIMITED,以下简称宏源公司)

上诉人(原审被告、反诉原告):五星锦绣海运有限公司(FIVE STARS GLORY SHIPPING CO.,LTD 上海海事法院,以下简称五星公司)

上海海事法院一审认定:2010年2月13日,宏源公司与五星公司签订《船舶买卖合同》,宏源公司向五星公司购买其所有的巴拿马籍"五星锦绣"轮,约定购船单价为369美元NET/LT(每长吨轻载),总价为6 829 042.41美元,交船地点为中国张家港港,交船时间为2010年2月28日至3月15日,并约定3月15日为解约日,由宏源公司决定是否行使解约权;船舶以"按现状"(as is)交付,交付时应完整无缺,未装载货物并安全浮于约定交船地点水面上,但宏源公司在签订合同前已经注意到第5货舱和泵房因搁浅造成损坏而渗水,宏源公司以"按船舶现状"为基础接受并确认船舶状态;交船时,为了安全进港,船舶到达张家港时的最大吃水不应超过8米;五星公司同意宏源公司或其代表在船舶到达交船港口可以上船,并且如果宏源公司要求,可以给予宏源公司或者其代表可能的协助并对船舶进行相应的解释;与交船相关的从长江口到张家港的所有港口费用、代理费等由宏源公司支付,但船员遣散费由五星公司负责;在签订本合同后3个银行工作日内,即宏源公司在同年2月22日至24日之间,向五星公司支付20%定金,购船余款在船舶到达交船港并在五星公司向宏源公司发出最终 N.O.R(交船准备就绪通知书)后3个银行工作日内,宏源公司向五星公司的指定账户电汇支付;五星公司全额收到购船款后,向宏源公司或其代表在交船港进行实际交船。合同还约定了争议适用中国法律处理等其他条款。同月24日,双方一致同意将定金变更为100万美元,宏源公司并于当日实际支付上述定金。在合同履行过程中,因船舶离港手续办理等原因,五星公司多次请求将船舶交付日期及解约日延至同年3月20日,4月15日,5月5日和6月15日,宏源公司对五星公司的请求均表示同意展期,同时将交船港变更为江苏泰州港。同年6月13日,五星公司向宏源公司提供《"FIVE STARS GLORY"轮搁浅探摸报告》(以下简称《探摸报告》),告知涉案船舶发生搁浅海难事故后的受损情况。根据该报告记载,涉案船舶在5号中舱右墙前部下角和左墙后部下角两处破损,其中右墙前部下角至后部位置之间有泄油板,无法触摸舱底情况,并建议在制订作业方案时,需要进一步了解难船内部结构。

同年6月14日,五星公司再次通过电子邮件请求将交船日期延至6月30日,并以该日为新的销约日,要求宏源公司在6月15日内回复。是日,宏源公司回复称,由于"五星锦绣"轮不能在合同规定的期限内将船开抵交船港交船,现宏源公司决定不接受五星公司延期交船,请五星公司在本周内偿还所有宏源公司已经支付的定金,并向宏源公司赔偿由此造成的损失。6月22日,宏源公司向五星公司通过电子邮件要求五星公司确认,宏源公司接受"五星锦绣"轮,单价为369美元/长吨,交船地点为江苏泰州港拆船厂码头或上海长兴岛中海船厂码头,具体由宏源公司选择最终交船港,合同解约日为2010年7月5日,其他按原合同执行。要求五星公司在次日中午12点以前答复。五星公司在次日11:52时通过电子邮件回复表示,五星公司确认并同意宏源公司上述邮件条款,请宏源公司书面通知最终的交船港口。宏源公司于6月25通知最终交船港为江苏泰州港。6月13日,涉案船舶从福建的湄洲湾起航,途经舟山,6月24日停泊于长江北锚地,因船舶无法通过大桥驶入泰州港,同年7月7日宏源公司通知交船港变更为上海长兴岛中海长兴船厂码头,7月10日涉案船舶进港失败,7月14日,"五星锦绣"轮在拖轮的协助下靠泊于中海长兴船厂码头7号泊位,五星公司即向宏源公司发出交船准备就绪通知书,通知宏源公司按合同约定及时接船。宏源公司后回复要求五星公司在解决右舵舵效及艏尖舱污水等问题后,重新发出交船准备就绪通知书,并表示,经由其登轮检查在船舶符合交船条件后,同意继续履行合同。五星公司回复表示涉案船舶符合交付条件,宏源公司应依约履行付款义务。7月27日,宏源公司向五星公司发出解除《船舶买卖合同》通知书。

一审法院另查明,同年7月10日进港失败系因船舶右舵舵效不好,船速过慢导致,

7月14日由3艘拖轮护航进港靠泊,船舶进港时吃水为8.8米,同年9月29日吃水调整为8米。

在原审审理过程中,宏源公司与五星公司共同委托上海悦之保险公估有限公司(以下简称悦之公估公司)就涉案船舶下列事项进行检验:(1)"FIVE STARS GLORY"("五星锦绣")轮舵机状况,包括是否处于正常使用状态;(2)该轮艏尖舱是否存在油污水,是否曾存放过油污水或曾被污染;(3)该轮目前停泊时的船舶吃水。悦之公估公司于2010年10月25日出具最终报告,《"FIVE STARS GLORY"轮公估报告》(以下简称《公估报告》)意见如下:就第一个事项,1号舵机、2号舵机及1+2舵机,经试操,可以转舵,但转舵速度偏慢;驾驶室应急舵,经试操,未见异常;舵机设备缺乏保养,需要修理;舵角指示有偏差,需要调整。对第二个事项,目力所及,该轮艏尖舱内无油污水,舱内比较干净。对第三个事项,右舷吃水:右艏5.60米,船舯6.50米,船艉7.80米;左舷吃水:左艏5.54米,船舯5.98米,船艉7.75米。

五星公司在涉案船舶进港时支付引航费人民币43 234元,淡水费人民币7 600元,拖轮费人民币297 000元,护航费人民币35 000元;在2010年10月9日为涉案船舶添加燃油支付了18 700美元;与(香港)大稼国际船舶管理公司签订当航次船舶管理合同,并向其支付管理费人民币10万元。

一审法院再查明,同年10月25日,五星公司与北京中环绿洲科贸发展有限责任公司(以下简称北京中环公司)签订废钢船买卖合同出售涉案船舶,每轻吨净价格为412美元NET/LT(每长吨轻载),总价款为7 624 838.68美元。涉案船舶的最终买家为泰州市伟业拆船轧钢有限公司,交船地点为上海长兴岛中海长兴船厂码头。

二、一审裁判

上海海事法院一审认为,宏源公司住所地在中国香港,五星公司住所地在中国境外,当事人有权协议选择合同争议应适用的准据法。双方签订的船舶买卖合同约定以中国内地法律作为解决本案合同纠纷的准据法,双方在原审庭审中对此均予以确认,故本案以中国内地法律作为解决本案合同纠纷的准据法。

一审中,主要争议焦点是:解决本案纠纷的合同依据是什么、宏源公司是否有权解除涉案船舶买卖合同、定金罚则是否能适用于本案、宏源公司是否应向五星公司赔偿因拒绝接船及申请扣船造成的损失?

(一)解决本案纠纷的合同依据是什么?

虽然宏源公司与五星公司均确认双方之间存在船舶买卖合同关系,并对2010年6月15日之前的涉案船舶买卖合同的订立、变更过程没有争议,但双方就是否于2010年6月15日解除原合同并于同月23日重新订立合同存在争议。宏源公司认为,原船舶买卖合同已经解除,同月23日双方通过要约承诺,订立了新的船舶买卖合同,变更了交船时间和交船地点,其他事项按原合同执行。五星公司辩称,双方约定的解约日为6月15日,宏源公司在6月16日才具有解约权,因此6月15日的邮件不构成对船舶买卖合同的解除,宏源公司没有有效行使解约权,同月23日的邮件是双方就合同条款的合意变更,而不是成立新合同。一审法院认为,合同的成立、变更及解除均以双方一致的意思表示为前提。虽然双方约定2010年6月15日为解约日,该日为合同履行期限的最后一天,宏源公司在同月16日具有解约权,但五星公司在6月14日的邮件中明确要求宏源公司在6月15日内回复,宏源公司于6月15日回复称不接受延期交船,双方就合同解除达成一致意思表示,宏源公司行使解约权并未违反当事人的约定,故双方签订的原船舶买卖合同已解除。宏源公司在6月22日致五星公司的邮件中明确作出从五星公司处购买涉案船舶的意思表示,属于新要约;五星公司在新要约规定的期限内明确表示确认并同意要约内容,属于对新要约的承诺;双方就船舶买卖合同标的、合同价格、履约地点、解约日等合同内容予以明确,并且基于双方对原合同内容的知晓,双方关于"其他按原合同执行"的约定具有法律约束力,因此,双方就涉案船舶买卖重新订立的合同依法成立并生效,该新生效的船舶买卖合同是解决本案纠纷的合同依据。

(二)宏源公司是否有权解除涉案船舶买卖合同?

合同解除应符合当事人约定或法律规定的条件。根据双方新订立的船舶买卖合同约定,合同解约日为2010年7月5日,而五星公司并未在该日之前交付涉案船舶,但宏源公司并未依约实际行使解约权。涉案合同双方未重新约定交船日与解约日,根据法律规定,未明确约定合同履行期限的,在给予合理履约期限的前提下,当事人可以随时履行合同义务或者要求对方履行合同义务。宏源公司于同月7日通知新的交船地点,五星公司也继续准备交船事宜,并于同月14日将涉案船舶驶至指定交船地点,双方均有继续履行合同的意思表示。因此,双方船舶买卖合同关系仍然有效,2010年7月5日为解约日的约定不再约束合同当事人,而双方并无关于解除合同的其他约定,五星公司在同年7月14日将涉案船舶置于合同约定的交船地点后,已经履行了合同义务,宏源公司于同月27日通知解除涉案船舶买卖合同没有合同依据。

根据法律规定,根本违约属于法定解约事由,即一方不履行合同主要债务或者其他违约行为致使不能实现合同目的的,履约一方当事人可以解除合同。宏源公司是否有权依法解除合同,需要判断:(1)五星公司交付的船舶是否符合合同约定?(2)若船舶交付不符合约定,该行为是否构成根本违约?

1. 关于五星公司交付船舶是否符合合同约定,涉案船舶买卖合同约定的船舶交付条件为"按船舶现状",双方订立合同的语言为英语,"按现状"的英文表述为"as is",该词在普通法系语境中有特定的法律内涵。"按现状"交付系指在不违反合同约定及法律规定的情况下,以卖方交付时的标的物现状为交付条件,卖方交付的货物只要不阻碍合同目的的实现,也不存在合同欺诈,卖方对其交付的标的物不承担任何瑕疵担保责任。合同双方主体所在地区均属于普通法系,故双方在订立合同时对该种特定法律内涵应具备基本认知。根据涉案合同的约定,涉案船舶应具备的基本条件包括具有自动力、船舶基本完整、未装载货物、安全浮于水面。因此,在符合上述基本条件的前提下,五星公司在交船港上海长兴岛中海长兴船厂码头交付涉案船舶时的船舶状态即为双方约定的交船条件。针对宏源公司关于五星公司交付的涉案船舶存在船舶舵机故障、艏尖舱油污水以及船舶吃水超过 8 米与合同约定不符的主张,一审法院认为:(1) 虽然涉案船舶在进港时存在舵效不好、航速较慢问题,但根据双方委托的悦之公估公司出具的《公估报告》,舵机转舵速度偏慢、设备缺乏保养和舵角指示有偏差,但均可以转舵,而船舶买卖合同中双方并未就船舶舵机明确约定,宏源公司未能证明其主张。(2) 宏源公司也未提供证据证明关于涉案船舶艏尖舱存在油污水的主张,根据《公估报告》,反而证明涉案船舶艏尖舱内无油污水,故宏源公司应对其该项主张承担举证不能的法律后果。(3) 根据合同约定,船舶到达张家港时的最大吃水不应超过 8 米,虽然涉案船舶进入交船港时船舶吃水达 8.8 米,五星公司履行合同存在瑕疵,但在合同履行过程中交船港已从张家港最终更改至上海长兴岛中海长兴船厂码头,从合同内容看,双方约定最大吃水的目的在于保证船舶安全进港,而涉案船舶进港交付即船舶安全实际也未受船舶吃水影响,宏源公司也未因此而遭受损失,五星公司的履约瑕疵并未影响合同的履行。因此,宏源公司未举证证明涉案船舶交付不符合合同约定。

2. 关于五星公司是否构成根本违约? 一审法院认为,根本违约是指违约方违反主合同义务或者其他违约行为导致合同目的不能实现。双方就涉案船舶买卖合同是否属于废钢船买卖合同存在争议,一审法院认为,尽管双方未在合同中明确约定,但涉案船舶买卖合同更符合废钢船买卖合同特征。(1) 在双方订立合同前,宏源公司已经知晓涉案船舶发生过海难搁浅事故,并在合同中明确其已经注意到因搁浅事故造成的损坏,还在邮件中提及涉案合同的废钢船买卖性质,宏源公司未要求五星公司进行修理后交付,涉案船舶并不具备实际运营能力。(2) 从合同内容看,"按现状"交付船舶的交船条件,也常见于废钢船买卖合同格式条款中。(3) 五星公司最终出售涉案船舶的合同性质明确为废钢船买卖合同,而该合同主要条款与本案合同约定基本一致,购船价款还高于本案双方的约定,涉案合同推断为废钢船买卖合同更符合实际。废钢船买卖合同区别于普通二手船买卖合同,即便船舶不符合适航条件也不阻碍合同目的的实现,五星公司在约定时间和地点向宏源公司交付具有自动力和浮于水面的涉案船舶即已履行主要合同义务。虽然合同未约定为废钢船买卖,但"按现状"交付船舶在普通法系中指的是按交船时的状况。本案双方当事人住所地所在地区或国家均为普通法系,合同用语为英文,且具备船舶买卖的专业知识,双方在缔约时关于"按现状"交付船舶符合双方的意思表示。退而言之,即使宏源公司已举证证明涉案船舶的舵机舵效有问题和艏尖舱有油污的情况,五星公司也不构成根本违约。因为,根据《公估报告》舵机舵效并未影响其主要功能的发挥,且结合涉案船舶从湄洲湾驶至上海的事实,舵机舵效不好并不影响船舶的自动力,另外,艏尖舱油污水也不影响船舶的交付,即便涉案船舶存在上述瑕疵,五星公司也没有违反其主要合同义务,并未阻碍合同目的的实现。因此,五星公司交付船舶不构成根本违约,宏源公司解除合同没有法律依据。

涉案船舶买卖合同未实际履行,合同双方无继续履行合同的意愿,且涉案船舶已出售给案外人,客观上也已不能履行,合同目的已无法实现,故应认定涉案船舶买卖合同权利义务已终止。

(三)定金罚则是否适用于本案？

虽然宏源公司在向五星公司提出解除原合同时曾要求其返还定金,但五星公司并未向宏源公司退还其依据原合同支付的定金,宏源公司对此也未提出异议,并在2010年6月22日又向五星公司发出购买涉案船舶的邮件并得到五星公司的同意,双方重新订立了新的合同。新合同约定"其他按原合同执行",则该笔金额应视为宏源公司为履行新订立的船舶买卖合同而支付的定金。根据法律规定,给付定金的一方不履行约定的债务的,无权要求返还定金;收受定金的一方不履行约定的债务的,应当双倍返还定金。双方重新订立的船舶买卖合同依法成立并生效,涉案定金系履约定金,宏源公司作为给付定金一方,应当履行合同义务,否则无权要求返还定金。五星公司将涉案船舶驶至约定交船港做好交船准备,已经履行主要合同义务;而根据船舶买卖合同约定,宏源公司应在五星公司发出交船准备就绪通知书后3个银行工作日内支付剩余价款,但其并未在约定期限内实际支付剩余购船款,并明确表示不再继续履行合同义务,且也无解除合同的约定及法定依据,已违反主合同义务。因此,宏源公司无权主张五星公司双倍返还定金,五星公司有权根据船舶买卖合同约定,不予返还宏源公司交付的定金。

(四)宏源公司是否应向五星公司赔偿因拒绝接船及申请扣船造成的损失？

根据法律规定,当事人一方不履行合同义务或者履行合同义务不符合约定,给对方造成损失的,损失赔偿额应相当于因违约所造成的损失,包括合同履行后可以获得的利益,但不得超过违反合同一方订立合同时预见到或者应当预见到的因违反合同可能造成的损失。因此,除非当事人另有约定,违约方承担的赔偿责任以对方存在损失为依据。宏源公司拒绝接船,违反合同约定,应依法承担违约责任。根据合同约定,与交船相关的从长江口到张家港的所有港口费用、代理费等由买方支付,交船港最终变更为上海长兴岛中海长兴船厂码头,因此五星公司因涉案船舶在交船港交付而支付的引航费和拖轮费应由宏源公司承担,而涉案船舶因宏源公司违约而未实际交付,由此造成的上述损失应由宏源公司承担。但五星公司将涉案船舶出售给案外人,其最终出售总价款超过涉案合同价款795 796.27美元,五星公司的损失已从其出售涉案船舶中得到了补偿,不应再获得额外利益,且五星公司已经获得了宏源公司100万美元的定金,从利益平衡的角度,宏源公司无须再向其赔偿因违约而造成的上述损失。五星公司请求的护航费系其为船舶安全进港而产生,不属于必须产生的港口费用,不予支持,淡水费更不属于港口费用,亦不予支持。

根据法律规定,海事请求人申请海事请求保全错误的,应当赔偿被请求人或者利害关系人因此所遭受的损失。宏源公司申请扣船系因履行船舶买卖合同发生纠纷,并在申请扣船后随即向一审法院提起诉讼,不存在侵犯五星公司权益的故意,双方就船舶交付等争议实际存在,宏源公司申请扣船系其合法行使法律规定的权利,主观上没有过错,故对其申请扣船行为给五星公司造成的燃油费损失不承担赔偿责任,且五星公司未充分证明其必须加油,对五星公司的此项请求不予支持。

五星公司关于船舶管理费的请求,没有合同依据。该费用系五星公司为将涉案船舶从福建的湄洲湾驶往上海而与案外人签订的船舶管理合同所产生的费用,与本案纠纷无直接关联,一审法院不予支持。

综上所述,宏源公司解除合同没有合同及法律根据,其未依约支付价款,违反了合同的主要义务,五星公司有权不予返还宏源公司支付的定金。宏源公司的违约行为并未实际给五星公司造成损失,且其申请扣船行为并无过错,故五星公司要求宏源公司承担赔偿责任的主张没有事实和法律依据。依照《中华人民共和国民法通则》第145条第1款,《中华人民共和国担保法》第89条,《中华人民共和国合同法》第14条、第25条、第62条、第93条、第94条、第113条第1款,第115条,最高人民法院《关于适用〈中华人民共和国担保法〉若干问题的解释》第120条第2款,《中华人民共和国民事诉讼法》(2007年修订)第64条第1款和《中华人民共和国海事诉讼特别程序法》第20条之规定,判决:

一、对宏源公司的诉讼请求不予支持;

二、对五星公司的诉讼请求不予支持。

三、上诉与答辩

宏源公司针对本诉部分上诉认为,原审判决认定事实错误,证据不足,适用法律不当。(1)原审法院错误采信了五星公司与北京中环公司之间签订的废钢船买卖合同,并仅根据涉案船舶属于海难船舶、"按现状"交船条款通常出现在废钢船买卖合同中等,错误地推定宏源公司与五星公司之间的船舶买卖合同属于废钢船买卖合同,与事实有悖;(2)五星公司向宏源公司交付的船舶实际状况与船舶买卖合同的约定严重不符,宏源公司提交的证据以及《公估报告》等证明涉案船舶进港时艉螺旋桨存在严重缺损、舵机系统存在问题、船底部右侧中部有长13米宽2米的破口、艏尖舱存在油污水,且涉案船舶是被3艘拖轮拖带和顶推进港的,表明其不具备自主航行和避让能力。但原审法院对五星公司的违约事实未予认定。(3)五星公司拒绝宏源公司依据船舶买卖合同约定行使登轮验收船舶的权利,该违约行为致使宏源公司无法了解船舶的实际情况,但原审法院对五星公司的违约责任却不予认定。(4)船舶买卖合同约定涉案纠纷适用中国法,原审判决也将中国法律作为准据法,但原审法院在对涉案船舶买卖合同中船舶交付条款中的"as is"("按现状")解释时,却以普通法语境进行理解和解释,属于适用法律错误。(5)宏源公司购买涉案船舶的目的是为了改造后投入营运,由于五星公司的根本违约行为致使合同目的无法实现,宏源公司有权拒绝支付购船款、依据《中华人民共和国合同法》的规定解除合同,并要求五星公司双倍返还定金200万美元。据此,请求二审法院撤销原审判决主文第一项,改判支持宏源公司的全部诉讼请求。

五星公司针对本诉部分答辩认为：（1）原审法院关于本诉部分事实认定清楚，适用法律正确。原审法院关于涉案合同系废钢船买卖合同的认定正确。（2）宏源公司关于五星公司交付的船舶与合同约定不符，存在严重破损、不具备自主航行能力等缺陷的主张缺乏证据佐证，且该船舶系搁浅船舶，合同性质也为废钢船买卖，即使船舶存在一些缺陷也属正常，不影响合同效力。（3）宏源公司并未要求上船检验，倒是五星公司为了减少损失要求原审法院联合宏源公司对船舶进行检验，故不存在五星公司拒绝宏源公司行使登轮验收权的情况。（4）原审法院系根据《中华人民共和国合同法》对涉案船舶买卖合同中交付条款中的"as is"（"按现状"）进行的解释，并无适用法律错误。（5）五星公司不存在根本违约行为，宏源公司要求解除涉案船舶买卖合同缺乏法律依据。据此，请求二审法院驳回宏源公司的上诉请求。

五星公司针对反诉部分上诉认为，原审判决认定事实部分不清，适用法律错误。宏源公司在原审中申请对涉案船舶诉前扣押，原审判决本诉部分认定五星公司对宏源公司的海事请求不负责任，故宏源公司的诉前保全属于错误保全，且宏源公司故意拖延船舶扣押时间，侵犯了五星公司的合法权益，原审法院应当判令宏源公司对五星公司因此遭受的损失承担赔偿责任。据此，请求二审法院撤销原审判决主文第二项，改判宏源公司赔偿五星公司的经济损失合计人民币 2 502 215.2 元及利息。

宏源公司针对反诉部分答辩认为，原审法院关于反诉部分的判决结果正确。宏源公司对五星公司提出其交付的船舶存在艏尖舱有油污、吃水与合同约定不符等诸多问题，五星公司不予回答，且拒绝履行合同，没有发出最后的交船履行准备通知书，故宏源公司申请扣船并无错误。宏源公司没有拖延船舶扣押的时间，五星公司最终出卖涉案船舶所得款比涉案船舶买卖合同约定的价格还要多 80 多万元人民币，故五星公司不存在损失。据此，请求二审法院驳回五星公司的上诉请求。

双方当事人在二审中均未提交新的证据。

四、二审裁判

上海市高级人民法院二审经审理查明，原审判决认定的事实清楚，应予确认。

二审上海市高级人民法院认为，本案系具有涉外因素的船舶买卖合同纠纷，涉案船舶买卖合同约定以中国内地法律作为解决本案合同纠纷的准据法，双方当事人在原审庭审中亦再次确认，故一审法院以中国内地法律作为解决本案合同纠纷的准据法，符合法律规定。

本案在二审中的主要争议焦点为：涉案船舶买卖合同的性质；五星公司在合同履行过程中是否存在根本违约行为、宏源公司是否有权解除涉案船舶买卖合同并要求五星公司双倍返还定金、宏源公司是否应承担错误扣押船舶的赔偿责任？

（一）关于涉案船舶买卖合同的性质问题

虽然涉案船舶买卖合同中未明确涉案船舶是否属于废钢船，但现有证据表明，宏源公司在订立合同前对该船舶发生过触礁搁浅事故的情况已经知晓,合同条款的格式以及以"每轻吨净价格"计算船款的方式,也属于废钢船买卖合同常用的格式条款和计价方式,并且,在宏源公司于 2010 年 7 月 4 日致五星公司的电子邮件中,也提及涉案合同系废钢船买卖合同。故二审法院认为,在宏源公司未提交充分证据表明涉案合同并非废钢船买卖合同的前提下,一审法院综合前述证据,并结合五星公司最终将涉案船舶作为废钢船卖给北京中环公司的事实,认定涉案合同系废钢船买卖合同,并无不当。

(二) 关于五星公司在合同履行过程中是否存在根本违约行为的问题

虽然涉案船舶买卖合同对涉案船舶存在艉螺旋桨缺损、船底部右侧中部有长 13 米宽 2 米的破口等问题没有记载,但宏源公司在签订涉案船舶买卖合同之前已经清楚该船舶发生过触礁搁浅事故,且五星公司提供的证明船舶状况的《探摸报告》中对船舶破损情况的描述中也记载:"无法触摸舱底情况",故不能认定五星公司在签订船舶买卖合同时故意隐瞒了船舶的破损情况。

根据船舶买卖合同中船舶交付条款的约定,五星公司应当"按现状"("as is?")交付涉案船舶,而双方当事人对"按现状"交付的理解产生争议。一审法院按照涉案合同所使用的语言是英语、合同目的为废钢船买卖等,对船舶买卖合同中船舶交付条款中的"as is"("按现状")进行解释,这符合《中华人民共和国合同法》第 125 条的规定。根据一审法院对前述交付条款的解释,涉案船舶已经符合具有自动力、船舶基本完整、未装载货物、安全浮于水面等合同约定的交付条件,且船舶艉螺旋桨和船底的破损也不影响废钢船买卖合同的合同目的的实现。故一审法院关于五星公司交付的船舶符合合同约定的认定,并无不当。

宏源公司认为五星公司不让其按照合同约定登轮验收,但现有证据表明,五星公司通知宏源公司接船后,宏源公司就提出要求五星公司解决诸如艉尖舱存在油污水等问题,这些问题显然是登轮检验后才能发现的问题,并且根据双方当事人间的电子邮件内容显示,宏源公司委托的船厂工人于 2010 年 7 月 16 日前已经上船开展"改造工程"。故宏源公司关于五星公司拒绝其登轮检验的主张依据不足。

综上,二审法院认为,宏源公司关于五星公司在履行涉案船舶买卖合同中存在根本违约行为的上诉理由不能成立。

(三) 关于宏源公司是否有权解除涉案船舶买卖合同,并要求五星公司双倍返还定金的问题

双方当事人于 2010 年 6 月 23 日新达成的船舶买卖合同中约定合同解除日为 2010 年 7 月 5 日,但 7 月 5 日之后双方仍在继续履行合同,故宏源公司若要行使解约权,只能依据《中华人民共和国合同法》的规定主张行使法定解约权。鉴于五星公司在履行涉案船舶买卖合同过程中不存在根本违约行为,也不存在其他合同法定解除的事由,故宏源公司无权主张解除涉案合同,其要求五星公司双倍返还购船定金的请求,也不符合《中华人民共和国合同法》的相关规定。

（四）关于宏源公司是否应承担错误扣押船舶的赔偿责任

宏源公司提起的是船舶买卖合同纠纷之诉，诉请五星公司承担的是合同违约责任，五星公司关于要求宏源公司承担错误申请扣船的责任的主张，不构成对宏源公司诉请的反请求，即宏源公司申请扣船是否错误、是否应当赔偿五星公司损失等问题，不属于本案反诉部分审理的范围，当事人应另行解决。故二审法院对五星公司关于在本案中要求宏源公司赔偿错误扣船损失的上诉请求不予支持。

综上所述，涉案合同系废钢船买卖合同，五星公司在合同履行过程中不存在根本违约行为，无须向宏源公司双倍返还定金，宏源公司要求解除涉案合同的请求也不能成立。宏源公司与五星公司的上诉理由均不能成立，二审法院对双方的上诉请求均不予支持。一审法院事实认定清楚，判决结果正确。依照《中华人民共和国民事诉讼法》第170条第1款第1项、第175条之规定，判决如下：

驳回上诉，维持原判。

4 原告上海远宏游艇销售服务有限公司与被告上海混沌投资有限公司船舶买卖合同纠纷案

案例来源：上海海事法院（2011）沪海法商初字第797号

主题词：船舶买卖合同　国内当事人　外币结算　汇率损失

裁判要旨

No. CB-5.1-4　国内企业之间订立的船舶买卖合同，不应以欧元结算。国内交易以外币结算是被《中华人民共和国外汇管理条例》禁止的，故法院不保护相应的汇率损失。

一、基本案情

原告：上海远宏游艇销售服务有限公司

被告：上海混沌投资有限公司

原告诉称，2009年7月30日，被告向原告订购意大利产豪华游艇一艘，双方约定，以欧元兑人民币汇率9.67为基数，船价为320.5万欧元，折合人民币3100万元，如汇率发生变化则由买方承担汇率变化所产生的风险。买卖双方另就付款方式、交船日期以及违约责任等作了约定。嗣后，因原产国船厂原因造成原告延迟1个月交船，原告依约承担了违约责任。当原告交船后与被告结算余款时，被告同意按照合同约定承担汇率损失人民币100万元，并先行支付了人民币30万元。余款人民币70万元却一直未予支付。原告认为，被告应该按照合同约定承担责任，请求判令被告支付原告人民币70万元，并承担本案的诉讼费用。

被告辩称，原告与被告之间的买卖合同是国内企业之间的买卖合同，不应以欧元结算。国内交易以外币结算是被国务院明令禁止的。被告向原告支付人民币 30 万元是因为原告声称其有损失,被告给其的补偿。被告从未答应补偿原告人民币 100 万元的损失,原告也没有提供证据证明其有汇率损失,请求驳回原告的诉讼请求。

二、法院查明的事实

上海海事法院经审理查明并确认了如下法律事实:

2009 年 7 月 30 日,原告与被告签订了 1 份 AZIMUT70 游艇销售合同,约定由原告向被告销售意大利产的 AZIMUT70 游艇一艘,船价为人民币 3 100 万元,并指明该船价为上海港的完税交船价。本价格按欧元外汇牌价:9.67。如汇率发生变化,被告方承担汇率变化所产生的价差风险,或由被告方直接支付欧元(欧元 320.5 万元)。对于付款方式,双方约定在达成意向签订合约后 5 个工作日内支付预付款人民币 1 240 万元;待船完工装运时(以卖方通知为准),在 5 个工作日内支付人民币 1 240 万元;待船到达上海,并开始办理清关手续时,须在 5 个工作日内支付剩余船款人民币 620 万元,清关后方可提船。对于交船时间和地点则约定在 2009 年 11 月底内完成上海港口交船。若未能如期交船,买方有权要求卖方按船价的 5% 作为违约金退款予以赔偿。合同签订后,被告于 2009 年 8 月 4 日向原告付款人民币 1 240 万元。2009 年 11 月 10 日,原告出具付款通知,要求被告支付第二笔船款人民币 1 240 万元,被告于次日将款项支付到原告账户。2009 年 12 月 29 日,原告又出具付款通知,要求被告将第三笔船款人民币 465 万元(扣除违约金人民币 155 万元)支付给原告。次日,被告按照原告的要求支付了该款项。2010 年 1 月 21 日,原、被告对船舶选配件进行检查,对船速进行了测试。次日,就涉案船舶的交接,双方签订了游艇接受证明书。2010 年 3 月 24 日,应原告的要求,被告向原告支付了人民币 30 万元。

三、法院裁判

上海海事法院认为,关于船舶买卖中汇率价差风险的承担:原告与被告订立游艇销售合同,系双方真实意思表示,原、被告均应按照合同的约定履行各自的权利义务。现被告在合同订立后,即按照合同的要求向原告支付了约定的购船分期款。之后,每次均在收到原告的通知后次日即将应付分期款项付至原告的账户。被告在履约过程中并无任何违约之处。原告延期交船,其行为构成违约,但原告在通知被告交付最后一期船款时,已经按照合同的约定,扣除了其应支付的违约金人民币 155 万元,故原告也已经按约承担了违约责任。现原告请求被告按合同的约定承担汇率价差风险,根据《中华人民共和国外汇管理条例》第 8 条的规定:"中华人民共和国境内禁止外币流通,并不得以外币计价结算,但国家另有规定的除外。"涉案双方均系我国境内企业,合同约定币种为人民币,包括货物总价、分期款,原告支付违约金也是以人民币为结算币种。因此,在被告支付人民币过程中不存在汇率价差风险。由此可知,合同中约定的被告承担欧元汇率变化所产生的价差风险,实则是考虑原告向被告销售的游艇系原告从国外购入,原告需支付欧元,可能会存在汇率损失,而通过原被告之间的合同,将本应由原告自担的对外支付欧元可能出现的汇率损失,转由货物真正买家即被告来承担,因此合同中的汇率价差风险应是指汇率损失,被告的相关抗辩意见,上海海事法院予以采纳。原告主张双方达成口头协议,被告同意承担人民币100万元的汇率损失,但被告对此否认,故原告应进一步提供其存在汇率损失的依据。在上海海事法院向其释明的情况下,原告以涉及商业秘密为由,不提供其存在汇率损失的依据,原告应承担举证不能的后果。被告支付人民币30万元用于补偿原告,系出于自愿,于法无悖。

综上,原告的诉请因缺乏事实和法律依据,上海海事法院不予支持。依据《中华人民共和国合同法》第60条,《中华人民共和国民事诉讼法》第64条第1款之规定,判决如下:

对原告上海远宏游艇销售服务有限公司的诉讼请求不予支持。

5 原告李树怀等与被告顺德市勒流镇扶闾建联船舶修造厂船舶买卖合同纠纷案

案例来源:广州海事法院(2000)广海法商字第116号
主题词:船舶买卖合同 超越经营范围 根本违约

> **裁判要旨**
>
> **No. CB-5.1-5** 《购船合约》的卖方未违反国家限制经营、特许经营以及法律、行政法规禁止经营的规定,故合同不因卖方超越经营范围而无效。
>
> **No. CB-5.1-6** 因卖方已无法依约定办理船舶行驶港澳航线的有关手续,也没有交付船舶,构成根本性违约,导致《购船合约》的合同目的无法实现,符合合同解除的条件。买方有权解除本案《购船合约》,卖方应返还购船款,同时依约支付违约金。

一、基本案情

原告:李树怀

原告:尹焕婵

原告:胡俊立

原告:温艮侃

被告:顺德市勒流镇扶闾建联船舶修造厂(以下简称船舶修造厂)

原告李树怀、尹焕婵、胡俊立、温艮侃诉称:1998年7月7日,四原告与被告签订了《购船合约》,约定四原告向被告购买铁船一艘,购船款为185万元;被告应在合同签订之日起75日内向原告交付船舶,否则每拖延1日,罚款500元;另被告还应在合同签订之日起95日内将船舶航行证书、港澳航线批文及海员证交付原告,否则每拖延1日,罚款2 000元;各方当事人应严格按照合同履行各自的义务,否则罚款50万元。四原告已按照合同的约定向被告支付购船款165万元,但被告至今没有向四原告交付船舶。根据《购船合约》的约定,从1999年1月10日起,暂算至2000年8月9日止,被告应向四原告支付违约罚款184.8万元。鉴于被告的经济状况,四原告要求解除《购船合约》。请求法院判令被告退还四原告已支付的购船款165万元,并支付违约金85万元以及四原告为本案诉讼、财产保全所支出的交通费、差旅费、通讯费5 000元。

被告船舶修造厂辩称:本案《购船合约》因被告已超越了经营范围而无效。该合约签订后75日内,被告将四原告购建的船舶修建完毕,四原告也已派人接管船舶。由于该船是由旧船改装而成,不符合船检部门制定的港澳航线船舶的有关规定,故无法办理船舶行驶港澳航线的手续,四原告、被告对此均有责任。另因《购船合约》无效,四原告无权依据合同要求被告支付违约金。请求判决驳回四原告的诉讼请求。

二、法院查明的事实

广州海事法院认定了以下事实:

(1) 1998年7月7日,四原告与被告签订《购船合约》,约定:四原告向被告购建一艘铁船,船长48.5米,型宽10.2米、型深3.25米;四原告应在合同签订之日起支付第一期船款100万元,在合同签订之日起30日内支付第二期船款60万元,在船舶完工交付使用前支付剩余船款28.5万元,以上共计188.5万元;如四原告不按期付款,每拖延1日,被告可延期1日交船;被告应在四原告付款和合同签订之日起75日内向四原告交付船舶,否则每拖延1日,罚款500元;被告还应在四原告付款之日起95日内办妥船舶航行证书、船舶港澳航线批文及海员证,并交给四原告,否则每拖延1日,罚款2 000元;各方当事人应严格按照合同履行各自的义务,否则罚款50万元。(2) 合同签订后,四原告分别于1998年7月6日、7月10日、7月29日、8月3日、10月15日、10月27日、1999年6月22日向被告支付船款25万元、50万元、10万元、18万元、50万元、7万元、5万元,以上共计165万元。被告至今没有为四原告办妥船舶行驶港澳航线的有关手续。(3) 被告的注册资金为60万元,其经营方式为修理,经营范围为修理按"广东省船舶检验处生产技术条件认可证书"规定的船舶。合议庭对上述事实予以确认。

被告提交了四原告派遣的看船人员梁永进于2000年8月17日向被告出具的《伙食费欠条》,主张被告已及时将船舶修造完毕,四原告已接管船舶。四原告认为,从《购船合约》签订之日起至今,四原告一直派人到被告的船厂监督被告建造船舶。该《伙食费欠条》仅能证明四原告派遣的看船人员欠付被告伙食费,不能证明被告已与四原告办理船舶交接手续。在通常情况下,能够证明船舶买卖合同当事人已办妥船舶交接手续的有效证据是《船舶工程完毕单》和《船舶移交清单》。合议庭认为,被告提交的上述

《伙食费欠条》,仅能证明四原告派遣的看船人员欠付被告伙食费,不足以证明被告已将船舶修造完毕,并移交四原告接管。

四原告没有举证证明其为本案诉讼、财产保全已支出交通费、差旅费、通讯费 5 000 元。合议庭对其主张的上述事实不予认定。

三、法院裁判

广州海事法院认为:本案是船舶买卖合同纠纷案。四原告与被告签订的《购船合约》是双方当事人真实一致的意思表示,合法有效。鉴于被告并未违反国家限制经营、特许经营以及法律、行政法规禁止经营的规定,故本案合同不因被告超越经营范围而无效。被告关于该合约已超越了被告的经营范围,应属无效的主张,不予支持。

截至 1998 年 10 月 27 日止,四原告已向被告支付第一、二期购船款 165 万元,但被告至今没有向四原告交付船舶。被告庭审答辩时也认可其已无法办理船舶行驶港澳航线的有关手续。被告的上述行为已构成根本性违约,致使本案《购船合约》的合同目的无法实现。四原告有权解除本案《购船合约》,被告应将四原告预付的购船款 165 万元返还四原告。

合议庭多数意见认为:合同的解除,不影响当事人要求赔偿损失的权利。现四原告要求解除《购船合约》,其仍有权要求被告承担违反合同的赔偿责任。本案《购船合约》规定了违约金条款,原告要求被告支付违约金 85 万元(从 1999 年 1 月 10 日起计算),符合上述约定,应予支持。被告认为,四原告亦应对被告无法办理船舶行驶港澳航线的有关手续承担责任,没有事实和法律依据,不予支持。

合议庭少数意见认为:合同解除发生溯及既往的效力,双方的权利义务应恢复到订约前的状态。合同的解除,不影响当事人要求赔偿损失的权利。四原告因合同解除所遭受的一切损害均可请求赔偿,赔偿范围包括四原告订立合同所支出的必要费用,因相信合同能适当履行而做准备所支出的必要费用,合同解除后因恢复原状而发生的费用等。这里的损害赔偿不包括合同的违约损害赔偿。合同解除后,四原告不能依据合同请求违约金。

根据合议庭的多数意见,依照《中华人民共和国民法通则》第 112 条、第 115 条的规定,判决如下:

一、原告李树怀、尹焕婵、胡俊立、温良侃与被告顺德市勒流镇扶间建联船舶修造厂签订的《购船合约》予以解除;

二、被告顺德市勒流镇扶间建联船舶修造厂应向原告李树怀、尹焕婵、胡俊立、温良侃返还购船款 165 万元,并支付违约金 85 万元。

5.2 船舶交付争议

⑥ 上诉人吴其华等与被上诉人高体雄、高学华船舶买卖合同纠纷案

案例来源:福建省高级人民法院(2011)闽民终字第168号

主题词:船舶买卖合同　海上船舶检验证书簿　重大误解

> **裁判要旨**
>
> **No. CB-5.2-1**　《船舶买卖合同》虽未以具体条款约定船舶的建造日期,而是按现状交付,但附随船舶的《海上船舶检验证书簿》记载的建造完工年份,是衡量船舶现有价值的重要指标之一,也是买卖双方在交易过程中需要考虑的关键因素之一。卖方向买方交付的《海上船舶检验证书簿》记载船舶建造年份的行为,可视为其保证该船舶符合船舶检验证书上的检验结果。卖方交付船舶实际的船舶建造日期和《海上船舶检验证书簿》记载的日期不一致的,买方可以以重大误解为由申请撤销合同。

一、基本案情

　　上诉人(原审被告):吴其华
　　上诉人(原审被告):吴自月
　　上诉人(原审被告):吴运飞
　　上诉人(原审被告):吴翊茂
　　被上诉人(原审原告):高体雄
　　被上诉人(原审原告):高学华
　　原审被告:黄石市恒风海运有限公司(以下简称恒风公司)

厦门海事法院查明:2007年9月5日,甲方恒风公司的吴翊茂与乙方高体雄签订了一份《船舶买卖合同》,双方就甲方所有的"恒风8"轮出售给乙方达成协议,约定船舶概况为:长104.42米、型宽14.3米、型深8.6米,总吨2982吨,净吨1669吨,主机马力2756千瓦一台,载重吨5500吨;船舶现状:航行于A1、A2航区,现运行于沿海各港口间,船体、驾驶、机舱等船上一切设备保持原状,原船原买;船舶买卖金额为1182万元,合同签订后24小时内付定金50万元,第二期付款为船到平潭苏沃锚地付500万元,第三期付款为船到平潭苏沃锚地10天内付550万元,余下船款待产权变更交接同时完成;船舶交接时甲方将所有资料、图纸、文件交给乙方;等等。该合同甲方由吴翊茂签字,未加盖恒风公司公章,乙方由高体雄签名。合同签订后,原告按约定向被告吴其华、吴自月、吴运飞、吴翊茂支付了购船款。2007年9月20日,双方办理了船舶交接手续,随船交付的有湖北省船舶检验处黄石检验处于2007年7月5日颁发的、编号为

200743014034 的《海上船舶检验证书簿》,该证书载明"恒风 8"轮总吨位 2 982、净吨位 1 669,建造日期为 1994 年 1 月 21 日。2007 年 9 月 24 日,武汉海事局对"恒风 8"轮船舶所有权办理了变更登记。

2008 年 6 月,黄石船舶检验处为落实海事局对其违规异地检验海船的整改批示,成立专项工作组对"恒风 8"轮实施专项检查。同年 10 月 8 日,该处向湖北省船舶检验处递交一份《关于"恒风 8"轮的检验申请》,要求选派专家组对该船的状况、船龄、设施设备等进行检验审查。同年 11 月 3 日,恒风公司向黄石船舶检验处递交一份《船舶检验申请报告》,载明"恒风 8"轮因证书原因,愿意配合船检部门对该轮进行特定检验。

2008 年 8 月 19 日,湖北省船舶检验处发文《关于成立"恒风 8""永鑫""长吉海"3 艘海船船舶技术鉴定专家组的通知》,成立由黄冈市船检所曹兴旺(沿海船体高级验船师)为组长、武汉市船检所李振平(沿海轮机高级验船师)、湖北省船检金默衡(沿海电气高级验船师)为成员的船舶技术鉴定专家组,对包括"恒风 8"轮在内的 3 艘海船实施船舶技术鉴定。2008 年 11 月 10 日,鉴定专家组作出《"恒风 8"轮船龄复核鉴定报告》,该报告记载:

1. 文件复核。该轮原船名"金圣海 8"轮的资料缺少;现有证书反映的情况:(1) 船长 95.8 米,船宽 14.3 米,型深 8.5 米;(2) 主机 5L42MCE,2756kw,1991 年 3 月 1 日丹麦制造,辅机 X6135,主发电机 TFW-H160。舵机型号 RDC10/25,出厂日期 1991 年 9 月。

2. 实船复核。(1) 船体、轮机、电气的总体技术状况较好;(2) 该船自 1994 年起已进行多次技术改造,船体外板、甲板和结构件均有一定程度的锈蚀,最大耗蚀量没有超出营运船舶允许耗蚀的范围;(3) 主要机电和安全设备的技术状况较好,但主体设备铭牌标注的出厂时间并非为该设备的真实出厂时间。根据上述检验及技术分析,专家组的鉴定意见为:根据该船体建造、焊接和机电设备安装工艺情况,结合所用材料、设备年代特征,推定该轮为非国产船舶,参考建造年份为 1986 年。据此,湖北省船舶检验处于 2009 年 8 月 10 日对"恒风 8"轮重新作出编号为 200943004010 的《海上船舶检验证书簿》,船检登记号为 1986U430056,总吨位 3 460、净吨位 1 937。

2009 年 8 月 12 日,黄石船舶检验处作出《关于"恒风 8"轮船舶检验有关情况的说明》,载明针对"恒风 8"轮船舶档案资料不全,船龄、总吨与实际不符等情况,经湖北省船舶检验处组织有关专家对船龄和船舶总吨位进行实船勘验和验算,船龄由 1994 年 1 月 21 日更改为 1986 年 1 月 21 日,登记号重新授予为:1986U4300561,总吨位由 2 982 恢复到 3 460,净吨位由 1 669 恢复到 1 937。2009 年 7 月,原告向黄石船舶检验处办理"恒风 8"轮年度检验时获悉该轮的船龄、吨位存在问题。

"恒风 8"轮系集装箱、杂货船,原船名"金圣海 8"轮,航行区域为近海及长江 A、B 级。根据湖北省船舶检验处黄石检验处于 2005 年 6 月 8 日颁发的编号 2005430115《海上船舶检验证书簿》记载,"金圣海 8"轮,船检登记号为 1994Y3300022,总吨位 3 460、净吨位 1 937,总长 104.42 米、船宽 14.3 米、型深 8.5 米,建造日期为 1994 年 1 月 21 日;船舶所有人、经营人为黄石市金舟海运有限公司。根据恒风公司出具的《"恒风 8"

《情况说明》记载,2006 年 7 月 25 日黄石市金舟海运有限公司转让 21% 股权给恒风公司,转让后该轮股权为:恒风公司占 21%、吴其华占 20%、吴长何占 20%、吴自月占 20%、吴运飞占 19%。2006 年 8 月 20 日恒风公司向黄石检验处申请变更"金圣海 8"轮为"恒风 8"轮。2006 年 8 月 30 日,黄石检验处颁发编号 200643014066 的《海上船舶检验证书簿》,该证书记载"恒风 8"轮的船检登记号为 1994Y3300022,总吨位 2 982、净吨位 1 669。同年 10 月 20 日,恒风公司作为甲方与吴其华、吴自月、吴运飞作为乙方签订一份《部分股权转让协议书》,在该协议书中恒风公司的股份增至 41%,取代了吴长何的股份;该协议书约定:乙方将其所属"恒风 8"轮 20%、20%、19% 的股份出售给甲方,由甲方拥有该轮 100% 股份;船舶总价款 1 000 万元,乙方以 591 万元转让给甲方。2007 年 6 月 29 日,武汉海事局将该轮所有权登记变更为"非共有船舶"。

厦门海事法院还查明,2006 年 8 月,恒风公司向黄石船舶检验处递交了一份《申请》,该《申请》载明:"我公司从黄石市金舟海运有限公司处购买壹艘海船'金圣海 8'。总吨 3 460 吨,净吨 1 937 吨,总长 10 442 米,型宽 1 430 米,型深 850 米,主机 2 756 千瓦,现申请更改船名为'恒风 8',变更所有人为黄石市恒风海运有限公司,经营人为黄石市恒风海运有限公司,请贵处予以变更。"2006 年 8 月 31 日,武汉海事局颁发的《船舶所有权登记证书》《船舶国籍证书》记载:"恒风 8"轮,曾用名"金圣海 8"轮,所有人、经营人为恒风公司,取得所有权日期为 2006 年 7 月 25 日,船舶共有情况为恒风公司占 21%、吴其华占 20%、吴长何占 20%、吴自月占 20%、吴运飞占 19%。此外《船舶所有权登记证书》"登记项目的变更"一栏记载:2006 年 11 月 2 日,船舶共有情况变更为:恒风公司占 41%、吴其华占 20%、吴自月占 20%、吴运飞占 19%;2007 年 6 月 29 日,总吨位由 3 460 变更为 2 982、净吨位由 1 937 变更为 1 669;2007 年 6 月 29 日,变更为非共有船舶;2007 年 9 月 24 日,从非共有船舶变更为恒风公司占 34%、高体雄占 33%、高学华占 33%;2009 年 8 月 13 日,建成日期由 1994 年 1 月 21 日变更为 1986 年 1 月 21 日,总吨位由 2 982 变更为 3 460、净吨位由 1 669 变更为 1 937。

2006 年 8 月 31 日,甲方恒风公司与乙方吴其华签订一份《船舶代管协议书》,约定由乙方等人合资购置的"恒风 8"轮所有人、经营人登记为甲方,由甲方代管,乙方向甲方交纳每年 11 万元的挂靠费;甲方协助乙方办妥船舶的各种适航证书及有关手续,等等。同日,恒风公司出具了一份《产权确认书》,记载为了方便办证登记需要,"恒风 8"轮《船舶所有权登记证书》上登记的恒风公司所占产权 21%,实际属于吴其华等人所有。在本案的两次开庭审理中,恒风公司及吴翊茂委托代理人均确认吴翊茂是"恒风 8"轮的股东。高体雄、高学华购买"恒风 8"轮后,仍然将该轮挂靠在恒风公司经营,并与恒风公司签订《船舶代管协议书》。2007 年 9 月 26 日,恒风公司出具了一份《产权确认书》,记载为了方便办证登记需要,"恒风 8"轮《船舶所有权登记证书》上登记的恒风公司所占产权 34%,其实际属于高体雄与高学华所有。还查明,案涉 4 份湖北省船舶检验处黄石检验处分别于 2005 年、2006 年、2007 年、2009 年颁发的《海上船舶检验证书簿》,其对"恒风 8"轮吨位的丈量与计算均依据 2004 年《国内航行海船法定检验技术规则》进行。2007 年 9 月 7 日，原告就"恒风 8"轮向中国人民财产保险股份有限公司投保船舶一切险及四分之一附加险，船舶制造年份按 1994 年计，保险价值、保险金额 1 100 万元，费率 0.7，保费 99 000 元。2008 年 9 月，再次向中国人民财产保险股份有限公司投保相同险别，船舶制造年份按 1986 年计，保险价值、保险金额 990 万元，费率 2.4，保费 255 112.11 元。"恒风 8"轮总吨位恢复为 3 460 后，甲板船员的适任证书由丙二类提升为丙一类；此外还需增配持有丙一类适任证书二副一名。为此，原告每月增发船员工资 36 000 元。

二、一审裁判

厦门海事法院归纳本案双方的争议焦点并作如下分析认定：

（一）本案船舶买卖合同的效力问题

1. 本案《船舶买卖合同》虽未以具体条款约定"恒风 8"轮的建造日期，而是按现状交付，但附随船舶的《海上船舶检验证书簿》记载的建造完工日期为 1994 年 1 月 21 日，卖方交付《海上船舶检验证书簿》的行为应视为其保证该船舶符合船舶检验证书上的检验结果，即卖方默示了该轮的建造日期是 1994 年 1 月 21 日。原告在购买该轮时，有理由相信《海上船舶检验证书簿》的记载，并据此确定船舶的建造日期。根据我国《合同法》第 61 条的规定，本案合同当事人未约定"恒风 8"轮建造日期，又未达成补充协议，应根据交易习惯确定。据此，确认买卖双方在签订船舶买卖合同时，认可交易的"恒风 8"轮的建造完工日期为 1994 年 1 月 21 日。湖北省船舶检验处作为船舶检验主管机构，依职权对其下属船舶检验部门的违规检验进行整改，并成立专家组对"恒风 8"轮的文件资料及实船技术状况进行了复核，据此作出的船龄复核鉴定报告，在性质上属于国家机关的公文书证，具有法定证据效力。船龄复核鉴定报告推定"恒风 8"轮的建造年份为 1986 年，故本案船舶买卖合同签订之时"恒风 8"轮的船龄已达 21 年，根据交通部公布实施的《老旧运输船舶管理规定》，为五类老旧海船。众所周知，船龄是船舶买卖过程中的重要因素之一，船舶年龄不仅影响船舶的成交价格，更影响船舶的营运成本和营运风险，直接决定船舶的营运时间。原告在签订买卖合同时对《海上船舶检验证书簿》披露的"恒风 8"轮的建造年份为 1994 年的记载，有理由相信此船龄是真实可靠的，且原告也正是基于对"恒风 8"轮船龄的这种错误认识而作出了意思表示，即签订了买卖合同。原告对船龄的误解应属于对标的物质量的错误认识，且该标的物的质量直接关涉到原告的订约目的和重大利益，因此，这种对质量发生的误解可构成重大误解。综上，尽管现有证据不足以证明卖方有隐瞒或欺诈船舶建造时间的事实，但原告签订船舶买卖合同的行为符合重大误解的构成要件，根据我国《合同法》第 54 条第 1 款第 1 项的规定，其有权行使合同撤销权。本案"恒风 8"轮船龄复核鉴定报告作出时间是 2008 年 11 月 10 日，记载实际船龄、吨位的《海上船舶检验证书簿》的发证时间是 2009 年 8 月 10 日。原告在 2009 年 7 月办理船舶年度检验时获悉"恒风 8"轮船龄、吨位存在问题，至原告 2009 年 9 月 17 日起诉之日，尚未超过 1 年，且原告知道撤销事由后未明确表示或以自己的行为放弃撤销权,因此,原告诉求撤销合同于法有据,予以支持。

2. 根据本案现已查明的事实,吴其华等人在受让"金圣海8"轮时,该轮的总吨位为3460、净吨位为1937。由"金圣海8"轮更名为"恒风8"轮后,在同样适用2004年《国内航行海船法定检验技术规则》进行丈量计算的情况下,该轮的吨位却发生了变更。船舶吨位变更的直接受益人是吴其华等人,据此,认定吴其华等人存在隐瞒真实情况的主观故意。该主观故意与黄石船舶检验处的违规操作,导致2006年、2007年编号分别为200643014066、200743014034的两份《海上船舶检验证书簿》,均记载了"恒风8"轮总吨位为2982、净吨位为1669。吴其华等人作为"恒风8"轮的实际共有人,故意隐瞒该轮吨位的真实情况,原告基于对《海上船舶检验证书簿》披露信息的信赖,在违背真实意思的情况下签订了船舶买卖合同,根据我国《合同法》第54条第2款的规定,吴其华等人的行为构成了欺诈,原告有权请求撤销合同。综上,根据《合同法》的相关规定,原告诉请撤销本案《船舶买卖合同》,有事实和法律依据,应予以支持。被撤销的合同自始没有法律约束力。

(二)关于各被告是否应承担责任问题

厦门海事法院认为,吴翊茂以恒风公司名义与高体雄签订了船舶买卖合同,但其事前未取得恒风公司的授权,事后又未得到恒风公司的追认,根据我国《合同法》第48条的规定,该合同对恒风公司不具有约束力,应由吴翊茂自行承担责任。根据已查明的事实,吴翊茂作为具有完全民事行为能力人,其签订了船舶买卖合同并收取了部分卖船款,应认定为"恒风8"轮股东,且其股东身份已经当庭确认。吴翊茂辩称:其签订船舶买卖合同是职务行为,但未提交相关证据佐证,且该抗辩也与查明的事实不符,对其抗辩不予采信。被告吴自月辩称:《船舶所有权登记证书》记载其持有"恒风8"轮20%的股份与事实不符。武汉海事局作为船舶登记机关,其依职权颁发的船舶所有权登记证书具有法定效力。吴自月对该证书载明的共有情况持有异议,根据我国《船舶登记条例》第55条的规定,可依照国家有关法律、行政法规的规定申请复议或提起行政诉讼。根据庭审查明,被告吴自月在案涉船舶买卖之前是该轮的股东,且船舶转让后也从原告处收取了部分卖船款。据此,应认定被告吴自月是"恒风8"轮的实际股东。被告吴其华、吴运飞对其作为"恒风8"轮实际股东的身份未持有异议,且二人亦从原告处收取了部分卖船款。综上,被告吴其华、吴自月、吴运飞、吴翊茂作为"恒风8"轮的实际股东,以吴翊茂作为股东代表与原告签订了船舶买卖合同,并分别向原告收取了卖船款,是本案适格的主体。恒风公司虽是船舶所有权登记证书上记载的"恒风8"轮的所有权人,但其明确表示该轮的实际股东为吴其华、吴自月、吴运飞、吴翊茂4人,该4人对恒风公司未实际持有"恒风8"轮股份亦无异议;且原告在船舶买卖过程中,对船舶概况、价款及付款方式等合同内容均是与吴翊茂等人洽谈,表明原告清楚"恒风8"轮的实际股东是吴其华、吴自月、吴运飞、吴翊茂4人。船舶作为一种特殊的动产,根据我国《海商法》《船舶登记条例》的相关规定,船舶所有权实行登记对抗主义。结合本案,案涉船舶所有权登记证书记载的船舶所有权人是恒风公司,由此产生的法律后果仅在于原告高体雄、高学华不能以其基于买受案涉船舶而取得的权利对抗第三人。本案中，恒风公司作为被挂靠单位，在原告与吴翊茂签订船舶买卖合同并付清款项后，即办理了船舶所有权登记变更手续，因此，本案讼争事项是基于船舶买卖合同的双方当事人之间因船龄等问题而产生的，与船舶所有权登记无关。被告吴其华、吴自月、吴运飞、吴翊茂作为"恒风8"轮的实际股东，本应按合同约定及交易习惯履行义务。但被告吴其华、吴自月、吴运飞、吴翊茂未按合同约定的吨位及《海上船舶检验证书簿》记载的船龄交付船舶，导致本案船舶买卖合同存在法律规定的撤销事由，根据原告的诉请，该合同依法可以撤销。根据我国《合同法》第55条、第58条的规定，被撤销的合同自始没有法律约束力。合同被撤销后，被告吴其华、吴自月、吴运飞、吴翊茂因该合同取得的财产1182万元，应当予以返还，并赔偿原告因此所受到的损失。

被告吴其华等人从黄石市金舟海运有限公司购买案涉船舶后，挂靠在被告恒风公司经营，并由恒风公司申请办理船舶的更名事宜。在恒风公司向船舶检验部门递交的更名申请中已明确记载该轮总吨位为3460、净吨位为1937，表明恒风公司不存在隐瞒案涉船舶真实吨位的主观故意。另外，"恒风8"轮自黄石市金舟海运有限公司出让给吴其华等人至原告受让期间，船龄均未发生变更，也没有证据证明恒风公司有隐瞒或欺诈船舶建造时间的事实。现有证据尚不足以证明恒风公司对"恒风8"轮船龄、吨位的变更存在过错，原告诉请被告恒风公司承担赔偿责任没有事实和法律依据，不予支持。

（三）关于原告主张的损失是否合理问题

原告主张赔偿资金占用费1667106元。原审认为，案涉船舶买卖合同被撤销后，根据《合同法》第58条的规定，被告吴其华、吴自月、吴运飞、吴翊茂应返还原告购船款1182万元，并赔偿原告因该笔资金被占用期间而遭受的损失。但该损失应以中国人民银行公布的同期一年期流动资金贷款利率计算的利息为限。原告既主张被告赔偿1182万元购船款的利息，又主张按2007年9月5日中国人民银行三年期贷款基准利率7.38%计算的资金占用费，没有法律依据，不予支持。鉴于船舶买卖合同约定最后一笔购船款的支付与所有权变更同时完成，酌定利息自2007年9月25日起算。综上，应认定被告吴其华、吴自月、吴运飞、吴翊茂应赔偿原告1182万元购船款自2007年9月25日起按中国人民银行公布的同期1年期流动资金贷款利率计算的利息。

原告主张因船龄、吨位变更导致换证、停营等损失25万元。原审认为，从原告买受"恒风8"轮后办理的船舶保险看，船舶制造年份按1994年计，保险价值、保险金额1100万元，保险费率为0.7，1年的保费为99000元；船舶制造年份按1986年计，保险价值、保险金额990万元，保险费率为2.4，1年的保费为255112.11元。上述事实表明，船龄对保险费率有着直接的影响。在投保相同险种的情况下，在降低保险价值、保险金额后，因"恒风8"轮船龄增加8年，原告每年仍需多支出保险费156112.11元。该项费用的支出系因被告吴其华、吴自月、吴运飞、吴翊茂的违约所致，被告吴其华、吴自月、吴运飞、吴翊茂应当赔偿原告的该项损失。另外，"恒风8"轮总吨位由2982恢复为

3 460,甲板船员持有的适任证书由丙二类变更为丙一类,为此原告需雇请持有丙一类证书的船长、大副、三副船员,并增派 1 名持有丙一类证书的二副,船员工资也必然增加。根据原告提交的相关航运企业船员工资情况,并参考目前船员工资的市场行情,原告主张每月多支出船员工资 36 000 元较为合理,予以支持。据此,被告应赔偿原告自 2009 年 8 月 13 日起 36 000 元/月的船员工资损失。此外,原告还主张船舶靠离泊拖轮费 165 000 元、因证书复核导致停航损失 306 000 元及货物保险费、年检费用增加等损失,但未能提交相关证据或提交的证据不足以证明,故不予采信。

依照《中华人民共和国合同法》第 54 条第 1 款第 1 项、第 2 款,第 58 条,《中华人民共和国民事诉讼法》第 64 条第 1 款的规定,厦门海事法院判决:

一、撤销原告高体雄与被告吴翊茂签订的《船舶买卖合同》;

二、原告高体雄、高学华应于判决生效之日起十日内向被告吴其华、吴自月、吴运飞、吴翊茂返还"恒风 8"轮;

三、被告吴其华、吴自月、吴运飞、吴翊茂应于判决生效之日起 10 日内一次性返还原告高体雄、高学华购船款 1 182 万元;

四、被告吴其华、吴自月、吴运飞、吴翊茂应向原告高体雄、高学华支付 1 182 万元购船款自 2007 年 9 月 25 日起至判决生效之日止按中国人民银行公布的同期 1 年期流动资金贷款利率计算的利息;

五、被告吴其华、吴自月、吴运飞、吴翊茂应赔偿原告高体雄、高学华 1 年的保险费损失 156 112.11 元;

六、被告吴其华、吴自月、吴运飞、吴翊茂应赔偿原告高体雄、高学华自 2009 年 8 月 13 日起至判决生效之日止 36 000 元/月的船员工资;

七、驳回原告高体雄、高学华对被告黄石市恒风海运有限公司的诉讼请求;

八、驳回原告高体雄、高学华的其他诉讼请求。

三、上诉与答辩

一审判决后,原审被告吴其华、吴自月、吴运飞不服,向福建省高级人民法院提起上诉称:

1. 一审判决认定事实错误。(1) 在船舶交付之后,湖北省船舶检验处成立船舶技术鉴定专家组对案涉船舶进行实际登轮丈量、勘验,认为该轮的船龄及吨位均与原证书不符。但上诉人在向被上诉人交付船舶之前,船龄、吨位均由黄石市船检处勘验丈量并核发了《海上船舶检验证书簿》。在出售涉案船舶之后,被上诉人仍实际占有、经营该轮并享有收益权。湖北省船检处专家组重新丈量,得出新的船龄及吨位数据,上诉人对此根本不清楚,哪来一审法院认定的"继续隐瞒这些情况"。更没有一审法院认定的"存在隐瞒真实情况的主观故意"以及欺诈的事实。船舶检验均由公司统一申请、安排,上诉人既不与船检人员相识,也没有参与公司及船检处对船舶的检验工作,何来隐瞒真实情况的主观故意?(2) 另外,船舶买卖合同签订时,双方约定"按现状交船,原船原卖",合同中并没有约定船舶的建造年份,仅是凭现船交接。被上诉人在买卖合同签订之后,又随船实际考察了一个航次,所以两被上诉人应对船舶现状有相当的认识。同时,两被上诉人作为有经验的高级船员,熟悉和了解船舶的船体、机械及设备,对合同内容根本不可能存在重大误解的可能。一审法院认为被上诉人存在重大误解的事实不能成立。(3) 被上诉人购买船舶时的转让价格与1986年建造的船舶价值相当,而且被上诉人在2007年9月后就将该船投入运营,取得了巨额利润,其买卖船舶的目的已经实现,该合同应得到法律的保护。(4) 一审法院认定事实的依据是专家组的复核鉴定报告,但该报告严重违反了《中华人民共和国船舶和海上实施检验条例》第23条的规定,专家组应是由湖北省船检处的上一级检验机构船检局组织专家进行检验、评议、作出最终结论。一审法院没有审查鉴定报告的合法性,却直接将其作为证据使用,支持被上诉人的诉讼请求,有失公正。

2. 一审法院适用法律错误。上诉人在船舶买卖的整个过程中,主观上并没有欺诈的意图,也没有采取任何欺诈的手段,上诉人自始至终均没有过错,根本不能作为过错方赔偿对方的损失。相反,如合同无效,被上诉人实际占有该船舶多年,应该将所得利润返还给上诉人。一审法院没有正确适用合同法的相关条文。另外,2009年湖北省船舶检验处的船舶检验变更了2007年黄石市船舶检验处船舶检验的部分内容,是行政机关对已经生效的行政许可的改变,故本案不属于民事案件,上诉人更不属于行政赔偿的义务人,被上诉人应按照行政法律、法规向船检部门主张权利,故一审法院适用民法规范调整行政行为属于适用法律不当。为此,请求二审撤销一审判决,并判令被上诉人承担本案一、二审的诉讼费用。

原审被告吴翊茂也上诉称,其不是案涉船舶的原船东,仅是船长,其在买卖合同上签字是作为船长履行职务行为,与船舶本身没有任何关系。

被上诉人高体雄、高学华答辩称:原审认定事实清楚,适用法律正确。原审法院认定被上诉人对于船龄存在误解,上诉人在船舶吨位上存在欺诈,是正确的。湖北省船舶检验处对下属的违规行为进行整改和复核是正确的。上诉人的上诉理由不能成立,应予驳回。上诉人吴翊茂虽然没有在船舶登记簿上被登记为股东,但船舶登记机关不可能将所有船东的名字都登记在证书上。应当根据买卖行为来确认股东的地位。吴翊茂参与了船舶买卖的全过程,其作为卖家的履行行为,足以说明其也是船舶的股东,而且其他股东也并没有对其股东的地位提出异议,因此其上诉的理由不能成立。

四、二审裁判

二审中,除了上诉人吴翊茂对原审认定其为案涉船舶原船东持有异议外,上诉人和被上诉人对原审认定的本案基本事实没有异议,福建省高级人民法院依法予以确认。上诉人和被上诉人对下列问题存在争议,福建省高级人民法院分析认定如下:

(一) 关于上诉人吴翊茂是否应承担案涉合同责任的问题

福建省高级人民法院认为,上诉人吴翊茂声称其并非案涉船舶的所有人,仅是作为船长在买卖合同上签字,履行的是职务行为,但其没有证据证明其签约行为得到恒风公司的授权,吴其华、吴自月、吴运飞等人也未确认吴翊茂仅是作为他们的代理人在合同上签字。虽然案涉船舶所有权证书上未记载吴翊茂为共有人,但吴翊茂在没有得到恒风公司的授权的情况下,与被上诉人签订了船舶买卖合同并收取了大部分卖船款,应认定为案涉船舶买卖合同的当事人,并应承担相应的合同责任。

(二)关于被上诉人是否有权撤销案涉船舶买卖合同的问题

1. 福建省高级人民法院认为,案涉船舶买卖合同约定"按现状交船,原船原卖",但船舶现状不应被理解为船舶现有的表面状况,《海上船舶检验证书簿》上所记载的包括船舶建造年份在内的船舶各项技术指标,也是构成船舶现状的组成部分。因此,船舶买卖双方在买卖船舶过程中交付《海上船舶检验证书簿》,应视为双方默认按照该船舶检验证书所记载的船舶现状交船。虽然案涉船舶买卖合同正文中并未约定船舶的建造年份,但船舶的建造年份是衡量船舶现有价值的最重要指标之一,也是买卖双方在交易过程中需要考虑的关键因素之一,被上诉人在购买案涉船舶时,不可能不考虑船舶的建造年份,也有理由相信《海上船舶检验证书簿》所记载的船舶建造年份,并以此来判断是否交易以及交易的价格。上诉人向被上诉人交付的《海上船舶检验证书簿》记载的"恒风8"轮的建造年份为1994年,但湖北省船舶检验处经组织有关专家对船龄和船舶总吨位进行的实船勘验和验算,确定该船建造年份为1986年。作为船舶检验主管机构,湖北省船舶检验处作出的船龄复核鉴定报告,具有法定的证据效力。上诉人虽然对该鉴定报告存有异议,但没有提供证据推翻该报告,故其异议不能成立。鉴于船龄对于确定船舶成交价格以及船舶营运成本和营运风险的重大影响,应当认定被上诉人在签订案涉船舶买卖合同时存在重大误解。

2. 上诉人吴其华等原先在受让"金圣海8"轮时,明知该轮的总吨位为3 460、净吨位为1 937,但在更名为"恒风8"轮后,通过湖北省黄石船舶检验处的违规操作,将该轮总吨位变更为2 982、净吨位变更为1 669。而在签订案涉船舶买卖合同时,上诉人故意隐瞒该轮吨位的真实情况,其行为构成对被上诉人的欺诈,被上诉人也有权请求撤销合同。因此,原审据此判令撤销案涉船舶买卖合同,并无不当。

(三)关于上诉人是否应赔偿被上诉人损失的问题

福建省高级人民法院认为,(1)购船款在上诉人占用期间必然造成被上诉人的利息损失,原审判令上诉人赔偿被上诉人购船款的利息损失,并无不当。上诉人如要主张船舶在被上诉人占有期间的利益损失,可另行起诉;(2)没有充分证据证明上诉人故意隐瞒案涉船舶的船龄,在船龄问题上存在欺诈,而被上诉人办理船舶保险是为了保障其在占有和使用案涉船舶期间的利益,因此,原审判令上诉人全部承担被上诉人因船龄变更而多支出保险费156 112.11元的赔偿责任,有失公平,酌定双方各承担上述费用的50%的责任。(3)上诉人在案涉船舶的吨位上存在欺诈,由于重新勘验后船舶总吨位由2 982吨恢复为3 460吨,船上船员的适任证书种类及人数也应相应变更,必然导致船员工资支出的增加,原审据此判令上诉人赔偿被上诉人船员工资损失,并无不当。但是，被上诉人一审起诉只主张因船龄、吨位变更导致的换证、停营等损失25万元，其中，对于多支出的船员工资损失只计算至一审起诉之日，即只主张1个月的船员工资损失，而原审却判令上诉人赔偿被上诉人自2009年8月13日起至判决生效之日止每月36 000元的船员工资损失，超过被上诉人诉讼请求的金额，显然存在错误，应予纠正。因此，应改判上诉人赔偿被上诉人多支付的船员工资损失36 000元。被上诉人对此后产生的船员工资损失可另行主张。

综上，依照《中华人民共和国民事诉讼法》第153条第1款第3项之规定，判决如下：

一、维持厦门海事法院(2009)厦海法商初字第376号民事判决第一、二、三、四、七、八项；

二、变更厦门海事法院(2009)厦海法商初字第376号民事判决第五项为：吴其华、吴自月、吴运飞、吴翊茂应赔偿高体雄、高学华1年保险费损失的一半78 056.1元。

三、变更厦门海事法院(2009)厦海法商初字第376号民事判决第六项为：吴其华、吴自月、吴运飞、吴翊茂应赔偿高体雄、高学华船员工资损失36 000元。

7 原告李智洪与被告石德友船舶买卖合同纠纷案

案例来源：广州海事法院(2001)广海法初字第279号

主题词：船舶买卖合同　船舶适航　营运损失

> **裁判要旨**
>
> **No. CB-5.2-2**　船舶买卖合同的卖方在交船之时，应负责使船舶符合适航状态。由于交船时船舶适航证书过期导致船舶无法营运的，卖方应当承担违约责任。

一、基本案情

原告：李智洪

被告：石德友

原告李智洪诉称：2000年8月1日，原、被告双方签订《出让"昌达503"船合同书》，约定被告将其挂靠在海南省文昌市辰达船务有限公司（以下简称辰达公司）的"昌达503"轮转让给原告，原告应于签订合同之日支付首期20万元购船款，被告收款后7日内将船舶登记注销证明书等一切过户手续交给原告。原告在合同签订前于7月26日已将首期购船款付给被告，但被告直至9月29日才将36张未经证实是否"昌达503"轮的图纸交给原告，12月27日才将船舶注销证明书交给原告。在办理过户手续过程中，广西梧州船舶检验处发现被告所交的图纸不是"昌达503"轮的图纸。原告被迫重新委托广西桂江造船厂进行实船出图，并交付了设计费。因被告不按时交付船舶的技术资料,提供的是无效图纸,且至今未提供船舶的主要技术资料(工厂质量证明书)和购船发票给原告,致使交船时船舶不适航,造成原告经济损失。请求判令被告赔偿原告图纸设计费3.5万元、审图费4 890元、初次检验费16 300元、总纵强度计算书费5 500元、购船发票税值2.5万元、工厂质量技术证明书价值2万元、2000年8月至2001年1月共5个月停航损失5万元,以上共计156 690元。

被告石德友辩称:被告提供的"昌达503"轮是持证的运输船,被告依约履行了交船义务。原告在收船后从未对该船质量问题或适航情况提出过任何异议,并且已在广西梧州海事局办理了船舶过户手续。原告提出该船不适航的主张不能成立。被告提供的图纸和注销证明书合法真实,该船图纸技术资料是齐全的。原告诉讼请求中有关费用没有证据支持,而且发生在船舶过户投入运营之后,与被告无关。请求驳回原告的诉讼请求。

二、法院查明的事实

广州海事法院经审理查明并确认了如下法律事实:

原"昌达503"轮船籍港海口,登记船舶所有人为辰达公司,实际为被告所有,挂靠辰达公司。适航证书有效期至1999年8月5日。

2000年7月28日,辰达公司与梧州市水运公司签订《出让"昌达503"船合同书》一份。合同约定:辰达公司将"昌达503"轮转让给梧州市水运公司,转让价148万元。

同日,辰达公司、原告、梧州水运公司签订《关于〈出让"昌达503"船合同书〉的声明》,约定:"昌达503"轮实际产权属于原告所有。原告拟将该船与梧州市水运公司合作经营,指示辰达公司以出让的形式将该船过户给梧州市水运公司,前述合同书中的付款条款不需执行。该船过户给梧州市水运公司时,为满足广西船检要求的船舶检验、技术参数计算、增加或更换机电设备等所需费用全部由原告负责。

2000年8月1日,原、被告双方签订《出让"昌达503"船合同书》。合同约定:被告将"昌达503"轮转让给原告,被告向原告提供所有船舶文件资料,其中包括船舶的出厂图纸、船舶检验证书及一切随船所属工具、设备及雷达等。被告在交船时,应负责使船舶符合适航状态。转让价为801 888元,原告应于签订合同之日支付首期20万元购船款,被告收款后7日内将船舶登记注销证明书等一切过户手续交给原告。被告必须协助原告办理该船在原告所在地入籍及产权证书变更手续。

2000年7月26日,原告在合同签订前向被告支付了首期购船款20万元。

因办理船舶过户手续需要,梧州市水运公司与辰达公司于8月10日签订了船舶交接证书。被告于8月底将"昌达503"轮实际交付给原告。原告接受船舶后,委托新华船厂对"昌达503"轮进行修理。

9月29日,原告收到被告交来的图纸36张。12月27日,原告收到被告交来的船舶登记注销证明书。

2001年1月21日,原告向广西梧州海事局申请办理了"昌达503"轮产权过户手续,改名为"梧州1688"轮。船舶登记所有人为原告,船舶经营人为梧州市水运公司。

关于原、被告对船舶适航问题质量的约定。被告认为,原、被告签订合同时,均知道"昌达503"轮适航证书已经过期,所以转让价格较低。原告称签订合同时不知道该轮适航证书已经过期。本审判员认为,原、被告双方订立的船舶买卖合同明确约定:被告在交船时,应负责使船舶符合适航状态。被告现称双方约定转让的船舶即为不适航的船舶,但原告不予确认,被告也没有提供相关证据,对被告该主张不予采信。

关于被告交给原告的图纸是否"昌达503"轮的图纸。原告提供了2001年2月12日广西梧州船舶检验处出具的"梧州1688"轮检验意见。该检验意见称:实船与船东提供的图纸不符。鉴于上述情况,请补图的有关人员登船重新勘查,将实船船形及结构情况如实反映在图纸中,以确保图纸资料的真实性和实船安全技术参数的可靠性。被告认为,其提供的图纸就是"昌达503"轮的图纸,否则该船无法办理过户手续。本审判员认为:虽然梧州船舶检验处出具的检验意见可以证明原告向梧州船舶检验处提供的不是"昌达503"轮的图纸,但原告不能证明其提交梧州船舶检验处的图纸即为从被告处收到的图纸,原告认为被告所交的不是"昌达503"轮图纸的主张不能成立。

关于损失问题,原告提供了以下证据:

1. 2001年3月15日,广西桂江造船厂船舶设计室出具的图纸设计费收据,记载收到原"昌达503"轮、现"梧州1688"轮图纸设计费3.5万元。

2. 2001年10月23日,广西梧州船舶检验处发给"梧州1688"轮的通知一份,称该船尚欠总纵强度计算书和工厂技术证明书,请尽快交来以便存档。同日,广西梧州船舶检验处出具证明,称"梧州1688"轮初次检验费为16 300元,审图费为4 890元。

3. 2001年11月1日,广西桂江造船厂船舶设计室出具的总纵强度计算书设计费收据1份,记载收到原"昌达503"轮、现"梧州1688"轮总纵强度计算书设计费5 500元。

被告认为上述证明和内部收款收据不构成法律上认可的证据。

广州海事法院认为,广西桂江造船厂和梧州船舶检验处收取有关费用,均应按照法律规定开具相应发票,原告提供的广西桂江造船厂下属机构出具的收据,以及广西梧州船舶检验处出具的证明,不能作为认定原告已支付相应款项的证据。对原告支出图纸设计费3.5万元、初次检验费16 300元,审图费4 890元、总纵强度计算书设计费5 500元的主张,不予采信。

原告另主张被告赔偿购船发票的税值损失2万元、工厂质量技术证明书一本价值2万元、2000年8月至2001年1月的船舶停航损失5万元,但没有提供证据予以证明,不予采信。

三、法院裁判

广州海事法院认为,本案为船舶买卖合同纠纷。原、被告在平等、自愿的基础上签订的《出让"昌达503"船合同书》,内容未违反法律规定,合法有效。双方均应严格依约履行各自的义务。按照合同约定,被告在交船时,应负责使船舶符合适航状态,但被告交船时船舶适航证书已经过期;按照合同约定,原告应于签订合同之日支付首期20

万元购船款,被告收款后7日内将船舶登记注销证明书等一切过户手续交给原告,但原告依约定支付首期购船款后,被告于4个多月后才将船舶登记注销证明书交给原告。被告的行为已构成违约。被告的违约行为造成原告2000年8月10日接受船舶后到2001年1月21日向广西梧州海事局申请办理产权过户手续期间不能投入营运,应赔偿原告相应损失,但原告没有举证证明相应的损失数额,对原告关于每月1万元停航经济损失的诉讼请求,不予支持。

被告收取原告支付的购船款项后,原告有权要求被告开具发票。被告未向原告开具发票,原告并未请求被告开具发票,而是要求被告赔偿发票税值2.5万元,但原告未提供该主张的理由及依据,对原告该项请求,不予支持。

原告请求的图纸设计费、审图费、初次检验费、总纵强度计算书费、工厂质量技术证明书价值,但没有提供有效证据证明以上损失,而且均是在船舶过户后发生,不能证明是由于被告的违约行为所引起。对原告的上述诉讼请求,不予支持。

依照《中华人民共和国民事诉讼法》第64条第1款的规定,判决如下:

驳回原告李智洪的诉讼请求。

8 **原告(反诉被告)林梅友与被告(反诉原告)梁美玲、周余良、管华平船舶买卖合同纠纷案**

案例来源:广州海事法院(1999)广海法深字第102号
主题词:船舶买卖合同　伪造证书　实际损失　现状交付　诉讼时效

> **裁判要旨**
>
> **No. CB-5.2-3**　在交付船舶时,卖方应该按合同的约定交付船舶附随的证书。卖方交付了伪造的《船舶检验证书簿》,无论其是否知道伪造,其交付不真实证书的行为构成违约,应当赔偿由于其提供伪造证书给买方造成的损失。但是,由于伪造的证书本身并没有影响涉案船舶营运,没有给买方造成损失。买方要求卖方赔偿的整改费用、停航损失和码头费用与伪造证书本身无任何因果关系,不应支持。
>
> **No. CB-5.2-4**　虽然《船舶买卖合同》约定船舶按现状交付,但卖方交付船舶的同时也交付了船舶检验证书的行为,应视为其保证该船舶符合船舶检验证书上的检验结果。船舶交付之后通过年度检验,并进行了换证检验,检验机关颁发了新的《船舶检验证书簿》,证明该轮船体、轮机、受压容器、电力、无线电、消防、救生、信号等设备符合现行规则、规范对其使用部分的各项规定,是适航的船舶,检验结果与卖方交付的《船舶检验证书簿》上的检验结果基本一致。故,法院认定卖方所交付的船舶符合其交付的《船舶检验证书簿》对该船的描述,船舶在交付时符合当时规则、规范的要求。

> **No. CB-5.2-5** 接受船舶时，买方有理由依赖《船舶检验证书簿》的记载确定船舶的质量状况，但在船舶于交船后进行第一次年度检验时，如果船舶存在影响适航的质量问题，进行年度检验时就能够也应该发现，买方主张卖方交付的是一艘不合格的船舶而提起的赔偿之诉的诉讼时效期间，最迟应自此时起算。

一、基本案情

原告（反诉被告）：林梅友

被告（反诉原告）：梁美玲

被告（反诉原告）：周余良

被告：管华平

原告林梅友诉称：1996年8月22日，其与梁美玲、周余良签订船舶买卖合同，约定由林梅友向梁美玲、周余良出售"兴业9号"船。23日，买卖双方在广州番禺万顷沙验收船舶并交接，买方向林梅友支付了部分船款。26日，林梅友与梁美玲、周余良签订了《分期付款协议书》，约定了船款余额的支付方法。但梁美玲、周余良一直拖欠船款余额。1998年1月18日，管华平向林梅友出具了所欠船款和利息的欠条。林梅友在庭审中称，管华平出具欠条是因为周余良、梁美玲已将船款余额70万元交给管华平，管华平没有将该欠款交给林梅友。原告请求判令：(1) 被告管华平支付欠款70万元及自1998年1月18日起至付款之日止的利息；(2) 三被告支付船款自1996年8月26日起至1998年1月18日止的利息605 700元；(3) 三被告赔偿林梅友为本案所产生的差旅、交通、通讯等有关费用。

被告梁美玲、周余良、管华平辩称：买方在接收船舶后，发现船体结构及设备技术状况存在严重缺陷，因此多次进厂修理。针对该轮的现状，对该轮取得的证书特别是原船检证书进行全面调查，发现"兴业9号"轮检验证书（船舶登记号P12010643）不是江西省船舶检验处签发的，该轮未经船检部门的建造检验和初次检验，未持合法有效的船舶证书。另外，广州船级社对"兴业9号"轮所作的检验报告书的结论是：该轮存在上述技术及工艺问题，不能完全满足《海船法定检验技术规则》(1992)的要求。林梅友采取欺诈手段转让未经检验的营运船舶，违反了法律规定。因此，林梅友与梁美玲、周余良所签订的《船舶买卖合同》是无效的。请求驳回林梅友的诉讼请求。

被告梁美玲、周余良反诉称：林梅友伪造船舶检验证书，转让未经检验的船舶，该轮实际上并不具备海船规范的要求，并明显与合同约定的船舶用途和证书记载的技术状况不一致，已失去原有的营运价值和使用价值。林梅友的行为已构成侵权。请求判令林梅友赔偿使船舶恢复至适航状态的整改费用1 525 255元、公正检验费9 600元、自1999年12月7日第一次开庭起的停航损失（按每月8万元计算至判决之日）、停航期间的码头费用165 000元。

原告林梅友对被告梁美玲、周余良的反诉答辩称：

1. 梁美玲、周余良提出的反诉已超过诉讼时效。买卖双方交接船的时间是1996年8月23日。梁美玲、周余良反诉称该轮投入营运后，不断发现船体结构和船舶现状的严重缺陷。既然如此，梁美玲、周余良从接船时起就知道船舶的这种情况和其权利被侵害，但梁美玲、周余良于1999年12月1日才提出反诉，早已超过诉讼时效，丧失了胜诉权。

2. 林梅友出售给梁美玲、周余良的是一艘质量合格、适航的船舶，证书合法有效。江西省船舶检验处于1996年4月17日为此签发了"兴业9号"轮《船舶检验证书簿》。梁美玲、周余良接收该轮后，每年都对船舶进行年度检验，并获得了船检局对船舶年度检验的签证，证实该轮一直处于适航状态。中华人民共和国船舶检验局（海口）1999年4月27日对该轮进行了换证检验，发出《船舶检验证书簿》，证实该轮处于适航状态。

3. 根据《船舶买卖合同》，"兴业9号"轮是按现状出卖，包括现有材料及一切设备和所有的港澳证书及两套图纸。梁美玲、周余良明白自己应承担的风险。如果船舶结构等与图纸有不同之处，接船时就应提出。从1996年8月23日接收船舶起至1999年11月18日长达3年3个月的时间里，梁美玲、周余良没有提出船舶状况存在缺陷和没有有效的船舶证书等问题，应依法确定"兴业9号"轮是一艘合格的、持有有效证书的船舶。

4. 梁美玲、周余良未能出示任何合法有效的证据，证明其反诉的任何损失。梁美玲、周余良自接船后，除了正常的维修保养外，其他时间都在营运。在1999年底还改船名为"东港6号"进行货物运输。梁美玲、周余良没有提供证据证明"兴业9号"轮已经停航，其主张的营运损失根本不存在。

5. 由于梁美玲、周余良单方面申请中国船级社对船舶进行检验，中国船级社在1999年11月8日出具了检验报告。其后再请同一检验公司进行联合检验，其检验结果是一样的。这也是我们不同意梁美玲、周余良建议请同一家检验公司进行联合检验的原因。上述两份报告都是梁美玲、周余良单方面申请的，不是联合检验报告，也不是法院指定的检验，因而不应把这两份检验报告作为证据。

梁美玲、周余良既提供了广东省船舶检验局广州分局签发的《船舶检验证书簿》，确定了船舶适航，又提供了中国船级社的检验报告，称船舶处于不适航状态，因此，其提供的报告内容自相矛盾。中国船级社的GZ99990082号报告称，对轮机设备的检验是在机械设备处于停止状态下，通过外部进行检查。该检验报告所称的机械设备存在的问题是不可信的，因为机械设备处于停止状态，通过外部检查是不可以确定机器性能的。

中国船级社2000年3月8日出具的检验报告，其检验依据是中华人民共和国船舶检验局《海船法定检验技术规则1992》（以下简称《1992年规则》）、中国船级社《钢质海船入级与建造规范1989》、中华人民共和国船舶行业标准《中小型船舶船体建造标准

(CB/T 3195-1995)》及其他相关船舶行业标准。但,"兴业 9 号"不是一艘入级船;船舶设计图纸批准日期为 1994 年 12 月 26 日,建造完工日期为 1995 年 10 月 15 日,而动工建造为 1994 年底,而《中小型船舶船体建造精度》颁布时间为 1995 年,"兴业 9 号"建造时还没有颁布生效。该检验报告以《钢质海船入级与建造规范》《中华人民共和国船舶行业标准中小型船舶船体建造精度》作为检验依据,适用规范错误。

此外,没有证据证明中国船级社出具的两份检验证书上所记载的缺陷是 1996 年 8 月份双方买卖船舶时就存在的。请求驳回梁美玲、周余良的反诉请求。

二、法院查明的事实

广州海事法院认定了以下事实:1996 年 8 月 22 日,林梅友与梁美玲、周余良签订《船舶买卖合同》约定:林梅友将其所有的挂靠在海南省海口兴业船务有限公司的"兴业 9 号"轮卖给梁美玲、周余良;船舶按现状出卖,包括现有材料及一切设备和所有的港澳证书及两套图纸;总价款为 5 508 000 元,于签订本合同时一次付清。合同签订后,林梅友与梁美玲、周余良办理了船舶交接手续,林梅友向梁美玲、周余良交付了船舶的各种图纸及船舶检验证书簿。26 日,林梅友又与梁美玲、周余良签订"分期付款协议书",约定:梁美玲、周余良所欠林梅友的买船款 350 万元,按每月 40 万元付给林梅友;欠款利息按月息百分之二计算。

1998 年 1 月 18 日,管华平向林梅友开具欠条,记载:"今欠林梅友人民币款柒拾万元整。"同日,林梅友与管华平结算利息,书写了一份便条,称:"从开始起到 98. 1. 18 止,总计利息 605 700 元整",管华平作出备注:"以上船款利息结清。"

在庭审中,林梅友陈述,当其向管华平追讨船款余额时,管华平称,其他股东已将船款 70 万元交给其本人,该 70 万元作为管华平的个人欠款。因此,买方已将船舶买卖价款的本金付清,管华平代梁美玲、周余良结算了所欠船款至 1998 年 1 月 18 日的利息。

林梅友、梁美玲、周余良、管华平对上述事实没有异议。合议庭予以认定。

林梅友在交船时向梁美玲、周余良交付的《船舶检验证书簿》记载:证书编号为 JX954018,发证机关为江西省船舶检验处,验船地为南昌,船名为"兴业 9 号",船舶所有人为海南兴业船务有限公司,发证日期为 1996 年 4 月 17 日,船舶类型为多用途船,制造厂为南昌造船厂。其中,船舶载重线证书(海船)、船舶吨位证书、防止油污证书(海船)、适航证书中的主任验船师签名为金明,防止油污证书(海船)附件中的验船师签名为童元。该检验证书簿中的适航证书记载:"此船于 1995 年 11 月 6 日在南昌港进行了初次检验。其船体、轮机、受压容器、电力、无线电、消防、救生、信号等设备符合现行规则、规范对其使用部分的各项规定,准予航行 III 类区域(航线),及根据上列各有关证书或规定,作多用途货船用,装运集装箱、干杂货物。"该轮交付后,管华平将其挂靠在文昌市辰达船务有限公司经营。广东省船舶检验局广州分局分别于 1996 年 10 月 30 日在新塘、1997 年 11 月 4 日在广州、1999 年 1 月 5 日在广州对该轮作了年度检验,并在《船舶检验证书簿》中的年度检验签证栏盖章,同时签发了适航证书。

梁美玲、周余良提供了江西省船舶检验处分别于1999年4月19日和12月6日出具的证明原件。其中4月19日的证明称:"从所提供的兴业9号船船舶检验证书复印件推断原证书系伪造证书,不是我处签发;证书中主任验船师为金明、童元,我处没有该检验人员;证书上所盖'江西省船舶检验处'的检验公章,系伪造公章。"12月6日的证明称:"从所提供的兴业9号船检证书原件(编号为JX954018),经核查,该证书系伪造证书,不是我处签发,其检验编号和船检登记号均不是我处授予,我处从未对'兴业9号'船实施检验;该证书中主任验船师署名为金明、童元,而我处没有该两名船检人员,也没有聘用过名字为金明、童元的人员。"林梅友否认上述两份证明的真实性,但未提出相应的依据。

在庭审中,林梅友陈述称,"兴业9号"轮并非南昌船厂建造,而是其自己的"胜海"船厂建造。该轮并未到南昌进行检验。船舶检验是委托一个名为朱斌的人代办的,其没有检验费收据;该船在江西(船舶检验处)没有档案。

广州海事法院认为,梁美玲、周余良提交了两份证明原件,且林梅友承认该船没有到南昌进行过检验,江西省船舶检验处没有该船的档案,故应认定上述两份证明是真实的。根据上述两份证明和林梅友的陈述可以证明,林梅友交付给梁美玲、周余良的编号为JX954018的《船舶检验证书簿》,并非合法取得。

中华人民共和国船舶检验局(海南)于1999年4月27日为"兴业9号"轮签发了编号为99HN0142的《船舶检验证书簿》,该证书簿记载,该轮于1999年4月27日在海口进行了换证检验,其船体、轮机、受压容器、电力、无线电、消防、救生、信号等设备符合现行规则、规范对其使用部分的各项规定,准予航行沿海区域,证书有效期至1999年11月4日。管华平、梁美玲、周余良对该证书的真实性没有异议。

中国船级社于1999年11月8日出具的GZ99990082号检验报告记载:应海南兴业船务有限公司的申请,中国船级社署名验船师于1999年3月1日及其以后诸日,在广州星港船舶修造工程有限公司星港船厂船坞对"兴业9号"轮进行了技术状况勘验。该轮的船体、轮机、电气部分存在着技术和工艺问题,不能完全满足《1992年规则》的要求。

中国船级社于2000年3月8日作出GZ00990011号检验报告记载:本报告作为编号为GZ99990082号检验报告的补充;勘验的依据是《1992年规则》、中国船级社海船规范及《中华人民共和国船舶行业标准》(船舶标准)。检验的结论是,船东提供的40份图纸与实船不符,船体结构、消防、救生、机械设备及电缆和电气设备存在不符合海船规范要求的缺陷。为使该轮满足海船规范对沿海航区货船的要求,应将有关图纸资料送船检部门审批,消除各种缺陷,使用持有由船检部门颁发的船用产品证书的设备,按经审批的图纸对现有设备进行重新配备、改装,报船检部门检验发证,并进行有关试验。参考中国船舶工业总公司1995年的国内民用船舶修理价格表和广州地区船舶修造行业近期的实际情况,"兴业9号"船进行上述整改所需的费用共计为 1 525 255 元。

林梅友认为,上述两份检验报告,是海南兴业船务有限公司向中国船级社申请检验,而非梁美玲、周余良申请,因此对该报告的真实性存在疑问,而且两份报告中验船师王运才、黄韶辉的签名不一致,要求否认上述报告的有效性。广州海事法院认为,梁美玲、周余良已提交了检验报告的原件,如果林梅友对该报告的真实性有疑问,可以向中国船级社调查核实。检验报告的效力不应因申请人的不同而受到影响。因此,梁美玲、周余良提交的两份验船报告的真实性及其效力应予认定。

广州星港船舶修造工程有限公司星港船厂出具的《关于"兴业9"进厂修理情况的报告》记载,"兴业9号"轮在1997年1月20日至1999年10月20日之间多次进该厂维修,维修的原因是船方提出主机振动较大,船体板有裂纹等。该报告还记载了双方勘验工程结果和采取的修理措施。林梅友对该报告的真实性没有异议,但认为该报告不能作为认定该船进行修理和修理费用的证据。

广州海事法院认为,广州星港船舶修造工程有限公司星港船厂并非法定的船舶检验机构,其出具的《关于"兴业9"进厂修理情况的报告》仅仅陈述了船舶修理的大概情况,不能反映船舶交付当时的状况,不能证明该轮是因不适航而进行修理。

梁美玲、周余良在庭审时称,"兴业9号"轮每月的平均营运收入扣除油料和工资等,每月损失约为8万元。其提交的证据有:(1)广州进道集装箱有限公司与文昌市辰达船务有限公司签订的集装箱运输协议、番禺粤丰仓储有限公司与文昌市辰达船务有限公司签订的委托运输协议,内容均为前者委托后者运输新的空集装箱,由莲花山运往香港、蛇口、盐田等地。协议约定了运价,没有约定运输数量,没有约定船名,只约定前者有任务时提前两天通知后者,没有约定违约责任。(2)"兴业9号"轮自1999年7月27日至8月29日期间各航次的货物舱单。林梅友认为,上述证据不能证明该船停航及停航的损失。

广州海事法院认为,林梅友对上述证据的真实性没有提出异议,应予确认。但不能证明文昌市辰达船务有限公司签订的上述两份运输协议与"兴业9号"轮的营运有因果关系,而且缺乏该轮营运成本、营运收入等证据,不足以证明"兴业9号"轮的营运损失。

林梅友为证明梁美玲、周余良将"兴业9号"轮改名为"东港6号"轮从事营运,提交了海口港务监督于1997年12月29日核发的"东港6号"轮国籍证书和广东省船舶检验局广州检验处于1997年12月12日核发的"东港6号"轮《船舶检验证书簿》、"东港6号"轮于2000年6月26日、7月3日、7月14日、7月18日向广州港监申报出口的记录的复印件、"东港6号"轮的照片以及广州市海珠区公证处于2000年11月10日出具的(2000)穗海证经字第3517号公证书。其中,"东港6号"轮国籍证书、《船舶检验证书簿》记载,"东港6号"船长69.50米,宽13米,深5.7米,总吨970,净吨492。"东港6号"轮向广州港监申报出口的记录的复印件记载,船舶总吨、净吨均分别为970和492,总长、型宽、型深的数字各不相同,广州港监在上述复印件上加盖了证明印章。广州市海珠区公证处出具的(2000)穗海证经字第 3517 号公证书记载,应林梅友的委托代理人陈龙杰的申请,该公证处对"兴业 9 号"轮现正抛锚停泊的位置和货轮外貌特征进行证据保全。公证员胡伟泉、马国栋于 2000 年 11 月 9 日下午 16 时至 16 时 40 分,到广州市黄埔区渔珠码头对出江面附近水域对正在抛锚停泊的"兴业 9 号"轮进行观察、拍照、摄影。公证书所附照片 44 张为公证员现场拍摄,经比较,公证书所附"兴业 9 号"轮的照片与原告所拍的"东港 6 号"轮的照片中显示的船舶外形及上层建筑相像,船名均使用油漆手写。

梁美玲、周余良否认"兴业 9 号"轮曾冒充"东港 6 号"轮进行营运。认为公证处进行证据保全不符合法律规定,该公证书不能作为证据采用。仅凭照片外貌相像,不能认定"东港 6 号"轮就是"兴业 9 号"轮。

广州海事法院认为:林梅友提交的"东港 6 号"轮向广州港监申报出口的记录经广州港监证明,被告未提交反证,应予认定。广州市海珠区公证处对"兴业 9 号"轮作证据保全,符合《中华人民共和国公证暂行条例》的规定,(2000)穗海证经字第 3517 号公证书有效,应予认定。但仅凭外貌相像,不能认定"东港 6 号"轮就是"兴业 9 号"轮。

三、法院裁判

广州海事法院认为,本案船舶买卖合同是双方当事人的真实意思表示,没有违反法律强制性规定,是合法有效的。林梅友在交付船舶时,应该按合同的约定交付船舶附随的证书。但其交付的《船舶检验证书簿》经原发证机关证明是伪造的,无论其是否知道该证书是伪造的,其交付不真实证书的行为已违反了合同义务,应承担违约责任。周余良、梁美玲得知林梅友违反合同的义务交付了伪造《船舶检验证书簿》的时间是 1999 年 4 月 19 日,周余良、梁美玲就林梅友伪造船舶证书行为提起的赔偿之诉的诉讼期间没有届满。林梅友应赔偿由于其提供了伪造的证书给周余良、梁美玲造成的损失。但周余良、梁美玲发现该证书是伪造的时候,"兴业 9 号"轮已经更换了新的船舶检验证书,伪造的证书本身并没有影响船舶营运,没有给周余良、梁美玲造成损失。周余良、梁美玲要求林梅友赔偿的整改费用、停航损失和码头费用与证书本身无任何因果关系。

虽然《船舶买卖合同》约定船舶按现状交付,但林梅友交付船舶的同时也交付了船舶检验证书的行为,应视为林梅友保证该船舶应符合船舶检验证书上的检验结果。"兴业 9 号"轮交付之后,分别于 1996 年 10 月 30 日、1997 年 11 月 4 日和 1999 年 1 月 5 日通过年度检验,并于 1999 年 4 月 27 日在海口进行了换证检验,检验机关颁发了新的《船舶检验证书簿》,证明该轮船体、轮机、受压容器、电力、无线电、消防、救生、信号等设备符合现行规则、规范对其使用部分的各项规定,是适航的船舶。该检验证书簿上记载的对"兴业 9 号"轮的检验结果与林梅友交付的《船舶检验证书簿》上的检验结果基本一致。因此,应认为林梅友所交付的船舶符合其交付的《船舶检验证书簿》的对该船的描述,"兴业 9 号"轮在交付时符合当时的规则、规范要求。梁美玲、周余良提供的中国船级社出具的 GZ99990082 号检验报告以及 GZ00990011 号检验报告,不具有推翻广东省船舶检验局广州分局年度检验及中华人民共和国船舶检验局的换证检验的效力,也不能反映船舶交付当时的状况。

接受船舶时,周余良、梁美玲有理由依赖《船舶检验证书簿》的记载确定船舶的质量状况,但该船舶在 1996 年 10 月 30 日就进行了交船后的第一次年度检验,如果船舶存在影响船舶适航的质量问题,进行年度检验时就能够也应该发现,周余良、梁美玲认为林梅友交付的是一艘不合格的船舶而提起的赔偿之诉的诉讼时效期间,最迟应自 1996 年 10 月 30 日起计算,至周余良、梁美玲提起反诉前,诉讼时效已届满,周余良、梁美玲要求林梅友赔偿整改费用、停航损失和码头费用的反诉主张已丧失了胜诉权。

周余良、梁美玲没有提交"兴业 9 号"轮因不适航而停航修理的证据;其提供的证据不能证明该船的营运损失。

综上所述,对周余良、梁美玲的反诉诉讼请求不予支持。

周余良、梁美玲作为船舶买卖合同的买方,应依合同的约定支付船舶价款。延期支付部分,应按合同约定的利率支付利息。但林梅友在与管华平结算船舶价款时,同意将余款 70 万元作为管华平的个人欠款,管华平也出具欠条予以确认。以上事实表明,林梅友、管华平已同意周余良、梁美玲将 70 万元余款的债务转让给管华平,该余款应由管华平偿还。林梅友要求管华平偿还欠款 70 万元及利息的诉讼请求应予支持。但林梅友与管华平并没有约定还款时间和利率,故利息损失应从林梅友要求管华平还款时,即 1999 年 10 月 8 日,其向本院起诉之日起算,按同期中国人民银行规定的存款利率计算。

管华平不是《船舶买卖合同》的买方,没有义务偿还买方拖欠船款而产生的利息。林梅友要求管华平偿还船款利息的诉讼请求,不予支持。船款的利息 605 700 元,应由周余良、梁美玲偿还。

林梅友要求管华平、梁美玲、周余良赔偿其在本案诉讼中所产生的差旅、交通、通讯等有关费用,因没有提供证据,不予支持。

据此,依照《中华人民共和国民法通则》第 88 条第 1 款、第 91 条、第 111 条、第 135 条、第 137 条的规定,判决如下:

一、被告管华平偿还原告林梅友欠款 70 万元及其利息(利息从 1999 年 10 月 8 日起至本判决确定的付款之日止,按同期中国人民银行规定的存款利率计算);

二、被告周余良、梁美玲向原告林梅友偿还拖欠的船款利息 605 700 元;

三、驳回原告林梅友要求被告管华平偿还船款利息 605 700 元的诉讼请求;

四、驳回被告周余良、梁美玲对原告林梅友的反诉请求。

⑨ 原告(反诉被告)陈志安与被告(反诉原告)鲁忠瑞船舶买卖合同纠纷案

案例来源:宁波海事法院(2000)甬海商初字第299号
主题词:船舶买卖合同　交接手续　船舶损失　举证责任

> **裁判要旨**
>
> **No. CB-5.2-6** 船舶买卖合同履行过程中,在船舶未经交接、验收和付清所欠船款的情况下,买受人擅自驾船驶离,属于违约行为。
>
> **No. CB-5.2-7** 在买受人擅自驾船离开之后船舶发生了损坏、修理,虽然船舶未完成法律意义上的交付,但是,买受人占有期间的船舶损失风险应由买受人自行承担。

一、基本案情

原告(反诉被告):陈志安

被告(反诉原告):鲁忠瑞

原告陈志安诉称:2000年7月24日,原告将自己所有的经改装的钢质渔船一艘转让给被告鲁忠瑞,总价款为425 280元,双方并签订《转让合同》一份。后被告向原告支付定金15万元,期间付购船款13万元,原告按约对船舶设备进行安装调试。由于受台风影响,双方同意延迟交接船舶。同年9月8日晚8时许,被告在未付清船款145 280元的情况下,自行将船偷开至岱山,并随船带走氧气瓶、电焊机、套丝机、废钢铁、氧气管等物品,价值约20 930元。原告得知后追赶无果,即向有关单位报案。被告违约行为已给原告造成经济损失,为此,要求被告立即支付所欠船款145 280元,赔偿经济损失20 930元。第二次开庭时,原告陈志安提出增加诉讼请求,要求被告赔偿诉前扣船费4 000元的经济损失。

被告鲁忠瑞辩称:原、被告之间签订了一份船舶转让合同书情况属实。被告依合同支付了15万元定金及13万元船款,全面履行了合同。但原告没及时对船舶进行检修及改装,在规定的时间内不能交付船舶,给被告造成了很大经济损失,为避免更大的经济损失,被告无奈于9月8日将船驶往舟山进行检修,这一切的过错均在原告。被告尚欠原告购船款145 280元不属实,我们先后4次共支付船款359 000元,为原告代付修理、备件费39 033元,在沈家门支付必要的配件费26 678元,由于原告未按规定对船舶进行油漆,尚要支出5 300元,我们已实际支出430 011元,被告没欠原告任何船款。原告诉称我船带走氧气瓶、电焊机等物更是无中生有,没有事实依据。原告用不合格的钢管焊接船桅发生断裂,造成较大经济损失。同时,被告提出反诉,要求原告赔偿船桅断裂修理费4 400元、赔偿主机故障拖轮费3 500元、支付延迟交船违约金1 792元,合计9 296元。

原告针对被告的反诉辩称:被告鲁忠瑞未经验收、交接,擅自驾船逃跑,自己在试用船舶中造成机器故障,桅杆断裂,系违约后单方所造成,所花费用应自理,同时不能提供相关证据。逾期交船违约金因被告自己违约,不存在承担违约金的问题,请依法驳回被告的反诉请求。

二、法院查明的事实

宁波海事法院认定了如下事实:

原、被告于 2000 年 7 月 24 日签订了船舶转让合同书及船舶主要设备、新安装设施清单各 1 份。其中约定,原告将从福建购入的旧钢质渔船(原编号为 0513,长 40.7 米,宽 7 米,马力 390 匹)通过象山船舶交易市场卖给被告鲁忠瑞(编号为"浙岱渔 02401"船),该船总价为 425 280 元,由原告负责按清单内容对船舶改装,于 2000 年 8 月 22 日在象山鹤浦码头交接船舶。合同签订时被告支付给原告定金 15 万元,第二期于 8 月 5 日付 10 万元,最后 6 万元,双方同意在 2000 年农历 11 月中旬付清。合同签订后,被告先后支付定金 15 万元及购船款 13 万元,后又通过罗伟平转交给原告购船款 45 000 元,共计含定金在内支付购船款 325 000 元。原告按合同约定对该渔船进行改装修理。在履行合同中,因台风影响,双方同意延迟交接船舶 6 天。在主机修理中,经双方协商,于 2000 年 8 月 4 日口头达成了原告出 15 000 元,因曲轴断裂,修理主机费用包给被告,其余全部修理主机费用均由被告负担的口头协议,并由原告合伙人之一王善夫当场将 15 000 元钱交给被告鲁忠瑞的儿子鲁富忠,双方均无异议。后原告没有在规定时间里交付船舶。被告感到开渔期快到,赚钱心切,于同年 9 月 8 日晚 8 时许在船舶未经验收、交接,部分船款未付清的情况下,驾船驶离,同时,将原告在该渔船上的部分工具、材料、物品带走,至今未返还,导致事后难以查清,给原告造成经济损失。被告驾船在该次回岱山途中主机故障,由他船拖回沈家门修理,在捕捞中该桅杆断裂,并进行了修理,但未提供相关的公证鉴定结论及有关费用发票。原告在该船离开时,尚有一部分油漆未打。原告为诉前财产保全,花去扣船费 4 000 元。为此,双方发生纠纷,原、被告均诉至法院,要求保护其合法权益。

三、法院裁判

宁波海事法院认为,原告陈忐安与被告鲁忠瑞签订的船舶转让合同书及船舶主要设备、新安装设施清单合法有效,对双方均有约束力。在合同履行过程中,双方除原定交接船时间因台风影响延期 6 天外,其余约定内容均无变更。被告在船舶修理改装即将竣工时,未经交接、验收和付清所欠船款的情况下,擅自驾船驶离,其行为显属违约,应承担由此而产生的相应责任。被告随船带走的部分物品,给原告造成举证困难及经济损失,被告应承担不能返还财产的相应赔偿责任。被告除支付部分船款外,尚欠购船款应予付清。原告在约定时间内未全部完成船舶改装修理工程项目,亦属违约,也应承担相应责任。按合同约定至船离开时止,原告为被告未做的工作项目应折款,冲抵购船款。被告在修理主机时所购的配件及材料款(含曲轴在内),因在合同履行过程中,双方已另行口头约定,由原告另外支付给被告 15 000 元包给被告自己去修理,虽没有书面协议及收款收据,但有无利害关系的旁人所证实,被告购主机配件款应自理。被告提供的由中介人罗伟平支付的购配件及材料款,要求原告承担,因罗伟平非本案当事人,原告并无委托授权他垫付此款,故与本案无关。被告要求原告赔偿该船离开时及使用中所造成的主机故障拖轮费渔船桅杆断裂的修理费及延迟交船违约金的反诉请求,因被告私自驾船离开本身违约,对未经验收、交付的船舶擅自进行使用,同时不能提供相关的证据,所发生的经济损失应自己承担。原告要求被告付清尚欠船款及赔偿船舶驶离所造成经济损失的诉讼请求据实认定,合理部分予以支持,不合理部分不予保护。被告提出没欠原告购船款的辩解,经宁波海事法院查实,与事实不符,故不予采信。但对原告未打一度油漆,要求扣减购船款的辩解有理,予以采纳。原告针对被告的反诉提出驳回被告反诉请求的抗辩有理,予以支持。依照《中华人民共和国合同法》第8条、第60条第1款和《中华人民共和国民法通则》第117条第1款及《中华人民共和国民事诉讼法》第126条、第64条第1款之规定,判决如下:

一、被告(反诉原告)鲁忠瑞支付原告(反诉被告)陈志安购船款及经济损失计106 155元,此款于本判决书生效后10日内一次性履行完毕。

二、驳回被告(反诉原告)鲁忠瑞的反诉请求及原告(反诉被告)陈志安的其余诉讼请求。

5.3 船舶优先权对船舶买卖合同的影响

[10] 原告王跃康与被告孙腾、董海芬船舶买卖合同纠纷案
案例来源:宁波海事法院(2007)甬海法舟商初字第169号
主题词:船舶买卖合同　船舶优先权　合同解除　损失赔偿

裁判要旨

No. CB-5.3-1　船舶买受人以船舶出卖人隐瞒船舶优先权债务为由请求解除合同,该请求不符合法律中有关合同解除的规定,买受人无权解除合同。

No. CB-5.3-2　船舶买受人由于船舶转让之前的船舶优先权而导致损失,出卖人应对买受人的损失承担瑕疵担保义务。船舶经司法拍卖执行的,买受人的损失数额参照拍卖价格确定。

No. CB-5.3-3　在船舶被司法拍卖的情况下,买受人自船舶被扣押之时起,船舶所有权已确定消灭,买受人自船舶被扣押之时即已损失整船,无权主张扣押期间的船期损失。

一、基本案情

原告：王跃康
被告：孙腾
被告：董海芬

原告诉称：被告孙腾系原"浙岱渔运2117"号船的所有人，两被告系夫妻关系。2005年11月15日，被告孙腾将"浙岱渔运2117"号船转让给原告，原告依买卖合同支付了船价288 800元，并于2005年12月1日办理了船舶过户手续，将船名变更为"浙嵊渔运0726"号船。事后，原告才得知该船在转让前曾发生海上人身伤亡事故，导致两名船员死亡，且该两笔债务未予清偿。2006年11月10日，该两起海上人身损害赔偿纠纷经宁波海事法院审理，判决该两宗案件的原告对"浙嵊渔运0726"号享有船舶优先权。该两案进入执行程序后，原告的船舶于2007年9月被依法扣押、拍卖。原告认为被告在转让船舶时隐瞒了随船债务，导致原告的船舶被扣押拍卖且无法正常营运，故诉请法院判令被告返还全部船款288 800元，并赔偿船舶被扣押期间的经济损失60 000元。

被告孙腾称其与原告签订船舶买卖合同、原告已按约支付船款288 800元是事实，但抗辩认为，原告所述的随船债务系姚方飞在光租原孙腾所有的涉案船舶时发生，从船舶买卖直至过户完毕，被告对该债务并不知情，由于该债务在原、被告签订船舶买卖合同协议后方由宁波海事法院（2006）甬海法舟事初字第16号、第17号生效判决确认，故被告在卖船当时并未隐瞒随船债务。原告的船舶被扣押和拍卖是因为原告在买船时没有依法申请优先权催告造成的。故原告要求被告赔偿扣船期间的经济损失没有事实和法律依据。

被告董海芬既未提出答辩，亦未提交证据。

二、法院查明的事实

宁波海事法院确认了如下事实：

2005年11月15日，原告与被告孙腾订立船舶买卖合同，被告孙腾将"浙岱渔运2117"号船转让给原告，原告随后支付了船价288 800元，办理了过户手续，并于2005年12月1日将船名变更为"浙嵊渔运0726"号。

2006年1月23日，依丁亚利、唐根娣的诉前财产保全申请，宁波海事法院作出（2006）甬海法舟保字第01号裁定，依法对"浙嵊渔运0726"号船实施扣押，限制王跃康处分船舶。同年2月5日，宁波海事法院（2006）甬海法舟事初字第16号案原告丁亚利、（2006）甬海法舟事初字第17号案原告唐根娣、王和平分别向宁波海事法院起诉，以海上人身伤亡损害赔偿为由将姚方飞、孙腾、王跃康列为共同被告，丁亚利要求三被告连带赔偿原告死亡赔偿金等各项损失总计179 036元及保全费1 250元，唐根娣、王和平要求三被告连带赔偿原告死亡赔偿金等各项损失总计207 266元及保全费1 250元，两案原告均要求赔偿款对"浙嵊渔运0726"号船享有船舶优先权。同年11月10

日,宁波海事法院对前述两案分别作出判决,认定丁亚利之夫赵丁宝、唐根娣之子王宏波受姚方飞雇用,于2005年10月21日晚22时许在姚方飞向被告孙腾租赁的"浙岱渔运2117"号船上工作时,因风浪拍打致落水死亡,分别判决姚方飞赔偿丁亚利和唐根娣死亡赔偿金、丧葬费、精神损害抚慰金等损失各计78 166元和143 636元,两案原告丁亚利、唐根娣就各自应得赔偿款项对"浙嵊渔运0726"号享有船舶优先权。王跃康另应支付唐根娣诉前保全费1 250元,并与姚方飞共同承担该两案的案件受理费共6 580元。

2007年4月29日,经丁亚利、唐根娣申请执行,宁波海事法院依法受理(2007)甬海法舟执字第74号、第75号案件。在对被执行人姚方飞、王跃康发出执行通知无果后,宁波海事法院于同年9月17日作出(2007)甬海法舟执字第75号民事裁定,于9月22日实际扣押了王跃康所有的"浙嵊渔运0726"号船。嗣后,宁波海事法院于9月28日作出(2007)甬海法舟执字第75-1号民事裁定,于10月17日以24万元的价格依法拍卖该船。该卖船款先行扣除有关费用18 024元(申请执行费3 440元、评估费4 500元、公告费3 000元、看管费7 084元)后,所余221 976元已全部清偿前述二案。

另查明,两被告系夫妻关系。2005年10月26日,被告孙腾与死者家属签订协议,将5万元交至当地镇政府,承诺如有关法律部门认定其对事故负有责任,其自愿按份额承担民事赔偿责任。

三、法院裁判

宁波海事法院认为,原告与被告孙腾之间的船舶买卖合同合法有效,双方均应依法遵守履行。原告以被告孙腾卖船时隐瞒随船债务为由从合同解除的角度请求返还船款,不符合法律关于合同约定解除和法定解除的规定。且因原告至迟在收到宁波海事法院(2006)甬海法舟事初字第16号、第17号两案的应诉通知,即知道或应当知道涉案合同存在可撤销事由,但原告仍未在法定期间内提出撤销请求,已经失去合同撤销权。故原告诉请返回全部船款无事实与法律依据。

然而,根据《中华人民共和国合同法》第150条"出卖人就交付的标的物,负有保证第三人不得向买受人主张任何权利的义务"的规定,被告孙腾将船舶卖予原告,依法负有法定的权利瑕疵担保义务,因该船在原告与被告孙腾之间转移所有权之前的债务而使他人向原告主张船舶优先权,致使原告遭受损失,被告孙腾依法对此损失应予赔偿。鉴于原告请求判令被告返还船款的诉请,本质上与被告因违反买卖合同项下保证责任而应承担的赔偿责任具有金钱给付的一致性,对原告要求被告给付金钱的请求仍应予以处理。对此,宁波海事法院已在庭审中释明。

宁波海事法院认为,由于"浙嵊渔运0726"号船被拍卖,且拍卖款项全部被偿付,故原告所受的损失数额实际就是该船被扣押当时的价值,而拍卖价格24万元是最能反映该船的市场价格的客观标准,故宁波海事法院认定原告因该船的权利瑕疵而遭受的损失为24万元。

本案中,自船舶被依法实际扣押之时,原告对该船舶的所有权即依法受到全面限制,所有权的各项权能均不能行使,且风险转移,这种情形与所有权消灭无异。除非发生解除船舶扣押(即原告重新取得对该船的全面控制)的情形,原告才有权主张被告赔偿因该船的权利瑕疵致船舶被扣押(原告对该船暂时失权)而减少营运收入的船期损失。在本案船舶被拍卖的情况下,原告对该船的所有权消灭终局确定,原告自船舶被实际扣押之时即已损失整船,故原告主张被告赔偿其船舶被扣押期间的船期损失理由不足,依法不予支持。

对于被告孙腾辩称造成原告损失的原因系原告没有进行船舶优先权催告的主张,宁波海事法院认为船舶优先权催告制度的设立,给买船人保护自己的利益提供了可选择的防范性措施,船舶优先权催告并非买船人的义务;且买船人即使申请优先权催告,也同样存在催告期间他人依法主张优先权的情形。故被告孙腾该辩称无法律依据,不予采纳。

宁波海事法院还认为,两被告为夫妻关系,本案债务的发生系基于两被告夫妻关系存续期间发生的财产收益,根据最高人民法院《关于适用〈中华人民共和国婚姻法〉若干问题的解释(1)》第24条"债权人就婚姻关系存续期间夫妻一方以个人名义所负债务主张权利的,应当按夫妻共同债务处理"的规定,本案债务为夫妻共同债务,故宁波海事法院对原告主张两被告共同清偿债务的请求予以支持。

综上,依照《中华人民共和国合同法》第107条、第113条第1款、第150条、《中华人民共和国民事诉讼法》第64条第1款、第130条之规定,判决如下:

一、被告孙腾、董海芬赔偿原告王跃康损失24万元;

二、驳回原告王跃康的其他诉讼请求。

5.4 挂靠船舶的船舶买卖

11 原告罗继福与被告杨贻武、宁波福海海运有限公司船舶股份转让纠纷案

案例来源:宁波海事法院(2007)甬海法商初字第61号

主题词:船舶股份转让　船舶挂靠　实际所有权人同意

> **裁判要旨**
>
> **No. CB-5.4-1**　船舶登记所有人仅为被挂靠公司,在船舶股份转让之时,如果买方知悉船舶实际所有权人的情况,应当征得实际所有权人的同意,该转让才能具有法律效力。

一、基本案情

原告:罗继福

被告:杨贻武
被告:宁波福海海运有限公司(以下简称福海公司)
第三人:吴常元
第三人:林日广
第三人:林建荣
第三人:叶传宝
第三人:田太静
第三人:严元财
第三人:田日光
第三人:李世栋
第三人:李爱芬
第三人:王有禹
第三人:杨贻德
第三人:陈正全

原告罗继福诉称:2006年8月23日,因被告福海公司登记所有的"双宁2"轮经营困难,该轮的合伙人之一被告杨贻武在征得其他股东同意后,与原告签订《"双宁2"轮股份拍卖协议》,将其所有的"双宁2"轮的41%股份以512.5万元价格拍卖给原告。原告在协议签署后,支付了全部拍卖款,取得了该轮相应股份的所有权。现被告杨贻武因其名下的隐名合伙人内部合伙纠纷,否认其已将股份所有权转让给原告,并被法院查封实际已转让的被告杨贻武在"双宁2"轮的41%股份所有权,损害了原告的合法权益,故向宁波海事法院提起诉讼,要求确认被告杨贻武在"双宁2"轮的41%股份所有权已转让原告;二被告承担相应的诉讼费用。

被告杨贻武书面辩称:其对"双宁2"轮享有的46.7%股股份系第三人吴常元等12人共同投资,至今没有转让他人,仍留在福海公司;其个人的一切债务依照协议约定与投资的第三人无关;其与第三人签订的4份调解书真实、合法;2006年8月23日出具给福海公司的欠条落款时间不真实。

被告福海公司辩称:2006年8月23日,杨贻武在"双宁2"轮上的股份已合法转让给原告;宁海县人民法院对杨贻武的股份冻结没有法律效力;福海公司自始至终不知道12个第三人是杨贻武的合伙人,如果确认是合伙人,则应对杨贻武欠公司的债务承担连带责任;12个第三人与杨贻武之间的调解,属于逃避债务、侵害公司财产,因违反法律规定而无效;杨贻武的股份在清算后为负189万元,没有财产供其他人分配。

第三人吴常元等9人认为,原告的诉请不能成立。2006年8月23日签订的《"双宁2"轮股份拍卖协议书》,因程序违法和当事人之间存在恶意串通,应认定无效,并确认杨贻武对"双宁2"轮享有46.7%的股份。理由:(1)被告福海公司对法院作出的查封被告杨贻武名下的"双宁2"轮股权的裁定,既不履行协助执行的义务,也不提出财产保全异议,而擅自与原告签订所谓的股份拍卖协议,故意逃避法院的强制执行,其后的股份转让无效。宁海县人民法院在审理(2006)宁民二初字第628号合伙纠纷一案[于2006年9月25日移送宁波海事法院即(2006)甬海商法初字第217号]中,因原告李世栋、李爱芬申请,宁海县人民法院于2006年8月18日对杨贻武名下的"双宁2"轮股权及红利依法冻结;宁波海事法院在审理(2006)甬海法商初字第214号船舶合伙经营纠纷中,因原告吴常元等4人申请,宁波海事法院于2006年10月8日作出裁定限制杨贻武转让其在"双宁2"轮上的46.7%股份。(2)杨贻武转让其在"双宁2"轮上的46.7%股份,没有经过全体合股人的协商同意,甚至没有征得出让人杨贻武本人的同意,显然转让无效。(3)原、被告之间的股份转让程序和形式均不合法,诸多证据之间相互矛盾,应认定无效。(4)被告福海公司与杨贻武个人的债务问题,与本案无关,福海公司无权出让杨贻武的股份。

第三人王有禹、杨贻德和陈正全等3人的主张和理由同第三人吴常元等9人。

二、法院查明的事实

宁波海事法院确认了如下事实:

2005年7月1日,在被告福海公司见证下,被告杨贻武和骆高松、薛海福、薛淑芳达成《"双宁2"轮船舶合作协议》,约定:4人共同建造和营运"双宁2"轮,股份分别为63%、18%、9%、10%,营运利润按股份进行分配;见证方被告福海公司代四股东向浙江金融租赁股份有限公司贷款,仅收取管理费。2005年11月15日,"双宁2"轮股份经重组后,股东变更为薛淑芳、薛昌善、薛永宏、骆高松、薛海福、被告杨贻武,其中被告杨贻武股份变更为46.7%,并约定自2005年11月15日起至2006年11月15日止的一年合资经营期内,任何股东不得将其股份转让、出售以及用其他方式转移所有权。2006年2月25日,被告杨贻武在征得其他股东同意后,将其中的5.7%股份转让给薛昌善,并约定至2006年11月15日止,届时薛昌善按原价将股份退给被告杨贻武。2006年4月10日,浙江金融租赁股份有限公司在收到"双宁2"轮转让价款后,4月25日将该轮过户登记到被告福海公司名下。2006年8月5日,全体股东在宁海县港航管理处会议室协商并达成一致意见,决定将"双宁2"轮拍卖底价定为1250万元,由被告福海公司负责对外拍卖,但拍卖没有成功。

之前,第三人吴常元等12人与杨贻武分别签订了《关于投资货船建造及运行的协议》,并将各自的投资款交由杨贻武投资经营"双宁2"轮,后因催讨投资款而引发纠纷。宁海县人民法院因第三人李世栋、李爱芬诉杨贻武合伙纠纷一案,于2006年8月14日作出裁定,对杨贻武的财产进行查封或冻结,并于8月18日向被告福海公司送达(2006)宁民二初字第628号民事裁定书和协助执行通知书,由福海公司法定代表人兼"双宁2"轮股东之一的薛永宏签收,要求被告福海公司不得将杨贻武在福海公司的投资权益、股息或红利办理转移手续,并不得向杨贻武支付股息或红利。同年8月26日,宁海县港航管理处召集被告福海公司法定代表人薛永宏、被告杨贻武、第三人李世栋、李爱芬、吴常元、田太静、叶传宝、林日广、陈正全、田日光、林建荣、严元财等人就被告福海公司向被告杨贻武要求归还借款问题进行协调。宁波海事法院因吴常元、林日广、叶传宝、林建荣诉杨贻武船舶合伙经营纠纷一案,于 2006 年 10 月 10 日作出裁定,限制杨贻武转让其在"双宁 2"轮上的股份,于 10 月 11 日对杨贻武、薛永宏、薛淑芳、薛昌善及骆高松妻子薛姚萍、薛海福妻子薛芬绒等人作了笔录,并送达(2006)甬海法商初字第 214 号民事裁定书和协助执行通知书。第三人吴常元等 12 人诉杨贻武等船舶合伙经营纠纷四案,在宁波海事法院主持下分别达成调解协议,并制作了相应的(2006)甬海法商初字第 214、215、217、267 号民事调解书。2006 年 11 月份,第三人吴常元等 12 人依据上述民事调解书,申请宁波海事法院执行。宁波海事法院在执行杨贻武在"双宁 2"轮上的股份过程中,福海公司提出异议,认为杨贻武在该轮上的 41%股份已于 2006 年 8 月 23 日转让给原告罗继福。2007 年 3 月 5 日,原告向宁波海事法院对杨贻武、福海公司提起诉讼,要求判决确认登记在福海公司名下的"双宁 2"轮中杨贻武实际所有的 41%股份自 2006 年 8 月 23 日起转让给原告。

三、法院裁判

宁波海事法院认为:

原告诉称:2006 年 8 月 23 日,其与被告福海公司签订"双宁 2"轮股份拍卖协议,约定将被告杨贻武在"双宁 2"轮上的 41%股份以 512.5 万元转让给原告,并已实际支付价款。然而,宁波海事法院查明,8 月 26 日在宁海县港航管理处召集的该轮有关的协调会上,被告福海公司法定代表人兼"双宁 2"轮股东之一的薛永宏并没有提及已经将该轮转让给原告的事实,而是在保留杨贻武股份的基础上,就其拖欠福海公司的债务进行协商。另外,原告提供的支付股份转让价款凭证上载明的付款人有:佛山市同鑫电子有限公司、山东海化股份有限公司及沈幼华等公司或个人,没有一份付款凭证显示原告为付款人,原告也不能证明上述付款人是受原告委托而支付股份转让价款的。因此,原告诉称的上述事实,证据和理由均不充分,宁波海事法院难以采信。

即使原告诉称 2006 年 8 月 23 日,被告福海公司将被告杨贻武在"双宁 2"轮上的股份转让给原告的事实存在,其股份转让行为也因违反股东的合伙约定和法律强制性规定而无效。"双宁 2"轮的登记所有人虽然为被告福海公司,实际上为被告杨贻武等股东合伙所有,由被告杨贻武等股东合伙负责经营并按股份比例分摊该轮的经营盈亏,被告福海公司作为被挂靠单位仅收取管理费。2005 年 11 月 15 日签订的《"双宁 2"轮合资经营协议书》明确约定,合资经营期间任何股东不得将其股份转让、出售以及用其他方式转移所有权,未尽事宜另行协商补充的,须经全体股东签字。2006 年 8 月 22 日,虽然全体股东一致同意将该轮授权被告福海公司以不低于 1 250 万元拍卖,但并未授权将杨贻武的股份单独转让给原告。而根据原告提供的证据及当庭陈述,可以认定原告对该轮的实际股份情况这一事实是明知的。故,原告诉称的 8 月 23 日已完成股份转让,因没有得到全体合伙人的同意,尤其是出让权利人杨贻武的签字确认，其事后也没有得到权利人杨贻武的追认，根据《中华人民共和国合同法》第 51 条的规定，被告福海公司对被告杨贻武的股份无处分权而进行处分的行为，应当认定无效。

退言之，即使原告诉称 2006 年 8 月 23 日受让股份的事实存在，且被告福海公司经全体合伙人事先授权有权处分杨贻武的股份，或事后经合伙人，特别是得到被告杨贻武的追认，但因宁海县人民法院已于 2006 年 8 月 10 日受理本案其中李世栋等 9 个第三人诉杨贻武的 3 个诉讼案件，且当时被告杨贻武已无足够资产清偿其债务，而擅自将其股份权益向某一债权人或部分债权人偿付，也损害了其他债权人的合法权益，尤其是损害了已经进入诉讼程序的 9 个第三人的利益，根据《中华人民共和国合同法》第 52 条第 2 项的规定，应当确认无效。况且，宁海县人民法院于 2006 年 8 月 14 日作出财产保全裁定，已于 8 月 18 日对被告杨贻武在被告福海公司的投资权益进行了保全，被告福海公司的法定代表人兼"双宁 2"轮合伙人之一的薛永宏签收了（2006）宁民二初字第 628 号民事裁定书和协助执行通知书，而且没有提出财产保全异议。被告福海公司不仅拒不履行协助执行义务，而且还于 8 月 23 日与原告签订"双宁 2"轮股份拍卖协议，公然对已被法院查封的被告杨贻武股份进行转让的行为，显属无效，并应承担妨害民事诉讼的法律后果。

综上，宁波海事法院认为，原告罗继福诉称其于 2006 年 8 月 23 日与被告福海公司之间达成转让被告杨贻武在"双宁 2"轮上 41% 股份的协议，并已经实际支付股份转让价款的事实，证据不足，而且被告福海公司无权处分被告杨贻武的股份。因而，被告杨贻武仍系"双宁 2"轮的合伙人之一，享有该轮 41% 股份的权利。至于，2006 年 2 月 25 日被告杨贻武转让给薛昌善的 5.7% 股份，是否于转让协议约定的 2006 年 11 月 15 日转让期届满以原价退回给被告杨贻武，不是本案审理的范围，宁波海事法院不作认定。依照《中华人民共和国民法通则》第 30 条，《中华人民共和国合同法》第 51 条、第 52 条第 2 项，《中华人民共和国民事诉讼法》第 64 条第 1 款、第 130 条的规定，判决如下：

驳回原告罗继福的诉讼请求。

6. 船舶修理合同纠纷

6.1 船舶修理事故的损害赔偿

1 原告荷属安的列斯/东方航运有限公司诉被告中国/澄西船舶修造厂船舶修理合同纠纷案

案例来源:武汉海事法院(2003)武海法商字第69号
主题词:船舶修理合同　举证责任　授权起诉　诉讼时效

> **裁判要旨**
>
> **No. CB-6.1-1**　火灾原因和事故责任认定的法定机关是县级以上公安消防部门。如果公安消防部门从未出具调查报告,法院可以综合考虑起火位置受控制情况、消防协议的防火责任划分、当事人接触并提供证据的难易程度等内容,认定一方当事人承担举证责任。
>
> **No. CB-6.1-2**　原告向武汉海事法院提交的诉状中仅有其代理人的签名,缺少原告的身份证明和委托代理人享有代理权的证据,在提交诉状且诉讼时效届满之后,又提交了经公证认证的授权委托书。法院认定,自原告的代理人获得经公证认证的授权委托书之后,才视为其提起有效起诉的时间,故本案已过诉讼时效。

一、基本案情

　　原告:荷属安的列斯/东方航运有限公司(以下简称东方航运)
　　被告:中国/澄西船舶修造厂(以下简称澄西船厂)
　　原告东方航运诉称:2001年2月21日,原告所属"东方项目"(PROJECT ORIENT)轮驶抵被告处进行修理。2001年3月13日,因被告操作不当引发火灾,致使该轮严重受损。为修复因火灾造成的船舶损坏而支付的修理费为142 422美元;由此产生的其他费用122 756美元;因火灾影响船舶正常营运造成损失97 698美元。请求法院判令被告澄西船厂赔偿我司上述损失362 876美元及利息并承担诉讼费用。
　　被告澄西船厂辩称:(1)火灾系由船舶电缆短路引起,且火灾损害后果由原告自行承担是双方的一致意见,并已得到全面履行,原告的赔偿请求于法无据,依法应予驳回。2001年3月13日火灾发生后,被告在当地公安等相关部门的支持和配合下,对事故进行了调查,并于同年3月17日将调查报告电传给原告。调查报告认定,火灾原因是原告船上压缩机房内电缆老化短路所致。原告对于该报告中火灾原因的认定并未提出异议,也未委派保险商或其他船检机构另行调查。船舶修理完工办理交接结算手续时,原告对轮船修理费和火灾损坏修理费均予以确认,同意由其承担因火灾造成的全部费用并已付清全部款项。对"东方项目"轮火灾后果的认定和处理,完全是双方真实意思的表示,符合法律规定,具有法律约束力。(2)原告的起诉已过诉讼时效期间。根据我国《民法通则》及相关法律规定,原告向人民法院请求保护民事权利的诉讼时效期间为2年,从知道或者应当知道权利被侵害时计算。本案火灾发生时间是2001年3月13日,原告应当在2003年3月13日之前向法院提起诉讼。但原告2003年8月之后才将授权委托书、法人代表身份等诉讼文件提交法院,武汉海事法院受理该案的日期是2003年9月10日,很明显原告起诉已过诉讼时效期间。请求法院驳回其诉讼请求。

二、法院查明的事实

根据原告的陈述和被告的辩称,被告澄西船厂对原告东方航运关于"东方项目"轮船舶修理的事实没有异议。

武汉海事法院归纳本案的争议焦点为:(1)本次火灾澄西船厂是否存在过错?(2)火灾直接造成的船舶修理费数额;(3)原告起诉是否超过了诉讼时效?围绕上述争议焦点,合议庭进行了重点调查,各方当事人进行了举证,充分发表了各自的质证意见和辩论观点。

按照当事人争议的焦点认定、分析、评判阐述如下:

(一)对于本次火灾,澄西船厂是否存在过错?

原告东方航运主张,根据数家检验公司的调查报告,火灾系被告澄西船厂修理作业不当所致。被告澄西船厂则认为,该厂施工并无不当,火灾是由于"东方项目"轮上的电线短路而引发的。

针对该争议焦点,原告东方航运提交了以下证据:(1)RICHARDS HOGG LINDLEY于2002年12月7日出具的单独海损理算报告。(2)上海双希海事发展有限公司于2001年4月23日出具的火灾损坏检验报告。(3)VERSCHOOR & BRAS BV公司于2002年3月29日出具的火灾损坏检验报告。以上3份证据均用于证明火灾原因是被告方在进行修理作业时操作不当,被告应对此承担责任。

被告澄西船厂对原告提供的上述证据的质证意见是:原告提交的证据并不能证明船厂对于火灾应当承担责任。首先,上海双希海事发展有限公司和VERSCHOOR & BRAS BV公司的两份检验报告在火灾原因的认定方面充斥了可能、大概、不排除等模糊用词,对火灾原因并没有确凿的结论,无法明确船厂是否应承担责任。其次,根据我国的相关法律,对于火灾损失的检验应由国家的公安消防部门实施并出具检验报告。以上两公司的检验报告系船东向保险商索赔时,受保险商的委托出具的,在本案中依法不具有检验资格。且该两项报告是在被告不知情、不在场的情况下出具的,其公正性值得怀疑,不具有证明效力。

针对该争议焦点,被告提供了如下证据:(1)2001年3月16日澄西船厂安技环保处出具的《关于"东方轮"3·13火灾扑救及事故调查报告》,用于证明火灾是由电线短路引起的,与被告无关。(2)澄西船舶修造厂安技环保处于2001年3月16日出具的关于"东方项目"轮3·13火灾扑救及事故调查报告的英文稿及中文翻译件。用于证明被告及时将事故调查通知原告的代理公司并提出了相应意见。(3)船厂安技处的调查结论和当地公安部门的询问笔录。用于证明排除船厂员工作业引起火灾的可能性。(4)2001年2月22日签署的《消防安全协议书》。用于证明原、被告双方对各自火灾预防区域已有协议,船厂只负责工作区域内的消防安全。

原告东方航运对被告提供的上述证据的质证意见是:对于证据(1)和证据(2),被告出具的证据与原始报告内容不一致,原始报告中有"基本"等字样,而被告向法院提交的该份证据删去了此类关键字眼,且该报告是被告所属部门单方面作出的,不具有证明力。对于证据(3),原告认为调查结论是被告所属部门单方面作出的,不具有证明效力,而派出所的询问笔录不等同于公安消防部门的火灾鉴定,对事故原因和事故责任亦不具有证明效力。对于证据(4),原告在形式上无异议,但认为《消防安全协议书》只是对防火区域的划分,并不能免除被告因操作失误致使原告消防责任区域失火的责任。

武汉海事法院对原告提交的上述证据的认证意见是:原告提交的两份检验报告和一份海损理算报告,均不属于我国公安消防机构出具的证明,不能作为判定火灾原因及责任划分的依据。

武汉海事法院对被告提交的上述证据的认证意见是:证据(1)、证据(2)和证据(3)中船厂安技处的调查结论均为被告内部机构单方面出具的书面材料,不具有证明效力。证据(3)是公安部门的询问笔录并非火灾事故鉴定;在内容上仅仅是对火灾发生时被告方在场施工人员的陈述记录,未对事故原因和责任作出任何评价,因此武汉海事法院亦不予认定。证据(4)是双方自愿签署的消防安全协议,内容真实有效,可以作为本案的定案证据予以认定。

武汉海事法院认为:《中华人民共和国消防法》规定,认定火灾原因和事故责任的法定机关是县级以上公安消防部门。1999年3月,中华人民共和国公安部发布的《火灾事故调查规定》更加明确了这一授权,第6条规定:"火灾事故的调查由公安消防机构负责实施。"第5条规定:"除《中华人民共和国消防法》第三十九条第二款规定的情形(对于特大火灾事故,国务院或者省级人民政府认为必要时,可以组织调查)外,任何单位、个人不得非法干预火灾事故的调查。"可见,公安机关消防机构根据法律的授权以及规章,依法具有对火灾原因、事故责任进行调查、认定的排他性认定职责。而本案中,原、被告双方均没有出示公安消防机构出具的火灾原因认定书或火灾事故责任书,因此,双方的举证均不足以证明己方的主张,即火灾是由于对方的过错引起,己方没有过失。根据《中华人民共和国民事诉讼法》第64条的规定:"当事人对自己提出的主张,有责任提供证据。"最高人民法院《关于民事诉讼证据的若干规定》第2条规定:"当事人对自己提出的诉讼请求所依据的事实或者反驳对方诉讼请求所依据的事实有责任提供证据加以证明。没有证据或者证据不足以证明当事人的事实主张的,由负有举证责任的当事人承担不利后果。"本案中火灾事故的起因和责任归属,应由负有举证责任的一方承担不利后果。最高人民法院《关于民事诉讼证据的若干规定》第 7 条规定:"在法律没有具体规定,依本规定及其他司法解释无法确定举证责任承担时,人民法院可以根据公平原则和诚实信用原则,综合当事人举证能力等因素确定举证责任的承担。"本案中,原告并非将光船交予被告方修理,在"东方项目"轮抵达被告处修理期间,船舶实际上仍由原告方控制,船员一直保持全编在岗状态。另外,根据双方达成的消防安全协议,被告方只负责施工区域的消防监督工作,其余部分的消防监督巡查工作理应由船方负责,本案的起火点不属于施工区域,不在被告方控制范围。因此,综合考虑起火位置受控制情况,消防协议的防火责任划分,当事人接触并提供证据的难易程度等内容,本焦点的举证责任应由原告方承担。原告方未能提供有效证据证明火灾系由被告方过错所致,对此应承担不利后果。

（二）火灾造成的修理费数额

针对该争议焦点,原告东方航运提供了如下证据:(1) RICHARDS HOGG LINDLEY 于 2002 年 12 月 7 日出具的单独海损理算报告。(2) 上海双希海事发展有限公司于 2001 年 4 月 23 日出具的火灾损坏检验报告。(3) VERSCHOOR & BRAS BV 公司于 2002 年 3 月 29 日出具的火灾损坏检验报告。(4) 修理费用发票及付款凭证。并据此认为修复因火灾造成的船舶损坏而支付的修理费为 142 422 美元。

被告澄西船厂对原告提供的上述证据的质证意见是:原告曾主动与被告进行协商,要求将其发票中火灾修理费用部分予以提高以得到更高的保险赔偿金。证据(1)、(2)、(3)是以原告提供的经过修改的虚假账单的余额计算出来的,显然与事实不符。对证据(4),原告只提供了英文原件,未按《民事诉讼法》的要求提供中文翻译件,无法进行质证,应视为无效。船舶修理的实际费用为 75 000 美元,并提供了"东方项目"轮火灾修理发票及关于修理账单的来往传真。

原告东方航运对被告提供的上述证据的质证意见是:对于证据(1),发票原件不应在被告处,因此这两份证据的真实性值得怀疑。另外,原告从未授权签字人代理签署这两份发票,也没有追认过该无权代理行为。发票上的余额也没有经过原告确认,该证据应属无效。

武汉海事法院对原告提交的上述证据的认证意见是:证据(1)、(2)、(3)内容与被告提供的有效证据相冲突,且原告不能自圆其说,法院不予采信。证据(4)中的修理费发票形式合法完备,但内容与被告所举证据相背离,且原告对此不能作出进一步解释,武汉海事法院对发票数额不予认定。其他付款凭证为英文原件,未提供中文翻译件,无法质证,武汉海事法院亦不予采信。

武汉海事法院对被告提交的上述证据的认证意见是:对于证据(1),依照发票流转制度,发票原件不应在被告处,被告未合理解释该证据的来源,该证据在形式上无效；证据 2 是双方的业务来往传真,内容真实明确,可作为本案的定案证据予以认定。

武汉海事法院认为,在船舶火灾修理费用项目上,原、被告双方恶意串通,篡改船舶火灾修理发票的金额,其行为损害了第三方保险公司的利益,自始无效。RICHARDS HOGG LINDLEY、上海双希海事发展有限公司、VERSCHOOR & BRAS BV 公司出具的单独海损理算报告和火灾损坏检验报告,均是以原告提交的修理发票为基础作出的,其认定的修理费数额显然不真实。武汉海事法院认定船舶火灾修理费用为 75 000 美元。

(三) 原告起诉是否超过了诉讼时效?

原告东方航运认为,火灾发生日期是 2001 年 3 月 13 日,己方在 2003 年 3 月 12 日向法院提起诉讼,未超过法定的 2 年诉讼时效期间,且所需各种证明材料应法院要求均予补齐,起诉应为合法有效。而被告澄西船厂则认为,本案火灾发生日期是 2001 年 3 月 13 日,诉讼时效期间应在原告知道其权利受到侵害之日即火灾之日起开始计算,原告应在 2003 年 3 月 13 日之前向法院提起诉讼。但原告直至 2003 年 8 月以后才将授权委托书、法人代表身份证明等文件予以认证后提交法院。武汉海事法院受理该案的日期是 2003 年 9 月 10 日,很明显原告起诉已过诉讼时效期间。

武汉海事法院认为,当事人向人民法院提起诉讼,应符合法定条件并提供符合起诉条件的相应的证据资料。原告于 2003 年 3 月 12 日向武汉海事法院提交的诉状中仅有其代理人的签名,缺少原告的身份证明和委托代理人享有代理权的证据。尽管原告其后向法院补交了身份证明和委托代理人授权委托书等资料,但根据《中华人民共和国民事诉讼法》第 242 条的规定:"在中华人民共和国领域内没有住所的外国人、无国籍人、外国企业和组织委托中华人民共和国律师或者其他人代理诉讼,从中华人民共和国领域外寄交或者托交的授权委托书,应当经所在国公证机关证明,并经中华人民共和国驻该国使领馆认证,或者履行中华人民共和国与该所在国订立的有关条约中规定的证明手续后,才具有效力。" 原告东方航运的授权委托书在中国驻荷兰大使馆于 2003 年 8 月 21 日对其予以认证之后才具有法律效力,其代理人于 2003 年 8 月 21 日才具有诉讼代理资格,才享有诉讼代理权,至该日起代理人的诉讼行为才能被视为合法有效。因此,法院认定有效的起诉日期为 2003 年 8 月 21 日。此外,原告在诉讼时效期间即将届满之时才决定委托他人代为起诉,并且未及时办好各项起诉所需证明资料,致使其代理人在起诉当日没有代理权,这种人为延误不构成法定的诉讼时效中止或中断事由。

三、法院裁判

武汉海事法院认为,原告未举证证明被告对"东方项目"轮火灾的发生负有责任;而且其怠于行使诉讼权利的行为,直接导致起诉超过了诉讼时效。依据《中华人民共和国民事诉讼法》第 64 条、《中华人民共和国民法通则》第 135 条之规定,判决如下:

驳回原告荷属安的列斯/东方航运有限公司的诉讼请求。

② 上诉人印度国家航运公司、联合印度保险公司与被上诉人青岛北海船舶重工有限责任公司船舶修理合同纠纷案

案例来源：山东省高级人民法院(2008)鲁民四终字第95号
主题词：船舶修理合同　船舶安全责任　海事调查报告　授权起诉

> **裁判要旨**
>
> **No. CB-6.1-3**　海事局作为中国海上安全监督管理主管机关，对海上交通事故依法行使行政管理权。船舶在修理过程中进水而坐底、推定全损，构成重大海上交通事故。海事局组织了全过程调查，委托了检验公司对事故船舶进行检查和检验，出具了海事调查报告。海事调查报告及其结论意见可以作为法院在审理案件中的诉讼证据，除非有充分事实证据和理由足以推翻海事调查报告及其结论意见。
>
> **No. CB-6.1-4**　原告提交的起诉状虽然只有其委托代理人的签字，但原告出具的授权委托书中明确含有"提起索赔"的授权，应理解为包含以起诉方式提出索取赔偿的意思表示，故起诉状由原告委托代理人签章，符合法律规定。
>
> **No. CB-6.1-5**　船厂如对船舶安全负有法定义务，前提是船东将船舶交由船厂保管。船舶进水坐沉时，船员在船，船长负责管理船舶，船东控制船舶。法院依照《中华人民共和国海商法》第35条的规定，认定船舶并未交付给船厂，船长仍然负责船舶的管理和驾驶，并负有安全责任。在并非船厂原因导致船舶坐沉的情况下，应由船东自行承担相应的责任。

一、基本案情

上诉人（原审原告）：印度国家航运公司（The Shipping Corporation of India Ltd.，以下简称航运公司）

上诉人（原审原告）：联合印度保险公司（United India Insurance Company Ltd.）

被上诉人（原审被告）：青岛北海船舶重工有限责任公司（以下简称北海公司）

青岛海事法院判决认定：

（一）船舶基本情况

普拉吉特（LOK PRAGATI）轮，印度籍，散货船，船籍港为印度孟买，1984年建成；总长172.24米，型宽22.8米，型深14.7米；16040总吨，10020净吨；船级DNV/IRS；印度国家航运公司为该轮船东。2005年10月17日变更为巴拿马籍，船名幸运1号（XIN YUN 1），船舶所有人为阳光海运有限公司（Sunway Marine HK），现船级社为CCS，船舶管理人为COSCO青岛。

(二) 北海公司的相关情况

北海公司的经营范围有船舶制造、船舶修理、玻璃钢艇制造、船用甲板机械制造、安装等。

北海公司的修船分厂对"船舶和海上设施修理及改装"分别持有中国船级社质量认证公司颁发的编号为 00503Q10702R1M 的 CNAB 质量管理体系认证证书，及编号为 15503Q10077R0M 的 UKAS 质量管理体系认证证书。

（三）事故发生前普拉吉特轮修理的相关情况

1. 普拉吉特轮修理概况

2004 年 4 月 7 日至 5 月 29 日，航运公司与北海公司通过往来函件的方式，达成由北海公司修理普拉吉特轮的协议。该轮于 2004 年 6 月 1 日抵达北海公司船厂，系泊在北海公司船厂的 5#泊位。6 月 11 日，该轮进泰山号浮船坞，北海公司对该轮水线以下的项目进行修理。6 月 19 日该轮出坞，靠泊在 1#泊位。7 月 5 日，该轮从 1#泊位移至 4# 泊位继续修理。8 月 5 日，该轮发生船舶坐浅事故。

2. 普拉吉特轮修理项目确定、监修及验收情况

应北海公司的申请，青岛海事法院从青岛海事局调取了青海通航(2004)124 号《关于普拉吉特轮坐底事故的调查报告》(以下简称《海事调查报告》)一宗，从烟台打捞局调取该轮水下摄像原始母带两盒。对调取的《海事调查报告》及烟台打捞局该轮水下摄像原始母带，航运公司、联保公司、北海公司对证据的真实性、合法性、关联性均无异议。

大连三杰海上保险公估有限公司(青岛)(以下简称三杰公司)《普拉吉特船舶进水沉没事故的检验调查检验报告》(以下简称《三杰检验报告》)记载："本次船舶进厂修理，正值船舶 20 年的船级特别检验期间，船东在修理过程中申请了船级社(DNV)的检验。船级社的验船师也曾经到船进行了部分相关项目的检验，并一直处于船级社继续检验的过程中。修理内容当中，既包括船东计划修理的内容，同时也追加了部分修理内容，还包括船级社验船师检验时提出的修理要求"。"根据船东的最初委托，本次修理预计大约需要割换 300 吨钢板。分别位于货舱、肋骨、肘板、舱壁、内底板及船壳板。但具体割换修理部位需要根据测厚的结果和船级社验船师的要求决定。实际修理过程中，船级社验船师结合现场检验，向船东直接提出了割换钢板的要求，船厂根据船东的要求，对船级社提出割换的部位进行了标记并进行了割换。"

船舶修理期间，航运公司根据船舶的状况不断向北海公司提出追加修理工程的要求，6 月 7 日至 7 月 20 日，由船方监督工程师巴拉(Bhalla)先生、马勒哈姆(Malegham)先生签署加账工程单 29 份，不断向航运公司书面发出修理指示。6 月 14 日至 7 月 16 日，该轮船长、大副向北海公司分别提出 9 份抗议书，对船壳表面涂装准备、消防控制监督员、喷砂除锈等问题提出抗议。

船长、大副、船方监督工程师等曾就钢结构换新工程签署了完工单，书面确认了事故发生前的钢结构换新工程。

《三杰检验报告》记载："本次修理，船东共安排了 67 个海水管系的阀门进行修理。

至事故发生前,船厂修理的阀门均已经过船员检查验收,并在船厂的完工单上签字。"

《海事调查报告》记载:"由普拉吉特轮航海日志、大副修船日志、大管轮记录等记载的内容,以及勘验情况,证明存在一个事实,即船舶接过经船厂修理船舶验收过的包括压载水系统、主、辅机海水冷却水系统等各种海水系统的阀门、管系后,进行过操作,至少8月4、5日进行过功能试验性操作。"

(四)事故发生前舱内积水相关情况:

《海事调查报告》记载:"根据普拉吉特轮航海日志记载,该轮没有载任何货物。自7月19日至8月3日,普拉吉特轮的各个货舱、污水井和压载水舱均没有水。""8月4日的航海日志记载:'注意到所有污水井有约30厘米水','双层底有约10—15厘米水','第4货舱左舷上边柜有约40厘米水','第4货舱左舷上边柜的水已排完,双层底在继续排'。""普拉吉特轮航海日志中没有任何有关上述各舱室水的来源地记载。"

(五)关于事故发生的相关情况:

2004年8月5日,晴天;东南风/2—3级;微波。

《海事调查报告》在"事故经过"部分的相关记载如下:"5日的航海日志记载:'双层底舱有约40厘米水,污水井有约10厘米水'。""根据普拉吉特轮大管轮的修船记录记载,8月5日,普拉吉特轮船员对其左舷冷却水吸入泵(7号泵)和排除泵(46号泵)以及电机系统进行了试验。

当用46号泵代替主海水泵为主机提供海水冷却时,必须打开海水吸入口12号阀门。12与18号阀门并排在一起。18号阀门是接在海水吸入管上的直通压载主管的支管上的阀门,打开此阀可进行压载舱自灌。

8月5日约21:25时,普拉吉特轮船长在其办公室正在整理和签署有关修船文书时,感觉到船舶突然一抖动。这时,他发现倾斜仪的指示是左倾1.5°。同时,他注意到左倾正在增大。他立即通知轮机长检查机舱是否进水。

约21:28时,该轮左倾加快。船长认为是紧急状态并立即发出紧急弃船警报,船员在船员餐厅集合。

21:30时,船舶左倾超过约10°。

21:35时,普拉吉特轮船长发现第七货舱左舷87号肋骨处距水面约320毫米最低的修理开口进水。

21:40至21:45时期间,普拉吉特轮左倾达15—20°。

21:50时,普拉吉特轮停止了左倾,纵向尾倾即吃水差增大,逐渐恢复正浮的同时慢慢下沉。该轮很快正浮并很快向右舷横倾。

21:55时,普拉吉特轮右舷横倾角达到45—50°,并伴随着明显下沉。

约22:00时,普拉吉特轮船底尾部触及海底并慢慢恢复正浮。

22:05时,普拉吉特轮左右前后似正平正浮状态坐在海底。全部货舱进水且与舷外水面持平。此时普拉吉特轮干舷约2米。"

"9月9日,普拉吉特轮船舶所有人印度航运有限责任公司与中国烟台打捞公司签署了普拉吉特轮打捞合同。

当日,烟台打捞公司接过普拉吉特轮并开始打捞工作。

10月5日傍晚,普拉吉特轮安全起浮,并安全地系泊在原泊位上。烟台打捞公司把普拉吉特轮交给船舶所有人。"

烟台打捞局于10月26日向航运公司开具了金额210万美元的打捞费用收据。

11月5日,航运公司将该轮以"完全拆解"船舶的合同目的,并以180万美元的价格,出售给香港M/s.出口贸易公司(M/s. Export Trade Corporation Ltd.,Hongkong)。至今,在"Lloyd's MIU"系统仍然显示:"普拉吉特"轮于2005年10月17日更名为"幸运1号"("XIN YUN 1"),现船舶所有人为阳光海运有限公司(Sunway Marine HK),现船级社为CCS。

(六)关于事故发生后的相关检验情况

事故发生后,2004年8月11日至8月16日,烟台打捞局救捞工程处接受航运公司与北海公司的共同委托,对该轮两舷外的水下部分船体进行水下摄像,未发现船体有裂缝、裂口和其他异常现象,该摄像反映出该轮左舷最低开口上有一钢板覆盖。

9月23日,青岛海事局为查明涉案事故原因,委托三杰公司对该轮进行公正检验,检验费用由航运公司承担。

9月30日,三杰公司孙明亮、梁乃贺、董安山,船东代表LEYLAND MATHIAS(系二管轮)、T.M. OWEN-THOMAS(系Andrew Moore公司检验师),船厂代表王衍令、边承志、陈克宇(系中英衡达检验师)共同登轮对普拉吉特轮机舱海水管系的阀门及相关设施打捞排水后的现状情况进行固定施封,并共同签署《机舱封阀现场情况记录》。

10月3日,三杰公司孙明亮、董安山,船东代表LEYLAND MATHIAS、T.M. OWEN-THOMAS,船厂代表王衍令、罗敏(系中英衡达检验师)共同登轮对9月30日施封固定的海水管系的阀门状态进行关闭试验,并共同签署《机舱海水阀门现场检验情况记录》。

10月8日,三杰公司董安山、梁乃贺,船东代表J.N. AHS、AJAY YADAN(大副),船厂代表吕仁江共同登轮对双层底舱、油水柜及管子弄进行检验,并共同签署《双层底舱、油水柜及管子弄现场检验情况记录》。

10月8日、10月20日,三杰公司孙明亮、董安山,船东代表J.N. AHS、T.M. OWEN-THOMAS,船厂代表吕仁江、罗敏,共同对该轮两侧船体外板的最低开口至水面的垂直距离进行了测量和记录,并将记录标绘在船东提供的总布置图上,各方代表进行了确认签字。

10月26日,三杰公司出具《三杰检验报告》。

12月10日,中英衡达出具中英衡达《检验报告》。

12月23日,青岛海事局向山东海事局报青海通航(2004)124号《关于普拉吉特轮坐底事故的调查报告》。

2006年11月23日,Andrew Moore公司出具Andrew Moore《检验报告》。

（七）关于相关的检验意见

1. 中英衡达《检验报告》的检验意见如下：

根据事故发生时有关现场人员的介绍，我们可以推断该船的沉底事故的过程是：首先该轮由于某种原因发生严重尾倾后，导致其船艉下沉，当海水平面升至左舷最低开口处时，大量海水随即涌入货舱，造成船舶发生左倾；然后在船舶自身的恢复力矩及系泊缆绳的收缩张力的作用下，船舶浮态由正横变化到向右倾斜，而向右倾斜的结果又引起该轮右舷开口没入水中导致大量进水，加速了该轮的下沉过程。最后该轮在下沉的过程中，系泊的缆绳松弛，使该轮一边下沉一边向外侧移动。

该轮在起浮后进坞修理期间，我们对所有割开的船壳板开口和船壳外板进行状况检验，除原有因外板换新工程需要的开口外，未发现任何新的开裂破损，因此我们排除在修船期间由于换板工程以外船壳开口而导致沉船事故的可能性。

相应于该船右舷第 2、3 舱位置约第 127—128 肋位处的码头橡胶靠垫的上端，有 3 处相对沉船方位的尺度为横向 10 厘米、垂直 15 厘米的破损，也不应是导致该轮左倾进水的原因。下列署名验船师在该轮打捞起浮后，测量该轮上 127—128 肋位船壳板轻微外翘处距离水面的高度约为 2 230 毫米。据向北船重工了解，第 4 泊位的码头面标高为 5 800 毫米（大港零点，下同），横向橡胶护舷上表面标高 4 925 毫米，垂向橡胶护舷上表面标高为 5 100 毫米；另外，据 2004 年 8 月青岛港的潮汐表，该轮下沉前的高潮位为 4 160 毫米，时间为 2004 年 8 月 5 日 19 时 36 分；该轮下沉时的低潮位为 3 680 毫米，时间为 2004 年 8 月 5 日 21 时 0 分。

2004 年 8 月 5 日 19 时 36 分，该轮右舷 127—128 肋位船壳板轻微外翘处高于横向橡胶护舷上表面，高度为：H1 = 160 + 2 230 − 4 925 = 1 465 毫米。

该轮右舷 127—128 肋位船壳板轻微外翘处高于垂向橡胶护舷上表面，高度为：H2 = 4 160 + 2 230 − 5 100 = 1 290 毫米。

2004 年 8 月 5 日 21 时 0 分，该轮开始下沉时，该轮右舷 127—128 肋位船壳板轻微外翘处高于横向橡胶护舷上表面，高度为：H1 = 3 680 + 2 230 − 4 925 = 985 毫米。

该轮右舷 127—128 肋位船壳板轻微外翘处高于垂向橡胶护舷上表面，高度为：H2 = 3 680 + 2 230 − 5 100 = 810 毫米。

综上所述可以得出：发生事故当时，该船右舷第 2、3 舱位置约第 127—128 肋位，距离水面的高度约为 2 230 毫米处的为换新外板而临时焊接的码板，至少高于码头橡胶护舷 810 毫米的结论，因此该处的码板不可能是导致船舶左倾沉没的原因。况且依据码头橡胶护舷轻微的破损程度，我们也可以排除其导致事故的可能性。下列署名验船师判断码头橡胶护舷的损坏是由于该轮在发生右侧倾斜下沉的过程中，临时焊接在舷侧用于实施舷侧外板换板工作用的码板触碰，损坏了码头橡胶靠垫。

下列署名验船师认为也不存在海水从该轮左舷最低开口处进入的可能。首先该处舷侧开口，通过相关各方的勘查发现，船厂已经进行过覆板。虽然该板在打捞起浮工作中脱落，但是仍然有残存的焊接印迹和潜水员的水下摄像证明该处曾有一块覆板。事故发生时,气象状况良好,不可能出现大量的海水(需几百吨)从该已经覆板的开口处进入船体,并导致沉船事故的可能性。

综上,下列署名验船师认为只存在海水经该轮机舱内某些阀门的开启,导致海水由压载管系进入压载舱、货舱和机舱,致使船舶浮态发生变化并最终造成该轮下沉。另据北海公司提供的信息,该轮主机计划于事发第二天进行试车,按惯例,船员应进行一些前期的准备工作和操作。由此推测,在此期间,如果船员误开压载管系阀门,将会导致海水进入压载管路。当时压载管路上尚有未封堵的阀门开口,海水可流入管隧。而该船当时存在6.7米吃水差的尾倾,这样海水必将向船尾部汇集。随着海水不断的进入和船体内水面的不断上升,最终海水通过未能关闭的管隧水密门流入船舱。另外,在该轮下沉到舷侧开口也没入海水中时,海水大量涌入,使该轮迅速倾斜和下沉,造成沉船事故。

综上所述,我们认为,普拉吉特轮的事故最可能是由于船员误开了机舱内压载管系的阀门,致使海水进入压载管路、管隧、压载舱、货舱和机舱等,造成船体尾倾和下沉。当该轮船壳外板的开口处没入海水之中时,大量海水经这些开口涌入货舱内,最终导致该轮的沉没。

2. Andrew Moore《检验报告》的检验意见如下:

由于场景4中所述的多个因素的结合,船舶的浮态逐渐发生了变化并可能没有被注意到。这使得在修理时处于水线以上并被认为是安全的开口没入了水中并进水。当时没有水泵来应对任何进水,船舶的结构完整性和稳性也早已严重受损。

以这一区域内开口的尺寸,水会很快涌入第7货舱,进入管子弄,然后从那里进入其他货舱,因为他们是联通的。

大管轮到机舱里去并试图部分地关闭管子弄的门,这一情况后来被海事局确认。但是,从船员的陈述来看,看起来,水是从机舱/第7货舱舱壁上为了更换钢板而切开的口进入了机舱,而不是通过管子弄。从目击者的陈述来看,船舶然后向左舷横倾大约15度,在此位置上停留了一小会儿同时更多的水涌入,然后自行正浮过来。随着进水的自由液面效应占了上风并影响到了稳性,船舶随后向右舷滚了45度,在此位置上更多的水进入了前部货舱。随后船首下沉,以正直的姿势坐在海底,离码头约4米远。

依据我们所获得的证据以及我们的调查,我们的意见是,上述一系列连续事件,最可能引起船舶进水和随后的下沉。

3.《三杰检验报告》的检验意见如下:

对于本轮在上述修理状态下造成船舶进水有以下几个方面的可能:

(1) 船体外板产生的局部断裂和破洞导致突然大量进水;

(2) 船体开口,如海底阀箱、舷外排出口的破裂导致大量进水;

(3) 海水或压载管系的误操作造成的进水。

本轮船体上有较大开口进行换板修理,但均在水线以上。水线下船壳板在进坞后的检查过程中,未发现大的开裂、破洞和严重漏水的部位。虽然在船舶尾部发现有局部凹陷变形和开裂的地方,但该部位的开裂仅使机舱内部的锅炉给水舱进水,而不是导致船舶大量进水的直接原因。本轮从打捞公司手中接管的时候,船舶能够安全自浮在水面,未发生任何部位再度进水的事实,说明了船体上没有局部破裂进水的部位。

对船体开口,如海底阀箱、舷外排出口。在对机舱的海水管系阀门进行检查的同时,未发现任何海底阀箱和舷外排出口有破裂和大量漏水的情况。这也说明了与船壳相连的开口结构上处于良好状态。

通过对机舱内的海水管路和阀门的检验发现,除有 6 只阀门未完全关闭外,其他阀门,包括海底阀门均处于关闭状态。检验中未发现大量漏水到机舱的情况,说明海水或压载管系上没有严重漏水的阀门。但从存在 6 只未完全关闭的阀门和船员已经验收船厂修复的阀门分析,进水事故前,船员存在操作和使用已经修复的阀门和与此相关联管系的情况。在大部分阀门没有铭牌和功能指示的情况下,不能确保不产生误操作和错开阀门。

这次事故中机舱是最后进水的处所。从该船的结构布置和对机舱海水和压载管系、阀门检验的结果分析,机舱的进水应当来自管子弄。只有当管子弄进水后在机舱的门槛处向机舱漫延,才能使机舱进水。这说明,管子弄内先于机舱发生进水。如果管子弄发生进水,在船体外板上没有结构性破裂进水的情况下,只有压载总管与海水管系相连,而且该管系上尚有未封堵的阀门开口。一旦该压载总管漏水,由于船舶纵倾的原因,进水首先会进入 No.7 双层底舱。当进水液位高于 No.7 双层底舱后部道门时,海水将从道门流向 No.7 货舱。由于 No.5、No.6 双层底舱为油舱,在管子弄内没有开口,因此,进水不会从管子弄内进入 No.5 和 No.6 双层底舱。由于 No.7 货舱靠近船尾,在大量进水后,使船舶的尾部吃水增加,尾倾加剧。当吃水增加达到左舷开口浸水时,海水会从该开口进入 No.5、No.6 货舱,然后通过货舱内底板上的道门和工艺开口,首先进入 No.5 及 No.6 左舷双层底舱。随着 No.5、No.6 左舷双层底舱进水量的不断增加,船舶便产生不对称进水,且使船舶发生左倾。此时,由于 No.5、No.6 及 No.7 货舱均有进水,特别 No.7 货舱的进水量已经很大的情况下,纵然很小的左倾,也将在自由液面移动的作用下使船舶迅速产生大的左倾。这就是为什么船员发现在很短的时间(约 5 分钟)内船舶从左倾 1.5 度到左倾 10 度。

综上所述,造成普拉吉特轮在船厂靠泊期间进水下沉的可能原因是海水先从船舶管子弄漏入,然后造成 No.7 双层底舱和 No.7 货舱进水,使船舶吃水增加,尾倾加剧,随后造成左舷船侧开口进水,使船舶进水量迅速增加,最终导致船舶下沉坐底。

4.《海事调查报告》中事故原因分析如下:

从事故调查开始,我们始终把查找初始进水原因和位置作为主要问题和重点问题。根据事故发生的情形判断:不平衡(即左舷)进水造成船舶下沉和横倾,达到船壳修船最低开口后大量进水,船舶加快下沉和横倾;船舶稳性恢复力矩、各种外力、另一舷(右舷)船壳修船开口进水和自由液面等使船横倾一定角度后在下沉中逐渐恢复正浮;惯性、另一舷(右舷)船壳修船开口进水和自由液面使船向另一舷(右舷)横倾并下沉。随着船舶下沉船底触及海底和船舶稳性恢复力矩的作用,最终,普拉吉特轮似正平正浮状态坐在海底。

船舶初始进水,只有两种可能:(1) 水线下船壳外板、船底板局部断裂、和(或)破洞、修理未补开口而进水;(2) 船舶各种海水吸入口如海底门、压载水系统吸入口、主、辅机海水冷却水系统吸入口等敞开而进水。

经调查、检验和分析,得出如下结论:

1. 普拉吉特轮船体船壳板换板修理开口均在水线以上。水线以下船壳板、船底板未见断裂开口、破洞和修理未补开口。船舶打捞起浮后能够安全自浮在水面上。至该报告形成之日没接到任何有关普拉吉特轮再次漏水、进水的报告。

2. 虽然普拉吉特轮自打捞起浮后未发现通过各种海底阀门、各种系统海水吸入口等漏水或进水,但由普拉吉特轮航海日志、大副修船日记、大管轮记录等记载的内容以及勘验情况,证明存在一个事实:即船舶接过经船厂修理船舶验收过的包括压载水系统、主、辅机海水冷却水系统等各种海水系统的阀门、管系后,进行过操作,至少 8 月 4 日、5 日进行过功能试验性操作。

3. 普拉吉特轮机舱因修理需要,绝大部分舱底花铁板被移了位。花铁板移位后容易造成各种阀门尤其是位置相近功能相反的阀门的误识别。普拉吉特轮机舱大部分阀门的阀轮或阀杆上没有铭牌,可能直接造成开错阀等误操作。

4. 第 7 货舱左舷船壳最低的距离水面 320 毫米的修理开口,当船舶正浮(横倾为 0°)时,当时的海浪、渡船等船舶的兴波,不足以使海水由此开口进入船体内。因为,此开口时间已较长足可以证明这一点。对此开口,因为不能立即焊补,船厂用比此开口面积大几倍的钢板进行了临时封堵,不水密。

实际上,普拉吉特轮左舷只需少量进水或漏水而造成的下沉或左横倾,就足以使得其第 7 货轮左舷船壳修理开口至水面而进水。

由上分析,普拉吉特轮船舶初始进水不是因船舶壳板断裂、破洞和修理开口等而漏水、进水。只能是:(1) 在对各种阀门进行功能试验性操作时,某个或某些阀门没有关到位(没关紧)造成向其左舷漏水或进水;或(2) 船员识别错误而开错阀门等误操作造成向左舷漏水或进水。当发现船舶左倾后或发现开错阀进水后,又立即关闭了误开的阀门。

5. 普拉吉特轮此次事故中机舱是后进水的处所。从该船的结构布置和对机舱海水和压载管系、阀门检验的结果分析,机舱的进水应当来自管子弄。只有当管子弄进水后,在机舱的门槛处向机舱漫延,才能使机舱进水。这说明,管子弄内先于机舱发生进水。如果管子弄发生进水,在船体外板上没有结构性破裂进水的情况下,只有压载总管与海水管系相连,而且该管系上尚有未封堵的阀门开口。一旦该压载总管漏水,由于船舶纵倾的原因,进水首先会进入 No.7 双层底舱。当进水液位高于 No.7 双层底舱后部道门时,海水将从该道门流入 No.7 货舱。由于 No.5,No.6 双层底舱为油舱,在管子弄内没有开口,因此,水不会从管子弄内进入 No.5 和 No.6 双层底舱。由于 No.7 舱位于船尾,进水后,使船舶的尾吃水增加,尾倾加剧。当吃水增加,水线达到 7 舱左舷开口下边缘时,海水会首先从该开口进入 No.5、No.6 货舱左舷,然后经过货舱内底板上的道门和工艺开口首先进入 No.5 及 No.6 左舷双层底舱。这样,左倾出现。随着 No.5、No.6 左舷双层底舱进水量的不断增加,左倾增加。此时,由于 No.5、No.6 及 No.7 货舱均有进水,特别 No.7 货舱的进水量已经比较大的情况下,即使是很小的左倾,也将在自由液面移动的作用下使船舶迅速产生较大的左倾。这就是为什么船员发现在很短的时间(约 5 分钟)内船舶从左倾 1.5 度到左倾 10 度。

综上所述,造成普拉吉特轮在船厂靠泊期间进水下沉的原因,应是通过压载水管海水首先进入管子弄,然后造成 No.7 货舱双层底舱进水,然后,溢进 No.7 货舱,吃水增加,尾倾加剧。随后,导致 No.7 货舱左舷船侧船壳板最低的距离水线 320 毫米的修理开口进水,船舶进水量迅速增加并不平衡而出现较大左倾,最终导致船舶下沉坐底。

(八)关于保险及理赔的相关情况

2004 年 8 月 23 日,联合印度保险公司(以下简称联保公司)就该轮的船舶险签署编号为 120300/22/04/00266 的保险单,载明:航运公司为被保险人;联保公司与新印度保险公司(The New India Assurance Company Ltd.)、国家保险公司(National Insurance Company Ltd.)、东方保险公司(The Oriental Insurance Company Ltd.)为共保人,其中联保公司承担 65% 的保险份额。

船壳及机器的保险金额为 27 900 万卢比,加保"营运费用"金额为 3 100 万卢比,且"保单受限于:3. 附件的 5% 参与索赔条款";"对于任何一项索赔,被保险人将承担本船壳和机器保单下总索赔额的 5%"。

2004 年 10 月 26 日,RICHARDS HOGG LINDLEY 海损理算 & 海上索赔顾问公司出具《推定全损证书》,"建议:船舶是推定全损,船壳和机器保单中的保险价值因此是应当支付的。此外,当证明了推定全损时,增值保单中的保险价值自动变为应付,如下:船壳和机器保险价值 27 900 万卢比,减除 5% 的共同参与 1 395 万卢比,(小计为)26 505 万卢比,(加上)增值保单 3 100 万卢比,(总计为)29 605 万卢比"。

2005 年 1 月 3 日,联保公司向航运公司支付该轮的船舶损失保险赔款 29 605 万卢比。2 月 2 日,航运公司就 29 605 万卢比金额项下的"在该船壳上的所有可起诉的权利、名义、利益和其中的收益(以法律规定的范围为准)以及针对任何对此承担责任的人的所有的权利和赔偿",转让给联保公司。

6 月 7 日,联保公司向航运公司支付理算费用 1 974 480 卢比(约 43 877 美元)。

11 月 1 日,联保公司向 BMT 救助公司支付防腐费用 86 417.19 美元。

11 月 7 日,联保公司向 BMT 救助公司支付检验费 1 094.02 美元。

2006 年 2 月 6 日,联保公司向航运公司支付救助费用 41 068 296 卢比(912 628.8 美元)、理算费用 1 137 659 卢比(25 281.3 美元)。

但航运公司、联保公司均未提供该五笔理算费用、防腐费用、检验费、救助费用的权益转让证明。

二、一审裁判

青岛海事法院认为:本案系船舶修理合同纠纷。庭审中,航运公司、联保公司、北海公司均主张本案适用中国法,因此,中国法应作为本案的准据法。依照《中华人民共和国民事诉讼法》第 24 条"因合同纠纷提起的诉讼,由被告住所地或者合同履行地人民法院管辖"的规定,及最高人民法院《关于海事法院受理案件范围的若干规定》的规定,该院对本案享有司法管辖权。

(一)关于原告起诉状效力的认定

原告航运公司、联保公司提交的起诉状,虽然只有其委托代理人的签字,但原告航运公司、联保公司出具的授权委托书中明确含有"提起索赔"的授权,应当理解为包含以起诉方式提出索取赔偿的意思表示,且两原告通过向该院预交案件受理费的行为,亦构成对起诉行为的追认。故北海公司提出的起诉状由原告委托代理人签章不符合法律规定的主张,不能成立。

(二)关于航运公司、联保公司有权向责任人提出赔偿请求的认定

1. 关于航运公司有权向责任人提出赔偿请求的认定

(1)船舶修理费 1 796 915 美元,缺乏事实和法律依据。其中:① 1 464 692 美元的修理费是发生于事故之前的修理成果的对价,对该修理成果的真实性经航运公司确认后,其就负有向北海公司付款的义务。虽然该修理成果因涉案事故的发生而入水,但随整船打捞起浮后该修理成果仍在,且价值并未完全丧失。因此,航运公司仅能就该修理成果恢复至事故发生前状况的合理费用向有关责任人主张权利,就该主张航运公司和联保公司仍应承担相应的举证责任。② 332 223 美元的修理费系事故发生后产生,航运公司支付该款项的行为亦代表其对该修理费用的认可。③ 根据联保公司的诉请,表明航运公司已从联保公司处获得全额船舶及机器的保险赔款,航运公司再请求修理费赔偿显属重复计算损失。

(2)船期损失 96 万美元,显属不当。航运公司提供与其自身关联的租船合同,不足以证明涉案船舶的租赁价格,且其未提供充分有效的船舶租赁市场价格的相关证据。况且,航运公司已从联保公司处就"营运费用"获得增值赔款 3 100 万卢比(折合美元 714 286 美元),无权就同一损失再行主张权利。

(3)关于救助费用 210 万美元,因航运公司已实际从联保公司处获得的救助费用保险赔款 946 274 美元,故其仅有权向本次事故的相关责任人依法主张剩余救助费用 1 153 726 美元。

(4)就航运公司已实际从第三人处获得的船舶销售款 180 万美元,应当充抵其损失金额。北海公司应对其提出的该销售款明显低于市场价格的主张负有举证责任。

综上,航运公司有权向责任人主张的损失数额 1 153 726 美元,扣除其出售船舶所得收益 180 万美元后,应为 -646 274 美元。显然,航运公司在本次事故项下已无权向责任人主张权利。

2. 关于联保公司有权向责任人提出赔偿请求的认定

本次事故发生于 2004 年 8 月 5 日，在原告明知涉案事故业已发生的前提下，仍于 2004 年 8 月 23 日签发保单，并不必然引发保险人的代位求偿权。航运公司和联保公司在整个诉讼期间，均未能提交事故发生前该轮已存在该保险合同关系的有效证明，不能证明涉案事故发生时，航运公司与联保公司之间存在合法有效的保险合同关系。

RICHARDS HOGG LINDLEY 海损理算 & 海上索赔顾问公司对事故发生后的该轮"推定全损"，联保公司按照该轮"推定全损"向航运公司进行保险赔付，被"推定全损"的该轮目前仍在运营，该结论显然存在瑕疵。

即使该保险合同关系于事故发生前业已成立，但该保单记载，联保公司仅承保 65% 的保险份额。在联保公司未证明其已代位取得其他保险人相关权利的前提下，联保公司不但向航运公司全部赔付该轮推定全损的全部款项，又向航运公司支付部分打捞费用，且不回收船舶残值的赔付行为，显然悖于国际通行的保险索理赔规则。

因此，即使联保公司有效证明其已支付船壳损失 296 05 万卢比（6 821 428 美元）、第一次理算费用 1 974 480 卢比（45 494 美元）、防腐费用 86 417.19 美元、检验费用 1 094.02 美元、救助费用 41 068 296 卢比（946 274 美元）、第二次理算费用 1 137 659 卢比（26 213 美元），其仍未取得合法有效的代位求偿权。

（三）关于涉案事故原因的认定

因双方对《海事调查报告》《三杰检验报告》的真实性、合法性、关联性均无异议，可作为合法有效证据，予以采信。

《三杰检验报告》及《海事调查报告》的最终结论均认定：海水是从水线以下的船舶部位进入船舶内部，且海水进入船舶内部是由船员操作经北海公司修复并已交由航运公司验收的阀门和与此相关联的管系所致；并排除船舶进水的初始原因系因北海公司修理质量问题而使船壳板断裂、破洞和修理开口等漏水、进水的可能。

（四）关于涉案事故责任的承担

1. 关于在修船舶的安全管理责任

《中华人民共和国海商法》第 35 条规定：船长负责船舶的管理和驾驶。船长管理船舶的法定职责并未因船舶修理而解除。普拉吉特轮因修理需要而进入船厂，但因该轮包括船长在内的全体船员在船，北海公司人员上船后只能进入与修船工作有关的部位并须听从船长的指令，以及服从船员和船东监督工程师的监管；北海公司作为承揽人，应在修理过程中提供日常保卫、正常生产秩序等保障措施，且对承修项目的质量负责。航运公司将确保船舶安全的责任推给北海公司既无合同依据，又无法律依据。鉴于该轮在修理期间仍在船员控制之中，并由船员负责船舶操作的实际状况，航运公司在未提交有效证据证明其已将该轮交付给北海公司的情况下，其提出的已将该轮交付北海公司的主张不能成立。

修船只是按协议对船舶的特定部位进行局部修理，在船员在船的情况下，为使修船工作能顺利进行，航运公司通过船员应向上船的北海公司的工作人员提供适合于修船的安全工作平台,确保水线以下船体部位水密并使船舶保持安全浮态,是航运公司必须履行的义务。

2. 关于北海公司是否承担违约责任

(1)北海公司作为承揽方,其所进行的全部修理项目均由船方向其发出指令并接受其监督,完工后由船方验收。普拉吉特轮水线以下船体部分经过入坞修理。当该轮出坞并停靠在泊位,证明航运公司对该轮水线以下的修理成果业已验收。

(2)在由航运公司确保海水不从水线以下船体部位进入船舶内部的情况下,船舶内部的不水密以及水线以上船体部分的开口,是北海公司根据修船合同及船方指令对该轮进行货舱、肋骨、肘板、舱壁等钢板更换、阀门和管系修理的必须。船舶内部的不水密和水线以上船体部分的开口这一状况,发生在仍由船员管理和操作的该轮上,航运公司委派的监督工程师又在现场并进行全程监督。这一状况在船舶坐沉前数日业已存在并持续,期间航运公司并未就此向北海公司提出异议,可见航运公司不仅知道这一状况存在并且对这一状况是认可的。航运公司就船壳表面涂装准备、消防控制监督员、喷砂除锈等问题曾多次向北海公司提出异议,但对水线以上的船体开口高度以及船舶内部的不水密并未提出任何异议,这表明,航运公司已对水线以上的船体开口高度以及船舶内部的不水密状况是接受并认可的。

(3)关于《海事调查报告》中的"距离水线320毫米的修理开口",烟台打捞局的水下摄像显示,该钢板仍覆盖在水下的船舶该开口处;《三杰检验报告》记载:起浮后该开口处的封板焊点仍然可见。显然,事故发生时,距离水线320毫米的修理开口业经钢板覆盖,航运公司关于涉案事故进水的初始原因系自该开口进入的主张不能成立。

虽然航运公司提交中远船务工程集团有限公司指导性技术文件《船舶修理中的稳性和强度》,并据此主张船体开口离水面的距离至少为80厘米,但该文件系中远船务集团制定的内部指导性文件,并非强制性规范,且该标准制定于2006年,对此前发生的事故并无溯及力。因未能举证证明在涉案事故发生时存在关于船体开口高度的强制性规范,航运公司、联保公司提出北海公司违反相关修船规则的主张不能成立。

(4)航运公司、联保公司据《三杰检验报告》关于"在拆除了上述压载阀后,船厂将相关的开口进行了封堵,但进水事故发生时No.1及No.2舱的开口尚未来得及封堵"的论述,认为北海公司需就该行为承担违约责任。但如前所述,该轮在修理过程中的开口是修理的必需,而在修理过程中,船东监督工程师及船员等从未向北海公司提出过对拆除压载阀后的开口立即封堵的要求,且《海事调查报告》述明,航运公司对北海公司修理的包括压载水系统,主、辅机海水冷却水系统等各种海水系统的阀门、管系不仅进行了验收,还进行过操作,这表明,航运公司已对各种海水系统的阀门、管系的状况已接受并认可。同时,航运公司不能举证证明,须对拆除压载阀后的开口立即封堵的。因此,在航运公司不能举证证明北海公司未对开口立即进行封堵的行为,违反了修船合同要求或强制性规定的前提下,不能认定北海公司的这一行为构成违约。

(5)《三杰检验报告》和《海事调查报告》均记载,海水并非从水线以上船体开口处进入船舶,也不是因北海公司修理质量问题造成水线以下船体破裂后进入船舶,而是因船员操作才进入船舶。因此,船员操作船舶不当致使海水进入船舶并使船舶下沉的后果,应由航运公司自行承担。

航运公司和联保公司对北海公司提起违约之诉。就北海公司是否构成违约责任的法律事实,航运公司和联保公司应当承担举证责任。鉴于未能举证证明北海公司何种具体行为违反了合同约定或法律规定,以及(即使有违约事实)该违约与普拉吉特轮坐沉之间存在何种因果关系的情况下,航运公司和联保公司提出的北海公司违约并应承担赔偿责任的主张不能成立。

综上所述,航运公司的诉讼请求因缺乏事实和法律依据,法院不予支持。依据《中华人民共和国海商法》第35条、《中华人民共和国民事诉讼法》第64条第1款的规定,判决:

一、驳回印度国家航运公司对青岛北海船舶重工有限责任公司的诉讼请求;

二、驳回联合印度保险公司对青岛北海船舶重工有限责任公司的诉讼请求。

案件受理费人民币414 510元,由印度国家航运公司负担人民币87 160.76,联合印度保险公司负担人民币327 349.24元。

三、上诉与裁判

上诉人航运公司、上诉人联保公司不服原审判决,提起上诉称:一审判决在认定事实和适用法律方面均有错误。理由:

(一) 一审判决对船舶沉没原因的认定不当

一审判决将船舶坐沉的原因认定为"船员操作所致",缺少事实依据。鉴于事故原因的专业性和复杂性,青岛海事局作为调查机关,就船舶坐沉原因委托三杰公司进行了调查,青岛海事局没有对船舶坐沉的技术原因进行调查。三杰公司出具的《三杰检验报告》对事故原因进行了分析,并没有最终认定船员操作导致进水。但一审判决认为《三杰检验报告》"最终定论"是船员操作不当导致进水,显然是对该《三杰检验报告》的曲解。正是由于《三杰检验报告》没有就事故原因作出最终结论,上诉人在一审起诉时向一审法院提起申请,委托权威专家依据检验中已经固定的事实就事故原因进行进一步的鉴定。其次,在本案中没有任何事实证明船员进行了误操作,更没有说明船员如何误操作才能导致进水。

(二) 一审对"压载阀开口未封堵"等相关事实认定不当

1. 《三杰检验报告》在分析进水原因时认为,"如果管子弄发生进水,在船体外板上没有结构性破裂进水的情况下,只有压载总管和海水管系相连,而且该管系上有未封堵的阀门开口","进水下沉的可能原因是海水先从船舶管子弄漏入,然后造成……"依据《三杰检验报告》的上述调查和分析,船舶进水的可能原因是"海水从管子弄中的海水管系上未封堵的阀门开口进入"。反过来看,假如阀门开口已经封堵,海水就不会进入船内进而导致船舶坐沉。因此,上述阀门开口"应否封堵"以及"谁负责封堵",对判明本案沉船责任至关重要。

2. 对"阀门开口"已经验收的认定与事实严重不符。针对上述问题,一审判决认为,上诉人对包括上述阀门开口在内的阀门、管系进行了操作、验收、认可和接受,因此船厂无须对阀门开口进水负责。这与事实明显不符。出现"阀门开口"的原因是,阀门被卸下送岸检修,致使阀门和海水管系的连接处处于洞开状态。既然相关阀门在送岸检修没有装回,就不存在验收和认可的问题。

3. 被上诉人知晓封堵阀门开口的必要性。一审判决认为,"船东监督工程师及船员等从未向北海公司提出过对拆除压载阀后的开口立即封堵的要求","原告不能举证证明,须对拆除压载阀后的开口立即封堵"。一审判决在此遗漏了上诉人向一审法院强调的重要事实。《三杰检验报告》"管子弄内压载总管上除 No.4 双层底舱外,其他液压控制阀全部拆除,船厂对 No3、No.7 双层底舱及 No.4 货舱左右支管的开口进行了封堵,但 No.1 和 No.2 双层底左右支管的开口未进行封堵"。这说明,对拆除阀门的 5 个舱左右共 10 个阀门,船厂封堵了其中 6 个,未封堵 No.1 和 No.2 舱左右共 4 个阀门开口。《三杰检验报告》认为,正是这 4 个阀门开口,导致海水漏入船内。船厂封堵了大多数阀门开口的事实说明,船厂是知晓需要封堵这些开口的,也意识到了这些开口的潜在危险性,并非需要船方告知和强制性规范的规定。只是船厂的安全措施执行不到位,流于形式,在船底管子弄这样狭小隐蔽的空间,安全监督也不到位。一审判决关于"原告不能举证证明,须对拆除压载阀后的开口立即封堵的强制规范。因此,在原告不能举证证明北海公司未对立即进行封堵的行为违反了修船合同或强制性规定的前提下,不能认定北海公司的这一行为构成违约"的论点,与中国合同法的基本原则不符。

4. 被上诉人应对未封堵阀门开口的过失负责。船舶修造业和船舶航行一样,"安全第一"是一个基本原则,也是一个常识。该原则也是检验船厂操作行为的一个基本标准。在安全保障领域,制造危险一方负有消除危险的责任(包括告知他方寻求协助消除危险的责任),这也是一个原则。在本案中,船厂拆走阀门露出了阀门开口,破坏了船舶原有的水密性,理应采取封堵的补救措施,无须事事都有一个强制性的规范来要求。船厂作为一个基本的承揽方,以自己的技术完成修船成果,无须船方向其告知这样一个基本的常识。由上可见,封堵船厂留下的阀门开口是船厂的责任,没有封堵是船厂的过失。一审判决认定被上诉人船厂对未封堵阀门开口导致进水不负责任,既不符合本案事实,又于法无据。

(三)一审判决中违反程序,歪曲事实

一审判决中第 14 页第 4 段认定"双方对……北海公司的证据一、证据三至证据十二、证据十四、证据十五、证据十七至证据二十五,以及山东省高级人民法院依法调取的全部证据材料的真实性均无异议,山东省高级人民法院对上述证据的真实性予以确认"。事实情况是,对这些证据,上诉人对大部分均有异议,法院在适用程序方面有重大遗漏,如:(1)证据七是被上诉人提供的中英衡达的报告,但报告中的检验师二人至今未提供工作时的具有法律效力的证明文件。上诉人的代理人在庭审时多次提出异议,不知判决中所称的上诉人无异议从何而来。(2)证据十是海事局的调查报告,但海事局官员并未作任何调查,而是委托三杰进行。该报告中"船方已经验收了船厂修复的全部阀门"纯系无中生有,自相矛盾。不知一审是如何认定的。(3)证据十四,是被上诉人提供的两个证人的谈话笔录公证,以此来证明距离水面最低焊接板的丢失去向。该公证笔录记载二人所述一字不差,显然系伪证。上诉人在一审开庭时也明确提出,并要求二人出庭接受质询,但法庭对此未予安排。

(四)一审认为"船员操作导致进水"没有依据

一审判决认为,船员操作导致船舶进水。其依据是《三杰检验报告》第32页第9.1.4段:"不能确保不产生误操作和错开阀门"。可见,"船员误操作"只是一个推测,没有事实依据。退一万步言,假定船员误操作阀门,海水只是进入了海水管系。由于海水管系是水密的,海水不会漏入船内导致船舶坐沉。因此,在假定船员误操作导致海水进入海水管系的情况下,也只有通过海水管系上船厂未封堵的开口才能进入船内。但船厂没有将留有部分阀门开口这一情况告知船方。既然船厂没有将这一情况告知船方,船方就无法知晓船厂没有封堵开口的违规行为,更不知晓需要对此采取补救性的戒备措施。在此情况下,就不存在"船员误操作"问题。可见,假如船员对相关阀门有所操作的话,这只是一种正常的操作行为,没有违反任何操作规程,因此不存在"误操作"的问题。如果存在"误操作",也只是在船厂工人"误导"下的船员操作,不是"船员误操作";由于船员对修船工人的违规行为并不知情,船员对相关操作就不存在过错问题,更不存在责任问题。由于管子弄内海水管系的水密性是阻止船舶上述推测进水通路的最后一道屏障,因此,船厂因其破坏上述海水管系水密性而应当对船舶进水承担最终责任。

(五)船壳割板太低,违反基本的安全常识

被上诉人在修船过程中,在左舷船壳上切开了多个修理开口。其中离水面最低的开口仅为320毫米。对此,《海事调查报告》在第8页第2行认为,"对此开口,因为不能立即焊补,船厂用比此开口大几倍的钢板进行了临时封堵,不水密";在第10页第2段进一步认为,"最低修理开口对形势变坏起了一定的作用;可以设想,如果没有此开口或者对此开口进行了及时焊补,事故情形可能会有所改观";在第3段认为:"除在船坞修理外,对船壳直立侧板进行换板修理,一般不宜同时开口太多,这应该是常识。"由上可见,被上诉人违反通常的修船惯例,将船壳开口切割到离水面只有320毫米。虽被上诉人意识到了其危险性而进行了覆盖,但覆板不水密。被上诉人使用覆板临时封堵的行为表明,被上诉人自身知道这种离水面太低的开口不安全,存在潜在隐患。其使用的覆板不水密的事实则说明,其补救措施敷衍了事,仍流于形式,没有达到补救的效果,特别是该覆板底缝没有焊补,存在较大的缝隙(见《三杰检验报告》第25页)。这种"补救而不水密"更具误导性。在船舶被重新打捞出水后,该覆板早已脱落,而且无处寻找。这进一步证明,该覆板不牢固,更谈不上水密。

（六）被上诉人应对船舶进水、沉没负责

一审判决引用《中华人民共和国海商法》第35条（船长负责船舶的管理和驾驶）的规定，将保证船舶安全的责任置于船舶单方，并排除了修船方对船舶安全的保证责任。上述观点显属不当。（1）对船舶安全的保证责任并非是排他性的。《中华人民共和国海商法》中有关"船长负责船舶的管理和驾驶"的规定，属于一般性总括规定。该规定并不排斥其他方对船舶安全的保证责任，即多方可以同时对船舶的安全负责。实际上，凡是其操作行为会对船舶安全状态造成不利影响的各方均需对船舶的安全负责。例如，引航员引航时须对其引航下的船舶安全负责。再如，被上诉人引用的《船舶修理防火防爆管理规定》第4条规定："修船作业前，厂、站与船方需签订消防安全协议书，明确双方的消防安全责任。"这说明，船厂和船方对船舶的防火安全均负有责任。（2）船方须对其修船操作所涉范围为船舶安全负责。上诉人认为，船厂需对船舶安全负责，但这并不是说船厂应对船舶各个方面的安全负责，而是仅需船厂对其修船行为所涉内容的安全负责。例如，在被上诉人提交的加拿大判例中，船员单方调拨液舱，产生了自有液面，使船舶丧失稳性而横倾进水沉没。船舶的沉没不是船厂修理行为所致，船厂当然不负责任。在修船舶的安全可分为两类：一是船舶原有的安全问题；二是因修船操作而产生的新的安全问题，两类不同安全问题的义务主体不同。在本案中，无论海水从船壳上过低的开口进入船内还是从管子弄中未封堵的阀门开口进入船内，如前所述，均是被上诉人的粗心大意、不当操作行为所致，被上诉人应当对船舶进水负责。

（七）一审完全否认航运公司的诉讼请求，缺乏依据

我国《合同法》第113条对违约责任的赔偿范围作出了明确的界定。最高人民法院《关于审理船舶碰撞和触碰案件财产损害赔偿的规定》具体列明了船舶损害索赔的计算范围。依据上述规定，第一上诉人有权索赔合理的租金损失（一般以两个月为限）。在计算租金损失时，由于涉案船舶已不存在，只能依据同类型、同吨位的"替代船"的租金来计算，这是计算租金的例行做法，理应得到支持。一审判决在缺少相反证据的情况下，完全否认联保公司的租金损失是不适当的。

（八）联保公司获得了相应的代位求偿权

一审判决以倒签保险凭证为由否定了两上诉人之间的保险合同关系以及联保公司的代位求偿权。这与我国现行的法律规定和原则相悖。两名上诉人均是印度的大型国有企业，有多年广泛的船舶保险合作关系。这种船舶保险协议连续存在多年，涉及多艘船舶，其内部通常并不需要立即出具保单，仅在对外需要时才出具保单，即倒签保险凭证。这也成为船舶保险界的一个惯例。国外联保公司给被保险人的理赔所依据的事实和法律是按照当地的法律或惯例进行的。一审法院对双方均为同一国家的当事人按照本国法律缔结的合同的履行和处理，强制性地按照中国的法律进行审查并判定其无效，令人无法接受。然而，我国司法机关对上述惯例是尊重和承认的。最高人民法院民四庭在《涉外商事海事审判实务问题解答一》中明确说明（第161问）："倒

签保险凭证的情况下,保险人的责任自保单上显示的时间开始计算。保险人与被保险人之间对责任起止时间有特别约定的,从其约定。"可见,只要保险事故发生的时间处于保单中约定的保险期间,保险人就应当赔付,不论保险凭证是否倒签。实际上,保单是保险人和被保险人双方船舶保险法律关系的协议。保险人向被保险人签发保单,就说明双方之间存在船舶保险法律关系。至于何时签发保单,法律上并没有强制性的规定。但最高人民法院的上述《解答(一)》,明确回答了本案中被上诉人提出的问题:即使是倒签保单,保险期间也是按保单中注明的期间为准,不是以倒签保单的日期为准。此外,上述《解答(一)》的"第159问"明确规定:"保险人在行使代位请求赔偿权利时,应当按照《海事诉讼特别程序法》的有关规定,向受理案件的海事法院提交其已经按照保险合同的约定支付给被保险人赔偿金的证明,而无需提交被保险人签署的权益转让书。"这表明,可以依据保险人的"实际赔付行为"推定被保险人的权益转让意思表示;同样的,也可以依据这一行为推定双方之间存在船舶保险关系。对于上述问题,最高人民法院《第二次涉外商海事会议纪要》第(五)章(保险人行使代位请求赔偿权利)第125条规定:"受理保险人行使代位请求赔偿权纠纷的法院应当仅就第三者与被保险人之间的法律关系进行审理,第三者对保险人行使代位请求赔偿权利依据的保险合同效力提出异议的,法院不予审查。"从上述规定可以看出,在本案中,被上诉人对两上诉人之间保险合同的法律效力提出异议没有法律依据。一审判决中对如此重大的法律问题作如此轻率的认定,既不符合法律,也有悖于事实,令人无法接受。

(九) 一审法院在引用法律方面严重错误

本案被定性为船舶修理合同纠纷。在本案一审开庭中,上诉人与被上诉人就修理船舶所适用的法律,均同意按照《中华人民共和国合同法》关于修理合同的规定处理。法庭在审理时也将本案视为修理合同纠纷,将被上诉人作为承揽方,上诉人作为定作方进行举证责任的分担处理。然而,在判决的法律适用上,一审法院却没有提及任何《合同法》,却引用了《海商法》第35条关于船长的责任作为处理本案唯一引用的法条。该条文是海上运输中船长的权利和义务的规定,与船舶修理无关。况且本案发生时,船舶没有动力,处于不适航状态,要求船长对船厂的所有违规修理行为负责,也绝不是《中华人民共和国海商法》的本意,一审法院如此错误适用法律,令人无法理解。

综上所述,本案一审判决在认定事实方面错误百出,程序法律方面也没有按照规定进行,剥夺了上诉人应该有的权利。在实体法律适用方面也是文不对题,存在重大偏差,导致受害人的损失无法得到赔偿。为了维护自身的合法权益,特提起上诉,请求:(1)撤销(2006)青海法日海商初字第35号民事判决;(2)判令北海公司向航运公司和联保公司分别支付2 167 777美元和7 969 876美元及相应利息;(3)判令北海公司承担本案的一审和二审的全部诉讼费用。

被上诉人北海公司答辩称:上诉人上诉称,北海公司在修船过程中违反法定义务和合同义务造成船舶进水坐沉,但却不能举证证明,其上诉请求应予驳回。理由是:(1)上诉人在起诉状和上诉状中提出以下主张:北海公司负有保证船舶安全的法定义务;北海公司违反操作规程;北海公司对船舶进水坐沉负责。(2) 根据《中华人民共和国民事诉讼法》第64条第1款的规定,上诉人对以上事实主张负有如下举证责任:提供北海公司对船舶安全负有法定义务的法律规定、提供操作规程、提供船舶进水坐沉与北海公司有关的证据。(3) 上诉人主张北海公司对船舶安全负有法定义务的依据是《中华人民共和国合同法》第265条。根据本条规定,北海公司对船舶安全负有法定义务的前提是上诉人将船舶交由北海公司保管。但上诉人的诉状、庭审陈述及证据均不能证明其已将船舶交北海公司保管,只能证明船舶进水坐沉时,全体船员在船,船长负责管理船舶,上诉人占有船舶。因此,上诉人的这一主张不能成立。(4) 上诉人主张阀门开口未封堵是北海公司违反操作规程。但上诉人未能提供阀门开口应当封堵的操作规程。因此,上诉人的这一主张不能成立。(5) 上诉人主张北海公司对船舶进水坐沉负责。但上诉人提供的证据仅证明船舶进水坐沉是对海水或压载管系的误操作造成,仅证明船员存在操作和使用北海公司已经修复的阀门和与此相关联海水或压载管系的情况,并不能证明北海公司存在操作和使用北海公司已经修复的阀门和与此相关联海水或压载管系的情况,更不能证明误操作或压载管系造成船舶进水坐沉的是北海公司,完全不能证明船舶进水坐沉与北海公司有关。因此,上诉人的这一主张不能成立。

联保公司上诉称北海公司应向其支付7 969 876美元及相应利息,理由是其与航运公司之间存在船舶保险法律关系,其就享有向北海公司行使代位请求赔偿的权利。《中华人民共和国海商法》第252条第1款规定:"保险标的发生保险责任范围内的损失是由第三人造成的,被保险人向第三人要求赔偿的权利,自保险人支付赔偿之日起,相应转移给保险人。"根据本条的规定,联保公司向北海公司行使代位请求赔偿权的唯一前提是:船舶发生损失是由北海公司造成的,航运公司享有向北海公司要求赔偿的权利,即联保公司向北海公司行使代位请求赔偿的权利取决于航运公司享有向北海公司要求赔偿的权利。联保公司上诉称因其向航运公司签发保单且已赔付就享有向北海公司行使代位请求赔偿的权利,主张不能成立。航运公司未能举证证明船舶发生损失是由北海公司造成的,联保公司也未能举证证明船舶发生损失是由北海公司造成的,航运公司不享有向北海公司要求赔偿的权利,联保公司向北海公司行使代位请求赔偿权的唯一前提不存在,因此,联保公司不享有向北海公司行使代位请求赔偿的权利。

综之,上诉人的上诉请求没有事实根据和法律依据,不应受到支持,原判正确,应该维持。

四、二审裁判

二审庭审中,各方当事人没有提交新证据。

经审理查明,除原审判决引用内容外,《海事调查报告》还记载:"根据普拉吉特轮大副修船日记中记载,8月4日船员对压载水系统进行了试验。"

其他事实与原审认定的事实基本相同。

山东省高级人民法院认为,本案为船舶修理合同纠纷,青岛海事法院以合同履行地及被告所在地均在青岛市确定管辖该案,符合《中华人民共和国海事诉讼特别程序法》的规定。青岛海事法院按照各方当事人的主张适用中华人民共和国法律解决实体争议,应予准许。

根据上诉人的上诉与被上诉人的抗辩,双方争议焦点归纳为两个方面的问题:一是船舶是否交付,应由哪一方对船舶自身安全负责?二是船舶进水坐沉的主要原因,责任应由哪一方承担?

在程序方面,上诉人称原审判决在程序方面有三个漏洞。(1)中英衡达的两个检验师身份证明问题。上诉人称北海公司未提交中英衡达的两个检验师的身份证明。经查,中英衡达参加检验的检验师是被上诉人北海公司的单方代表,中英衡达的报告对北海公司负责。故上诉人要求北海公司提交中英衡达的两个检验师的身份证明的主张没有依据。(2)《海事调查报告》问题。上诉人称海事局未作调查便出具《海事调查报告》。经查,青岛海事局作为中国海上安全监督管理主管机关,对海上交通事故依法行使行政管理权。青岛海事局组织了全过程调查,委托了三杰公司对普拉吉特轮进行检查和检验,三杰公司调查了航海日志、大副修船日志、大管轮记录及工程单等材料,青岛海事局综合调查情况,形成了《海事调查报告》。故上诉人关于海事局官员未作任何调查的异议不成立。(3)被上诉人提供的证明距离水面最低焊接板的丢失去向两个证人的谈话笔录公证文件。经查,原审判决并未采纳两人的证言。所以,上诉人关于原审判决违反程序的上诉理由不成立,山东省高级人民法院不予采纳。

(一)关于普拉吉特轮船舶是否交付,应由哪一方对船舶自身安全负责问题

上诉人主张,航运公司与北海公司之间是承揽合同关系,船舶到泊位后,就将船舶已经交付给北海公司,按照《合同法》第265条的规定,北海公司应妥善保管工作成果,即对船舶的安全负责。北海公司抗辩,北海公司与航运公司之间是船舶修理合同,修理项目由双方约定,并非整条船,普拉吉特轮到船厂后,船舶没有交付,船长和船员仍在船,船舶仍由船长负责管理,按照《海商法》第35条的规定,船长负责船舶安全。山东省高级人民法院认为,修船合同签订过程中,航运公司招标,提出具体修理项目,特别提出船舶的消防安全问题,北海公司投标。双方达成协议后,北海公司按照航运公司确定的修理项目以及为满足船舶检验而不断增加的项目进行维修。普拉吉特轮在修理、移泊、试航及在厂区停泊期间,该轮仍在船长的控制与管理之下,在修理、试验过程中,所有船上的设备均由船方负责操作,因此航运公司应对船舶的安全、财产负责。在船员在船的情况下,为使修船工作能顺利进行,航运公司通过船员应向上船的北海公司的工作人员提供适合于修船的安全工作平台,使船舶保持安全浮态是航运公司必须履行的义务。

从修船合同及履行过程看出,北海公司按航运公司指令进行具体的修理项目,北海公司对维修的具体项目质量负责,船东派出工程师及船员现场监督,修理后,由航运

公司逐项验收,船舶由船上人员负责试验操作,维修项目检验合格后,修理成果由航运公司保管,维修后的工作成果一直在航运公司监管下。北海公司如对船舶安全负有法定义务,前提是航运公司将船舶交由北海公司保管,船长及船员不在船。案涉船舶进水坐沉时,船员在船,船长负责管理船舶,航运公司控制船舶。故上诉人关于船舶交付给北海公司的主张没有事实依据和法律依据,上诉人关于船舶自身安全由北海公司负责的理由,山东省高级人民法院不予采纳。原审判决依据船舶一直由船长管理的实际情况,确定适用《海商法》第35条的规定处理争议,并无不当。

关于船舶坐沉的主要原因及责任问题。对船舶坐沉的原因,上诉人主张没有事实证明船员进行了误操作,认为原审判决认定为船员操作致船舶坐沉不当。被上诉人抗辩船舶进水坐沉时,全体船员在船,上诉人的上诉理由说明,船员存在操作和使用阀门或压载管系的情况。山东省高级人民法院认为,普拉吉特轮在修船过程中船舶进水而坐底,船舶推定全损,构成重大海上交通事故。青岛海事局依行政管理权进行调查,形成了青海通航(2004)124号《关于普拉吉特轮坐底事故的调查报告》。海事调查报告及其结论意见可以作为法院在审理案件中的诉讼证据。除非有充分事实证据和理由足以推翻海事调查报告及其结论意见。《海事调查报告》中说明"从事故调查开始,我们始终把查找初始进水原因和位置作为主要问题和重点问题。船舶初始进水,只有两种可能"。《海事调查报告》排除了船壳板、船底板断裂开口、破洞和修理未补开口而进水的可能性,另一可能就是船舶各种海水吸入口如海底门、压载水系统吸入口、主、辅机海水冷却水系统吸入口等敞开而进水。青岛海事局调查了普拉吉特轮航海日志、大副修船日记、大管轮修船记录等记载的内容,其中,大管轮修船记录记载,8月5日,船员对左舷冷却水吸入泵(7号泵)和排除泵(46号泵)以及电机系统进行了试验。经过勘验,认定一个事实:即船舶接过经船厂修理船舶验收过的包括压载水系统、主、辅机海水冷却水系统等各种海水系统的阀门、管系后,进行过操作,至少8月4、5日进行过功能试验性操作。青岛海事局确定进水下沉的初始原因是通过压载水管海水首先进入管子弄。8月5日约21:25时,普拉吉特轮船长感觉到船舶突然抖动后,立即通知轮机长检查机舱是否进水,说明船长依经验察觉进水的可能性。在诉讼中,上诉人航运公司没有提交记录机舱具体操作情况的重要证据之普拉吉特轮机舱日志,其实际操作情况没有证据证明。上诉人主张认定"船员操作导致进水"没有依据,海事局在进行了大量的调查工作后,得出结论:船员操作导致船舶进水。上诉人并没有证据否定船舶最初进水源于海水吸入口。至于船员是否误操作,不影响船员实际操作了的事实成立。因此,《海事调查报告》认定船员进行了操作有依据,原审判决按照《海事调查报告》确定事故发生原因并无不当。

上诉人上诉称压载阀开口未封堵是北海公司的过失,船壳割板太低,违反基本的安全常识,北海公司应对船舶进水沉没负责。被上诉人北海公司抗辩上诉人主张阀门开口未封堵是北海公司违反操作规程,但上诉人未能提供阀门开口应当封堵的操作规程。山东省高级人民法院认为,航运公司委托北海公司修理普拉吉特轮,航运公司提供船舶修理工程单,并应按时提供有关图纸和其他技术资料。北海公司作为承修方,对所修理的工程质量负责,在修理过程中,接受委修方航运公司和有关船舶检验部门的必要监督检验。普拉吉特轮包括船长在内的全体船员在船,船员由营运操作职能改变为修理监督职能。北海公司人员上船后只能进入与修船工作有关的部位并须听从船长的指令,以及服从船员和船东监督工程师的监管,故北海公司的修理过程均在航运公司的监督之下。从液控压载阀拆检、液压淡水阀拆检的报价,看不出阀门被卸下送岸维修后,包括封堵开口的费用。开口应否封堵,上诉人没有提交修理阀门须进行封堵的操作规程予以证明,也没有提交督促北海公司封堵开口的相关记录。再者,《海事调查报告》结论指出:"船舶接过经船厂修理船舶验收过的包括压载水系统、主、辅机海水冷却水系统等各种海水系统的阀门、管系后,进行过操作,至少8月4、5日进行过功能试验性操作。"上诉人称,《三杰检验报告》"管子弄内压载总管上除 No.4 双层底舱外,其他液压控制阀全部拆除"。上诉人知道这么多的液压控制阀被拆除,作为管理并操作船舶的船员更应对船舶的安全尽责,随安装的液压控制阀进行调试。船舶进水事故发生在晚上21:25时,上诉人没有解释船员为什么在这时开启船舶各种海水吸入口,故液压控制阀开口是否封堵,并不是船员开启海水吸入口的原因。关于船壳割板的部位,系航运公司应船级社提出割换的要求进行标记,北海公司进行割换。故原审判决关于北海公司未构成违约的认定并无不当。

关于航运公司的租金损失问题,由于普拉吉特轮进水坐沉系航运公司自身原因造成的,北海公司没有违约行为,航运公司主张租金损失没有事实依据。一审判决没有支持航运公司的这一主张,并无不当。

关于联保公司的代位求偿权问题。联保公司上诉主张代位求偿。被上诉人抗辩联保公司行使代位请求赔偿权的前提是,发生损失是由北海公司造成的,本案联保公司行使代位求偿权的前提不成立。山东省高级人民法院认为,联保公司因普拉吉特轮进水坐沉,已向航运公司赔付,系其履行保险合同。联保公司向北海公司索赔,须证明普拉吉特轮进水坐沉的原因系北海公司造成的。本案审理查明,船舶坐沉系航运公司所为,与北海公司没有必然联系。故联保公司向北海公司主张代位求偿,没有法律依据。

综上所述,上诉人上诉请求没有事实及法律依据,山东省高级人民法院不予支持。原审判决事实清楚,适用法律正确,应予维持。根据《中华人民共和国民事诉讼法》第153条第1款第1项之规定,判决如下:

驳回上诉,维持原判。

6.2 船舶修理迟延交船纠纷

③ 上诉人 Grand Rodosi Inc.（格兰德罗德西公司）与被上诉人舟山万邦永跃船舶修造有限公司船舶修理合同纠纷案

案例来源：浙江省高级人民法院（2009）浙海终字第 149 号
主题词：船舶修理合同　变更修理项目　修理期限　船舶留置权

> **裁判要旨**
>
> **No. CB-6.2-1**　船舶所有人向船舶修理人提出增加工程项目，视为双方已对修理的履行期予以变更。因此导致的船舶修理期限延长不由船舶修理厂负责。
>
> **No. CB-6.2-2**　虽然试航完成后涉案船舶并未驶回船厂，而是停泊在公共锚地，但该轮锚泊期间的相关费用均系船舶修理人向有关部门支付，该公共锚地可视作该修理人租用的场地，涉案船舶仍处于万邦公司的范围内。船舶修理人以撤销船舶报关许可的方式留置该外籍船舶，属于合法行使留置权。

一、基本案情

上诉人（原审原告）：Grand Rodosi Inc.（格兰德罗德西公司）（以下简称格兰德公司）

被上诉人（原审被告）：舟山万邦永跃船舶修造有限公司（以下简称万邦公司）

宁波海事法院审理查明：格兰德公司系"Grand Rodosi"轮的船舶所有人。2008 年 6 月 4 日，"Grand Rodosi"轮当时的经营管理人 STAMFORD 公司通过代理 Goerge Moundreas & Company S.A（乔治蒙德里亚斯船舶经纪公司，以下简称乔治公司），以电子邮件的方式向万邦公司询问有关"Grand Rodosi"轮的修理事项，其中说明修理项目中的钢材更换量为 647 吨。同年 6 月 9 日，万邦公司以电邮方式向 STAMFORD 公司发出"Grand Rodosi"轮的修理报价单，其中注明：总价 1 874 207 美元，折扣后应付总额 1 789 173 美元，暂定维修期 48 天，包括 4 天入干坞（基于 650 吨换板量）；支付条件为船舶离开船坞之前支付修理费的 50%，修理工作完成后 30 天内支付 25%，修理工作完成后 60 天内支付 25%；工作时间自船舶抵达船厂后次日 08:20 时起算等。同年 6 月 18 日，STAMFORD 公司回复电邮给乔治公司，针对万邦公司的修理报价，确认相应的修理工程条件，其中付款方式、价格、修理期限与报价单一致，并约定了船舶到达的时间。同年 6 月 20 日，万邦公司收到 STAMFORD 公司的确认邮件。同年 8 月 26 日，"Grand Rodosi"轮抵达万邦公司船厂进行修理。船东分别于 2008 年 12 月 16 日、12 月 26 日、12 月 30 日、2009 年 1 月 16 日、1 月 25 日、1 月 30 日、2 月 8 日、2 月 20 日向万邦公司要求增加船舶的修理项目。万邦公司于 2009 年 1 月 7 日、2 月 12 日向格兰德公司提交完工单,船东代表于 2009 年 2 月 13 日至 2 月 21 日期间陆续签收了完工单。2009 年 3 月 2 日万邦公司与船东代表签署了"Grand Rodosi"轮修理费用最终和解账单金额确认书(Confirmation of MV Grand Rodosi Final Repair Invoice Settlement)(以下简称"修理费用最终确认书")。内容为:"……基于双方的协商,特此确认以 4 300 000 美元的净额作为'Grand Rodosi'轮的最终修理费用金额。双方再无任何索赔。"该确认书盖有"Grand Rodosi"轮的船章、万邦公司的公章以及万邦公司代表 ZHUJINGYANG、船东代表 Michael S. Zolotas, Michail Georgious, George Megoulis, John E. Konstantinidis 的签名。格兰德公司于 2009 年 3 月 3 日和 3 月 5 日向万邦公司分别支付了修船费 86 万美元和 129 万美元。同月 10 日,万邦公司在网上向中华人民共和国舟山海关申报了"Grand Rodosi"轮的离厂手续,网上材料填报船舶进厂日期为 2008 年 8 月 24 日,预计出厂日期为 2009 年 3 月 13 日,船舶下地废物预报为废钢铁 321 500 公斤,申请企业为万邦公司,申请人为王元海,审核人为陆文峰,无海关审核意见。同年 3 月 13 日,"Grand Rodosi"轮离开船厂驶往舟山锚地停泊。同年 4 月 22 日,万邦公司以格兰德公司未支付到期修理费为由向格兰德公司发出对涉案船舶的留置通知,并于同月 24 日在网上撤销了前述离厂申报。之前的 2009 年 3 月 5 日、6 日,万邦公司分别向格兰德公司代理舟山航姆国际船舶代理有限公司(以下简称航姆公司)出具了内容基本相同的《罗度士(GRAND RODOSI)轮船公司情况简介》《关于罗度士(GRAND RODOSI)轮船东公司情况简介》,后文内称"船东公司 STAMFORD NAVIGATION INC. 是希腊一家国际航运公司,该船东与我司是第一次合作,该轮总修费为 430 万美元。已首付工程修费 50%。我司正在要求船东立即支付剩余款项。由于未付款项数额巨大,且该船东公司资金状况非常差,存在很大的风险。特此报告海事。现经过 6 个月的修理,所有厂修工程项目已完工"。

2009 年 6 月 2 日至 7 月 8 日,格兰德公司就本案多次向宁波海事法院提出先予执行的申请,请求该院裁定责令万邦公司立即向海关重新申报"Grand Rodosi"轮离港,并停止对该轮进行各种形式的留置或滞留。宁波海事法院均于申请同日口头答复格兰德公司,因格兰德公司在本案中无该项诉讼请求,故其就本案提出先予执行请求于法无据,不予准许。2009 年 7 月 17 日,格兰德公司以其通过中华人民共和国浙江之海律师事务所向万邦公司支付了修理款 14 539 805.00 元人民币(格兰德公司汇进浙江之海律师事务所账户 215 万美元所兑换的数额),被万邦公司无理退回,故请求将该款向宁波海事法院提存,并提出海事强制令申请。宁波海事法院准许格兰德公司提存的申请,并就此与万邦公司联系,万邦公司要求格兰德公司应按合同约定支付美元,否则万邦公司无法向外汇管理部门核销该笔款项。后宁波海事法院将该笔款项退回至浙江之海律师事务所,该所将人民币折换美元后,于 2009 年 7 月 28 日通过宁波海事法院美元账户向万邦公司转付了船舶修理款 215 万美元,该款于 7 月 30 日进入万邦公司账户。2009 年 7 月 29 日,万邦公司向海关申报了"Grand Rodosi"轮离厂手续,该轮于 2008 年 7 月 30 日离港出境。宁波海事法院另认定:万邦公司分别于 2009 年 6 月 10 日和 8 月 24 日向舟山引航站支付了涉案船舶的引航费和停泊费,以及码头停泊费和锚地停泊费。格兰德公司在2009年4月22日前未向海关、商检、边防、海事等部门申报过离港手续。

2009年3月13日,格兰德公司以万邦公司迟迟不允许所修船舶离厂开航,延误船期,造成巨额损失为由,向宁波海事法院提起诉讼。同年4月16日,将诉讼请求变更为:(1)万邦公司赔偿格兰德公司船期损失共计2 125 450美元;(2)万邦公司赔偿格兰德公司燃油损失共计171 000美元;(3)万邦公司赔偿船舶滞期期间委托的两名现场技术专家滞留船厂150天所产生监督费用175 305美元及住宿费用5万美元;(4)万邦公司退还格兰德公司多收取的船舶修理费用共计70万美元;(5)万邦公司承担本案全部诉讼费用。2009年8月25日,格兰德公司又以万邦公司非法留置为由增加诉讼请求,请求法院判令万邦公司赔偿因其非法留置造成的船期损失(自2009年4月7日至2009年7月29日)及燃油、船舶吨税等损失,共计130万美元。

二、一审裁判

宁波海事法院审理认为:涉案船舶修理合同签订地、履行地及被告所在地均在该院管辖范围内,故依法对本案具有管辖权;本案双方当事人没有约定解决争议所适用的法律,且双方在诉讼中均引用中华人民共和国法律,故本案应当适用中华人民共和国有关法律进行审理。格兰德公司委托广东敬海律师事务所上海分所的律师就本案进行诉讼,授权范围包括提起诉讼,广东敬海律师事务所上海分所在起诉书上盖章,又指派授权律师出庭陈述诉讼请求和事实理由,其形式符合法律规定,该院依法予以受理并无不当。

本案涉案船舶进厂修理前,"Grand Rodosi"轮当时的经营管理人STAMFORD公司与万邦公司通过电邮就"Grand Rodosi"轮的有关修理事项磋商达成了一致意向,其形式符合我国合同法规定的合同要约和承诺的成立要件,且格兰德公司、万邦公司对船舶修理合同的形式和内容均无异议,合同合法有效。涉案修理合同履行过程中,作为船舶修理合同相对方的STAMFORD公司不再为"Grand Rodosi"轮的经营管理人,但万邦公司提交的工程完工单均有船方代表(船长)的签字,该修理合同仍然继续履行。从本案双方于2009年3月2日签署"修理费用最终确认书"的行为以及格兰德公司在本案中以合同之诉起诉的行为看,格兰德公司有意概括继受STAMFORD公司的合同权利义务,成为修理合同的相对方。而万邦公司接受格兰德公司签署结算单及格兰德公司支付修理费215万美元的行为,亦认可了格兰德公司作为修理合同的一方。故格兰德公司在本案中选择违约作为诉因对万邦公司提起诉讼,符合《中华人民共和国民事诉讼法》的规定。

根据双方当事人的诉辩意见,宁波海事法院对本案的争议焦点归纳并评析如下:

(一)关于万邦公司在2009年3月2日前是否有违约行为以及万邦公司是否多收取了修理费用的问题

格兰德公司认为,依据合同关于修理期限48天的约定,修理工程的完工时间应为

2008年10月14日,故应从次日开始计算万邦公司因违约而造成格兰德公司的损失。而万邦公司认为修理工程实际的完工时间是2009年2月初,由于船方故意拖延,直至2月21日才签完所有的完工单。完工时间迟于约定的时间,是由于格兰德公司一直有追加的修理项目,加之涉案船舶到厂时间比约定的到达时间晚20多天,从而导致工程延期。结合双方庭审中均确认修理工程的完工时间为2009年2月21日,宁波海事法院确认2009年2月21日为"Grand Rodosi"轮涉案修理工程的最终完工时间。格兰德公司还主张万邦公司应退回其多收取的修理费70万美元。万邦公司认为,双方于2009年3月2日最后确认修理费为430万美元,应当约束双方当事人,其并无多收取修理费的事实。宁波海事法院认为,格兰德公司在2008年12月16日至2009年2月20日期间,多次要求万邦公司增加修理项目,故之前有关修理期限48天的约定已被双方的实际履行行为变更,修理期限的计算应以万邦公司完成格兰德公司追加的修理项目为前提和基础。格兰德公司在2009年2月20日还有追加的修理项目,万邦公司在2009年2月21日完工属于合理期限,故万邦公司不存在履行修理合同不当而延期的违约行为。而且,格兰德公司与万邦公司于2009年3月2日以和解的方式签订了"修理费用最终确认书",确认以430万美元作为"Grand Rodosi"轮最终的修理费用净额,且双方再无任何进一步索赔。确认书是双方对涉案船舶该次所有修理项目费用的最终确认,是当事人意思表示一致的体现,对双方均有约束力。从确认书的内容可以看出,该确认书已经考虑了之前双方是否存在违约问题,并以430万美元的最终的结算金额作为和解结果。故即使2009年3月2日之前万邦公司存在违约拖期的行为,其违约责任亦已被该"修理费用最终确认书"所吸收。综上,格兰德公司主张按合同约定,涉案船舶的修理期限到2008年10月14日为止,应自次日计算万邦公司违约造成的损失及万邦公司多收取修理费的主张均与事实不符,依法无据,不予支持。

(二)关于万邦公司是否应承担涉案船舶修理完工后没有及时离港的责任问题

1. 万邦公司于2009年4月22日宣布留置船舶前是否违反了修理合同的附随义务?

格兰德公司认为其依约在离厂前支付了修理费的50%后即有权离港,但万邦公司没有履行修理合同的附随义务,即协助格兰德公司向海关等部门办理船舶试航、离港出境的申报手续,这是涉案船舶没有离厂的原因。而万邦公司认为,其已于2009年3月10日依照有关规定向海关申报了涉案船舶的离厂手续,涉案船舶没有离港的原因是格兰德公司自己不准备走,没有向有关部门申报离港手续。经宁波海事法院向有关部门核实,外籍船舶修理完毕离港的申报流程为:首先船厂应向海关提出船舶离厂申请,经海关审核同意后,船方应向海关申报离港手续,并向商检、边防部门办理离港手续,并根据这3个部门签发同意离港的联系单向海事部门申请离港,向前3个部门申报离港手续的次序可以不分前后,最后再由海事部门同意船舶离港。而船舶修理完毕后是否进行试航由船方自行决定。万邦公司于2009年3月5日收齐格兰德公司支付的船舶离厂前50%的修理款后,即于同月10日在专门的网站上向海关申报涉案船舶预计离厂的时间,该行为已经初步完成了其作为修理合同的修理方应尽的附随义务,其后的离港手续应当由格兰德公司完成。由于格兰德公司自身的原因,未向有关部门申报离港,故格兰德公司提出因万邦公司违约造成涉案船舶未能及时离港的主张,无事实依据,理由不足,不予支持。至于万邦公司在2009年3月6日向格兰德公司代理航姆公司出具了《关于罗度士(GRAND RODOSI)轮船东公司情况说明》的行为,由于格兰德公司未能举证证明万邦公司将该材料递交给了海事部门,故其主张由于万邦公司将该材料递交海事部门造成船舶未能及时离港证据不充分,不予采纳。况且即使万邦公司确实将该材料递交给了海事部门,但是否批准船舶离港属于海事部门行政许可的范畴,并没有法律、法规规定海事部门必须依修理方的意见作出相应的行政行为。格兰德公司亦未能证明其在申报离港时由于万邦公司向海事部门递交该材料,致使其遭到海事部门拒绝批准涉案船舶离港。事实上,根据前述的外籍船舶离港的程序,由于格兰德公司当时尚未向海关、商检、边防等部门办妥离港申报,不可能向海事部门申报离港,更不会因此而遭到拒绝批准船舶离港。故格兰德公司以此为由主张万邦公司违反合同附随义务,不当阻碍涉案船舶及时离港的主张,无事实依据,不予采纳。

2. 万邦公司于2009年4月22日宣布留置船舶及4月24日撤销申报的行为是否构成违约?

根据法律规定,债权人享有留置权的前提是依法占有留置物。万邦公司向海关提出涉案船舶预计出厂申报之后,即已将船舶离港之"锁"打开,但在格兰德公司申报离港之前,该轮仍在万邦公司可控制之下,万邦公司对该轮仍具有领管力,万邦公司随时可以撤销申报以继续"锁"住船舶离港,这种事实状态仍属于万邦公司合法占有船舶状态的延伸。万邦公司支付涉案船舶的引航费和锚地停泊费的行为更彰显万邦公司占有该轮的意思表示。因格兰德公司在可离港时不申报离港,时至2009年4月24日,当后期修理款届清偿期时(船舶修理于2009年2月21日完工,格兰德公司依约分别应于完工后30日内即3月23日前,及60日内即4月22日前各支付修船款的25%),万邦公司撤销船舶出厂申报,其有权以占有的事实状态继续享有留置权。同时,该院认为,享有留置权是一种事实状态,无须宣布。万邦公司所谓"宣布留置"的行为没有法律意义,即使其没有留置权亦不会对格兰德公司造成任何权益损失,故万邦公司宣布"留置"的行为及撤销船舶出厂申报的行为均不构成违约。格兰德公司理应按时支付到期修理款以消灭万邦公司的债权及留置权。万邦公司在格兰德公司支付全部到期修理款之后,及时解除留置并无不当。因此,万邦公司已及时履行修理合同的附随义务,并通过合法的留置权阻止涉案船舶在有关到期债务未清偿前办理离港手续,无需对涉案船舶未及时离港承担法律责任。

(三)关于万邦公司是否需要赔偿船期损失和燃油损失,以及现场技术专家现场监督费用问题

由于格兰德公司对此问题没有提供有效证据予以证明具体数额,加之其主张万邦公司赔偿损失的前提是万邦公司存在违约行为,由于万邦公司在履行涉案船舶修理合

同过程中并不存在违约行为,故格兰德公司要求万邦公司赔偿船期损失、燃油损失和有关费用的主张,证据与理由均不充分,不予支持。

综上,格兰德公司诉请无事实与法律依据,不予支持。该院依据《中华人民共和国民事诉讼法》第 64 条第 1 款、第 235 条,《中华人民共和国合同法》第 263 条、第 264 条,《中华人民共和国海商法》第 25 条第 2 款、《中华人民共和国物权法》第 230 条、第 231 条、第 240 条的规定,于 2009 年 9 月 22 日判决:驳回格兰德公司的诉讼请求。一审案件受理费 225 960 元人民币,由格兰德公司负担。

三、上诉与答辩

上诉人格兰德公司不服上述民事判决,向浙江省高级人民法院提出上诉,称:

1. 原判对修船合同法律关系及履约事实的认定与事实不符。(1)修船合同和委托单等原始文件显示,"Grand Rodosi"轮修船合同从约定的 2008 年 8 月 24 日开始,修理期限为 48 天。万邦公司至 2009 年 3 月 4 日才履行修船合同约定的修船后期的试航义务,超期修船长达 113 天,万邦公司对增加项目没有提出修理时间另行增加的请求,延迟完工系万邦公司自身管理不力、投入不足等原因造成。(2)根据合同以及实际确认的修船项目,万邦公司最终收取的费用比实际价格高出 70 万美元,该款项应予退还。格兰德公司为使"Grand Rodosi"轮尽早离开,无奈签署"修理费用最终确认书"只是权宜之计,不是真实意思表示。

2. 万邦公司的违约情形及其非法留置的法律责任。(1)2009 年 3 月 5 日修船试航当天,格兰德公司根据合同约定已付清了 50%的修船费,剩余 50%应在修理试航完工、船舶离港之后的 30 天、60 天内分别支付。而在船舶还没有试航离港情况下,万邦公司通过不正常手段强行要求格兰德公司提早付清该笔款项并且非法留置船舶。(2)从 3 月 6 日船厂指派的随船技术员工全部离开停泊在公共锚地的船舶时起,"Grand Rodosi"轮已完全脱离了船厂的控制,即便欠款只属于合同债务而不存在占有留置。

3. 万邦公司违约行为给格兰德公司造成的严重损失。(1)修理期无端延后以及非法留置造成的船期损失。期租合同已办理了法定的公证认证手续,真实有效,应予认可。(2)因万邦公司非法留置而产生的船期耽搁损失 1 499 400 美元,油耗 171 000 美元,驻厂技术专家和代表的旅宿费用 9 万美元,船舶港务费、吨税(每月 21 万余元人民币)等,均应由万邦公司承担赔偿责任。

4. 根据《中华人民共和国海关法》《船舶进出港管理办法》等规定,以及浙江省电子口岸网站网上出厂申报的法定程序,修船试航完毕后,船东方面可以在同一天向边检、卫检、海关,最后是海事申报引航并获准出口放行,但其前提是船厂向各口岸机关履行修复试航完毕的申报,填报相关承修船舶文件并报海关审核,以及送相关修船材料给报关行核销并取得完税凭证,并将上述履行完毕情况通报船东的当地船代。在船厂未履行上述申报义务的前提下,修船试航完工的船舶仅通过当地的船代(航姆公司)是无法申报离港的。请求撤销原判,改判支持格兰德公司一审全部诉讼请求。

被上诉人万邦公司答辩称：

1. 48 天修理期间系基于船方的最初报修量而由船厂临时报出的预估时间，该期间因船方提出追加工程而发生变更。合同实际履行过程中，船东代表不断追加新修理项目，仅最后阶段书面加账工程单就有多份，其中直至 2009 年 2 月 20 日仍有增加的工程单。船厂于 2009 年 1 月 7 日已向船东代表提供了除部分追加工程项目外的完工单，而船东代表一再拖延签署完工单。宁波海事法院将 2009 年 2 月 21 日认定为修理完工日，已作出对格兰德公司有利的认定。

2. 2009 年 3 月 2 日"修理费用最终确认书"确定的 430 万美元系经双方协商由约 510 万美元的实际修理费折让后的金额，该确认书在法律性质上属于双方共同签署的协议，格兰德公司及其代理人以相关行为表明其对 430 万美元最终价格的确认。修理费用最终确认书中记载的系双方纠纷或争议解决的一揽子价格，双方再无任何进一步索赔。

3. 试航既非修理"完工"前必经的前置程序，也非"船舶离港"前必经的前置程序。格兰德公司所谓"船舶离港前船厂应申报的四大前提义务"说法缺乏事实及法律依据。其列举的《中华人民共和国海关法》并无船厂需履行的四大前提义务的规定，《船舶进出港管理办法》并不存在，"浙江省电子口岸网站网上出厂申报的法定程序"所涉及的是船厂向海关进行船舶出厂申请申报的手续，船厂于 2009 年 3 月 10 日即已履行该手续。船舶离港手续应由船东完成，一审法院的相关认定并无不当。

4. 只要债权人对该财产具有一定的控制力，能对该财产进行管领、控制，就构成法律上的占有。船厂不阻碍船舶离港不等于失去对船舶占有。船厂宣布留置系为满足担保法上关于拍卖留置物的程序性需要，一审法院相关认定并无不当。

5. 格兰德公司所谓的"损失"并无充分、有效证据加以证明，"租船合同"依法不能作为认定本案事实的有效证据。格兰德公司恶意在美国启动 B 规则下的扣押，致使万邦公司遭受巨大损失。请求驳回上诉，维持原判。

四、二审裁判

经审理，浙江省高级人民法院查明的事实与原判认定的一致。

根据格兰德公司的上诉请求和理由以及万邦公司的答辩意见，浙江省高级人民法院确定本案二审的争议焦点为：(1) 涉案船舶实际修理完工时间及超过合同约定修理期限的原因。(2) 涉案船舶未及时离港的原因。(3) 万邦公司对涉案船舶行使留置权是否有事实和法律依据？(4) 格兰德公司的损失是否存在及万邦公司对此应否承担赔偿责任？双方当事人对浙江省高级人民法院归纳的争议焦点均无异议，浙江省高级人民法院针对本案的争议焦点分析如下：

（一）涉案船舶实际修理完工时间及超过合同约定修理期限的原因

上诉人格兰德公司认为合同约定的修理期限为 48 天，从 2008 年 8 月 26 日"Grand

Rodosi"轮抵达船厂起算,工程完工时间应为 2008 年 10 月 14 日。而万邦公司提出,格兰德公司在船舶修理期间一直有追加的修理项目,直至 2009 年 2 月 20 日仍要求追加工程项目,原判依据格兰德公司签署完所有完工单的时间认定完工时间,该认定对格兰德公司有利。经查,万邦公司与"Grand Rodosi"轮当时的经营管理人 STAMFORD 公司达成的船舶修理合同,对维修期确实暂定为 48 天(Temporarily quoted repair period:48 days),虽然万邦公司仅提交格兰德公司在 2008 年 12 月 16 日至 2009 年 2 月 20 日之间多次要求增加修理项目的证据,即"Grand Rodosi"轮加账工程单(一审证据 4),而未提供证据证明格兰德公司在 2008 年 10 月 14 日之前有要求追加工程项目的情况,但由于格兰德公司之后要求增加修理项目的行为实际上是对修理工程延期的追认,因此,可以认定双方对船舶修理期限的约定已进行了变更。原判依据格兰德公司签署完毕完工单的日期,确定涉案船舶完工日为 2009 年 2 月 21 日并无不妥。至于格兰德公司以其一审提交的"2008 年 9 月 21 日和 9 月 23 日的邮件"内容,主张修理期限拖延的原因是万邦公司自身投入不足造成,但该证据形成于境外,未按规定办理公证认证手续,不符合证据的形式要求,原判对该证据未予认定亦无不妥。况且,格兰德公司也未在 2008 年 10 月 14 日修理工程不能完工时,要求万邦公司承担相应违约责任,反而在 12 月底向万邦公司提出增加工程项目。因此,本案双方当事人在合同实际履行过程中已经对 48 天的履行期予以变更,船舶修理期限延长的原因在于格兰德公司增加了修理工程的项目。至于格兰德公司上诉提出涉案船舶于 2009 年 3 月 5 日才试航,其修理工程完工日不应在 3 月 5 日之前的主张,因该主张与其在 2009 年 6 月 15 日出具的"关于'Grand Rodosi 轮整改通知书'的回函"中确认的事实并不一致(格兰德公司在该函中确认修理工程于 2009 年 2 月初完工,且船级社经全面检验后于 2 月 19 日签发证书予以通过),且与双方 2009 年 3 月 2 日签署"修理费用最终确认书"的行为也相矛盾,故格兰德公司相应的主张不能成立。

(二) 涉案船舶未及时离港的原因

格兰德公司上诉认为,万邦公司未向各口岸机关履行相关申报等手续,导致涉案船舶不能及时离港。经查,万邦公司于 2009 年 3 月 10 日就"Grand Rodosi"轮向海关申报,该申报材料已于当日经海关审核通过,而格兰德公司也认可该轮业经船级社检验并颁发了证书,处于适航状态,故"Grand Rodosi"轮离港并无阻碍。虽然格兰德公司认为万邦公司还应履行其他申报手续,但其不能提交相应的具体规定,即使还有其他手续需要万邦公司协助办理,其也可以要求万邦公司予以配合,但本案中并无证据表明格兰德公司曾向万邦公司提出给予配合的要求。此外,万邦公司 2009 年 3 月 6 日出具的"关于罗度士(Grand Rodosi)轮船东公司情况的说明",从其内容看,该函件系万邦公司向格兰德公司的代理航姆公司所作的说明,并非提交给海事部门的报告,即使该材料被提交到海事部门,也未必导致海事部门不准许船舶离港。因此,"Grand Rodosi"轮未及时离港,不能认定系万邦公司的原因造成。

根据宁波海事法院向有关部门核实,外籍船舶修理完毕离港的申报流程为:(1) 船厂向海关提出船舶离厂申请,经海关审核同意;(2)船方向海关、商检、边防部门办理离港手续,上述三部门签发同意离港的联系单;(3)船方根据同意离港联系单向海事部门申请离港,海事部门同意船舶离港。格兰德公司对上述离港申报流程并未提出异议,因此,当万邦公司3月10日向海关申报,并经海关审核通过后,其他手续应由格兰德公司自行申报,但本案中并无证据表明格兰德公司在4月22日万邦公司行使留置权前向有关部门申报船舶离港申请,故原判认定"Grand Rodosi"轮未及时离港系由于格兰德公司自身原因造成,并无不妥。

(三)万邦公司对涉案船舶行使留置权是否有事实和法律依据?

《中华人民共和国物权法》第230条第1款规定:"债务人不履行到期债务,债权人可以留置已经合法占有的债务人的动产,并有权就该动产优先受偿。"本案中,对涉案船舶在2009年3月4日试航离开船厂后,万邦公司是否仍合法占有该船舶,双方存有争议。涉案船舶因试航离开万邦公司船厂后,特别是3月10日万邦公司向海关的申报获批准后,涉案船舶只要履行完相应的离港手续即可离港出境,但由于格兰德公司未向有关部门履行船舶离港的申报手续,"Grand Rodosi"轮事实上一直未离开港口而留在舟山锚地,为此,万邦公司还向舟山引航站支付了锚地停泊费等相关费用。鉴于"占有"是一种事实状态,万邦公司与STAMFORD公司订立船舶修理合同,"Grand Rodosi"轮抵达万邦公司船厂后,该轮即已由万邦公司占有;修理工程完工后,"Grand Rodosi"轮离开船厂进行试航,虽然试航完成后该轮并未驶回船厂,而是停泊在公共锚地,但该轮锚泊期间的相关费用均系万邦公司向有关部门支付,该公共锚地可视作万邦公司租用的场地,涉案船舶仍处于万邦公司力量作用的范围内;格兰德公司在本案中并未举证证明万邦公司以强制手段强行阻拦"Grand Rodosi"轮离港,该轮未离港的原因系格兰德公司未向有关部门申报,与万邦公司并无关联,因此万邦公司对涉案船舶的占有为合法占有。根据双方约定的修理费支付条款以及"修理费用最终确认书"确定的修理费金额,船东应在船舶离开船厂前支付50%(50 percent to be paid before vessel's departure from shipyard),即215万美元;修理工作完成后30天内支付25%(25 percent to be paid within 30 days after completion of repair works),即107.5万美元应在3月23日之前支付;修理工作完成后60天内支付25%(25 percent to be paid within 60 days after completion of repair works),即剩余107.5万美元应在4月22日之前支付完毕。格兰德公司于2009年3月3日和3月5日共支付215万美元后,船舶可以离开船厂,万邦公司向海关进行了船舶出厂申报,即已履行了交付占有物的义务,但格兰德公司未继续履行其作为船东应完成的申报离港手续,致使"Grand Rodosi"轮仍锚泊在舟山公共锚地,至3月23日第二期修理费届清偿期时,格兰德公司应依约支付相应款项,但其并未支付,此时,万邦公司依法已对其修理工作成果"Grand Rodosi"轮享有留置权,因此,万邦公司在最后一期修理费清偿期届至而格兰德公司仍未付款时,向海关撤销船舶出厂申报,对"Grand Rodosi"轮行使留置权,符合法律规定。

（四）格兰德公司的损失是否存在及万邦公司对此应否承担赔偿责任？

如前所述，万邦公司在履行船舶修理合同过程中并不存在违约行为，修理期限延长主要系格兰德公司不断增加工程量造成，修理工程完工后，万邦公司已履行了相应的申报义务，在格兰德公司逾期未履行付款义务时行使留置权，也符合法律规定，故格兰德公司主张万邦公司应赔偿其船期、燃油费等损失，并无事实和法律依据，浙江省高级人民法院不予支持。因此，浙江省高级人民法院对格兰德公司主张的损失是否属实亦无审查的必要。至于格兰德公司提出万邦公司最终收取的修船费比实际价格高出70万美元，其签署"修理费用最终确认书"只是权宜之计，并非真实意思表示的主张，因格兰德公司并未提供证据证明其受胁迫的事实，相反，确认书明确写明"基于双方的协商"，也加盖了双方公章或船章，并由双方代表签名，应认定系双方当事人真实意思表示，故格兰德公司的该主张不能成立。

综上，格兰德公司的上诉理由均不能成立，不予支持。原判认定事实清楚，适用法律正确，实体处理并无不当。依照《中华人民共和国民事诉讼法》第153条第1款第1项之规定，判决如下：

驳回上诉，维持原判。

4 原告广州市番禺德和航运有限公司诉被告广州市番禺粤新造船有限公司船舶修理合同纠纷案

案例来源：广州海事法院(2003)广海法初字第105号
主题词：船舶修理合同　变更修理项目　修理期限

裁判要旨

No. CB-6.2-3　在船舶修理改造期间，委托方要求增加了修理项目。由于双方没有约定新的修理期限，或者双方经协商没有就新的修理期限达成一致，委托方应当举证证明根据合同有关条款或者交易习惯，修理方存在逾期修理行为。如无法举证，委托方不能向修理方索赔逾期修理的各项损失。

一、基本案情

原告：广州市番禺德和航运有限公司
被告：广州市番禺粤新造船有限公司

原告广州市番禺德和航运有限公司诉称：1999年5月21日，原告和广州市番禺灵山造船厂（以下简称灵山造船厂）签订《500吨多用途钢质货轮改造合同》和《改造技术协议》各1份，约定由原告委托灵山造船厂对"南方13""南方18"轮进行技术改造，改造期为60天，自船舶到厂之日起计，缓冲期7天。如灵山造船厂逾期完成改造工程，每逾期1天须向原告支付违约金3000元。合同签订后，双方未对其中"南方18"轮进行改造,后原灵山造船厂的法定代表人谭伟波离开该厂,于 2000 年 9 月 4 日注册成立了被告。2002 年 6 月 5 日,原告和被告同意由被告继续按照上述合同的约定对"南方 18"轮进行技术改造,改造费用增加至 70 万元。同日,原告将"南方 18"轮交付给被告改造,并派船员张兆雄、黄志雄代表原告驻被告处进行监修。被告于 12 月 19 日才完成对"南方 18"轮的改造工程,将船舶交付原告,逾期完工 131 天。依照合同的约定,被告须向原告支付违约金 39.3 万元。因被告逾期完工,还造成原告需支付逾期期间张兆雄、黄志雄的工资 3.2 万元,广东南方船务公司船舶管理费 6 万元,且造成原告不得不另行租船维持正常的营运,产生原告租船费用损失 78 980 元。请求法院判令被告赔偿原告上述损失共计 563 980 元,并承担本案诉讼费用。

原告在举证期限内提供了以下证据:(1) 原告的水路运输服务许可证、被告的工商登记证明;(2) 经香港律师公证的《关于南方 18 号船的使用权》的函和《船舶使用合同》;(3) 500 吨多用途钢质货轮改造合同、改造技术协议;(4) 船舶改装建造完工交接合同书;(5) 张兆雄、黄志雄的工资表;(6) "南方 18"轮管理费收据;(7) 航次租船合同、证明和运费收据或发票等共计 11 份;(8) 2002 年 6 月 5 日的航海日志;(9) 广州市番禺信昌机械设备有限公司(下称信昌公司)的证明。

被告广州市番禺粤新造船有限公司辩称:(1) 原告和被告没有签订任何船舶修理合同。原告提供的《500 吨多用途钢质货轮改造合同》和《改造技术协议》是原告和灵山造船厂签订的,不是和被告签订的。2002 年 9 月 29 日,原告委托广东仲衡律师事务所冯晓阳律师向被告发出《律师函》,称原告与被告签订有船舶修理合同,被告承诺船舶修理的工期为 100 天,没有任何依据。原告与信昌公司签订的《发动机维修协议》证实,原告修理发动机即需要近 100 天,被告不可能承诺船舶改造的时间也为 100 天。为此,被告参照被告为原告修理"南方 13"轮所用时间,函告原告提出修理"南方 18"轮的时间为 150 天,并要求原告支付尚欠的工程进度款,但原告没有履行。从上述来往函件可以看出,原告和被告均不以《500 吨多用途钢质货轮改造合同》为修理船舶的依据,也没有对"南方 18"轮的修理期限达成一致意见。(2) 原告和被告已对"南方 18"轮的修理工程进行了结算,被告将修理后的船舶交付原告使用,原告在使用船舶两个月没有任何质量异议的情况下,以没有约定的修船期限向被告提起诉讼,没有依据。

被告在举证期限内提供了以下证据:(1) 广东仲衡律师事务所冯晓阳律师致被告的律师函、被告致原告的复函;(2) "南方 13""南方 18"轮两轮修理情况一览表及修理费收据;(3) 发动机维修协议、原告出具的证明、发动机修理结算单;(4) 广州市番禺区水文站出具的证明书;(5) 出险通知书、定损理算报告、保险财产损失清单、赔款收据;(6) 船舶改造工程协议;(7) "南方 13"轮船舶出厂质量证明书、内河船舶适航证书、"南方 13"轮试航后的收尾工程清单等;(8) "南方 18"轮船舶出厂质量证明书、内河船舶适航证书、原告收到船舶证书复印件的证明;(9) 证人笔录;(10) 信昌公司的发货单。

二、法院查明的事实

广州海事法院查明了如下事实：

1999年5月21日，原告与灵山造船厂签订了1份《500吨多用途钢质货轮改造合同》，约定：原告委托灵山造船厂对2艘500吨多用途钢质货轮，即"南方13"轮和"南方18"轮，按照设计图纸和原告的修改意见进行修理改造；修理改造费每艘55万元，原告自签署交船手续之日起10天内支付修理改造费11万元，船舶改造部分全面成形10天内支付修理改造费11万元，船舶下水再支付16.5万元，"船舶完工交船后　天付清船舶结余尾数以及加减工程费用"；本修理改造工程自改装船到厂之日起计，总周期60天，"即2000年　月　日完工交船给甲方"，缓冲期7天；交船资料包括船舶检验部门签发的适航证书、船舶竣工证明书等；灵山造船厂按时交船，原告向灵山造船厂支付奖励金5 000元，考虑工程多种因素，原告给予灵山造船厂缓冲期7天，不奖不罚，超出缓冲期，原告罚灵山造船厂每天3 000元；船舶室内装饰由原告负责，被告应提供必要的环境、条件和帮助。同日，原告和灵山造船厂还签订了1份《改造技术协议》，作为上述改造合同的附件。该《改造技术协议》规定了船舶改装的具体项目和要求。上述《500吨多用途钢质货轮改造合同》和《改造技术协议》的甲方处盖有在香港注册的德和航运有限公司(下称香港德和公司)的印章，没有加盖原告的印章，而乙方处则加盖灵山造船厂的印章，并有灵山造船厂当时的法定代表人谭伟波的签字。上述合同签订后，灵山造船厂并没有履行该合同。

2000年9月，灵山造船厂的原法定代表人谭伟波另行注册成立了被告。2001年3月至8月间，被告对原告"南方13"轮进行了修理改造，原告支付被告修理改造费72.2万元。2002年6月5日，原告将"南方18"轮交付被告进行修理改造。11月25日，被告出具1份"南方18"轮的《船舶出厂质量证明书》载明："南方18"轮由被告进行了艏、艉段船体改造工程，改造工程按LSH408号设计图纸进行施工，改造完工后按该图纸标准验收；船体改造工程完工后，对其他新增工程项目进行了修理，所修项目经检验合格，重点项目经过系泊试验和航行试验，质量符合航行要求，准许出厂。广东省船舶检验局广州分局于12月5日对"南方18"轮进行了建造(改装)检验，并颁发了《内河船舶适航证书》。12月19日，被告将修理改造后的"南方18"轮交付给原告。被告于当日签署的《船舶改造建造完工交接合同书》载明："南方18"轮自2002年7月在被告处进行改装建造，施工按广东省船舶检验局广州分局审批的图纸进行，并于2002年12月改装完毕。现经广东省船舶检验局广州分局进行检验，符合审批的图纸与建造标准，准予航行，且符合双方签订的合同要求，一致同意签订此交接合同书。原告没有在该合同书签字，但确认该合同书，并将该合同书作为本案的证据。原告分别于2002年6月21日、7月27日、9月19日和12月19日共计向被告支付"南方18"轮修理改造费用70.3万元。9月29日，原告委托广东仲衡律师事务所律师冯晓阳向被告发出1份《律师函》称："南方18"轮于2002年6月5日交付被告进行技术改造，此项工程按双方所签订的合同及被告负责人的承诺,为期100天交船(2002年9月15日前),现约定的100天改造工期已经过去,但被告却迟迟未能完工,且没有承诺一个准确的交船期;被告须在2002年10月30日向原告交付完成改造工程的"南方18"轮,否则,原告将通过法律途径予以解决,届时被告须承担法律责任,赔偿原告违约金及经济损失。10月8日,被告致函原告称:(1)原告委托被告改造的"南方13"轮和"南方18"轮,签订合同时间为1999年5月21日,合同约定的改造价格和工作周期是一致的。(2)"南方13"轮于2001年4月底交付被告改造,被告于10月将船舶交付原告,改造工期为150天。(3)原告于2002年6月5日才将"南方18"轮交付被告进行改造,根据改造合同的约定,"南方18"轮的改造工期应与"南方13"轮一样,为150天,而非原告单方面提出的100天。原告至今仍拖欠被告"南方13"轮的工程款120 400元,可见原告无意遵守双方签订的改造合同。(4)原告应于2002年10月20日前支付"南方13"轮改造工程余款120 400元,并于11月5日到被告处验收"南方18"轮。

在被告修理改造"南方18"轮期间,原告以香港德和公司的名义与信昌公司于2002年6月10日签订1份《发动机维修协议》,约定由原告委托信昌公司对"南方18"轮的发动机进行维修,交货期为2002年9月1日,交货地点为被告处。修理配件到达原告指定场地时,原告支付20%的修理费,交货后支付70%的修理费,剩余10%的修理费在工程验收(测航速)后支付。原告在该协议中亦加盖了香港德和公司的印章。7月10日,原告将"南方18"轮的发动机从被告处运出,交给信昌公司进行维修。最后该发动机修理完毕后,由被告负责安装到"南方18"轮上。被告提出发动机实际交回的时间为10月份,而原告提出发动机实际交回被告的时间为9月1日。10月17日,原告以香港德和公司的名义和信昌公司签订"南方18"轮《主机大修结算单》和《机舱值班室增添设备结算单》,其中《主机大修结算单》载明最后一项修理费用发生在2002年8月30日,《机舱值班室增添设备结算单》载明最后一项费用发生在2002年10月18日。10月24日,原告还以香港德和公司的名义与被告签订了1份《船舶改造工程协议》,约定"南方18"轮的木器装修工程由原告自行派人到被告工地施工。该木器装修工程的具体施工时间,原告和被告亦没有提供相应的证据,但双方均确认在对"南方18"轮进行木器装修期间,被告在修理船舶尾轴部分。上述证据和事实,原告和被告均没有提出异议,法院予以确认。

原告提供了1份《关于南方18号船的使用权》的函和1份《船舶使用合同》,以证明其拥有对"南方18"轮的使用权。《船舶使用合同》由香港德和公司与广东南方船务公司于1996年2月27日签订,载明广东南方船务公司将建造中两艘500吨集装箱船交由香港德和公司使用,使用期限为10年,香港德和公司向广东南方船务公司支付船舶管理费,其中第1年至第5年为每月每艘1万元,第6年至第8年为每月每艘1.5万元,第9年至第10年为每月每艘2万元。《关于南方18号船的使用权》的函由香港德和公司于2003年1月30日出具,载明香港德和公司于1996年2月27日通过与广东南方船务公司签订《船舶使用合同》,取得"南方18"轮的使用权,该船于同年6月建成后,实际上由原告使用,一直以来,与使用该船有关的一切费用、船员的聘请和薪金均由原告负责和支付。该船于2002年6月5日交由被告进行改造,改造内容均经香港德和公司同意,改造费用共计70万元亦由原告支付。被告对上述两证据的真实性没有提出异议,但认为该两证据与本案无关。法院认为,上述两证据经我国司法部委托的香港律师公证,且被告对其真实性亦未提出异议,故对香港德和公司与广东南方船务公司签订《船舶使用合同》和出具《关于南方18号船的使用权》的函的事实予以确认。

原告为证明修理改造船舶逾期完工造成其管理费损失,提供了4份管理费收款收据。载明广东南方船务公司于2003年1月16日、17日和24日收到香港德和公司支付的"南方18"轮2002年8月至12月的船舶管理费共计7.5万元。其中1月17日的收款收据的编号为010451,记载的是2002年9月的管理费,1月16日的收款收据2份,编号分别为010452和010453,分别记载的是2002年10月和8月的管理费,1月24日的收款收据,编号为010455,记载的是2002年11月、12月的管理费。原告请求其中4个月的船舶管理费损失6万元。被告认为,原告与广东南方船务公司没有合同关系,其支付管理费没有依据,且上述收款收据的开具时间与编号相互矛盾,不予确认。法院认为,香港德和公司出具的《关于南方18号船的使用权》的函证实,《船舶使用合同》由香港德和公司与广东南方船务公司签订,虽然船舶由香港德和公司交由原告使用,但由于原告没有提供其有义务代香港德和公司支付船舶管理费的证据,且上述收据均载明管理费由香港德和公司支付,因此,对原告主张的其支付上述船舶管理费的事实不予确认。

原告提供其制作的工资表,载明原告支付其职员张兆雄、黄志雄8月至12月期间每人每月4000元的工资,均由张兆雄签收。原告提出该2人是其派往被告处负责监修"南方18"轮的人员,被告改造船舶逾期4个月完工,造成其支付上述2人工资的损失32000元。被告确认上述2人有时在船舶修理改造现场,但认为该2人的上述工资与被告无关。法院认为,对原告提供的该证据,被告没有提供足够的相反证据反驳,故对原告支付上述工资的事实予以确认。

原告为证明被告修理改造船舶逾期完工造成其租金损失,提供了《航次租船合同》复印件、《证明》和运费收据或发票共计11份。上述证据材料载明,原告以香港德和公司的名义分别于2002年9月25日、30日,11月19日、29日与广州利海船务有限公司、广州南方友联船务有限公司、广州市泰利国际货运代理公司签订《航次租船合同》,委托上述公司的船舶从莲花山码头运载集装箱至香港、黄埔、南沙等地,共支付运费78 980元。上述公司出具了《证明》,证明上述《航次租船合同》实由原告签订,运费由原告支付。被告认为,上述《航次租船合同》均由香港德和公司与他人签订,与原告无关。法院认为,广州利海船务有限公司等公司均出具了《证明》,证实上述《航次租船合同》实由原告以香港德和公司的名义签订,运费由原告支付,且上述《航次租船合同》《证明》和运费收据或发票等能够相互印证,故在被告没有提供足够相反证据的情况下,对原告以香港德和公司的名义与广州利海船务有限公司等公司签订《航次租船合同》,并支付运费的事实予以确认。

被告提供"南方13"轮船舶出厂质量证明书、内河船舶适航证书、"南方13"轮试航后的手尾工程清单和"南方13""南方18"轮两轮修理情况一览表及修理费收据等,载明"南方13"轮于2001年3月下旬由被告进行修理改造,8月31日修理改造完毕,经检验合格,准许出厂,原告向被告支付船舶修理改造费722 000元。被告以上述证据证明"南方13"轮的修理改造期限。原告对"南方13""南方18"轮两轮修理情况一览表及修理费收据没有异议,但对其他证据认为与本案无关,不予发表质证意见。法院认为,被告提供的上述证据能够相互印证,且所载明的事实与原告确认的事实相吻合,对上述"南方13"轮修理改造时间和原告支付修理费用的事实予以确认。

被告还提供了广州市番禺区水文站出具的证明书、出险通知书、定损理算报告、保险财产损失清单、赔款收据等,载明:2002年8月20日约07:30时至13:00时,因受强热带风暴及大雨的影响,珠江潮水涌入被告船坞附近的仓库,造成财产损失,中国人民保险公司广州市荔湾支公司赔偿被告保险赔款13 496元。被告主张本案"南方18"轮因受上述强热带风暴及大雨的影响而延迟。原告认为,上述证据不能证明上述强热带风暴及大雨对"南方18"轮的修理改造造成影响。法院认为,被告提供的上述证据能够相互印证,应予采信,对其所载明的上述事实予以确认。另外,被告还提供了1份由罗振林签名的证人笔录。该笔录载明,罗振林是工程承包队队长,到被告处参与对"南方18"轮的修理改造,2002年10月3日的几天后,其曾催促原告的监修人员黄志雄将"南方18"轮主机交被告安装。被告以该证人笔录证明原告修理主机即超过了60天期限。原告对该证人笔录不予确认。法院认为,被告没有安排罗振林出庭作证,且该证人笔录所述事实没有其他证据可以印证,故对该证人笔录不予采信。

三、法院裁判

广州海事法院认为,原告与灵山造船厂签订《500吨多用途钢质货轮改造合同》后,双方均没有履行,该合同所涉及的"南方18"轮实际由被告进行修理改造。原告主张被告依据原告与灵山造船厂签订的《500吨多用途钢质货轮改造合同》对"南方18"轮进行修理改造,被告于2002年10月8日致原告的函中亦确认,原告委托被告改造修理"南方18"轮的依据是《500吨多用途钢质货轮改造合同》。因此,可以认定原告和被告依据该《500吨多用途钢质货轮改造合同》达成对"南方18轮"的修理合同关系,被告取代灵山造船厂成为《500吨多用途钢质货轮改造合同》的当事人,并依据该合同对原告"南方18"轮进行了修理改造。虽然原告在《500吨多用途钢质货轮改造合同》加盖了香港德和公司的印章,但原告实际履行了该合同,被告在2002年10月8日致原告的函中,亦对原告的合同主体资格予以确认,故被告以本案合同加盖香港德和公司的印章和被告没有在该合同中签字为由,主张其与原告不存在船舶修理合同关系,缺乏事实依据,不予支持。原告和被告达成的《500吨多用途钢质货轮改造合同》,除原约定的工程量、修理费增加和双方对修理改造期限存在争议外,对其他约定内容原告和被告均无异议,且不违反我国法律、行政法规的强制性规定,应合法有效。

本案争议的焦点是原告和被告有无对船舶修理改造期限达成一致意见和被告有无逾期完成船舶修理改造工程。原告和灵山造船厂在《500 吨多用途钢质货轮改造合同》中约定,船舶改造修理费用为 55 万元,修理改造期限为改装船到厂之日起计 60 天,该 60 天的修理改造期限显然是指 55 万元修理改造费所涉工程量的工期。被告依据该《500 吨多用途钢质货轮改造合同》修理改造"南方 18"轮过程中,原告增加了工程量,修理改造费用增加为 70.3 万元,但原告和被告没有对原修理改造期限进行修改或对增加工程的完成期限另行签订书面协议。原告委托律师于 2002 年 9 月 29 日致函被告称,"南方 18"轮的修理改造期限应为 100 天,而被告于 10 月 8 日复函原告提出"南方 18"轮的修理改造期限应与"南方 13"轮相同,为 150 天,证实原告和被告在依据《500 吨多用途钢质货轮改造合同》对"南方 18"轮进行修理改造时,均不同意接受该合同中原修理改造期限 60 天的约定,而是另行进行了协商。因原告和被告在上述两函中各自主张的船舶修理改造期限,对方均不予确认,且均没有提供其他证据予以印证,故均不予采信。因此,在原告和被告均没有提供足够证据的情况下,应认为原告和被告在依据《500 吨多用途钢质货轮改造合同》对"南方 18"轮进行修理改造时,对修理改造期限另行进行了协商,但没有达成一致意见。根据《中华人民共和国合同法》第 61 条的规定,合同当事人对合同内容没有约定或者约定不明确的,可以协议补充;不能达成补充协议的,按照合同有关条款或者交易习惯确定。因原告和被告至今没有对"南方 18"轮的修理改造期限达成一致意见,且根据本案合同的内容不能确定该轮的修理改造期限,而船舶的修理改造期限因修理改造的项目、工程量等诸多因素的影响而不同,原告和被告均没有提供确定"南方 18"轮修理改造期限的交易习惯的有关证据,被告对"南方 13"轮的修理期限并不能成为确定他船修理期限的一般交易习惯,故法院亦无法根据本案合同的内容和交易习惯确定"南方 18"轮的修理改造期限。综上,原告主张按《500 吨多用途钢质货轮改造合同》载明的 60 天确定"南方 18"轮的修理改造期限,没有事实依据,不予支持。

原告于 2002 年 6 月 5 日将"南方 18"轮在被告处交付被告修理改造,依照《500 吨多用途钢质货轮改造合同》的约定,该轮的修理改造期限应从该日开始起算。至 12 月 19 日被告将修理改造完工船舶交付给原告,即使扣除因强热带风暴而影响船舶修理改造工程的 1 天,被告对"南方 18"轮的实际修理改造期限为 197 天。但因原告和被告没有对"南方 18"轮的修理改造期限达成一致意见,也不能通过《中华人民共和国合同法》规定的其他方式予以确定,无法确定被告有逾期完成船舶修理改造工程的事实,因此,原告请求被告赔偿逾期完成船舶修理改造工程的违约金损失,没有事实和法律依据,不予支持。同样的道理,原告请求的船舶管理费、船舶租金和监修人员的工资等损失,也因不能证明被告有逾期完成船舶修理改造工程的事实,且原告没有提供其支付船舶管理费的事实和法律依据,也没有提供证据证明其支付的船舶租金与其主张的被告延迟完成船舶修理改造工程之间存在必要的因果联系,故对原告请求的上述损失,均不予支持。

综上,原告的诉讼请求缺乏事实和法律依据。依照《中华人民共和国民事诉讼法》第 64 条第 1 款的规定,判决如下:

驳回原告广州市番禺德和航运有限公司对被告广州市番禺粤新造船有限公司的诉讼请求。

5 上诉人胶南市水产供销公司与被上诉人胶南市船舶修造厂船舶修理合同纠纷案

案例来源:山东省高级人民法院(2006)鲁民四终字第 48 号
主题词:船舶修理合同　交船日期　债务抵消

裁判要旨

No. CB-6.2-4　因船舶修造人和定作人均未提供交船记录,实际交船日期无法确定,法院认为双方交船日期不可能早于渔业船舶安全证书记载的船舶的完工日期,据此认定以渔业船舶安全证书记载的船舶的完工日期为实际交船日期。船舶修造人迟延交船,应向定作人承担约定的违约责任。

No. CB-6.2-5　根据《中华人民共和国合同法》的规定,抵消分为法定抵消和合意抵消,法院依照船舶修造人提供的录音记录,认定在交接船的当时双方已经明知互欠债务,而且双方曾就互欠债务进行协商,法院据此推定双方对于互负债务的相互抵消已协商一致,构成合意抵消。

一、基本案情

上诉人(原审被告):胶南市水产供销公司(以下简称水产公司)
被上诉人(原审原告):胶南市船舶修造厂(以下简称船舶修造厂)

一审法院经审理查明,1999 年 1 月 1 日,船舶修造厂与水产公司签订船舶修造协议一份,约定船舶修造厂为水产公司修造 895 型钢壳船两条,船长 31.8 米,船宽 5.7 米,船深 2.5 米,船舶造价 96.5 万元/条,分期付款。协议约定交船期限为自合同签定之日起 100 天,并对工期作出了特别约定:"工期每提前一天,奖励人民币一万元,每拖延一天,罚款人民币一万元。"船舶修造厂将船舶建好后交予水产公司,双方同意付款方式变更为一部分现金支付,由船舶修造厂开具收据;另一部分为水产公司向船舶修造厂债权人交付渔货顶账,凭债权人收据换取船舶修造厂收据。在水产公司付款过程中,为便于双方的其他需要,船舶修造厂曾于 2000 年 4 月 9 日开具每张全额为 96.5 万元的发票两张,并约定发票不作为收款、付款证明,双方以船舶修造厂收据作为收、付款证明。2004 年 4 月,经双方财务人员对账,结果显示水产公司欠船舶修造厂 313 598.42 元未付。水产公司方虽然没有签字确认,但水产公司在庭审及调查笔录中承认,在考虑逾期罚款 107 万元人民币的情况下,认可欠船舶修造厂 313 598.42 元人民币。

另查明,水产公司以"鲁胶南渔 0167""鲁胶南渔 0168"两船的船舶安全证书证明,所造船舶的完工日期为1999年7月26日。但该证书载明,此两条船舶的船长均为28.31米,而非31.8米。

还查明,在船舶修造厂财务人员向水产公司交涉对账事务时,水产公司法定代表人刘云强先称:"你们延期了,当时李永吉在的时候,我们关系不错,协商好了,不(没)罚,现在罚不罚就难说了。"后称:"这个数欠你们30多万,你们还欠我们70多万,以前友好的时候,超期我们不要了,现在我们还得要这个钱。"

二、一审裁判

一审法院认为,船舶修造厂与水产公司于1999年1月1日签订的船舶修造协议,是双方在自愿平等基础上的真实意思表示,内容符合法律规定,该协议真实有效。船舶修造厂与水产公司依法享有权利并应当全面履行义务,双方均受协议约束。船舶修造厂作为承揽人以自己的劳务及材料为水产公司建造船舶,水产公司方应按协议支付报酬及材料款,否则应承担相应的违约责任。

船舶修造厂与水产公司约定两条钢壳船的报酬及材料款计193万元,双方最终同意以支付现金和交付渔货抵账两种方式支付。经双方对账,水产公司认可仍欠船舶修造厂313598.42元人民币未付,对此水产公司应予支付。水产公司辩称:船舶修造厂完工日期是1999年7月26日,逾期107天。船舶修造厂应按协议约定支付逾期罚款107万元人民币,其证明逾期的依据是"鲁胶南渔0167""鲁胶南渔0168"渔业船舶安全证书,但该证书显示的船长与双方修造协议的船舶船长不符,水产公司未能证明上述船舶即是合同争议下的船舶。因此,水产公司关于船舶修造厂逾期107天的抗辩没有事实基础,抗辩理由不成立。即使船舶逾期107天的事实成立,该抗辩与船舶修造厂的诉讼请求也不具有同一性、针对性,起不到抵消、吞并船舶修造厂诉讼请求的作用。

综上,一审法院认为,水产公司委托船舶修造厂建造船舶而未支付报酬及材料款,事实清楚,证据充分,水产公司应依法承担相应的违约责任。水产公司关于船舶修造厂逾期交付船舶的抗辩所依据的事实,证据不足,依法不能成立。根据《中华人民共和国合同法》第60条、77条、109条及263条和《中华人民共和国民事诉讼法》第64条的规定,判决:

胶南市水产供销公司支付胶南市船舶修造厂造船报酬及材料款313598.42元人民币,于判决生效后10日内付清;逾期,则须加倍支付迟延履行期间的债务利息。案件受理费7214元人民币,由水产公司负担。

三、上诉与答辩

上诉人水产公司不服一审判决,上诉称:水产公司在一审审理期间一直强调"在不考虑逾期罚款107万元的情况下,认可欠船舶修造厂313598.42元"。但一审法院错误理解了水产公司的意思,作出了相反的认定。水产公司提供的"鲁胶南渔0167""鲁胶南渔0168"渔业船舶安全证书中明确载明了船舶完工日期,至于合同约定的船长与证书显示的船长不符,是由于合同约定的是实际船长,而证书载明的是船舶轴到轴的长度。李永吉作为合同订立及履行期间船舶修造厂的法定代表人,其证明的事实具有当然的证明效力,船舶修造厂逾期交船107天的事实应当成立。本案中本诉与抗辩的债的给付种类是统一的,均是金钱给付,双方的主张都是基于同一合同的约定,对于同一合同,没有法律规定不具有同一性、针对性,也没有法律规定违约罚款不能抵消、吞并合同价款,水产公司在合同履行过程中行使债的抵消权并无不当,依法请求改判,驳回船舶修造厂的诉讼请求。

被上诉人船舶修造厂答辩称:水产公司主张船舶修造厂逾期交船没有证据,仅凭一份证人不肯出庭作证的证人证言及一份与合同约定船长不符的安全证书来证明逾期交船,显然没有证明效力。水产公司已经认可欠船舶修造厂313 598.42元,一审法院的认定没有错误。船舶修造厂是否逾期交船,水产公司是明知的,应在交船当时扣除相应的违约金,但是水产公司没有这样做,其实际付款已远远超过了自己认为应该付的数额,这显然不符合一个法人单位的盈利目的。况且现在该主张已过诉讼时效,对于过了诉讼时效的债权,根据法律规定债权人不得主张抵消。从船舶修造厂提交的录音证据里也可以看出,即使船舶修造厂真的逾期交船了,水产公司当时也非常明确地向船舶修造厂表示,放弃了向船舶修造厂追要违约金,根据法律规定,该免除决定一经作出,即致债权消灭,不得撤回。综上,水产公司上诉无理,请求二审法院依法驳回其上诉请求,维持一审判决。

四、二审裁判

山东省高级人民法院审理查明,水产公司在二审审理期间,请求传唤船舶修造厂原法定代表人李永吉出庭作证,经本院同意,李永吉作为证人出庭证明,1988年起其担任船舶修造厂副厂长,1992年任厂长,1998年企业改制任董事长,直到2003年,1999年建造的2条船舶拖延工期3个半月,交船时,刘云强(水产公司法定代表人)说,我们造船拖延了那么久,罚的钱比欠我们的钱还要多,不让我们去要钱了,我们也一直没去要。对于李永吉的上述证言,船舶修造厂在审理结束前未提出异议。

水产公司主张,按照其一审已经提交的"鲁胶南渔0167""鲁胶南渔0168""鲁胶南渔0127""鲁胶南渔0128"渔业船舶安全证书证明,上述4条船舶是双方1998、1999两年中建造的全部船舶,除上述4条船舶之外,在上述期间内,双方不存在其他船舶建造合同。对上述证据,船舶修造厂主张,不能排除双方除此之外还有其他船舶建造关系,但其未能提供相关证据。

其他事实与一审查明的事实相同。

山东省高级人民法院认为,根据当事人的争辩内容,本案有两个争议焦点,既船舶修造厂是否存在违约交船的事实和水产公司在本案中行使抵消权是否成立。

1. 船舶修造厂是否违约交船? 船舶修造厂作为本案的原告,就双方1998年2月16日、1999年1月1日双方签订的两份承揽修造船协议项下的船舶提起诉讼,但其未举证证明争议合同下船舶的状况。水产公司在本案的审理中提供了"鲁胶南渔 0167""鲁胶南渔 0168""鲁胶南渔 0127""鲁胶南渔 0128"4 条船舶的渔业船舶安全证书,并主张这是双方在 1998 年至 1999 年期间建造的所有船舶,对此船舶修造厂虽提出不限于这些船舶可能还有其他船舶,但未提供相关证据加以证明,故本院认定"鲁胶南渔 0167""鲁胶南渔 0168""鲁胶南渔 0127""鲁胶南渔 0128"4 条船舶即为船舶修造厂主张的两份船舶建造合同项下的船舶,按照"鲁胶南渔 0167""鲁胶南渔 0168"两船的渔业船舶安全证书记载,船舶的完工日期为 1999 年 7 月 26 日,双方交船日期不可能早于该日期,由于双方均未提供交船记录,实际交船日期无法确定,故认定上述完工日期为交船日期,据此,船舶修造厂比合同约定交船日期拖延 107 天,按照合同的奖惩约定,船舶修造厂应支付水产公司罚款 107 万元。

2. 水产公司在本案中行使抵消权是否成立?根据《中华人民共和国合同法》的规定,抵消分为法定抵消和合意抵消,船舶修造厂提供的 2005 年 4 月 25 日的录音中,水产公司法定代表人刘云强说:"罚款 107 万元与欠款 30 多万元,在李永吉在的时候,我们关系不错,已经协商好了,不罚款。现在老孙罚不罚就难说了。"李永吉在审理中出庭作证陈述:"交船时刘云强说,我们造船拖延了那么久,罚的钱比欠我们的钱还要多,不让我们去要钱了,我们也一直没要去。"综合上述证据分析,至少具有下述含义,在交接船的当时,双方对互欠债务已经清楚明了;双方曾就互欠债务进行过协商;协商的内容为互欠债务相互免除。按照上述证据证明的内容,双方就互负债务相互抵消已经协商一致。

综上,双方互负到期债务事实清楚,水产公司主张以其应得罚款抵消其对船舶修造厂的应付船款的抗辩理由成立,对其抵消主张,山东省高级人民法院予以支持。一审判决认定事实不清,适用法律不当,判决结果应当纠正,依据《中华人民共和国合同法》第 100 条,《中华人民共和国民事诉讼法》第 153 条第 1 款(3)项之规定,经审判委员会研究决定,判决如下:

一、撤销青岛海事法院(2005)青海法海商初字第 89 号民事判决。
二、驳回船舶修造厂的诉讼请求。

6.3　船舶修理留置权纠纷

6 原告福建省马尾造船股份有限公司与被告业联管理咨询服务有限公司船舶修理合同纠纷案
案例来源:厦门海事法院(2009)厦海法商初字第 550 号
主题词:船舶修理合同　实现留置权　律师费

> **裁判要旨**
>
> **No. CB-6.3-1** 为实现留置权的费用属于留置担保的范围。原告委托专业律师进行诉讼,其支付的律师费用是必要的,属于实现留置权的必要和合理支出,法院予以保护。

一、基本案情

原告:福建省马尾造船股份有限公司

被告:亚联管理咨询服务有限公司。

原告福建省马尾造船股份有限公司诉称:2009年8月27日,原告与被告签订第2009 MWCL720号《"吉祥山"轮修船合同》,委托原告修理"吉祥山"轮。合同签订后,原告依约进行修理。2009年10月3日,船舶修理完工。2009年10月13日,船舶修理费经双方审核对账,确认截止到船舶修理完工日,"吉祥山"轮发生的船舶修理费用为293.6万元(人民币,下同)。2009年11月14日,双方对船舶修理完工后发生的增补修理费用、拖带及码头服务费等进行结算,确认其费用为19万元。对于上述船舶修理费用,原告屡经催讨,但被告至今分文未付。2009年10月30日,原告被迫行使船舶留置权,宣布对"吉祥山"轮进行留置。为此,请求法院判令:(1)被告向原告支付因船舶修理发生的各项费用312.6万元及其利息,利息按银行同期贷款利率自2009年11月16日计算至判决生效之日止;(2)判决原告有权从拍卖船舶的价款中优先受偿;(3)判决被告承担本案所有诉讼费用(含保全费用)及律师费5万元。

二、法院查明的事实

厦门海事法院查明:2009年8月27日,原告与被告签订第2009 MWCL720号《"吉祥山"轮修船合同》,委托原告修理"吉祥山"轮。合同签订后,原告依约进行修理。2009年10月3日,船舶修理完工。2009年10月13日,经原、被告双方审核对账,共同确认截止到船舶修理完工日,"吉祥山"轮发生的船舶修理费用为293.6万元。2009年11月14日,原被告双方对船舶修理完工后发生的增补修理费用、拖带及码头服务费等进行结算,共同确认其费用为19万元。对于上述船舶修理费用,原告屡经催讨,但被告至今分文未付。2009年10月30日,原告行使船舶留置权,宣布对"吉祥山"轮进行留置,并于2009年11月16日向厦门海事法院提出扣押船舶申请,厦门海事法院于同年11月18日作出(2009)厦海法保字第59号民事裁定书及扣押船舶命令,扣押"吉祥山"轮于福建省马尾造船股份有限公司修船作业区。原告为避免因继续扣押产生巨额费用,于2009年12月22日向厦门海事法院申请拍卖该船舶,厦门海事法院于2010年2月2日作出(2009)厦海法商初字第550号民事裁定书,将"吉祥山"轮予以拍卖。

三、法院裁判

关于原告支付的律师费是否属于实现债权的合理费用并应由被告承担。厦门海事法院认为,根据《中华人民共和国担保法》第83条的规定,留置担保的范围包括主债权及利息、违约金、损害赔偿金,留置物保管费用和实现留置权的费用。海商法律事务属于专业事务,原告为实现留置担保的债权,委托专业律师进行诉讼,其支付的律师费用是必要的,且所发生的律师费用符合《福建省律师服务收费管理暂行规定》的收费标准,属于合理支出,应认为原告所支付的 5 万元律师费用属于实现留置权的必要和合理支出,并应由被告承担。

综上,根据《中华人民共和国合同法》第 107 条、《中华人民共和国海商法》第 25 条、《中华人民共和国担保法》第 83 条的规定,判决如下:

一、被告亚联管理咨询服务有限公司应于本判决生效之日起 10 日内向原告支付修理费用、拖带及码头服务费等费用共计 312.6 万元,并支付该款自 2009 年 11 月 16 日起至判决确定的支付还款之日止,按中国人民银行规定的同期贷款基准利率计算的利息;

二、被告亚联管理咨询服务有限公司应于本判决生效之日起 10 日内向原告支付 5 万元律师费用。

7 原告广州远洋船舶修理厂有限公司与被告卡斯特里公司船舶修理合同纠纷案

案例来源:广州海事法院(2000)广海法事字第 65 号
主题词:船舶修理合同　法律适用　履行期限　船舶留置权

裁判要旨

No. CB-6.3-2　涉外船舶修理合同纠纷案件,因当事人没有选择处理合同争议所适用的法律,依照《中华人民共和国民法通则》第 145 条第 2 款的规定,选择适用合同履行地国的法律。法院据此选择船舶修理地法律,即我国法律。

No. CB-6.3-3　船厂履行了修理船舶的合同义务,船舶所有人应支付船舶修理费用。因双方对修理费支付期限没有约定,根据《中华人民共和国合同法》第 263 条的规定,船舶所有人应在签署《工程完工验收单》之日支付修理费。船舶所有人拖欠修理费,属于违约行为,应承担违约责任。

No. CB-6.3-4　船舶修理人从船舶开始修理时起到该轮被法院扣押时止,一直占有该轮。因船舶所有人未支付修理费,船厂留置船舶以保证船舶修理费用得以偿还,符合《中华人民共和国海商法》第 25 条规定的留置权的法律条件。法院对船舶的扣押并不消灭船厂依据法律对船舶所享有的担保物权。法院确认船厂对船舶享有留置权。

一、基本案情

原告:广州远洋船舶修理厂有限公司

被告:卡斯特里公司(Castelli Holdings Inc.)

原告广州远洋船舶修理厂有限公司诉称:"卡特"轮属于被告卡斯特里公司所有,由吉玛印公司(Gemarfin S. A.)管理。1999 年 9 月,巴拿马海上企业有限公司(Paramar Marine Enterprises Ltd.)代表"卡特"轮船东委托原告对"卡特"轮进行修理,并委托彼得·沃尔泽先生(Peter Voelzer)作为修船主管与原告讨论修船事宜。彼得·沃尔泽先生对于原告提交的修理项目报价进行了审核、修改和补充,并在修改、审核过的报价单上签名确认。原告随后对"卡特"轮进行了修理。修理完成后,被告派来的修船主管劳先生(Laou)对修理项目进行了验收。经结算,共产生修理费188 783美元。原告多次催促被告支付修理费用,但被告一直拖欠至今。为维护自身权益,原告于1999年12月7日起依法对该船实施了留置,该船一直停泊在原告的码头、船坞,发生占用码头费和拖轮、引水费共19 097美元。2000年5月29日,"卡特"轮因船员工资纠纷被广州海事法院扣押。法院要求原告对该船的扣押予以协助。原告为保管、看护该船而支出相应费用32 500美元。该轮自被留置时起,占用原告的船坞、租用拖轮、引水的费用属于为债权人利益而支付的费用。法院扣押船舶后,原告保管、看护船舶的费用是为了保存所拍卖船舶而发生的。按照有关法律的规定,这两部分费用和被告应承担的诉讼费用一起,应在拍卖船舶的价款中先行拨付。请求法院:

1. 确认原告对被告具有以下合法债权,并有权在"卡特"轮拍卖价款中受偿:(1)"卡特"轮修船费用188 783美元及自1999年12月7日起至被告实际支付上述款项之日的利息7 443.63美元(计至2000年6月30日,年利率为6.8906%);(2)"卡特"轮从1999年12月7日起至2000年5月29日止占用原告码头和场地及拖轮、引水费用19 097美元及法院扣押该船后原告保管、看护该船的费用32 500美元;(3)原告已预交的应由被告承担的因本案诉讼、债权登记、分配而发生的诉讼费用。

2. 确认原告对"卡特"轮享有留置权。

3. 确认原告对被告所享有的上述第2、3项债权应从"卡特"轮的拍卖价款中先行拨付。

被告卡斯特里公司没有答辩,也没有提供证据材料。

二、法院查明的事实

广州海事法院认定了以下事实:原告提供的"卡特"轮登记证书和安全管理证书、原告调度室记录及"卡特"轮航海日志摘录、经彼得·沃尔泽签名确认的报价单、工程完工验收单为原件,被告没有提出抗辩,也没有提供相反的证据,合议庭予以确认。原告提供的巴拿马海上企业有限公司给原告的传真、船东卡斯特里公司发给原告确认修船及拖欠修理费事实的传真,能够与上述证据相印证,合议庭予以采信。

关于完工结算单,合议庭认为,虽然完工结算单是原告制作,被告卡斯特里公司没有签字确认,但完工结算单是原告依据经被告修船主管签字确认的工程完工验收单编制的,并且被告在给原告的传真中也确认了修船和拖欠修理费的事实。同时,被告也没有对该证据进行抗辩或提出相反证据,该完工结算单能够与其他的证据相印证,合议庭对完工结算单予以采信。

对于原告提供的"卡特"轮完工后所发生费用清单和"卡特"轮被扣押后发生费用清单,合议庭认为,该两份清单是原告自己制作的,清单所列费用包括引航费、拖轮费、码头费等,没有经过被告或者"卡特"轮船长的确认,原告也没有提供有关作业的具体单据和收费标准的依据。因此,对"卡特"轮完工后所发生费用清单和"卡特"轮被扣押后发生费用清单不予采信。

"卡特"轮是一艘巴拿马籍的散装化工品船,服务类型油轮,船舶所有人是卡斯特里公司,经营人是吉玛印公司。

1999年8月19日,巴拿马海上企业有限公司以船舶所有人代理的身份给原告发传真,称:"我方通知你,我们被指定为'卡特'轮的技术管理人,该船计划也将到贵厂入干船坞和进行特别检验。该船预计在1999年9月3日至5日抵达贵厂。我们会很快给贵方回复该船的修理单。"9月1日,巴拿马海上企业有限公司又以船舶所有人代理的身份给原告发传真,称:"关于油轮'卡特'——广州远洋船舶修理厂进行的修理,请贵方注意所述船舶已于今天抵达新港,并将在1999年9月2日开船。预计抵达广州的时间是1999年9月8日。我方主管彼得·沃尔泽先生将于1999年9月5日或6日抵达广州与贵方商讨修理单事宜。"

"卡特"轮于1999年9月12日抵达原告船厂。原告与被告主管彼得·沃尔泽先生就"卡特"轮有关的修理进行多次磋商,原告的有关人员及彼得·沃尔泽先生在相关的报价单上签名确认。

至12月6日,船舶修理完毕。原告出具了99AA50A号《工程完工验收单》,载明了"卡特"轮的有关修理项目,被告修船主管劳先生在验收单备注栏签字确认。

原告向被告开具的"卡特"轮完工结算单记载,原告修理"卡特"轮产生的修理费为188 783美元。

2000年3月7日,卡斯特里公司给原告发传真,称:"关于'卡特'油轮,为良好秩序起见,我方确认考达基斯(Chourdakis)先生在接受和转寄有关未付费用和应付款项事宜上全权代表我方,请贵方将任何拖欠项目提交给他供考虑和核对。"3月20日,卡斯特里公司给原告发传真,称:"关于'卡特'轮,如贵方所知,题述船舶主机受到损坏。因此,船舶不能按预定计划完成修理工作驶离修理厂,这也是船舶不能攒钱偿还修理厂费用的原因。我方一直让贵方完全了解这一情况。考达基斯先生已被派到贵方修理厂协助解决这一问题。我方通知贵方此事,也借以请贵方能与他合作,解决问题……"

另经查明:"卡特"轮船长苏约夫·苏约等4名船员因与卡斯特里公司、吉玛印公司发生船员劳务报酬纠纷,于2000年5月18日向本院提起诉讼,并申请扣押"卡特"轮。本院于5月24日作出(2000)广海法事字第49-1号民事裁定,于5月29日扣押该轮,并向原告送达(2000)广海法事字第49-3号协助执行扣押船舶通知书。根据上述4名船员的申请,本院于6月23日裁定拍卖"卡特"轮,并于6月30日发布船舶拍卖公告,限定有关债权人在公告期限内就与该轮有关的债权申请登记。原告以"卡特"轮船东拖欠修理费用188 783美元及利息7 443.63美元、码头和场地费、拖轮、引水费19 097美元、保管看护船舶费32 500美元为由,于7月12日向本院申请就上述债权在"卡特"轮拍卖价款中的受偿进行登记。本院于8月15日作出(2000)广海法登字第22-2号民事裁定,准许原告的债权登记申请。

在2000年5月29日"卡特"轮被扣押之时,原告向本院提交了书面声明,称"卡特"轮自修理以来一直处于其占有之下,并已基于该轮船东拖欠修理费而依法对"卡特"轮实施留置。

因买船人竞买成交,8月17日本院作出(2000)广海法事字第49-7号解除扣押船舶命令,对该轮解除扣押,并于同日向原告送达了(2000)广海法事字第49-8号解除扣押船舶通知书。

三、法院裁判

广州海事法院认为,本案是一宗涉外船舶修理合同纠纷案件。原、被告没有选择处理合同争议所适用的法律。本案所涉船舶修理在广州进行,合同的履行地在我国,我国是与本案有最密切联系的国家。依照《中华人民共和国民法通则》第145条第2款的规定,本案应适用中华人民共和国法律。

被告的代理人就"卡特"轮的修理与原告进行了协商,原告接受委托对该轮进行了修理,被告也对此进行了确认。原告与被告之间形成了船舶修理合同关系。原告履行了修理船舶的合同义务,被告应向原告支付"卡特"轮的修理费用188 783美元。双方对修理费支付期限没有约定,根据《中华人民共和国合同法》第263条的规定,被告应在签署《工程完工验收单》之日,即于1999年12月6日支付修理费,被告一直拖欠修理费未付,属于违约行为,应承担违约责任。原告请求被告支付上述欠款自1999年12月7日起至实际支付之日止按照中国人民银行同期同币种流动资金贷款利率计算利息是合理的,应予支持。原告申请登记的该项债权成立,合议庭予以确认。

原告作为"卡特"轮的船舶修理人,从船舶开始修理时起到该轮被本院扣押时止,一直占有该轮。因被告未支付修理费,原告留置船舶以保证船舶修理费用得以偿还,符合《中华人民共和国海商法》第25条规定的留置权的法律条件。法院对该轮的扣押并不消灭原告依据法律对该轮所享有的担保物权。综上,原告请求确认对"卡特"轮享有留置权,理由充分,予以支持。

对于原告主张的从1999年12月7日起至2000年5月29日止,"卡特"轮占用码头和场地及有关的拖轮费、引水费等费用19 097美元及该船被法院扣押后其为保管、看护该船产生的费用32 500美元,原告没有提供证明有关的费用已经实际发生的证据,原告的该主张没有事实依据,应予驳回。

依照《中华人民共和国合同法》第109条、《中华人民共和国海商法》第25条、《中华人民共和国民事诉讼法》第64条第1款、《中华人民共和国海事诉讼特别程序法》第116条第2款的规定,判决如下:

一、被告卡斯特里公司支付原告广州远洋船舶修理厂有限公司"卡特"轮修船费用188 783美元,及该款项自1999年12月7日起至实际支付之日止按照中国人民银行同期同币种流动资金贷款利率计算的利息,原告的上述债权在分配"卡特"轮拍卖价款

时按船舶留置权顺序受偿;

二、驳回原告广州远洋船舶修理厂有限公司对被告卡斯特里公司的其他诉讼请求

本案受理费人民币 63 727.40 元,原告广州远洋船舶修理厂有限公司负担 13 268.40 元,被告卡斯特里公司负担 50 459 元。

本判决为终审判决。

6.4 船舶修理质量争议

8 原告湛江造船厂与被告湛江市东海岛经济开发试验区航运公司船舶修理合同纠纷案

案例来源:广州海事法院(2002)广海法初字第 134 号
主题词:船舶修理合同　修理标准　船舶适航

> **裁判要旨**
>
> **No. CB-6.4-1**　中华人民共和国船舶检验局颁布的《船舶及海上设施法定检验规则》规定了船舶安全航行与作业标准,但该规则不构成船舶修理标准。
>
> **No. CB-6.4-2**　按照法定检验规则等技术规范,船舶适航是船舶所有人或经营人的法定义务,不是修船人的法定义务。如果修船人已经按照船方要求完成约定的修理项目而船舶仍不适航,为了船舶适航,船方可以继续委托修船人进一步就约定项目之外的项目进行修理。如果船方不继续委托,修船人没有义务在船方委托的项目外进一步修理至船舶适航。

一、基本案情

原告:湛江造船厂

被告:湛江市东海岛经济开发试验区航运公司。

原告湛江造船厂诉称:原告修理被告的"东渡101""东渡102""东渡1203"三船,至1999年5月3日被告欠原告船舶修理费316 166.48元,后偿还48 500元,尚欠267 666.48元。1998年11月20日双方签订了修船还款协议,约定以被告的船舶作财产抵押,并在2000年11月26日、12月11日再次在协议中确认了以上债务并承诺履行双方签订的协议。2000年原告又为被告修理"东渡1203""东渡102"两船,被告欠原告两船修理费本金分别为26 327.49元和45 088.05元。2001年2月14日,"东渡101"船开始由原告修理,于3月3日完工,被告代表于3月4日验收了该船,5月30日双方签署了"东渡101"船结算单,确认欠款147 136.35元,原告分三次偿还了23 000元,尚欠124 136.35元。根据被告确认的船舶工程计划单,被告为"东渡101"轮须每日支付站排费160元和安全保卫费20元,共180元,因2月14日至5月30日的站排费和安全保

卫费6 000元已于5月30日结算入上述"东渡101"船结算单中,至2002年5月16日止,被告欠原告船舶站排费和安全保卫费76 080元。以上欠款本金共计539 298.37元。关于被告欠款的利息,应从2000年2月25日起算1999年5月3日以前的修船费267 666.48元的利息,从2001年5月11日起算"东渡1203"船2000年度的修理费26 327.49元的利息,从2001年7月21日起算"东渡102"船2000年度的修理费45 088.05元的利息,从2001年5月31日起算"东渡101"船2001年度的修理费124 136.35元的利息,均按中国人民银行同期人民币流动资金贷款利率计至判决确定的支付之日止。请求法院判令被告支付原告修船费463 218.37元及其利息、船舶站排费和安全保卫费76 080元,并承担本案财产保全费用及案件受理费。

被告湛江市东海岛经济开发试验区航运公司辩称:对于1999年5月3日前被告所欠原告的修船费,因被告1999年5月3日的欠据表明,原告向被告借了2万元,被告实际欠原告236 166.48元。根据海船法定技术规则,船舶修理后下排,通过主管船检机关派验船师到船试航试车,修船厂派技术人员参加,经船检机关检验认可,并签发船舶检验证书和适航证书,才认为修船人完成了工作。2001年原告承揽修理"东渡101"轮,没有通过船舶检验,即没有完工,没有修理好船舶,依法不能取得报酬。"东渡101"船在修理过程中,被告按照修船进度支付了修理费,后曾携带20万元现金到原告处支付,但原告拒收,坚持要被告付清以前的修船费,方肯让"东渡101"船下排放行。以前的修船合同与"东渡101"轮并无实质性牵连,原告留置该轮,属于非法扣押。"东渡101"战备车渡船的产权属于广东中南国防交通投资有限公司,原告申请扣押该船不当,有损国防利益,属于非法扣押。由于原告非法扣押"东渡101"船,其主张的站排费及保卫费没有法律依据,应予驳回。原告所称被告的上述3艘船舶已设立了抵押的主张不成立,因为这3艘船舶属于国防财产,依法不允许抵押,而且抵押未依法登记。请求法院驳回原告无理的诉讼请求。

二、法院查明的事实

广州海事法院认定了如下事实:

(一)本案第一笔修船费,即被告"东渡101""东渡102""东渡1203"三船1999年5月3日以前的修理费

原告主张被告欠其1999年5月3日前的修船费267 666.48元,提供了以下证据:(1)被告1999年5月3日出具的欠据;(2)1998年11月22日"东渡1203"船结算单;(3)1999年1月19日"东渡101"船结算单;(4)1999年2月3日"东渡102"船结算单等。3份结算单及欠据分别证明:原、被告双方当事人于1998年11月22日签署"东渡1203"船结算单,确认"东渡1203"船的修理费为164 411.52元;于1999年1月19日签署"东渡101"船结算单,确认"东渡101"船的修理费为137 688.99元;于1999年2月3日签署"东渡102"船结算单,确认"东渡102"船的修船费为107 065.97元。1999年5月3日被告向原告出具欠据确认,至1999年5月3日止被告欠原告"东渡101""东渡

102""东渡1203"三船修理费总额为316 166.48元。被告对这4份证据均有异议,但没有提出反证,而且被告也向法院提供了上述欠据的复印件,故法院对上述证据及其所证明的事实予以采信。

关于该笔修船费的支付,被告提供的24份领(借)款单中有8份单据显示,自1999年6月9日至2000年11月8日原告8次从被告处领取了48 500元。原告对该事实表示认可。这8份领(借)款单没有载明具体是支付本案哪一笔修船费的,鉴于本案其他三笔修船费均是双方当事人于2000年11月8日以后确认的,原告认为上述48 500元是被告对三船1999年5月3日以前修船费的支付,被告没有提出异议。法院认定,自1999年6月9日至2000年11月8日,被告向原告支付了三船1999年5月3日以前的修船费48 500元。

被告还提供了一份领(借)款单,该单据显示:1999年5月3日前原告从被告处领取"东渡101""东渡102""东渡1203"三船的修理费93 000元。被告据此认为1999年5月3日其已向原告偿还93 000元,故确定被告实际拖欠原告1999年5月3日以前的修船费,应从1999年5月3日被告欠据确认的三船修理费总额316 166.48元中扣除已偿还的93 000元。原告对此提出了相反意见。法院认为,从上述领(借)款单的文义上看,"1999年5月3日前"的表述不包括1999年5月3日当日,应认定被告在1999年5月3日确认修船费316 166.48元前已支付了上述93 000元。而且,从上述双方当事人分别于1998年11月22日、1999年1月9日与2月3日签署的三船结算单中可以看出,1999年5月3日前三船修船费共计409 166.48元,扣除93 000元后,余额为316 166.48元,与被告1999年5月3日确认的修船费欠款数额一致,这也可以印证法院的上述推断,即在确定被告欠款数额问题上,被告支付的上述93 000元不应从其1999年5月3日确认的三船修理费总额316 166.48元中扣除。

庭审中被告提出,依据原告提供的证据,2000年12月11日船舶修理还款协议第一款的约定可佐证被告尚欠原告修理费为236 166.48元。该协议第1款约定:被告尚欠原告1997年至1999年"东渡101""东渡102""东渡1203"三船修理费本金约24万元(具体金额以待查为准),迟延还款所欠利息按银行同期贷款利息计算。对于2000年12月11日船舶修理还款协议,被告在质证时对该证据的真实性予以认可,但认为该证据不合法,与本案无关联。被告并没有提出任何反证反驳该证据所证明的事实,而且庭审中又援用了该证据,这说明被告认可了该证据,故法院对该证据所证明的内容予以确认。法院认为,因该条款约定的数额不确定,不能作为认定欠款数额的依据。

除上述8份领(借)款单外,被告没有提供其他有效证据证明另外偿还了其1999年5月3日确认的修船费欠款。1999年5月3日被告拖欠原告三船修理费总额316 166.48元,扣除被告已偿还的48 500元,余额为267 666.48元。法院认定,被告尚欠原告1999年5月3日以前的修船费267 666.48元。

(二) 本案第二笔修船费,即"东渡1203"船2000年度的修理费

原、被告双方当事人均向法院提供了"东渡1203"船2000年11月26日修理费结算单,该结算单证明:2000年11月26日双方当事人确认"东渡1203"船修理费为103 927.49元。对于该事实,双方当事人均无异议,法院予以认定。

被告提供了5份领(借)款单及3份现金支出单据,这8份单据显示:2000年11月12日至2001年1月16日,原告分8次从被告处领取了"东渡1203"修理费,共计77 600元。对该事实,双方当事人均无异议,法院予以认定。

除上述5份领(借)款单和3份现金支出单据外,被告没有提供其他有效证据证明其另外偿还了"东渡1203"船2000年度的修理费。2000年11月26日双方当事人确认的"东渡1203"船修理费103 927.49元减去被告已偿还的77 600元,为26 327.49元。法院认定,被告尚欠原告"东渡1203"船2000年度的修理费26 327.49元。

(三) 本案第三笔修船费,即"东渡102"船2000年度的修理费

原、被告双方当事人均提供了"东渡102"船2000年12月10日结算单,该结算单证明:双方当事人于2000年12月10日确认"东渡102"船的修理费为101 488.05元。对于该事实,双方当事人均无异议,法院予以确认。

被告提供了4份领(借)款单和1份现金支出单据,这5份单据显示:从2000年12月1日起至2001年1月16日,原告分5次从被告处领取了"东渡102"船的修理费56 400元。对该事实,双方当事人均无异议,法院予以确认。

除上述4份领(借)款单和1份现金支出单据外,被告没有提供其他有效证据证明其另外偿还了"东渡102"船2000年度的修理费。2000年12月10日双方当事人确认的"东渡102"船修理费101 488.05元减去被告已偿还的56 400元,为45 088.05元。法院认定,被告尚欠原告"东渡102"船2000年度的修理费45 088.05元。

(四) 本案第四笔修船费,即"东渡101"船2001年度的修理费及站排费和安全保卫费

原、被告双方当事人均向法院提供了11页"东渡101"船舶工程计划单,其中船体工程计划单、轮机工程计划单、船体增加工程计划单、轮机增加工程计划单、增加工程计划单,均由被告代表蔡永坚加注"同意施工"字样,并加盖了被告公章。2001年3月4日双方确认的工程计划单有被告代表蔡永坚的签字,没有加盖被告的公章,补充工程计划单没有经被告签署,没有加盖被告的公章。各工程计划单逐项列明了具体的修理项目及费用等,但没有列明安装液压泵项目。船体工程计划单中修理工程第2项载明站排费及起重费160元/天;第6项载明安全保卫费20元/天,第10项与第11项关于水线上下除锈油漆工程加注:船方提供油漆。船体工程计划单和轮机工程计划单还证明:列明的项目均以实量、实数为准结算。被告在质证时对该计划单表示有异议,庭审时又表示无异议,视为被告没有异议。法院对"东渡101"船舶工程计划单的上述内容予以采信。

为证明"东渡101"船2001年度的修船费,原告提供了该船2001年5月30日的修

理工程结算单,该结算单显示:2001年5月30日,原告法定代表人陈沈贞与被告方代表船舶大修经办人蔡永坚、职工代表吴毛胜及"东渡101"船船员核实结算了"东渡101"船的修理费,双方签字确认该船原工程88 790.24元,船体增加工程4 390.40元,轮机增加工程5 488元,增加工程6 048元,补充工程36 419.71元,保卫、卫生管理费6 000元,以上合计为147 136.35元。被告在质证时对该证据有异议,后在庭审时又表示无异议,应确认被告对该证据无异议。法院对该证据所证明的事实予以认定。庭审中,双方当事人一致确认,"东渡101"船从2001年2月14日进厂修理,结算单是修船工程计划实施完毕之后的结算。法院对该事实予以确认。

被告提供的24份领(借)款单中有3份单据显示:被告于2001年2月14日、2月24日、3月4日分3次从被告处领取了23 000元,3张单据均注明了类似"东渡101船修理费"的字样。原告对这3张单据无异议,并认为确定"东渡101"船修理费欠款应减去该23 000元。法院认定,被告于2001年2月14日、2月24日、3月4日分3次向原告支付"东渡101"船修理费23 000元。

被告另提供了3份领(借)款单,其中2份单据显示:原告职员黄玉梅于2001年2月23日从被告处领取3 000元,2月28日从被告处领取2 000元,2份单据分别注明"给油漆款""购买油漆费用"字样;1份领(借)款单显示:原告职员陈斯卡于2001年3月8日从被告处领取1 300元,并注明"101船安装液压泵人工费材料一次包装好"字样。原告对这3份单据的真实性、合法性没有提出异议,但认为这3份单据载明的款项不应计入上述"东渡101"船2001年度修船费的还款数额;而被告则持相反意见。法院认为,经被告认可的"东渡101"船船体工程计划单,明确注明船方提供油漆,修船工程计划单没有列明安装液压泵,这说明油漆材料费及安装液压泵不在修船计划之列,在修船计划实施完毕后结算确认的费用不应包括油漆材料费和安装液压泵的费用,被告向原告支付了5 000元油漆费用和1 300元安装液压泵的费用,不应视为是偿还上述由双方当事人结算的"东渡101"船修船费,而是在计划外另行支付的费用。在法院组织双方当事人庭前交换证据完毕后,原告于5月22日在庭审中补充提交了被告收取原告提供油漆的收据,该证据属于原告无正当理由逾举证期限提供的证据,依据最高人民法院《关于民事诉讼证据的若干规定》第34条第1款的规定,法院不予采纳。

除上述证明被告支付23 000元的3份领(借)款单外,被告没有提供其他有效证据,证明其另外支付了"东渡101"轮2001年度的修船费。双方当事人结算确认的"东渡101"船修船费147 136.35元减去被告已支付的23 000元修船费,余额为124 136.35元。法院确认该修船费余额。

庭审中,原、被告双方当事人一致确认以上4笔修船费相互独立,互不包容。法院对该事实直接予以认定。

(五)有关双方当事人协商付款事宜的证据及事实

关于双方当事人协商付款的事实,原告提供了以下证据:(1) 1998年11月20日修船款还款协议、1998年12月28日修船付款协议书;(2)"东渡1203"船、"东渡102"

船修理费还款协议;(3) 东渡船舶修理还款协议书;(4) 2000 年 12 月 11 日船舶修理还款协议。

被告提供了以下证据:(1) 湛江市东海岛经济开发试验区交通局的证明;(2) 湛江市麻章区人民检察院反贪局的证明;(3) 借款协议及借据。

对于 1998 年 11 月 20 日修船款还款协议、1998 年 12 月 28 日修船付款协议书,被告持有异议,但没有提出反驳的理由与证据,法院确认这两份协议的证据效力。被告对"东渡 1203"船、"东渡 102"船修理费还款协议、东渡船舶修理还款协议书的真实性、合法性与关联性均予以认可,法院确认这两份协议的证明效力。对于 2000 年 12 月 11 日船舶修理还款协议的证据效力,法院在查明本案第一笔修船费的过程中已予以认定。

湛江市东海岛经济开发试验区交通局与湛江市麻章区人民检察院反贪局的两份证明,在性质上属于证人证言,原告对这两份证据持有异议。两证人湛江市东海岛经济开发试验区交通局、湛江市麻章区人民检察院反贪局出具了其参与或协助本案原、被告双方当事人协商支付"东渡 101"船修理费情况的书面证明,但没有到庭作证,接受当事人的质询。按照最高人民法院《关于民事诉讼证据的若干规定》第 55 条、第 56 条、第 69 条的规定,证人应当出庭作证,接受当事人的质询;证人确有困难不能出庭的,经人民法院许可,证人可以不出庭,而仅提交书面证言;无正当理由未出庭作证的证人证言,不能单独作为认定案件事实的依据。以上两证人不具有不能出庭的困难,其书面证言的主要内容,本案无其他证据相印证,故法院对上述两份证明的证据效力不予确认。被告提供的借款协议及借据显示:被告为筹集资金,解决"东渡 101"船的下排问题,于 2001 年 5 月 13 日与谭秀居签订借款协议,向谭秀居借款 10 万元。原告对借款协议及借据的真实性与合法性没有提出异议,对其关联性有异议。法院认为,借款协议及借据的真实性虽可确认,但其不能证明被告曾向原告支付过该 10 万元,或曾向原告提出其准备支付该 10 万元,该借款协议及借据所证明的内容与本案争议无关,法院不予采纳。被告主张其曾携带 20 万元向原告支付"东渡 101"船 2001 年度的修船费而原告拒收,但没有提供有效的证据予以证明,原告不认可被告的该项主张,故法院对被告的该项主张不予认定。

根据上述所采信的证据,认定有关事实如下:

原、被告曾就 1997 年被告的"东渡 101""东渡 102""东渡 1203"三船修理费及 1998 年"东渡 1203"船修理费的付款进度进行协商,于 1998 年 11 月 20 日签订了一份修船款还款协议书,约定:1997 年三船修船费定于 1998 年 11 月 22 日前还 2 万元;1998 年"东渡 1203"船修理费 164 411.52 元,1999 年春节前 5 天内还 3 万元,其余欠款从 1999 年 3 月份起,在每月的 25 日前各还 2 万元;被告必须以其船只作财产抵押等。

原、被告双方当事人于 1998 年 12 月 28 日签订了 1 份修船付款协议书,约定被告委托原告修理"东渡 101"船和"东渡 102"船,付款进度为:(1) 每船上排后 8 天内先交现金 3 万元;余下部分从 1999 年 4 月份起每月 25 日前各交现金 1 万元;(2) 按 1998 年

11月20日的协议为基础,加上1998年12月28日协议书,在1999年春节前付足10万元等。

2001年1月1日,原、被告双方当事人就2000年度"东渡102""东渡1203"两船修理费的付款,签订一份协议,约定:对于"东渡1203"船的修理费,2001年1月15日偿还1.1万元,3月25日偿还1万元,5月10日偿还余额;对于"东渡102"船的修理费,2001年4月25日偿还1万元,6月20日偿还2万元,7月20日偿还余额;若延期偿还每期所应偿还的欠款,修理方(原告)将要求被告支付本金及银行同期贷款利息。

2000年11月26日,被告向原告书面确认:被告承认1997年度至1999年度修理"东渡101""东渡102""东渡1203"船的结算、工程施工单、还款协议书的内容及欠据(具体金额待查核对),在还清2000年修理费后及时安排支付1997年至1999年的欠款。

2000年12月11日,原、被告双方当事人就1997年至2000年被告"东渡101""东渡102""东渡1203"三船修理费的还款进度进行了协商,达成如下协议:被告尚欠原告上述三船1997年至1999年的修理费本金约24万元(具体金额以待查为准),迟延还款所欠利息,按银行同期贷款利率计算;被告尚欠原告"东渡102""东渡1203"两船2000年的修理费本金约9.6万元(具体金额以结算单为准),双方同意执行所订立的"东渡102""东渡1203"两船修理费还款协议;被告同意原告从2001年5月份开始,由甲方派出代表到被告处共同监收车辆、人畜过渡费;被告已在1998年11月20日的第一次还款协议书中以单位的车渡船舶抵押给原告,若被告将船舶变卖或改变船舶所属单位、性质、形态,被告必须征得原告的同意等。

(六)有关本案所涉3艘船舶权属的证据与事实

被告为了证明"东渡101"船属于广东中南国防交通投资有限公司,提供了以下证据:(1)抵押购船协议书;(2)借款购船补充协议;(3)广东省交通战备办公室与广东中南国防交通投资有限公司[2001]广国交投字第001号函、[2002]广国交投字第2号函。两份协议显示:1997年4月30日,广东中南国防交通投资有限公司(作为甲方)与被告(作为乙方)签订了1份协议书,协议约定,甲方提供贷款给乙方,由乙方购置"东渡101""东渡102"两艘车渡船,甲方将该两艘车渡船承包给乙方营运,购买渡船的船主名称为乙方,但车渡船的所有权归甲方所有,车渡船购置款及银行利息、管理费还清后,该两艘船的所有权归乙方所有等。上述协议的双方当事人于1997年9月10日签订补充协议,约定甲方增加购船款150万元,由乙方增购12车位的车渡船一艘,乙方保证分3年偿还借款,等等。上述两份函件是广东省交通战备办公室与广东中南国防交通投资有限公司分别于2001年1月22日向湛江市东海岛经济开发试验区交通局的致函、于2002年3月21日向法院的致函,两份函件提出,本案所涉三艘渡船的产权属于广东中南国防投资有限公司等。原告对这4份证据的真实性、合法性、关联性均持有异议,除对"东渡101"船的所有权提出了反证外,没有提出其他反证。法院对被告与广东中南国防交通投资有限公司协商投资经营3艘渡船的事实予以采信,但不能依据这

4份证据认定船舶所有权。《中华人民共和国海商法》第9条第1款规定："船舶所有权的取得、转让和消灭,应当向船舶登记机关登记;未经登记的,不得对抗第三人。"认定船舶所有权的依据应是船舶登记机关对船舶所有权的登记,而不是广东中南国防投资有限公司与被告关于船舶所有权的协议,也不是广东省交通战备办公室与广东中南国防交通投资有限公司的函件。广东中南国防投资有限公司与被告关于船舶所有权的协议,不能对抗与"东渡101"船有利害关系的原告。

原、被告均向法院提供的"东渡101"船的船舶检验证书,证书载明:"东渡101"船属于被告所有和经营。法院于2002年6月4日向湛江海事局调取了"东渡101""东渡102""东渡1203"三船的船舶登记簿,登记簿记载:该三船的所有人与经营人均为被告;"东渡101"与"东渡102"船为车客渡船,总吨位均为170吨;"东渡1203"船为汽渡船,总吨位为198吨;三船所有权与经营权的登记日期分别为1997年5月6日、5月20日、12月11日。至2002年6月4日法院取证时止,三船均未办理抵押与租赁登记,船舶登记簿上均无船舶所有权与经营权变更的登记。原、被告双方当事人对该三船的船舶登记簿均无异议,法院对上述船舶检验证书与船舶登记簿载明的事实予以采信。

在法院组织双方当事人庭前交换证据完毕后,被告于5月22日在庭审中补充提交了广东省交通战备办公室[2001]粤交战办字第23号公函,该证据属于被告无正当理由逾举证期限提供的证据,依据最高人民法院《关于民事诉讼证据的若干规定》第34条第1款的规定,法院不予采纳。

(七)扣押"东渡101"船的事实

根据法院相关的卷宗材料,查明:2002年3月13日,原告为请求本案所涉三船的修理费向法院申请扣押"东渡101"船,法院经审查于3月14日作出(2002)广海法保字第17-2号民事裁定书,裁定准许原告的保全申请,对停泊在原告厂内的"东渡101"船实施了扣押,责令被告在裁定书送达之日起30日内向法院提供55万元的担保。因被告未提供担保,至本案判决时,该轮仍处在扣押中。为申请扣押"东渡101"船,原告向法院缴纳了财产保全申请费5 000元,执行费2 000元。

三、法院裁判

广州海事法院认为,本案属于船舶修理合同纠纷。船舶修理合同是一种承揽合同。本案所涉4笔修船费纠纷中,后3笔修船费纠纷所涉及的船舶修理合同为《中华人民共和国合同法》实施以后成立的合同。第一笔修船费纠纷,即三船1999年5月3日以前的修船费纠纷所涉及的修船合同为《中华人民共和国合同法》实施以前成立的合同,但双方当事人约定支付修船费的期限跨越《中华人民共和国合同法》实施之日,而且虽然《中华人民共和国经济合同法》第19条和第35条调整的"加工承揽合同"包括修理合同,但该法并没有对定作人支付工作报酬的时间作明确规定,根据最高人民法院《关于适用〈中华人民共和国合同法〉若干问题的解释(一)》第1条和第2条的规定,本案 1999 年 5 月 3 日以前的修船费纠纷仍适用《中华人民共和国合同法》的有关规定。《中华人民共和国合同法》第 263 条规定:"定作人应当按照约定的期限支付报酬。对支付报酬的期限没有约定或者约定不明确,依照本法第六十一条的规定仍不能确定的,定作人应当在承揽人交付工作成果时支付;工作成果部分交付的,定作人应当相应支付。"原告为被告修理了船舶,修理完工后经被告验收结算,原告有权按照被告结算的修理费金额,向被告收取修理费。

中华人民共和国船舶检验局颁布的《船舶及海上设施法定检验规则》是对船舶安全航行与作业要求的规范文件,并不直接涉及船舶修理的标准。按照法定检验规则等技术规范使船舶适航,是船舶所有人或经营人经营船舶的法定义务,而不是修船人的法定义务。修船人的义务是按照修船合同的约定或船方的指示完成船方委托的修理项目。如果修船人按照船方的要求完成约定的修理项目后,船舶仍不适航,为了使船舶适航,船方需要继续委托修船人进一步修理。如果船方不继续委托,修船人没有义务在船方委托的项目外进一步修理至船舶适航,并可以根据《中华人民共和国合同法》第 263 条的规定就已交付的工作成果收取相应的修理费。一般而言,船方委托的船舶修理项目完工后,经修船人和船方验收合格,双方当事人才签署船舶修理工程结算,对修船费进行确认。如果修理工作成果不符合定作人即船方的要求,船方应要求修船人重新修理或减少报酬、赔偿损失,而不应立即结算修理费。本案中,"东渡 101"船于 2001 年 2 月 14 日进厂修理,5 月 31 日原、被告结算了修理费,视为原告已完成了被告委托的修理工作,因为船舶修理未完工,或修理完工后船方认为修理不合格,船方却与修船人结算修理费,这不符合船舶修理行业的惯常做法,原、被告也一致认为修船费结算单是修船工程计划实施完毕后的结算。原、被告双方并没有约定须将"东渡 101"船修理到适航为止。被告提出"东渡 101"船修理后未经船检机构检验证明适航,修理未完工,而没有提供任何反证证明修理不合格,以推翻其先前的确认,其拒绝支付修理费,没有事实和法律依据。被告应当向原告支付"东渡 101"船 2001 年度修理费的余款 124 136.35 元。

被告尚欠原告的船舶修理费为:1999 年 5 月 3 日以前的修船费 267 666.48 元、"东渡 1203"船 2000 年的修理费 26 327.49 元、"东渡 102"船 2000 年的修理费 45 088.05 元、"东渡 101"船 2001 年的修理费 124 136.35 元。4 笔修船费共计 463 218.37 元,被告应如数支付。

被告拖欠原告修船费,除支付本金外,还应当赔偿原告利息损失。双方当事人约定付款期限的,利息应从付款期限届满之次日起算;没有约定付款期限的,利息应从修船完工结算之次日起算。双方当事人于 1998 年 11 月 20 日、12 月 28 日分别约定了本案所涉三船 1997 年至 1999 年修船费的付款进度,按照约定的付款进度推算,被告分期支付 1998 年"东渡 1203"船修理费 164 411.52 元,最迟应于 1999 年 9 月 24 日支付完毕;被告分期支付 1999 年 1 月 19 日结算的"东渡 101"船修理费 137 688.99 元,最迟应于 2000 年 2 月 24 日支付完毕;被告分期支付 1999 年 2 月 3 日结算的"东渡 102"船修理费 107 065.97 元,最迟应于 1999 年 11 月 24 日支付完毕。三船 1997 年至 1999 年的修理费,被告最迟应于 2000 年 2 月 24 日支付完毕。双方当事人于 2001 年 1 月 1 日约定了"东渡 1203""东渡 102"船 2000 年修理费的付款进度,按照该约定,被告应分别最迟于 2001 年 5 月 10 日、7 月 20 日付清"东渡 1203"船"东渡 102"船 2000 年的修理费。双方当事人于 2001 年 5 月 30 日结算了"东渡 101"船 2001 年的修理费,没有特别约定付款期限,该笔修理费于该日即为到期债权。原告请求从 2000 年 2 月 25 日起算 1999 年 5 月 3 日以前的修船费 267 666.48 元的利息,从 2001 年 5 月 11 日起算"东渡 1203"船 2000 年的修理费 26 327.49 元的利息,从 2001 年 7 月 21 日起算"东渡 102"船 2000 年的修理费 45 088.05 元的利息,从 2001 年 5 月 31 日起算"东渡 101"船 2001 年的修理费 124 136.35 元的利息,均按中国人民银行同期人民币流动资金贷款利率计至本判决确定的给付之日止,应予支持。

关于"东渡 101"船的站排费和安全保卫费,2001 年 5 月 30 日双方在修船计划实施完毕后结算确认了修船费总额,由于站排费和安全保卫费属于修船工程计划项目,故应认定 2001 年 5 月 30 日以前的站排费和安全保卫费已计入上述结算确认的修船费总额中,原告不得重复请求。由于在修船费结算后,"东渡 101"至 2002 年 5 月 16 日仍停留在原告船排上,处在原告的看管下,原告可以请求该船自 2001 年 5 月 31 日起至其主张的截止日 2002 年 5 月 16 日止共 351 天的站排费和安全保卫费。原告作出的船体工程计划单经被告同意后,即为双方的约定,该计划单约定安全保卫费为 20 元/天,站排费及起重费两项费用为 160 元/天,但没有进一步划分站排费与起重费的标准,原告以 160 元/天主张站排费不合理。法院基于上述约定将站排费标准酌定为 80 元/天,原告可主张的站排费和安全保卫费应为 35 100 元。

根据"东渡 101""东渡 102""东渡 1203"三船的船舶登记,应依法认定该三船属被告所有和经营。"东渡 101"船自 2001 年 2 月 14 日进厂修理以来,一直处于原告的占有之下,依据《中华人民共和国海商法》第 25 条和《中华人民共和国担保法》第 83 条的规定,原告可以为该船 2001 年的修理费 124 136.35 元和上述站排费、安全保卫费 35 100 元,对该船行使船舶留置权。被告认为原告非法扣押"东渡 101"船,没有事实和法律依据。按照《中华人民共和国海事诉讼特别程序法》第 21 条第 12 项、第 23 条的规定,海事请求人可以基于修船费请求,申请法院扣押债务人所有的船舶,无论修船费是因所欲扣押的当事船舶而产生,还是因债务人所有或经营的其他船舶而产生。原告基于"东渡 101""东渡 102""东渡 1203"三船的修理费债权,申请扣押被告的"东渡 101"轮,于法有据。原告为此支付的财产保全申请费 5 000 元、执行费 2 000 元,应由被告负担。

综上,依照《中华人民共和国合同法》第 107 条、第 263 条的规定,判决如下:

一、被告湛江市东海岛经济开发试验区航运公司向原告湛江造船厂支付修船费 463 218.37 元及其利息(其中,267 666.48 元的利息从 2000 年 2 月 25 日起算,26 327.49 元的利息从 2001 年 5 月 11 日起算,45 088.05 元的利息从 2001 年 7 月 21 日起算,

124 136.35 元的利息从 2001 年 5 月 31 日起算,均按中国人民银行同期人民币流动资金贷款利率计至本判决确定的给付之日止)。

二、被告湛江市东海岛经济开发试验区航运公司向原告湛江造船厂支付船舶站排费和安全保卫费 35 100 元。

本案案件受理费 12 420 元,由原告负担 390 元,被告负担 12 030 元。财产保全申请费 5 000 元、执行费 2 000 元由被告负担。上述费用已由原告预交,本院不另清退,被告应将其应负担的部分费用迳付原告。

以上给付金钱义务,应于本判决生效之日起 10 日内履行完毕。

如不服本判决,可在判决书送达之日起 15 日内,向本院递交上诉状,并按对方当事人的人数提出副本,上诉于广东省高级人民法院。

⑨ 原告广东海运股份有限公司与被告湛江海滨船厂船舶修理合同纠纷案

案例来源:广州海事法院(2001)广海法湛字第 4 号

主题词:船舶修理合同　质量检验　质量保证期

裁判要旨

No. CB-6.4-3　船厂接受委托修理船舶,完工之后对船舶按照双方的约定进行了质量检验,并验收合格,此后发生尾轴漏油。法院认为,对通过工程完工质量检验不能发现的质量问题,应当按其是否在保质期内发生,以最终判断工程质量是否符合质量要求。委托人应就船舶尾轴漏油发生在保质期内承担举证责任,未能提供充分有效的证据予以证明的,法院对其提出的尾轴修理质量不合格的诉请不予支持。

一、基本案情

原告:广东海运股份有限公司

被告:湛江海滨船厂

原告诉称:1998 年 2 月 13 日,原告与被告签订了一份《修船工程合同》,委托被告对"广顺"轮进行修理。3 月 24 日,"广顺"轮修理完工离厂。因被告修理不当,原告于 4 月 11 日发现"广顺"轮尾轴前、后轴封漏油,并立即将漏油情况告知被告。被告于 4 月 14 日派人到黄埔检查确认了漏油的事实。同时,双方约定于 4 月底,原告将"广顺"轮开至湛江由被告安排进坞重修。4 月 29 日,"广顺"轮专程驶抵湛江准备进厂修理,但被告告知没有坞位不能进厂。7 月底 8 月初,原告又再次专程将"广顺"轮开至湛江准备修理,但被告仍然不能安排进厂修理。12 月 31 日,双方签订了《修理补充合同》,确认了尾轴漏油的事实,约定再次进坞消除漏油后,原告再付清全部修理费。1999 年 6 月 2 日,"广顺"轮因漏油造成污染,被港监部门强制委托天津新港船厂修造分厂对尾轴进行修理。6月9日修理完工,耽误船期8天。"广顺"轮平均每天漏油6公斤,从1998年4月11日发现漏油至1999年6月9日修理完工,共漏油2520公斤。请求法院判令被告赔偿原告的船期损失52万元及油料损失27024元。

被告辩称:被告按照《修船工程合同》的约定履行了船舶修理义务,1998年3月21日,中华人民共和国船舶检验局湛江分局(下称湛江船检局)对出厂前的"广顺"轮做了质量检验,并颁发了适航证书和尾轴检验报告,确认尾轴处于良好状态。另外,《修船工程合同》约定尾轴的保质期为3个月,而原告在1998年底签订《修理补充合同》时才通知被告"广顺"轮尾轴漏油问题,已超过保修期。原告请求的船期损失及油料损失没有事实依据,请求驳回原告的诉讼请求。

二、法院查明的事实

广州海事法院认定了以下事实:1998年2月13日,原告与被告就"广顺"轮的修理签订了一份《修船工程合同》。该合同约定:被告对工程质量负责,活动件保质期为3个月,固定件保质期为6个月,工程质量由湛江船检局确认为准。2月15日,"广顺"轮进厂修理。3月21日,湛江船检局对"广顺"轮做了质量检验,并颁发了适航证书和尾轴检验报告,确认尾轴处于良好和有效状态。3月24日,"广顺"轮修理完工并离厂。原告分别于4月20日、7月2日、10月26日向被告共支付修船费140万元。12月31日,原、被告签订了《修理补充合同》。补充合同载明:原、被告双方确认修理费总额为2384478元;待"广顺"轮尾轴再次进坞修理消除漏油问题后,再付清全部修理费。1999年2月9日,原告又支付被告修船费30万元。6月2日,"广顺"轮在天津新港船厂修船分厂进行了修理。6月9日,"广顺"轮修理完工。尾轴的修理费为249516元。扣除该费用,原告仍然拖欠被告修理费434962元。本院已另案判令原告向被告支付该笔修理费及利息。2001年2月28日,本院受理了原告的诉前财产保全申请,冻结了原告应当向被告支付的上述款项。

1. 尾轴油封的保质期

原告认为,尾轴的漏油是由于油封的安装工艺有问题,不适用《修船工程合同》中约定活动件或固定件的保质期。油封的保质义务应当依据诚实信用和公平合理的原则,以被告在《修理补充合同》中承诺的保修责任为准。被告认为,尾轴属活动件,依据《修船工程合同》的约定,尾轴的保质期为3个月。

对该争点,广州海事法院认为:尾轴应当属于活动件,依据《修船工程合同》的约定,尾轴的保质期为3个月。油封属尾轴的部件,因此,尾轴油封的保质期也应为3个月。原告提出尾轴油封不适用《修船工程合同》中约定活动件或固定件的保质期的主张,没有事实依据,不予支持。

2. 尾轴漏油是否在保质期内以及漏油的程度

原告提供的"广顺"轮轮机长叶裕祥1999年3月30日出具的"有关尾轴漏油的情况报告",以证明于修理后尾轴就出现漏油的情况,且每天漏油6公斤。同时,原告还认为,依据被告在《修理补充合同》中承诺对尾轴保修的责任,可以推定被告已经确认尾轴漏油这一质量问题发生在保质期内。被告对"广顺"轮轮机长叶裕祥1999年3月30日出具的"有关尾轴漏油的情况报告"的效力提出异议,其认为叶裕祥作为原告的职员,其出具的证明材料不具有证明效力。尾轴漏油的情况,被告直到签订《修理补充合同》才知道。此时,已经远远超过了保质期。被告之所以同意免费消除尾轴漏油问题,是为了尽快收回全部修理费,而非确认对尾轴漏油负有保修责任。

对该争点,广州海事法院认为,被告在《修理补充合同》中确认对尾轴免费消除漏油问题,仅仅可以推定被告在签订《修理补充合同》时,确认了尾轴漏油的事实,不能当然推定被告确认了尾轴漏油是在保质期内发生的。又因叶裕祥与原告有利害关系,其出具的证明材料不能直接作为认定该争议事实的依据。由于原告无其他证据相佐证,因此,原告提出的尾轴在保质期内出现漏油问题以及每天漏油6公斤的主张,不予认定。

另外,原告还主张,被告于4月14日派人到黄埔检查确认了漏油的事实;双方约定4月底,原告将"广顺"轮开至湛江由被告安排进坞重修;4月29日"广顺"轮专程到湛江准备进厂修理,但是被告知没有坞位不能进厂;7月底、8月初原告又再次专程将"广顺"轮开至湛江准备修理,但被告仍然不能安排进厂。对上述待证事实,原告未提供任何证明材料,被告亦不予确认,因此,广州海事法院不予认定。

3. "广顺"轮的船期损失的计算标准

原告提供了受载期为1998年1月7日至1月14日的"广顺"轮的航次租船合同两份以及受载期为1998年4月6日至4月9日的"广南"轮的航次租船合同一份。该两份合同约定的滞期费率均为每天65 000元。原告认为,"广顺"轮的船期损失应当依据滞期费率计算。被告未提供反驳证据,但认为滞期费属于惩罚性赔偿,不应作为船期损失的依据。

对该争点,广州海事法院认为,最高人民法院《关于审理船舶碰撞和触碰案件财产损害赔偿的规定》规定,船期损失一般以船舶碰撞前后各两个航次的平均净盈利计算;无前后各两个航次可参照的,以其他相应航次的平均净盈利计算。参照该规定,"广顺"轮的船期损失应当按照相应航次的平均净盈利计算。滞期费率一般包括营运成本和净盈利,直接以滞期费率计算船期损失显然不当。

三、法院裁判

广州海事法院认为,本案是船舶修理合同纠纷。被告接受原告的委托修理"广顺"轮。完工后,"广顺"轮按照双方的约定进行了质量检验,并验收合格。对通过工程完工质量检验不能发现的质量问题,应当按其是否在保质期内发生,以最终判断工程质量是否符合质量要求。尾轴是否漏油,通过工程完工质量检验不能发现。故确认本案修理工程质量是否符合质量要求,不能仅依据质量检验的合格,仍然需要视保质期内是否出现质量问题来判断。就"广顺"轮的尾轴漏油是发生在保质期内的举证责任应当由原告承担,但是原告未能提供充分有效的证据予以证明。因此,原告提出的尾轴修理不符合质量要求的主张,不予支持。原告要求被告承担违约责任的主张,没有事实和法律依据,不予支持。

综上,依照《中华人民共和国民事诉讼法》第 64 条第 1 款的规定,判决如下:

驳回原告广东海运股份有限公司的诉讼请求。

7. 船舶营运纠纷

7.1 船舶合伙经营纠纷

1 上诉人叶宗耀与上诉人裘明通、被上诉人泮振宇船舶合伙经营合同纠纷案

案例来源:浙江省高级人民法院(2008)浙民四终字第50号
主题词:船舶合伙　合伙清算　部分判决

> **裁判要旨**
>
> **No. CB-7.1-1**　通常情况下,确定合伙人之间的债权债务应当以清算结果为准,但本案并无一方当事人正式申请对合伙体的账目进行审计,也未采取相应措施使合伙体的财务账册到案,且在法院给予当事人自行对账时间的情况下,也未取得对账结果。法院根据现有证据和条件,对部分时段的账目进行审查处理,对其中一部分事实已经清楚的账目予以先行判决。

一、基本案情

上诉人(原审原告):叶宗耀

上诉人(原审被告):裘明通

被上诉人(原审被告):泮振宇

宁波海事法院审理查明:2001年1月18日,叶宗耀、裘明通、泮振宇三人签订《合作协议书》,三人共同成立合作企业"宇翔(或宇通、红鹰)船务有限公司"(YOUXIANG SHIPIING LIMITED),股份共计48股,其中叶宗耀占20股,裘明通占15股,泮振宇占13股,出资额以实际到位资金为准,利润与亏损按股份份额分配与分担。合伙人增股、入股、转股、退股、对合伙企业有关事项作出决议以及其他未尽事宜,其结果以65%以上股份的合伙人同意方可,但处理合伙船舶、将船舶为他人提供担保及聘任合作企业的经营管理人员等事务,须经全体合作人同意。

签约后,叶宗耀、裘明通、泮振宇共同购买了"友翔"轮,在共同经营了一段时间后,决定将船舶进行修理后交由裘明通一人承包经营。2003年2月16日,"友翔公司股东叶宗耀、裘明通、泮振宇"作为甲方,裘明通作为乙方,双方签订船舶承包合同,约定将甲方所属的"友翔"轮以光租的形式承包给裘明通经营。第一期承包期为交船日至2005年11月特检期止,租金每月(30天)16.8万元。特检修船由乙方负责,一切费用由承包人支付,船舶在坞期间不付租金。第二期承包期为特检后3年加2年(不管停航、修船等是否营业,乙方均须付租金给甲方),特检后租金每月13.5万元。起租后6

个月内租金于每月月底付清,6 个月以后下月租金需提前 3 个工作日支付,如乙方不按时支付租金或违约,甲方有权收回船舶。乙方接船时,船上所有燃油、润滑油的存油按接船前最后一次加油价格由乙方一次性付清。租期内由乙方承担船舶经营的一切开支,包括船舶日常维护、保险、日用品、消耗品、船员工资伙食、润滑油、燃油等费用,并负责办理 DOC 证书、SMC 证书等船舶证书,还负责对船舶的修理、坞检、年检、特检并支付费用。船舶的国籍证书、保险由甲方负责办理,但费用由乙方承担。交船与还船时,船舶应处于适航状态,乙方还船时需经过到期年度检验及船舶修理,乙方保证还船时该轮的状态与接船时一样,包括船体、机器设备、属具等,但自然损耗除外。该协议甲方由叶宗耀、裘明通、泮振宇三人共同签字,乙方签字人为裘明通。2003 年 3 月 27 日,叶宗耀、裘明通、泮振宇在张家港码头办理了交接手续,商定从次日零时起,"友翔"轮的一切费用均由裘明通负担。

因修船时对修理款的投资不足,泮振宇愿出让 20 万元股权,叶宗耀、裘明通、泮振宇一致同意,自 2003 年 4 月 1 日起,"友翔"轮 48 股股权变更为叶宗耀 21 股,裘明通 16 股,泮振宇 11 股。2003 年 10 月 8 日,叶宗耀、裘明通、泮振宇共同委托会计林其忠对各股东投资购船、修船及承包给裘明通之前的光租租金收入等账目进行结算。2004 年 1 月 5 日,林其忠出具了合伙账目结算清单 6 份,叶宗耀与裘明通签字确认了该结算结果,但泮振宇不予认可,拒绝在账单上签字确认。

2004 年初,因"友翔"轮船壳险于 2004 年 1 月 1 日到期,保赔险亦将于 2004 年 2 月 20 日到期,裘明通要求发包方办理续保。经其多次催促,"友翔"轮仍未能办理好续保,裘明通决定不再承包经营"友翔"轮,要求退租还船,但叶宗耀一直没有回复。2004 年 3 月 3 日,裘明通将船舶驶到台州大麦屿港停航,要求合伙股东接收还船,但叶宗耀未能到场。3 月 4 日,裘明通、泮振宇自行达成股东决议,同意裘明通终止履行承包合同,自 3 月 5 日起办理交接手续正式还船。由于发生争议,裘明通自 2003 年 12 月 27 日起拖欠承包费(租金)未付。2004 年 3 月下旬,裘明通、泮振宇多次通知叶宗耀参加股东会议,但叶宗耀均未出席,裘明通、泮振宇自行召开股东会议,决定罢免叶宗耀的合伙负责人的职务,并以 480 万元的价格出售"友翔"轮。叶宗耀认为该售价过低,不同意卖船。2004 年 4 月 16 日,叶宗耀、裘明通、泮振宇经协商达成协议,共同委托案外人章宏军出售"友翔"轮,由章宏军出售船舶及收取、保管卖船款,处理三股东之间的纠纷,纠纷未处理好之前,任何人不得动用该卖船款,委托期为 1 年。叶宗耀、裘明通、泮振宇还与章宏军达成协议,由章宏军主持调解三人之间的纠纷,在未放弃调解之前,三人绝对放弃进行法律互诉。

2004 年 4 月 21 日,叶宗耀向宁波海事法院申请扣押了"友翔"轮并申请证据保全,请求法院指定专业人员对"友翔"轮的 2003 年度修理项目及所需的修理费用、时间进行评估,并为此支付保全费、评估费 35 000 元。宁波航达海事技术咨询公司接受宁波海事法院委托,于 2004 年 5 月 13 日出具了"友翔"轮检验报告及关于修理费评估的技术咨询报告,认为该船当时需进行船级中间检验、坞内检验,以及 2003 年度的载重线年度检验、构造安全中间检验、船底外部检查、安全设备年度检验、无线电安全检验、防油污中间检验、起货设备四年度检验、吊重试验、锅炉检验、尾轴检验。报告认为,"友翔"轮应入坞修理,为通过 2003 年度检验,该轮仅可视部分需修理费 1 120 034 元,不包括对船体、轮机及其他需进行试验、测量、计算后才能作出修理意见的修理项目,预计修理码头工程需 17 天,坞期需 7 天,共计 24 天。报告还认为,该轮的船体结构存在严重的安全隐患,如要满足公约的安全运营要求,建议在船舶进坞以后对全船所有舱柜进行清洁、内部检查、测厚并进行全面彻底的修理,同时在修理的基础上核算强度,因此该轮的实际修理费用将明显超过本报告预估费用。

2004 年 4 月 26 日,章宏军以 626 万元的价格出售了"友翔"轮,但章宏军代叶宗耀、裘明通、泮振宇支付了部分"友翔"轮的费用后,未能如约将卖船余款 539.8 万元交还给叶宗耀、裘明通、泮振宇三人。叶宗耀、裘明通、泮振宇共同作为原告向台州市中级人民法院提起诉讼,该院于 2006 年 2 月 20 日判决章宏军交还叶宗耀、裘明通、泮振宇三人卖船款 539.8 万元。经叶宗耀申请,宁波海事法院采取诉前财产保全措施,分别冻结了裘明通、泮振宇在台州市中级人民法院的该案执行款 110 万元、17 万元,叶宗耀为此支付诉前财产保全申请费 13 740 元。

2006 年 12 月 18 日,叶宗耀向宁波海事法院起诉,请求判令裘明通向叶宗耀支付合伙期间的承包费、检验费、修理费、利息、证据保全费、评估费等共计 1 099 069.19 元;泮振宇支付叶宗耀购船时拖欠的修船款及其他费用共计 170 113.42 元。庭审前,叶宗耀追加诉讼请求,请求裘明通、泮振宇共同支付本案的诉前财产保全费用 13 740 元。

二、一审裁判

宁波海事法院审理认为,叶宗耀、裘明通、泮振宇三人于 2001 年 1 月 18 日所签订成立合作企业"宇翔(宇通、红鹰)船务有限公司"的合作协议,以及 2003 年 2 月 16 日签订的承包合同,系三方当事人的真实意思表示,应确认有效。但前一协议的内容与目的是合作成立船务公司以及对公司决策、经营事宜的安排,而非关于"友翔"轮的合伙。裘明通、泮振宇主张三人系友翔船务公司的股东、三人之间的账目实为公司账目,但未提供所谓"友翔船务公司"的登记资料,不能提供该公司的注册国家、办公地址,不能证明该公司已实际成立,故对叶宗耀关于三人虽合意要成立公司,但公司实际并未成立的主张,予以采信。叶宗耀、裘明通、泮振宇对三人共同拥有"友翔"轮所有权的事实无异议,故认定三人之间为"友翔"轮的个人合伙关系。

叶宗耀、裘明通、泮振宇对于"友翔"轮合伙期间的账目分配,均有权提出主张并举证加以证明。由于叶宗耀、裘明通、泮振宇三人系个人合伙,根据法律规定,个人合伙的经营活动,应由合伙人共同决定,2001 年 1 月 18 日的合作协议书不能约束三人之间的个人合伙关系,故叶宗耀关于根据该合作协议,2004 年 1 月 5 日的账目结算结果得到占 65% 以上股份的叶宗耀与裘明通两人签字认可即已生效的主张,理由不足,不予认定。由于对该结算账目不予认可,故叶宗耀主张的前一阶段的各项费用,依据不足,不予支持。

叶宗耀所提出的后一阶段的各项损失,首先是裘明通接船时应付的费用,根据承包合同的约定,租期内裘明通应承担船舶经营的一切开支,包括船舶日常维护、保险、办理 DOC 证书、SMC 证书等船舶证书并承担费用。因此,发包方即合伙体已支付的裘明通承包期内相应的船舶吨税费 7 528.36 元、保险费 18 051.81 元、办证费用 58 001.33 元,均应由裘明通负担。

其次是裘明通拖欠的承包费(租金)。叶宗耀主张,裘明通拖欠 2003 年 12 日 27 日至 2004 年 3 月 27 日 4 个月的承包费(租金)未付,每月 16.8 万元。宁波海事法院认为,承包协议约定,"友翔"轮的保险事宜由甲方即合伙体办理,费用由裘明通支付,现船舶无法投保,由叶宗耀、裘明通、泮振宇三人组成的合伙体负有违约责任。因船舶无法继续投保,裘明通有权要求终止承包,在充分通知叶宗耀的前提下,裘明通于 2004 年 3 月初交还船舶,且自该日起裘明通实际上亦未再占有、使用船舶,故认定裘明通于 2004 年 3 月 5 日终止承包关系,其拖欠的承包费(租金)时间为 2003 年 12 日 27 日至 2004 年 3 月 5 日共 3 个月零 6 天,按 168 000 元/月,计 537 600 元。

第三部分是裘明通还船时未修船导致的船价减少损失及修理期间的租金损失。对此,宁波海事法院认为,承包协议明确约定,由裘明通负责船舶的修理、坞检、年检,一切费用由裘明通负责,还船时船舶需经过到期年度检验及船舶修理,裘明通须保证还船时该轮应处于适航状态,且状态与接船时一样(自然损耗除外)。根据两份鉴定报告,2004 年 3 月裘明通还船时,"友翔"轮已处于应进行中间检验、坞内检验的时间,裘明通未按合同的约定将船舶进行年度检验及修理以达到还船时船舶应适航、"与接船时一样"的状态,已构成违约。根据宁波海事法院委托宁波航达海事技术咨询公司出具的补充报告,船舶出售前未经修理确会导致船舶价值的减损,减损价值与修理费大致相当且应略高于修理费,因为除修理费外还需要修理时间及相应的管理费用。因此,叶宗耀主张因裘明通还船前未修船导致合伙体售船价值减损 1 120 034 元,证据与理由充分,予以支持。裘明通、叶宗耀关于船舶按现状出卖,未经修理不会导致船价减损的抗辩,理由不足,不予采纳。关于叶宗耀主张的修船期间的租金损失,因未实际发生,且叶宗耀因裘明通未修船的损失已经以船舶价值减损估算,故叶宗耀要求另外赔偿修船期间的租金损失的主张,理由不足,不予保护。合计以上三部分的损失,合伙体后一阶段即裘明通光租承包期间,裘明通共应支付合伙体费用共计 1 741 215.5 元,按股份比例,叶宗耀应得 761 782 元。

根据法律规定,叶宗耀请求权的时效期间为两年。2004 年 4 月 16 日,叶宗耀、裘明通、泮振宇三方委托案外人章宏军处理合伙人之间纠纷,约定处理期间为 1 年,三方同意在章宏军未放弃调解受托权之前,三人绝对放弃进行法律互诉。因此,叶宗耀、裘明通、泮振宇均同意在 2005 年 4 月 16 日之前纠纷一直由他人调解,该日之后调解不成,诉讼时效期间应从该日起算,叶宗耀于 2006 年 12 月 18 日起诉,未超出两年的时效期间。相应的,裘明通应支付款项的时间亦应从确认调解不成的 2005 年 4 月 16 日起算,裘明通逾期支付,应承担自该日起至实际付清之日按银行同期贷款利率计算的利息。泮振宇关于叶宗耀起诉已经超出诉讼时效期间的抗辩,理由不足,不予采纳。

此外,叶宗耀于2004年支付财产保全费、证据保全费、评估费35 000元以及本案诉前财产保全申请费13 740元,共计48 740元,因叶宗耀提出上述申请部分有理,应予支持,上述诉讼费用在本案中作为叶宗耀的损失,按判决中的各方胜诉比例,叶宗耀应自行承担19 485元,裘明通承担29 254元,叶宗耀诉请有理部分,予以支持。依照《中华人民共和国民法通则》第32条、第34条、第35条、第106条第1款、最高人民法院《关于贯彻执行〈中华人民共和国民法通则〉若干问题的意见(试行)》第47条的规定,宁波海事法院于2008年6月15日判决:

一、裘明通于判决生效后10日内支付叶宗耀款项791 036元,并支付该款自2005年4月16日至实际付清之日按银行同期贷款利率计算的利息;

二、驳回叶宗耀的其他诉讼请求。

如果未按判决指定的期间履行给付金钱义务,应当依照《中华人民共和国民事诉讼法》第229条之规定,加倍支付迟延履行期间的债务利息。一审案件受理费16 350元,由叶宗耀负担6 160元,裘明通负担10 190元。

三、上诉与答辩

上诉人叶宗耀、裘明通均不服宁波海事法院的上述民事判决,分别向浙江省高级人民法院提起上诉,叶宗耀上诉称:(1) 原判在认定船舶修理费用的同时,未认定船舶需修理期间及相应租赁费,与裘明通所签《承包合同》关于其应在租期内完成修船的约定相悖,裘明通不仅应完成修船的义务,还应承担修理期间的租金,按评估报告确定修理期间为22天,裘明通还应支付租金123 200元,叶宗耀按股份比例可得53 900元。(2) 叶宗耀已提供一系列证据证明裘明通承包伊始的存油款,且裘明通在《协议纪要》中确认应付叶宗耀42 000元,该款项应予认定。(3) 除本案诉前保全费13 740元可以按叶宗耀的诉请获支持的比例分担外,叶宗耀于2004年支出的财产保全费、证据保全费、评估费共计35 000元不应由叶宗耀分担。(4) 三方当事人之间形成合伙关系的基础就是《合作协议》,除有关设立公司的条款外,其余均是对合伙关系的约定,宁波海事法院不予认定进而否定65%股份股东签字的效力不当。即使认为叶宗耀、裘明通在算账结果上签字的效力不能约束泮振宇,但该算账结果系三方共同委托,对三方均有约束力,原判驳回叶宗耀对泮振宇的诉讼请求也无事实依据。综上,请求撤销原判,在原判基础上加判裘明通另需支付叶宗耀修船期间的租金损失53 900元、承包初期的存油款42 000元和2004年的财产保全费、证据保全费、评估费11 242元;判令泮振宇支付叶宗耀170 113.42元。

裘明通上诉称:(1) 在叶宗耀申请宁波海事法院扣船后又同意出售船舶的行为表明,三方已合意按船舶现状即无须修理进行出售,也表明了三方合意解除《承包合同》并互不追究责任的真实意思表示;根据《承包合同》第8条第6款关于裘明通承包经营期间出现船舶买卖的合理价格,各方商定出卖船舶均不属违约的约定可知,三方决定出售船舶就无须修理;《"YOU XIANG"轮检验报告》及《"宇翔"轮2003年度修理费评估报告》均系叶宗耀单方申请鉴定的结果,鉴定与评估内容均未经裘明通、泮振宇的确认和对质,不能作为定案依据;在此情况下,宁波海事法院不应确定裘明通承担船舶修理费用。(2)裘明通提前终止《承包合同》的原因是船舶因超龄无法续保,叶宗耀未能办妥保险事宜,已违约在先,其应承担相应的责任。(3)原判否认存在友翔船务有限公司与事实不符,即使认定为合伙企业,按相关法律规定,均应进行清算,才能确定各方当事人的责任,宁波海事法院仅对整体账务中的部分予以审理显然不合理。其中,叶宗耀代收的保险赔偿金45 000元应属裘明通所有;多算1个月的船租金即168 000元;将没有证据证明的58 001元的办证费予以认定并未按实际用船时间进行分担;叶宗耀于2004年支出的保全费、评估费35 000元属其自身应承担的费用,这些金额均应在叶宗耀的诉请中予以扣除。综上,一审判决认定事实不清,适用法律错误,审理程序不公及计算损失金额错误,请求撤销一审判决,改判支持裘明通的上诉请求。

针对叶宗耀的上诉请求和理由,裘明通辩称:(1)三方合意卖船的结果表明,无须再修船,《承包合同》也已解除,裘明通不应承担修船费用。(2)宁波海事法院因叶宗耀未能提供存油款价格的证明而未予认定正确。(3)叶宗耀于2004年支出的保全费、评估费系其在各方合意卖船之后,应由其自行承担。叶宗耀的上诉理由不能成立,不应予以支持。

被上诉人泮振宇辩称:(1)其在裘明通承包终止后支付的23万余元应由其他合伙人分担。(2)叶宗耀主张的17万余元的款项已在股份调整时对冲了,不应予以支持。

针对裘明通的上诉请求和理由,叶宗耀述辩称:(1)裘明通、泮振宇没有提供证据证明目标公司已设立的事实,原判认定本案系合伙法律关系正确。(2)船舶修理费既是《承包合同》所约定的需支付的款项,也是叶宗耀在裘明通、泮振宇串通出让船舶的情况下,不得已申请法院保全并委托有关专业部门作出的评估结论,合理合法,且仅是可视部分修理费,远少于实际需修理的费用,更少于修理后可增加船价的部分金额,故应予认定。(3)三方合伙人共同签字确认委托他人算账,其结果应当对各合伙人有约束力。(4)因裘明通拖欠承包费,未支付办理保险费用而未能续保,责任均在裘明通,还船条件尚未成就。(5)裘明通在原审中未提出的费用不应予以审查,其提出异议的其他费用与事实不符,不应在其欠款数额中扣除。

被上诉人泮振宇辩称:其对裘明通的上诉请求和理由没有意见。

四、二审裁判

经审理,浙江省高级人民法院除认定原审查明的事实外,另查明:叶宗耀在二审补充调查过程中确认至2003年12月27日止的其应得船舶租金已由裘明通付清;裘明通承包伊始的存油款中应付叶宗耀的数额为42 000元;叶宗耀在裘明通船舶承包期间收取保险赔偿款45 000元,其无证据证明该款项已用于合伙事务之中。

浙江省高级人民法院认为：三方当事人对一起出资购买"友翔"轮并共同经营，其间又由裘明通单独承包经营以及经营结果未经全盘清算的事实无异议，浙江省高级人民法院予以确认。本案争议焦点为：

(一)《合作协议》的效力与法律关系的性质

本案《合作协议》系三方当事人自愿签订，内容也无违反国家法律、法规规定的情形，宁波海事法院确认其有效正确。从协议内容看，除个别条款提及设立"宇翔（宇通、红鹰）船务有限公司"外，大部分条款主要对股份的设置、处置及合作体经营管理决策权的行使等事务作了约定。裘明通、泮振宇认为协议的目的是设立船务公司，故各方均为公司股东，股东之间的关系应置于公司法的调整之下，应按公司法的规定进行公司清算，从而确定各方的责任，但裘明通、泮振宇未能提供有关公司登记资料以证明目标公司已实际成立，故对其应以公司及股东间的关系衡量处理本案的主张不予支持。因无证据证明公司设立的事实，协议中有关设立公司的条款视为未履行，但不应影响其余条款的效力，在各方已按协议约定实际出资购买船舶，开展经营活动的情况下，对各方之间的关系应当认定为合伙关系，该合伙关系仍受合作协议的约束。宁波海事法院认为合作协议不能约束三方合伙关系不当。

(二) 本案合伙人间的债权债务应如何处置

裘明通、泮振宇认为即使是合伙关系，也须以全盘清算的形式分清合伙人之间的收支数额，方能解决本案纠纷。在通常情况下，确定合伙人之间的债权债务应当以清算结果为准，但本案并无一方当事人正式申请对合伙体的账目进行审计，也未采取相应措施使合伙体的财务账册到案，且在宁波海事法院给予当事人自行对账时间的情况下也未取得对账结果，故宁波海事法院根据现有的证据和条件，对部分时段的账目进行审查处理，符合《中华人民共和国民事诉讼法》第139条关于人民法院审理案件，其中一部分事实已经清楚，可以就该部分先行判决的规定。虽然，本案三合伙人于2003年10月8日对裘明通承包之前的"友翔船务有限公司收支情况统计表"（叶宗耀提供的二审证据2）签字确认，但该"统计表"只反映合伙船舶的收支情况而没有直接反映各合伙人之间的债权债务情况，不能据此确定某一当事人的债务数额；三合伙人还于同日签字确认共同委托会计林其忠对各股东投资购船、修船及承包给裘明通之前的光租租金收入等账目进行结算，林其忠于2004年1月5日出具的6份结算清单系受各方委托而作出的结算结论，虽不排斥各合伙人可以根据具体的凭证要求予以调整，但在调整之前，即使没有合伙人的签字，其结论对各合伙人仍有约束力，本应作为确定裘明通承包前各合伙人之间债权债务的依据，但该6份结算清单未直接注明各合伙人之间债务的具体数额，仍需进行推算，而叶宗耀据以起诉裘明通、泮振宇应付款项的"友翔轮各股东进出账汇总表"虽体现了对前述结算清单推算的结果，但叶宗耀在推算过程中又加入了款项往来的利息及相关费用，由于该"汇总表"的推算过程及结果未得到裘明通、泮振宇的认可，故该"汇总表"不应作为支持叶宗耀起诉主张的依据。现有证据不足以确定裘明通承包前各合伙人之间的债权债务，更不能确定整个合伙期间合伙人之间的债权债务,叶宗耀要求泮振宇向其支付 170 113.42 元的主张,目前难以得到支持,可另行解决;因裘明通承包期间责任明确,款项关系容易划清,故本案宜仅就该期间合伙人间的债权债务进行审查,对叶宗耀诉讼主张中涉及该期间的款项予以处理。

(三) 裘明通承包经营期间应付合伙体的款项和叶宗耀应得数额

1. 裘明通应否支付经评估确定的船舶修理费用及修理期间的船租费 53 900 元(叶宗耀可得份额)？根据《承包协议》第 6 条第 2 款及第 8 条第 2 款的约定,裘明通还船时需经过到期年度检验及船舶修理,保证还船时该轮的状态与接船时一样,故裘明通应按该约定承担船舶修理费。裘明通辩称,《承包协议》第 8 条第 6 款约定承包经营期间出现船舶买卖的合理价格,各方商定出卖船舶均不属违约,三方既已同意出售船舶,就表明按现状出售,协议中原要求修理的约定已被变更,其无须再履行修理义务,但从查明的情况看,叶宗耀为阻止裘明通、泮振宇卖船而采取了一系列的保全措施,足见其同意卖船的被动性,其请求对船舶进行检验与评估的行为本身表明,其不放弃主张船舶经裘明通使用减损后的赔偿。在此情况下,要认定叶宗耀已同意裘明通无须承担修船费用,依据不足。裘明通进而认为,检验报告与鉴定报告均未在当时经其他合伙人对质,鉴定程序不到位,报告难称客观公正,不应采信。经查,两报告所涉事项均系叶宗耀诉前保全期间所申请,由宁波海事法院委托专业部门作出,鉴定程序符合当时的规定,故裘明通的该项辩称理由也不能成立。裘明通还认为,本案承包合同提前终止的原因是发包方未能办妥续保手续,作为发包方代表的叶宗耀也应承担相应的民事责任。现已查明,2004 年初,因"友翔"轮船壳险于 2004 年 1 月 1 日到期,保赔险亦将于 2004 年 2 月 20 日到期,裘明通要求发包方办理续保。经其多次催促,"友翔"轮仍未能办理好续保手续,裘明通决定不再承包经营"友翔"轮,要求退租还船,但叶宗耀一直没有回复。尽管裘明通提前终止承包可能有多种原因,双方对此也各执一词,但合伙体在裘明通一再要求下,仍未能按《承包协议》的约定(合伙体负责办理相关保险,裘明通承担相应费用)办妥船舶保险手续,合伙体对裘明通提前终止合同难辞其咎。裘明通承诺承包期间承担全部修理费用应当与承包合同顺利履行互为对价,现提前终止,裘明通的合同目的与其收益远未实现,对弥补可能发生的修船支出显然有影响。而对这种影响,合伙体负有不可推卸的责任,故合伙体应当对本应由裘明通承担的修船费用承担部分责任。考虑到评估结论也是根据裘明通交船当时的状况确定的修理费用,且仅是可视部分,故裘明通仍需承担主要责任。对评估确定的修船费用 1 120 034 元,浙江省高级人民法院酌情确定由裘明通承担 70%,合伙体承担 30%。原判确定均由裘明通承担不当,应予调整。

至于船舶需修理期间的租金损失(叶宗耀主张可得数额 53 900 元),如合同顺利履行,按合同约定确实会存在该笔费用,但现因船舶已出售,该费用未实际发生,且裘明通承担船舶修理费后相当于将船舶使用后减损的价值已予补偿,故宁波海事法院对叶宗耀提出的该项请求未予支持并无不当。

2. 船租金额计算是否有误？在二审中,叶宗耀确认其已收到裘明通支付的至2003年12月27日止的船舶租金即承包金,根据宁波海事法院已查明的裘明通终止承包关系的日期2004年3月5日,裘明通未付合伙体租金的时间实为两个月零六天,金额应为537 600 - 168 000 = 369 600 元。原判计算有误,应予纠正。

3. 裘明通应否承担其他费用？裘明通对宁波海事法院认定应由其向合伙体承担的船舶吨税费7 528.36元、保险费18 051.81元未提出异议,二审予以确认。对叶宗耀主张的裘明通承包伊始的存油款42 000元(叶宗耀可得份额)和船舶办证费用58 001元,裘明通不予认可。原审中,裘明通对其承包之初的存油数量没有异议,仅对油料价格有异议,叶宗耀提供的有关传真件中反映了主要油料的价格,由于裘明通在《协调纪要》中确认应付叶宗耀存油款为42 000元,虽然该纪要注明涉诉无效,但可以真实地反映当时的状况,且可以与叶宗耀提供的一系列证据形成证据链,故该款项应予认定,应由裘明通承担,原判未予认定不当。至于船舶办证费用,承包协议明确约定由裘明通承担,原判确定均由裘明通承担并无不当。

4. 叶宗耀代收的保险赔偿金45 000元的归属。叶宗耀对收到裘明通承包期间船舶出险获得的保险赔偿金45 000元并无异议,其辩称该款项冲抵其他支出,用于合伙体事务之中,但未提供证据佐证,故浙江省高级人民法院对其辩称不予支持。因裘明通承包期间船舶保险费均由裘明通承担,故保险理赔收益也应由裘明通享有,该笔款项应在裘明通需支付叶宗耀的款项中扣除。

综上,裘明通应向合伙体支付的款项为:船舶修理费的70%、船舶承包金369 600元、船舶吨税费7 528.36元、保险费18 051.81元、船舶办证费用58 001元;需直接计付叶宗耀的款项为存油款42 000元;可向叶宗耀索回的款项为保险赔偿金45 000元。叶宗耀可得款项为:(1 120 034 × 70% + 369 600 + 7 528.36 + 18 051.81 + 58 001) × 21/48 + 42 000 - 45 000 = 538 277.17 元。

(四) 叶宗耀于2004年支付的财产保全等费用35 000元应如何处理

叶宗耀为阻止裘明通、泮振宇卖船而支出前述费用,应认定为叶宗耀的经济损失,原判按叶宗耀胜诉比例计算确定裘明通的负担数额,实际已减轻裘明通的负担,裘明通要求全部不承担缺乏事实依据,不予支持。此外,裘明通对叶宗耀为本案诉前保全而支出的费用13 740元及负担比例的确定没有异议,但叶宗耀诉请获支持的数额调整后,对前述费用的分担数额应重新计算调整。裘明通应承担部分为538 277.17/ 1 282 922.61 × 48 740 = 20 451 元。

综上,对叶宗耀与裘明通上诉有理部分,浙江省高级人民法院予以支持。裘明通应付叶宗耀款项总额为538 277.17 + 20 451 = 558 728.17 元。鉴于本案实际情况,浙江省高级人民法院根据现有证据作出的审理结论,不影响当事人对浙江省高级人民法院尚未最终审定的款项根据相应的凭证据实另行主张的权利,也不影响当事人以对合伙财产进行清算等方式对合伙人之间的债权债务整体数额再予确定的权利。原审判决根据已有证据认定事实基本清楚,但部分款项认定或责任划分欠当,应予纠正。

依照《中华人民共和国民事诉讼法》第153条第1款第3项之规定,判决如下:

一、撤销宁波海事法院(2006)甬海法台商初字第69号民事判决;

二、裘明通应于本判决送达之日起10日内支付叶宗耀款项558 728.17元,并支付该款自2005年4月16日至实际付清之日按人民银行同期贷款利率计算的利息;

三、驳回叶宗耀的其他诉讼请求。

❷ 上诉人王志康与被上诉人赵后军、赵志军、邵悟挺、王科、钱召权、王惠庆、夏良位船舶合伙经营纠纷案

案例来源:浙江省高级人民法院(2009)浙海终字第1号

主题词:船舶合伙　合伙性质　经营性合伙　股本性合伙

裁判要旨

No. CB-7.1-2 合伙人无直接的书面证据以证明该合伙的性质,法院对合伙关系的性质按通常情形进行考量,即在不足以认定为经营性合伙的情况下,应认定为股本性合伙,同时,即使船舶登记为某一合伙人所有,也不影响推定各合伙人共有船舶。

一、基本案情

上诉人(原审原告):王志康

被上诉人(原审被告):赵后军

被上诉人(原审被告):赵志军

被上诉人(原审被告):邵悟挺

被上诉人(原审被告):王科

被上诉人(原审被告):钱召权

被上诉人(原审被告):王惠庆

被上诉人(原审被告):夏良位

宁波海事法院审理查明:"浙岱渔02128"号船自2000年10月以90余万元之价格被购入后,即由多人合伙经营,直至2007年底赵后军将其出售并购入他船(但仍套用原"浙岱渔02128"号之船名。售出船价为28万元,购入船价为62万元,均不包括证书),赵后军一直为该船老大(船长)。生产经营期间,合伙人按股份对生产成本、收入在每航次结束后或年终进行结算和分配,生产年度结束后,时有人员进出合伙。王志康自2001年参加该船合伙至2007年底,对2007年赵后军作业时受伤所致损失拒绝按自己的股份分担。2007年底,王志康因与赵后军就退伙股款发生纠纷,遂诉至宁波海事法院,请求判令赵后军等7人按130万元之船价向王志康支付退伙船款152 900元,并表示愿在该价基础上与赵后军等人竞价。

宁波海事法院另查明:"浙岱渔02128"号船经主管机关登记(舟山渔港监督处2006年3月16日制发证书)为赵后军一人所有("所占股份"栏为"100％");2007年底前该船合伙一直未有书面协议。2008年始对购入船经营,当年度部分合伙人订立协议(不包括赵后军),约定自2008年元月始,合伙人按股份交纳押船风险金、支付船租费。

宁波海事法院还查明:对于"浙岱渔02128"号船当时购入时的出资情况、该船2008年前合伙之性质,王志康和赵后军等人在诉讼中的主张不同,王志康主张该船为当时合伙人共同出资购买,王志康2001年入伙时出资8万元,船舶实为合伙人共有;赵后军等则主张,该船由赵后军一人出资购买,属赵后军一人所有,各合伙人均不曾出资,亦不曾在入伙时交过钱。合伙人依股份分担经营成本、分配经营收入,并在每年度每股向船东交纳5000元。自2008年度开始,合伙书面约定采取交纳押金、支付船租的模式。

二、一审裁判

宁波海事法院审理认为:本案究系合伙人共有船舶之合伙,还是赵后军一人独有并由合伙人共同经营船舶之合伙。根据本案证据,各方对其主张的举证及证明均难谓充分。但就船舶产权而言,法律有明文规定,实务中亦有相关部门主管产权登记事宜。根据《中华人民共和国海商法》第9条第1款的规定,船舶所有权的取得、转让和消灭,应当向船舶登记机关登记;未经登记的,不得对抗第三人。该规定不仅有引导、指导、规范船舶产权登记的职能,同样亦有对有关产权行为予以评价、规范的职能,当事人未依法登记产权应自行承担相应的风险。涉案船舶登记于赵后军名下,因王志康未提供充分、可靠之证据推翻这一产权登记,应自行承担产权未登记之证明风险。故王志康主张"浙岱渔02128"号船为合伙共有,并诉请按其股份分配船款,无事实与法律依据,不予支持。综上,宁波海事法院依照《中华人民共和国海商法》第9条第1款、《中华人民共和国民事诉讼法》第64条第1款的规定,于2008年11月13日判决:驳回王志康的诉讼请求。案件受理费3360元,由王志康负担。

三、上诉与答辩

王志康不服一审判决,向浙江省高级人民法院提起上诉称:(1)原判认定王志康没有船舶股权错误。船舶动态管理系统的记载和被上诉人的答辩均证实王志康在涉案船舶中有一股股权,该股权系指船舶的股权。王志康将8万元船股款交由赵后军时亦有两位证人亲眼所见,被上诉人钱召权和赵志军的录音也可以证实船舶股权情况。(2)原判适用法律错误。本案船舶属于合伙体共同所有的财产,被上诉人应当对船舶及生产工具依照当时的市场价按股权分给王志康。综上,请求撤销原判,依法改判支持其一审诉讼请求。

赵后军等七被上诉人答辩称:(1)王志康一审时提供的"浙岱渔02128"号船在渔船信息管理系统中的记载系复印件,不能作为定案依据。(2)"浙岱渔02128"号船系赵后军一人出资购买,产权属其一人所有。王志康仅作为生产经营合作人,以租船方式每年支付赵后军船舶折旧费,并根据劳动能力按10分为一股,参与收入分配,即在生产经营中按一股参加收入分配。王志康称其有一股船舶所有权股权与事实不符。(3) 赵后军并未收到王志康8万元的入股款。王志康所称的两证人没有出庭作证,公证书仅仅是对于签名的公证,并没有对事实予以公证。(4) 王志康提供的钱召权、赵志军两人录音证据,真实性无法认定,内容与本案无关,不能作为本案证据。综上,原判认定事实清楚,适用法律正确,请求二审法院依法驳回王志康的上诉,维持原判。

四、二审裁判

浙江省高级人民法院认为,各方当事人对王志康在合伙体中享有一股股份并在"浙岱渔02128"号船经营期间按一股股份参与经营收入分配的事实无异议,但赵后军等7人认为,王志康参与合伙仅系经营性合伙,即只参与生产过程中的盈利的分配与亏损的承担,与船舶所有权无关;王志康则认为,其参与合伙,为股本性投入,其对合伙船舶享有一股的共有权利。因此,本案争议焦点在于本案合伙的性质、王志康入伙金额和退伙可得款项以及该款项的支付主体。浙江省高级人民法院对前述争议焦点分述如下:

(一) 本案合伙的性质

根据《民法通则》第30条"个人合伙是指两个以上公民按照协议,各自提供资金、实物、技术等,合伙经营,共同劳动"的规定,个人合伙的投入方式相对灵活简便,合伙人投入合伙体的财产(包括技术等)未必完全作价投入,不论是否作价投入,合伙人退伙时原则上可以要求返还原物,因此,《民法通则》并未规定合伙人对合伙投入的财产当然享有共有权,而在第32条中规定:"合伙人投入的财产,由合伙人统一管理和使用。合伙经营积累的财产,归合伙人共有。"但不论退伙时是否按原物返还,合伙人在确定投入份额时,仍不外乎按财产本身价值作价或按使用价值确定。虽然,合伙人在合伙体中因相应的投入而享有的权利不像《公司法》中直接表述为股份,即使在合伙企业中也只表述为财产份额,但由《民法通则》第31条关于"合伙人应当对出资数额、盈余分配……订立书面协议",以及第35条关于"合伙的债务,由合伙人按照出资比例或者协议的约定,以各自的财产承担清偿责任"的规定可知,合伙人在合伙体中享有权利或承担责任的份额仍由其实际投入即出资数额所决定,该实际投入也有与公司出资相类似的股本性质,故通常情况下,合伙人的投入应具有股本金的权能,即依其计作出资的投入价值对合伙财产享有份额权。当合伙人投入的为金钱财产时,其非有体物,直接代表了财产价值,故此类投入往往被认为是股本性投入。由合伙人投入的金钱财产形成的有体物如本案船舶应为合伙人的共有财产。尽管法律不限制合伙的模式,在岱山地区也确实存在合伙人利用他人船舶,仅提供生产所需资金合伙进行渔业生产即如赵后军所称的经营性合伙的情形,但这种有别于一般股本性合伙的特殊的合伙情形,应当由主张系该种合伙情形的一方当事人承担举证责任。本案中,赵后军等人并无直接的书面证据以资固定该合伙情形,其他证据也不足以证明该事实,故对王志康与赵后军等人之间的合伙关系的性质只能按通常情形进行考量,即在不足以认定为赵后军所称的经营性合伙的情况下,应认定为股本性合伙。虽然,本案争议所涉"浙岱渔02128"号船登记于赵后军一人名下,但在现实中,合伙人共有的船舶登记于其中个别人名下的情形也并不鲜见,船舶登记对权利人的宣示作用不应排斥内部关系中共有人对登记物享有的共有权。在赵后军等人不否认王志康有一份股权的情况下,应当确认王志康对登记于赵后军名下的"浙岱渔02128"号船享有一股权利。

(二) 王志康入伙金额和退伙可得款项的确定

赵后军等人不仅否定王志康对"浙岱渔02128"享有共有权,而且还认为即使是经营性合伙,王志康也没有投入生产所需资金,而仅以生产收入折抵盈亏。该抗辩理由既无证据证明,也与同类案件反映的一般均有资金投入的情形不符;且如王志康确未实际投入资金而要求赵后军等人向其分配船舶股权款项,也不符合一般民众的正常心理;何况,王志康提供的蔡军叶、陈君海的证言,虽不能表明王志康实际投入资金数额,但至少表明了王志康曾出过钱的事实,故赵后军等人所称王志康未出分文显然不符事实。基于前述合伙性质的分析,王志康对"浙岱渔02128"号船享有一股权利,即使没有其他证据证明其投入数额,也可根据赵后军等人自认的购船成本及股份总数推断王志康的出资数额。原审业已查明,赵后军等人确认"浙岱渔02128"号船的购置成本为90余万元,总股份为10.5股。据此计算,每股价值约为8.6万元。王志康自认出资8万元,与前述计算结果基本相符,应予采信。

王志康退伙可得款项,本可通过司法鉴定等方式确定,但因"浙岱渔02128"号船已被赵后军转让他人,王志康退伙时船舶市价难以确定。考虑到同类案件反映的2007年渔船价格仍处于上升通道中,且王志康在原审提供的两份渔船买卖合同也可印证该种价格走势,故"浙岱渔02128"号船2007年市场价不会低于原购入成本价的情况基本可以确定。在此情况下,浙江省高级人民法院酌情就低按王志康投入成本8万元确定其退伙可得船价款,对其提出的溢价部分款项不予支持。根据《中华人民共和国民事诉讼法》第139条"人民法院审理案件,其中一部分事实已经清楚,可以就该部分先行判决"的规定,浙江省高级人民法院仅对王志康可得的船价部分款项进行处理,不以退伙清算形式确定王志康可得退伙款项。赵后军要求王志康承担医疗费用的主张,因未提供证据证明具体金额,且王志康不予认可,故在本案中亦不予处理。

(三) 支付王志康退伙款项的责任主体

王志康可得船价款,本应由其他合伙人共同承担付款责任,但因各合伙人均表示,王志康退伙后,船舶股份已属赵后军一人所有,赵后军已将合伙船舶(不含捕捞证)变卖并单独购买了新船,赵后军对此也不予否认,故应当认定原合伙体资产实际由赵后军控制,应由赵后军负责支付王志康可得的船价款8万元。

综上,浙江省高级人民法院认为,本案王志康与被上诉人之间系船舶合伙经营关系,王志康在合伙体中持有一股股份。在被上诉人不能提供有效证据证实双方明确约定非针对船舶所有权的生产经营性合伙的情况下,应当根据法律规定的一般情形,认定王志康持有的是船舶股份。王志康提出其享有船舶股权的上诉理由成立,应予采纳。原判认定事实部分不清,适用法律不当。依照《中华人民共和国民事诉讼法》第153条第1款第3项、《中华人民共和国民法通则》第4条、最高人民法院《关于贯彻执行〈中华人民共和国民法通则〉若干问题的意见(试行)》第54条的规定,判决如下:

一、撤销宁波海事法院(2008)甬海法舟商初字第15号民事判决;

二、被上诉人赵后军于本判决送达之日起10日内向王志康支付船舶股份款人民币8万元;

三、驳回王志康的其他诉讼请求。

3 上诉人刘伯林与被上诉人刘殿茂、刘德芝、郑苏卿、刘金钢及原审被告鞠世胜船舶合伙纠纷案

案例来源:山东省高级人民法院(2006)鲁民四终字第39号
主题词:船舶合伙　合伙清算　盈亏分担

> **裁判要旨**
>
> **No. CB-7.1-3**　渔船合伙关系自合伙人之一死亡而终止,合伙人因病不参与海上作业,并不失去合伙人身份,可依约参与合伙资产分配和承担合伙义务。合伙人在合伙关系清算过程中,有参与资产及收益分配的权利,但同时也要承担相应的股东义务。
>
> **No. CB-7.1-4**　法院根据渔船的售价,结合合伙人所占的股份,认定合伙人可分得的渔船固定资产的分配额。因另一合伙人拒不提供渔船收入情况,当地渔业主管部门和统计部门又没有同类渔船相关统计数据的情况下,法院参照要求合伙清算的合伙人的收益,推算其在合伙清算中应分得的纯收入。
>
> **No. CB-7.1-5**　根据合伙协议的约定,合伙人在不能上船期间,负有找人出海或出钱请合同工的义务,其未能派人上船代替出海,应按约定支付工人的工资。法院依据近3年的当地职工年平均工资,计算出其应支付的工资总额,并从其可分得的经营收益中扣除。

一、基本案情

上诉人(原审被告):刘伯林
被上诉人(原审原告):刘殿茂
被上诉人(原审原告):刘德芝

被上诉人(原审原告):郑苏卿

被上诉人(原审原告):刘金钢

原审被告:鞠世胜

原审法院认定:刘振永,男,1956年9月17日出生,1996年3月25日在交通事故中受伤,2001年11月17日死亡,其父刘殿茂,其母刘德芝,其妻郑苏卿,其子刘金钢。

1992年12月31日,荣成市成山水产公司(甲方)与鲁荣渔7874号渔船(乙方)签订一份渔船承包合同,约定:甲方将7874号80HP木壳渔船一只、坛网30扣、根绳60条、丈杆60支承包给乙方;承包时间为自1993年1月1日至1995年12月31日止;3年内乙方共付给甲方217 237元,其中1993年付78 355元,1994年付72 892元,1995年付65 990元;乙方由刘伯林签字确认。

1996年1月1日和1997年1月1日,荣成市成山水产公司又与刘伯林签订两份渔船管理协议书,该两份合同均约定:待承包款全部付清后,荣成市成山水产公司将渔船、网残值作为奖励,归刘伯林所有。1993年,刘伯林和刘振永均向荣成市成山水产公司上缴了渔船款,其中刘伯林交款2 500元,刘振永2 400元。1993年至1995年,鲁荣渔7874号渔船分别向荣成市成山水产公司上交承包款81 642.56元、64 150元、82 872.54元。

1995年6月1日,刘伯林、刘振永签订一份驶船股东协议书,约定:股主为刘伯林,合股人为刘振永、鞠世胜;船网的买卖由股主自己决定,合股人只能参考、提出合理化建议,合股人中途不干,吊销当年工资,免除固定财产的分配;固定财产和纯收入的分配比例为刘伯林50%;刘振永30%;鞠世胜20%;股东因有事不能出海或有病,个人要找人代替,如果找不到人,有事者每天要按合同工的2倍拿款,股主不负责找人。协议上载明的合股人还有鞠世胜,但鞠世胜本人未在该协议上签字。

1996年3月25日,刘振永出车祸受伤,生活不能自理,不能参与合伙经营。1998年9月18日,刘伯林将鲁荣渔7874号渔船卖给了刘复元,船价为26 000元。

在诉讼期间,刘殿茂、刘德芝、郑苏卿和刘金钢提供了合伙期间的部分支出账目和单据,刘伯林未提供任何账目。自1996年刘振永出车祸后,郑苏卿每年年底都找刘伯林要钱。

二、一审裁判

原审法院认为:1992年12月31日,荣成市成山水产公司与鲁荣渔7874号渔船签订渔船承包合同时,代表鲁荣渔7874号渔船签字确认的是刘伯林;荣成市成山水产公司于1996年1月1日和1997年1月1日与刘伯林签订的渔船管理协议书亦规定承包款全部付清后,鲁荣渔7874号渔船及网具归刘伯林所有。刘殿茂、刘德芝、郑苏卿和刘金钢虽主张其亲属刘振永与刘伯林、鞠世胜合伙购买的船舶,但未提交合伙买船协议,证据不足。

刘殿茂、刘德芝、郑苏卿和刘金钢提交的驶船股东协议书中约定,刘伯林为股主,刘振永、鞠世胜合股,但鞠世胜未在该协议上签字,只有刘伯林和刘振永签字,合同不完全生效,但是可以反映刘伯林和刘振永进行股份合伙的意思表示,刘伯林和刘振永之间存在合伙权利义务关系。在该合伙关系中,刘伯林为股主,刘振永参股,其入股方式虽未予规定,但刘振永有权参与固定财产和纯收入的分配。协议书规定的股份比例为刘伯林50%、刘振永30%,刘振永仅能对其所占的30%的股份提出主张。

刘振永因车祸受伤,不再上船工作,但其参股人的身份并未改变,刘振永有权继续参与固定资产和纯收入的分配。关于可分配的固定资产,鲁荣渔7874号渔船已于1998年9月18日出售,当时售价26 000元,刘振永有权分得该售价的30%,即7 800元。

刘振永受伤后不能参与经营,主观上没有不再合伙的愿望,只是客观上无法亲自上船工作,不能免除其固定资产的分配权利。刘振永可以参与分配的纯收入的时间段应为自1996年1月1日起至1998年9月18日该船被卖掉时止。刘殿茂、刘德芝、郑苏卿和刘金钢虽未提供证据证明该船1996年后每年纯收入情况,但要求参照1993—1995年刘振永分配的收益情况计算。刘殿茂、刘德芝、郑苏卿和刘金钢主张1993—1995年刘振永分得的收益为3.2万元、2.8万元、1.8万元。刘伯林称对刘振永分得的收益情况不清楚,由于1993—1995年刘伯林承包经营鲁荣渔7478号渔船,1996年以后其又作为股主主持经营该渔船,因此,对参与经营的刘振永的收入和该船的纯收入情况不可能不清楚,刘伯林应持有刘振永分配收益状况和渔船经营账目等证据,并应向法庭如实陈述,刘伯林拒不提供,属于隐匿证据。同时,由于威海市、荣成市渔业主管部门和统计部门对于本案所涉渔船相同种类的80马力渔船1996—1998年经营纯收入没有统计数据,推定刘殿茂、刘德芝、郑苏卿和刘金钢的主张的数额成立。1993—1995年,刘振永平均每年分得2.6万元,比照该数据,刘振永应分得纯收入7.07万元。

根据驶船股东协议书约定,有事不能出海的股东负有找人替出海或拿款请合同工的义务。刘振永因病于1996年3月26日至1998年9月18日未能出海,也未能派人上船代替出海,因此,其应按约定支付工人工资。1996年威海职工年平均工资5 333元,1997年威海职工年平均工资5 701元,1998年威海职工年平均工资5 998元。刘振永应支付的工资总数为28 139.74元,该份工资应从其可分得的经营收益中扣除。

郑苏卿自1996年刘振永出车祸后,不断向刘柏林主张权利,刘振永去世前,生活已不能自理,属于限制行为能力人,郑苏卿是其法定代理人,其行为效果及于刘振永。刘振永去世后,其应分得的渔船固定资产和经营纯收入即成为遗产,刘殿茂、刘德芝、郑苏卿和刘金钢系刘振永遗产的第一顺序合法继承人,有权继承刘振永应分得的上述遗产,刘殿茂、刘德芝、郑苏卿和刘金钢对该份遗产是共同共有关系,郑苏卿进行追讨的行为后果及于刘殿茂、刘德芝和刘金钢。因此,本案未过诉讼时效。

鞠世胜未参与鲁荣渔7874号渔船的股份合伙关系,不向刘殿茂、刘德芝、郑苏卿和刘金钢承担支付义务。

根据《中华人民共和国民法通则》第106条、第111条,《中华人民共和国民事诉讼

法》第 130 条,判决如下:

刘伯林支付刘殿茂、刘德芝、郑苏卿、刘金钢鲁荣渔 7874 号渔船固定资产分配 7 800 元、纯收入分配 42 560.26 元,于判决生效之日起 10 日内付清,逾期,则加倍支付迟延履行期间的债务利息。

案件受理费 5 310 元,由刘殿茂、刘德芝、郑苏卿、刘金钢承担 3 902.56 元,刘伯林承担 1 407.44 元,并径付刘殿茂、刘德芝、郑苏卿、刘金钢。

三、上诉与答辩

上诉人刘伯林不服原审判决,上诉称:原审判决认定事实不清、判决不准确。刘振永没有用资金、实物参股,其参股的方式是其大车的技术。刘振永受伤后不再上船工作,随着其不参与海上作业,其参与的股份也一并撤出了,既然不是股东,也就谈不上参与分配了。

另外,刘振永的伤残发生在生活中,而不是在海上干活期间,因此,刘振永伤残后的权利义务,不能适用双方签订的协议书的约定。

原审判决判令刘振永承担两倍合同工的工资是没有根据的,股东找人替代是暂时的,不是长期的,刘振永出车祸后不能出海干活,也没有找到能替代其大车之职的人员,其参股的方式也被其他人代替了,刘振永已无参股人身份,也就不需履行股东因不能出海找人代替的义务了。

原审判决按前 3 年平均数判定刘振永的收益也是不合理的。从合伙经营前 3 年的收入可以看出,收入是直线下降的,而且至 1998 年刘柏林因无力经营,才将船卖出的。2000 年,省渔业厅也有文件鼓励渔民转产,这充分说明这几年的海上作业收益确实不好。

被上诉人用于证明其一直找上诉人要钱的证人共有 5 人,其中孙祥明、孙方方是父女关系,与被上诉人郑苏卿是亲姐夫及亲外甥女关系,孙克新、孙克京是亲兄弟,与被上诉人郑苏卿是姑表姊妹关系,郑维友未出庭作证,用这些有相对较近的亲属关系来证明其每年向上诉人要钱,证据不充分。本案的诉讼时效已过,被上诉人已丧失了胜诉的权利。

综上,请求二审法院在查明事实的基础上驳回被上诉人的诉讼请求。

被上诉人刘金钢辩称:刘振永的参股方式并不是提供技术,刘振永在合伙期间资金和实物都付出过。刘振永受伤后,不在船上工作,刘柏林并没有告诉其参与的股份撤出了,其实也不应该撤出。上诉人声称 1996 年以后海上业务不好,一直赔钱,只是单方面的说法,没有有力的证据证明。被上诉人有多名证人证明郑苏卿每年都到上诉人家要钱,因此,本案并没过诉讼时效。请求二审法院驳回上诉人的上诉,维持原判。

被上诉人刘殿茂、刘德芝和郑苏卿未向本院提交答辩状。

原审被告鞠世胜未向本院提交书面意见。

本院经审理查明:本案中的证人孙克新与孙克京系兄弟关系,该两人与郑苏卿系姑表亲戚;证人孙祥明与孙方方系父女关系,该两人与郑苏卿是姐夫和外甥女关系。

除上述事项外,本院查明的事实与原审法院认定的事实一致。

本院认为:刘伯林于1995年6月1日与刘振永签订的驶船股东协议书是双方的真实意思表示,合法有效,双方之间存在合伙法律关系。刘振永于2001年11月17日死亡后,其与刘柏林的合伙关系自行终止。

本案当事双方争议的焦点问题有两个:(1)刘柏林与刘振永的合伙关系如何清算?(2)刘殿茂、刘德芝、郑苏卿和刘金钢的诉讼请求是否已过诉讼时效?

(一)关于刘伯林与刘振永的合伙关系如何清算的问题

本院认为,刘振永受伤后,刘伯林与刘振永未对他们之间的合伙关系进行清算,刘振永有权依据其与刘伯林签订的协议书清算合伙期间的债权债务关系。刘伯林关于刘振永不参与海上作业,就失去合伙人身份,从而不能参与合伙资产分配和承担合伙义务的主张,没有法律依据,本院不予支持。刘振永在合伙关系清算过程中,有参与资产及收益分配的权利,但同时也要承担相应的股东义务。原审判决根据"鲁荣渔7874号"渔船的售价,结合刘振永所占的股份,认定刘振永可分得的渔船固定资产分配额为7 800元,并无不当。在刘伯林拒不提供关于"鲁荣渔7874号"渔船收入情况,当地渔业主管部门和统计部门又没有同类渔船相关统计数据的情况下,原审判决参照刘振永1993—1995年的收益,推算刘振永在合伙清算中应分得的纯收入为7.07万元,符合法律规定。刘伯林关于"鲁荣渔7874号"渔船的经营效益不好的主张,没有证据支持,本院不予采信。根据刘伯林与刘振永签订的协议书的约定,刘振永作为合伙人,在不能上船期间,负有找人出海或出钱请合同工的义务,刘振永在养病期间,未能派人上船代替出海,其应按约定支付工人工资。原审判决依据1996—1998年度的威海职工年平均工资,计算出刘振永应支付的工资总额为28 139.74元,并将该工资从刘振永可分得的经营收益中扣除,符合当事人之间的约定。刘伯林关于刘振永下船后即无权履行合伙人义务的主张,没有合同根据和法律依据,本院不予支持。

(二)关于刘殿茂、刘德芝、郑苏卿和刘金钢的诉讼请求是否已过诉讼时效问题

本院认为,刘殿茂、刘德芝、郑苏卿、刘金钢为证明其诉讼请求未超过诉讼时效,向法院提交了4份证言和1份经过公证的调查笔录,虽然4名证人与郑苏卿存在亲属关系,可能会影响证人证言的效力,但4名证人的证言表述清晰,符合常理,且与经过公证的调查笔录相互印证,原审判决认定本案未过诉讼时效,证据充分。刘伯林关于刘殿茂、刘德芝、郑苏卿和刘金钢的诉讼请求已过诉讼时效的主张,没有事实根据和法律依据,本院不予支持。

综上所述,上诉人刘柏林的上诉请求没有事实根据和法律依据,原审判决认定事实基本清楚,适用法律正确,但原审判决在认定鞠世胜与刘振永不存在合伙关系的同时,却没有在判决主文中驳回刘殿茂、刘德芝、郑苏卿和刘金钢对鞠世胜的诉讼请求,属于漏判,应予纠正。根据《中华人民共和国民事诉讼法》第153条第1款第3项的规

定,判决如下:

一、维持青岛海事法院(2004)青海法威海商初字第 87 号民事判决,即:刘伯林支付刘殿茂、刘德芝、郑苏卿和刘金钢"鲁荣渔 7874 号"渔船固定资产分配 7 800 元、纯收入分配 42 560.26 元。于本判决生效之日起 10 日内付清。逾期,加倍支付迟延履行期间的债务利息。

二、驳回刘殿茂、刘德芝、郑苏卿、刘金钢对鞠世胜的诉讼请求。

7.2 船舶物料供应合同纠纷

4 原告东方航运有限公司与被告海南龙力船务公司船用燃油确权纠纷案
案例来源:海口海事法院(2002)海商初字第 77 号
主题词:船用燃油　期租合同　船舶扣押及拍卖

> **裁判要旨**
>
> **No. CB-7.2-1** 根据期租协议的约定,燃油属于期租人所有。由于船舶所有人的原因导致船舶被扣押,扣押期间消耗的燃油属于为海事请求人的共同利益而支付的其他费用,应当从船舶拍卖所得价款中先行拨付。

一、基本案情

原告:(伯利兹)东方航运有限公司(dl east shipping co.,ltd.,以下简称东方航运)
被告:海南龙力船务公司(以下简称龙力公司)

原告东方航运诉称,其于 2000 年 4 月 13 日起便是被告龙力公司所属"金龙山"轮的期租船人,期租协议规定,船上燃油和港口使费均由期租人承担。2001 年 6 月 21 日,该轮因被告龙力公司拖欠债务被本院扣押时,船上尚存原告所属的重油(ifo 120) 70 吨,轻油(mgo)13.5 吨,价值 15430.5 美元。以上存油原告一直未能得到归还。现该轮已被拍卖,请求法院判令将原告的上述存油折价款从"金龙山"轮拍卖款中优先受偿。

被告龙力公司未作答辩,亦未提交任何证据。

二、法院查明的事实

海口海事法院经审理查明并确认如下法律事实:

海口海事法院依法收集了如下证据:(1) 北京市第一中级人民法院致本院的委托执行书;(2) 北京市第一中级人民法院(1999)一中经初字第 1599 号民事判决书;(3) 本院扣押"金龙山"轮的笔录;(4) 原告于 2001 年 7 月 20 日向本院提出的归还船上剩余燃油的申请;(5) 本院(2001)海商初字第 058 号民事判决书;(6) 2001 年 6 月 8

日中国银行外汇牌价。

  海口海事法院认定了如下事实:"金龙山"轮为被告龙力公司所有。2000年4月4日,案外人大连祺达船舶管理有限公司(以下简称祺达公司)作为租船人与被告龙力公司签订了"金龙山"轮光船租赁合同1份,即被告将"金龙山"轮光租给祺达公司。而在此前的2000年3月29日,祺达公司(出租人)已与原告东方航运(期租船人)签订了"金龙山"轮期租合同。期租合同约定,船舶燃油由期租船人提供;租期为2+2年,租家选择;交船日期为2000年4月13日。自此,原告开始履行该期租合同。

  因被告龙力公司拖欠债务,北京市第一中级人民法院委托本院于2001年6月21日扣押了"金龙山"轮,后于8月8日依法拍卖该轮。6月21日扣押该轮当时,该轮船长曾根据本院执行人员的要求派人对船上存油进行了测量。2001年7月20日,原告东方航运向本院提出申请,主张船舶被扣当时船上所存重油70吨,轻油13.5吨为原告所有,请求法院予以归还。但原告的该项申请未获准许。2001年8月30日,原"金龙山"轮轮机长姜延军出具证明称,扣押"金龙山"轮当时与本院执行员测量的存油数量为d.o:13.5吨,f.o:70吨。"金龙山"轮被扣之前,原告曾于2001年6月8日,以每吨36360日元(当日美元对日元的汇价为1美元兑换119.9869日元)的价格为该轮加注轻油,于2001年4月18日,以每吨162美元的价格给该轮加注重油。关于原告所称的重油ifo 120,即轮机长姜延军所称的f.o;而原告所称的轻油mgo,亦即轮机长姜延军所称的d.o。

  2001年9月10日,原告依照海口海事法院关于拍卖"金龙山"轮的公告申请债权登记,12月24日,海口海事法院依法裁定对原告的债权准予登记。2001年12月31日,原告提起了本确权诉讼。

三、法院裁判

  海口海事法院认为,本案中"金龙山"轮的被扣押及拍卖均发生在中华人民共和国境内,因此引起的船舶被扣当时船存燃油的确权纠纷理应适用中华人民共和国法律。在本案中,原告东方航运在期租"金龙山"轮期间,依约履行了为该轮提供燃油的义务。因此,"金龙山"轮被扣时的船存燃油显为原告东方航运所有而非船舶所有人龙力公司的财产。由于船存燃油与该船的依存关系,该部分燃油在船舶被扣后未能与船舶分离并归还原告,而为船舶在扣押期间管理该船所消耗。众所周知,船舶燃油是管理船舶和保障船舶功能必需的物资,因此,原告所属的上述燃油应视为是为了海事请求人的共同利益而消耗,属于海事请求人为了共同利益必须支付的费用,符合《中华人民共和国海商法》第24条规定的应当从船舶拍卖所得价款中先行拨付的条件。关于原告主张的应拨还燃油的价值,综合前述证据并参照购入燃油当日美元对日元的比价,本院认为,原告主张拨还的款项数额应当视为船舶被扣押当时所存燃油的价款。综上,依照《中华人民共和国海商法》第24条、《中华人民共和国民事诉讼法》第130条的规定,判决如下:

原告(伯利兹)东方航运有限公司在"金龙山"轮被扣当时在该轮所存燃油应折价款 15 430.5 美元,可以从"金龙山"轮拍卖款中先行拨付。

5 上诉人营口经济技术开发区福海疏浚工程有限公司与被上诉人天津港丰船舶燃料销售有限公司船舶燃油供应合同纠纷案

案例来源:天津市高级人民法院(2011)津高民四终字第 2 号

主题词:船用燃油　承包经营　船章

> **裁判要旨**
>
> **No. CB-7.2-2**　油品销售合同和对账单均加盖了船舶专用章,且船东未否认该印章的真实性。虽然船东与承包经营人协议约定经营期间发生的一切费用及一切事务均由承包经营人负责承担,但该承包经营协议约定的内容未向供油商明示,不能对外产生约束力。船舶所有人应对其船舶加油行为承担款项给付责任。

一、基本案情

上诉人(原审被告):营口经济技术开发区福海疏浚工程有限公司(以下简称福海公司)

被上诉人(原审原告):天津港丰船舶燃料销售有限公司(以下简称港丰公司)

天津海事法院一审查明:福海公司为"福海浚一"轮的船舶所有权人。2008 年 9 月 9 日,福海公司与案外人王春榕签订承包经营合同,约定将"福海浚一"轮工程船以项目经理承包制形式,交由王春榕经营管理,承包期间为 2008 年 9 月 20 日至 2010 年 9 月 20 日。双方就承包期间债权债务约定:"14. 经营期间'营口经济技术开发区福海疏浚工程有限公司'发生的一切费用及一切事务均由乙方(王春榕)负责","15. 乙方(王春榕)……承包经营期间发生的债权债务由乙方负责"。2010 年 3 月 1 日,王春榕以福海公司名义与港丰公司经过传真方式签订船舶燃油供应合同。同日,港丰公司通过汽车运输为"福海浚　"轮加油 18 桶;3 月 2 日,港丰公司派其所属"永华 89"轮为"福海浚一"轮加油,加油时间为 05:30—07:00,加油数量为:4 号油供应 132.7 吨。2010 年 3 月 15 日,港丰公司将加油款数量及金额制作对账单,经王春榕以福海公司的名义通过传真方式签章确认,确认尚拖欠加油款人民币 759 780 元。港丰公司向福海公司多次催要加油款项未果,遂成讼。

二、一审裁判

天津海事法院认为,本案系船舶燃油供应合同纠纷,港丰公司是燃油供应方,福海公司是接受方。涉案的船舶燃油供应合同系王春榕以福海公司名义与港丰公司签订,证据充分,事实清楚。根据福海公司和王春榕签订的承包经营合同可知王春榕系福海公司的内部工作人员。根据《中华人民共和国民法通则》第 43 条的规定,王春榕以福海公司名义经营"福海浚一"轮的民事行为,应该由福海公司承担法律责任。王春榕对外签订的船舶燃油供应合同对福海公司具有法律约束力。

根据涉案的船舶燃油供应合同、加油凭证和加油对账单,可以确认港丰公司为"福海浚一"轮供应燃油的事实。福海公司以加油凭证并非"福海浚一"轮船长签章为由进行抗辩,但该理由与加油事实的真实性之间并不存在因果关系。根据涉案加油凭证和加油对账单可以证明,福海公司尚拖欠港丰公司的加油款数额为人民币 759 780 元。关于港丰公司诉请的滞纳金人民币 24 万元,福海公司以约定的数额过高为由,请求予以适当减少的主张,天津海事法院认为,港丰公司请求的滞纳金性质属于违约金,其依据是双方签订的船舶燃油供应合同第 5 条:"付款期限:7 天之内,超过规定时间按总金额日千分之三收取违约金"。虽然涉案合同违约金条款对福海公司具有法律效力,但结果明显高于一般标准。根据《中华人民共和国合同法》第 114 条第 2 款、最高人民法院《关于适用〈中华人民共和国合同法〉若干问题的解释(二)》第 29 条第 2 款的规定,天津海事法院认为,福海公司支付港丰公司的违约金应以人民币 8 万元为宜。综上,天津海事法院判决:

一、福海公司于本判决书生效之日起 10 日内给付港丰公司加油款项人民币 759 780 元。

二、福海公司于本判决书生效之日起 10 日内给付港丰公司违约金人民币 8 万元。

三、如果未按本判决指定的期间履行给付金钱义务,应当依照《中华人民共和国民事诉讼法》第 229 条之规定,加倍支付迟延履行期间的债务利息。

四、驳回港丰公司的其他诉讼请求。

三、上诉与答辩

福海公司不服原审判决,向天津市高级人民法院提起上诉,请求撤销原审判决,依法发回重审或改判,由港丰公司承担本案的诉讼费用。事实和理由:(1)港丰公司在庭审时明确其提交的油品销售合同和对账单是 2010 年 7 月 28 日找王春榕后补的,但天津海事法院认定这两份证据是真实的,导致事实认定错误。(2)一审中,福海公司提交的长兴岛临港工业区公用岸线(一期)疏浚工程第五标段分包合同,足以证明王春榕承包"福海浚一"轮期间并不以福海公司名义对外经营业务,该业务不能对福海公司发生法律效力。天津海事法院认定此证据与本案无关,导致事实认定错误。天津海事法院以福海公司和王春榕之间的承包经营合同的约定而推断出的事实,属于主观推测,缺乏事实根据。即使存在供油合同关系,也是在王春榕与港丰公司之间有效。且港丰公司提出的加油凭证上加盖的是"福海浚一"轮轮机长签章,而不是船章,与加油行业惯例不符。

港丰公司辩称,涉案供油合同文件齐全,福海公司应承担相应给付责任。天津海事法院查明事实清楚,适用法律正确,请求驳回上诉,维持原判。

四、二审裁判

天津海事法院查明事实属实,天津市高级人民法院予以确认。天津市高级人民法院认为,本案为船舶燃料供应合同纠纷,本案争议焦点为福海公司是否应承担给付讼争供油款项的责任。

1. 港丰公司为燃油供应方,"福海浚一"轮为实际受油方。关于合同主体问题,港丰公司为供油方这一事实双方当事人予以确认。如何确定供油合同关系的相对方,天津市高级人民法院认为,涉案船舶燃料均供给"福海浚一"轮,"福海浚一"轮作为实际受油方,应承担给付相应供油款项的义务。本案供油事实发生的时间,正值王春榕承包经营"福海浚一"轮期间。虽然在王春榕与福海公司签订的《"福海浚1号"项目经理承包经营协议》第 11 条第 14 项约定"经营期间营口经济技术开发区福海疏浚工程有限公司发生的一切费用及一切事务均由乙方(王春榕)负责承担",15 项约定"王春榕承包经营前公司及船舶所发生的债权债务由营口经济技术开发区福海疏浚工程有限公司负责,承包经营期间发生的债权债务由王春榕负责",但该约定系福海公司与王春榕双方之间的承包经营协议,该协议约定的内容未向港丰公司明示,不能对外产生约束力。故在本案船舶燃料供应合同中,福海公司作为"福海浚一"轮的船舶所有人,应对"福海浚一"轮受油行为承担相应款项的给付责任。

2. 福海公司虽主张依其提交的长兴岛临港工业区公用岸线(一期)疏浚工程第五标段分包合同,可以证明王春榕承包"福海浚一"轮期间并不以福海公司名义对外经营业务,该业务不能对福海公司发生法律效力,但该分包合同载明的开工时间为 2008 年 9 月 23 日,竣工时间为 2008 年 12 月 31 日。而本案王春榕以福海公司名义与港丰公司签订供油合同的时间为 2010 年 3 月 1 日,时间上不具有关联性。且该分包合同所涉各方与本案供油合同主体不具有关联性,故该份证据与本案不具有关联性,福海公司的主张无事实依据,天津市高级人民法院不予支持。

3. 港丰公司提交的油品销售合同和对账单均加盖了"福海浚一轮船舶专用章"字样的印章,福海公司未否认该印章系其所属"福海浚一"轮的船章,故该两份油品销售合同和对账单能够证实本案供油合同的时间、油品、数量、价款等具体内容。"福海浚一"轮轮机长作为船上管理人员,其签章行为是对加油事实的证明,结合上述证据足以证明涉案船舶燃料供应合同真实存在且已实际履行。故福海公司提出该两份证据虚假,不能证明涉案供油事实的主张,依据不足,天津市高级人民法院不予支持。

综上,判决如下:

驳回上诉,维持原判。

6 原告舟山市升宇石油销售有限公司与被告林永生、郑海明船舶物料供应合同纠纷案

案例来源:宁波海事法院(2009)甬海法温商初字第 62 号

主题词:船用燃油　滚动结算　船章　船舶登记所有人

> **裁判要旨**
>
> **No. CB-7.2-3**　在多次向船舶供应燃油及偿还部分欠款的情形下,如果合同双方当事人对油款支付方式无特别约定,法院认为应当根据通常的商业惯例,认定合同双方当事人按加油发生时间滚动结算货款。
>
> **No. CB-7.2-4**　加油单上盖有船章,法院推定船舶登记所有人为合同当事人,承担还款责任。

一、基本案情

原告:舟山市升宇石油销售有限公司(以下简称升宇公司)

被告:林永生

被告:郑海明

原告升宇公司起诉称:2006 年 1 月至 3 月间,林永生所属的"吉达 106""吉达 107"轮经被告郑海明联系,多次向原告赊购船用油料。原告于 2006 年 1 月 3 日、2 月 27 日、3 月 26 日分别在浙江舟山西蟹峙锚地给"吉达 106"轮加油,计油款 135 774.50 元。原告于 2006 年 1 月 13 日、2 月 17 日、3 月 2 日分别在同一锚地为"吉达 107"轮加油,计油款 334 315 元。二船合计油款 470 089.50 元。林永生作为船舶所有权人,一直未向原告支付油款。原告多次催促被告郑海明后,郑海明于 2008 年 6 月 26 日对原告上述等船舶的油款予以书面确认,并出具了书面还款承诺。嗣后,被告郑海明并未按照还款协议承诺时间支付原告油款,故原告无奈提起诉讼。

原告认为,林永生作为"吉达 106""吉达 107"轮所有权人,应对该两轮拖欠原告的油款承担给付义务。被告郑海明作为该轮购油联系人和经办人,与原告办理结算时已自愿承诺支付油款,应承担连带还款保证责任。因此,请求法院判令:(1)被告林永生支付原告"吉达 106""吉达 107"轮拖欠的油款 470 089.50 元及该款自 2008 年 5 月 18 日起至实际支付之日止的逾期付款违约金(按月利率 1 分计算);(2)被告郑海明对上述款项承担连带清偿责任;(3)由二被告承担本案诉讼费。庭后,经宁波海事法院释明,原告将第一项诉讼请求中的油款本金减少为 393 089.50 元。

被告林永生答辩称:林永生是借名的"吉达 106""吉达 107"轮所有权人,该两轮均是被告郑海明实际所有。原告主张的欠款是郑海明个人经营行为造成,被告林永生与原告无任何合同关系,也没有拖欠油款。

被告郑海明于 2009 年 11 月 16 日向宁波海事法院传真一份书面陈述,自认以下事实:(1)"吉达 106""吉达 107"轮等船合计拖欠原告油款 630 555.50 元;(2)"吉达

106""吉达107"轮原挂靠温州市吉泰运输有限公司经营,后期"吉达107"轮挂靠山东日照金朋海运有限公司经营,并更名"金鹏2"。两轮实际经营人均是郑海明本人,经营期间造成的债务应由郑海明本人负责,与挂靠公司无关;(3)"吉达106"轮于2006年7月19日在丹东港沉没,"吉达107"轮更名"金朋2"轮后,于2008年3月12日在长江口被其他船撞沉。

二、法院查明的事实

因双方当事人对如下事实无争议,宁波海事法院予以确认:

2005年3月17日,"吉达106"轮船东向温州海事局申请办理所有权登记,登记的所有权人为被告林永生。船舶经营人为案外人温州市吉泰运输有限公司。同年4月28日,"吉达107"轮船东向温州海事局申请办理所有权登记,登记的所有权人为被告林永生,船舶经营人为案外人温州市吉泰运输有限公司。2006年4月25日,林永生以船舶转让为由向温州海事局申请办理"吉达107"轮的注销登记。根据温州海事局的船舶注销证书电脑存档材料记载,"吉达107"轮转籍后的登记机关为日照海事局。

本案的事实争议仅一项,即原告主张的油款及利息是否真实、客观。

关于该项争议焦点,因被告林永生抗辩不清楚"吉达106""吉达107"轮加油和欠款的具体情形,且被告郑海明缺席,其传真的书面陈述内容未有涉案该两轮拖欠油款的具体金额和利息计算方法。原告起诉金额中,未扣减已收取油款。经宁波海事法院释明后,原告确认已将被告郑海明陆续支付的83万元冲抵2005年拖欠油款480 346元和截至2008年5月17日的油款利息193 920元。剩余货款155 734元按加油时间的先后顺序,先清偿2006年1月3日"吉达106"轮油款77 000元和另案涉及的"申洋6"轮于2006年1月12日发生的部分油款78 734元。宁波海事法院认为,在合同双方当事人对油款支付方式无特别约定的情形下,原告按加油发生时间滚动结算货款,符合通常的商业惯例。原告将双方已经确认的截至2008年5月17日止的全部油款利息从已经支付货款中先行扣减的做法,并未加重对方当事人的债务数额,应予以认可。

综上,宁波海事法院确认了以下事实:

应被告郑海明要求,原告于2006年1月3日为"吉达106"轮加油,计油款77 000元。同年2月27日,原告再次为"吉达106"轮加油,计油款17 748元。同年3月26日,原告又一次为"吉达106"轮加油,计油款41 026.50元。上述"吉达106"轮共计油款135 774.50元。2006年1月13日、2月17日、3月2日原告分别在同一锚地为"吉达107"轮加油,油款各为126 545元、96 110元、111 660元,合计油款334 315元。二船共产生油款470 089.50元。2006年1月11日至2007年9月9日期间,被告郑海明经手支付原告的油款共计83万元。2008年6月26日,被告郑海明与原告结算并确认,除2005年底积欠原告的油款480 346元外,2006年到2007年又因"吉达106""吉达107"轮等船舶加油产生油款980 209.50元,2006年起陆续支付油款83万元。截至2008年5月17日,"吉达106""吉达107"轮等船舶合计拖欠原告油款630 555.50元和利息

193 920 元(加油之日 1 个月后按 1 分息计算),合计 824 475.50 元。被告郑海明同时承诺,上述欠款 824 475.50 元由其分三期支付,其中第一期 20 万元于 2008 年 7 月 30 日前支付;第二期 30 万元于 2008 年 8 月 30 日前支付;第三期 3 244 750.50 元于 2008 年 9 月 30 日前付清。到期未付清的,按 2 分息计算至还清。届期,被告郑海明未按《还款计划书》履行,原告于 2009 年 10 月 15 日提起诉讼。经计算,"吉达 106"轮尚欠原告油款 58 774.50 元,"吉达 107"轮尚欠原告油款 334 315 元。两船合计拖欠原告油款 393 089.50 元以及该款自 2008 年 5 月 18 日起逾期付款的利息。

三、法院裁判

本案原、被告争议的主要焦点为如下法律问题:(1)涉案船舶物料供应合同法律关系的当事人认定以及林永生与"吉达 106""吉达 107"轮法律关系;(2)郑海明在本案中的民事法律责任认定。

关于焦点(1),原告主张"吉达 106""吉达 107"轮的所有权人林永生系其合同相对方。被告林永生抗辩上述两艘船舶的真正船东是郑海明个人,其仅是借名登记的所有权人。经审查,宁波海事法院认为,根据原告证据 5 记载,涉案加油单上盖有"吉达 106"轮或"吉达 107"轮船章,根据合同相对性原则,该两轮的所有权人或者经营人应是原告主张的船舶物料供应合同相对方。被告林永生对"吉达 106""吉达 107"轮所有权的抗辩,缺乏证据支持,被告郑海明自认系涉案两艘船舶真正所有权人的传真件亦无法作为定案依据。同时,根据"吉达 106""吉达 107"轮在法定登记机关的登记簿记载,该两轮所有权人是被告林永生,船舶经营人是案外人温州市吉泰运输有限公司。在无相反证据推翻该登记的情形下,该登记具有公示性。故被告林永生关于郑海明是"吉达 106""吉达 107"轮真正船东的抗辩,均无事实和法律依据,不予采纳。

综上,宁波海事法院认定林永生系"吉达 106""吉达 107"轮的所有权人和原告主张的合同相对方,即林永生是涉案船舶物料供应合同法律关系的合格被告。原告作为"吉达 106""吉达 107"轮的油料供应方,是该两轮外部法律关系的合同当事人。至于被告郑海明是否系"吉达 106""吉达 107"轮内部法律关系的当事人,不属于本案审查范围。

关于焦点(2),原告主张被告郑海明在本案中应按照"还款计划书"约定承担连带保证责任。被告林永生认为郑海明就是涉案油款的真正债务人。经审查,宁波海事法院认为,根据"还款计划书"内容,一部分是郑海明对涉案油款等欠款数额的确认,另一部分是郑海明对拖欠油款本息分期付款的承诺保证。由于现有证据不足以证明被告郑海明是涉案船舶的所有权人,结合原告为"吉达 106""吉达 107"轮加油的客观过程以及原告与郑海明之间发生的对账、结算、催讨货款等客观事实,可认定郑海明是代表"吉达 106""吉达 107"轮船东对外订立合同,原告有理由相信郑海明代表"吉达 106""吉达 107"轮。因此,郑海明向原告出具"还款计划书"的行为,是一种个人担保行为,应认定郑海明是以本案船舶物料供应合同第三方身份向原告作出保证支付油款的意思表示。原告接受了该"还款计划书",已构成与郑海明之间达成债务担保合同关系的合意。

宁波海事法院认为,原告为"吉达106""吉达107"轮提供船舶用油的事实清楚,该两轮船东与原告已形成船舶物料供应合同关系。因上述船舶登记为林永生所有,故林永生应认定为该轮船东及本案诉争的船舶油料供应合同相对方。被告林永生抗辩郑海明是上述船舶的真正所有人,因无相应证据证明,不予采信。因此,不论被告郑海明与林永生之间存在何种的内部民事法律关系,原告都有理由相信被告郑海明在订立涉案油料供应合同当时,代表着两轮船东。故被告郑海明与原告对相关船舶拖欠油款的对账、结算行为,均应认定代表被告林永生。原告与被告林永生之间的船舶物料备品供应合同应认定有效。被告林永生未按约支付拖欠原告的油款,已构成违约,应承担违约责任。至于被告郑海明个人向原告出具的"还款计划书",系其真实意思表示,且原告亦同意接受,应认定郑海明是为被告林永生对原告的债务提供了保证责任。因"还款计划书"中对保证方式约定不明确,依法应认定为连带保证责任。综上,原告诉讼请求合法有据,予以支持。对被告林永生的相关抗辩,不予采纳。被告郑海明经宁波海事法院合法传唤无正当理由拒不到庭,不影响本案审理。依照《中华人民共和国民事诉讼法》第130条,《中华人民共和国合同法》第159条、第113条第1款,以及《中华人民共和国担保法》第19条、第21条第1款的规定,判决如下:

一、被告林永生应于本判决生效之日起10日内支付原告舟山市升宇石油销售有限公司"吉达106""吉达107"轮拖欠油款合计393 089.50元,及该款自2008年5月18日起至判决履行之日止的利息(按月利率10‰计算);

二、被告郑海明应对上述款项承担连带清偿责任。

7 原告舟山市金晖石油有限公司与被告王兴君、舟山安邦船务发展有限公司、宁波宁杭海运有限公司船舶物料供应合同纠纷案

案例来源:宁波海事法院(2010)甬海法舟商初字第193号
主题词:船用燃油　船舶挂靠　连带责任

> **裁判要旨**
>
> **No. CB-7.2-5**　本案加油单由船长、大副出具,应推定由实际经营人承担燃油的付款责任。船舶登记的"船舶经营人"实为船舶被挂靠人,如无证据证明其参与船舶的实际经营,法院认定该被挂靠人不承担燃油的付款责任。
>
> **No. CB-7.2-6**　船舶实际所有人应对船舶经营期间的燃油欠款承担连带还款责任。

一、基本案情

原告:舟山市金晖石油有限公司(以下简称金晖公司)

被告:王兴君

被告:舟山安邦船务发展有限公司(以下简称安邦公司)

被告:宁波宁杭海运有限公司(以下简称宁杭公司)

原告金晖公司起诉称:被告王兴君系"永隆6号"船的所有人,被告安邦公司系该船经营人。2010年4月18日,"永隆6号"船向原告购买燃料油、柴油、CD40机油,合计121964元,并向原告出具欠条1份,载明以上油款在1个月内结清,逾期按1分利计算,欠条由该船船长签名并盖有船章,原告依船长要求出具了以被告宁杭公司为抬头的增值税发票。但被告至今未向原告支付上述油款,原告多次催讨未果,故诉至法院,请求判令三被告连带向原告支付油款121964元及利息(自2010年5月19日起至付清之日止,按1%的利率计算)。

被告王兴君、安邦公司在庭审中口头答辩称:(1)2010年4月18日,"永隆6号"船未向原告购买涉案油料,该船出具的欠条系船员与他人恶意串通所为;(2)被告王兴君、安邦公司分别是"永隆6号"船所有权人和经营人,该船在经营中与原告没有发生债权债务关系,故请求驳回对两被告的诉讼请求。

被告宁杭公司在庭审中口头答辩称:本案属于船舶物料供应合同纠纷,而宁杭公司未曾与原告签订过涉案油品买卖合同,也没有任何实质上的合同关系,故请求驳回对宁杭公司的诉讼请求。

二、法院查明的事实

宁波海事法院认定了下列事实:

2010年4月18日,原告供给"永隆6号"船柴油、燃料油、CD机油,价格合计121964元,该船大副在出库单上签字确认,并由船长出具欠条,载明全部油款在1个月内结清,逾期按1分利息计算。"永隆6号"船登记的所有权人为王兴君,实际股份由宁杭公司占有70%,王兴君占有30%,该船登记的经营人为安邦公司。原告因未收到涉案油款,故诉至法院。

三、法院裁判

宁波海事法院认为,本案系船舶物料供应合同纠纷,本案争议焦点在于承担涉案油款偿付责任的主体。在庭审中,关于"永隆6号"船的实际经营情况,王兴君、宁杭公司、安邦公司均称其不参与船舶经营,也未主张船舶曾经租赁给他人。宁波海事法院认为,安邦公司虽系涉案船舶的登记经营人,但已有证据证明其仅系船舶的挂靠单位,原告未提供任何证明安邦公司参与实际经营的证据,同时被告王兴君、宁杭公司也未提出关于安邦公司参与实际经营的抗辩,故原告对安邦公司的主张,宁波海事法院不予支持。被告王兴君认为,根据其与被告宁杭公司的股权转让协议,"永隆6号"船的债务应当由宁杭公司承担;宁杭公司认为船舶债务应由登记所有人承担,而非内部协议写明的共有人承担;宁波海事法院认为,"永隆6号"船系由王兴君和宁杭公司共同所有,其内部关于债务承担的约定不能对抗第三人,且王兴君、宁杭公司作为船舶的实际所有人,均无法举证证明由他人经营该船,故以上两被告应连带承担相关债务。对于原告主张的利息及利率,系按欠条所载计算,并未存在明显不合理的情况,宁波海事法院予以保护。

综上,原告的诉请,部分事实与理由充分,宁波海事法院予以支持。依照《中华人民共和国合同法》第107条、第109条,《中华人民共和国民事诉讼法》第64条第1款的规定,判决如下:

一、被告王兴君、宁波宁杭海运有限公司于本判决生效之日起10日内连带支付原告舟山市金晖石油有限公司油款121 964元及利息(自2010年5月19日起至本判决确定的履行之日止,按月息1%计付);

二、驳回原告舟山市金晖石油有限公司其他诉讼请求。

8 上诉人蔡华峰与被上诉人林洪船舶物料供应合同纠纷案
案例来源:山东省高级人民法院(2009)鲁民四终字第63号
主题词:船用燃油 经营范围 合同无效

裁判要旨

No. CB-7.2-7 根据国务院《对确需保留的行政审批项目设定行政许可的决定》,石油成品油批发、仓储、零售经营资格审批由商务部、省级人民政府商务行政主管部门实施。因此,船舶燃油供应者在不能证明已取得行政许可的情况下从事应当取得许可的石油成品油销售业务,违反了法律的强制性规定。依照最高人民法院《关于适用〈中华人民共和国合同法〉若干问题的解释(一)》第10条的规定,当事人超越国家限制经营、特许经营以及违反法律、行政法规规定订立的合同,法院认定燃油供应合同无效。

No. CB-7.2-8 因燃油购买者已实际使用柴油,且已无返还可能,故应向燃油供应者支付油款。购买者在实际收取油料但未支付油款的情况下,就欠付油款的问题自愿出具还款协议,承诺了还款日期,并载明了预期还款的违约责任,该还款协议本身并不违反法律和行政法规的强制性规定,法院对其中的违约条款的效力予以认定。

一、基本案情

上诉人(原审被告:)蔡华峰
被上诉人(原审原告):林洪
青岛海事法院查明:2008年5月4日,蔡华峰为林洪出具还款协议,内容是:"蔡华峰船主向供油方林洪购加燃料油37.9吨,每吨5 500元,共计人民币贰拾万捌仟肆佰伍拾元整,今尚欠人民币 208 450.00 元。经双方协商,还款日期为:2008 年 5 月 25 日前付清,逾期付款按每日 1% 支付违约金。船号:鲁荣渔 2277/2278"。林洪承认,蔡华峰已支付油款 2 万元。

二、一审裁判

青岛海事法院认为,林洪为蔡华峰所属渔船添加燃料油,蔡华峰予以接受并向林洪出具还款协议,双方之间成立合法有效的船舶物料供应合同关系。蔡华峰应当按其在还款协议中承诺的付款期限向林洪支付油款,现蔡华峰尚欠油款 188 450 元,且已构成违约,还应承担违约责任,蔡华峰应向林洪支付所欠油款 188 450 元,林洪要求的逾期付款违约金 25 000 元,符合还款协议中蔡华峰对违约金的承诺,应予支持。蔡华峰虽辩称已将油款支付给林洪的业务员宋明亮,但未提交证据证明宋明亮是林洪的业务员,也未能证明林洪同意将油款付给他人,法院对其主张不予支持。

青岛海事法院依照《中华人民共和国合同法》第 107 条及第 114 条第 1 款、第 3 款的规定,判决:

蔡华峰于判决生效后 10 日内向林洪支付油款 188 450 元、违约金 25 000 元。案件受理费 4 510 元、保全费 3 000 元,由蔡华峰负担。

三、上诉与答辩

蔡华峰不服一审判决上诉称:(1) 林洪主体资格不合格,还款协议不合法,不具有法律效力。燃油属于国家专属经营许可的商品,林洪没有取得经营许可证,此经营因违法而无效,因而违约条款无效。(2) 宋明亮是林洪的合伙人或代理人,蔡华峰对宋明亮付款完毕,应视为对林洪付款完毕。(3) 蔡华峰已经提交证据证明宋明亮是林洪的合伙人或代理人。蔡华峰提交的还款协议和收条上的字迹是宋明亮的,可以证明宋明亮是林洪的合伙人或代理人。综上,原审判决没有查清事实,证据不足,程序有误,适用法律错误。请求二审法院发回重审或查明事实后改判。

林洪口头答辩称:林洪是与淄博市临淄振达石化有限公司合作经营油品,宋明亮不是林洪的业务员,是宋明亮介绍林洪与蔡华峰认识的,而本案具体的债权债务关系是林洪与蔡华峰之间的。

四、二审裁判

本案二审立案后,蔡华峰于 2009 年 6 月 2 日向山东省高级人民法院寄交了调取证据申请书,声称因宋明亮与林洪合伙诈骗蔡华峰款项一案,荣成市公安局已将宋明亮逮捕,宋明亮承认作为林洪的业务员,已将所收蔡华峰款项据为己有,有宋明亮、林洪的陈述为证。请求法院到荣成市公安局经侦大队调取证据。

根据蔡华峰的申请,山东省高级人民法院向荣成市公安局经侦大队进行了调查,调取了对宋明亮的讯问笔录 3 份。林洪、蔡华峰对 3 份讯问笔录的真实性无异议。宋明亮在笔录中述称:2008年年初,宋明亮找到蔡华峰,自称给家住荣成市石岛镇从事个体油品生意的福建人林洪干业务员,从事油品的销售工作,如果蔡华峰的渔船想加油,可以为他联系加油的事。蔡华峰听后觉得还可以,就同意让宋明亮为他的渔船办理加油的事。后宋明亮多次联系林洪想做中介人,介绍林洪为蔡华峰的渔船加油,林洪口头答应由宋明亮做中介人经手卖油给蔡华峰。2008年5月4日,宋明亮介绍林洪为蔡华峰的2277、2278两条渔船加柴油37.9吨,油款共计208 450元,后宋明亮冒用林洪业务员的名义从蔡华峰处收回油款208 450元,交给林洪2万元,余下的188 450元被宋明亮非法占有,用于个人花费和经营。宋明亮为林洪介绍了几笔加油生意,但没有与林洪签订做林洪业务员的书面合同或者林洪授权宋明亮做业务员的书面授权书。宋明亮经手销售油制品给客户,货款收回后林洪才从中提成给宋明亮,宋明亮也帮助林洪从客户手中收油款,但宋明亮与林洪之间没有代收油款的书面约定或口头协议。

蔡华峰在一审期间,曾提交由宋明亮签字的收条5张。2008年1月6日收条载明:"今收到人民币贰万肆仟元整,¥24 000元",同时载有"减去1 000元"字样;2008年2月11日收条载明:"今收到人民币陆万元整,¥60 000元(收付油款)";2008年5月4日收条载明:"今收到蔡华峰付油款人民币捌仟肆佰伍拾";2008年7月19日收条载明:"今收到蔡华峰付油款(2008年5月份欠的油款)人民币伍万肆仟元整";2008年8月12日收条载明:"今收到人民币陆万叁仟元整,收老蔡欠的款。"

山东省高级人民法院查明的其他事实与原审认定事实一致。

根据上诉人的上诉与被上诉人的答辩,本案的争议焦点是:还款协议中约定的违约条款是否有效;宋明亮是不是林洪的业务员。

1. 关于还款协议约定的违约条款的效力问题。蔡华峰认为,成品油属于国家特许经营的商品,林洪未取得经营燃油的许可,是违法经营,所以还款协议是无效的。林洪虽主张是与其他有经营权的企业合作经营油品,但未提交证据证明。山东省高级人民法院认为,根据2004年9月26日国务院《对确需保留的行政审批项目设定行政许可的决定》,石油成品油批发、仓储、零售经营资格审批由商务部、省级人民政府商务行政主管部门实施。《中华人民共和国行政许可法》第81条规定:"公民、法人或者其他组织未经行政许可,擅自从事依法应当取得行政许可的活动的,行政机关应当依法采取措施予以制止,并依法给予行政处罚;构成犯罪的,依法追究刑事责任。"因此,林洪在不能证明已取得行政许可的情况下从事应当取得许可的石油成品油销售业务,违反了法律的强制性规定。最高人民法院《关于适用〈中华人民共和国合同法〉若干问题的解释(一)》第10条规定:"当事人超越经营范围订立合同,人民法院不因此认定合同无效。但违反国家限制经营、特许经营以及法律、行政法规禁止经营规定的除外。"因此,林洪与蔡华峰之间买卖柴油的合同应认定无效。但是,因蔡华峰已实际使用林洪供应的柴油,且已无返还可能,蔡华峰仍应向林洪支付油款。在蔡华峰实际收取林洪油料但未支付油款的情况下,蔡华峰就欠付油款的支付问题自愿出具还款协议,在还款协议中承诺了还款日期,并载明了逾期还款的违约责任。该还款协议本身并不违反法律和行政法规的强制性规定,不能认定其中的违约条款无效。

关于宋明亮是否林洪的业务员问题。蔡华峰虽在上诉状中主张宋明亮是林洪的合伙人或代理人,但在庭审中明确主张宋明亮是林洪的业务员。在本案一审期间,蔡华峰未能提交证据证明宋明亮是林洪的业务员。二审期间,蔡华峰申请法院调取宋明亮在荣成市公安局经侦大队所作笔录,并声称宋明亮在笔录中已承认自己是林洪的业务员。但从山东省高级人民法院向荣成市公安局调取的笔录看,宋明亮并未承认自己是林洪的业务员,而只承认自己是蔡华峰和林洪买卖柴油的中介人。另外,蔡华峰主张已将所欠林洪油款全部支付给了宋明亮,且宋明亮在公安局的讯问笔录中也承认收到了蔡华峰的油款。但是,蔡华峰提交的证明其已向宋明亮支付油款的证据存在明显瑕疵。蔡华峰出具还款协议的时间是2008年5月4日,金额是208 450元,但蔡华峰提交的由宋明亮签字的收款条中有两张分别出具于2008年1月6日和2008年2月11日,如果蔡华峰主张宋明亮是林洪的业务员,且蔡华峰已于收到柴油前向宋明亮预付了部分款项,则其在出具还款协议时不可能再将欠款额确定为208 450元。蔡华峰提交的由宋明亮签字的另一张还款条的出具时间是蔡华峰出具还款协议的当天,即2008年5月4日,也不符合常理。蔡华峰认可在其向宋明亮支付最后一笔款项之前,已经接到了林洪要求将款项直接支付给林洪本人的电话,在此情况下,蔡华峰仍然向宋明亮支付款项的真实性也值得怀疑。因此,蔡华峰提交的宋明亮出具的收到条尚不足以证明蔡华峰已向宋明亮支付了所欠林洪的加油款。

综上所述,原审判决认定事实清楚,适用法律正确,应予维持。依照《中华人民共和国民事诉讼法》第153条第1款第1项之规定,判决如下:

驳回上诉,维持原判。

9 原告徐立明与被告浙江海鑫船舶贸易有限公司、杨林斌、潘林国、吴正忠船舶物料供应合同欠款纠纷案

案例来源:宁波海事法院(2010)甬海法台商初字第43号
主题词:船舶物料供应　船舶挂靠　连带责任

裁判要旨

No. CB-7.2-9　合伙人建造船舶,以挂靠企业的名义签订船舶物料供应合同,判决由合伙人共同承担还款责任。从保护善意第三人的角度出发,挂靠企业亦应承担连带还款责任。

一、基本案情

原告:徐立明

被告:浙江海鑫船舶贸易有限公司(以下简称海鑫公司)
被告:杨林斌
被告:潘林国
被告:吴正忠

原告徐立明起诉称:位于浙江振兴船舶修造有限公司(以下简称振兴公司)12号船台的18 000吨钢质货轮系四被告合伙建造。在该轮建造期间的2009年1月6日至同年7月2日,由被告潘林国出面陆续向原告购买了各种船用油料共计花费275 215元,已付货款118 150元,尚欠原告157 065元。原告多次催讨未果,故诉请判令四被告共同支付原告欠款157 065元。

被告海鑫公司、杨林斌未进行答辩,亦未提供任何证据。

被告潘林国、吴正忠答辩称:(1)对被告杨林斌等已向原告支付118 150元货款的事实无异议,但潘林国只经手了211 115元的油料,而非原告主张的275 215元。(2)潘林国收取的物料均是用于被告海鑫公司所属船舶的建造,因此本案欠款应由海鑫公司支付。被告潘林国、吴正忠虽然也有资金投入上述船舶的建造,但在海鑫公司依法存在、未经清算的情况下,原告要求海鑫公司以外的第三人支付本案欠款,与法不符。(3)如果认定潘林国、吴正忠为本案被告,则要求追加其他合伙造船人叶阿德、陈建荣、吕招志、张雪芬、叶学友、杨林富(以下简称叶阿德等六人)为共同被告。请求驳回原告对被告潘林国、吴正忠的诉讼请求。

二、法院查明的事实

宁波海事法院认定事实如下:被告海鑫公司系2006年9月6日成立的有限责任公司,股东为杨林斌及徐道福。2008年5月23日,海鑫公司与富煌公司签订新建船舶买卖合同1份,约定海鑫公司将其在振兴公司建造的一艘ZC检验18 000吨级散货船转让给富煌公司。同年11月30日,被告杨林斌、潘林国、吴正忠签订协议书,载明:在振兴公司12号船台上A、B两船系三人合伙建造,其中南京两江海运股份有限公司购买的A船,杨林斌、潘林国、吴正忠分别占57%、25%、18%的股份;富煌公司购买的B船,杨林斌、潘林国、吴正忠分别占73%、15%、12%的股份。2009年间,上述船舶陆续向原告购买机油、柴油等船用物料,货款共计211 115元,已付118 150元,尚欠92 965元未付。

三、法院裁判

宁波海事法院认为,本案系原、被告间的船舶物料供应合同欠款纠纷。被告杨林斌、潘林国、吴正忠为合伙造船所需,购置船用物料,拖欠的货款应认定为合伙债务,应由全体合伙人承担连带清偿责任。该三被告合伙造船,却以被告海鑫公司的名义对外签订船舶建造合同,海鑫公司应视为被告杨林斌、潘林国、吴正忠合伙造船的挂靠单位,依据最高人民法院《关于贯彻执行〈中华人民共和国民事诉讼法〉若干问题的意见》

第43条规定的精神,从保护善意第三人的角度出发,海鑫公司对上述欠款的偿付亦应承担连带责任。原告关于被告杨林斌、潘林国、吴正忠支付欠款并由海鑫公司承担连带责任的诉请有理,宁波海事法院予以支持;欠款的具体数额,宁波海事法院以 92 965 元为准。被告潘林国、吴正忠关于其不是本案欠款的支付主体的抗辩、证据及理由不足,宁波海事法院不予采纳。综上,依照《中华人民共和国民事诉讼法》第 64 条第 1 款、第 130 条,《中华人民共和国民法通则》第 35 条,《中华人民共和国合同法》第 109 条之规定,判决如下:

一、被告杨林斌、潘林国、吴正忠于本判决生效后 10 日内共同支付原告徐立明欠款 92 965 元;

二、被告浙江海鑫船舶贸易有限公司对上述款项的偿付承担连带责任;

三、驳回原告徐立明的其他诉讼请求。

[10] 原告阿卓燃油有限公司与被告瑞德柏格航运有限公司、曼德福钦航运公司船舶油料供应合同纠纷案
案例来源:广州海事法院(2000)广海法商字第 110 号
主题词:船用燃油 法律适用 燃油所有权

裁判要旨

No. CB-7.2-10 供油协议约定适用英国法律,依据《中华人民共和国民法通则》第 145 条的规定,涉外合同的当事人可以选择处理合同争议所适用的法律,法院适用英国法律处理实体争议。

No. CB-7.2-11 根据英国《1979 年货物买卖法》(SALE OF GOODS ACT 1979)第 17 条第 1 项、第 19 条第 1 项的规定,英国法律允许当事人自由约定标的物所有权的移转时间。当事人签订的《海运燃油、润滑油和其他产品销售标准条款》中有关供油方在收到客户支付的价款之前,产品的所有权并不转移给客户、占有该产品的一方只是作为供油方的保管人保管该产品的规定,该约定符合英国法律的规定、合法有效。但船舶所有人并非合同当事人,不受该合同的约束,供油方不得向其主张权利。

No. CB-7.2-12 光船承租人的受油方没有在供油协议所规定的时间内支付油款,构成违约。依照有关产品所有权的移转时间的规定,其承租船舶接受的燃油所有权仍由供油方享有,光船租船人只是以保管人的身份占有该产品,作为燃油所有权人的供油方有权请求返还燃油。因船舶被法院强制拍卖、燃油被变卖,供油方有权请求光船承租人返还相应的变卖价款。

一、基本案情

原告:阿卓燃油有限公司(Azoil Bunkering Limited),(以下简称阿卓公司)
被告:瑞德柏格航运有限公司(Rydbergs Shipping Limited),(以下简称瑞德公司)
被告:曼德福钦航运公司(Medfortune Shipping S. A.),(以下简称曼德公司)

原告阿卓公司诉称:1999年6月4日、6月10日、7月7日,原告阿卓公司应瑞德公司所有的、曼德公司光船租赁经营的"夏梦"轮的要求,分别向该轮供应1 270.271公吨燃料油、199.751公吨轻油、14 800升润滑油及其他产品,价值163 602.78美元。原告阿卓公司没有收回上述货款。由于本案供油协议采用原告阿卓公司拟定的1995年版《海运燃油、润滑油和其他产品销售标准条款》,该条款规定,所供应产品的所有权在供油方收回货款之后,才转移给买方,在此之前,买方仅以保管人的名义占有该产品,所以原告阿卓公司是上述油类产品的所有人。原告阿卓公司于1999年7月7日在新加坡最后一次向"夏梦"轮供油后,"夏梦"轮驶向湛江。7月12日,该轮被本院扣押,直至被依法拍卖。船上所存的油类产品被变卖,所得的价款为49万元人民币。请求法院判令被告曼德公司和瑞德公司返还原告阿卓公司所有的上述油类产品被变卖所得的价款49万元人民币。

被告瑞德公司辩称:(1)原告阿卓公司在提起本案诉讼前,曾起诉被告瑞德公司和曼德公司,后经广州海事法院裁定视为撤诉,故原告阿卓公司无权再提起本案诉讼。(2)原告阿卓公司直接与被告曼德公司联系为"夏梦"轮供油,其与被告瑞德公司之间不存在供油合同关系,故瑞德公司不应被列为本案的被告。(3)原告阿卓公司主张的1995年版《海运燃油、润滑油和其他产品销售标准条款》是原告阿卓公司单方拟定的。根据该条款的规定,本条款的适用必须经过双方当事人的书面同意,而原告阿卓公司不能证明被告曼德公司确认同意适用该条款,所以该条款不是本案供油协议的组成部分。如果上述条款是供油协议的组成部分,依据该条款的规定,本案应由英国法院管辖。(4)实际向"夏梦"轮供油的是中国海运燃油供应公司、LUNGSHAN石油(新加坡)私人有限公司及其他公司,与原告阿卓公司无关,原告阿卓公司主张的债权不成立。(5)"夏梦"轮于1999年7月7日在新加坡接受供油后,即驶向湛江。7月12日,"夏梦"轮被广州海事法院扣押。船舶扣押期间,中国湛江外轮代理公司、广州海事法院和"夏梦"轮的抵押权人MVS Communications Limited均曾安排为船舶供油。故"夏梦"轮在被扣押前被供应的油料早已耗尽,原告阿卓公司对被变卖的"夏梦"轮上的存油不具有任何权利。(6)中国是与本案争议有最密切联系的国家,因此本案应适用中国法律。根据《中华人民共和国民法通则》和《中华人民共和国合同法》的有关规定,合同产生的只能是当事人之间的债权债务关系,故原告阿卓公司依据供油合同向被告曼德公司主张的只能是债权。综上,请求法院驳回原告阿卓公司的诉讼请求。

被告曼德公司没有答辩,也没有向法院提交任何证据。

二、法院查明的事实

广州海事法院认定了以下事实：1999年5月31日，被告曼德公司向原告阿卓公司传真称："夏梦"轮已用完轻油，请报在中国湛江添加30公吨轻油的价格。6月3日，原告阿卓公司向被告曼德公司发出"供油细节的确认电传"，记载：本项销售采用阿卓燃油有限公司1995年版《海运燃油、润滑油和其他产品销售标准条款》，此标准条款贵司应有复印件，若无，请告知；30公吨轻油的单价为每公吨182美元，驳船交付费用按B区每公吨6.5美元，至少150公吨计算，上述款项应自油料交付时起30日内支付；供油方为中国海运燃油供应公司。6月4日，供油船"湛油4号"在湛江港14号锚地为"夏梦"轮供应轻油30公吨。6月16日，原告阿卓公司向被告曼德公司发出"电传发票"，记载："夏梦"轮于1999年6月4日在湛江加轻油30公吨，每公吨182美元，驳船费用按150公吨、每公吨6.5美元计算，以上共计6435美元，上述价款必须在1999年7月4日前支付。6月17日，原告阿卓公司向被告曼德公司出具正式商业发票，内容与"电传发票"一致。

1999年6月8日，原告阿卓公司应被告曼德公司的要求，向被告曼德公司发出"供油细节的确认电传"，记载：就"夏梦"轮在新加坡加油一事，阿卓燃油有限公司确认450公吨燃料油的单价为每公吨92.50美元，70公吨轻油的单价为每公吨131美元，卡斯特CDX30型润滑油的单价为每100升85.82美元，卡斯特MLC30型润滑油的单价为每100升91.86美元，卡斯特SDZ70型润滑油的单价为每100升113.23美元；货物交付方式为驳船交付，驳船费用按前4小时600美元，此后每小时按150美元计算；以上款项应自货物交付时起30日内支付，供油方为LONGSHAN公司；本项销售采用阿卓燃油有限公司1995年版《海运燃油、润滑油和其他产品销售标准条款》，此标准条款贵司应有复印件，若无，请告知。同日，被告曼德公司向原告阿卓公司回复传真，表示同意原告阿卓公司的供油确认。6月10日，LUNGSHAN石油（新加坡）私人有限公司在新加坡向"夏梦"轮供应450.42公吨燃料油；PEGASUS海运（新加坡）私人有限公司向"夏梦"轮供应70.372公吨轻油；CASTROL新加坡私人有限公司向"夏梦"轮供应2 200升卡斯特CDX30型润滑油、2 200升卡斯特MLC30型润滑油和2 400升卡斯特SDZ70型润滑油。6月29日，原告阿卓公司向被告曼德公司发出"电传发票"，记载："夏梦"轮于1999年6月10日在新加坡加450.42公吨燃料油，单价每公吨92.50美元；加70.372公吨轻油，单价为每公吨131美元；加2 200升卡斯特CDX30型润滑油，单价为每100升85.82美元；加2 200升卡斯特MLC30型润滑油，单价为每100升91.86美元；加2 400升卡斯特SDZ70型润滑油，单价为每100升113.23美元，驳船费用为600美元。以上共计58 109.06美元，上述价款必须在1999年7月10日前支付。7月1日，原告阿卓公司向被告曼德公司出具了正式商业发票，内容与"电传发票"一致。

1999年7月2日，被告曼德公司向原告阿卓公司传真，要求原告阿卓公司在新加坡给"夏梦"轮供应800公吨燃料油、130公吨轻油、2 600升卡斯特CDX30型润滑油、

2 400 升卡斯特 MLC30 型润滑油、3 000 升卡斯特 SDZ70 型润滑油和 40 公斤油脂。同日,原告阿卓公司向被告曼德公司发出"供油细节的确认电传",记载:本项销售采用阿卓燃油有限公司 1995 年版《海运燃油、润滑油和其他产品销售标准条款》,此标准条款贵司应有复印件,若无,请告知;燃料油的单价为每公吨 91.50 美元,轻油的单价为每公吨 132 美元,卡斯特 CDX30 型润滑油的单价为每 100 升 85.82 美元,卡斯特 MLC30 型润滑油的单价为每 100 升 91.86 美元,卡斯特 SDZ70 型润滑油的单价为每 100 升 113.23 美元;货物交付方式为驳船交付,驳船费用按头 4 小时 600 美元,此后每小时按 150 美元计算;以上款项应自货物交付时起 40 日内支付,供油方为 GRANDEUR 公司。被告曼德公司随即向原告阿卓公司传真,确认按原告阿卓公司报价单上的数量和价格订购。7 月 6 日,CASTROL 新加坡私人有限公司在新加坡向"夏梦"轮供应 2 600 升卡斯特 CDX30 型润滑油、2 400 升卡斯特 MLC30 型润滑油和 3 000 升卡斯特 SDZ70 型润滑油,另外还供应了两桶油脂。7 月 7 日,GRANDEUR 贸易和服务私人有限公司向"夏梦"轮供应 789.851 公吨燃料油、129.379 公吨轻油。7 月 28 日,原告阿卓公司向被告曼德公司发出"电传发票",记载:"夏梦"轮于 1999 年 7 月 7 日在新加坡加 789.851 公吨燃料油,单价每公吨 91.50 美元;加 129.379 公吨轻油,单价为每公吨 132 美元;加 2 600 升卡斯特 CDX30 型润滑油,单价为每 100 升 85.82 美元;加 2 400 升卡斯特 MLC30 型润滑油,单价为每 100 升 91.86 美元;加 3 000 升卡斯特 SDZ70 型润滑油,单价为每 100 升 113.23 美元;加两桶油脂,单价为每桶 50 美元,驳船费用为 600 美元,SGS 检验费为 1 176.47 美元,以上共计 99 058.72 美元。同日,原告阿卓公司向被告曼德公司出具正式商业发票,内容与"电传发票"一致。

经核算,"夏梦"轮前后 3 次总共被供应了 1 270.271 公吨燃料油、199.751 公吨轻油、14 800 升润滑油和两桶油脂,共发生费用 163 602.78 美元。

原告阿卓公司的 1995 年版《海运燃油、润滑油和其他产品销售标准条款》规定:这些条款和条件是阿卓燃油有限公司(本公司)准备在和另外一方(客户)订立海运燃油、和/或润滑油、和/或其他产品的供油协议时使用的普通和标准条款及条件。这些条款和条件可称为《阿卓燃油有限公司 1995 年标准销售条款和条件》。每份协议应由本公司和客户个别商谈,并由本公司的"供油细节的确认电传"(以下简称"确认电传")加以证明,如果这些条款和条件与确认电传的条款发生冲突,后者优先适用。实际供应商是指实际向船舶供应产品的人及其雇佣人、代理人、继承人、分合同方以及受让人。实际供应商可能是本公司或任何其他人。产品销售价款的支付日按供应确认书的规定,如果供应确认书没有规定,则为产品交付日;本公司在收到客户支付的价款之前,该产品的所有权并不转移给客户,占有该产品的一方只是作为本公司的保管人保管该产品。本条款适用英国法律并受英国法院管辖,但是在客户违反本协议的情况下,本条的规定不影响本公司在任何国家、任何法院或仲裁庭自由采取任何必要的行动以实现和保护其在本协议下的权利。

被告瑞德公司对原告阿卓公司提交的 22 组证据的真实性均没有异议。合议庭认为,原告阿卓公司提交的证据可以作为本案认定事实的根据,该证据证明的上述事实,应予确认。

原告阿卓公司主张"夏梦"轮由被告瑞德公司所有、被告曼德公司光船租赁经营。被告瑞德公司对此没有异议,合议庭予以确认。

原告阿卓公司主张其没有收到"夏梦"轮前后3次被供应的1 270.271公吨燃料油、199.751公吨轻油、14 800升润滑油和两桶油脂的价款及相关费用163 602.78美元。被告瑞德公司和曼德公司对此没有提交任何相反证据,合议庭予以采信。

被告瑞德公司向本院提交的7组证据可以证明:1999年9月,"夏梦"轮的抵押权人MVS Communications Limited曾安排向"夏梦"轮供应轻柴油和机油(没有供应燃料油)。原告阿卓公司对上述证据的真实性没有异议。合议庭认为,上述证据可以作为本案认定事实的根据,其证明的事实应予确认。

广州海事法院在审理(1999)广海法商字第103号瑞德公司诉江南造船厂修船分厂错误申请扣押船舶损害赔偿纠纷案、(1999)广海法商字第120号Galaev Vladimir(原"夏梦"轮船长)诉瑞德公司拖欠船员劳动报酬纠纷案和(1999)广海法登字第218号债权登记案中查明:1999年7月8日,江南造船厂修船分厂申请本院扣押"夏梦"轮。7月12日,广州海事法院在湛江港对该轮实施扣押。该轮在扣押期间,没有继续从事经营活动,中国湛江外轮代理公司是该轮的代理人。12月27日,广州海事法院应Galaev Vladimir等"夏梦"轮船员的申请,依法组成拍卖船舶委员会,将"夏梦"轮公开拍卖。12月30日,法院主持船舶移交手续,船上剩余燃料油350公吨、柴油7公吨,根据中国湛江外轮代理公司提供的单价(燃料油每公吨1 452.5元人民币,柴油每公吨3 200元人民币),变卖燃料油、柴油的价款为530 775元人民币,扣除5%的变卖费用,余款为504 236.25元人民币(其中燃料油价款为482 956.25元人民币、柴油价款为21 280元人民币)。上述款项保存于法院账户。12月16日,中国湛江外轮代理公司向广州海事法院提交《债权登记申请》《湛江外代"夏梦"轮费用清单》,记载:从1999年7月起至12月止,中国湛江外轮代理公司代理"夏梦"轮;受"夏梦"轮、广州海事法院的委托,中国湛江外轮代理公司给"夏梦"轮供应了淡水、轻柴油、机油、伙食、药品等(没有供应燃料油)。合议庭对上述事实予以确认。

1999年11月12日,原告阿卓公司以被告瑞德公司、曼德公司拖欠燃油费为由,向广州海事法院提起诉讼。因原告阿卓公司未在法律规定的时间内预交诉讼费,广州海事法院于12月30日裁定该案按撤诉处理。

三、法院裁判

广州海事法院认为,本案是一宗船舶油料供应合同纠纷案。根据原告阿卓公司的1995年版《海运燃油、润滑油和其他产品销售标准条款》的规定,该条款是原告阿卓公司和客户在订立供油协议时使用的标准条款;每份协议应由原告阿卓公司和客户个别商谈,并由原告阿卓公司的《供油细节的确认电传》加以证明,如果这些条款与《供油细节的确认电传》的条款发生冲突,后者优先适用。本案中,被告曼德公司要求原告阿卓公司给"夏梦"轮供油后,原告阿卓公司向被告曼德公司发出"供油细节的确认电传",提出供油协议应采用原告阿卓公司的1995年版《海运燃油、润滑油和其他产品销售标准条款》,并对供油的细节,如价格、数量、交付方式等加以确认。被告曼德公司对此没有提出异议,并同意原告阿卓公司的供油报价,实际接受供油。鉴于被告曼德公司没有到庭参加诉讼,也没有提交任何相反证据,应认定被告曼德公司已实际接受原告阿卓公司的1995年版《海运燃油、润滑油和其他产品销售标准条款》,该条款是本案供油协议的组成部分。被告瑞德公司认为,原告阿卓公司不能举证证明被告曼德公司已书面同意适用《海运燃油、润滑油和其他产品销售标准条款》,故该条款不能作为供油协议的内容。被告瑞德公司的答辩理由没有法律依据,予以驳回。由于本案供油协议约定适用英国法律,依据《中华人民共和国民法通则》第145条关于涉外合同的当事人可以选择处理合同争议所适用的法律的规定,本案实体争议的处理应适用英国法律。

  根据英国合同法的有关规定,契约以协议为基础,协议之达成由要约和承诺所构成;而要约、承诺无一定格式,可以口头、书面或行为等方式为之;倘若一方当事人提出要约,他方当事人对该要约作出承诺,双方意思表示趋于一致,双方便达成协议而构成契约。结合本案的事实,被告曼德公司要求原告阿卓公司给"夏梦"轮供油,然后原告阿卓公司向被告曼德公司就供油报价,并提供格式条款,被告曼德公司随即对原告阿卓公司的意思表示予以确认,并接受供油,故供油协议在原告阿卓公司与被告曼德公司之间经过了要约与承诺两个阶段,依法成立。

  本案《海运燃油、润滑油和其他产品销售标准条款》中有关产品所有权的移转时间的规定是否有效,是处理本案争议的关键。根据《1979年英国货物买卖法》(SALE OF GOODS ACT 1979)第17条第1项、第19条第1项的规定,在特定物或确定物的买卖合同中,货物所有权按照当事人的意愿移转至买方。在特定物的买卖合同中,或货物随后划拨给合同的情况下,卖方可以通过合同的条款或划拨行为保留对货物的处置权,直至特定的条件得到满足。在这种情况下,即使货物已经交付给买方或已交给承运人、保管人或看管人转交买方,在卖方所规定的条件得到满足之前,货物的所有权并不转移给买方。可见,英国法律允许当事人自由约定标的物所有权的移转时间。本案《海运燃油、润滑油和其他产品销售标准条款》中有关原告阿卓公司在收到客户支付的价款之前,该产品的所有权并不转移给客户,占有该产品的一方只是作为原告阿卓公司的保管人保管该产品的规定,符合英国法律的规定,合法有效。至于本案供油协议的其他条款,不悖于英国现行法律,故同样合法有效。总之,本案供油协议的所有条款对原告阿卓公司和被告曼德公司具有约束力,受法律保护。被告瑞德公司不是合同当事人,不受该合同的约束,原告阿卓公司对其提出的诉讼请求应予驳回。

  被告曼德公司没有在本案供油协议所规定的时间内支付油款,已构成违约。依照《海运燃油、润滑油和其他产品销售标准条款》中有关产品所有权的移转时间的规定,"夏梦"轮前后3次被供应的1 270.271公吨燃料油、199.751公吨轻油、14 800升润滑油和两桶油脂的所有权仍由原告阿卓公司享有,被告曼德公司作为"夏梦"轮的光船租船人,只是以保管人的身份占有该产品,原告阿卓公司有权请求其返还。鉴于原告阿卓公司最后一次向"夏梦"轮供油的时间是 1999 年 7 月 7 日,供油的种类和数量为 789.851 公吨燃料油、129.379 公吨轻油、2 600 升卡斯特 CDX30 型润滑油、2 400 升卡斯特 MLC30 型润滑油、3 000 升卡斯特 SDZ70 型润滑油和两桶油脂,而该轮在湛江港被扣押的时间为 1999 年 7 月 12 日,距原告阿卓公司向该轮最后一次供油的时间仅有 5 天;且船舶扣押期间,"夏梦"轮没有从事经营活动,不再耗费燃料油,中国湛江外轮代理公司和 MVS Communications Limited 为该轮供应的是适量的轻柴油和机油,不包括燃料油,故应认定"夏梦"轮被拍卖时,船上所存的 350 公吨燃料油是"夏梦"轮被扣押前,原告阿卓公司应被告曼德公司的要求向"夏梦"轮供应的,原告阿卓公司作为该燃料油的所有权人,有权请求被告曼德公司返还相应的变卖价款。至于原告阿卓公司主张被变卖的 7 公吨柴油也属于其所有,因中国湛江外轮代理公司和 MVS Communications Limited 在船舶扣押期间曾给船舶加过柴油,原告阿卓公司的该项主张没有事实依据,不予支持。被告瑞德公司认为的法院在拍卖"夏梦"轮时,该轮在扣押前被供应的油料早已耗尽,没有事实依据,不予采信。

被告瑞德公司认为,如果《海运燃油、润滑油和其他产品销售标准条款》是本案供油协议的组成部分,本案应由英国法院管辖。两被告在答辩期间内未提出管辖异议,故对被告瑞德公司在庭审中提出的该项主张,不予审查。被告瑞德公司还认为,原告阿卓公司在提起本案诉讼前,曾起诉被告曼德公司和瑞德公司,后经法院裁定视其为撤诉,故原告阿卓公司无权再提起本案诉讼。原告撤诉后,在诉讼时效期间内,不影响其再行起诉。被告瑞德公司的该项抗辩理由没有法律依据,予以驳回。被告瑞德公司同时主张,实际向"夏梦"轮供油的是中国海运燃油供应公司、LUNGSHAN 石油(新加坡)私人有限公司及其他公司,与原告阿卓公司无关,原告阿卓公司的诉讼请求应予驳回。鉴于中国海运燃油供应公司、LUNGSHAN 石油(新加坡)私人有限公司等均不是本案供油协议的当事人,其作为实际供油商,是接受原告阿卓公司的委托向"夏梦"轮供油,只有原告阿卓公司才是本案供油协议中的卖方,故原告阿卓公司有权依据本案供油协议提起诉讼。被告瑞德公司的该项主张没有法律依据,予以驳回。

综上,依照《中华人民共和国民法通则》第 145 条第 1 款、《1979 年英国货物买卖法》第 17 条第 1 项、第 19 条第 1 项的规定,判决如下:

一、被告曼德福钦航运公司应向原告阿卓燃油有限公司返还燃料油的变卖价款 482 956.25 元人民币。上述价款从"夏梦"轮燃料油变卖款中直接拨付。

二、驳回原告阿卓燃油有限公司对被告曼德福钦航运公司和瑞德柏格航运有限公司的其他诉讼请求。

7.3 其他

11 肖宏银诉福建世达海运有限公司船舶挂靠合同纠纷案

案例来源:厦门海事法院(2011)厦海法商初字第 247 号
主题词:船舶挂靠合同　合同性质　合同解除

裁判要旨

No. CB-7.3-1　船舶挂靠合同的法律关系实际上是委托管理合同关系,在委托合同下,当事人可以随时解除委托合同,但因此给对方造成损失的,除不可归责于解除方的事由外,应当赔偿对方的损失。被挂靠人认为挂靠合同仍在有效期内、拒绝挂靠人的解约要求的主张于法不合,法院不予采纳。

一、基本案情

原告:肖宏银,男,汉族

被告:福建世达海运有限公司

原告诉称:2010 年 3 月 13 日,原告与被告签订《振业 5 号挂靠协议书》,约定原告通过购买所有并经营的"振业 5 号"杂货船,挂靠被告名下注册登记;每年挂靠管理费和安全管理体系费用为 5 万元;如要办理转港手续,原告提前通知被告。协议签订当日,被告出具《产权确认书》,确认"振业 5 号"船的产权百分之百属于原告,为符合船舶登记的要求,被告方可体现所有权证书中的股权为 50%。但在办理船舶所有权登记时,被告未经原告同意直接将船舶百分之百所有权登记为被告所有。2010 年 4 月,"振业 5 号"船更名为"宏达 69 号"。该船由原告经营至今。2011 年 7 月,原告向被告提出拟将"宏达 69 号"移港至他处,但被告一直以各种理由推托,拒绝办理。2011 年 8 月 26 日,原告委托律师再次向被告提出解除挂靠协议、办理船舶移港手续,但被告置若罔闻。为此,起诉请求:(1)解除原被告双方 2010 年 3 月 13 日签订的《振业 5 号挂靠协议书》;(2)责令被告把"振业 5 号"(现名"宏达 69 号")船舶所有权转移登记至原告名下;(3)责令被告即时为原告办理船舶移港手续;(4)责令被告赔偿因拖延办理船舶移港手续给原告造成的经济损失 20 万元;(5)本案诉讼费和其他费用由被告负担。

被告庭审答辩称:(1)《振业 5 号挂靠协议书》第 5 条载明,挂靠期为"1+1 年",目前协议仍未过有效期,挂靠仍在继续,被告有权拒绝原告的无理解约要求。(2)船籍港的选择与挂靠经营模式休戚相关,直接关乎被告的合同利益。原告请求移港,意味着船检地、标准、船上多类证书的更换等。《振业 5 号挂靠协议书》第 1 条已明确约定"在福州港进行该船舶注册登记"。原告在合同未到期时要求移港,超出了挂靠协议约定的被告的义务,被告有权拒绝。(3)关于所有权登记与约定不符问题。所有权证书现载内容属于双方为办证手续简便及方便考虑,在办理证书时已与原告口头沟通并征得同意,并非被告擅自而为。实际上,没有原告的同意和配合,《船舶所有权证书》根本无法办理。这是双方基于口头协商对《产权确认书》进行事实上的修改,于法有据。另外,被告一再承认原告作为该船舶的实际所有人地位,充分尊重其百分之百的所有权,从未对该船私自转让、设定物权等行为,恪守挂靠协议书的规定。综上,原告意图在合同有效期内单方毁约,违背诚实信用原则,而且会打乱被告公司整体经营计划及安排,不仅会对被告造成不合理的负担,甚至可能造成极大的损失。请求法院依法驳回原告的诉讼请求。

二、法院查明的事实

厦门海事法院查明:2010年3月13日,原被告双方签订《振业5号挂靠协议书》,约定:"振业5号"船为原告所有挂靠于被告,并委托被告在福州港进行该船舶注册登记;被告负责办理该船经营作业的相关手续和资料,原告提供办证所需的技术数据和资料;船舶经营由原告自行负责,自负盈亏。经营活动中债权债务与被告无关。船舶经营权和所有权都属于原告,被告在所有权证书上的股权是为了便于办理海事登记手续而取得的,挂靠期满后,被告在所有权证书上的股份无条件返还原告。协议第5条约定:"该船原则上挂靠期为1+1年。该船挂靠的管理费及安全管理体系费用初步标准为每年伍万元人民币。挂靠期满后,若原告愿意继续挂靠,被告要给予优质服务。若原告挂靠未满1年将船转往其他港口登记注册,被告可不返还挂靠费及规费。办理转港手续时,原告应当提前通知被告。"协议签订当日,被告出具了《产权确认书》,说明因按国家规定,为办理船舶登记手续需要,被告在所有权证书上的股权登记为50%,实际股权百分之百为原告所有。

协议签订后,被告向福州海事局办理船舶登记。2010年4月15日,福州海事局核发船舶所有权登记证书,记载:船名为"宏达69号",曾用名"振业5号";所有权取得时间为2010年3月25日;船舶所有权人登记为被告,非共有船舶。2011年2月9日,原告向被告交纳了2010年船舶挂靠费5万元。2011年8月10日,原告与洋浦飞轮海船务有限公司签订协议,商定自签约之日起,在10个工作日内,办理"宏达69号"船所有权注销移户手续,超过8月24日未办理,原告每日赔偿1.5万元给对方。2011年8月26日,原告委托福建大佳律师事务所俞建明律师向被告发出关于转移船舶产权挂靠手续的《律师告知函》,称:"……基于船舶实际经营方面的考虑和双方的沟通缘由,故决定把原挂靠于贵公司名下的'宏达69号'船转移到其他公司名下。现特此告知,请贵公司根据'宏达69号'船东肖宏银的要求在3天内及时办理,若因无故拖延致不必要的经济损失,则概由贵公司承担。"但被告未予答复也未办理。

三、法院裁判

厦门海事法院认为,本案是一起船舶挂靠合同纠纷。本案的船舶挂靠合同主体适格,意思表示真实,不违反法律、法规,应认定为有效。从挂靠协议的内容看,船舶的所有权和经营权均归原告,但原告委托被告代为办理船舶经营所需的证照、年检以及安全管理体系等事项,被告每年向原告收取管理费和安全管理体系费用5万元,因此原、被告间实际上是委托管理合同关系,原告将船舶商业经营以外的船舶管理机关所要求的一些管理事项委托由被告代办。

根据《合同法》第410条的规定,委托合同的当事人可以随时解除委托合同,但因此给对方造成损失的,除不可归责于解除方的事由外,应当赔偿对方的损失。因此原告于2011年8月26日向被告书面告知解除合同有效,但原告应赔偿因解除合同给被告造成的损失。由于被告未提起反诉,本案对此不予审理,被告可另案起诉。被告认为合同仍在有效期内,有权拒绝原告的解约要求的主张于法不合,不予采纳。双方挂靠关系解除后,原告在挂靠期间委托办理的有关船舶证书被告应当注销,以便原告办理船舶移港手续,但原告应承担由此产生的费用。

原被告双方均承认船舶所有权属于原告所有,但被告在挂靠协议履行期间未按承诺将船舶登记为双方各一半,而是登记为被告百分之百所有。现原告已解除合同,其要求将船舶登记为原告所有,厦门海事法院予以支持。但原告应承担因此产生的费用。原告于8月10日即与他人签订《移户协议》,约定于8月24日之前办理注销移户手续,但原告2011年8月26日才向被告发出解除挂靠关系,将"宏达69号"船转移到其他公司名下的《律师告知函》,没有证据证明在8月24日前原告已要求被告解除挂靠关系,办理船舶所有权注销移户手续,并给予被告合理的时间。因此其违反《移户协议》是不可避免的,由此造成的违约赔偿应由原告自行承担。且原告也未证明其已实际承担了违约赔偿。因此,原告要求被告赔偿因拖延办理船舶移港手续造成的经济损失的诉讼请求没有依据,厦门海事法院不予支持。

综上,根据《中华人民共和国合同法》第410条的规定,判决如下:

一、确认原告肖宏银与被告福建世达海运有限公司签订的《振业5号挂靠协议书》解除;

二、被告福建世达海运有限公司应于判决生效之日起10日内办理船舶所有权转移登记手续,将"宏达69号"轮所有权登记为原告肖宏银所有,由此产生的相关费用由原告承担;

三、被告福建世达海运有限公司应于判决生效之日起10日内协助原告肖宏银办理船舶移港手续,但由此产生的相关费用由原告承担;

四、驳回原告肖宏银其他诉讼请求。

12 原告李经明与被告厦门厦经纬船务有限公司船舶经营管理合同纠纷案

案例来源:厦门海事法院(2012)厦海法商初字第 28 号

主题词:船舶管理合同　船舶所有权　对抗效力

> **裁判要旨**
>
> **No. CB-7.3-2**　《船舶管理协议》对涉案船舶所有权约定的法律关系,仅在当事人之间有效,不能约束合同当事人以外的其他人。涉案船舶由船舶登记所有人为贷款而抵押予银行,并向船舶登记机关办理了抵押权登记时,未经抵押权人的银行同意,船舶登记所有人不得将被抵押船舶转让给他人。在此情形下,船舶实际所有人要求登记所有人协助船舶所有权变更登记手续的,法院不予支持。

一、基本案情

原告:李经明

被告:厦门厦经纬船务有限公司

原告李经明诉称,2005 年 3 月 28 日,原告李经明与乐清市七里港船厂(以下简称七里港船厂)签订《船舶建造合同》,由原告委托七里港船厂建造一艘多用途货轮。合同约定,船舶必须符合中国近海Ⅱ航区及内河 A、B 级规范要求建造,船舶的主要船长 99.2 米,载重吨 5 000 吨;船舶总价为 1517.8 万元(人民币,下同);交船地点为七里港,交船时间为 2005 年 10 月 28 日。合同签订后,原告向七里港船厂全额支付造船款项,七里港船厂依约交付船舶(登记名称为"鑫经纬"轮)。2005 年 6 月 22 日,原告与被告签订《船舶管理协议》,原告将"鑫经纬"轮委托被告按 NSM 规则实施船舶管理。协议约定船舶管理期限为 2005 年 6 月 22 日起至 2007 年 6 月 21 日止,协议履行期限届满后,如双方未对协议效力提出相反的意思表示,则协议的有效期限每次自动延长,时间为 1 年;"鑫经纬"轮的所有权证及国籍证户名为被告,但其所有权完全属于原告所有,为方便经营管理,双方同意在办理船舶初始登记时,将"鑫经纬"轮登记在被告名下。合同履行过程中,被告未尽船舶管理职责,"鑫经纬"轮登记在被告名下限制原告行使船舶所有权,并使原告遭受损失。为此,请求法院:(1) 确认原告为"鑫经纬"轮的船舶所有权人,拥有"鑫经纬"轮百分之百的所有权;(2) 判令被告协助原告办理"鑫经纬"轮的船舶所有权变更登记手续;(3) 判令被告承担本案的诉讼费用。

被告厦门厦经纬船务有限公司庭审时辩称:(1) 原告对"鑫经纬"轮的所有权仅在原、被告之间具有内部效力,不得对抗第三人。(2) "鑫经纬"轮之所有权登记在被告名下具有合同依据,在合同约定的管理期限内,原告无权要求办理所有权变更登记手续。(3) 截至 2012 年 2 月 14 日,原告拖欠《船舶管理协议》项下的借款本金 2 129 048 元、利息 1 031 938 元,管理费等费用暂计至 2011 年 12 月 31 日为 85 900 元,在原告付清上述款项前,被告有权拒绝将"鑫经纬"轮的所有权变更到原告名下。(4) "鑫经纬"轮业已抵押给中国建设银行股份有限公司福州晋安支行(以下简称晋安建行),该抵押合法有效,未经抵押权人同意,原告无权要求办理所有权变更登记手续。此外,由于被告未能偿还"鑫经纬"轮抵押担保之债务,晋安建行已提起诉讼,要求实现抵押权。如将"鑫经纬"轮所有权变更至原告名下,将严重损害案外人晋安建行的利益。综上所述,原告的诉讼请求没有事实和法律依据,请求驳回原告的诉讼请求。

二、法院查明的事实

厦门海事法院查明了如下事实:2005年3月28日,原告李经明委托李立新与七里港船厂签订了1份《船舶建造合同》。该合同约定:七里港船厂为原告建造一艘5 000吨半自动多用途货轮,造价为15 178 000元,2005年10月28日前交船,交船地点为七里港;双方对船舶规范、付款时间和方式、交船条件、违约责任等作出了约定。合同签订后,原告向七里港船厂分期支付了造船款项。2006年1月26日双方签订了船舶交接协议,七里港船厂将登记名称为"鑫经纬"轮的船舶交付李经明。

2005年6月22日,原告李经明与被告厦门厦经纬船务有限公司签订一份《船舶管理协议》。该协议约定:原告将"鑫经纬"轮委托被告按NSM规则实施船舶管理;管理期限为2005年6月22日起至2007年6月21日止,协议履行期限届满后,如双方未对协议的效力提出相反的意思表示,则协议有效期限每次自动延长,时间为1年;"鑫经纬"轮的所有权证书及国籍证书登记为被告,但其所有权完全属原告所有;被告保证为原告获得贷款,待原告保险手续完整交给被告后,被告在1个月内办完银行贷款,但原告的船舶必须作为银行贷款的抵押,评估费用由被告支付;管理费用、支付方式及其他费用双方另行协商,协商结果作为协议附件,与协议具有相同的法律效力;双方还对贷款形式和使用期限、违约责任、争议解决等方面作出了约定。

根据厦门海事局于2006年2月22日颁发的登记号码为180006000018的船舶所有权登记证书记载,"鑫经纬"轮船舶所有人为厦门厦经纬船务有限公司,取得所有权日期为2006年1月26日,造船地点为七里港船厂;船舶共有情况一栏载明"非共有船舶"。

2006年5月17日,原告李经明与被告厦门厦经纬船务有限公司签订一份《款项使用协议书》。协议约定:被告向银行申请贷款700万元用以购建"鑫经纬"轮,原告作为该船全体船东代表负责偿还贷款;贷款期限为24个月,原告付给被告1%/月的固定红利;原告必须在贷款到期前10天将贷款本金700万元及最后一笔红利划入被告指定账户,以确定贷款按期足额偿还,否则,被告有权在贷款逾期后停办该船相关一切手续,并通知有关部门扣押该船相关证件直至扣押该船,贷款逾期1个月后,被告有权对该船进行处置,所造成的一切经济损失由原告负责,等等。同日,双方再次签订了1份《款项支用协议书》,协议约定:"鑫经纬"轮挂靠在被告厦门厦经纬船务有限公司,被告向银行贷款700万元给原告,原告必须在两年内归还该贷款;该贷款款项还清后,被告应归还抵押给银行的船舶所有权证书。两年期间,被告因该船抵押产生的银行借款超过原告向被告借款产生的债权债务,与原告无关;如果被告不办理产权归属所产生的一切后果由被告承担并负责赔偿损失。庭审时,原告自认为尚欠被告借款本金170万元,利息已支付至2011年11月17日。

法院还查明,2010年9月1日,福建中经纬船务有限公司与晋安建行签订编号为2010年建闽北晋贷字4号的《人民币资金借款合同》,约定福建中经纬船务有限公司向该行借款2000万元整,期限12个月,从2010年9月14日起至2011年9月14日止。同日,被告与晋安建行签订编号分别为2010年建闽北晋贷抵字4-1号、2010年建闽北晋贷抵字4-2号的两份《抵押合同》,约定被告以"鑫经纬"轮等三艘船舶为上述贷款提供抵押担保,并办理了船舶抵押登记。

三、法院裁判

厦门海事法院认为,本案是一起因船舶经营管理合同引发的纠纷。原、被告签订的《船舶管理协议》《款项使用协议书》《款项支用协议书》是双方当事人的真实意思表示,主体适格,内容不违反法律强制性规定,为有效合同。现已查明,原告出资购买"鑫经纬"轮,并根据与被告签订的《船舶管理协议》,将"鑫经纬"轮所有权登记在被告名下,因此,在没有相反证据的情况下,厦门海事法院对双方约定的船舶实际所有权予以确认。原告诉请确认其拥有"鑫经纬"轮百分之百的所有权,厦门海事法院予以支持。

原告诉请被告协助办理"鑫经纬"轮船舶所有权变更登记手续。厦门海事法院认为,首先,根据双方签订的《款项使用协议书》《款项支用协议书》约定,原告偿还贷款款项后,被告应归还船舶所有权。现已查明原告尚未还清借款本金和利息,根据《中华人民共和国合同法》第67条的规定,在原告履行其债务前,被告有权拒绝原告的该项要求。其次,根据法律的规定,船舶所有权的取得,以船舶所有权登记为对抗要件。本案《船舶管理协议》对涉案船舶所有权所约定的法律关系,仅在原、被告之间有效,而不能约束合同当事人以外的其他人。涉案船舶"鑫经纬"轮已由被告作为抵押人为福建中经纬船务有限公司向晋安建行贷款提供了抵押,并向船舶登记机关办理了抵押权登记,根据《中华人民共和国海商法》第17条的规定,未经抵押权人晋安建行同意,抵押人厦门厦经纬船务有限公司不得将被抵押船舶转让给他人。综上,厦门海事法院认为,在涉案船舶"鑫经纬"轮已办理船舶抵押权登记的情形下,根据《中华人民共和国海商法》第9条第1款的约定,原、被告之间关于"鑫经纬"轮所有权的约定并不产生对抗第三人的效力,因此,原告的该项主张没有事实和法律依据,厦门海事法院不予支持。

依照《中华人民共和国合同法》第60条第1款、第67条,《中华人民共和国海商法》第9条第1款、第17条,《中华人民共和国民事诉讼法》第64条第1款的规定,判决如下:

一、确认原告李经明实际占有"鑫经纬"轮百分之百的所有权,但该确认不产生对抗第三人的效力;

二、驳回原告李经明的其他诉讼请求。

13 原告中国长城资产管理公司杭州办事处与被告孔仙昌、朱友营、李先进、陈茂民、尚贤法、台州市椒江区白云街道办事处、赵加勤船舶借款合同纠纷案

案例来源:宁波海事法院(2002)甬海商初字第 9 号

主题词:船舶营运借款合同　债权转让　时效中断

> **裁判要旨**
>
> **No. CB-7.3-3**　债权人将债权转让给第三人时,仅通知了合伙体中的某一债务人。该债务人不是合伙事务的执行人,对债权转移确认的行为不能代表全体合伙人,该债权转让对其他船舶合伙人不具有法律约束力。
>
> **No. CB-7.3-4**　债务人在债权转让通知上签章,构成诉讼时效中断。

一、基本案情

　　原告:中国长城资产管理公司杭州办事处

　　被告:孔仙昌

　　被告:朱友营

　　被告:李先进

　　被告:陈茂民

　　被告:尚贤法

　　被告:台州市椒江区白云街道办事处

　　被告:赵加勤

　　原告中国长城资产管理公司杭州办事处诉称:1995 年 10 月 3 日,孔仙昌、朱友营、李先进、陈茂民、尚贤法 5 人合伙经营的"浙椒渔 6107"船因购渔轮向中国农业银行台州市椒江支行借款 135 000 元,约定借款期限从 1995 年 10 月 3 日至 1996 年 4 月 20 日,贷款月利率为 12.06‰;并由椒江市新兴水产鱼粉厂承担连带保证责任,约定的保证期间等同于主债务履行期限。借款期限到期后,经贷款方催讨,债务人未归还分文本、息,保证人也未履行保证责任。经查,保证人椒江市新兴水产鱼粉厂已于 1996 年 5 月 30 日经工商部门核准注销,该企业是由原界牌乡(后并入白云街道)和被告赵加勤投资开办的乡集体企业。2000 年 5 月 1 日,中国农业银行台州市椒江支行将 135 000 元借款债权转让给原告,并通知了上述被告。上述被告对所欠债务及债权转让均予以确认,却不予偿还。为此,请求判令被告孔仙昌、朱友营、李先进、陈茂民、尚贤法共同偿还借款本金 135 000 元及支付从借款之日起至清偿之日止按银行同期贷款逾期利率计算的利息、支付原为实现债权的费用 3 900 元、五被告互负连带责任,判令被告台州市椒江区白云街道办事处、赵加勤对上述请求承担连带责任。

　　被告李先进辩称,签订保证借款合同时,渔业公司已经被工商部门核准注销,以"渔业公司浙椒渔 6107"船名义作为贷款主体,借款合同无效。2000 年 5 月 1 日的债权

转移确认通知书回执上，只有孔仙昌盖了私章，并加盖了作废的"渔业公司浙椒渔6107"船章，且合伙体已散伙，孔仙昌无权代表其他股东，他只能代表自己的行为，不应再由其他合伙人承担还款责任。借款期限未届满前李先进已退股，约定船上所有债权债务由朱友营承担；又从借款期限届满到 2000 年 5 月 1 日已有 4 年，银行没有向借款人催讨，且债权转移确认通知书回执上李先进未签名重新确认债务，故原告起诉李先进已经超过诉讼时效。庭审中提供了镇政府出具的李先进已于 1996 年 3 月 12 日退出"浙椒渔 6107、6108"船股份的有关证明。

被告尚贤法提交书面答辩状称，本人已于 1996 年 3 月 12 日以散伙方式退出"浙椒渔 6107、6108"船股份，对合伙体的债权债务已进行了清算，偿还借款的责任已转移给继续合伙的朱友营、孔仙昌等人。本人自 1996 年 3 月 12 日散伙起到 2002 年 4 月 8 日起诉已超过 5 年，因而偿还债务的责任已消灭，请求驳回对本人的起诉。同时提供了镇政府出具的尚贤法已于 1996 年 3 月 12 日退出"浙椒渔 6107、6108"船股份的有关证明。

被告朱友营辩称，船舶合伙期间我任船长，孔仙昌负责财务，船章和本人的私章均放在孔仙昌处，对贷款 135 000 元的事实不清楚。债权转移确认通知书回执上的"朱友营"签名不是本人所写。

被告孔仙昌、陈茂民未提交答辩状，亦未提供证据。

被告台州市椒江区白云街道办事处辩称，本案的担保单位椒江市新兴水产鱼粉厂，原界牌乡人民政府并没有投资，该企业法人在注销登记时也有清算组，企业法人应以自有资产对外承担责任。原界牌乡人民政府并入台州市椒江区白云街道办事处后不需要承担担保责任。且本案的担保早就已经超过《担保法》规定的担保保证期间及《民法通则》规定的诉讼时效。故应驳回原告对台州市椒江区白云街道办事处的诉讼请求。

被告赵加勤辩称，椒江市新兴水产鱼粉厂在担保前已转包给颜春才，有关为借款担保的事实不清楚，公章可能系盗用或伪造，且厂已倒闭多年，不应承担保证责任。

二、法院查明的事实

宁波海事法院因原告申请委托浙江省高级人民法院法医技术处对债权转移确认通知书回执上的"朱友营"签名笔迹进行鉴定。鉴定结论为该签名不是朱友营本人所写。

宁波海事法院认定了如下事实：孔仙昌、朱友营、李先进、陈茂民、尚贤法五人合伙从事"浙椒渔 6107、6108"船捕捞生产。1995 年 10 月 3 日，朱友营、陈茂民以"浙椒渔 6107"船名义申请向中国农业银行台州市椒江支行贷款 135 000 元，并由椒江市新兴水产鱼粉厂作为担保人，三方签订了船舶保证借款合同一份，约定：贷款用于购渔轮，借款期限从 1995 年 10 月 3 日起至 1996 年 4 月 20 日止，贷款月利率为 12.06‰（如遇国家利率调整或借款方未按时向贷款方付息时，按中国人民银行有关规定办理），利随本清；保证人承担连带保证责任，保证期间等同于主债务履行期限等内容。该合同加盖了"渔业公司浙椒渔 6107"船章和船长朱友营的私章。1996 年 3 月 12 日，原合伙人孔仙昌、李先进、陈茂民、尚贤法与朱友营签订合伙体解散协议书,将该船作价 710 000 元并给朱友营经营,但该船舶一直未办理船舶所有权登记。借款期限到期后,借款人未向贷款方归还本金及利息,保证人也未承担保证责任。2000 年 5 月 1 日,中国农业银行台州市椒江支行将 135 000 元借款债权转让给中国长城资产管理公司杭州办事处,债权人仅向孔仙昌送达了债权转移通知书,并在通知书回执上加盖"渔业公司浙椒渔 6107"船章和孔仙昌的私章,但未向其他合伙人和担保人送达债权转让通知书。

另查明,渔业公司已于 1995 年 5 月 18 日经工商部门注销。担保人椒江市新兴水产鱼粉厂于 1996 年 5 月 3 日注销工商登记。

三、法院裁判

宁波海事法院认为,渔业公司在签订借款合同时已经依法注销,渔业公司与"浙椒渔 6107、6108"船之间的挂靠经营关系已不存在,该船章应变更而未变更存在一定的瑕疵,但船章的实际意义是代表合伙船舶。朱友营、陈茂民以"浙椒渔 6107"船名义申请向中国农业银行台州市椒江支行贷款,且在借款合同上加盖船长朱友营的私章,所以被告孔仙昌、朱友营等五人以"浙椒渔 6107"船的名义与中国农业银行台州市椒江支行签订的保证借款合同内容合法,意思表示真实。保证人椒江市新兴水产鱼粉厂,在借款合同上作为保证人盖章,并加盖负责人即实际经营人颜春才私章,被告赵加勤认为该公章可能系盗用或私刻,但没有提供相应的证据予以证明,故保证人的保证形式符合法律规定。综上,保证借款合同依法确认有效。从借款期限届满到债权转让已有 4 年,合伙人虽未将合伙体解散的事实告知债权人中国农业银行台州市椒江支行有一定过错,但债权人也应知道合伙体解散和渔业公司早已注销的事实。债权人将债权转让给原告时,仅通知了债务人孔仙昌一人,在债权转移确认通知书回执上加盖"渔业公司浙椒渔 6107"船章及孔仙昌的私章,并伪造了船长朱友营的签名,孔仙昌重新对债权转移确认的行为,不能代表全体合伙人,不构成表见代理,该债权转让对其他船舶合伙人不具有法律约束力。根据最高人民法院《关于审理涉及金融资产管理公司收购、管理、处置国有银行不良贷款形成的资产的案件适用法律若干问题的规定》的有关规定,债务人在债权转让通知上签章构成诉讼时效中断。据此,原告主张被告孔仙昌偿还借款本金及利息请求,证据和理由充足,宁波海事法院予以支持。中国农业银行台州市椒江支行在保证责任期间,未向保证人主张权利,已超过保证责任期间,依法免除保证责任,又债权人在债权转让时未通知保证人,该债权转让对担保人没有法律约束力;且原告起诉台州市椒江区白云街道办事处、赵加勤承担连带保证责任,也没有提供证据证明该两被告系保证人的投资人。故原告请求保证人台州市椒江区白云街道办事处、赵加勤对借款本、息承担连带责任的主张,理由不足,不予支持。原告主张为实现债权而支付的 3 900 元费用,因无证据予以证明,宁波海事法院难以采信。依照《中华人民共和国经济合同法》第 40 条第 1 款第 2 项、《中华人民共和国合同法》第 80 条第 1 款、《中华人民共和国担保法》第 26 条,最高人民法院《关于适用〈中华人民共和国担保法〉

若干问题的解释》第32条第1款,最高人民法院《关于审理涉及金融资产管理公司收购、管理、处置国有银行不良贷款形成的资产的案件适用法律若干问题的规定》第10条,《中华人民共和国民法通则》第135条,《中华人民共和国民事诉讼法》第64条第1款、第130条的规定,判决如下:

一、被告孔仙昌于本判决生效后1个月内支付原告中国长城资产管理公司杭州办事处借款本金135 000元及利息(利息计算,在借款期间内按照合同约定的利率计息,从1996年4月21日起至付清本金之日止按中国人民银行规定的同期贷款逾期利率计息);

二、驳回原告中国长城资产管理公司杭州办事处其他诉讼请求。

14 原告王新军与被告周正日船舶营运借款合同纠纷案

案例来源:宁波海事法院(2010)甬海法台商初字第110号
主题词:船舶营运借款合同　船舶合伙　还款性质

> **No. CB-7.3-5** 合伙造船的一方合伙人退出合伙。在退伙之时,原合伙人书面确认了应向其退还的款项,该确认应视为双方对合伙期间的债务进行了结算。此后,原合伙人主张退伙,合伙人在退伙之前有违约事宜,该主张不能再得到法院的支持。
>
> **No. CB-7.3-6** 归还部分欠款的,由于双方未约定还款的性质,法院根据司法解释推定该款优先用于冲抵利息,如有余款再冲抵本金。

一、基本案情

原告:王新军

被告:周正日

原告王新军起诉称:被告周正日因投资造船所需,于2008年7月向原告借款465万元。同年8月4日,被告归还了部分借款并与原告结算后,出具借条确认尚欠原告190万元,利率按每6个月35%计算。后经原告多次催讨,被告仅支付了3个月利息,本金和利息至今未还。故诉请判令:被告偿还原告借款190万元及该款自2008年11月4日起至还清之日止按月利率2%计算的利息(暂算至起诉之日为91.6万元)。本案案件受理费及财产保全费由被告承担。

被告周正日答辩称:(1)原告向被告支付的465万元是合伙投资款而非借款,且被告已实际返还381万元。原告在双方合伙后一个月即要求退伙,已违反合伙协议,其违约在先,无权主张利息。(2)本案已过诉讼时效,原告诉请不应获得支持。(3)本案中原告申请扣押的船舶因原告未按法院通知追加,反担保已依法解扣,保全费不应由被告承担。诉讼中,被告书面放弃对诉讼时效的抗辩,并改称已返还原告331万元,还欠134万元未还。

二、法院查明的事实

宁波海事法院确认了如下事实：

2008年7月3日，原、被告签订了1份合作造船协议，约定原告出资500万元给被告用于双方合伙建造的一艘22 500吨散货船，原告获得该船5%的股份。该协议签订后，原告于同年7月4日、7月7日两次汇给被告共465万元作为造船投资款。后原告退出造船合伙，被告返还原告300万元，并与原告结算后，于同年8月4日另出具一张借条给原告，载明：今借到王新军人民币190万元，利息6个月按35%推算。双方对还款期限并无约定。同年11月5日，被告支付30万元给原告，原告出具收条1张。被告至今未归还剩余欠款，双方纠纷成诉。

三、法院裁判

宁波海事法院认为，原、被告之间原为合伙造船关系，但在原告退伙后，双方的合伙关系即告终止。此后被告出具借条向原告承诺还款，系其真实意思表示，不管借条出具之前被告返还了多少款项，以及款项性质是投资款还是投资收益，原、被告已通过出具借条的形式对双方间债权债务重新进行了结算，双方因此成立了借贷法律关系，被告应按照借条履行还款义务。被告提出的原告违约在先，其无权主张利息的抗辩，理由及证据均不足，宁波海事法院不予采信。借款本金按借条记载为190万元，至于利率，根据最高人民法院《关于人民法院审理借贷案件的若干意见》第6条之规定，本案借条中6个月35%的利率已超过银行同类贷款利率的4倍（包含利率本数），超出此限度的，超出部分利息不予保护。由于原告主张按月利率2%计算，该利率低于银行同类贷款利率的4倍，故利息按照原告主张的月利率2%计算。被告于2008年11月5日支付给原告的30万元属于利息还是本金，双方并无约定，根据最高人民法院《关于适用〈中华人民共和国合同法〉若干问题的解释（二）》第21条之规定，该30万元应当先抵充利息，剩余部分抵充本金。经宁波海事法院核定，截至2008年11月5日，按月利率2%计算，被告应支付利息11.4万元，被告已支付的30万元扣除该利息后，抵充本金18.6万元，被告尚欠原告本金171.4万元。至于财产保全费用，被告的抗辩有理，宁波海事法院予以采纳，该费用由原告承担。综上，依照《中华人民共和国合同法》第60条第1款、第109条，《中华人民共和国民事诉讼法》第64条第1款的规定，判决如下：

一、被告周正日于本判决生效后10日内支付原告王新军人民币171.4万元，以及该款自2008年11月6日起至本判决确定的履行之日止按月利率2%计算的利息；

二、驳回原告王新军的其余诉讼请求。

15 原告宁波某控股有限公司与被告宁波某运有限公司、宁波某海运有限公司、胡某某船舶营运借款合同纠纷案

案例来源:宁波海事法院(2012)甬海法商初字第191号

主题词:船舶营运借款合同　企业间借款　担保责任

> **裁判要旨**
>
> **No. CB-7.3-7**　企业借贷合同违反有关金融法规,属于无效合同。因该合同取得的财产,应当予以返还;不能返还或者没有必要返还的,应当折价补偿。双方关于利息的约定,由于合同无效而不予支持。
>
> **No. CB-7.3-8**　保证人为无效借贷合同提供担保,导致担保合同无效,应承担相应的过错责任,应对债务人不能清偿的借款本金承担1/3的民事责任。

一、基本案情

原告:宁波某控股有限公司
被告:宁波某运有限公司
被告:宁波某海运有限公司
被告:胡某某

原告宁波某控股有限公司起诉称:2010年6月25日,被告宁波某运有限公司为经营"永耀7"号、"永耀16"号船舶及其他船的流动资金,向原告借款200万元,约定月利息为日5‰,被告宁波某海运有限公司、胡某某作为该项借款的保证人。借款到期后借款人未按时还款并支付利息,故诉至法院,要求判令被告宁波某运有限公司归还借款200万元,支付借款利息839 315.56元;被告宁波某海运有限公司、胡某某对被告宁波某运有限公司的债务承担连带责任;诉讼费由被告承担。

被告宁波某运有限公司、宁波某海运有限公司均未向宁波海事法院提交任何答辩意见。被告胡某某对原告诉请的借款及担保事实均无异议。

二、法院查明的事实

宁波海事法院认定了事实如下:2010年6月24日,原告与被告宁波某运有限公司订立担保借款合同,约定该被告向原告借款200万元作为船舶营运流动资金,借款期限为2010年6月24日至2010年8月15日,约定服务费1000元,被告宁波某海运有限公司、胡某某作为连带责任保证人在合同上签字确认。次日,原告向被告宁波某运有限公司支付借款200万元。

宁波海事法院另查明,原告宁波某控股有限公司原名为宁波某担保有限公司,2010年12月8日经宁波市工商行政管理局核准变更为宁波某控股有限公司。

三、法院裁判

宁波海事法院认为：原告与被告宁波某运有限公司均系独立企业法人，根据最高人民法院《关于对企业借贷合同借款方逾期不归还借款的应如何处理的批复》关于"企业借贷合同违反有关金融法规，属无效合同"的规定，原告与被告宁波某运有限公司间的借款合同无效。《中华人民共和国合同法》第58条的规定："合同无效或者被撤销后，因该合同取得的财产，应当予以返还；不能返还或者没有必要返还的，应当折价补偿。有过错的一方应当赔偿对方因此所受到的损失，双方都有过错的，应当各自承担相应的责任。"被告宁波某运有限公司应返还原告借款本金200万元，双方关于利息损失的约定，因合同无效而不予支持。被告宁波某海运有限公司、胡某某为原告与被告宁波某运有限公司间的无效借贷合同提供担保，导致担保合同亦无效，应承担相应的过错责任，应对被告宁波某运有限公司不能清偿的借款本金承担1/3的民事责任。

综上，依照《中华人民共和国合同法》第7条、第56条、第58条，最高人民法院《关于对企业借贷合同借款方逾期不归还借款的应如何处理的批复》，最高人民法院《关于适用〈中华人民共和国担保法〉若干问题的解释》第8条、《中华人民共和国民事诉讼法》第130条之规定，判决如下：

一、被告宁波某运有限公司于本判决生效之日起10日内返还原告宁波某控股有限公司借款本金200万元；

二、被告宁波某海运有限公司、胡某某应对被告宁波某运有限公司不能清偿的上述借款本金承担1/3的清偿责任；

三、驳回原告宁波某控股有限公司的其他诉讼请求。

16 上诉人刘友敏与被上诉人福建明辉海外投资有限公司船舶营运有关的借款合同纠纷案

案例来源：福建省高级人民法院（2011）闽民终字第171号
主题词：名为投资实为借贷　合同效力　返还财产

> **裁判要旨**
>
> **No. CB-7.3-9**　《投资购船合同》约定投资人不参加经营，不承担风险，并享有利润，属于名为投资，实为借款的合同。投资人作为出借人，有权收回"投资款"本金，但无权要求利息。投资人虽然仅为个人，并非企业法人或者事业法人，但法律并未禁止企业向个人借款，不可参照最高人民法院《关于审理联营合同纠纷案件若干问题的解答》的有关规定，认定《投资购船合同》无效。

一、基本案情

上诉人（原审被告）：福建明辉海外投资有限公司（以下简称明辉公司）
被上诉人（原审原告）：刘友敏

厦门海事法院原审查明：2007年9月3日，被告明辉公司向原告出具了1份"证明"，该证明上载明：闽福州"货0082"船价为人民币222.5万元……余款人民币150万元由原告作为公司驳船运输部的投资款。其落款处盖有明辉公司印章。2007年11月1日，驳船运输部向原告出具编号为MH004的投资证明书，该文书上载明："兹收到刘友敏投资款150万元，投资于福建明辉海外投资有限公司驳船运输部。"其落款处有负责人陈秋的签名，及盖有明辉公司驳船运输部印章。

2007年9月7日，被告明辉公司作为甲方，陈秋作为乙方，签订了1份《投资购船合同》，该合同载明：双方共同投资购船成立明辉公司驳船运输部，以该部为合作体对外运作，经济上独立核算。双方同意以现金投资方式购买运砂驳船，以所购船舶的总购价、造价作为双方投资总额，以个人实际投资额计算投资比例。投资回报约定，从正式营运后的第三个月发工资日开始将船运费收入作为分红，运费在闽江里程现有运费的基础上增加50%。甲方保证投资方在除去船舶的正常费用后，从正式营运后的1年半内收回全额投资，否则甲方负责补足。船至菲律宾1个月后起算1年半的投资回收期。因气候原因，当地政府政策变动等不可抗力的原因除外。

2008年10月13日，李志作为甲方，陈秋作为乙方，明辉公司作为丙方，签订了1份《合同书》。该文书载明：乙方已经向丙方明辉公司投资人民币1511万元，用于成立驳船运输部，并已用于丙方明辉公司购买运砂驳船。甲方拥有的明辉公司55%的股权总值为4950万元，其中1511万元系以乙方的出资购买运砂驳船形成的。甲方承诺乙方按投入比例共负盈亏，共担风险。甲、乙、丙方三方一致确认，陈秋出资的1511万元系由陈秋等11人共同出资，其中刘友敏出资150万元。

2009年3月9日，李志作为甲方，陈秋作为乙方，明辉公司作为丙方，签订了1份备忘录。该文书载明：三方一致认为，菲律宾投资项目失败主要是因为政策变动、当地东北季风、世界金融危机等不可抗力因素造成。

第一次庭审后，被告申请对原告提交的2007年9月10日《投资购船合同》中印章的真伪，以及形成时间（与原告提交的落款为"二〇〇七年11月1日"的投资证明书比对），进行鉴定。原审法院依法委托西南政法大学司法鉴定中心对该申请事项进行鉴定。该鉴定中心经过鉴定后，出具了（2010）文鉴字第0078号司法鉴定意见书。该意见书的鉴定意见为：（1）两份证据所盖的印章相同。（2）落款日期为2007年9月10日的投资购船合同上印文的老化程度明显低于落款日期为"二〇〇七年11月1日"的投资证明书上同名印文的老化程度。

原告所提供的证据投资购船合同载明：2007年9月10日，驳船运输部作为甲方，原告作为乙方签订该合同。合同约定乙方投资款为150万元人民币。还约定，从正式营运后的第三个月发工资日开始将船运费收入作为分红,运费在闽江里程现有运费的基础上增加50%。拖船至菲律宾的费用由明辉公司承担,该公司保证乙方在除去船舶的正常费用后,从正式营运后的1年半内收回全额投资,否则其负责补足。船至菲律宾1个月后起算1年半的投资回收期。

陈秋在证言中陈述,驳船运输部未办理营业执照,其作为驳船运输部负责人,没有获得投资人的书面授权委托,也没有公司的任命书,对于原告所提供的证据投资购船合同,表示没有见过,不清楚。案涉投资未进行过分红。驳船运输部的印章是公司所刻,2008年4月之前章的保管其不清楚。2008年4月份以后章寄到菲律宾,其在菲律宾负责保管。2008年10月份其回国,章还在菲律宾。2009年5月份至10月份间,公司撤船回来后,章由其保管,10月份以后章交还给公司。

被告明辉公司在庭审中陈述,驳船运输部章从刻好后至今,一直由陈秋负责保管。

二、一审裁判

厦门海事法院认为,本案原告出资150万元的事实清楚,争议的焦点问题在于原告出资150万元应被认定为联营投资款还是借款;以及被告明辉公司是否应当返还原告150万元及其利息。

(一) 关于原告出资150万元的性质

原告认为,原被告双方签订的投资购船合同约定,原告既不参加经营,也不承担风险;并且被告承诺支付给原告不低于投资本金的固定收益,因此原告所谓的投资应被认定为借款。被告认为,原告出资150万元是对驳船运输部进行投资,应被认定为联营的投资款。

厦门海事法院认为,对原告出资150万元性质的认定,关键在于对原告所提供的证据(基于原告与驳船运输部之间)投资购船合同证明力的认定,即对关于原告的投资是否存在保底收益,原告是否不参加经营也不承担经营风险事实的认定。

关于是否参与经营问题,原告认为其没有参与驳船运输部经营,被告没有提出异议,也没有提供证据来证明原告有参与经营,因此原告没有参与驳船运输部经营的事实可以确认。

关于投资购船合同证明力的问题,经过鉴定,该合同上驳船运输部的印章与被告所确认的投资证明书上的印章是一致的。在原告未曾保管过驳船运输部的印章,被告又没有证据证明原告盗用该印章的情况下,该合同应被视为是驳船运输部的真实意思表示,其证明力应予以认可。至于其落款时间早于投资证明书落款时间,而其印章的形成时间却晚于投资证明书印章的形成时间的事实,并不能证明原告盗用该印章;即使投资购船合同是在投资证明书之后,双方对合同内容进行确认才形成,也不影响该合同对协议内容的证明力。况且,从整个案件事实的角度分析,陈秋与被告所签订的合同里,也约定了保底收益的内容,而陈秋的出资额里包含着原告的出资,认定投资购船合同的证明力,正好能与案件的整体事实相印证。

从上述分析的结论中,可以认定原告的投资存在保底收益,原告没有参与驳船运输部经营,也不承担经营风险。参照最高人民法院《关于审理联营合同纠纷案件若干问题的解答》第4条第2项的规定:"企业法人、事业法人作为联营一方向联营体投资,但不参加共同经营,也不承担联营的风险责任,不论盈亏均按期收回本息,或者按期收取固定利润的,是明为联营,实为借贷,违反了有关金融法规,应当确认合同无效。除本金可以返还外,对出资方已经取得或者约定取得的利息应予收缴,对另一方则应处以相当于银行利息的罚款。"原告的投资应被认定为借款,有权要求返还本金,但无权要求利息。

(二)关于被告明辉公司是否应当返还原告 150 万元及其利息

原告认为,被告承诺保底收益所收取的投资款,应被认定为借款,因此依法应返还原告 150 万元及其利息。被告认为,原告与驳船运输部存在合同关系,与被告不存在合同关系;并且陈秋与被告所签订的合同应约束原告;原告参与经营,应分摊经营亏损;无权要求被告返还 150 万元及其利息。

原审法院认为,该争议焦点问题的解决,依赖于对原告与被告之间是否存在合同关系;驳船运输部的地位;陈秋与被告所签订的合同(包括"2007 年 9 月 7 日投资购船合同""合同书""备忘录")是否约束原告;以及原告是否参与经营等事项的认定。

关于原告与被告之间是否存在合同关系的认定事项。根据 2007 年 9 月 3 日,被告开具给原告的"证明",可知被告对于原告投资于其所属驳船运输部的情况是知晓的,也就是说,当 2007 年 9 月 7 日,被告与陈秋签订"2007 年 9 月 7 日投资购船合同"时,被告是知晓原告是出资人之一的。《中华人民共和国合同法》第 402 条的规定:"受托人以自己的名义,在委托人的授权范围内与第三人订立的合同,第三人在订立合同时知道受托人与委托人之间的代理关系的,该合同直接约束委托人和第三人,但有确切证据证明该合同只约束受托人和第三人的除外。"该合同的内容直接约束原告与被告。因此原告与被告之间存在"2007 年 9 月 7 日投资购船合同"所体现的合同关系。

关于驳船运输部地位的认定。从该部冠以被告名称作为前缀,且没有办理营业执照的情况分析,该部应被认定为被告下属的一个分支机构。从驳船运输部的印章为被告所刻制、驳船运输部的负责人陈秋同时也是被告的员工,以及"2007 年 9 月 7 日投资购船合同"内容的情况看,驳船运输部是被告为了吸收他人的投资而自行设立的一个内部机构。因此该部系被告的一个内部分支机构,其所做行为的后果,应由被告来承担。

关于陈秋与被告所签订的合同(包括"2007 年 9 月 7 日投资购船合同""合同书""备忘录")是否约束原告的认定。上文的分析中,已经认定了"2007 年 9 月 7 日投资购船合同"直接约束原告与被告,且驳船运输部的行为的后果应由被告承担,因此"2007 年 9 月 10 日投资购船合同"的内容如与此前双方的约定不同,应视为变更约定,以该份合同为准。就"合同书""备忘录"而言,陈秋虽然是驳船运输部的负责人,但没有当然代理其他投资人的权利,因此在被告没有证据证明陈秋在签订"合同书""备忘录"时,有获得原告授权,或者事后获得原告追认的情况下,该"合同书""备忘录"不能约束原告。

关于原告是否参与经营等事项的认定。在前一焦点的分析中,已经予以认定了,原告没有参与经营。

因此,原告与被告之间存在名为投资,实为借款的联营合同关系,原告没有参与经营,参照最高人民法院《关于审理联营合同纠纷案件若干问题的解答》第4条第2项的规定,该合同为无效合同,被告应将获得的原告150万元投资款予以返还。原告的其他诉讼请求没有法律依据,依法应予驳回。依照《中华人民共和国合同法》第58条的规定,判决:

一、被告福建明辉海外投资有限公司在本判决生效之日起10日内返还原告刘友敏150万元;

二、驳回原告刘友敏的其他诉讼请求。

三、上诉与答辩

原审宣判后,明辉公司不服,上诉至福建省高级人民法院称:(1)被上诉人提供的《投资购船合同》不能体现上诉人的真实意思,对上诉人不具有约束力,不应当作为定案依据。首先,该合同显示的时间与实际有重大出入。其次,形成地点也与实际情况不同。因此,该合同不能作为直接定案的依据。此外,即使该合同具有真实性,在被上诉人明知陈秋以及驳船部不能代表上诉人的情况下,仍然与驳船部签订《投资购船合同》时,该合同不一定对上诉人具有约束力。(2)被上诉人参与了经营活动,根据最高人民法院《关于设立联营合同纠纷案件若干问题》第4条第1款的规定,被上诉人应当参与亏损的分摊。综上,请求撤销一审判决,驳回被上诉人的诉讼请求。

被上诉人答辩称,本案的事实已经一审法院查明,双方当时所签订的投资购船合同是双方的真实意思表示,具有约束力和证明力。虽然投资购船合同的印章是上诉人的驳船运输部,但该运输部对外是要承担相关的法律责任。上诉人对被上诉人出资150万元没有异议,双方所签合同有保底条款,属于名为投资实为借贷的合同。原审法院认定的当事人法律关系正确。

二审审理过程中,双方当事人均未提交新证据。上诉人除对原审被上诉人提交的2007年9月10日的《投资购船合同》证据效力以及本案的法律适用提出异议外,福建省高级人民法院对双方无争议事实予以确认。本案二审争议的焦点为:2007年9月10日的《投资购船合同》效力及性质。

四、二审裁判

福建省高级人民法院认为,该《投资购船合同》经过鉴定,确认其上的明辉公司驳船运输部的印章是真实的,尽管该印章非合同落款时间的当日所盖,甚至晚于2007年11月1日明辉公司驳船运输部所出具的《投资证明书》,在上诉人不能证明被上诉人盗用该印章的情形下,合同对双方具有拘束力。由于驳船运输部仅是上诉人内设的一个分支机构,其行为的法律后果应由上诉人承担。原审已查明被上诉人未参与共同经营,根据《投资购船合同》的约定,被上诉人不参加经营,不承担风险,并享有利润,故合同性质属于名为投资,实为借款的合同。被上诉人作为出借人有权收回"投资款"。由于被上诉人非企业法人或事业法人,而法律并未禁止企业向个人借款,故原审参照最高人民法院《关于审理联营合同纠纷案件若干问题的解答》第 4 条第 2 项的规定,认定讼争《投资购船合同》无效,有误,福建省高级人民法院予以纠正。

综上,原审认定事实清楚,判决结果基本正确。上诉人上诉理由不能成立,其上诉请求应予驳回。依照《中华人民共和国民事诉讼法》第 153 条第 1 款第 1 项之规定,判决如下:

驳回上诉,维持原判。

8. 船舶租用合同纠纷

8.1 定期租船合同纠纷

1 原告陈贺高与被告盈高管理服务有限公司定期租船合同纠纷案

案例来源：广州海事法院(2000)广海法商字第138号

主题词：定期租船合同　涉港纠纷法律适用　合同主体

> **裁判要旨**
>
> **No. CB-8.1-1**　涉港定期租船合同纠纷案，原告住所地、合同约定地、交还船港均在广东省，内地与合同有最密切联系，依据《中华人民共和国民法通则》第145条规定的最密切联系原则，适用内地法律处理本案。
>
> **No. CB-8.1-2**　以并不存在的公司名义与承租人签订定期租船合同，实际行为人应承担因该合同产生的出租人的权利和义务，具有诉权，有权要求承租人支付租金。

一、基本案情

原告：陈贺高

被告：盈高管理服务有限公司（WINKO MANAGEMENT SERVICES LIMITED）

原告陈贺高诉称：1996年10月2日，原告与东莞港务客货运输服务部签订《"莞航378"船光船租赁合同》，约定原告光船租赁东莞港务客货运输服务部所属"莞航378"船，租期从1996年10月3日起至2006年10月3日止。之后，原告又于1998年10月1日与太平洋船务(远东)有限公司签订《"莞航378"船定期租船合同》，约定太平洋船务(远东)有限公司定期租赁原告经营的"莞航378"船，租期从1998年10月3日起至1999年3月2日止，租金按每月17.5万元港币计算。太平洋船务(远东)有限公司实际租用"莞航378"船至1999年5月14日止。1999年7月15日，太平洋船务(远东)有限公司曾与原告结算"莞航378"船租金，确认欠付原告租金1 097 556.95元港币。但太平洋船务(远东)有限公司没有完全履行上述付款义务，至今仍拖欠原告"莞航378"船租金75万元港币。2000年7月17日，太平洋船务(远东)有限公司将公司名称变更为盈高管理服务有限公司，即本案的被告，故太平洋船务(远东)有限公司尚未履行的上述债务应由被告承担。请求法院判令被告支付原告"莞航378"船租金75万元港币，并承担本案的诉讼费及因本案而产生的其他费用。

被告盈高管理服务有限公司未答辩，也没有向本院提交任何证据。

二、法院查明的事实

广州海事法院认定了以下事实:原告陈贺高提交了以下证据:《"莞航378"船舶所有权证书》《"莞航378"船光船租赁合同》《"莞航378"船定期租船合同》《终止定期租船合同通知》《拖欠租金清单》《香港公司变更名称注册证书》《东莞市工商行政管理局查询结果》。上述证据证明以下事实:

1996年10月2日,原告与东莞港务客货运输服务部签订《"莞航378"船光船租赁合同》,约定原告光船租赁东莞港务客货运输服务部所属"莞航378"船,租期为10年,从1996年10月3日起至2006年10月3日止,租金按每年303 696元人民币计算。

1998年10月1日,东莞市高步三联运输公司与太平洋船务(远东)有限公司签订《"莞航378"船定期租船合同》,约定太平洋船务(远东)有限公司定期租赁东莞市高步三联运输公司经营的"莞航378"船,交、还船港均为广州黄埔,租期从1998年10月3日起至1999年3月2日止,不足一天按一天计算;租金按每月17.5万元港币计算,太平洋船务(远东)有限公司应在船舶出租前一个星期内向东莞市高步三联运输公司预付第一个月的租金,以后每月租金应于每月5号前向船东支付,合同终止前一个星期内结清所有租金;上述租金仅包括10个来回航次的燃料费,以后超出的每个来回航次,太平洋船务(远东)有限公司应补回2 500元港币给东莞市高步三联运输公司作为燃料费。原告作为东莞市高步三联运输公司的签约代表,在《"莞航378"船定期租船合同》上签字。

《"莞航378"船定期租船合同》签订后,太平洋船务(远东)有限公司实际租用了"莞航378"船。1999年5月4日,太平洋船务(远东)有限公司向"东莞市高步三联运输公司陈贺高先生"发出《终止定期租船合同通知》称,经双方同意,"莞航378"船将于1999年5月4日终止合约。5月14日,"莞航378"船办妥海关清关手续,太平洋船务(远东)有限公司不再租用该船。

1999年7月15日,太平洋船务(远东)有限公司向原告确认,直至1999年7月15日止,太平洋船务(远东)有限公司尚拖欠"莞航378"船租金1 097 556.95元港币。

2000年7月17日,太平洋船务(远东)有限公司的名称变更为盈高管理服务有限公司,即本案的被告。

2000年12月4日,东莞市工商行政管理局出具"查询结果"证实:企业现有数据库中暂找不到"东莞市高步三联运输公司"的企业登记资料。

被告盈高管理服务有限公司对上述证据及其证明的事实没有提出异议。合议庭认为,上述证据可以作为本案认定事实的根据,其证明的上述事实应予认定。

原告主张太平洋船务(远东)有限公司于2000年7月1日向原告支付了"莞航378"船租金2万元港币;太平洋船务(远东)有限公司代原告垫付了报关费189 588元港币;方伟民代太平洋船务(远东)有限公司向原告支付了"莞航378"船租金187 521.37元人民币(按原告起诉之日,即2000年8月24日,中国银行港币兑人民币汇率 1.060 8 折算,折合 176 773.54 元港币),上述 3 笔款项应从太平洋船务(远东)有限公司欠付的"莞航 378"船租金 1 097 556.95 元港币中予以扣除。被告没有提出异议,合议庭予以采信。

原告主张其为本案支出了其他费用,但没有提交相应的证据,合议庭不予认定。

广东省高级人民法院于 2001 年 5 月 14 日作出(2001)粤高法立经终字第 50 号民事裁定,认定本案诉争合同为东莞市高步三联运输公司与太平洋船务(远东)有限公司签订的《"莞航 378"船定期租船合同》,原告是东莞市高步三联运输公司的签约代表,合同所涉及的租赁物是"莞航 378"船。该船的所有人是东莞港务客货运输服务部,原告是该船的光船租船经营人。而从东莞市工商行政管理局出具的"查询结果"表明,暂找不到"东莞市高步三联运输公司"的企业资料,故应认定本案《"莞航 378"船定期租船合同》签订时,东莞市高步三联运输公司实际不存在。鉴于原告作为东莞市高步三联运输公司的签约代表在《"莞航 378"船定期租船合同》上签字;太平洋船务(远东)有限公司也曾向"东莞市高步三联运输公司陈贺高先生"发出《终止定期租船合同通知》,故原告与本案有直接的利害关系,对本案具有诉权。合议庭认为,依据最高人民法院《关于适用〈中华人民共和国民事诉讼法〉若干问题的意见》第 75 条第 4 项的规定,上述事实已为广东省高级人民法院作出的终审裁定所确定,应予认定。

三、法院裁判

广州海事法院认为:本案是一宗涉港定期租船合同纠纷案。

被告盈高管理服务有限公司经传票传唤,无正当理由拒不到庭,依据《中华人民共和国民事诉讼法》第 130 条的规定,可以缺席判决。

原告住所地、合同约定的交还船港均在广东省,中国内地与本案合同有最密切联系,依据《中华人民共和国民法通则》第 145 条规定的最密切联系原则,应适用中国内地法律处理本案。

原告以"东莞市高步三联运输公司"的名义与太平洋船务(远东)有限公司签订《"莞航 378"船定期租船合同》,而在合同签订时,东莞市高步三联运输公司不存在,故因该合同产生的有关东莞市高步三联运输公司的权利和义务应由原告享有和承担,原告对本案具有诉权,有权要求太平洋船务(远东)有限公司支付"莞航 378"船租金。

1999 年 7 月 15 日,太平洋船务(远东)有限公司向原告确认尚拖欠"莞航 378"船租金 1 097 556.95 元港币。扣除太平洋船务(远东)有限公司于 2000 年 7 月 1 日向原告支付的"莞航 378"船租金 2 万元港币、太平洋船务(远东)有限公司代原告垫付的报关费 189 588 元港币、方伟民代太平洋船务(远东)有限公司向原告支付的"莞航 378"船租金 187 521.37 元人民币(折合 176 773.54 元港币),太平洋船务(远东)有限公司实欠原告"莞航 378"船租金 711 195.41 元港币。鉴于太平洋船务(远东)有限公司已变更为盈高管理服务有限公司,即本案的被告,故上述债务应由被告承担。

综上,依照《中华人民共和国民法通则》第 84 条、第 145 条的规定,判决如下:

一、被告盈高管理服务有限公司向原告陈贺高支付船舶租金 711 195.41 元港币;
二、驳回原告陈贺高对被告盈高管理服务有限公司的其他诉讼请求。
本案受理费 13 302 元人民币,由原告负担 688 元,由被告负担 12 614 元。

2 原告海口南青集装箱班轮有限公司与被告厦门南泰船业有限公司定期租船合同纠纷案

案例来源:上海海事法院(2010)沪海法商初字第 336 号
主题词:定期租船合同　海上货物运输合同追偿时效　适航责任

> **裁判要旨**
>
> **No. CB-8.1-3**　在海上货物运输合同项下,被认定为负有责任的人向第三人提起追偿请求的,时效期间为 90 日,自追偿请求人解决原赔偿请求之日起或者收到受理对其本人提起诉讼的法院的起诉状副本之日起计算。
>
> **No. CB-8.1-4**　根据定期租船合同的约定,由于船舶原因或船员未做到谨慎处理货物而造成的货损、货差,由船舶出租人负责。船舶承租人作为承运人,对托运人承担责任之后,可以根据定期租船合同的约定向船舶出租人追偿。

一、基本案情

原告:海口南青集装箱班轮有限公司

被告:厦门南泰船业有限公司

原告诉称:被告将其所有的"新南泰 88"轮期租给原告,双方约定,由于船舶原因造成的货物损失,应由被告承担。2007 年 6 月 23 日,原告将其受托运输的箱号为 GLDU3715380、GESU2795169 的两个集装箱石膏粉,交被告"新南泰 88"轮实际承运。2007 年 7 月 8 日,被告实际承运涉案货物期间,因该轮压舱水进入货舱导致货损。托运人遂向武汉海事法院起诉原告要求赔偿损失。武汉海事法院作出(2008)武海法商字第 246 号民事判决书,判令原告赔偿托运人损失人民币 78 249.50 元,并负担案件受理费人民币 2 000 元。为此,原告请求判令被告赔偿人民币 80 249.50 元。

被告辩称:涉案纠纷系海上货物运输合同项下的追偿,而其与原告间存在定期租船合同关系,并未约定货损部分如何赔偿,故原告凭租约追偿并无依据;涉案货物发生货损期间,原、被告双方并未续签租约,双方间只存在临时营运合作;法律规定追偿时效为收到起诉状副本后的 90 日,原告起诉已超过该追偿时效期间;被告承认涉案货损系由其造成,但原告单方面授权受害人定损,致使被告丧失了定损的权利,故对由此导致的损失被告不应承担,至少不应由其全部承担。

二、法院查明的事实

上海海事法院经审理查明确认了事实如下:原、被告双方曾于 2006 年 3 月签订租船合同,约定由原告租用被告所属柴油机动集装箱船"新南泰88"轮,租期为3+3个月,合同期满前20天,双方就续、退租事宜再行协商;合同第10条第3款约定,由于船舶原因或船员未做到谨慎处理货物而造成的货损、货差,由船方及船东负责;合同还约定,"船东"即指被告。2006年12月15日,原、被告双方签订船舶续租协议,约定由原告续租被告所属"新南泰88"轮,租期为3+3个月,自2007年1月13日起算;其他条款按照双方于2006年3月签订的租船合同执行。2007年10月10日,原、被告双方又签订了关于"新南泰88"轮的租船合同,租期自2007年10月13日起算。

2007年7月8日,"新南泰88"轮船长向原告出具情况报告称,"新南泰88"轮第0729航次从上海挂靠宁波到黄埔,当天07:00时靠宁波港时,为提高船舶稳性,于16:30时开始加注压舱水,17:00时发现一货舱进水,估计是装箱时将货舱底打出洞所致,最大浸水高度达一个整集装箱高度。经被告核查,确认包括涉案箱号为GLDU3715380、GESU2795169的两个集装箱在内的16个集装箱受到浸泡。

2008年6月27日,案外人武汉中贸发国际货运代理有限公司在(2008)武海法商字第246号案中向武汉海事法院起诉本案原告,后又于8月申请追加本案被告为共同被告,请求判令本案原、被告连带赔偿货物损失人民币78535元及维权费用人民币15000元。本案原告参加了该案诉讼,本案被告经武汉海事法院依法传唤,无正当理由拒不到庭,武汉海事法院对其进行了缺席审理。武汉海事法院在(2008)武海法商字第246号民事判决书中查明,2007年7月8日,"新南泰88"轮由于压舱水进入货舱而导致涉案编号为GLDU3715380、GESU2795169的两个集装箱货物损坏,货损金额为人民币78249.50元。武汉海事法院认定,本案原告不能证明涉案货损属于不可抗力、货物本身的自然性质或者合理损耗以及托运人、收货人的过错所致,其作为货物运输合同的承运人,应对货物在运输过程中发生的损害承担赔偿责任。本案被告实际承运涉案货物,其管理船舶不当,致货物因压舱水进入货舱而被浸泡受损,对货损的发生负有过错,应对货损承担连带赔偿责任。据此,武汉海事法院遂依法判决本案原告、本案被告向武汉中贸发国际货运代理有限公司连带赔偿货物损失人民币78249.50元,案件受理费人民币2000元由本案原告、本案被告连带负担。在本案审理期间,(2008)武海法商字第246号民事判决书已发生法律效力。

另查明,原告为履行(2008)武海法商字第246号民事判决书,已通过武汉海事法院赔偿货物损失并承担案件受理费共计人民币81353.50元。

三、法院裁判

(一)涉案货损发生期间,原、被告间是否存在定期租船合同关系?

上海海事法院认为,首先,根据最高人民法院《关于民事诉讼证据的若干规定》的规定,在合同纠纷案件中,主张合同关系变更、解除、终止、撤销的一方当事人对引起合同关系变动的事实承担举证责任。本案中,自2007年1月13日起算的定期租船合同租期应至7月13日届满。若被告主张上述租期中的后3个月,原告与其不存在定期租船合同关系,理应承担相应的举证责任,否则应承担举证不能的不利法律后果。其次,根据在案证据所查明的事实显示,"新南泰88"轮装载涉案货物的运输发生在上述租期中的后3个月中,(2008)武海法商字第246号民事判决书亦认定本案原告为合同承运人,本案被告实际承运了涉案货物,在被告无法界定其所抗辩的"临时营运合作"系其他法律关系的前提下,应认定原、被告双方系在实际履行原定期租船合同。综上,应认定在2007年7月8日涉案货损发生时,原、被告双方间存在定期租船合同关系。

(二) 原告起诉是否已超过追偿时效期间?

上海海事法院认为,根据《中华人民共和国海商法》的规定,被认定为负有责任的人向第三人提起追偿请求的,时效期间为90日,自追偿请求人解决原赔偿请求之日起或者收到受理对其本人提起诉讼的法院的起诉状副本之日起计算。本案中,(2008)武海法商字第246号民事判决书系在本案审理期间确认生效,而原告亦在该判决生效后履行了判决指定的赔付义务。故原告向被告提起追偿请求,并未超过时效期间。

(三) 被告是否应承担货损赔偿责任?

上海海事法院认为,首先,根据原、被告间的合同约定,由于船舶原因或船员未做到谨慎处理货物而造成的货损、货差由被告负责,故被告关于"双方并未约定货损部分如何赔偿"的抗辩不能成立。本案中,"新南泰88"轮船长向原告出具情况报告称,2007年7月8日"新南泰88"轮第0729航次停靠宁波港时,因加注压舱水导致涉案货物发生货损;而被告在庭审中亦自认涉案货损系由其造成,则被告理应按约承担涉案货损的赔偿责任。其次,在武汉海事法院审理的(2008)武海法商字第246号案中,涉及对涉案货损金额的认定问题。若本案被告欲对涉案货损构成及金额认定提出抗辩,应依法参加该案的审理。但本案被告经武汉海事法院依法传唤,无正当理由拒不到庭,系其放弃包括抗辩权在内的诉讼权利,理应承担相应的法律后果。本案中,已发生法律效力的(2008)武海法商字第246号民事判决书所认定的货损金额,上海海事法院予以确认。被告虽在本案中提出关于"原告单方面授权受害人定损,致使被告丧失了定损的权利",但未提供任何证据加以证明,上海海事法院对被告的该抗辩不予采信。

(2008)武海法商字第246号民事判决书判决本案原告与被告承担连带赔偿责任,原告亦已履行生效判决指定的赔付义务。在被告对涉案货损发生存有过错,且其未举证证明原告对涉案事故的发生亦存在过错的前提下,原告因对外赔付涉案货损及负担前案案件受理费所导致的损失理应由被告承担。原告实际赔付金额小于其诉讼请求,系其对自身权利的处分,与法不悖,上海海事法院对原告的诉请主张予以支持。

综上,依照《中华人民共和国民法通则》第87条、《中华人民共和国合同法》第60条第1款、第107条、《中华人民共和国海商法》第257条第1款、《中华人民共和国民事诉讼法》第64条第1款,最高人民法院《关于民事诉讼证据的若干规定》第5条第1款之规定,判决如下:

被告厦门南泰船业有限公司应于本判决生效之日起 10 日内向原告海口南青集装箱班轮有限公司赔偿人民币 80 249.50 元。

3 原告上海兆新船务有限公司与被告上海宝英航运有限责任公司定期租船合同纠纷案

案例来源:上海海事法院(2011)沪海法商初字第 199 号
主题词:定期租船合同　时间损失　损失计算

> **裁判要旨**
>
> **No. CB-8.1-5**　关于多次往返航次的租船合同,租船合同没有约定装、卸货期限及其计算办法,也没有约定滞期费率和速遣费率。由于合同约定不明,出租人、承租人应当分担船舶停泊等候装卸的时间损失。如因单方违约导致了时间损失,违约方应当承担赔偿责任。
>
> **No. CB-8.1-6**　由于租船合同未约定滞期费条款,故船舶出租人的损失应当以实际发生的船舶营运成本为依据,即船舶在停泊等候装卸货时的副机燃油消耗及船员工资。

一、基本案情

原告:上海兆新船务有限公司
被告:上海宝英航运有限责任公司

原告诉称,2010 年 3 月 9 日,原被告双方签订《租船合同》1 份。被告租用原告自有船舶"新源 3"轮;承运货种为钢材、矿石;承运航线为马鞍山、广州港、珠海港、深圳港、湛江港等;交接方式:钢材计件交接,矿石水尺交接;合同期限为 1 年+1 年。合同还对运输价格、双方的责任、结算依据等作出了约定。2010 年 5 月 14 日,双方又签订补充协议,对承运其他航线作了约定。2010 年 9 月 30 日,"新源 3"轮按被告的要求到达马鞍山港,运货到广州。可是,船到港后被告却没有可装,直到 10 月 12 日才装上货物,离开马鞍山。10 月 17 日,"新源 3"轮抵达广州港卸货。被告又要求将部分货物送深圳。于是,"新源 3"轮 21 日离开广州,第二天抵达深圳候泊,直到 28 日进码头卸货,29 日卸货完毕。此次马鞍山至广州航次共花费时间 30 天,除去常规的装卸货 4 天时间和马鞍山至广州航程 6 天时间,延误 20 天。原告认为,被告未及时安排好货源及卸货码头,造成原告经济损失,理应承担赔偿责任,请求依法判令被告赔偿原告各项经济损失共计人民币 18.2 万元,并承担本案的诉讼费用。在 2011 年 7 月 7 日的庭审中,原告变更诉讼请求为依法判令被告赔偿原告各项经济损失共计人民币 137 048 元,并承担本案的诉讼费用。

被告辩称:(1) 原、被告签订的《租船合同》未明确约定租约的类型,但根据合同相关条款、双方履约事实以及航运实际,该租约应该属于往返航次租船合同,而非定期租船合同。在航次租船下,原告作为出租人在收取被告运费的同时,应自行承担船舶营运与维持费用,原告在履约过程中对此亦予以确认。(2)根据《海商法》《水路货物运输规则》等相关规定,租船合同,除船须适航与不得绕航等强制性规定外,坚持"合同自由"原则。考虑到本案马钢专线港口分散且常分港卸货的实际,原、被告在《租船合同》及来往函件中没有对每航次运输的装卸起止日期作出约定,更没有对船舶滞期费与速遣费作出约定。在航运市场不景气的背景下,原告在获得马钢对流专线这样的合作机会和相对优惠的运费率的同时,应自行承担船期上的不确定风险。(3)原告诉状中所述 2010 年 9 月 30 日航次下的装卸港与装卸时间,被告不持异议;但原告诉请的该航次下的所谓 18.2 万元经济损失,不管真实性如何,应属于原告航次租船下作为出租人的正常船舶营运开支,要求被告赔偿并无法律与合同依据,请求法院驳回原告的诉请。

二、法院查明的事实

上海海事法院经审理查明并确认了如下法律事实:2010 年 3 月 9 日,原、被告双方签订《租船合同》,合同约定由被告租用原告的自有船舶"新源 3"轮,将钢材从马鞍山港运往广州港、珠海港、深圳港等地,并将铁矿石从湛江港等地运往马鞍山港。合同期限为 1 年 + 1 年,从第一个航次装货开始计算。被告负责提供装卸两港安全装卸泊位并负责办理货物在装卸两港的装卸手续以及缴纳货物在装卸两港的相关费用。原告负责提供的"新源 3"轮必须适航适载,并负责办理船舶在装卸两港的一切手续,交纳相关费用。合同还约定运费的结算依据为:钢材根据钢厂出具的运输数量开具有效运输发票,矿石根据钢厂水尺检验部门出具的水检吨位开具有效发票。被告在收到发票后 60 日内支付全额运费,并从中提取每吨 3 至 5 元人民币的代理费。合同还对双方的其他责任等作出了约定。2010 年 5 月 14 日,原、被告双方签订了一份《补充协议》,对"新源 3"轮承运其他航线作了约定。

2010 年 9 月 30 日,被告发传真给原告,要求"新源 3"轮于当天抵达马鞍山港装载钢材至广东,卸货港待定。"新源 3"轮接受了被告的指令,于 9 月 30 日晚抵达马鞍山锚地抛锚;10 月 10 日,"新源 3"轮靠泊马鞍山码头开始装货;10 月 12 日下午,"新源 3"轮装完货离开马鞍山;10 月 17 日晚,"新源 3"轮靠泊广州港码头;10 月 18 日,"新源 3"轮开始卸货;10 月 21 日上午,"新源 3"轮卸货完毕离开广州港,下午抵达深圳锚地抛锚;10 月 24 日,"新源 3"轮在深圳蛇口港开始卸货,当日卸货完毕,离开深圳前往湛江装货。该涉案航次总共用时 24 天,其中在马鞍山等候装货用时 9 天,在马鞍山装货用时 2 天,从马鞍山至广州航行用时 6 天,在广州卸货用时 3 天,在深圳等候卸货用时 3 天,在深圳卸货用时 1 天。

另查明,"新源 3"轮在马鞍山等候装货时船舶副机共消耗 0#柴油 0.95 吨,在深圳等候卸货时船舶副机共消耗 0#柴油 0.50 吨。2010 年 10 月,0#柴油的单价为人民币 7 200 元/吨。2010 年 10 月,原告为"新源 3"轮船员发放工资总额为人民币 155 533 元,平均每天船员工资额为人民币 5 017.20 元。

三、法院裁判

上海海事法院认为，关于多次往返航次的租船合同货损责任的承担，原、被告双方订立了《租船合同》，合同中约定了出租人和承租人、承运船舶、承运货物的种类、承运航线、运输费用及其结算方式、合同期限以及合同双方的责任。该合同是一份约定了合作期限的多次往返航次的租船合同。合同中约定运费按每航次装运的货物数量结算，但合同没有约定装、卸货期限及其计算办法，也没有约定滞期费率和速遣费率。由于合同约定不明，对于原告船舶停泊等候装卸时的损失，原、被告双方均应承担。被告称马钢专线有若干个承运商需要排队等装是业内都知道的，但没有证据证明在租船合同签订前被告告知过原告该航线需要排队等装的情况。被告认为应由原告自行承担船期上的不确定风险的主张，上海海事法院不予采信。

租船合同约定由被告负责提供装卸两港安全装卸泊位并负责办理货物在装卸两港的装卸手续。在履行涉案航次运输时，原告船舶依据被告的指令按时抵达了装货港，被告应及时安排原告船舶进港装货，但原告船舶在锚地等候了 9 天才被安排进港装货。由于被告未及时安排泊位供原告船舶进港装货，由此给原告带来的损失，被告应承担赔偿责任。同样，原告船舶在广州卸完货后依据被告的指令去深圳卸货，由于被告未及时安排泊位供原告船舶进港卸货，原告船舶在深圳锚地等候进港卸货的 3 天时间的损失，被告也应承担赔偿责任。

由于原、被告签订的租船合同未约定滞期费条款，故原告的损失应以其实际发生的船舶营运成本为依据，即船舶在停泊等候装卸货时的副机燃油消耗及船员工资。"新源 3" 轮在马鞍山等候装货用时 9 天，在深圳等候卸货用时 3 天，船舶副机合计消耗 0#柴油 1.45 吨，每吨单价人民币 7 200 元，共计人民币 10 440 元；船员工资每天人民币 5 017.20 元，共计人民币 60 206.40 元；以上两项总计人民币 70 646.40 元。

综上，由于原、被告双方在订立《租船合同》时约定不明，且被告在履行涉案航次运输时未及时安排泊位供原告船舶进港装卸，因此对于原告船舶停泊等候装卸所产生的损失，被告应承担 70%，原告应自行承担 30%。依据《中华人民共和国合同法》第 60 条、第 61 条、第 107 条，《中华人民共和国民事诉讼法》第 64 条第 1 款之规定，判决如下：

一、被告上海宝英航运有限责任公司应在本判决生效之日起 10 日内向原告上海兆新船务有限公司支付人民币 49 452.48 元；

二、对原告上海兆新船务有限公司的其他诉讼请求不予支持。

被告上海宝英航运有限责任公司如未按照本判决规定的时间履行给付金钱义务，应当依照《中华人民共和国民事诉讼法》第 229 条的规定，加倍支付迟延履行期间的债务利息。

4 原告鹤山市水运公司诉被告江门江宁航运有限公司、江门国际货运代理公司定期租船合同租金纠纷案

案例来源:广州海事法院(2003)广海法初字第 470 号
主题词:定期租船合同　所有权保留条款　合同效力

裁判要旨

No. CB-8.1-7　船舶买卖合同中约定了所有权保留条款,即约定在未付清全部船舶价款的前提下,船舶所有权仍属于卖方所有。根据所有权保留条款,在买方未付清全部价款之前,船舶卖方有权出租船舶,因此承租人无权以此主张拒付租金。

一、基本案情

原告:鹤山市水运公司
被告:江门江宁航运有限公司(以下简称江宁公司)
被告:江门国际货运代理公司(以下简称江门货代)

原告鹤山市水运公司诉称:1996 年 11 月 25 日,原告与江门货代订立了《租船协议》,约定从 1996 年 12 月 1 日起,由被告江门货代租用原告的"鹤运 139"船,租期 4 个月,月租金 10 万元。期满后,双方又于 1998 年 3 月 31 日订立了《租船补充协议》,约定租期从 1998 年 4 月 1 日起至 1999 年 3 月 31 日止,月租金 8 万元,并约定承租方必须在每月的 10 日前结算上月租金,如超期结算,按每日 5‰计付滞纳金给出租方。合同期满后,经双方核对,截至 2000 年 3 月 15 日,被告江门货代仍欠原告船舶租金 595 902.50 元。被告江宁公司于 2000 年 3 月 15 日致函原告,在"核对账务通知"上盖章确认,承诺由其与被告江门货代共同承担支付租金的连带责任。经原告多次追讨,被告江宁公司于 2002 年 1 月 29 日前支付了租金 24 638.33 元,仍欠租金 571 264.17 元。请求法院判令被告江宁公司偿付船舶租金 571 264.17 元及滞纳金 342 758.50 元(滞纳金按每日 1‰计算,从 2002 年 2 月 1 日起,计算到 2003 年 10 月 1 日);江门货代承担连带责任;本案诉讼费用由被告江宁公司承担。

原告在举证期限内提供的证据有:(1) 原告与江门货代签订的关于"鹤运 139"船的《租船协议》《租船补充协议》;(2) 原告与江宁公司签订的《货轮船员劳务合同》;(3) 江宁公司出具的《核对账务通知》;(4) 原告收取江宁公司款的《收据》1 张;(5) 原告作出的《鹤山市水运公司与江门市江宁航运有限公司往来账》。

被告江宁公司、江门货代辩称:江宁公司和江门货代是两个独立的企业法人,2003 年 8 月前有不同的法定代表人。原告与江门货代签订的《租船协议》及《租船补充协议》与江宁公司无关。原告没有指明哪些是江门货代的责任,哪些是江宁公司的责任。江宁公司与原告于 1997 年 8 月 19 日签订了《"鹤运 139"货轮转让合同》,由江宁公司以 230 万元的价格购买了原告的"鹤运 139"船,并于同日在江门市公证处进行了合同

公证。江宁公司于 1997 年 8 月 20 日支付了首期购船款 115 万元,于 1997 年 11 月 3 日、1997 年 12 月 18 日和 1998 年 5 月 28 日将其余购船款全部付清。从江宁公司支付首期购船款后,该货轮已不属于原告所有,而属于江宁公司所有。江宁公司从未与原告签订租船合同,江宁公司未按期付清购船款也只能按惯例支付未及时付清款项的利息,而不是支付租金。原告和江门货代明知"鹤运 139"船已转让的情况下仍然签订租船合同,因此产生的责任不应由江宁公司承担。由于该船原来在原告名下挂靠经营,江宁公司与原告签订了《合作经营"鹤运 139"货轮合同》《货轮船员劳务合同》《合作经营"鹤运 139"货轮合同补充合同》及《补充协议》等,规定江宁公司向原告支付挂靠管理费等,原告负责为该船配备船员、管理船员等工作。但原告没有履行合同责任,擅自申请停航并取走船舶签证簿,造成江宁公司经济损失 117.6 万元;擅自安排船长离船而不及时补充船长,致使该船在香港被扣留 4 天,造成损失港币 9.6 万元,严重侵犯了江宁公司的合法权益。请求法院驳回原告的诉讼请求。

被告江宁公司和江门货代共同在举证期限内提供了以下证据:(1) 江宁公司 2001 年的营业执照;(2) 江宁公司 2003 年的营业执照;(3) 江门货代 1999 年的营业执照;(4) 江门货代 2003 年的营业执照;(5) 江门货代与原告签订的关于"鹤运 138"船的《租船协议》;(6) 江门货代与原告签订的关于"鹤运 139"船的《租船协议》《租船补充协议》;(7) 江宁公司与原告签订的《"鹤运 139"货轮转让合同》及江门市公证处对该合同的《公证书》;(8) 江宁公司支付购船款的银行汇票委托书(存根联)4 张;(9) 原告收到 4 笔购船款后出具的《收据》;(10) 江宁公司与原告签订的《货轮船员劳务合同》《合作经营"鹤运 139"货轮补充协议》《〈合作经营"鹤运 139"货轮合同〉补充合同》;(11) 江门货代 2001 年 5 月 10 日发给原告的关于"鹤运 139"船在香港被扣押后问题的函;(12) 江宁公司作出的《关于鹤运 139 船停航损失情况摘要》。

经庭审质证,被告对原告的证据(2)有异议,认为和被告提供的《货轮船员劳务合同》不同,原告的该合同上把船长、大副等船员的名字写入合同,而被告的该合同则没有船员的名字;对原告的证据(4)的真实性无异议,但认为该款是为履行江宁公司与原告签订的《货轮船员劳务合同》而支付的船员工资,并非船舶租金;对原告的证据(5)有异议,认为原告作出的《鹤山市水运公司与江门市江宁航运有限公司往来账》没有经过被告财务核账,不予确认。对原告的证据(1)和证据(3),被告没有异议。

原告对被告提交的第(1)项至第(10)项证据没有异议。对证据(11)和证据(12)有异议,认为该两项不具有真实性和关联性。

广州海事法院认为,原告对被告的证据(1)—(9)的真实性无异议,被告对原告证据(1)、(3)、(4)的真实性无异议,上述证据可予采信。原告的证据(1)与被告的证据(5)相同。原告提交的《货轮船员劳务合同》文本和被告提交《货轮船员劳务合同》文本均是 4 页,双方合同文本的第 1、3、4 页完全相同,但第 2 页不同,原告的合同文本的第 2 页字体明显小于其他 3 页,被告的合同文本第 2 页字体和其他 3 页相同。原告的合同文本第 2 页的第 4 条第 1 项"包干工资"条款中列明了所有船员的名字及其职务,而被告的合同文本中该条该项没有列明船员名字及职务,但双方合同文本记载其他权利义务完全相同。本审判员认为,原告合同文本的第 2 页字体和其他 3 页明显不同,被告的合同文本 4 页字体完全相同,且原告对被告提供的合同文本没有异议,可以采信被告提供的该合同文本。原告的证据(5)《鹤山市水运公司与江门市江宁航运有限公司往来账》确认了江宁公司支付 7 笔款项的事实,原告据此减少了向被告索赔的金额,对被告有利,对该证据应予确认。

被告江门货代在答辩状和江门货代 2001 年 5 月 10 日发给原告的关于"鹤运 139"船在香港被扣押后问题的函[证据(11)]中陈述因原告配备的船长离船,船舶配员不足导致被香港海事处查扣不能返航,造成被告经济损失。但因被告江门货代没有就此向原告提起反诉,故对该项证据不作认定。被告提交的《关于鹤运 139 船停航损失情况摘要》[证据(12)]陈述,因原告擅自向江门市委和交委申请停航并经江门市港监批准停航 1 个月,违反了《合作经营"鹤运 139"货轮合同》第 3 条和第 9 条的规定,造成其经济损失超过 117.6 万元,但被告没有就该损失向本院起诉。关于原告与江宁公司合作经营"鹤运 139"船中发生的纠纷,属于另一法律关系,不属于本案审理范围,因此本案对该证据不作认定。

二、法院查明的事实

江门货代是 1993 年成立的企业法人,其 1999 年营业执照上记载的法定代表人为区兆昌,2003 年营业执照上其法定代表人已变更为叶兆满。江宁公司于 1996 年成立,2001 年的营业执照上法定代表人为郑卫昌,2003 年的营业执照上记载的法定代表人变更为叶兆满。江门货代与江宁公司是互相独立的企业法人。

1996 年 11 月 25 日,原告与江门货代签订了一份《租船协议》,约定由江门货代向原告租用"鹤运 139"船,租期 4 个月,月租金 10 万元,江门货代必须在每月 10 日前支付上月租金给原告。1997 年 1 月 23 日,原告与江门货代签订另一份《租船协议》,约定由江门货代向原告租用另一条船"鹤运 138"船,合同具体条款同"鹤运 139"船的条款基本相同。1998 年 3 月 31 日,原告与江门货代签订《租船补充协议》,约定 1996 年 11 月 25 日签订的《租船协议》经双方确认继续生效,从 1998 年 4 月 1 日起至 1999 年 3 月 31 日止,"鹤运 139"船再次租给江门货代,每月租金 8 万元;江门货代必须在每月 10 日前结算上月的船租金、劳务费、业务交通费等费用,如超期结算,每天按 5‰罚滞纳金赔偿给原告。

1997 年 1 月 15 日,原告与江宁公司签订《货轮船员劳务合同》,约定由原告向江宁公司自有的"穗兴 1 号""穗兴 2 号"两艘货轮配备船员,江宁公司向原告支付船员工资、劳务费等费用,包括包干工资每人每月 3 000 元,18 名船员每月 54 000 元,装卸劳务费每只货柜港币 35 元,件装散货每吨港币 5 元,每次进出香港港币伙食补贴 300 元,业务交通费每次包干 50 元;江宁公司应在每月 5 日前付清所有费用,超期结算按每日 5‰支付超期滞纳金。

1997年8月19日,原告与江宁公司签订了《"鹤运139"货轮转让合同》,约定由原告将"鹤运139"船以230万元的价格卖给江宁公司;江宁公司分两期将船舶价款付清,每期115万元;第一期款项在合同生效后3天内付清,第二期款项在合同生效后1个月内付清;原告收到全部船舶价款230万元后即将"鹤运139"船转让给江宁公司;船舶转让给江宁公司后,江宁公司对船舶拥有永久所有权和使用权。该船舶转让合同由广东省江门市公证处作出(97)江证内字第1216号公证书予以公证。1997年8月20日、11月3日、12月28日,江宁公司分别通过中国银行向原告支付了船舶价款115万元、38万元、19.7万元。1998年5月28日,江宁公司又向原告支付了船舶价款57.3万元,付清了全部船舶价款。

　　《"鹤运139"货轮转让合同》中提到双方在签订该合同后又签订了《合作经营鹤运139货轮合同》,但原告和江宁公司均未提供《合作经营鹤运139货轮合同》,而是由江宁公司提供了双方于1999年签订的《〈合作经营"鹤运139"货轮合同〉补充合同》(下称《补充合同》)和2001年签订的《合作经营"鹤运139"货轮补充协议》(下称《补充协议》)。《补充合同》约定将原《合作经营"鹤运139"货轮合同》第5条第4款修改为江宁公司按时向原告支付货轮管理费每月5 200元,货轮税费按该货轮每月75 000元租金的3.75%计征,由江宁公司将税款2 812.50元交原告,由原告向地税局交纳。《补充协议》约定将货轮管理费由5 200元改为5 100元,货轮税费由2 812.50元改为1 875元。

　　2000年3月15日,江宁公司向原告出具《核对账务通知》称:"截至2000年2月29日止,我司的账面数尚欠贵司139船租金及船员工资合共人民币712 476.67元(其中欠船租金595 902.50元,船员工资116 574.17元)。"该《核对账务通知》的落款为打印的江宁公司全称和江门货代全称,但只加盖了江宁公司的财务专用章。2002年1月29日,原告收到江宁公司1万元后出具了《收据》,其上记载的摘要为"应收账款"。2003年10月8日,原告作出《鹤山市水运公司与江门市江宁航运有限公司往来账》,确认其在收到《核对账务通知》后,又收到江宁公司所付的7笔款项,分别为2000年3月收3.7万元,6月收2万元,8月收2万元,9月收6 000元,10月收5 000元,2001年11月收1万元,2002年1月收1万元,合计10.8万元,扣除江宁公司支付的2月份职员工资及管理费33 212.50元,江宁公司欠原告旧账共571 264.17元。

　　在庭审中,原告确认其属下的信达船务公司曾收到被告江宁公司支付的4 000元,该款应从被告拖欠的船舶租金中扣除。扣除这4 000元后,被告欠原告船舶租金应为567 264.17元。

三、法院裁判

　　广州海事法院认为,本案是定期租船合同租金纠纷。原告与江门货代签订的《租船协议》和《租船补充协议》,双方意思表示真实,不违反我国法律、行政法规的强制性规定,应认定为有效合同。

原告与被告江宁公司于1997年8月19日签订的《"鹤运139"货轮转让合同》约定,江宁公司将全部船舶价款支付给原告后,原告才将该船转让给江宁公司,即江宁公司付清全部船舶价款前,船舶所有权并不发生转移。江宁公司于1998年5月28日才付清全部船舶价款,取得船舶所有权。原告与江门货代于1998年3月31日签订《租船补充协议》时,江宁公司尚未付清全部船舶价款,船舶所有权仍属于原告所有,故原告有权将该船出租。江宁公司关于原告与江门货代签订《租船补充协议》时,以该船的所有权已转移到江宁公司,原告无权出租船舶的主张与事实不符,不予支持。

江门货代应按《租船协议》和《租船补充协议》的约定,履行支付租金的义务。江门货代对江宁公司向原告出具的《核对账务通知》没有提出异议,应认为江门货代承认《核对账务通知》的结算。《核对账务通知》记载截至2000年2月29日止,"我司"欠原告"鹤运139"船租金595 902.50元。该《核对账务通知》落款处只盖有江宁公司的财务专用章,并无其他公司的印章,"我司"应是指江宁公司。江宁公司向原告表示其欠原告船舶租金,其性质应理解为江宁公司向原告承诺由其代替江门货代向原告支付拖欠的船舶租金595 902.50元。江宁公司承诺代替江门货代支付拖欠的船舶租金出于自愿,不违反法律规定,具有法律效力。原告在《鹤山市水运公司与江门市江宁航运有限公司往来账》中确认从收到《核对账务通知》后,其收到江宁公司所付2月份船员工资及管理费33 212.50元,还收到7笔款项共10.8万元。江宁公司在《核对账务通知》中确认另欠原告船员工资116 574.17元,故江宁公司支付的款项141 212.50元中有116 574.17元应首先认为是支付船员工资,剩余部分24 638.33元应认为是支付船舶租金。原告主张两被告拖欠船舶租金567 264.17元符合事实,可以认定。

两被告拖欠租金属违约行为,应承担违约责任。《核对账务通知》没有明确拖欠的租金属于履行《租船协议》产生的租金还是履行《租船补充协议》产生的租金。《租船补充协议》第3条约定,如江门货代超期支付租金的,应按每日5‰支付滞纳金。但《租船协议》没有约定延期支付租金的违约条款。原告以《核对账务通知》确认的租金金额要求被告按每日1‰支付滞纳金不合理,不予支持。两被告应按中国人民银行同期规定的贷款利率支付所拖欠租金的利息。

被告江门货代称原告配备的船长离船而使得配员不足被香港海事处扣留,但未提出反诉,也没有提供证据,本案不作处理。被告江宁公司称原告违反《合作经营"鹤运139"货轮合同》,擅自停航造成其损失,因原告与江宁公司的船舶合作经营关系是另一法律关系,不属于本案审理范围,本案不作处理。江宁公司可另行起诉或采用其他方法另行解决。

依照《中华人民共和国民法通则》第111条、第112条第1款的规定,判决如下:

一、被告江门江宁航运有限公司和江门国际货运代理公司共同向原告支付船舶租金567 264.17元及其利息(利息从2000年3月15日起,至本判决规定的付款期限止,按中国人民银行同期规定的贷款利率计算)。

二、驳回原告的其他诉讼请求。

5 原告海发船务有限公司与被告福州保税区星浦数字船务有限公司定期租船合同欠付租金纠纷案

案例来源:青岛海事法院(2003)青海法海商初字第 117 号
主题词:定期租船合同　船舶所有权　合同效力　撤船

> **裁判要旨**
>
> **No. CB-8.1-8**　出租方是否拥有船舶的所有权,不是船舶租用合同成立的必备要件。出租方可以出租其本身拥有的船舶,也可以出租其租赁的船舶。根据《中华人民共和国海商法》第 270 条的规定:"船舶所有权的取得、转让和消灭,适用船旗国法律。"原告提交的船旗国玻利维亚国颁发的船舶登记证书证实,其对涉案船舶有所有权,有完备的船舶证书,具备出租条件。原告属于依伯利兹法律注册的合法公司,具有从事国际航运业务的资格。原被告双方在签订合同时,虽然合同中原告的名称有"香港"字样,但在该合同盖章时,其所用公章仍为其注册的合法名称。原告作为出租人、被告作为承租人签订定期租船合同,并不违反法律规定,不能以原告不能提供船舶所有权证书为由,认定原告虚构合同主体和合同标的物,构成"合同诈骗"。
>
> **No. CB-8.1-9**　承租人违约未付租金,出租人可依约撤船,并主张欠付租金,但应依约返还属于承租人的燃油和输送设备。拆除设备的费用属于必然产生的费用,不属于违约损失,因当事双方对该费用的负担没有约定,出租人要求承租人支付该费用,既没有合同依据,也没有法律依据,法院不予支持。

一、基本案情

　　原告:(伯利兹)海发船务有限公司(Hai Fa Marine Shipping Co. Ltd.)
　　被告:福州保税区星浦数字船务有限公司
　　原告(伯利兹)海发船务有限公司诉称:2002 年 12 月 15 日,原被告双方签订了 1 份船舶期租合同,并于 2003 年 1 月 29 日在福安锚地将船舶交给了被告,自 1 月 30 日开始起租。根据该合同,该船舶每天的租金为 2 620 美元,每 15 天结算一次,于每月的 12 日和 27 日以现金方式全额付清。但被告无视该合同,拒不支付租金和油款。经多次催要,被告仍不支付,原告依约撤回了船舶。原告认为,被告的行为已构成违约。要求被告支付租金 455 384.03 元人民币、燃料款及淡水款 427 719 元人民币,将舱盖恢复原状或赔偿恢复原状的费用,并承担本案的诉讼费用。
　　被告福州保税区星浦数字船务有限公司辩称:(1) 原告虚构租船合同的签约主体。原告在租船合同中使用的名称为"香港海发船务公司",其提供的该公司的营业执照及该公司的印章是花钱买的;船舶登记证书的船名虽为"海发船务公司",但该公司的地址却是"山东省青岛鱼山路 5 号",而非香港的住所地。(2) 根据《海商法》和国际惯例,船舶除具有国籍证书外,还须具有船舶所有权证书,但该公司未提供所有权证书,无法证明该船舶的所有权是谁,也无法判断原告是否有权对外出租。(3)原告虚构撤船理由,实施逃匿行为。该合同虽约定每15日支付一次租金,并于每月12日和27日支付,但该合同同时还规定,"安装输送带的8天时间不计入租期","备忘录"中还约定,春节假期7天按4天支付租金。双方交接船舶的时间是2003年1月30日,因此,应当从2003年2月11日才开始计算租金。第一批租金应付日期是2月27日,而不是2月12日。原告的撤船理由不成立。被告为履行合同向原告支付了8万美元保证金,并代垫了7.5万元人民币及支付加油款18万元人民币、港口使费10.3万元人民币,同时在船上还加装了价值为70.8元人民币的输送设备。原告撤船后,未履行任何手续,其做法完全是一种"收受对方当事人给付的货物、货款、预付款或担保财产后逃匿"的行为。因此,公安机关认定原告及其负责人的行为已构成"合同诈骗罪",并对其采取了刑事强制措施。被告认为,本案不属于经济纠纷,已构成犯罪,根据有关法律规定,应当中止审理,移送公安机关。

二、法院查明的事实

青岛海事法院根据原、被告双方提供的有关证据,认定了如下事实:

1. 2002年12月15日,被告与原告的船舶管理人青岛海洋船务公司(以下简称青岛海洋公司)签订了1份船舶期租合同。青岛海洋公司为出租方,被告为承租方,船舶为"茂顺"轮,租期为1+1两个日历年,自2003年1月至2005年1月,按双方约定的日期交船。在该合同中,虽约定了该船舶的规范,但未载明船舶的名称。该合同第6条约定:日租金为2620美元;被告预付青岛海洋公司8万美元作为保证金,其中2万美元在签订合同时支付,其余6万美元在交船前10天支付;"以后每15天结算一次,甲方(即被告)每月的12日和27日以现金方式全额支付。如租家未按时支付租金,船东有权不通知租家就收回船舶使用权,不受任何法庭或政府干预,并不损害船东根据本租约在其他方面对租船人具有的索赔权。因租家延误支付,导致在装卸货过程中租船人有任何的滞期损失,由租家承担。"合同的第5条还约定,租船人接受交船时船上所存全部油料,船东接受还船时船上所存全部油料。存油量差的油价,按照最后一个港口加油时的油价付给对方。交船检验由租船人承担时间损失,还船检验由船东承担时间损失。双方还对航行的区域、费用的分摊、物料的供应、垫款的处理、责任与免责、停租、还船等问题作了详细约定。第22条中还约定:"本租约发生的一切争执甲乙双方友好协商解决,协商未果,在青岛海事法院裁决。"双方在合同中还订立了一个"补充条款"(第28条),其中与本案有关的内容有两点:(1)输送带安装的费用由甲方(承租人)承担,此费用不再返还甲方。安装输送带的时间8天不计入租船期;(2)如因甲方原因造成的违约,保证金归乙方(船东)所有。

该事实有原告提供的被告与青岛海洋公司签订的船舶期租合同文本为证。

2. 上述合同签订后,原告将船舶送交福安马头造船有限公司修理,并安装输送带。

根据该公司出具的证明和有关的航海日志记载,该船舶于 2003 年 1 月 18 日进厂,19 日进坞修理,20 日将输送带吊到船上进行安装,28 日该船舶出坞出厂,抛锚。在船舶出厂之前即 2003 年 1 月 27 日,原告与被告签订了 1 份"备忘录"。该备忘录称,被告与青岛海洋公司就修订期租 16 600 吨货轮的合同(即上述租船合同)进行友好协商,达成备忘录。该备忘录与本案有关的内容主要有以下几点:(1) 原"茂顺"轮更名为"昌盛"轮,船旗国改为玻利维亚;(2) 签订合同的乙方(船东)改由香港海发船务有限公司(本案原告)出面签订。船东委托青岛海洋公司管理"昌盛"轮。(3) 将合同书第 5 条约定的交船与还船的"存油量差"的油价付给对方,改为:"租船人接受交船时船上所存全部油料,船东接受还船时所存全部油料。存油量油价按照最后一个港口加油时合同的油价付给对方";(4) 昌盛轮预计 2003 年 1 月 28 日出坞,1 月 29 日试航,随后甲乙双方在马头锚地办理交接手续,1 月 30 日起租。(5) 船东营业执照、船舶所有证书、法人代表证即国籍证书等全套证件于 2003 年 1 月 27 日由乙方付齐。(6) 春节假期 7 天,乙方同意停付 4 天租金。

在此基础上,原、被告双方将 2002 年 12 月 15 日被告与青岛海洋公司的租船合同中的乙方青岛海洋公司改为"香港海发船务有限公司",该合同除增加了船舶名称"昌盛(prosperity)"轮并将第 5 条依备忘录进行了文字修改外,其他内容基本未变。双方在合同上签字盖章。原告盖章名称为"Hai Fa Shipping Co. Ltd."(海发船务有限公司)。合同的日期仍为 2002 年 12 月 15 日。

2003 年 1 月 29 日,原告代表耿振海、被告代表王成尧共同在福安锚地办理交接船舶,并签订"期租船交接书"。双方一致同意,茂顺(昌盛)轮租期时间自 2003 年 1 月 29 日 24:00 时起算。经双方共同登船量油。根据原被告双方的"期租船交接书"、原被告双方的油量测量记录和船方的计算,原告向被告交船时,船上共存燃油(FO)159.7 吨,柴油(MGO)22.5 吨,汽缸油 5.74 吨,系统油 3.88 吨,透平油 0.8 吨,液压油 1.3 吨。根据当时的价格,上述油料的总值为 51 000.09 美元。

2003 年 1 月 30 日,被告致函青岛海洋公司称:"因茂顺轮的皮带机工程尚未完工,因此,我司要求贵司通知宁德外运船舶代理公司取消原定于 2003 年元月 30 日的船舶联检手续,并在福安锚地继续安装皮带机,我司并确认从元月 30 日起所产生的一切费用由我司承担,与贵司无关。"

该事实有原被告双方签字盖章的"船舶期租合同"书、备忘录、船舶交接书、油量测量记录、船方计算的存油量清单及被告的有关函件为证。

3. 船舶交接后,在履行合同过程中,双方因交船时船上存油价款和租金的支付问题双方发生争议。2003 年 2 月 17 日,原告的船舶管理人青岛海洋公司两次发传真致函被告,其中一份,要求被告将燃料油款 422 119.13 元人民币(51 000.898 美元)、淡水款 5 600 元人民币及 6 万美元定金的汇率差额 2 232 元人民币共计 429 951.13 元人民币,务必于 2 月 17 日汇入其指定账户,并将银行底单传真至该公司,否则将采取必要措施。另一份则要求被告依照租船合同第 6 条的规定,务必于 2 月 17 日 16:30 时之前将

13 天(2003 年 1 月 30 日至 2 月 15 日共 17 天,扣除春节 4 天)租金 34 060 美元(折合 281 904.40 元人民币)及上述 429 951.13 元燃油款等付至该公司指定账户,否则,按违约处理。被告于当日传真回函该公司,表示不同意按该公司主张的汇率支付人民币。并称,对燃油款等,因合同未约定支付期,其正在积极筹措该款,将在近期支付;至于船舶租金,扣除春节 4 天和安装输送带 8 天,租金应从 2 月 13 日开始计算,依合同,该司将于 2 月 27 日支付租金;依照合同,我司只负责主辅机用水,船上存水包括其他用水,建议船上存水按各半承担;被告在回函中还要求青岛海洋船务公司确认其支付的垫付款:除鼠证书 1 000 元;代购海图 700 元;吨税 23302.5 元;海关检验交通费 460 元。此后,双方多次往来传真,原告方要求被告立即付款,被告则表示付款的期限为 2 月 27 日,其正在积极筹款。2003 年 2 月 23 日,原告传真给被告,表示为维护合同的严肃性,"我方决定,自即日起,将船舶收回,并将按合同依法保留向贵方追究因违约而造成损失的权利"。原告随即撤回船舶。

该事实有原告提供的双方之间的往来传真为证。

4. 原告承认于 2002 年 12 月 30 日曾收到被告交付的 2 万美金(折合人民币 165 534 元),2003 年 2 月 19 日收到被告支付的 494 370 元人民币。该两笔款项均为被告依合同交付的租船保证金,折合人民币为 659 904 元。

上述事实有原告的收据底单为证。

5. 2003 年 5 月 7 日,原告委托利友海运有限公司办理被告装在"昌盛"轮上的输送带及相关的附件进行移交,并出具了委托书。该船舶上的输送设备由福州市马尾区顺帆船舶加工厂进行拆卸,并由该工厂对船舶进行修复。该工厂提供的工程项目修理单表明,该设备的拆卸和船舶复原工程的应付费用为 356 634 元。船厂于 2003 年 5 月 21 日确认,原告可支付 306 000 元人民币。但该费用是否支付,原告未提供证据证明。

该事实有原告出具的委托函、福州市马尾区顺帆船舶加工厂工程项目修理单为证。

6. 同年 5 月 22 日,原告通知被告,其安装在"昌盛"轮的输送带,已从船上拆下,存放在福州马尾港青州码头三号泊位。要求其于 2003 年 5 月 23 日至 5 月 25 日之内,与青岛利友海运有限公司总经理段利宁联系。过期不取所引起的一切经济损失、法律责任均由被告承担,与他方无关。并附皮带机设备清单一份。

该事实有通知被告接收有关设备的通知函为证。

另查明:

7. 原告海发船务有限公司根据(伯利兹)国际业务公司法(International Business Company Act)第 14 条第 3 款(Section 14〈3〉)于 2001 年 9 月 24 日在伯利兹登记注册,其注册号码为 22644,注册资本为 1 000 美元。经办该公司注册的登记官为伯利兹注册局驻香港注册官吕伟廉先生(Mr. Lui William)。经伯利兹国际业务公司登记处证明,该公司保持合法的良好的信誉。

该事实有伯利兹国际业务公司副注册主任签发的伯利兹"公司证书"(Certificate of Incorporation)正本、外务部的授权委托书复印件、主办该公司登记的副注册主任吕伟廉先生的声明书及该公司的良好信誉证书为证。相关的委托书、声明书及信誉证书,经中国委托的公证人香港律师刘大潜证明无可疑之处。

8. "昌盛"轮(M/V Prosperity),是一艘9744总吨的散装货船。该船原名为Multi Easy(茂顺)轮,为柬埔寨国籍。于2003年1月22日在玻利维亚注册登记并颁发了《玻利维亚船舶登记证书》(Certificate of Bolivian Ships Registry)。根据该证书的记载,"昌盛"轮的所有人为海发船务有限公司,地址为中国山东青岛鱼山路5号,其呼号为CPC-672,注册号码为370331672,国际海事组织的编号为7512698。该船舶除具备船舶登记证书外,还配备有玻利维亚签发的与船舶航行、配备、安全有关的其他船舶证书。

该事实有玻利维亚注册局驻香港登记官的声明书、玻利维亚国际船舶登记局授权该登记官的授权委托书及相关船舶证书为证。

三、法院裁判

(一) 青岛海事法院对该案拥有管辖权

原告为伯利兹国籍,该案应属于涉外案件。尽管本案的被告所在地、合同的签订地和履行地均不在本院辖区内,但原告(即"昌盛"轮船舶所有人)的登记住所地和船舶管理人青岛海洋公司的所在地均在青岛,且原、被告双方在租船合同中明确约定:"本租约发生的一切争执甲乙双方友好协商解决。协商未果在青岛海事法院裁决。"根据《中华人民共和国民事诉讼法》第244条的规定,涉外当事人可以选择用书面协议选择与争议有实际联系的地点的法院,青岛作为原告的登记住所地,与该案有实际联系,青岛海事法院对该案应当具有管辖权。

(二) 本案应当适用中华人民共和国法律

鉴于本案原、被告双方在合同中及争议发生后均未选择处理该争议适用的法律,且合同的签订地、履行地均在中华人民共和国境内,故本案应当适用中华人民共和国的法律作为处理本案争议的准据法。

(三) 本案应当属于定期租船合同引起的经济纠纷

从合同主体来看,原告提供的证据表明,原告属于依伯利兹法律注册的合法公司,其本身拥有船舶,具有从事国际航运业务的资格。

原被告双方在签订合同时,虽然合同中原告的名称有"香港"字样,但在该合同盖章时,其所用公章仍为其注册的合法名称。对此,被告在签订合同时是知情的。况且,根据原被告双方签订的备忘录,原告有提交其营业执照的义务,被告有审查原告资格的义务。被告认为原告虚构合同主体,其理由不能成立。

从合同的出租标的物来看。通过"昌盛"轮船舶登记证书,原告已经证明其出租的船舶为其所有。该船舶依玻利维亚法律注册登记,并具有完备的有关船舶证书,具备出租的条件。被告认为,原告不能提供船舶所有权证书因而构成合同诈骗。其理由不能成立。根据我国的法律,船舶所有权证书是确定我国船舶物权的凭证。对外国船舶的所有权的确定,根据《中华人民共和国海商法》第270条的规定:"船舶所有权的取得、转让和消灭,适用船旗国法律。"原告对"昌盛"轮是否具有所有权,应当依据该船的船旗国玻利维亚的法律规定。被告提供了该国船舶的登记证书,该证书载明原告对该船舶具有所有权。被告否定原告对该船舶的所有权,却未能提供有关国家的法律予以证明。此外,出租人出租船舶时可以不是该船舶的所有人。出租方是否拥有船舶的所有权,不是船舶租用合同成立的必备要件。出租方可以出租其本身拥有的船舶,也可以出租其租赁的船舶。事实上,原告已将自己拥有的船舶交付给被告使用。因此,被告以原告不能证明其拥有船舶的所有权为由,认为原告虚构合同标的物,指控原告构成"合同诈骗",其理由不能成立。

从合同本身来看,原告作为一家依外国法成立的外国公司,合法拥有并占有出租船舶,毫无疑问,应当具有签订船舶出租合同的资格。原告与被告签订的"1+1年"的定期租船合同,不仅有常用的租船条款,而且还有"补充条款",合同订立后,双方还订有专门的"备忘录"。由此可见,该合同在订立前或订立中已经过充分的协商,该合同及有关的补充合同应当是双方当事人平等协商的真实意思表示。该合同的内容并不违反中华人民共和国的法律,应属于合法有效的合同。

从纠纷发生的过程来看,本案发生在原告交付船舶之后,纠纷的起因是原告要求被告支付加油款和第一笔租金,被告认为该油款和租金未到合同约定的支付期,不同意立即支付。原告两次给被告宽限期,要求其付款(第一次限期为2003年2月17日,第二次为2003年2月20日),并通知了不付款的后果。被告仍未支付,在此情况下,原告才撤船。不管原告的要求是否符合租船合同的约定,其撤船理由是否适当,均属于对合同的理解问题,应为正常的租船合同纠纷。

(四) 被告的行为是否构成违约?

《租船合同》第6条规定:"日租金每天2 620美元。甲方(即被告)预付给乙方(原告)8万美元作为保证金。在签约时以现金方式先付2万美元为定金,剩余的6万美元在交船前全部支付(即共8万美元)。以后每15天结算一次,甲方每月的12日和27日以现金方式全额支付。"从原告提供的双方往来传真来看,对该条如何理解,双方存在争议,也是双方发生争议的主要原因。原告认为,根据该条款,被告应当在2003年2月12日支付首批租金,逾期不付,已构成违约,其有权撤船。被告则认为,该条约定的15天是计算租金的天数,自交船至2月12日其租船天数不满15天,依照合同,不应支付,首批租金应当在2月27日支付。本院认为,该合同第6条的字面含义显然存在矛盾,因为在一年中每月的天数并非都是30天。如果满足第一个条件(每15天结算一次),就很难满足第二个条件(每月12日和27日支付)。反之亦然。在此情况下,应当根据双方签订合同时双方的真实意图来解释。从原、被告双方签订的"备忘录"和双方的"船舶期租合同"的内容来看,"船舶期租合同"的签字日期应为2003年1月27日或该日之后。签订该合同时,双方就预计该船舶将于1月29日办理船舶交接,并于1月30起租(见备忘录第4条)。如果合同双方的真实意图为交船后每15天支付一次租金的话,到2月12日前显然不足15天,当事双方不可能约定12日和27日为支付租金日。如果考虑到该合同条款是从被告与青岛海洋公司的合同照抄过来的话,订立合同的双方更不可能约定每月的 12 日和 27 日支付租金,因为双方在订立合同时不可能确切知道交船的日期,根本无法确定自交船至 12 日或 27 日为 15 天。除此之外,双方当事人在订立合同时均知道每个月并非都是 30 天,每月的 27 日至次月 12 日也并非都是 15 天。双方既然明确约定每月的 12 日和 27 日为支付租金的日期,该合同中的"每 15 天"计算一次,只能理解为"每半月"或"每大约 15 天"结算一次。该条约定的"天",并没有任何限制,应当理解为自然天数,而非计租天数。被告把该条理解为每 15 个计租日支付一次,既不符合合同的字面含义,也不符合双方订立合同时的本意。被告的首期租金未在 2003 年 2 月 12 日或原告提出的宽限期内支付,其行为已构成违约。根据合同第 6 条第 2 款,原告有权撤船。对由此造成的损失,应当由被告承担。

(五)关于安装输送带的 8 天计租问题

从该轮的有关航海日志记载来看,该船舶于 2003 年 1 月 19 日 11:30 时进入福安马头造船公司船坞,1 月 20 日 07:30 时开始修理,并于当日在坞内安装输送带。1 月 28 日 18:30 出坞,在海上抛锚,并继续安装输送带,至 2 月 11 日 01:30 时安装完毕。被告安装输送带前后历时 20 余天。根据租船合同补充条款的约定,安装输送带的 8 天不计入租船期。该 8 天到底是交船前的 8 天还是交船后的 8 天?当事双方在理解上存在争议。青岛海事法院认为,尽管该合同本身的约定不明确,但从原被告双方的"船舶交接书"约定的"茂顺(昌盛)轮期租时间自 2003 年 1 月 29 日 24:00 时起算"的约定来看,扣除的 8 天应是指自该船舶在船厂开始安装输送带(1 月 20 日)至船舶出坞(1 月 27 日)的 8 天期间。被告 2003 年 1 月 30 日给被告的船舶管理人青岛海洋船务公司的函也充分说明了这一点。该函称:其"在福安锚地继续安装皮带机,我司并确认从元月 30 日起所产生的一切费用由我司承担,与贵司无关。"由此可见,被告在船舶交接后,因继续安装皮带机所用的时间,依照合同的约定和被告的承诺,应当计入租船时间。

(六)被告应当向原告支付的租金和费用

原告依照合同将船舶交付被告使用后,被告应当依照合同的约定支付租金。双方约定自 2003 年 1 月 30 日起租,至 2003 年 2 月 23 日原告撤回船舶止,被告共租用原告船舶 25 天。依照双方约定,扣除春节期间 4 天,被告应当向原告支付 21 天的船舶租金即 55 020 美元。

依照租船合同第 5 条的约定,"租船人接收船舶时船上所存全部油料,船东接受还船时船上所存全部油料。存油量油价按照最后一个港口加油时合同的油价付给对方"。被告应当向原告支付交船时的存油款 51 000.09 美元。至于撤船时船上的存油问题,鉴于被告并未提出反诉,本案不予审理。

对租船期满或撤船后由何方负担拆除皮带机及相关的修船费用问题。船上的输送设备由被告方提供,其所有权自然应归被告,不管被告是否违约,也不管是原告撤船,还是合同到期终止履行,拆除该设备的费用都将发生,属于必然产生的费用,不属于违约损失。由于当事双方在合同中对该费用的负担没有约定,原告要求被告支付该费用,既没有合同依据,也没有法律依据。因此,对该主张本院不予支持。

关于被告主张的 7.5 万元垫款和 18 万元的油料款和 10.3 万元港口费用问题。鉴于被告既未提出反诉,也未提供证据,在此案中,法院不予审理。

综上所述,被告应当向原告支付租金 55 020 美元、交船时船上存油的油料款 51 000.09 美元,共计 106 020.09 美元,折合人民币为 877 496.47 元人民币。

根据《中华人民共和国海商法》第 140 条和《中华人民共和国民事诉讼法》第 130 条的规定,青岛海事法院判决如下:

一、被告福州保税区星浦数字船务有限公司赔偿原告海发船务有限公司损失 877 496.47 元人民币。该款项原告可从被告支付的租船保证金中扣除,不足部分,该被告应于本判决生效之日起 30 日内付清。逾期,该被告应当加倍支付迟延履行期间的债务利息。

二、驳回原告海发船务有限公司的其他诉讼请求。

6 原告蒋泉茂与被告毛顺忠定期租船合同欠付租金纠纷案

案例来源:上海海事法院(2005)沪海法商初字第 282 号
主题词:定期租船合同　船舶适航　欠付租金　合同解除

裁判要旨

No. CB-8.1-10　船舶在租期内不符合约定的适航状态或者其他状态,出租人应当采取可能采取的合理措施,使之尽快恢复。根据《中华人民共和国海商法》的规定,船舶不符合约定的适航状态或者其他状态而不能正常营运连续满 24 小时的,对因此而损失的营运时间,承租人可以不付租金,但是上述状态是由承租人造成的除外。

No. CB-8.1-11　承租人应当按照合同约定支付租金。承租人未按照合同约定支付租金的,出租人有权解除合同,并有权要求赔偿因此遭受的损失。

一、基本案情

原告:蒋泉茂
被告:毛顺忠

原告蒋泉茂诉称,2005 年 2 月 18 日,被告因工程需要与原告签订了船舶租赁合同,约定自 2005 年 2 月 23 日开始租用原告的船舶"浮吊机 0508"号。2005 年 2 月 23 日,被告开始安装机械,同年 2 月 26 日,被告开始使用船舶,至 5 月 12 日使用船舶结束。按照合同约定,被告应向原告支付租金共计人民币 201 585 元,但在结算时,被告只同意支付租金 148 305 元,原告对此不予认可。至起诉之日,被告仅支付了租金人民币 8 万元,尚欠租金人民币 121 585 元。请求法院判令被告支付拖欠的租金人民币

121 585 元,并承担本案的诉讼费用。

被告毛顺忠辩称:原告的请求与事实不符:(1)合同的开始时间为 2005 年 2 月 23 日下午,故该日的租金只能计算半天。(2)合同的结束时间为 2005 年 4 月 27 日上午,并非 5 月 12 日。(3)2005 年 2 月 26 日、27 日原告在修理船舶,被告无法正常使用,应当扣除两天的租金。(4)被告预付了人民币 2 万元油款押金,根据估算,被告实际用油及垫付修船等费用为人民币 6 153 元,尚余人民币 13 847 元,可在被告所欠租金中抵扣。请求法院查明事实予以判决。

二、法院查明的事实

上海海事法院经审理查明并确认了如下法律事实:原告系个体工商户,其字号为泰州市第三航运公司。2005 年 2 月 18 日,原告与被告签订船舶租赁合同,租赁船舶为浮吊机工程船。合同约定,船舶租用期限从被告租用之日起(2005 年 2 月 23 日)约两个月。租赁费用以日历天乘以日租金,每天租赁费为人民币 2 670 元。付款方式为工程船到达施工现场被告现付人民币 2 万元,半个月后再支付人民币 2 万元,最终款项在工程完工后半个月一次性付清。合同还约定,工程在施工期间如遇人为不可抗拒事情造成的停工费用由原、被告双方协商决定。合同订立后,原告的船舶"浮吊机 0508"号轮于 2005 年 2 月 23 日下午入场,被告开始安装机械至 2 月 25 日。同年 2 月 26 日、27 日由于原告修理船上损坏的齿轮箱,致使被告停工两天。2 月 28 日至 4 月 21 日,船舶用于施工。4 月 22 日至 4 月 25 日,船舶等待通知。4 月 26 日、27 日,船上的设备拆除。5 月 12 日,被告向原告开具了结算清单,原告未予认可。此外,被告分别于 2005 年 2 月 28 日、3 月 19 日、4 月 7 日、4 月 27 日向原告支付了租金人民币 8 万元。同年 2 月 28 日,被告还向原告支付了人民币 2 万元作为柴油押金。

三、法院裁判

上海海事法院认为,关于提单或者其他运输单证法律适用,依照《中华人民共和国海商法》第 133 条的规定:船舶在租期内不符合约定的适航状态或者其他状态,出租人应当采取可能采取的合理措施,使之尽快恢复。船舶不符合约定的适航状态或者其他状态而不能正常营运连续满 24 小时的,对因此而损失的营运时间,承租人不付租金,但是上述状态是由承租人造成的除外。第 140 条规定:承租人应当按照合同约定支付租金。承租人未按照合同约定支付租金的,出租人有权解除合同,并有权要求赔偿因此遭受的损失。在本案中,关于涉案船舶租赁起止时间及机械安装、拆卸日的争议。被告认为,涉案合同的开始时间为 2005 年 2 月 23 日下午,结束时间为同年 4 月 27 日上午,因此,机械安装日为 2 月 23 日下午至 2 月 25 日,时间为 2 天半;机械拆卸日为 4 月 26 至 4 月 27 日上午,时间为 1 天半;两者相加时间为 4 天。原告认为,涉案合同的开始时间为 2005 年 2 月 23 日,结束时间为同年 5 月 12 日,机械安装日为 2 月 23 日至

2月25日,时间为3天;机械拆卸日为4月26至4月27日,时间为2天;两者相加时间为5天。上海海事法院认为,涉案合同仅记载了合同的开始时间为2005年2月23日,并注明"以开船为准"。现被告确认原告船舶于2005年2月23日下午入场,故与原告主张该日上午开船的事实并不矛盾,因此涉案船舶租赁合同的起始时间应为2005年2月23日。同年4月27日,船上施工人员拆除施工设备,并撤离涉案船舶,该时间与合同约定的两个月的船舶租赁期限相吻合,应当视为租赁合同终止的时间。原告称其接被告口头通知待命至5月12日,但并无证据予以佐证,上海海事法院不予采信。此外,被告于5月12日向原告出具结算清单的行为也不能证明涉案船舶租赁合同终止时间延长至2005年5月12日。根据合同规定,只有机械安装和拆卸日,租金可以减半收取,并未约定租金可以以半天为单位收取,故上海海事法院确定2005年2月23日至25日为机械安装日,4月26日至27日为机械拆卸日,共计5天,租金可减半收取。上海海事法院认为:被告实际租用原告船舶的时间为2005年2月23日至2005年4月27日,扣除原告修船的两天时间,被告实际用船62天,其中5天为机械安装和拆卸日。按照合同规定,其中57天按照每天人民币2 670元计收租金共计人民币152 190元,5天按照日租金减半收取计人民币6 675元,两项共计租金人民币158 865元。被告已经实际支付了租金人民币8万元,尚欠原告租金人民币78 865元。上海海事法院认为,原、被告定期租船合同法律关系依法成立,原告已按照合同约定履行了出租人的义务,有权向被告收取租金。被告作为涉案租船合同的承租人,应当全面、及时地履行承租人支付租金的义务。现被告未按照租船合同的约定全额支付租金,应当承担相应的支付义务。

依照《中华人民共和国民事诉讼法》第64条第1款,《中华人民共和国海商法》第133条、第140条,《中华人民共和国合同法》第99条第1款之规定,判决如下:

一、被告毛顺忠应在本判决生效之日起10日内向原告蒋泉茂支付租金人民币78 865元;

二、对原告蒋泉茂的其他诉讼请求不予支持。

7 原告重庆中侨船务有限公司与被告重庆新世纪游轮管理有限公司船舶租赁合同纠纷案

案例来源:武汉海事法院(2001)武海法商字第5号
主题词:定期租船合同　经营资质　合同效力

> **裁判要旨**
>
> **No. CB-8.1-12**　法律并未强制规定定期承租人签订租船合同时应具有租船资格,即拥有水路运输许可证,也未规定无证经营船舶运输必然导致租用船舶行为违法。承租人无证经营船舶旅游运输与租用船舶无法律上的直接联系,不影响船舶租赁合同的效力。

一、基本案情

原告：重庆中侨船务有限公司（以下简称中侨公司）

被告：重庆新世纪游轮管理有限公司（以下简称新世纪公司）

原告中侨公司诉称：1999年6月22日，原告就所属的"女王"号涉外游轮与被告签订了船舶租赁协议。原告依约履行了交付船舶等合同义务，但被告接船后未依约办理船舶保险，给原告带来了极大的财产风险。鉴于已无法与被告继续合作，原告于2000年6月27日发函给被告，要求终止履行合同，但遭拒绝。诉请法院判令解除双方的船舶租赁合同，由被告承担违约责任，已付的200万元保证金原告不予返还。

新世纪公司辩称：被告在原告第一次要求购买船舶保险之前已对"女王"号轮投了保，并在原告来函后作了告知。因此原告以被告没有购买船舶保险为由要求解除合同不能成立，请法院依法驳回。

庭审中，原告中侨公司提出被告新世纪公司无水路运输许可证，无权从事涉外旅游船舶运输，要求法院确认租船合同效力，依法处理。

二、法院查明的事实

武汉海事法院经审理查明：1999年6月22日，原、被告签订船舶租赁合同，约定原告中侨公司将其所有的涉外游轮"女王"号以现状租赁给被告新世纪公司，新世纪公司全面拥有船舶的经营权、管理权和人事任免权，租期自1999年7月1日至2002年6月30日，新世纪公司支付中侨公司租船保证金200万元。有关双方的主要责任，合同约定：中侨公司保证船舶的正常运行，负责船舶的调度、机务管理和轮驾两部分的人员补充；帮助新世纪公司联系和处理有关船舶运行和航行维修等事宜；负责船舶停航期间的设备、设施检修（修理费由新世纪公司支付）。新世纪公司同意使用中侨公司"女王"号轮船上现有人员；负责所有员工的工作安排、职务任免、工资及相关福利待遇；负责船舶运行时刻、航线安排，购买船舶保险和旅客安全责任险，交付船舶收入营业税。双方对租赁费用的约定为：1999年11月1日至2000年3月31日，每月5万元，其他时间每月10万元。之后，新世纪公司依约定时间支付了租船保证金，中侨公司将船舶交付新世纪公司经营。

2000年5月31日，中侨公司致函新世纪公司，要求提供"女王"号游轮保险手续。同年6月27日，中侨公司再次致函提出，新世纪公司未办理船舶保险已导致根本性违约，要求解除合同。6月28日，新世纪回函称因中侨公司未提供船舶完整的法律文件，不履行对合同的登记手续，其不能以光船租赁人的身份对船舶进行投保。7月25日，新世纪公司再次发函，要求中侨公司提供船舶完整的法律文件，并告知已于2000年5月购买了"女王"号轮船舶保险。12月13日，中侨公司书面要求新世纪公司向其提供船舶保险手续、船舶经营的工商执照及行业主管部门批准的相关证照的复印件存档备案。被告新世纪公司未提供。12月18日，双方对2000年度船舶租费进行了结算，约定扣除新世纪公司代缴船舶在1998年度、1999年6月前各种行政规费,代支付船上员工以前的工资后,余款由新世纪公司代中侨公司支付债务。

同时查明:新世纪公司于2000年4月30日对"女王"号轮办理船舶保险,保险金额3 000万元,保险期限为2000年5月1日至2001年4月30日。新世纪公司工商登记的营业范围为旅游服务、豪华游轮的经营管理、营销咨询及人才培训。

另查明,新世纪公司租用"女王"号船经营旅游运输,未办理水路运输许可证。

三、法院裁判

武汉海事法院认为:原、被告签订的船舶租赁合同系双方当事人真实意思表示,其内容没有违反法律、行政法规的强制性规定,为有效合同。

依双方签订的合同约定,原告中侨公司出租的标的物是"女王"号船及现有设施,并非出租或出借船舶的经营权,被告新世纪公司经营该船旅游运输,应依法办理水路运输许可证。被告新世纪公司租用船舶和经营船舶旅游运输属于不同的民事行为,无权经营船舶旅游运输是因其未依有关规定办理水路运输许可证,并非签订租船合同的行为所致,且法律并未强制规定承租人签订租船合同时应具有租船资格,即拥有水路运输许可证,也未规定无证经营船舶运输必然溯及租用船舶行为的合法性。被告新世纪公司无证经营船舶旅游运输应由行政执法机关依法管理,行政机关的管理不会引起对原告中侨公司的处罚及对其出租船舶加以限制。因此,被告新世纪公司无证经营船舶旅游运输与租用船舶无法律上的直接联系,不影响双方签订船舶租赁合同的效力。原告中侨公司以被告新世纪公司无经营船舶旅游运输的资格而主张其租用船舶不合法,无法律依据。

原告中侨公司出租船舶,收取租金,已实现其合同目的。被告新世纪公司依"女王"号轮的旅游运输性质,按核定的航区、航线进行经营,未使"女王"号轮遭受损失,属于正确履行合同。未办理水路运输许可证只涉及被告新世纪公司经营资格问题,与按船舶性质和使用方法使用船舶无联系。

双方当事人在合同中对船舶投保时间及保险金额没有明确约定,被告新世纪公司未及时办理船舶保险,也没有给原告中侨公司造成实际损失,且其后亦予以了补办。依照《中华人民共和国合同法》第94条的规定,其不能构成原告中侨公司据以要求解除合同的法定情形。因此,原告中侨公司以被告新世纪公司未办理船舶保险、船舶保险金额不足额,诉请解除双方签订的船舶租赁合同,理由不能成立,武汉海事法院不予支持。原告中侨公司请求不予返还被告新世纪公司支付的租船保证金,缺乏合同依据和法律依据,武汉海事法院不予保护。依照《中华人民共和国合同法》第44条第1款、第52条、第94条,《中华人民共和国民事诉讼法》第128条的规定,判决如下:

一、驳回原告中侨公司要求解除双方签订的"女王"号游轮租赁合同的诉讼请求;

二、驳回原告中侨公司不退还被告新世纪公司支付的200万元租船保证金的诉讼请求。

定期租船合同·经营资质·合同效力

8 原告浙江省舟山市普陀永安海运有限责任公司与被告徐保云、济南济通轮船运输有限公司定期租船合同履行纠纷案

案例来源:上海海事法院(2004)沪海法商初字第313号
主题词:定期租船合同　航区限制　责任归属

> **裁判要旨**
>
> **No. CB-8.1-13**　双方在订立定期租船协议时对航行区域没有约定,对由于航区限制导致的协议不能履行,双方都有过失,应当对相应损失各自承担责任。
>
> **No. CB-8.1-14**　合同的权利义务终止,不影响合同中的结算和清理条款的效力。

一、基本案情

原告：浙江省舟山市普陀永安海运有限责任公司

被告：徐保云

被告：济南济通轮船运输有限公司

原告浙江省舟山市普陀永安海运有限责任公司诉称,原告与被告徐保云双方于2004年5月11日签订了定期租船合同,合同约定原告租用被告的"鲁济南货0222"轮来完成南汇大治河工地的砂石运输任务,租期为2004年5月15日至11月15日,租金为每月人民币106万元。合同签订后,原告依约定向被告支付了首期租金人民币4万元,并为"鲁济南货0222"轮添加了3吨柴油和3桶机油。但被告仅营运到2004年5月21日就停止运载,终止了协议,给原告造成极大的经济损失。请求法院判决解除双方的定期租船合同关系,退还预付租金人民币1.6万元,退还剩余的柴油折价款,赔偿原告可得利益损失人民币2.5万元,并由被告承担本案诉讼费,诉前海事请求保全费和耗油鉴定费。同时认为被告济南济通轮船运输有限公司作为"鲁济南货0222"轮登记所有人,应对被告徐保云的违约行为承担连带责任。

被告徐保云答辩确认了双方签订定期租船合同的事实,也确认了合同签订后承运砂石从长兴岛造船基地到南汇滨海大治河第四期工程工地3个航次。反诉称原告欺骗被告徐保云航行区域,违反航行规定,强迫被告徐保云航行。请求法院判令原告支付从2004年5月11日至7月10日止两个月的租船费人民币21.2万元,赔偿船舶修理费人民币2万元,并由原告承担反诉费用。

被告济南济通轮船运输有限公司辩称:其为"鲁济南货0222"轮船舶登记所有人,徐保云为实际所有人。徐保云与本公司为挂靠关系。徐保云以个人名义与原告签订定期租船合同,既未得到公司授权,又未得到追认,所签合同超出了公司经营许可范围。请求法院驳回原告对其的诉讼请求。

原告对被告徐保云的反诉,答辩称:双方虽然签订了定期租船合同,但被告徐保云从2004年5月15日起履行合同,到2004年5月21日凌晨即单方终止履行合同义务,

实际履行合同 7 天就拒绝接受指派运输砂石。被告徐保云违约在先，无权要求原告支付租金。原告否认自己违反航行约定，强行要求被告徐保云航行事实，辩称被告徐保云损失人民币 2 万元没有证据，请求法院驳回被告徐保云的反诉。

二、法院查明的事实

上海海事法院经审理查明并确认了如下法律事实：

"鲁济南货 0222"轮登记所有人为被告济南济通轮船运输有限公司，被告徐保云为实际所有人。该公司所属运输船舶属内河运输船舶，经营范围为长江中下游干线及支流省际普通货物运输，不得从事沿海货物运输。2004 年 5 月 11 日，原告方负责人蒋海波以原告名义与被告徐保云以"鲁济南货 0222"轮名义签订船舶租赁协议。协议约定原告因工程业务需要向被告徐保云租用"鲁济南货 0222"轮用于装运砂石。租期从 2004 年 5 月 15 日至 11 月 15 日半年。月租金为 10.6 万元。协议约定，船舶进场前，原告应向被告徐保云支付 4 万元租金，15 天后再付 5 万元，其余 1.6 万元到一个月底全部付清。出租期间的柴油、机油由原告承担，其他一切费用由被告徐保云承担。航行中驾驶不当或船舶质量所造成事故，船舶靠泊码头时不听原告方指挥，造成事故由被告徐保云负责。船舶运沙过程中如有大风大浪，是否停航应由双方协商。被告徐保云不能自作主张停航。协议未约定航行区域。2004 年 5 月 12 日，原告方蒋海波支付了人民币 4 万元的租金。5 月 14 日，在被告徐保云监督下，原告向"鲁济南货 0222"轮加入柴油 3 吨，机油 3 桶。2004 年 5 月 15 日，被告徐保云的"鲁济南货 0222"轮开始根据原告指示装运砂石，从长江口的长兴岛造船基地附近装，到南汇滨海大治河第四期工程码头卸。2004 年 5 月 21 日凌晨，在卸完第三航次的砂石后，被告徐保云以航行超出船舶适航区域，在航道上有时会搁浅为由，拒绝继续履行租船协议。2004 年 5 月 26 日，原告派往被告徐保云船上联系砂石的雇员离船上岸，双方对剩余的柴油、机油并未清点。由于双方对如何继续履行协议未能达成一致，原告向上海海事法院提出海事保全，上海海事法院经审查同意，于 2004 年 6 月 1 日扣押了"鲁济南货 0222"轮。

另查明，协议约定月租金为人民币 10.6 万元，每天折合人民币 3 533.33 元。被告徐保云实际履行租船协议 7 天，租金为人民币 24 733.33 元。根据"鲁济南货 0222"轮燃油消耗量的评估报告，"鲁济南货 0222"轮 3 个航次实际耗油量为 2.142 吨。原告为其加油 3 吨，尚余 0.858 吨，每吨油价 3 620 元，折价为 3 105.96 元。

三、法院裁判

上海海事法院认为，关于定期租船合同的法律适用，依照《中华人民共和国海商法》第 129 条的规定："定期租船合同，是指船舶出租人向承租人提供约定的由出租人配备船员的船舶，由承租人在约定的期间内按照约定的用途使用，并支付租金的合同。"第 130 条规定："定期租船合同的内容，主要包括出租人和承租人的名称、船名、船籍、船级、吨位、容积、船速、燃料消耗、航区、用途、租船期间、交船和还船的时间和地点以及条件、租金及其支付,以及其他有关事项。"在本案中,原告、被告徐保云双方签订定期租船协议是双方意思表示一致的协议。原告、被告徐保云双方都没有证据证明对方欺诈或者胁迫自己签订协议。根据上述法律的规定,本案争议的定期租船协议没有约定租用船舶的航行区域,仅约定了船舶用途是装卸砂石。现在没有证据表明被告徐保云将其船舶不能航行在涉案航区的情况在协议订立前告知原告,也没有证据表明原告在订立定期租船协议前知晓"鲁济南货0222"轮不能航行至南汇大治河工程工地。协议实际履行3个航次后,被告徐保云发现其船舶确实不适宜在这样的航区内运输,中止履行协议。

根据《中华人民共和国合同法》的规定,合同生效后,当事人就质量、价款或者报酬、履行地点等没有约定的或者约定不明确的,可以协议补充。现双方虽未达成一致,但合同已经中止履行,而且双方都在庭审中提出终止履行合同的请求。因为"鲁济南货0222"轮的适航区域为A类航区,确实不能履行协议义务,双方订立协议的目标不能实现,上海海事法院准许双方解除协议,终止协议的履行。终止协议履行的时间,应该以被告徐保云明确以自己的行为拒绝承运砂石的2004年5月21日为妥。由于双方在订立定期租船协议时对航行区域没有约定,对于协议的不能履行双方都有过失,因此对因不能履行协议对双方造成的损失,原告、被告徐保云应该各自承担责任。根据《中华人民共和国合同法》,合同的权利义务终止,不影响合同中的结算和清理条款的效力,原告、被告徐保云应该根据协议实际履行时间结算租金和燃料油。被告济南济通轮船运输有限公司虽是涉案"鲁济南货0222"轮登记的所有人,但上海海事法院已查明该轮的实际所有人为被告徐保云,而且没有证据表明被告济南济通轮船运输有限公司参与了涉案定期租船协议的订立与履行,原告要求济南济通轮船运输有限公司对涉案定期租船协议的履行承担连带责任缺乏法律依据,上海海事法院不能支持。

综上所述,依据《中华人民共和国海商法》第129条、第130条,《中华人民共和国合同法》第61条、第107条、第110条第1项及《中华人民共和国民事诉讼法》第64条第1款的规定,判决如下:

一、解除原告浙江省舟山市普陀永安海运有限责任公司与被告徐保云签订的《船舶租赁协议》;

二、被告徐保云应在本判决生效后10日内退还原告浙江省舟山市普陀永安海运有限责任公司租金人民币15 266.67元,剩余柴油款人民币3 105.96元;

三、对原告浙江省舟山市普陀永安海运有限责任公司的其他诉讼请求不予支持;

四、对被告徐保云的反诉请求不予支持。

9 上诉人钱广法与被上诉人付万和船舶租赁合同纠纷案

案例来源:天津市高级人民法院(2010)津高民四终字第0015号

主题词:定期租船合同　航区限制　责任归属　合同解除

> **裁判要旨**
>
> **No. CB-8.1-15** 尽管出租人提供的船舶中的一艘船舶是内河船,按照相关的法律规定不能在沿海作业,而且也不符合当事人之间的合同约定,但承租人在明知的情况下未提出异议并使用该船舶,视为承租人对该船舶的接受。
>
> **No. CB-8.1-16** 当事人一方主张解除合同的应通知对方,但法律对通知的方式并没有作出规定。当涉案双方已经就是否继续履行合同不能达成一致时,一方通过行为的方式将解除合同的意思传递给对方,对方不作拒绝表示,此后也未要求继续履行合同,因此应当认定双方已经解除了合同。

一、基本案情

上诉人(原审被告、反诉原告):钱广法

被上诉人(原审原告、反诉被告):付万和

天津海事法院一审查明:2009年2月14日,付万和与钱广法签订《船舶租赁合同书》,约定钱广法为付万和提供500吨以上手续齐全、状况良好的倒驳船4艘,其中3艘在合同中约定了船名和船号,为"苏连海机888号""苏连海机038号""武轮机2315号",另一艘未在合同中约定船名和船号。合同租期为2009年2月至2010年2月;租金每月30万元,月初付给钱广法;付万和首付给钱广法20万元,待租赁的船舶到达付万和指定的港口后,付清余款10万元。同时双方约定,任何一方不得擅自变更和解除合同,否则违约者承担一切经济损失。如付万和违约,钱广法有权终止合同,损失按月租金由付万和赔偿钱广法;如钱广法违约,付万和有权终止合同,扣除钱广法船舶租金。2009年3月10日,付万和向钱广法支付20万元租金。为航行安全,钱广法的船舶装载一批石料作为船舶的压载,从山东蓬莱驶往黄骅港。3月17日,有3艘船舶抵达黄骅港,另一艘船舶在4月2日抵达黄骅港,船名分别为:"苏连海机888号""苏连海机038号""武轮机2309号""苏灌货2006号"。3月18日,钱广法将三艘船的石料卸下交给工地,4月2日将另一艘船舶的石料卸下,负责指挥倒驳船的人员傅爱国出具证明,证实工地收石头618方。船舶抵达黄骅港后,付万和未支付租金余款10万元。付万和为运输石料与杨春林签订了《船舶租赁合同》,租赁杨春林的"豫信货6999号"船舶,租金及工人工资为每月21.6万元。付万和还与王洪春签订《挖掘机租赁合同》,约定租用王洪春3台挖掘机,租金为每台每月3万元。钱广法完成了对"豫信货6999号"船两个航次的倒驳。4月2日,"豫信货6999号"船装载石料抵达黄骅港锚地,但钱广法因付万和未付10万元余款拒绝倒驳。4月10日,继续倒驳。在完成对"豫信货6999

号"船第三航次的倒驳后,双方就分歧又进行协商,但协商不成。4月23日,付万和将挖掘机卸下。5月24日,钱广法的船舶离开黄骅港。原审中,付万和的本诉请求为:(1)判决解除付万和与钱广法签订的船舶租赁合同;(2)判令钱广法赔偿付万和经济损失131132元,间接损失6万元;(3)本案诉讼费用全部由钱广法承担。

钱广法的反诉请求为:(1)判令付万和支付钱广法租金40万元,油料款100800元,压船石料款74236元,违约金30万元;(2)本案全部诉讼费用由付万和承担。

二、一审裁判

天津海事法院认为,钱广法与付万和签订的《船舶租赁合同书》是双方真实的意思表示,应认定合法有效,双方均应依照合同本着诚实信用的原则行使权利,履行义务。双方在合同中约定的租期为2009年2月至2010年2月,付万和应在合理时间内支付首付款,最迟不应超过2009年2月,但付万和却在2009年3月10日才将首付款支付给钱广法,延长了钱广法的等待时间,加重了钱广法的等待费用。付万和的行为违背了诚实信用原则,应认定为违约。钱广法作为出租方,应严格按照合同约定提供符合约定条件的船舶,但钱广法提供的船舶其中一艘为内河船,且其中一艘船舶直到4月2日才到达黄骅港。钱广法在与付万和产生矛盾后,应在不会造成更大损失的前提下妥善解决问题,但钱广法却在付万和运石料的船舶到港后,以拒绝倒驳的方式要求付万和支付余款,其不当行为是造成付万和损失的直接原因。对此钱广法无权请求此期间内的租金并应赔偿付万和此间租用"豫信货6999号"船舶费用5.76万元,"豫信货6999号"船上挖掘机租金损失1.6万元,倒驳船挖掘机租金损失2.4万元,支付傅爱国、全成工资0.16万元。付万和虽然还主张其他船员工资,但其提供的证人证言不足以证明当时发放工资的实际状况,原审法院对其主张不予支持。付万和与钱广法在合同中明确约定了船到港后付清余款10万元,但钱广法船舶抵港后,付万和明知钱广法提供的船舶不完全符合合同的约定,却既不提出解除或变更合同请求,也不支付余款,其行为导致双方难以继续履行合同,付万和直到将倒驳船上的挖掘机卸下,才以其行为表明与钱广法解除合同的意向。对此付万和应承担在此期间的租船费用。付万和的租期计算到4月22日。付万和的租金损失为:3月19日至4月2日共14天按3条船日租金计算为10.5万元,4月10至4月22日共13天按3条船日租金计算为9.75万元。租金合计为20.25万元,扣除钱广法已支付的20万元,钱广法还应向反诉方付万和支付2500元。付万和虽然提供了加油款的票据,但不能证明所加油全部用于施工,因此以其3月6日加油10吨乘单价每吨5800元,即5.8万元作为其应得到的油款数额。付万和主张的压载船舶的石料款与本案租船合同是不同的法律关系,应另案解决。钱广法所主张的其他损失没有相应的证据证明,不予支持。天津海事法院依据《中华人民共和国民事诉讼法》第64条第1款,《中华人民共和国合同法》第6条、第94条第2项、第107条之规定,判决:

一、解除付万和与钱广法之间的船舶租赁合同;

二、钱广法赔偿付万和因停工造成的损失 99 200 元人民币；

三、付万和赔偿钱广法租金 2 500 元、加油款 58 000 元，合计 60 500 元人民币。上述给付义务，应于该判决生效后 10 日内履行完毕。逾期，按《中华人民共和国民事诉讼法》第 229 条的规定执行。

四、驳回付万和其他诉讼请求。

五、驳回钱广法其他诉讼请求。

三、上诉与答辩

钱广法不服原审判决，向天津市高级人民法院提出上诉，请求撤销原审判决，改判驳回付万和的诉讼请求，支持钱广法的反诉请求，并清退一审案件受理费 3 138 元，由付万和承担本案的全部诉讼费用。事实与理由：

1. 钱广法并未拒绝倒驳，原审判决以先由王洪春签字，后由沧州渤海新区昌盛工程服务有限公司（以下简称昌盛公司）加盖公章的证明而认定"钱广法拒绝倒驳，造成停工 8 天"的事实，依据不足，没有查明王洪春的身份、昌盛公司的营业执照及其与付万和之间的关系。且因王洪春、昌盛公司与付万和订立了《挖掘机租赁合同》，属于利害关系人。

2. 原审法院认定付万和的停工损失 99 200 元，依据不足。（1）关于租用运石料的船舶费用的认定，依据的是《船舶租赁合同》，其中记载的船舶号与原审判决认定的不一致；承租人的身份证号并非是付万和的，因而付万和承租人的身份系添加的；合同双方均为自然人，因而没有公信力。（2）关于租用运石料船上的挖掘机的租金损失，付万和没有提交证据，而原审法院支持了其主张。（3）关于倒驳船上挖掘机的租金损失，付万和在开庭前提交的《挖掘机租赁合同》的出租人为王洪春，在庭审中提交了由昌盛公司加盖公章的该份合同，以及出具了昌盛公司收款的非正式票据。原审法院在未查明王洪春和昌盛公司的身份、合同的真实主体以及合同项下的挖掘机是否真实存在、是否用于船上等问题，而将该合同作为认定案件事实的依据是错误的。（4）关于工人工资的损失，原审法院将傅爱国、全成的书面证言作为定案依据，明显违法。

3. 虽然钱广法提供了一艘内河船，但从天津海事局针对"两船"的官方报道，可知内河船进入沿海作业在当时是允许的，原审法院据此认定钱广法违约，对其是不公平的。且付万和未提出异议并进行使用，应视为接受和认可。

4. 原审法院在否定任振龙、赵长义出具的书面证言的情况下，而仅以该证据中关于"一船 4 月 2 日"的表述作为认定"其中一艘船舶直到 4 月 2 日才到达黄骅港"的依据，而无视钱广法提供的测油柜收据的内容，因此认定钱广法违约是错误的。

5. 原审法院以付万和将倒驳船上的挖掘机卸下，认定是其行为表明与钱广法解除合同的意向，不符合《中华人民共和国合同法》第 96 条关于一方解除合同，应通知对方的规定，所认定的合同解除日错误。

6. 原审法院认定付万和赔偿钱广法租金损失，按照 3 条船计算租金，并扣除所谓 8

天的停工时间,没有事实和法律依据,租金应计算至钱广法的船舶离开黄骅港的日期。

7. 原审法院认定耗油 10 吨与事实不符。

8. 因该压船石料是为航行安全,应属于本案租船合同的附随义务,原审法院认定压船石料款与本案租船合同并非同一法律关系,应另案解决,属于适用法律错误。

9. 原审法院在认定付万和交付首付款延长了钱广法的等待时间和加重了等待费用,却未让付万和承担违约责任,属于适用法律错误。

10. 付万和在原审当庭提交的证据,已经超过举证期限,原审法院仍作为证据采纳,违反了法律规定。

11. 根据《诉讼费用交纳办法》第 18 条,被告提起反诉,人民法院决定合并审理的,应分别减半交纳案件受理费。原审法院应向钱广法清退案件受理费 3 138 元。

付万和答辩称,钱广法拒绝倒驳停工 8 天,致使其另行雇用其他船舶,产生了其他费用,应当承担其损失的赔偿责任,原审判决处理结果正确,应予以维持。

四、二审裁判

二审审理期间,各方当事人均未提交新的证据。天津市高级人民法院经审理查明:原审判决中"豫信货 6999"均系笔误,应为"豫信货 2699"。原审法院查明的其他事实属实,天津市高级人民法院予以确认。天津市高级人民法院认为:本案为租船合同纠纷,涉案双方当事人所签订的《船舶租赁合同书》真实、合法、有效,双方均应当全面履行合同义务。钱广法作为出租方,应提供符合合同约定条件和法律规定的船舶;付万和作为承租方,应按照合同约定的期限支付租金。在合同的实际履行过程中,付万和在 2009 年 3 月 10 日向钱广法支付了首付款 20 万元,根据合同规定,钱广法应当在此后合理时间内将租赁船舶到达指定港口,随后,付万和应当支付当月剩余租金 10 万元。关于钱广法的租赁船舶何时到达指定港口的问题,钱广法自行提供的压船石料收取证明,能够证实 2009 年 3 月 18 日有 3 艘船舶到达指定港口将石料卸下交给工地,另有一艘船舶于 4 月 2 日到达并将石料卸下。尽管四艘船舶中的一艘船舶是内河船,按照相关法律规定不能在沿海作业,同时也不符合当事人之间的合同约定,但付万和在明知的情况下未提出异议并使用该船舶,应当认定其对该船舶的接受。据此,付万和应当向钱广法支付当月剩余租金,但其未予支付,而钱广法在运石料的船舶到港后以拒绝倒驳的方式索要剩余租金,致使付万和遭受了损失,双方均存在违约行为,应各自承担造成对方损失的赔偿责任。原审法院判令钱广法承担拒绝倒驳期间给付万和造成的实际损失,以及判令付万和向钱广法支付实际租用船舶期间的租金,经天津市高级人民法院核查,数额并无不当。

钱广法提出的原审法院认定其拒绝倒驳、停工 8 天的依据不足的主张,天津市高级人民法院认为,付万和在原审期间提交了沧州渤海新区昌盛工程服务有限公司出具的证明,该公司作为装载于涉案租赁船舶上的挖掘机的出租方,其证实了钱广法存在拒绝倒驳的行为,该证明作为该事实的初步证据,钱广法未能提供足以反驳的相反证据证明其未停工,因此,钱广法的该项上诉主张不能成立,天津市高级人民法院不予支持。钱广法提出原审法院认定付万和停工损失的依据不足的问题,天津市高级人民法院认为,付万和就上述损失均提交了相关合同以及其支付款项的票据,钱广法不能提供证据否定此组证据的真实性,其主张不能成立,天津市高级人民法院亦不应予以支持。在完成了第三航次的倒驳后,双方就是否继续履行合同不能达成一致,付万和将装载的挖掘机从涉案租赁船舶上卸下的行为,能否认定为与钱广法解除了合同?《中华人民共和国合同法》第96条规定,当事人一方主张解除合同的,应通知对方。但法律对通知的方式并没有作出规定,当涉案双方已经就是否继续履行合同不能达成一致时,付万和卸下挖掘机的行为就是将解除合同的意思传递给钱广法,钱广法任付万和将挖掘机卸下而不作拒绝表示,此后也未要求付万和继续履行合同,因此应当认定双方由此解除了合同。钱广法要求以其船舶离开港口的日期计算租金的主张,依据不足,天津市高级人民法院不予支持。此外,原审法院依据施工所需基本的用油量所确定的加油款数额,较为客观,天津市高级人民法院予以确认。至于钱广法主张压船石料款,因双方《船舶租用合同书》中对此没有约定,因此压船石料的款项纠纷与本案租船合同关系并非同一法律关系,当事人之间可以另行解决。

因钱广法提出反诉,原审法院就此与本诉进行了合并审理,经天津市高级人民法院核实,原审法院已经对反诉案件受理费进行了减半收取。综上,原审判决查明事实清楚,适用法律正确,依据《中华人民共和国民事诉讼法》第153条第1款第1项之规定,判决如下:

驳回上诉,维持原判。

⑩ 原告毛某某、应某某与被告浙江某海洋经济科技开发有限公司定期租船合同纠纷案
案例来源:宁波海事法院(2011)甬海法商初字第330号
主题词:定期租船合同　合同效力　实际履行

裁判要旨

No. CB-8.1-17　公司因项目部的行为在与工程建设有关的一般事项上对公司具有约束力,故他人有理由相信项目部有权代表公司签订租船协议,法院对项目部代表公司签署的租船协议的效力应当予以认定。

No. CB-8.1-18　租船协议对船舶怎样使用以及由谁来配置船员,并未作出明确的约定,但在协议约定的租赁期内,船舶承租人从未对该船的使用提出过任何异议,且承租人的其他船舶也加盖了船章予以证实,故承租人应支付实际承租期间的租金。

一、基本案情

原告:毛某某

原告:应某某

被告:浙江某海洋经济科技开发有限公司(以下简称:某公司)

原告毛某某、应某某起诉称:两原告系挂靠在台州市翔龙舟海运有限公司的"翔龙舟19"船的实际所有权人,被告某公司因其承建的温州市民营经济科技产业基地永兴南园吹填工程施工需要,其温州项目部于2009年8月28日与原告毛某某签订了1份船舶租赁协议书,约定两原告将"翔龙舟19"船租赁给被告,用来辅助被告所有的"天海工008"绞吸船排泥管拆除,租赁时间自2009年9月1日到2010年3月31日,共计7个月,每月租金13万元,共计91万元。合同签订后,因被告施工急需,在"翔龙舟19"船刚下水试航,相关船舶证书尚未办出前,由被告安排船员把该船从浙江合兴船舶修造厂开到温州龙湾区进行施工,"翔龙舟19"船在2009年10月17日将"天海工008"船从施工地拖到温岭市松门先锋船舶修造厂进行维修,自己又返回到施工地进行排泥管拆除,"天海工008"船于2010年5月8日离开温岭市松门先锋船舶修造厂时,"翔龙舟19"船又将其从厂里拖到深海区,后"天海工008"船被其他船拖往北方,因"翔龙舟19"船当初系为"天海工008"船而建,被告不续租后,两原告无奈之下已经将"翔龙舟19"船卖掉,损失惨重。但被告除在2009年9月12日向原告支付了10万元租金外,对剩余租金一直未予支付,故诉请法院判令被告立即支付剩余租金81万元(原诉请租金为91万元)及相应利息(按人民银行同期贷款利率自起诉之日起至实际支付日止)。

被告某公司答辩称:被告没有和原告签订过船舶租赁协议书,涉案船舶租赁协议书并未实际履行,原告的诉请没有事实和法律依据,请求法庭驳回原告的诉讼请求。

二、法院查明的事实

宁波海事法院认定了下列事实:2009年8月28日,被告的温州项目部与原告就"翔龙舟19"船租赁签订船舶租赁协议书1份,约定原告将"翔龙舟19"船租赁给被告,用来辅助被告的"天海工008"绞吸船排泥管拆除,租赁时间自2009年9月1日到2010年3月31日计7个月,每月租金13万元,共计91万元。合同签订后,被告项目部在2009年9月12日向原告支付了10万元租金,"天海工008"船于2010年5月8日离开温岭市松门先锋船舶修造厂时,在原租赁协议上确认了"翔龙舟19"船使用时间属实。

另查明,"翔龙舟19"船系两原告所造,建造完工日为2009年11月10日,其取得适航资格的时间为2009年12月5日。"天海工008"船为被告所有,其本身没有航行动力,于2009年10月由"翔龙舟19"船拖到温州市松门先锋船厂进行修理,至2010年5月8日离开。

三、法院裁判

宁波海事法院认为:原告与被告温州项目部签订了船舶租赁协议,故本案为定期

定期租船合同・合同效力・实际履行

租船合同欠款纠纷。根据双方当事人的诉辩意见,宁波海事法院对本案的争议焦点归纳并评析如下:

(一)原告与被告是否成立定期租船合同?

被告认为,其项目部并没有对外签订经济合同的资格,且"翔龙舟19"船建造完工日为2009年11月10日,取得适航资格的时间为2009年12月5日,两原告不可能在2009年9月1日向被告出租船舶,该租赁协议是不真实的。原告认为,涉案工程由被告温州项目部负责,该项目部签订的合同对外具有完全的效力,"翔龙舟19"船本身就为出租给被告而建造,双方对该船的使用及人员配备早有约定,因此在该船尚未取得适航证书时,被告就派人去造船厂取船,并开到温州工地,至于挂靠协议虽是船舶取得证书后才签订,但挂靠事项是早就约定好的。宁波海事法院认为:温州市民营经济科技产业基地永兴南园吹填工程为被告所承建,在与该工程建设有关的一般事项上,该项目部的行为对被告具有约束力,原告有理由相信其项目部有权代表被告签涉案租船协议,宁波海事法院认为,双方签订的船舶租赁协议系双方真实意思表示,合法有效,应予确认。

(二)涉案船舶租赁协议是否实际履行以及原告主张的租金是否合理

被告认为,"翔龙舟19"船取得适航证书的时间晚于起租日期,且"天海工008"船于2009年10月到温州市松门先锋船厂进行修理,至2010年5月8日离开,故涉案船舶租赁协议没有实际履行,且原告没有为"翔龙舟19"船配置船员,光船租赁的价格是不一样的,故原告主张的租金不合理。原告认为,船舶租赁协议实际约定就是原告把船交由被告使用,实际操作的船员也是被告"天海工008"船的船员,被告及"天海工008"船从来没为"翔龙舟19"船的使用提出过异议,"天海工008"船进厂修理后,其船员仍将"翔龙舟19"船开到温州工地进行排泥管拆除,2010年5月8日,"天海工008"船离开修理厂时,仍超期使用"翔龙舟19"船拖其出厂,退一步讲,即使"翔龙舟19"船没有完成合同约定的排泥管拆除业务,那也是被告自身的原因,与原告无关,原告仍有权取得约定的租金。

宁波海事法院认为,双方的租船协议对"翔龙舟19"船怎样使用以及由谁来配置船员并未作出明确约定,但在协议约定的租赁期内,被告从未对该船的使用提出过任何异议,相反,"天海工008"船还证明了协议约定的使用时间属实,盖有船章及有船员签名,虽然被告抗辩称是迫不得已,但该船及船员均处于被告管理下,被告却未提供任何证据来支持其抗辩,故宁波海事法院对此抗辩不予采信;被告提供了年终产值确认表及建设工程施工分包合同来证明其温州市民营经济科技产业基地永兴南园工程在2009年底已经结束,经宁波海事法院审查,合同拟定完工日期是2009年2月28日,本身就与产值确认表相矛盾,该两项证据根本不能证明被告在2009年末不需要租赁"翔龙舟19"船,也不能排除"翔龙舟19"船从事拆除排泥管及拖带无航行动力的"天海工008"船的可能,故宁波海事法院对该两项证据不予确认;对于被告抗辩称"天海工008"船于2009年10月至2010年5月间在松门海域进行维修,"翔龙舟19"船提供了拖带服务,双方之间履行的是另一个服务合同,租赁费应该与原先约定不同,该抗辩缺少事实与理由的支持,宁波海事法院亦不予采信。

综上,宁波海事法院认为,原告诉称有理,宁波海事法院应予以支持,依照《中华人民共和国合同法》第107条的规定,判决如下:

被告浙江某海洋经济科技开发有限公司于本判决生效之日起10日内支付原告毛某某、应某某船舶租金81万元及相应利息(按人民银行同期贷款利率,自起诉之日起至判决指定的支付日止)。

11 原告台山市南方船务有限公司与被告广州市环通建港工程有限公司定期租船合同纠纷案

案例来源:广州海事法院(2006)广海法初字第52号
主题词:定期租船合同　合同变更　租金支付

> **裁判要旨**
>
> **No. CB-8.1-19** 当事人协商一致,可以变更合同,在承租人未能举证证明已与出租人就合同变更达成一致意见,其单方面改变租金计算方法,不能构成合同变更,仍应按照原合同约定支付租金。

一、基本案情

原告:台山市南方船务有限公司
被告:广州市环通建港工程有限公司

原告诉称:2005年7月25日,原、被告双方签订《船舶租赁合同》,约定被告以月租金15万元的价格租用原告所属"粤广海货3138"船参与广东省汕尾电厂港池及航道挖掘工程。原告船舶于7月26日按照合同约定进入施工现场进行施工。因被告承担的施工项目生产作业出现不正常情况,原告口头申请并经被告验油后于10月18日晚撤离施工现场。被告拖欠原告9、10月份租金246 428.57元至今未付。请求判令被告支付原告租金246 428.57元,并承担本案诉讼费。

被告辩称:根据合同约定,只有在原告船机每天工作时间不少于20小时的情况下,被告才按合同约定向原告支付租金,低于20个小时就要扣租金。而实际上,原、被告也是按照不少于20小时工作时间的约定履行的,如7月、8月份计算租金时出现不足1天的情况。在8月份被告向包括原告在内的船家提出了以后按照具体的方量计算报酬,这样他们可以选择离开或继续留下来,原告选择留下来为被告工作,这时实际上原、被告已经变更了合同,应按照工程量计算租金。被告为原告垫付了少量费用,应予以扣除。请求驳回原告的诉讼请求。

二、法院查明的事实

被告广州市环通建港工程有限公司原名为广州市番禺区环通建港工程有限公司。2005年7月25日,被告以广州市番禺区环通建港工程有限公司的名义与原告签订了《船舶租赁合同》,约定:被告因承接广东省汕尾电厂港池及航道开挖工程的需要,租用原告所属泥驳船"粤广海货3138"进行施工,合同从进场日2005年7月26日起至2006年3月31日止,起租日以船舶抵达施工现场,经现场管理签字确定之日起计算。合同期满前1个月,原告续租或被告撤走,均需通知对方,任何一方不通知均属违约,应赔偿对方损失。月租金15万元,含船机调迁费、船员工资、伙食费、港务费、航道费、签证费等一切船舶费用,不含柴油费;船机每天工作时间不少于20小时;每月底付清上半月租金,下月中付清上月底租金;被告负责进行水上施工及安全技术交底,负责船机燃料费,负责办理港航、海洋局等部门手续和费用(不含港务费),经原告事前申请,被告安排原告对船舶进行维修保养;原告在租赁期间保证船舶具备有效证件,配备足够作业人员,确保船机每天安全运作不少于20小时;因违规作业而被港监、海警拖船罚款、停工等,所造成损失由原告自负;船舶港务费、签证等一切费用由原告负担;在不良天气情况下(其他施工船只也不能正常运作)及船舶每月维修期不超过3天时,不扣减租金;原告未经批准擅自退场,由被告扣除1个月租金;原告船舶不服从被告现场管理人员指挥并不能保证全天运作,被告未能按期支付租金超过15天,合同终止。

7月25日,原告所属"粤广海货3138"船进入施工现场进行港池和航道开挖工程。原、被告对7月、8月份的租金进行了结算,被告向原告支付了7月、8月份的租金,9月、10月份租金双方未能共同确认租金数额,被告未向原告支付。

以上事实,原、被告双方均无异议,法院予以确认。

关于船舶撤离施工现场的时间,原告提交了《内河船舶航行日志》和《量油凭证》,当时,经被告同意,原告于10月18日撤离。《内河船舶航行日志》第57页记载,被告的现场指挥员程文辉通知10月6日零时至10月19日停工,10月19日晚同意离港。《量油凭证》记载了开工前和10月18日"粤广海货3138"船油箱内的油量,温丹华和陈建兴签字确认。原告称被告员工计量并签名。被告称在《量油凭证》上签字的不是其员工。法院认为,合同约定由被告负责船机的燃料费,原告称被告计量了船舶的燃料后同意原告离开,与合同约定相吻合,且被告称《量油凭证》上签字的不是其员工,并无提交相应的证据证明,也无提交其他证据反驳,原告的主张应予采信,认定经被告同意后,原告于10月18日撤离施工现场。关于10月6日至10月18日停工的原因,原、被告双方在庭审中共同确认因工地发生的客观情况而停工。

关于被告欠付原告的租金数额,原告以《内河船舶航行日志》证明其履行合同的情况,并主张按照合同约定每月15万元计付租金。《内河船舶航行日志》记载了原告船舶在本案所涉的9月1日至10月5日的工作情况,对于未开工或开工不足20小时的情况,原告记载或因天气原因经工地指挥员同意停工,或因维修原因,但维修的天数合计未超过 3 天。被告以原告提交的《船舶租金计量表》为证,主张租金以实际开挖的方量计付。《船舶租金计量表》记载,原告的"粤广海工 0128"船、"粤广海货 3128"船、"粤广海货 3138"船 3 艘船舶 9 月份实际开挖 110 085 立方米,实付金额为 477 035 元,10 月份实际开挖 13 349 立方米,实付金额 57 846 元。原、被告双方均未在该表上签字盖章。原告称因不同意按实际开挖方量的计算方法计算租金,而未在被告制作后交给原告的《船舶租金计量表》上签字确认。

被告提供了 7 份证据,以证明为原告垫支了部分费用。原告认为被告这些证据均为复印件,不同意质证。法院认为,被告提供的这 7 份证据均为复印件,没有其他证据相印证、原告不予认可,对该 7 份证据的证据效力不予认定。被告没有提供有效证据证明其为原告垫支了部分费用。

三、法院裁判

法院认为,本案为一宗定期租船合同纠纷。合同为原、被告双方协商一致订立,合法有效,双方均应全面履行。

被告租用原告的船舶进行施工,应按照合同约定向原告支付租金。根据合同约定,被告租用船舶的租金为每月 15 万元。被告主张曾口头通知原告,租金按实际工作量计算而不再按时间计算,原告没有离开而是继续留下施工,已构成合同变更。但原告对此予以否认,且被告按实际工作量计算的《船舶租金计量表》并未得到双方当事人的签字确认。依照《中华人民共和国合同法》第 77 条的规定:"当事人协商一致,可以变更合同。"被告未能举证证明双方已经就合同变更达成一致意见,其单方面改变租金计算方法,不能构成合同变更。原告请求租金按合同约定计算,应予支持。对于船舶在 10 月 6 日至 18 日期间的停工,双方当事人确认由于工地的客观原因造成,因此船舶 10 月 6 日至 18 日停工非原告原因所致,租金应计算至原告撤场的 10 月 18 日。被告称合同约定船机每天工作时间不少于 20 小时,原告船机工作少于 20 个小时要扣租金。原告已提交证据证明其工作情况,对于工作时间少于 20 小时或停工的原因也有说明。依据合同约定,被告有现场管理人员安排并指挥原告施工,被告有能力也有义务举反证证明是否为原告原因导致工作时间少于 20 小时或停工,但被告并未就此举证。而且,合同中对于在船机每天工作少于 20 小时的情况下,是否应直接扣减原告的租金及如何扣减没有作出约定,被告也没有提出具体的扣减办法和计算依据,双方当事人也没有协商一致的处理意见,故被告此项抗辩主张没有事实依据,不予支持。据上,本案租金应按照合同约定足额计算,9 月份租金为 15 万元,10 月份租金为 9 万元,共计 24 万元,被告应支付原告。被告要求扣除代原告垫支的部分费用,但没有提供证据予以证明,其请求没有事实依据,不予支持。

综上,依照《中华人民共和国合同法》第 60 条第 1 款、《中华人民共和国民事诉讼法》第 64 条第 1 款的规定,判决如下:

被告广州市环通建港工程有限公司向原告台山市南方船务有限公司支付租金

24万元。

12 上诉人福州源洲航运有限公司与被上诉人南安市轮船有限公司定期租船合同纠纷案

案例来源:福建省高级人民法院(2010)闽民终字第581号

主题词:定期租船合同　法人人格混同　认定标准

> **裁判要旨**
>
> **No. CB-8.1-20**　法人人格混同的问题,应结合不同法人的组织机构、高管人员、经营业务以及财务管理等方面综合判定。公司组织机构、人员、经营业务范围以及财务混同,可认定法人人格混同。

一、基本案情

上诉人(原审被告):福州源洲航运有限公司(以下简称源洲公司)

被上诉人(原审原告):南安市轮船有限公司(以下简称南安公司)

原审被告:福建万达航运有限公司(以下简称万达公司)

原审被告:福州万洲船务有限公司(以下简称万洲公司)

厦门海事法院查明:2008年5月26日,南安公司与万达公司签订《"成功75"轮期租船合同》(以下简称期租船合同),约定南安公司将其所属的"成功75"轮期租给万洲公司,租期3+3个月,起租时间为2008年6月11日+/-24小时;租金为190万元(人民币,下同)整/自然月,租金每月支付两期,待船舶起租月每月5—10日支付第一期的租金,每月15—20日支付第二期租金,每期付95万元整;航行区域为国内沿海;载运货物为集装箱、合法货物(但不包括危险物品);交船地点和还船地点都是泉州港。

2008年7月9日,南安公司将"成功75"轮交接给万洲公司从事经营。2008年10月9日,前述3个月的租期到后,万洲公司要求降低租金,因此2008年10月16日,南安公司与万达公司签订了《"成功75"轮期租船合同》,内容与上一份期租船合同基本相同,但租金调整为每月120万元整,起租时间为2008年10月9日。两份合同中租船人的签字代表都为魏佩琦。2008年10月14日,万达公司与万洲公司共同致函南安公司,确认"成功75"轮至2008年10月8日合同期满时合计未结算租金为3 521 333元、9月份签证费为5 536元。2008年10月30日,南安公司向万洲公司发函,要求退租,并要求万洲公司拟定尚欠租金的还款计划。万洲公司回函同意退租,并承诺在2008年11、12月和2009年1月3个月内将所有费用等额分为3期支付给南安公司。2009年7月3日,万达公司向南安公司确认截止该时间,尚欠"成功75"轮的租金2 729 068元(不包括利息)。

案涉租金中已支付的款项,系源洲公司通过其在交通银行福州五一支行开立的银行账户支付。2009年7月6日,源洲公司还通过上述账户支付给南安公司15万元,南安公司确认其中5万元系归还"成功75"轮的租金。南安公司为收取案涉租金,向源洲公司开具了货物运输业统一发票。

万达公司的工商登记资料记载,该公司成立于2006年2月7日,注册资本1000万元,注册的办公地址为马尾区快安村,董事长兼总经理在2007年10月26日变更前一直为高銮,变更后为曾原华;2006年12月13日后,高銮成为该公司股东,出资510万元。2007年10月26日,该公司股东变更为曾原华、翁祖和、高国太、高聚4人,高銮退出,同时董事长兼总经理也变更为由曾原华担任。2009年2月18日,该公司注册的办公地址变更为鼓楼区东大路92号华源大厦4层01、02室,2009年5月20日,又变更为现址。经营范围为国内货物运输代理、国内水路运输船舶代理业务、国内水路运输货物代理业务,国际、国内集装箱租赁、船舶租赁。

万洲公司的工商登记资料记载,该公司成立于2005年12月16日,注册资本50万元,注册的办公地址为鼓楼区五四路89号置地广场11层02房,董事长兼总经理在2007年10月29日变更前一直为高銮,变更后为曾原华;2006年12月26日后,高銮成为该公司股东,出资25.5万元。2007年10月29日,该公司股东变更为曾原华、翁祖和、高国太、高聚4人,高銮退出,同时董事长兼总经理也变更为由曾原华担任。2009年5月19日,该公司的注册办公地址变更为现址。经营范围为国内货物运输代理、国内水路运输船舶代理业务、集装箱租赁。

源洲公司的工商登记资料记载,该公司成立于2004年10月29日,注册资本505万元,注册的办公地址为现址。2007年11月2日,高銮成为该公司股东,出资454.5万元;高国太也成为该公司的股东,出资50.5万元。2009年5月14日,该公司的股东情况变更为目前的高銮出资151.5万元,高聚出资50.5万元,厦门源洲物流股份有限公司出资303万元。2009年6月5日,该公司的名称从福州中大航运有限公司变更为现名。经营范围为船舶维修技术咨询、国内沿海及长江中下游普通货船运输。

2008年8月3日,xinchangtai@163.com的电子邮箱收到winner0595@163.com发来的通讯录一份,该通讯录的标题记载为万达公司、万洲公司,具体内容有:总机38116111,地址福州市鼓楼区东大路92号华源大厦4楼。总经理高銮,常务副总经理郭剑荣。财务部共有经理涂晓丽等11名员工。班轮部分管领导郭剑荣,班轮部经理魏佩琦,班轮部主管陈虹斌的电子邮箱为haze841003@hotmail.com,班轮部传真为38703521。泉州办的经理为曾原华,共同的电子邮箱为winner0595@163.com。高聚为营口办、天津分公司、万骏贸易公司、连云港办的经理。中大航运公司的员工为经理陈琳等5人,未有财务职能的员工,传真为38703522。

2008年12月15日出版的12月号的《海西物流》杂志第36、37页记载了该刊首席记者张新忠对万达企业总裁高銮的专访,并记载万达企业现有下属企业万洲公司、万达公司、福州中大航运有限公司等。该刊还刊发了万洲公司各地办事处的地址和联系电话,其多数情况与前述通讯录记载的情况吻合。

二、一审裁判

厦门海事法院认为，本案为定期租船合同纠纷，合同双方主体适格、意思表示真实、内容合法，合同已经成立并生效，合同双方均应依照合同约定行使权利和履行义务。各方当事人争议的焦点在于本案所涉及的两个租船合同是否可以合并审理；万达公司与万洲公司的付款条件是否成就；以及万达公司、万洲公司与源洲公司是否应当连带偿还所欠南安公司的租金等。

（一）关于两个租船合同是否可以在本案中合并审理的问题

厦门海事法院认为，案涉两个租船合同是否可以合并审理，应考虑是否存在阻碍合并审理的因素，以及不合并审理是否会影响查清事实、确定责任。就阻碍因素而言，两个合同的签订时间、签订的主体虽然不同，但从合同的具体内容看，除每月租金有区别外，其他都相同（包括租用的具体船舶等）；从两个合同的延续性看，2008年10月16日所签的合同确认起租时间为10月9日，正好是上一合同租期届满时，结合两个合同的具体内容，可以认定后一合同实质是前一合同的延续；从支付租金的责任主体看，虽然签订两个合同时的主体不同，但在合同履行过程中，两个主体共同确认在两个合同中所欠南安公司的租金，使得两个合同的租金支付责任主体都是万达公司、万洲公司，因此两个合同签订主体的不同，并不会导致租金支付责任主体产生不同。故阻碍因素已不存在。就不合并审理是否会影响查清事实、确定责任而言，万达公司、万洲公司在通过源洲公司支付租金给南安公司的过程中，未明确偿还哪个合同项下的租金；并且在共同确认所欠两个合同项下总的租金函中，也未区分每个合同项下所欠的租金，因此如不合并审理，必然会影响查清事实，确定责任。从前述可知，案涉两个租船合同可以并且应当合并审理。

（二）万达公司与万洲公司的付款条件是否成就的问题

厦门海事法院认为，案涉合同中，对付款和开票的先后顺序没有约定，出租人是否开具了发票给承租人，并不构成承租人可以拒付租金的先履行抗辩权。况且，实践中多数的情况是先付款后给发票。因此万达公司、万洲公司认为南安公司未开具相应的发票，付款条件未成就的主张，没有事实与法律依据。

（三）三被告是否应当连带偿还所欠南安公司租金的问题

厦门海事法院认为，几个公司之间法人人格是否混同的标准，应从组织机构是否混同，经营业务是否混同，企业财产是否混同等几方面进行综合判断。从三被告的组织机构看，虽然三被告名义上是独立的法人，但在案涉业务发生时，三个公司的总经理实际为高銮，结合曾原华、高聚实际只是公司的一个部门经理，曾原华代替高銮成为名义上万达公司、万洲公司的控股股东，以及高銮在公开的媒体《海西物流》杂志上表明其是三被告的"老板"的情况，可以认定三被告的实际控制人为高銮。三被告的高层管理人员以及财务人员相同，因此足以认定三被告的组织机构混同。从三被告的经营业务看，三被告在工商部门登记的经营范围都属于国内货物运输的范畴；在实际经营中，三被告实际从事的是相同的业务,这在案涉租船合同的履行中得到了体现,比如两个连续的租船合同分别为万达公司、万洲公司签订,并且万达公司、万洲公司共同确认所欠的租金数额,源洲公司也负责收取经营产生的业务收入,并支付租金给南安公司,因此三被告的经营业务混同。从三被告的财产是否混同看,三被告的实际控制人以及财务人员相同,案涉租船合同产生的收益和债务可以在三被告之间随意转化,且三被告没有提供反证来证明三被告在财务上存在独立,因此可以认定三被告的财产混同。通过上述的判断,足以认定三被告作为关联企业,其企业的法人人格混同,三被告应当共同对所欠南安公司的租金承担连带支付责任。

综上所述,三被告应将截至 2009 年 7 月 6 日,仍拖欠南安公司"成功 75"轮的租金 2 679 068 元,连带支付给南安公司,并连带支付该款自 2009 年 7 月 3 日起至生效判决确定的支付之日止,按中国人民银行同期贷款基准利率计算的利息。依照《中华人民共和国海商法》第 141 条、《中华人民共和国民法通则》第 37 条的规定,厦门海事法院判决如下:

一、福建万达航运有限公司、福州万洲船务有限公司、福州源洲航运有限公司连带支付尚欠南安市轮船有限公司的租金 2 679 068 元,及该款自 2009 年 7 月 3 日起至生效判决确定的支付之日止,按中国人民银行同期贷款基准利率计算的利息;

二、驳回南安市轮船有限公司的其他诉讼请求。

如果未按判决指定的期间履行给付金钱义务,福建万达航运有限公司、福州万洲船务有限公司、福州源洲航运有限公司应当依照《中华人民共和国民事诉讼法》第 229 条之规定,加倍支付迟延履行期间的债务利息。一审案件受理费 28 633 元,南安市轮船有限公司负担 525 元,福建万达航运有限公司、福州万洲船务有限公司、福州源洲航运有限公司连带负担 28 108 元;诉讼保全费 5 000 元,由福建万达航运有限公司、福州万洲船务有限公司、福州源洲航运有限公司连带负担。

三、上诉与答辩

一审宣判后,源洲公司不服,向福建省高级人民法院提起上诉称:(1) 原判认定事实错误。厦门海事法院认定三公司的实际控制人为高銮、组织机构混同,缺乏事实依据,源洲公司与万达公司、万洲公司的出资人完全不同、组织机构完全独立,三公司的股东、管理人员及经营场所均不同,因此三公司之间没有关联,是完全独立的民事主体。三公司工商登记的经营范围相同或重合,并不能成为判定经营业务混同的理由和依据,厦门海事法院认定三公司经营业务混同的主要证据系一份没有原件且缺乏关联性的证据。源洲公司与万达公司、万洲公司的实际控制人及财务人员完全不同,上诉人仅仅是接受万达公司的委托,代为垫付万达公司应支付的部分租金,万达公司至今还欠上诉人高额垫付款。(2) 原判适用法律错误。根据法律的规定和民法理论,承担连带责任须有当事人约定或法律的规定,但本案中上诉人与南安公司之间既不存在合同关系,厦门海事法院也没有阐明上诉人承担连带责任的法律依据。综上,上诉人请求依法撤销原判,改判驳回南安公司针对上诉人的全部诉讼请求或发回重审。

被上诉人南安公司答辩称:厦门海事法院认定上诉人与万洲公司、万达公司组织机构混同、经营业务混同以及财产混同,系认定事实清楚、法律适用准确,三公司应承担连带清偿责任。据此,南安公司请求依法驳回上诉,维持原判。

被告万达公司、万洲公司共同答辩称:(1)厦门海事法院程序上存在严重问题,仅针对两份合同是否可以合并审理进行审查,未对万洲公司与万达公司是否同为合同当事人进行审查,判决已经超出原告的诉讼请求;本案有两份租船合同,诉讼主体和标的不同,不属于可以合并审理的范围,厦门海事法院合并审理的依据不能成立。(2)厦门海事法院认定事实与适用法律错误,三个公司之间主体不同,不属于法人人格混同。(3)南安公司存在拒开发票与偷漏税的嫌疑,应当移送有关部门进行审查。据此,万达公司与万洲公司请求将本案发回重审。

二审期间,各方当事人均无新证据提交。厦门海事法院查明的事实基本属实,福建省高级人民法院依法予以确认。

四、二审裁判

福建省高级人民法院认为,本案为定期租船合同纠纷,二审的争议焦点集中在上诉人源洲公司是否应就万达公司与万洲公司结欠南安公司的租金承担连带责任的问题。法人人格混同的问题,确应结合不同法人的组织机构、高管人员、经营业务以及财务管理等方面综合予以判定。其中,公司组织机构、人员与经营业务范围的混同,可能直接导致各法人缺乏独立意志与法人人格而共同受到某一个人或法人的操控,这是法人人格混同出现的前提条件;而财务混同以致实际控制人通过操纵各公司人员从而控制资金流向,进而呈现部分法人逃避约定或法定义务的道德风险,则是法人人格混同后必然导致的结果,也是实际控制人所追求的最终目的。

及至本案,厦门海事法院已经举证证明在标题为万达公司、万洲公司的通讯录中,源洲公司的前身即福州中大航运有限公司,除下设经理、船长及科员外,并无自身的财务人员,且与万达公司、万洲公司的行政部、财务部、商务部、市场管理部等职能部门并列体现,而源洲公司迟至二审阶段仍未能举证证明其具有独立的财务管理部门或专门的财会工作人员,应视为缺失了最为简单的自证能力。与此相反,源洲公司却能在案涉业务中持续为万达公司与万洲公司代付高额租金,这已证实其对于公司的资金流动丧失了必要的监管。如源洲公司确系为他人代垫款项,应在代为付款后即主动与万达公司、万洲公司确认代垫款项并平账,亦可在本案中举证证明其与万达公司、万洲公司之间就上述租金存在债权债务关系,但源洲公司对此也未尽到相应的举证责任。以上充分表明,案涉租船业务发生期间,源洲公司在财务管理上已陷入非正常状态,其与万达公司、万洲公司之间人格混同的最终结果也即主要判断依据已然显现。至于公司组织机构与经营业务的混同问题,如三公司之间确无关联,则不可能出现源洲公司代垫高额费用却无法体现各自法人独立的财务结算凭据的情况。南安公司在厦门海事法院中关于三公司之间组织机构与经营业务混同的举证虽非充分证据,但已能初步体现三公司在人员结构上曾互有交叉、更迭频繁,经营业务也基本相近,因此厦门海事法院关于源洲公司、万达公司与万洲公司之间存在法人人格混同的认定并无不当,福建省高级人民法院对此亦予确认。在此情形下,源洲公司应就万达公司、万洲公司拖欠南安公司的船舶租金承担连带责任。但应予说明的是,上述三公司之间的法人人格混同仅适用于具体个案,其效力不得扩张适用于案外其他债权人。

综上,厦门海事法院认定事实清楚,适用法律正确,依法应予维持。依照《中华人民共和国民事诉讼法》第 153 条第 1 款第 1 项之规定,判决如下:

驳回上诉,维持原判。

13. 原告郭能广与被告佛山市顺德区晋宏贸易有限公司与疏浚工程有关的船舶租金支付纠纷案

案例来源:广州海事法院(2009)广海法初字第 341 号
主题词:定期租船合同　船舶挂靠　租金收取

裁判要旨

No. CB-8.1-21　船舶的挂靠公司以自己的名义与他人签订船舶租用合同,但并非船舶所有人,也未实际从事疏浚作业,只是接受实际船舶所有人的委托,以自己的名义对外办理签订合同事宜,实际船舶所有人从事疏浚作业,故实际船舶所有人有权收取船舶租金,挂靠公司应将收取的租金交付给实际船舶所有人。

一、基本案情

原告:郭能广

被告:佛山市顺德区晋宏贸易有限公司

原告诉称:原告所属"粤新会工 1006"船挂靠被告,被告以自己的名义与中交四航局第二工程公司于 2006 年 8 月 11 日签订《船舶租用合同》,约定由原告所有的"粤新会工 1006"船承接汕尾发电厂一期码头工程的清淤工程。该合同对租赁时间、租赁费用及租金的给付等都作出了明确的约定。原告依照约定为承租单位从事了清淤工作,长达 5 个月又 22 天,原告付出劳务理应获得合同约定的租金报酬。承租单位已将租金 168.5 万元汇给被告,但被告仅于 2007 年 2 月 9 日向原告付款 90 万元,后又陆续付了约 40 万元,余款 38.5 万元至今未付。请求法院判令被告支付"粤新会工 1006"船船舶租金 38.5 万元,并由被告承担本案的诉讼费用。

被告辩称:原、被告之间没有挂靠关系,被告收取的船舶租金无须支付给原告,被告也从未向原告支付过任何船舶租金。原告所称其已经收取的 130 万元属于梁艺勇、霍惠珍还给原告的借款,与被告无关,被告从未委托梁艺勇、霍惠珍向原告支付租金或工程款。请求法院驳回原告的诉讼请求。

二、法院查明的事实

广州海事法院经审理查明并确认了如下法律事实：

2006年8月11日，被告与中交四航局第二工程公司签订《船舶租用合同》，约定将"粤新会工1006"船租给中交四航局第二工程公司配合汕尾发电厂一期码头工程的清淤工作，租金每月33万元，不足一个月按每天11 000元乘以有效作业天数计算。工程完工后，双方进行了结算。中交四航局第二工程有限公司汕尾发电厂一期码头工程项目经理部出具的《机械（船舶）租赁结算书》确认"粤新会工1006"船的租金为1 912 500元，被告在该结算书的出租单位处盖章，郭能高在出租单位负责人处签名。中交四航局第二工程有限公司于2010年1月15日出具的《付款证明》载明，该公司于2007年2月5日向被告支付"粤新会工1006"船租金168.5万元。

"粤新会工1006"船的船舶所有权证书登记该船为工程船，船舶所有人为原告，原告取得所有权的日期为2004年4月5日。江门海事局出具的证明证实，该船于2009年8月28日注销船舶所有权。

被告的股东为法定代表人黎国谦和梁艺勇，两股东各占50%的股份。

关于被告是否收取了原告支付的挂靠费，双方存在争议。原告提供便条一份，以证明被告收取了挂靠费。该便条载明："顺德佬：3 000、勇仔：5 000、财务：1 000。"原告称，该便条是挂靠费的收据；顺德佬是指被告的股东及法定代表人黎国谦，勇仔是指股东梁艺勇，财务是指霍惠珍，数字是各人收取的挂靠费。被告认为，该便条不能证明原告主张的事实。本审判员认为，虽然该便条记载的内容不能直接证明原告所属的"粤新会工1006"船挂靠被告，但能够与被告出面与中交四航局第二工程公司签订"粤新会工1006"船《船舶租用合同》的事实相互印证，因此，应认定被告收取了挂靠费9 000元、原告所属"粤新会工1006"船挂靠被告的事实。

关于被告是否向原告支付船舶租金，双方存在争议。原告主张被告已经支付了约130万元的船舶租金，其中包括被告股东梁艺勇于2007年2月7日向郭能高的女儿郭华喜汇款90万元，以及梁艺勇母亲霍惠珍向郭能高汇款8万元。被告主张其没有支付过任何船舶租金，梁艺勇向郭能高的女儿郭华喜支付的90万元以及霍惠珍向郭能高支付的8万元系履行其他债权债务。本审判员认为，被告主张梁艺勇及霍惠珍因其他债务向原告支付98万元的问题，不属于本案审理范围。

三、法院裁判

本案是一宗与疏浚工程有关的船舶租金支付纠纷。根据本案查明的事实，被告接受原告所属"粤新会工1006"船的挂靠，以自己的名义与中交四航局第二工程公司签订了《船舶租用合同》，但原告为履行该合同约定的疏浚工程作业义务，将其所属的"粤新会工1006"船出租给中交四航局第二工程公司，并实际从事疏浚作业，因此，原告有权收取船舶租金。被告不是"粤新会工1006"船的所有人,也未实际从事疏浚作业,只是接受原告的委托以自己的名义对外办理签订合同事宜。我国《合同法》第404条规定:"受托人处理委托事务取得的财产,应当转交给委托人。"因此,被告应将中交四航局第二工程公司支付的船舶租金168.5万元付给原告,原告请求被告支付船舶租金38.5万元,应予支持。况且,不论原告主张被告已支付船舶租金130万元,或是被告主张梁艺勇及霍惠珍向原告支付的98万元属于履行个人还款义务,与被告收取中交四航局第二工程公司支付的船舶租金168.5万元相比,其差额均不少于原告请求的船舶租金38.5万元,因此,不影响原告向被告请求船舶租金38.5万元的权利。

综上,依照《中华人民共和国合同法》的第404条规定,判决如下:
被告佛山市顺德区晋宏贸易有限公司支付原告郭能广船舶租金38.5万元。

14 原告吉利轮船有限公司与被告北京华夏企业货运有限公司船舶租赁合同纠纷案
案例来源:天津海事法院(2003)津海法商初字第471号
主题词:定期租船合同　船舶状况　合同解除　损失计算

裁判要旨

No. CB-8.1-22　在定期租船合同项下,当事人没有关于航速不够承租人可以解除合同提前还船的特别约定,有关法律也没有赋予承租人以此解除合同提前还船的权利,承租人没有提供足够的证据证明船舶在其租用期间的航速达不到约定的航速,即使航速低于合同约定的速度,也只能要求赔偿损失。故承租人提前还船构成违约,应当承担违约责任。

No. CB-8.1-23　在定期租船合同项下,承租人提前还船,出租人可以索赔的项目包括:自提前还船时起至出租人将船舶交付给新的租船人止的租金和燃油损失、船舶租给新租家的租金差额损失、船舶自还船地点至新租船合同约定的交船地点的引航费和燃料舱检验费、提早还船期间的利润损失。承租人提前还船,并不必然导致出租人向其上家提前还船,出租人无证据证明其已实际向其上家赔偿损失,且该损失与承租人的违约没有因果关系,法院不予支持。

一、基本案情

原告:吉利轮船有限公司(以下简称吉利公司)
被告:北京华夏企业货运有限公司(以下简称华夏公司)
原告吉利公司(住所地新加坡)诉称,2001年2月21日,原告(通过青岛中远公司,以下简称青岛中远)与被告(通过克拉克森亚洲有限公司,以下简称克拉克森)达成了定期租船协议,原告将巴拿马籍轮船"k幸福"号(以下简称幸福轮)租给被告。而后,被告在鹿特丹将幸福轮交还给原告,比合同约定的最早还船日期提前了119天。原告认为,首先,原告和被告建立了定期租船合同关系;其次,被告提前还船是一种严重违约行为,给原告造成了经济损失。因此原告诉请法院判令被告赔偿原告经济损失628 496.37 美元及利息。

被告华夏公司辩称:(1) 原告不具备诉讼主体资格。在被告的经纪人电传的合同文本中没有承租人和船东的记载,所以不能肯定船东的真实身份;(2) 定期租船合同项下的"幸福轮"的船速未达到合同约定,所以构成违约,这一事实导致被告提前解除合同。在 WNA 的测算报告显示,由于航速原因导致被告租金、燃油损失都应该由原告承担;(3) 原告主张 2001 年 10 月 13 日原告将幸福轮转租给韩国公司的证据应该予以提交,原告应该证明该租船合同实际得到了履行。原告主张从鹿特丹到拉脱维亚的航行费用等证据,应予以公证认证。原告主张的向青岛远洋提前还船的这一事实,应该予以证明,青岛中远向原告索赔的证据应该提交,即使原告向青岛中远赔偿,也是另一个合同关系,不应该由华夏公司承担。

二、法院查明的事实

天津海事法院查明:2001 年 1 月 25 日,作为承租人的原告和作为出租人的青岛中远签订定期租船协议,由青岛中远将巴拿马籍轮船幸福轮租给原告,租期为大约 23—25 个月,承租人有权选择加减 15 天,租金 9 900 美元/天,协议注明"其他取决于船东背对背租船合同(OTHERWISE AS OWNERS BTB CP)"。在此之前,青岛中远与韩国 VADEL S. A. 签订了定期租船协议,VADEL S. A. 将幸福轮租给青岛中远。

2001 年 2 月 15 日,克拉克森亚洲有限公司(CLARKSON ASIA LTD.)作为被告华夏公司的经纪人,与张雷洽谈关于幸福轮的租船事项并达成定期租船协议,张雷代表原告吉利公司。协议约定被告华夏公司作为租船人承租幸福轮,租期 11—13 个月,租金 10 540 美元/天,协议注明协议成立取决于"船东背靠背租船合同的审查"(SUBJECT TO "REVIEW OWNERS BTB C/P")以及取决于承租人"于 2001 年 2 月 16 日 19 时之内的再次确认"(SUBJECT TO CHARTERERS RE-CONFIRMATION W/I 1900 HAS ON 16 FEB 2001)"。之后,克拉克森于 2001 年 2 月 16 日给张雷发函确认租船人取消"待租船人再次确认"的条件,2001 年 2 月 21 日,克拉克森再次发函确认租船人同意全部合同细节只作逻辑性修改,申明其已完成订约。格林威治时间 2001 年 3 月 6 日 13:30,原告按协议约定向被告交付了幸福轮。从 2001 年 3 月至 2002 年 1 月间,被告陆续支付了租金共计 2 494 804.94 美元,其中部分租金直接支付给青岛中远。2001 年 9 月 21 日,被告发传真给克拉克森质疑原告的船东身份,并称幸福轮 2001 年 9 月 11 日记录的最低船速没达到租船合同中规定的水平,原告对租船合同构成根本违约,要求 10 月 7—10 日在鹿特丹港提前还船。克拉克森也在同一天发传真给原告和被告,确认和证实了 2001 年 2 月 21 日原告作为船东与被告达成了租船合同。华夏公司委托测算机构 WNI 公司对幸福轮的航速进行测算,该公司经对幸福轮自 2001 年 8 月 14 日 17:30 时至 2001 年 10 月 2 日 18:25 时期间的航速测算结论为航速损失时间为 36.9 小时。

格林威治时间 2001 年 10 月 10 日 08：30 时，被告在鹿特丹将幸福轮交还给原告。2001 年 10 月 8 日，原告与韩国 JOONGANG 轮船公司在北京签订了定期租船合同，将幸福轮租给 VADEL S. A. 公司，租期 50 天，租金 7 400 美元/天。实际租船时间是从格林威治时间 2001 年 10 月 13 日到 2001 年 12 月 14 日。交船地点拉脱维亚 VENTSPILS，还船地点上海。格林威治时间 2001 年 12 月 14 日 19：05 时，原告向青岛中远还船。2002 年 6 月 14 日，青岛中远以提前还船所受损失向原告索赔 353 646.96 美元，2002 年 8 月 23 日，原告和青岛中远达成关于提前还船赔偿问题的备忘录，双方协议因幸福轮实际航速未达到约定航速造成原告损失 16 205.25 美元，应从索赔额中扣除，原告应向青岛中远赔偿 337 441.71 美元，此款中的 30 万美元从青岛中远应付吉利公司的账款中冲销。

另查明，2001 年 10 月 12 日，吉利公司通过中国银行新加坡分行给新加坡 PENTA 海运集团汇付幸福轮从鹿特丹到拉脱维亚 VENTSPILS 的引航费 2 200 美元。2001 年 10 月 15 日，拉脱维亚船舶检验机构 INSPECTORATE LATVIA LTD. 出具了关于燃料舱检验费的发票，其金额为 250 美元。幸福轮每日海上航行耗油约 33 吨，双方租船合同约定交还船时重油 150 美元/吨，轻油 210 美元/吨，原告和韩国 JOONGANG 公司订立的租船合同燃料价格为重油 140 美元/吨。

三、法院裁判

天津海事法院认为，原、被告之间通过经纪公司订立的定期租船合同已经过双方的确认，且原告向被告实际交付了幸福轮，被告也将实际租用期间的部分租金支付给了原告，提前交船也是由被告直接交还原告。原、被告之间的定期租船合同依法成立，原、被告之间具有关于幸福轮租赁的定期租船合同关系。依照合同约定，被告提前还船没有法定或者约定的事由，构成违约。被告并没有提供足够的证据证明幸福轮在其租用期间的航速达不到约定的航速，况且，即使航速低于合同约定的速度，被告也只能要求赔偿损失，双方合同中没有关于航速不够被告可以解除合同提前还船的特别约定，有关法律也没有赋予被告在此种情况下享有解除合同提前还船的权利。

关于原告的损失，可列入赔偿范围的有：(1) 被告提前还船时起到原告将船交付给新的租船人为止原告的租金和燃油损失；(2) 原告将幸福轮租给 JOONGANG 的租金差额损失；(3) 被告还船后幸福轮从鹿特丹到拉脱维亚 VENTSPILS 的引航费 2 200 美元；(4) 燃料舱检验费 250 美元；(5) 提早还船日原告的利润损失，640 美元/日，计算 53.77 天，为 34 412.80 美元。原告和青岛中远的租期为 23 到 25 个月，和被告的租期为 11 到 13 个月，被告提前 119 天给原告还船并不必然导致原告给青岛中远提前还船，对于原告提前还船给青岛中远产生的自身损失原告无权向被告华夏公司追偿，况且原告提交的证据也不能足以证明其协议赔款额 337 441.71 美元已经支付，此损失和被告的违约行为之间没有因果关系，故天津海事法院对原告的此项主张不予支持。

综上，判决如下：

一、被告华夏公司赔付原告吉利公司提前还船产生的损失 274 918.6 美元,并支付该款自 2002 年 2 月 6 日起至本判决确定的给付之日内实际给付之日止按照中国人民银行同期存款利率计算的利息。被告应自本判决生效之日起 10 日内将上述款项给付原告,逾期给付,按《中华人民共和国民事诉讼法》第 232 条的规定执行。

二、驳回原告的其他诉讼请求。

15 原告广东省石龙港务局诉被告东宝船务有限公司定期租船合同纠纷案

案例来源:广州海事法院(2002)广海法初字第 454 号

主题词:定期租船合同　租赁期满　继续履行

裁判要旨

No. CB-8.1-24　定期租船合同约定的租赁期间届满后,承租人继续使用租赁物,出租人没有提出异议的,原租赁合同继续有效,但租赁期限为不定期。有关租金及滞纳金的计算标准应依原合同的约定,但租赁期限为不定期。在不定期租赁期间,出租人有随时撤回船舶的权利,承租人亦有随时交还船舶的权利。

一、基本案情

原告:广东省石龙港务局

被告:东宝船务有限公司

原告广东省石龙港务局诉称:1999 年 3 月 31 日,原告下属广东省石龙港务管理局港澳船务公司(以下简称港澳公司)与被告签订租船协议,约定被告租用原告所属"石港 263"轮进行内河运输。2002 年 2 月,原告接到被告确认的对账表,经核对,被告从 2000 年 8 月至 2001 年 4 月共欠付租金港币 512 245 元,扣除被告代付的港口费、燃油费等,被告实际拖欠租金港币 238 496 元。虽经原告多次催讨,但被告至今仍拒绝支付。2002 年 11 月 13 日,被告来函通知原告单方终止租船协议。根据租船协议的约定,被告应向原告支付逾期付款滞纳金及 1 个月的租金,以补偿原告的经济损失。为维护原告的合法权益,请求判令被告偿付拖欠的租金港币 238 496 元及每日万分之三的滞纳金,并支付 1 个月的租金港币 64 000 元。

被告东宝船务有限公司辩称:对原告请求的租金港币 238 496 元没有争议。《租船协议》规定该协议有效期至 1999 年 9 月 30 日止,现《租船协议》已过有效期限,不具有约束力。双方的权利义务应按《补充协议》确定,而《补充协议》并没有约定违约条款。原告依据《租船协议》中有关违约条款请求滞纳金及 1 个月的船舶租金,理由不成立,请求予以驳回。

二、法院查明的事实

广州海事法院经审理查明并确认了如下法律事实:"石港 263"轮为钢质集装箱船,

总长47.3米,型宽10.3米,型深3米,总吨位584吨,净吨位327吨,主机功率588KW,原告为该轮船舶所有人,由原告授权港澳公司经营管理。

1999年3月31日,港澳公司(乙方)与被告(甲方)签订《租船协议》。协议约定:甲方租用乙方的"石港263"轮,月租金港币98000元;甲方于每月5日前向乙方结算上月租金,汇入乙方指定的开户银行;甲方延误付款日期超过10日,应按每日5‰计付滞纳金;在履行租船协议期间,若甲、乙任何一方终止本协议,必须提前1个月书面知会对方,一方突然终止协议,应支付1个月的租金补偿对方的损失;协议有效期从1999年3月31日起至1999年9月30日止,期满双方如无异议,将自动延长1年,如有异议,另行商议。协议签订后,港澳公司将"石港263"轮交予被告使用。

2000年9月12日,港澳公司与被告签订《补充协议》。补充协议约定:"石港263"轮租金调整为每月港币88000元(包括劳务费);延长租用期从2000年10月1日起至2001年9月30日止。

2002年11月19日,被告给港澳公司代表陆伟泉传真一份终止租赁函,称:我司租赁的"石港263"轮,因业务转变需要,决定终止租赁,从2002年11月13日起生效。同日,原告给被告传真"石港263"轮应付船租计算表,载明:(1)被告拖欠租金(港币):2000年8月31226元、10月4258元、11月88000元、12月68129元;2001年1月63871元、2月88000元、3月85161元、4月83600元。合计港币512245元。(2)被告代付款项(港币):2001年6月38898元、7月40762元、8月62655.25元、9月66792.75元、10月41374.95元、11月11792元、12月1474元;2002年1月10000元。合计港币273748.95元。两项相抵,被告应付租金共计港币238496.05元。被告在该计算表上盖章并签字确认:"已收到'石港263'轮交来的对账单,待对账后再通知。"

另查明:港澳公司是原告的下属公司,不具备法人资格。该司于1993年2月12日由原告(原名广东省石龙港务管理局)设立,于2001年6月15日因原告机构转制,被广东省航运集团有限公司批准予以撤销。

三、法院裁判

本案为定期租船合同纠纷。双方当事人在庭审中均选择适用中华人民共和国法律,符合《中华人民共和国海商法》第269的规定,因此,本案应适用中华人民共和国法律处理实体争议。

原告是"石港263"轮的船舶所有人,原告授权其下属港澳公司经营管理"石港263"轮,港澳公司与被告签订的《租船协议》和《补充协议》合法有效,对原、被告双方均有约束力。原告依约将"石港263"轮交予被告使用,履行了出租人的义务,有权请求被告支付租金。被告租用该轮,没有按期付清租金,应承担逾期付款的违约责任。《租船协议》经顺延后,有效期至2000年9月30日止,双方在《租船协议》有效期届满前,于2000年9月12日签订的《补充协议》是《租船协议》的组成部分。《补充协议》约定延长"石港263"轮租用期至2001年9月30日止,属于《租船协议》的补充条款,应视为双方同意《租船协议》有效期延长至 2001 年 9 月 30 日止。被告拖欠的租金是在《租船协议》有效期内发生的，被告应按《租船协议》的约定向原告偿付租金港币 238 496.05 元及每日 5‰ 的滞纳金。原告请求租金港币 238 496 元及每日万分之三的滞纳金，低于《租船协议》约定的标准，是原告依法处分自己的民事权利，符合法律规定，应予支持。经核实，滞纳金计算至 2002 年 11 月 30 日止为港币 64 702 元。被告除应支付原告该笔滞纳金外，还应支付原告租金港币 238 496.05 元从 2002 年 12 月 1 日起至实际赔付之日止，按每日万分之三计算的滞纳金。被告辩称：《租船协议》已过有效期限，不具有约束力，原告无权依照《租船协议》的违约条款请求滞纳金，理由不成立，不予支持。

《中华人民共和国合同法》第 236 条的规定，租赁期间届满，承租人继续使用租赁物，出租人没有提出异议的，原租赁合同继续有效，但租赁期限为不定期。本案中，原、被告签订的《租船协议》的有效期限至 2001 年 9 月 30 日止，《租船协议》有效期届满后，被告继续使用"石港 263"轮，原告没有提出异议，原《租船协议》继续有效，有关租金及滞纳金的计算标准应依《租船协议》的约定，但租赁期限为不定期。在不定期租赁期间，原告有随时撤回船舶的权利，被告亦有随时交还船舶的权利。被告 2002 年 11 月 19 日通知港澳公司终止租赁，交还"石港 263"轮，没有违反法律，应予准许。原告依据《租船协议》的约定，请求被告支付 1 个月的租金，理由不成立，不予支持。

综上，依照《中华人民共和国海商法》第 140 条、《中华人民共和国合同法》第 236 条的规定，判决如下：

一、被告东宝船务有限公司支付原告广东省石龙港务局租金港币 238 496 元及滞纳金港币 64 702 元，并支付租金港币 238 496 元从 2002 年 12 月 1 日起至实际赔付之日止，按每日万分之三计算的滞纳金；

二、驳回原告广东省石龙港务局的其他诉讼请求。

16 上诉人中远航运股份有限公司与被上诉人中国人民财产保险股份有限公司上海市分公司定期租船合同保险代位求偿纠纷案
案例来源：浙江省高级人民法院（2009）浙海终字第 145 号
主题词：定期租船合同　法律适用　船员疏忽的责任归属

裁判要旨

No. CB-8.1-25　保险单抬头与实际签章不一致时，以签章为准识别保险人。

No. CB-8.1-26　保险单记载的被保险人虽为船舶管理人，在证实船舶管理人代船舶所有人办理保险事宜的情况下，保险利益应当归船舶所有人，保险人向船舶所有人赔付后，依法取得代位求偿权，有权代船舶所有人向定期租船合同的承租人追偿其赔付范围内的损失。

No. CB-8.1-27　定期租船合同当事人可以自由约定各自的权利、义务,只有在船舶租用合同没有约定或者没有不同约定时,才能适用《中华人民共和国海商法》关于定期租船合同的规定。

No. CB-8.1-28　船长、船员虽然直接受雇于出租人,但在航运业务中,实际上同时具备了承租人和出租人的代理人身份,故不能简单地将船长、船员的行为直接认定为代表出租人。在出租人与承租人约定承租人在船长的监督下自负风险和费用、负责包括积载在内的全部货物操作的情况下,因船长听从承租人指示安排配载所造成的船舶损失,应由承租人承担,出租人有权向承租人索赔,但因货物积载造成船舶舱板超出承重能力,已涉及船舶安全,船长在船员编制积载图时未能尽到合理的监督义务,运输过程中又疏于检查货物状况,应对涉案事故承担部分责任,故出租人也应承担次要责任。

一、基本案情

上诉人(原审被告):中远航运股份有限公司(以下简称中远公司)

被上诉人(原审原告):中国人民财产保险股份有限公司上海市分公司(以下简称人保上海分公司)

宁波海事法院审理查明:2006 年 4 月 13 日,"SILVER BRIDGE"轮的所有人 SILVER BRIDGE SHIPPING COMPANY,LTD.(以下简称银桥航运)与中远公司签订《定期租船合同》,约定由中远公司承租该船从事远洋运输。合同第 8 条第 1 款约定:"尽管船长由出租人任命,但在有关船舶使用和代理方面应服从承租人的指示和命令;承租人在船长的监督下,自负风险和费用,负责全部货物的操作,包括但不限于装载、积载、平舱、绑扎、加固、垫舱、解绑、卸载和理货。"此外,合同补充附加条款——保护条款还约定:"首要条款、新杰森条款、《海牙规则》等应当并入至涉案租约并作为其组成部分,……当前面的印刷文字/条款与此处的附加补充条款发生冲突时,以此处附加补充条款的内容为准。"同年 4 月 17 日,银桥航运与上海中波国际船舶管理有限公司(以下简称中波公司)签订《船舶管理协议书》,委托中波公司管理涉案船舶"SILVER BRIDGE"轮,后中波公司就"SILVER BRIDGE"轮向人保上海分公司投保,人保上海分公司签发了编号为 PCAA2007310092010000353 的保险单,险别为远洋船舶一切险,保险期限从 2007 年 4 月 27 日起至 2008 年 4 月 26 日止。2007 年 9 月,"SILVER BRIDGE"轮第 010 航次在印度 NEW MANGALORE 港装载 26 500 吨散装铁矿石,该航次的预配载图及实际配载图系大副编制并由船长审核批准,货物的装载和积载等相关工作均由船员负责安排完成。涉案船舶装货完毕后于 2007 年 9 月 14 日离港,同年 10 月 2 日 24 时到达天津新港。10 月 4 日下午,船舶准备靠泊卸货时,发现涉案船舶的第 3、4 号舱存在不同程度的损坏。10 月 6 日 12:00 时卸货完毕后,涉案船舶于当晚 19:35 时移泊至新港船厂码头进行修理,并于同日停租。10月23日该轮完成修理,并于同月27日离开新港,整个修理事宜由天津港星船舶代理有限公司代理。双希公估有限公司(以下简称双希公司)受人保上海分公司委托,于2008年1月11日出具《"银桥"轮海损检验报告》,认定涉案事故主要系货物配载、计算不当所致,为此人保上海分公司支付了检验费25 600元人民币。在涉案船舶修理期间,共产生海损修理费290 007.60美元、引航费人民币6 065元、拖轮费人民币8 185元及代理费人民币4 000元。同年2月5日,人保上海分公司就上述船舶损失向银桥航运赔付计273 479.82美元,银桥航运于同年2月8日就该笔赔偿款项向人保上海分公司签署了权益转让书,后与人保上海分公司因保险追偿事宜产生纠纷,遂诉至宁波海事法院,请求判令中远公司赔偿保险金273 479.82美元(按2008年2月5日汇率折合人民币计算)、检验费用25 600元人民币及相应利息(从人保上海分公司赔付之日起算至判决生效之日止,按中国人民银行同期活期存款利息计付)。

另查明:2007年10月10日,天津佳运海事咨询有限公司(以下简称佳运公司)接受中远公司委托出具《停租检验报告》,该报告的《还船证书》中船舶状况载明:主要损坏项目为4号货舱右舷二层甲板(上)塌陷导致二层甲板舱盖变形、舱口横梁变形、3号和4号压载边舱的内部船壳板破裂、损坏和变形。

二、一审裁判

宁波海事法院审理认为:

(一)关于人保上海分公司诉讼主体资格

涉案保单系人保上海分公司签发,被保险人虽为中波公司,但涉案船东与中波公司签订了船舶管理协议,中波公司系涉案船舶的管理人,其代表船东投保,合法有效,且已出具了情况说明;人保上海分公司实际赔付船东损失后,理应在其赔付范围内取得代位求偿权。故人保上海分公司诉讼主体适格。

(二)中远公司应否对涉案事故承担责任?

中远公司认为,根据涉案租约的附加保护条款,当合同约定与《海牙规则》相冲突时,应优先适用《海牙规则》。《海牙规则》第3条第2款明确规定,船东应当妥善地谨慎装载、搬移、积载、卸载所运货物,且根据航运惯例,涉案船舶的船东也负有编制配载图并妥善谨慎地积载货物的合同义务。人保上海分公司则认为,《海牙规则》系规定海上货物运输合同承、托双方之间权利义务的国际公约,在定期租船合同中,将其并入租船合同且优先适用的规定,仅适用于承运人与托运人,而非调整出租人与承租人之间的法律关系。而根据《租船合同》第8条的约定,有关货物的操作,包括但不限于装载、积载、平舱等事宜,相应风险和费用均由承租人即中远公司承担,故中远公司对涉案货物承担积载义务。宁波海事法院认为,优先适用《海牙规则》是针对承、托运双方的,而根据租约对货物负有妥善而谨慎的装载、搬运、积载的义务,主体应为承运人而非船东。

对于中远公司认为的《租船合同》第 8 条中的"stowing"一词应翻译成"堆放",即指货物装载之后的"堆放"而非装载之前的"积载"的抗辩,该院认为,中远公司对该词的理解仅属于学理上的个人见解,合同中对该词没有特别说明,应按通常含义理解,对于中远公司的该项抗辩不予采信。

涉案租约系在 1993 年纽约土产格式(定期租船合同)基础上增删而成的,《租船合同》第 8 条约定,"承租人在船长的监督之下,自负风险和费用,负责全部货物的操作",根据该条款,船东并不承担货物操作带来的风险,船长在对涉案航次的预配载图及实际配载图进行审核批准时盖有船东公司的章,并不代表出租人应对货物积载不当承担责任,该风险根据合同约定应由承租人承担;而该条约定"船长监督",是关于令船舶适航的责任,本案中关于船舶舱板的承重能力涉及船舶的安全,这方面应在该条款所指"在船长的监督下"的责任范畴,显然本案中出租人的船员在编制积载图时未能尽到监督义务,应对涉案事故承担部分责任;故中远公司关于积载、装载货物的操作行为完全听从于船东的指令,相应的风险和责任应由船东承担的抗辩,证据和理由均不充分,不予采信,对于双方责任的分配,酌情确定由中远公司承担 80% 的责任。

对于中远公司认为船东未能使涉案船舶货舱适合于安全收受和载运涉案货物,亦未配备适格的船员,违背了我国《海商法》及涉案租约下的船舶适航义务的抗辩,该院认为,在涉案定期租船合同中,对托运人而言,适航义务属于承租人而非出租人,中远公司未提供证据证明出租人出租的涉案船舶不适航,故对中远公司的此项抗辩不予采信。

(三) 关于赔偿金额

1. 海损修理费 290 007.60 美元。人保上海分公司提供的天津新港船厂的船舶修理工程单、结算单与双希公司的《检验报告》能够相互印证,佳运公司所做的《停租检验报告》,并非是对涉案事故所做的专门检验,中远公司并无相反证据否认双希公司的《检验报告》,故对该海损修理费用予以确认。

2. 相关港口费用 18 215 元人民币。拖轮费用因修理涉案船舶所致,且人保上海分公司对此提供相应证据予以证明,亦系合理费用,而对引航费、代理费,人保上海分公司并未提供证据证明系船舶正常费用还是因修理所额外支出的费用,故对该两笔费用不予保护,但涉案事故修理费用与人保上海分公司实际赔付金额之间的差额已远高于该两笔费用,故不再从人保上海分公司诉请金额中予以扣除。

3. 公估检验费 25 600 元人民币。该公估检验费系保险人为查明和确定保险事故的性质、原因和保险标的的损失程度所支付的必要的、合理的费用。根据《中华人民共和国保险法》第 49 条的规定,该费用应由保险人人保上海分公司承担,故对于人保上海分公司的该项诉请不予支持。

4. 利息损失。人保上海分公司从其支付保险赔偿金之日起,相应的利息损失即已客观存在,故人保上海分公司主张从其保险赔偿金实际赔付之日起算至本判决生效之日止的诉请,合法合理,予以支持。人保上海分公司主张利息应按中国人民银行同期活期存款利率计算,中远公司对此无异议。综上,人保上海分公司利息损失应从其赔付保险赔偿金之日,即 2008 年 2 月 5 日起算至判决确定之日止,按中国人民银行同期活期存款利率计付。

银桥航运与中远公司签订的定期租船合同合法有效。中远公司作为涉案船舶承租人,应保持船舶与交船时相同良好的状态,因在租期内航次下对货物积载不当造成涉案船舶受损,应承担相应的违约损害赔偿责任。涉案事故属于保险合同约定的保险事故,人保上海分公司依据保险合同向实际船东赔付了 273 479.82 美元,该赔偿数额正当合理,应予认可。人保上海分公司依照保险合同进行赔偿后,有权在赔偿范围内行使代位求偿的权利。中远公司在涉案事故中应承担 80% 的责任,故其应承担人保上海分公司赔偿数额的 80%,即 218 783.85 美元。人保上海分公司自实际支付赔偿金之日起,损失即已客观存在,其关于汇率的主张予以支持,故人保上海分公司在 1 500 747.81 元人民币(218 783.85 美元 × 6.8595)范围内,享有对中远公司的追偿权。

据上,宁波海事法院依照《中华人民共和国海商法》第 142 条,《中华人民共和国保险法》第 45 条第 1 款、第 49 条的规定,于 2009 年 8 月 22 日判决:

一、中远公司于判决生效后 10 日内赔付人保上海分公司损失 1 500 747.81 元人民币及利息(从 2008 年 2 月 5 日起算至判决确定支付之日止,按中国人民银行同期活期存款利率计付);

二、驳回人保上海分公司的其他诉讼请求。

如果未按判决指定的期限履行给付金钱义务,应当依照《中华人民共和国民事诉讼法》第 229 条之规定,加倍支付迟延履行期间的债务利息。

案件受理费 21 910 元人民币,由人保上海分公司负担 4 382 元人民币,中远公司负担 17 528 元人民币。

三、上诉与答辩

中远公司不服一审判决,向浙江省高级人民法院提起上诉称:(1)人保上海分公司的诉讼主体不适格。保险单记载的保险人和被保险人分别是"中国人民财产保险股份有限公司"和"中波公司",与本案当事人无关;且本案船舶所有人事先并未书面委托中波公司办理保险,事后对此亦未追认,故本案实际被保险人应为中波公司。(2)租约中"stowing"一词应翻译成"堆放"而非"积载",故无论从法律规定、租约约定还是航运习惯而言,出租人应当负有船舶积载的义务。涉案事故是因货物配载不当所致,而货物配载实际由出租人委任的船长和大副完成,理应由出租人承担相应的风险和责任。且出租人未能使船舶货舱适合于安全收受和载运货物,亦未配备合格的船员,违反了"使船舶适航"的法定义务和租约约定,应由其承担违约赔偿责任。(3)原判认定海损修理费计 290 007.6 美元不当。双方共同委托的佳运公司出具的检验报告已证实涉案船舶第 3 货舱结构完好,故人保上海分公司所主张的该部分修理费不应由中远公司承担。(4)原判认定人保上海分公司于 2008 年 2 月 5 日向船东赔付 273 479.82 美元不当。人保上海分公司提供的《境内汇款申请书》仅记载了申请汇款日期而非实际汇付日期,从申请书加盖的转讫章看,实际汇付日期可能为2008年2月12日或者2月22日。(5)本案利息损失不应予以支持,即便予以保护,也应从人保上海分公司主张权利即起诉之日起计算;且本案保险赔款应以美元计算,汇率风险应由人保上海分公司承担。综上,请求撤销原判,改判驳回人保上海分公司的全部诉讼请求。

人保上海分公司答辩称:(1)根据租约,船长系接受承租人中远公司的指令进行货物操作,故"stowing"如何翻译与本案无关,因为货物的积载、堆放均系中远公司的义务。(2)本案投保人中波公司已经出具证明证实实际保险人为银桥航运,人保上海分公司也已经按照《境内汇款申请书》的规定,如期向银桥航运实际支付了保险赔款,故人保上海分公司有权行使代位求偿权,其诉讼主体适格。(3)佳运公司的检验报告与双希公司的报告目的、用途不一致,不能相互否定。(4)原判令中远公司支付利息且按照付款时的汇率计算保险赔款并无不当。因为人保上海分公司属于中国法人,其赔款时系按照当时汇率购买的外汇。(5)原判令中远公司仅承担80%的赔偿责任实际上已经减轻了其赔偿责任。综上,请求驳回上诉,维持原判。

四、二审裁判

经审理,浙江省高级人民法院查明的事实与原判认定的一致。

根据双方的上诉和答辩意见,本案二审审理的焦点是:(1)人保上海分公司是否为本案适格原告?(2)中远公司应否对船舶损害承担赔偿责任?(3)船舶损失的金额及利息计算是否合理?针对上述争议焦点,浙江省高级人民法院分析认定如下:

(一)人保上海分公司是否为本案适格原告?

本案保险单抬头虽为"中国人民财产保险股份有限公司",但最后保险人签章一栏记载的保险人为"中国人民财产保险股份有限公司上海市分公司"。浙江省高级人民法院认为,保险单抬头仅表明其保单的格式,保险人的区分应当以实际签章为准,故原判认定本案保险人为人保上海分公司并无不当。保险单记载的被保险人虽为中波公司,但中波公司已经出具证明证实其作为船舶管理公司,是替船舶所有人办理保险事宜,保险利益应当归所有人银桥航运,并有相应的船舶管理协议佐证;保险人人保上海分公司实际也向银桥航运赔付了保险赔款,故对银桥航运的被保险人身份应予确认。而且,最高人民法院《关于审理海上保险纠纷案件若干问题的规定》第14条规定:"受理保险人行使代位请求赔偿权利纠纷案件的人民法院应当仅就造成保险事故的第三人与被保险人之间的法律关系进行审理。"故本案审查的应是中远公司与银桥航运之间依据期租合同法律关系产生的权利义务,即中远公司是否应当对银桥航运承担赔偿责任。综上,人保上海分公司支付了保险赔款,已依法取得代位求偿权,故其具有诉讼主体适格。

(二)中远公司应否对船舶损害承担赔偿责任?

结合船舶管理单位中波公司出具的《关于"SILVER BRIDGE"轮货舱舱盖损害的调

查报告》以及公估人双希公司出具的检验报告,本案事故原因系船员配载和装货不当造成。由于双方当事人对承租人向船方发出"请做配载图给我"的指令以及事故发生的原因均无异议,故本案需着重审查的是期租合同下货物积载属于哪一方的义务。

本案中银桥航运与中远公司之间的租约系用英文签订,人保上海分公司提供的译文为:"船长应使船舶在航次中尽快速遣,并会同船员提供习惯性帮助。船长应当精通英语,并且(尽管由出租人任命)在有关船舶使用和代理方面应服从承租人的指示和命令;承租人在船长的监督下,自负风险和费用负责全部货物的操作,包括但不限于装载、积载、平舱、绑扎、加固、垫舱、解绑、卸载和理货"。对于租约条款中的"stowing"一词,虽然学理上有不同解释,但航运实践中通常译为"积载",且《中华人民共和国海商法》的英文版本对该词亦作上述解释,故法院认为将"stowing"一词解释为"积载"并无不当。

在定期租船合同中,船舶的营运与调度通常由承租人安排,有关航海方面的指示则由出租人通过船长控制。《海商法》第 136 条也规定:"承租人有权就船舶的营运向船长发出指示,但是不得违反定期租船合同的约定。"故船长船员虽然直接受雇于出租人,但在航运业务中实际上同时具备了承租人和出租人的代理人身份,故不能简单地将船长船员的行为直接认定为代表出租人。由于定期租船合同中的当事人享有充分的订约自由,《海商法》第 127 条亦规定:"本章关于出租人和承租人之间权利、义务的规定,仅在船舶租用合同没有约定或者没有不同约定时适用。"因此,关于货物积载的责任归属,应当取决于双方租船合同的特别约定。根据双方租约第 8 条的约定,货物操作所带来的风险应由承租人承担,船长仅起到监督的作用。故浙江省高级人民法院认为,虽然涉案航次的配载图由船长、大副制作并审核盖章,但并不代表出租人需对此承担责任,本案损失是因船长听从承租人指示安排配载所造成,故出租人有权向承租人索赔。鉴于本案货物积载造成船舶舱板超出承重能力,已涉及船舶安全,船长在船员编制积载图时未能尽到合理的监督义务,运输过程中又疏于检查货物状况,亦应对涉案事故承担部分责任,原判令出租人承担 20% 的责任并无明显不当,人保上海分公司亦未就此提出上诉,故浙江省高级人民法院对原判的责任分担比例予以确认。

至于租约并入适用的《海牙规则》,其主要是解决期租合同下承运人和托运人之间的海上货物运输合同关系,并不适用本案承租人和出租人之间的法律关系。

(三)船舶损失的金额及利息计算是否合理?

佳运公司于 2007 年 10 月 8 日出具的《停租检验报告》认为:"3 号货舱内部船壳板结构完好,框架和支架结构完好,船长称该货舱的状况同交船时的状况一致。主要损坏项目为 4 号货舱右舷二层甲板(上)塌陷导致二层甲板舱盖变形、舱口横梁变形、3 号和 4 号压载边舱的内部船壳板破裂、损坏和变形。"中远公司据此认为,3 号货舱并未损坏,该舱修理费用应在修理费总额中予以扣除。浙江省高级人民法院认为,船长在 10 月 7 日的海事报告中已经声明 3 号货舱损坏,双希公司的《检验报告》、船厂的修理情况等均可相互印证;而佳运公司《停租检验报告》并非是针对涉案事故所做的专门检验,其验船时船舶已在船厂修理过程中,故不能以此否认船舶 3 号货舱损坏的事实。人保上海分公司实际赔付的 273 479.82 美元,已经低于公估报告所认定的修理费 290 007.60 美元,故浙江省高级人民法院对原判决认定的海损修理费用数额予以确认。

关于利息损失和汇率,人保上海分公司从支付保险赔偿金之日起,相应的利息损失已客观存在,故原判判令中远公司向人保上海分公司支付保险赔偿金实际赔付之日起按照银行活期存款计算的利息,并无不当。原判根据人保上海分公司的赔付事实,确定按其实际赔付之日的汇率折算成人民币亦无不当。

综上,浙江省高级人民法院认为,银桥航运和中远公司之间的定期租船合同合法有效,人保上海分公司依据保险合同就涉案事故向银桥航运支付了保险赔偿金后,有权在其赔偿范围内行使代位求偿的权利。原判确定中远公司对涉案事故承担 80% 的责任并无不当,故中远公司应当向人保上海分公司赔偿保险赔偿金额的 80%,即人民币 1 500 747.81 元。中远公司的上诉理由均不能成立,不予支持。原判认定事实清楚,适用法律正确,实体处理得当。依照《中华人民共和国民事诉讼法》第 153 条第 1 款第 1 项之规定,判决如下:

驳回上诉,维持原判。

8.2 光船租赁合同纠纷

17 原告(反诉被告)王勤稳与被告台州市江海船务有限公司、被告(反诉原告)管保顺、王仙根、王小康、吴保法、王保连、张理法租船合同纠纷案
案例来源:宁波海事法院(2000)甬海商初字第 21 号
主题词:光船租赁合同　航区限制　混合过错　船舶挂靠

> **裁判要旨**
>
> **No. CB-8.2-1**　将内河货船光租用于海上航行,违反了《中华人民共和国海商法》和《中华人民共和国内河交通安全管理条例》的强制性规定,相应的光船租赁合同和解约协议无效,出租人多收的租金应予退还,且双方应按实际履行中的过错各自承担相应的责任。因船舶的结构和稳性均不适合在海上航行,未报经港监准许,未采取必要的安全措施,亦未配备合格的职务船员,冒险航行造成途中搁浅事故,导致船东弃船,双方对此均有过错,船东应负主要责任,被告光船承租人负次要责任,应按照合同约定的租金认定损失。
>
> **No. CB-8.2-2**　船舶的挂靠单位和被挂靠单位对外应承担连带责任。

一、基本案情

原告(反诉被告):王勤稳

被告:台州市江海船务有限公司
被告(反诉原告):管保顺
被告(反诉原告):王仙根
被告(反诉原告):王小康(曾用名王明辉)
被告(反诉原告):吴保法
被告(反诉原告):王保连
被告(反诉原告):张理法(曾用名张阿法)

原告王勤稳诉称:原告为"皖芜货962"号船所有人,1998年5月5日,原告将该船光租给被告台州市江海船务有限公司和管保顺等人,双方约定按质估价船价为85万元。被告营运船舶5个月后,因双方发生纠纷,于1998年10月12日签订解约协议,协议规定由被告把船舶安全送到上海吴淞港时,租赁关系终止。被告在送回途中遇上大风,准备进港避风时造成船舶触礁断裂,最终因无法打捞而弃船。故请求法院判决被告台州市江海船务有限公司和管保顺等赔偿原告船舶损失85万元。原告提交如下证据材料:(1)1998年5月5日由安徽省芜湖县赵桥航运公司为出租方和台州市江海船务有限公司为承租方签订的光船租赁合同。主要内容为:出租方将"皖芜货962"号船光租给承租方,租期3年,年租金356 800元,限定航行于珠江三角洲及港澳航线,主要用于装载集装箱和散货,双方按质估价,商定该船船价为85万元。被告管保顺、王仙根、王明辉在该合同上作为承租方签字。(2)"皖芜货962"号船检验证书簿和所有权登记证书。主要内容为:该船所有人为原告,经营人为安徽省芜湖县新丰水运公司,船型为内河货运船,准予航行内河A、B、C航区。(3)安徽省芜湖县新丰水运公司和安徽省芜湖县赵桥航运公司的证明。证明该船属于原告个人所有,光船租赁合同中的债权与上述两公司无关,归原告个人行使。(4)1998年10月12日由原告和被告管保顺、王仙根、王明辉在天津港签订的解约协议。主要内容为:因种种原因,1998年5月5日的光租协议不能继续履行,出租方应退承租方租金14 000元,由承租方派管保顺、王仙根两人将船安全送到上海吴淞港,原协议在船到上海时终止。

被告台州市江海船务有限公司辩称:光船租赁合同实质上由原告个人和被告管保顺等个人签订,我司只作为合同的见证人盖章。原告出租"皖芜货962"号船用于海上运输,超越航区,为非法营运,所订合同应属无效。原告自任船长,自驾船舶冒险航行,在触礁后又自令弃船,故损失应由原告自行承担。请求法院驳回原告对我司的诉讼请求。被告台州市江海船务有限公司提交如下证据材料:1998年4月24日由被告台州市江海船务有限公司和管保顺、王仙根签订的挂靠协议。主要内容为:被告管保顺、王仙根向原告租赁"皖芜货962"号船,自主经营,自负一切经济法律责任;台州市江海船务有限公司协助办理有关船务,管保顺、王仙根按船舶载重吨每月向台州市江海船务有限公司交纳服务费。

被告管保顺、王仙根、王明辉辩称:原、被告签订的光租合同,是出租方违反《海商法》关于出租船舶必须适航并适于约定的用途的规定,故该协议应确认无效,原告应对合同无效承担责任。原告擅自决定弃船任意扩大损失,被告不应承担责任。1998年10月12日,原、被告签订解约协议之日,就是原光租协议终止之时,应认定被告已在天津黄骅港将该船交还原告,被告管保顺、王仙根系帮助原告将船驶到上海,故解约以后发生的损失应由原告自负,与被告无关。承租方除管保顺等3人外,还有吴保法、王保连、张理法3人,6人合伙经营,1998年10月10日,6人书面约定,对该船发生的一切经济责任由6人均分负责。6被告反诉称:原告应退被告租金11 000元尚未退还,请求原告支付。被告管保顺、王仙根、王明辉提交如下证据材料:1998年10月10日由被告管保顺、王仙根、王明辉、吴保法、王保连、张理法等6人签字的"无悔书"。主要内容为:6人向原告租用"皖芜货962"号船后,同原告发生争吵,今后若发生一切经济责任,由6人均分负担。

被告吴保法、王保连、张理法未作书面答辩。

二、法院查明的事实

宁波海事法院认定了如下事实:1998年5月5日,原告王勤稳和被告管保顺等6人分别以其挂靠单位的名义签订光船租赁合同1份,约定:由原告将其所有的"皖芜货962"号船光租给被告,租期3年,年租金356 800元,限定航行于珠江三角洲及港澳航线,主要用于装载集装箱和散货,双方按质估价,商定该船船价为85万元。船舶交付后,双方将租船合同的实际履行地协商变更为天津黄骅港,被告管保顺等6人自任船员从事运输。此后,因双方在履行合同中发生纠纷,同年10月12日,原、被告双方在天津黄骅港签订解约协议,约定:因种种原因,1998年5月5日的光租协议不能继续履行,出租方应退承租方租金14 000元;由承租方派管保顺、王仙根两人将船安全送到上海吴淞港,原协议在船到上海时终止。原告当即退还被告租金3 000元,尚欠11 000元。此后,原告和其儿子、妻子与被告管保顺、王仙根一起,共同驾船从天津黄骅港驶往上海,途经威海刘公岛时触礁搁浅,后因无法打捞,原告决定弃船。另查明,"皖芜货962"号船系内河货船,准予航行内河A、B、C航区。被告管保顺等6人与被告台州江海船务有限公司系挂靠关系。6被告合伙租船经营运输,管保顺、王仙根、王明辉、张理法各占1股,王保连、吴保法各占半股。6被告均无船员职务证书。1998年10月10日,6被告书面约定,对该船今后发生的一切经济责任由6人均分负担。

三、法院裁判

宁波海事法院认为,"皖芜货962"号船系内河货船,原告以光租形式交付被告经营并准许海上航行,违反了《中华人民共和国海商法》和《中华人民共和国内河交通安全管理条例》有关出租人应提供适航船舶和船舶应在限定航区内航行的强制性规定,故其与被告签订的光船租赁合同和解约协议应确认无效,原告多收的租金应予退还,且双方应按实际履行中的过错各自承担相应的责任。该船从天津黄骅港到上海的航次中,船舶的结构和稳性均不适于在海上航行,但双方未报经港监准许,采取必要的安全措施,亦未配备合格的职务船员,冒险航行,造成途中搁浅事故,直至原告无奈弃船,双方对此均有过错,原告作为船东应负主要责任,被告管保顺等负次要责任。6被告的内部责任按约定的比例平均承担。船舶的实际损失可参照双方约定的85万元认定。被告台州市江海船务有限公司与被告管保顺等系挂靠关系,挂靠单位和被挂靠单位对外应承担连带责任。被告管保顺等辩称船舶已在解约协议签订之时于黄骅港交还原告,此后损失与被告无关的主张,理由不足,不予采纳。依照《中华人民共和国经济合同法》第7条第1款第1项、第16条第1款,《中华人民共和国民法通则》第35条的规定,判决如下:

一、被告管保顺、王仙根、王小康、吴保法、王保连、张理法各赔偿原告王勤稳船舶损失56 666元;

二、原告王勤稳退还被告管保顺等6人租金11 000元;

上述两项相抵后,被告管保顺等6人各赔偿原告王勤稳船款55 933元,并互负连带责任,于本判决生效后15日内付清;

三、被告台州市江海船务有限公司对上述6被告的赔偿责任承担连带责任。

18 原告钟海平与被告邵道元光船租赁合同纠纷案

案例来源:宁波海事法院(2010)甬海法商初字第129号
主题词:光船租赁合同　船舶转让　合同解除　定金责任

裁判要旨

No. CB-8.2-3　出租人在将船舶光租给承租人的情况下,未经承租人同意出售给他人,构成违约,因涉案船舶已售予他人且事实上导致租船合同无法继续履行,承租人有权解除合同,要求返还定金和预付款。但因承租人未能依约接船而委托中介人另行找船,也应承担相应的责任,故,法院不支持双倍返还定金,酌定由出租人返还部分定金。

一、基本案情

原告:钟海平

被告:邵道元

原告钟海平诉称:2010年2月19日,其与被告签订了船舶租赁合同,约定被告将"浙岭渔运338"号钢质渔船光租给原告运销生产,期限自2010年3月15日至2010年11月底,租金20.8万元,定金5万元。合同签订当日,原告向被告支付了5万元定金。2010年3月15日,被告无法在交船地鹤浦港交付"浙岭渔运338"号船,事后原告查明,被告已经将该船转卖给了他人而无法交付,导致原告不能按时生产,造成原告经济上的损失,故诉至宁波海事法院,请求依法解除双方签订的租船合同,并判令被告双倍返还定金10万元,赔偿经济损失3万元。

被告邵道元答辩称:3月11日被告电话通知原告15日前来接船,但原告说15日不来了,而双方租船合同的中介人沈金祥也电话告诉被告说原告已经叫他另外找船,因此被告认为原告不要租他的船了,事实上,原告也未在3月15日来接船,故其于3月18日将"浙岭渔运338"号船卖给了王加法。后来原告觉得沈金祥帮他找的船不合适,才要求被告交船,此时被告的船已经卖掉,故被告建议由其联系别的船租给原告,并取得了原告的同意。3月23日,在被告的介绍下,原告与案外人李兵另行签订了租船合同,在订立合同时,李兵告诉原告说被告的船已经卖掉了,因此原告才向被告提出索赔,其实原告不按时来接船,而且另行要求中介人介绍别的船,违约在先,故请求驳回原告的诉讼请求。

二、法院查明的事实

宁波海事法院认定了下列事实:2010年2月19日,原告在沈金祥的介绍下,与被告签订了"浙岭渔运338"号钢质渔船的租赁合同,合同约定被告将该船光租给原告从事运销生产,期限自2010年3月15日至2010年11月底,租金20.8万元,定金5万元,合同中约定的交船地点为象山鹤浦。合同签订当日,原告向被告支付了5万元定金。3月11日左右,原告打电话给沈金祥,让他再介绍别的船舶,沈金祥另行为原告介绍了案外人的船舶,并将此事告诉了被告。3月11日18点55分被告主叫原告,3月21日8点12分,原告主叫被告,两次通话时间均较长。期间,原、被告之间未有电话联系。3月23日,在被告的介绍下,原告与李兵签订了租船合同,租金为158 800元,但原告认为被告将出租他的船卖掉,已经违约,向被告主张赔偿,被告承认自己违约,但双方对赔偿不能达成一致意见,原告于是诉至宁波海事法院。庭审中,原告未提供证据证明其于3月15日至象山鹤浦接船。

三、法院裁判

根据双方当事人的诉辩意见,宁波海事法院认为,原、被告之间的船舶租赁合同,系双方真实意思表示,除定金数额超出合同标的额的20%,应予以调整外,其他内容合法有效,对双方均有约束力。本案合同标的额为20.8万元,故合法的定金应为41 600元,原告支付的多出定金的8 400元应视为预付款。

被告在将船租给原告的情况下,未经原告同意又将此船出售给他人,构成违约。本案合同因涉案船舶已售予他人而无法继续履行,故原告申请解除合同,理由充分,宁波海事法院予以支持。至于双方争议的违约责任及损失赔偿问题,宁波海事法院认为,被告违反租船合同约定,将涉案船舶售予他人,是主要的责任方,原告未于3月15日至象山鹤浦接船及委托中介人另行找船,对于本案纠纷成讼也有一定影响,也应承担相应责任。据此,原告支付定金41 600元和预付款8 400元应由被告返还。至于原告主张的另加一倍返还定金,鉴于双方对纠纷成讼均有责任,宁波海事法院认为此主

光船租赁合同·船舶转让·合同解除·定金责任

张不尽合理,酌定由被告向原告支付2.5万元。原告主张的其他损失3万元,一则因原告对纠纷成讼也负有一定责任,二则原告关于其损失超出2.5万元的依据不足,因此,宁波海事法院不予保护。

综上,原告诉请部分合法有理,宁波海事法院予以支持,证据与理由不足部分,予以驳回。依照《中华人民共和国民事诉讼法》第64条第1款,《中华人民共和国合同法》第115条、第120条,《中华人民共和国担保法》第91条,最高人民法院《关于适用〈中华人民共和国担保法〉若干问题的解释》第121条的规定,判决如下:

一、解除原告钟海平与被告邵道元之间的船舶租赁合同;

二、被告邵道元在本判决生效之日起10日内支付原告钟海平7.5万元;

三、驳回原告钟海平的其他诉讼请求。

19 原告全玉清诉被告郭永昌、湛江市水运总公司船务公司光船租赁合同纠纷案

案例来源:广州海事法院(2005)广海法初字第52号

主题词:光船租赁合同　船舶转租　合同无效

裁判要旨

No. CB-8.2-4　在光船租赁期间,未经出租人书面同意,承租人不得转让合同的权利和义务,或者以光船租赁的方式将船舶转租。转租未经出租人的书面同意,法院认定转租的光船租赁系无效合同。

No. CB-8.2-5　法院认定合同无效,因该合同取得的财产应当返还;不能返还或者没有必要返还的,应当折价补偿。有过错的一方应当赔偿对方因此所受到的损失。双方都有过错的,应当各自承担相应的责任。

一、基本案情

原告:全玉清

被告:郭永昌

被告:湛江市水运总公司船务公司(以下简称船务公司)

原告全玉清诉称:被告郭永昌是"富达2"轮的实际船东,该船挂靠于被告船务公司名下。2004年10月1日,原告全玉清与朋友林满添共同与被告郭永昌就租赁"富达2"轮签订《船舶租赁合同》,约定被告郭永昌向原告全玉清光船出租"富达2"轮,租期从2004年10月10日至2005年5月29日止;押金3万元,月租金3万元;被告郭永昌负责在10个工作日内将该船全部证书改为内河临时A、B级证书。后林满添退出该《船舶租赁合同》的履行。《船舶租赁合同》签订后,原告全玉清即向被告郭永昌交付押金及第一个月租金共6万元,并努力开拓内河运输市场,分别于2004年10月9日和29日与佛山市能盛石油化工有限公司(下称能盛公司)、中国石油化工海盛达有限公司

(下称海盛达公司)签订运输合同,运费分别为 14 万元、7 万元。但被告郭永昌没有按照《船舶租赁合同》的约定,将该船全部证书改为内河临时 A、B 级证书。原告全玉清在不断催促被告郭永昌为该船办理内河临时证书的同时,为确保该船处于适航状态、随时投入营运,为该船加燃油用费 20 880 元、检测修理费用 5.7 万元、支付船员工资、业务费用 64 556 元,直接投入资金共 202 436 元。被告郭永昌的违约致使原告始终无法投入营运,直接投资及可得利益遭受重大损失,被告郭永昌应对此承担赔偿责任。因该船挂靠在被告船务公司名下,被告船务公司对原告全玉清的损失亦应承担连带责任。请求法院判令:(1) 解除原告全玉清与被告郭永昌签订的《船舶租赁合同》;(2) 被告郭永昌返还押金和租金共 6 万元;(3) 被告郭永昌赔偿维护船舶费用、业务费用、船员工资共 179 235.30 元以及可得利益损失 21 万元;(4) 被告船务公司对上述第(2)、(3) 项诉讼请求承担连带责任。

原告全玉清在举证期限内提供了以下证据材料:(1)《船舶租赁合同》;(2) 林满添退出合同的证明;(3) "富达 2" 轮船员花名册及其船员服务簿;(4) 被告郭永昌出具的收到租金、押金的收据;(5) 维修、购油票据;(6) 购买船舶配件票据;(7) 业务费用支出票据;(8) 支付船员工资、差旅费用的收据;(9) 原告全玉清与能盛公司、海盛达公司签订的《船舶运输合同》各 1 份;(10) (2004)广海法保字第 21-1 号《受理海事请求保全申请通知书》、(2004)广海法保字第 21-2 号《民事裁定书》、(2004)广海法保字第 21-6 号《解除扣押船舶命令》;(11)《协议书》及周恩贰机动车驾驶证正证;(12) 船舶证书交接清单。

被告郭永昌没有答辩,也没有提交任何证据材料。

被告船务公司辩称:(1) 被告郭永昌与原告全玉清签订的《船舶租赁合同》是无效合同,不受法律保护,原告全玉清应将 "富达 2" 轮交还给被告船务公司。被告船务公司是 "富达 2" 轮的船舶所有人和船舶经营人。2004 年 5 月 28 日,被告船务公司与被告郭永昌签订《租船合同》,将所属的 "富达 2" 轮光船出租给被告郭永昌,租期暂定 1 年,2004 年 6 月 1 日交船。合同第 9 条明确约定:"承租人不得将此船转租给第三方,一经发现,出租人有权撤船"。2004 年 6 月 2 日,被告船务公司与被告郭永昌签署 "富达 2" 轮的交接清单,将船舶交付给被告郭永昌。被告郭永昌不是 "富达 2" 轮的船舶所有人和船舶经营人,未经被告船务公司同意,不得将 "富达 2" 轮转租。被告船务公司直至原告全玉清提起诉讼才知道存在本案争议的合同,并从未认可原告全玉清与被告郭永昌之间签订的光船租赁合同。(2) 被告船务公司收到法院的诉讼文书后,于 2005 年 2 月 2 日找到被告郭永昌,向其递交了《解除 "富达 2" 轮租船合同和还船通知》,解除船务公司与郭永昌签订的《租船合同》,并要求被告郭永昌立即还船。同时,被告船务公司委托广东纵信律师事务所向原告全玉清的律师发出律师函,要求原告全玉清将 "富达 2" 轮交还被告船务公司。原告全玉清申请扣押 "富达 2" 轮错误,被告船务公司保留对错误扣船造成损失的索赔权利。综上,请求法院依法驳回原告全玉清对被告船务公司的起诉,并解除对 "富达 2" 轮的扣押,将船舶交还给被告船务公司。

被告船务公司在举证期限内提供了以下证据材料：(1)"富达2"轮的船舶所有权证书、船舶国籍证书；(2)《租船合同》；(3)船舶交接清单；(4)《解除"富达2"轮租船合同和还船通知》；(5)被告船务公司委托代理人致原告的函。

二、法院查明的事实

(一)"富达2"轮基本状况

"富达2"轮,原名"昌荣油2",为一艘钢质油船。根据该轮船舶所有权登记证书记载,被告船务公司是该轮的船舶所有人,取得所有权日期为2002年5月22日,之后船舶所有权未变更。根据"富达2"轮船舶国籍证书记载,被告船务公司是该轮的船舶所有人和船舶经营人。

原告全玉清称,被告郭永昌是"富达2"轮的实际所有人,被告郭永昌将该轮挂靠于被告船务公司名下。原告全玉清对上述主张没有提供相应证据证明。

(二)原告全玉清与被告郭永昌签订和履行光船租赁合同的事实

2004年10月1日,原告全玉清、林满添共同与被告郭永昌签订了《船舶租赁合同》,约定:郭永昌作为出租人向承租人全玉清及林满添光船出租"富达2"轮,租期从2004年10月10日至2005年5月29日止;合同签订之日,承租人以现金的方式向出租人支付押金3万元以及第一个月的月租金3万元,以后每月支付租金3万元,不足1个月的,按30天比例计算;出租人应保证该船在本合同期限内处于适航适货状态,并提供国家有关检验部门检验合格的有效船舶证书和技术文件;租赁期间的跨年度检验由出租人办理,费用由出租人支付,维修费用由承租人支付;出租人负责在10个工作日内将该船全部证书改为内河临时A、B级证书,过时按月租金比例扣除租金;若一方未到租期终止合同,则按月租金的300%赔偿对方。另,该《船舶租赁合同》还注明："船舶经营人和船舶所有人为湛江市水运总公司船务公司"和"郭永昌为实际船东"。同日,被告郭永昌向原告全玉清出具了一份收据,载明收到租金和押金共6万元。该《船舶租赁合同》没有办理船舶光租登记。

10月5日,林满添向原告全玉清出具了1份《证明书》称,由于资金没有到位以及其他原因,林满添宣告退出与原告全玉清合伙租用"富达2"轮经营一事;《船舶租赁合同》中林满添的签字作废,该船的一切经营运作均由原告全玉清一人负担。

原告全玉清提供了秦刚强、林学文、符盛海、罗安和、康桂民等5名船员的船员服务簿,原告全玉清称另有潘启坤、冯金社、卢国真3名船员,但没有提供该3名船员的船员服务簿。被告船务公司认为,秦刚强、林学文等5名船员的船员服务簿均为复印件,不予确认。

"富达2"轮10月28日发生清仓、测爆、电气电路维修等费用57 000元;10月20日发生购买柴油、机油等费用20 880元;10月5日至11月20日发生购买接口、保险丝等船舶零配件共18 029.3元。"富达2"轮10月12日发生机器维修及人工费用18 500元,广州市番禺区黄阁豪源修船厂出具了该费用发票。原告还提供了广东省珠海市服务娱乐业定额发票45张共4500元;广东省珠海市服务娱乐业税控专用发票9张共5750元;广东省佛山市、广州市服务业定额发票36张共7500元;交通费、住宿费和餐费发票34张共2598元,原告全玉清称以上共20348元,均为"富达2"轮发生的业务费用。

原告全玉清还提供了2004年10月到12月的船员伙食费表以及工资表,载明潘启坤、秦刚强等8名船员及船东代表陈生10月伙食费为2180元,11月伙食费为2400元,12月伙食费为800元,其中12月伙食费计至12月10日;潘启坤、秦刚强等8名船员10月工资为14790元,11月工资为21380元,12月工资为2640元。伙食费表上只有制表人"梁广峰"、经手人"林学文"和证明人"全玉清"的签名,工资表上每一位船员均有签名。以上船员伙食费、工资共计44190元。

10月9日,原告全玉清与能盛公司签订一份《船舶运输合同》,合同约定:原告全玉清同意承运能盛公司托运的5000吨的燃料油,承运船舶为"富达2"轮,起运地和目的地分别为珠海桂山港阿吉普油库和高明港瑞丰油库,承运日期为2004年10月14日至10月31日,运费为每吨28元,共14万元,运费应在2004年11月15日前汇付给原告全玉清。10月29日,原告全玉清与海盛达公司签订了1份《船舶运输合同》,合同约定:原告全玉清同意承运海盛达公司托运的3500吨180号燃料油,承运船舶为"富达2"轮,起运地和目的地分别为新造港中燃油库和三水港海盛达油库,承运日期为2004年11月5日至11月20日,运费为每吨20元,共7万元,运费应在2004年12月5日前汇付给原告全玉清。

12月10日,被告郭永昌将"富达2"轮船舶国籍证书等船舶证书和各种记录簿11份和船用章4枚交给原告全玉清。

被告郭永昌没有将"富达2"轮的船舶证书办理为内河临时A、B级。

(三)被告船务公司与被告郭永昌签订、履行光船租赁合同的事实

2004年5月28日,被告船务公司与被告郭永昌签订了1份《租船合同》,约定:郭永昌以光船租赁方式向船务公司租用"富达2"轮,交船时间为2004年6月1日,月租金为27000元,日租金按照每月30天计算为每天900元,租期暂定1年;该《租船合同》第9条规定:承租人不得将此船转租第三方,否则,出租人有权撤船,产生的一切损失由承租人负责。该《租船合同》没有办理光船租赁登记。原告全玉清称,该合同是虚假合同;合同上被告郭永昌的签字与被告郭永昌出具给原告收据上的签字差别很大,很难确认上述合同上代表承租人签字的人是被告郭永昌本人。原告全玉清对上述主张没有提供相应的证据支持。

6月2日,陈志添作为被告船务公司的代表,将"富达2"轮的船舶国籍证书、船舶安全检查记录簿、船舶检验证书等现有证书以及高频、测深仪等船上设备和用品移交给被告郭永昌的代表周恩贰。

2005年2月2日,被告船务公司在收到法院送达的本案应诉通知书、传票、起诉状等法律文书后致函被告郭永昌,称被告郭永昌将"富达2"轮擅自转租给原告全玉清的

行为,已经违反了《租船合同》第9条关于不得将"富达2"轮转租他人的约定,被告船务公司将立即解除《租船合同》并收回"富达2"轮,要求被告郭永昌立即归还"富达2"轮。

2005年2月2日,被告船务公司的委托代理人周崇宇向原告全玉清的委托代理人胡周雄发出《关于要求交还"富达2"轮事》的律师函,要求原告全玉清立即将"富达2"轮交还给被告船务公司。

(四)法院两次扣押"富达2"轮的事实

2004年5月14日,法院根据梁根喜等9名船员的申请,以(2004)广海法保字第21-2号民事裁定对"富达2"轮在东莞沙田船厂予以扣押;6月4日,被告船务公司、被告郭永昌与梁根喜等9名船员达成和解协议,被告船务公司、被告郭永昌愿一次性支付梁根喜等9名船员被拖欠的工资、伙食费47 450元,梁根喜等9名船员在收到前述款项后向广州海事法院申请解除对该船的扣押。周恩贰作为被告郭永昌、船务公司的受托人在该和解协议上签字。同日,法院解除对该轮的扣押。

12月14日,法院根据原告全玉清的申请,以(2004)广海法保字第96-2号民事裁定对"富达2"轮在广州港二虎锚地予以扣押。原告全玉清向法院提交了反担保,并预交了财产保全申请费3 000元,执行费7 000元。

三、法院裁判

本案为一宗光船租赁合同纠纷案件。

根据"富达2"轮的船舶所有权登记证书,该轮的船舶所有人为被告船务公司,原告全玉清对此事实没有异议。原告全玉清提出被告郭永昌是"富达2"轮的实际所有人并挂靠于被告船务公司名下的主张,因没有提供相应证据证明,两被告也不予确认,因此,对原告全玉清的上述主张,不予支持。

被告船务公司与被告郭永昌于2004年5月28日签订了"富达2"轮光船租赁合同,没有违反法律规定,应合法有效。原告全玉清认为上述合同在签订时"富达2"轮处于法院扣押期间,该理由不足以成为该合同虚假的理由,不足以推翻该合同的真实性。原告全玉清主张该合同上被告郭永昌的签名不真实的抗辩,因没有提供证据支持,法院不予支持。

根据《中华人民共和国海商法》第150条的规定,在光船租赁期间,未经出租人书面同意,承租人不得转让合同的权利和义务或者以光船租赁的方式将船舶进行转租。被告郭永昌在未经出租人被告船务公司书面同意的情况下,将"富达2"轮转租给原告全玉清和林满添,根据《中华人民共和国合同法》第52条第5项的规定,违反法律、行政法规的强制性规定,合同无效。由于被告郭永昌违反上述法律规定,原告全玉清、林满添与被告郭永昌之间签订的光船租赁合同应属无效。

由于原告全玉清、林满添与被告郭永昌之间签订的光船租赁合同无效,依法该合同自始没有法律约束力,因此,不存在解除合同的问题。因此,对原告全玉清提出解除合同的诉讼请求,不予支持。

根据《中华人民共和国合同法》第 58 条的规定,合同无效或者被撤销后,因该合同取得的财产,应当予以返还;不能返还或者没有必要返还的,应当折价补偿。有过错的一方应当赔偿对方因此所受到的损失,双方都有过错的,应当各自承担相应的责任。被告郭永昌从原告全玉清处取得的租金和押金共 6 万元,依法应还给原告。由于被告郭永昌的过错造成原告全玉清的损失,被告郭永昌也应承担相应的责任。原告全玉清租用"富达 2"轮以后,为"富达 2"轮的营运先后支付了清仓、测爆,电气电路维修等费用 57 000 元、购买柴油、机油等费用 20 880 元、购买接口、保险丝等船舶零配件费用 18 029.3 元、机器维修及人工费用 18 500 元;支付了船员伙食费、工资共计 44 190 元,以上共花费 158 599.3 元,这些费用的产生与被告郭永昌不当转租行为有关,依法应由被告郭永昌承担赔偿责任。

原告全玉清提出的因营运"富达 2"轮而支付了 20 348 元业务费用,因原告全玉清提供的单据难以证明上述费用的发生与营运"富达 2"轮存在关联性,对原告全玉清主张的业务费用 20 348 元,不予确认。

原告全玉清分别与能盛公司、海盛达公司签订的两份《船舶运输合同》,虽然证明原告全玉清因履行该两份合同可以收取运费共 21 万元,但该运费并不是原告全玉清履行运输合同后的预期可得利润,而应扣除为履行运输合同所支出的燃料、船舶折旧、船员工资等经营成本。由于原告全玉清没有提供相应证据证明支出上述经营成本的事实,因而无法证明其预期可得利润,因此,对原告全玉清所主张的运费损失 21 万元不予确认。

因被告船务公司不是原告全玉清与被告郭永昌之间的《船舶租赁合同》中的一方当事人,根据合同相对性原则,被告船务公司对原告全玉清的损失不承担赔偿责任。原告全玉清主张被告船务公司对被告郭永昌承担的债务承担连带责任的诉讼请求,没有事实和法律依据,应予驳回。

被告船务公司提出原告全玉清返还"富达 2"轮的请求,因被告船务公司没有提出相应的反诉请求,应另案处理。

根据《中华人民共和国海事诉讼特别程序法》第 21 条第 6 项和第 23 条第 1 款第 2 项的规定,原告全玉清可以向法院申请扣押当事船舶"富达 2"轮,因此,因诉讼前扣押"富达 2"轮而产生的海事请求保全申请费 3 000 元,执行费 7 000 元,应由被告郭永昌负担。

依照《中华人民共和国海商法》第 150 条,《中华人民共和国合同法》第 152 条第 5 项、第 58 条的规定,判决如下:

一、原告全玉清与被告郭永昌之间订立的光船租赁合同无效;
二、被告郭永昌返还原告全玉清的租金及押金 6 万元;
三、被告郭永昌赔偿原告全玉清其他损失 158 599.3 元;
四、驳回原告全玉清对被告郭永昌的其他诉讼请求;
五、驳回原告全玉清对被告船务公司的诉讼请求。

20 原告吴海山与被告洞头县新起点旅游有限公司、第三人洞头县兴海渡运有限公司船舶租用合同纠纷案

案例来源：宁波海事法院（2009）甬海法温商初字第18号

主题词：光船租赁合同　公司股东诉权　恶意串通

> **裁判要旨**
>
> **No. CB-8.2-6**　公司股东有权为了公司的利益以自己的名义直接向人民法院提起诉讼，请求确认公司与第三方签订的船舶租赁合同无效。
>
> **No. CB-8.2-7**　船舶以明显低的价格出租给第三方，法院认定出租人与第三方有恶意串通的主观恶意，该船舶租赁合同无效。

一、基本案情

原告：吴海山

被告：洞头县新起点旅游有限公司

第三人：洞头县兴海渡运有限公司

原告吴海山起诉称：原告与叶银合、陈时土、叶宋琴、吴鹤鹏、王碧宏、吴才金、叶明团、潘进添、陈加德、周衍程、叶志雄、吴宝宝、陈后琛、周世平、叶永贵、陈后碧、黄信金、周景、吴在付、陈凯山、叶金盾，系第三人洞头县兴海渡运有限公司（以下简称兴海公司）的股东。原告出资比例37%，为最大股东，同时担任董事长兼总经理和法定代表人，叶银合等其他股东出资比例均为3%。2004年4月30日，原告因故外出，兴海公司正常运行。叶银合等其他股东对兴海公司在2005年7至12月份和2006年度的盈余收入进行了分红，决定给予原告各14 497元和46 200元，同时决定由叶银合等其他股东保管该两笔款项直到原告回到公司再予归还。原告于2008年11月22日回到兴海公司后，部分股东归还了相应款项，同时得知，在原告外出期间，股东叶银合等人乘隙占有全部公司财务资料（包括会计凭证、账簿和会计报表）和相关文件资料（包括营业执照正副本、组织机构代码证、税务登记证、运输许可证及相关合同等）、公司印章（包括公章、合同用章和财务用章等）。叶银合等其他股东相互串通于2007年3月28日以第三人兴海公司和被告洞头县新起点旅游有限公司（以下简称新起点公司）的名义，签订了1份《租赁协议》，将第三人兴海公司的8艘钢质船和2艘木质船以每年租金3万元的价格租赁给被告使用，租赁期限暂定为3年。叶银合等其他股东又于2007年5月18日设立了新起点公司，叶银合担任执行董事。此后，叶银合等将兴海公司的上述财务资料、文件资料、印章和船舶及相应船舶资料转移到被告处继续占有并予以利用。由于全部船舶都由被告使用，第三人兴海公司再无其他船只可以运营，而其经营范围为岛际间旅客渡运（用于旅游），因此除每年3万元的租金外再无其他收入，也再无分红给原告。叶银合等其他股东恶意串通签订的《租赁协议》，损害了兴海公司的集体利

益和原告的个人利益,根据《合同法》第52条的规定,属于无效合同。根据《合同法》第58条,因无效合同取得的财产,应当予以返还。虽然2008年11月22日原告与叶明团、周景、吴在付、叶金盾、叶志雄、周世平、陈凯山、陈后琛、吴鹤鹏、叶宋琴、吴才金、周衍程、陈时土一致同意与被告中止船舶租赁,但被告仍然拒不返还兴海公司的上述船舶。由此,请求判令:(1)确认被告与第三人2007年3月28日签订的船舶《租赁协议》无效;(2)被告立即将其占有的第三人的全部船只(包括"浙洞航210""浙洞航211""浙洞航212""浙洞航213""浙洞航214""浙洞航215""浙洞航218""浙洞航228"8艘钢质船和"浙洞渡8""浙洞渡223"2艘木质船)及相应船舶登记资料返还给第三人;(3)本案诉讼费用由被告承担。

被告新起点公司在法定答辩期间未提交书面答辩状,在庭审中口头答辩称:(1)原告与本案无直接利害关系,无资格提起诉讼,其分红也与本案无关。(2)新起点公司与兴海公司不存在恶意串通,《租赁协议》有效。(3)即使《租赁协议》无效,返还船舶也应由第三人主张,原告无权主张。

第三人兴海公司在法定答辩期间未提交书面答辩状,在庭审中口头表示同意原告的意见。

二、法院查明的事实

宁波海事法院认定了下列事实:兴海公司成立于2001年,至2003年6月23日起,共22名股东,注册资本50万元。其中,叶银合、陈时土、叶宋琴、吴鹤鹏、王碧宏、吴才金(吴财金)、叶明团、潘进添、陈加德、周衍程、叶志雄、吴宝宝、陈后琛、周世平、叶永贵、陈后碧、黄信金、周景、吴在付(吴财富)、陈凯山、叶金盾,分别出资1.5万元,各占3%;吴海山出资18.5万元,占37%,任董事长兼总经理和法定代表人。兴海公司拥有"浙洞航210""浙洞航211""浙洞航212""浙洞航213""浙洞航214""浙洞航215""浙洞航218""浙洞航228"8艘钢质船和"浙洞渡8""浙洞渡223"2艘木质船舶,用于岛际间客渡运及旅游。

2004年4月底,吴海山因故外出,直至2008年11月回来,期间未过问兴海公司的经营活动。2006年,除吴海山、王碧宏、陈加德之外的19名股东,作出股东决议,决定将属于吴海山的2005年7至12月14497元和2006年46 200元分红暂由该19人保管,待其回公司后再归还。2007年3月7日,兴海公司叶银合、陈凯山等18名股东作出决议,称因吴海山擅自离岗,3年中,公司支撑至今,现存在很多需要马上解决的问题,为今后公司更好安全操作和管理,推选陈凯山为公司董事长。2007年3月18日,除吴海山、王碧宏、黄信金、叶永桂(叶永贵)、陈加德5人之外的兴海公司17名股东兼作双方代表(吴海荣另作为乙方代表),签订了1份《租赁协议》,以兴海公司为甲方,新起点公司为乙方,约定乙方租赁甲方钢质船8艘,木质船2艘,每年租金共3万元,租赁期暂定为3年,修理费由乙方承担,协议经各方股东签字后生效,并在协议上加盖了兴海公司的印章,新起点公司成立并刻制印章后,补盖了印章。

新起点公司的企业名称于2007年3月30日经洞头县工商部门预先核准,经营起始日期为2007年5月18日,注册资本31万元,2009年2月2日之前的股东为陈凯山、叶银合、吴海荣等18人,其中陈凯山出资10万元,为公司执行董事兼总经理和法定代表人。除吴海荣外,其余17名股东同时均系兴海公司的股东,但兴海公司股东吴海山、黄信金、叶永桂(叶永贵)、陈加德、王碧宏未在其列。2009年2月2日,陈凯山和吴鹤鹏退出新起点公司,叶银合的出资额由1.5万元增加至6万元,系新起点公司的最大股东。执行董事兼总经理和法定代表人相应变更为叶银合。新起点公司经营范围为半屏山后岛际间旅游,大巨、南策、半屏渡运;船舶租赁未经登记;由股东担任船员。吴海山外出回来后,与叶明团、周景、吴在付、叶金盾、叶志雄、周世平、陈凯山、陈后琛、吴鹤鹏、叶宋琴、吴才金、周衍程、陈时土签署了一份"中止船舶租赁函",并交新起点公司,要求终止与新起点公司之间的《租赁协议》,并由新起点公司修理、维护好船舶。

三、法院裁判

根据各方当事人的诉辩主张,本案的争议在于:一是原告是否具有诉权;二是涉案《租赁协议》是否无效;三是原告是否有权诉请要求被告将涉案船舶返回第三人。

关于第一项争议,宁波海事法院认为:首先,《合同法》第52条第2项规定,恶意串通损害第三人利益的,合同无效。利益受损害的特定的第三人有权向人民法院提起诉讼,主张合同无效。《民事诉讼法》第108条第1项所指的"原告与本案有直接利害关系",应理解为原告与本案的诉讼标的或争议的法律关系(而非标的物)有直接的利害关系。原告吴海山在兴海公司占有37%的股权,《租赁协议》效力诉争与其有直接的利害关系。其次,《公司法》第152条第3款规定,他人侵犯公司合法权益,给公司造成损失的,股东有权为了公司的利益以自己的名义直接向人民法院提起诉讼。有限责任公司的普通股东依法享有此项诉权,吴海山作为兴海公司占有37%股权的第一大股东,自当亦同。综此,原告吴海山对《租赁协议》的效力争议具有诉权。

关于第二项争议,宁波海事法院认为,《租赁协议》表面上看,已经兴海公司和新起点公司盖章,但订立当时,新起点公司未成立,印章事后补盖;兴海公司法定代表人吴海山不在,另4名股东也未在协议上签字,兴海公司的盖章行为,尚不足以代表该法人当时的意志。综此,《租赁协议》的签订应认定为协议上签字股东的意思表示。除新起点公司股东吴海荣外,其余代表双方在协议上签字的股东完全重合,所谓"双方串通"不言而喻。在吴海山本人不在的情况下,2005年下半年和2006年,尚可分红14 497元和46 200元,按出资比例计算,兴海公司该两年可用于股东分红的纯收入至少分别为78 362元和128 665元,可见涉案船舶租赁协议约定10艘船舶年租金3万元,具有相当的不合理性,损害了兴海公司其他股东的利益。吴海山作为兴海公司的法定代表人,于2004年4月底因故擅自离开,客观上确实会给公司经营管理带来不便和不利,但2005年下半年和2006年兴海公司仍在分红,且从被告新起点公司提供的兴海公司2007年3月7日的股东会决议上也可以看出,公司虽面临困难,但尚可支撑,并推选了股东陈凯山作为新的董事长。由此可见,兴海公司并未因吴海山外出而在现实上无法经营。兴海公司部分股东另行成立新起点公司,签订《租赁协议》,将公司的全部船舶以明显低的价格出租给新起点公司,经营完全相同的岛际间旅游渡运业务。综此,应当确认当事人在签订《租赁协议》当时,主观上具有恶意。依照《合同法》第52条第2项的规定,《租赁协议》应确认无效。合同无效,则自始无效,吴海山等14名兴海公司股东此后签订"关于中止船舶租赁函"并交新起点公司,不影响对《租赁协议》效力的认定。

关于第三项争议,宁波海事法院认为:《合同法》第59条规定,当事人恶意串通损害第三人利益的,因此取得的财产应当返还第三人。原告吴海山要求被告新起点公司向兴海公司返还船舶的主张,依法成立。但本案中,船舶所有权人和经营人登记为兴海公司,并未因《租赁协议》而变更,实际占有并控制船舶和船舶资料的新起点公司的股东,除吴海荣一人外,其余均系兴海公司的股东。原告吴海山此项诉讼请求,不具有强制执行的现实给付内容,船舶及船舶资料可由被告新起点公司和第三人兴海公司的股东之间自行移交处理。至于兴海公司各股东相互之间有争议的,应另行处理。

综上,依照《中华人民共和国合同法》第52条第2项的规定,判决如下:

确认2007年3月28日以第三人洞头县兴海渡运有限公司作为甲方和以被告洞头县新起点旅游有限公司作为乙方签订的《租赁协议》无效。

21 上诉人王建才、周桂荣与被上诉人文登市泽库镇滩西村村民委员会船舶租用合同纠纷案

案例来源:山东省高级人民法院(2008)鲁民四终字第109号
主题词:光船租赁合同　租期届满　诉讼时效　夫妻共同债务

> **裁判要旨**
>
> **No. CB-8.2-8**　在签订的书面租船合同约定的履行期届满后继续租用船舶,法院认定合同约定期满后的租船行为是合同约定的租船行为的延续,租金数额应参照双方的书面合同确定。
>
> **No. CB-8.2-9**　债务人部分履行债务的,应视为同意履行债务,根据最高人民法院《关于审理民事案件适用诉讼时效制度若干问题的规定》第22条,应当引起诉讼时效中断。
>
> **No. CB-8.2-10**　债权人无证据证明向债务人主张过某份租船合同的租金,在诉讼时效已届满后,债权人对该份租船合同约定的租船租金的请求权及违约金请求权超过法定诉讼时效,丧失胜诉权。
>
> **No. CB-8.2-11**　被告未能举证证明租船行为与夫妻共同生活无关,夫妻对共同债务负有共同清偿责任。

一、基本案情

上诉人(原审被告):王建才

上诉人(原审被告):周桂荣

被上诉人(原审原告):文登市泽库镇滩西村村民委员会(以下简称滩西村村委会)

青岛海事法院查明:2000年2月11日,滩西村村委会与王建才签订渔船承包合同书,合同约定:滩西村村委会将其所有的"鲁文渔2361""鲁文渔2362"船承包给王建才;滩西村村委会补3 000元由王建才自己购买卫导设备;王建才必须将船舶按季节上坞,费用自理;王建才全年向滩西村村委会交纳包金7万元整。该合同未明确约定期限,其第6条约定:年底清点物资财产,清点缺数,按价补偿给滩西村村委会。

滩西村村委会承认其未向王建才支付卫导款3 000元。

2002年7月26日,滩西村村委会与王建才重新签订合同,约定:"鲁文渔2361""鲁文渔2362"承包期为1年,到2002年年底止;全年王建才向滩西村村委会支付承包金2万元整,阳历12月底一次性付清;王建才必须将船舶按季节上坞,费用由王建才自理;如有一方违约,按1万元付给对方。

滩西村村委会承认王建才共支付了96 113.62元承包金。王建才虽辩称已向滩西村村委会多支付了10 329.45元,但未提交充分证据证明。

王建才于2008年5月11日向滩西村村委会支付了承包金5 000元。

青岛海事法院另查明:王建才与周桂荣系夫妻关系。2008年1月23日,滩西村村委会申请山东省文登市人民法院冻结了王建才、周桂荣在文登市农村信用合作联社泽库信用社的存款15 000元及在文登市邮政局的存款52 500元。

二、一审裁判

青岛海事法院认为,2000年及2002年,滩西村村委会与王建才签订的两份合同是双方的真实意思表示,该两份合同合法有效,双方均应按合同的约定履行自己的义务。

滩西村村委会、王建才对2000年合同的期限存在争议:滩西村村委会认为,该合同没有约定期限,2001年双方继续履行该合同,王建才应按该合同履行义务。王建才根据合同第6条的约定,认为"年底清点物资财产,清点缺数按价补偿给滩西村村委会"的约定,可以理解为合同期限为到年底结束,2001年双方又重新签订合同。青岛海事法院认为,该合同第6条只是对船上物资财产的约定,不能理解为合同终止的条款。根据《中华人民共和国合同法》第232条的规定,滩西村村委会、王建才双方对船舶租赁期限约定不明确时,应视为不定期租赁,2001年王建才继续使用滩西村村委会所属的"鲁文渔2361""鲁文渔2362"船,滩西村村委会也未要求王建才返还船舶,应视为双方以实际行动继续履行2000年签订的合同。王建才虽辩称,2001年滩西村村委会、王建才双方重新口头订立了新的合同,但未提交证据予以证明,对其主张不予支持,王建才应当按2000年双方签订的合同内容向滩西村村委会履行义务,即2000年、2001年王建才均应按合同约定向滩西村村委会支付船舶租金70 000元。滩西村村委会未向王建才支付合同约定的用于购买船用卫导的款项3 000元,也属违约,因合同未约定违约责任,该款项应从王建才应支付的船舶租金中予以扣除。因王建才已向滩西村村委会支付了96 113.62元租金,王建才还应向滩西村村委会支付租金40 886.38元。

根据2002年双方签订的合同,王建才应于2002年12月底向滩西村村委会付清船舶租金2万元,王建才至今未付,已构成违约,应按该合同约定向滩西村村委会承担违约责任,即向滩西村村委会支付违约金1万元。

王建才于2008年5月11日向滩西村村委会支付了承包金5 000元,该款项应从上述应向滩西村村委会支付的租金中予以扣除。

关于诉讼时效问题。滩西村村委会称历年来多次找王建才索要上述款项,因王建才于2008年5月11日最后一次向滩西村村委会支付了租金,可以证实滩西村村委会在起诉前一直在向王建才索要上述款项,因此,本案并未超过诉讼时效,青岛海事法院对王建才关于本案已过诉讼时效的主张不予支持。

因王建才与周桂荣系夫妻关系,王建才因经营渔船而对外所负的债务应以夫妻共同财产进行清偿,因此,周桂荣与王建才对上述款项承担共同清偿责任。

滩西村村委会称为王建才垫付渔船上坞费12 339.83元,并要求王建才、周桂荣进行赔偿的诉讼请求,因证据不足,法院不予支持。

根据《中华人民共和国合同法》第107条及第114条的规定,判决:

一、王建才与周桂荣于本判决生效之日起10日内向文登市泽库镇滩西村村民委员会支付船舶租金55 886.38元及自2003年1月1日起至实际支付之日止按同期银行贷款利率计算的利息;

二、王建才与周桂荣于本判决生效之日起10日内向文登市泽库镇滩西村村民委员会支付违约金1万元;

三、驳回文登市泽库镇滩西村村民委员会的其他诉讼请求。如果王建才、周桂荣未按本判决指定的期间履行给付金钱义务,应当依照《中华人民共和国民事诉讼法》第232条之规定,加倍支付迟延履行期间的债务利息。案件受理费1 880元,减半收取940元,由文登市泽库镇滩西村村民委员会负担196元、王建才、周桂荣共同承担744元;保全费695元由王建才、周桂荣共同负担。

三、上诉与答辩

上诉人王建才不服上述判决,上诉称:(1)原审法院认定王建才2001年应向滩西村村委会支付租金7万元的事实缺乏证据证实。王建才于2000年2月份与滩西村村委会签订船只承包合同,当时约定租期为1年,年租金为7万元,王建才共交付了当年租金73 113.62元,并且双方在合同当中约定,滩西村村委会支付王建才导航仪款3 000元,但滩西村村委会未按合同履约,构成违约。2001年双方经协商,王建才继续租赁"鲁文渔2361号""鲁文渔2362号"渔船,同时口头约定租期为1年,年租金为5万元,船只的修理费由村委会负责,王建才垫付的修理费可抵顶租金。2001年的滩西村村委会法人代表刘昌文及其他村委会委员属于本案关键证人,而且滩西村村委会在原审庭审中认可合同一年一签,但鉴于本案的特殊性以及农村的实际情况,证人无法出庭作证,王建才提供的上述证据构成关联证据,可以证实2001年实际租金为5万元。在合同履行中,王建才垫付了修理费46215.83元,另外支付了租金1万元,王建才支付的费用已超出了租金的数额,对于多垫付的费用,上诉人王建才也保留了要求滩西村村委会返还的权利。(2)原审法院认定王建才2002年应向滩西村村委会支付违约金1万元缺乏事实依据。2000年王建才多支付了1万多元的租金,而且在2002年的合同履行当中,王建才不存在违约的情况,同时提供了2002年滩西村村委会法人代表丛日泽的证人证言,以证实2002年合同的具体履行情况,及王建才不存在违约行为。另外,在2002年的合同履行中,不管王建才是否违约,由于滩西村村委会违约在先,不应判决王建才向其支付违约金,且滩西村村委会要求王建才承担违约金的请求,均超过了法律规定的诉讼时效。(3)原审法院认定周桂荣应作为本案被告参加诉讼缺乏法律依据。与滩西村村委会发生合同关系的主体为王建才,周桂荣与本案无关联,不应作为本案被告参加诉讼,请求二审驳回对周桂荣的诉讼请求。(4)本案超过法定的诉讼时效期限。本案发生的时间在2000年至2002年,从2002年至今到历任村委会从未向王建才索要过任何款项,不管王建才是否应支付村委会款项,本案均超过法定的诉讼时效期限。另外,王建才于2008年5月份向滩西村村委会支付了5000元的事实,是因为滩西村村委会以其他情况为由,擅自给王建才的养殖场的生活用电停电,造成很大的损失,王建才在不得已情况下才向滩西村村委会支付了5000元,以减少自己的损失。所以对于该5000元的支付与承包船只无关,不应成为王建才对欠款事实的认可及未超过诉讼时效的理由。请求二审法院撤销一审判决第一、二项,驳回滩西村村委会的相关诉讼请求。

滩西村村委会辩称:原审判决事实清楚,适用法律正确,请求二审法院依法驳回王建才的上诉,维持原判。

四、二审裁判

山东省高级人民法院查明的事实与原审法院一致。

法院认为,根据王建才、周桂荣的上诉请求及滩西村村委会的答辩,本案存在五个焦点问题:(1)2001年王建才应向滩西村村委会支付租金数额如何认定。(2)王建才是否应向滩西村村委会支付2002年违约金1万元。(3)王建才提出将其发生的修船费等相关费用与双方租船费用及违约金相互抵消的主张能否成立。(4)本案是否超过诉讼时效。(5)周桂荣作为本案被告参加诉讼是否正确。

关于第一个问题。2000年王建才和滩西村村委会签订了书面租船合同,2001年王建才继续租用滩西村村委会所属的"鲁文渔2361""鲁文渔2362"船,实际履行了2001年的租赁行为,应认定2001年租船行为是2000年租船行为的延续,因此2001年租金数额应参照 2000 年双方的书面合同确定。王建才主张"2001 年双方口头订立了新的合同,改变了 2000 年合同条款即租金数额,以及对于租船租金应当逐年减少,2001 年租船租金应高于 2002 年书面约定的数额,低于 2000 年书面约定的数额"的上诉理由,因滩西村村委会不予认可,其又未提供证据支持,法院不予采信。

关于第二个问题。2000 年王建才向滩西村村委会支付了 96 113.62 元租金,其中支付了第一年即 2000 年约定的租金 7 万元,多支付的 26 113.62 元,应当视为缴纳了 2001 年实际发生的部分租金。2002 年王建才与滩西村村委会重新签订租船合同后未按约定缴纳租船租金构成违约,理应支付违约金 1 万元。王建才主张 2002 年滩西村村委会法人代表丛日泽的证人证言证实王建才履行 2002 年租船合同中未违约,由于丛日泽未出庭接受法庭质询,法院对该份证人证言不予采信。

关于第三个问题。王建才主张双方口头约定船舶修理费由滩西村村委会承担,认为应当将滩西村村委会原法定代表人签字的相关修理费与本案涉及的租船租金等相互抵消,由于庭审中滩西村村委会否认存在口头约定,滩西村村委会前法定代表人未出庭接受质询,无法证明修理费与本案租金的关联关系,王建才关于修理费与租船租金相互抵消的主张,法院不予支持。

关于第四个问题。2000 年、2002 年滩西村村委会及王建才签订了书面租船合同,2001 年双方虽未签订书面合同,但以实际履行了租船行为,双方在原审庭审中亦认可租船合同系"一年一定",故双方依据 3 份租船合同,形成了 3 笔债权债务关系,对于诉讼时效的分析,亦应当结合每年的履行情况进行。

关于 2001 年租船合同的诉讼时效问题。王建才于 2008 年 5 月 11 日向滩西村村委会缴纳了 5 000 元承包金,虽然王建才主张承包金系由于滩西村村委会威胁将养貂场停电,为减少个人损失被迫向滩西村村委会缴纳的,与租船合同无关,但王建才未提交证据证明,滩西村村委会予以否认,本院对王建才缴纳承包金与租船合同无关的主张不予支持,故王建才缴纳承包金系自愿履行船舶租用合同的行为。2000 年双方的租船合同已全面履行,故王建才缴纳的承包金应视为履行 2001 年或者 2002 年租船合同。二审调查中,滩西村村委会明确王建才所缴纳的承包金系履行 2001 年租船合同,后撤回该主张,但未提供证据支持。法院认为,双方依照时间顺序签订了 3 份合同,履行时亦应按时间顺序履行,滩西村村委会提出王建才缴纳承包金系为履行 2001 年租船合同的主张,结合双方租船合同一年一签的实际情况,应当认定王建才缴纳 5 000 元承包金系自愿履行 2001 年双方的租船合同。根据最高人民法院《关于审理民事案件适用诉讼时效制度若干问题的规定》第 22 条,应当引起诉讼时效中断,王建才应向滩西村村委会承担欠付的 2001 年承包金剩余部分 35 886.38 元的民事责任。

关于 2002 年租船合同诉讼时效问题。由于滩西村村委会无法提供向王建才催收承包金的证据,2002 年双方签订租船合同的诉讼时效已届满。故滩西村村委会对于 2002 年租船合同约定的租船租金的请求权及违约金请求权超过法定诉讼时效,丧失胜诉权。

光船租赁合同・租期届满・诉讼时效・夫妻共同债务

关于第五个问题。王建才、周桂荣无法举证租船行为与夫妻共同生活无关，故周桂荣对于共同债务负有共同清偿责任，对于周桂荣不应成为诉讼当事人的主张，法院不予支持。

综上，王建才、周桂荣上诉理由部分成立，原审判决就诉讼时效问题未全面查清，应予纠正。依照《中华人民共和国民事诉讼法》第153条第1款第3项之规定，判决如下：

一、维持青岛海事法院(2008)青海法石海商初字第61号民事判决第3项；

二、撤销青岛海事法院(2008)青海法石海商初字第61号民事判决第2项；

三、王建才与周桂荣自本判决生效之日起10日内向文登市泽库镇滩西村村民委员会支付船舶租金35 886.38元及自2003年1月1日起至实际支付之日止按同期银行贷款利率计算的利息。

22 原告彭梅生、卢惠文与被告黄祥船舶租赁合同纠纷案

案例来源：广州海事法院(2001)广海法商字第49、50号

主题词：光船租赁合同　合同效力　船舶证书

裁判要旨

No. CB-8.2-12　在光船租赁合同项下，船舶租赁合同的出租人是否船舶所有人，并不影响租船合同的效力。虽然出租人未能证明其为船舶所有人，但将其占有的船舶按约定交付承租人使用，无证据证明有第三人主张该行为侵犯其合法权利，因光船租赁合同未办理登记手续，不能对抗善意第三人，但对合同当事人具有约束力。出租人依约将船舶交给承租人使用，承租人应依照合同约定支付租金。

No. CB-8.2-13　租船协议约定，出租人交船给承租人使用时，应保证船只各种正常运作及交付船只有关证书。出租人在交船时已交付船舶的船舶检验证书簿、船舶签证簿等基本船舶证书，虽然承租人在租期内因船舶证书不齐，一度不能航行香港，但租船协议没有明确船舶航行区域及原告应交付哪些证书，法院认定出租人已经履行了交付船舶证书的义务。承租人不得以出租人提供的船舶证书不齐为由拒绝支付船舶租金。

一、基本案情

原告（反诉被告）：彭梅生

原告（反诉被告）：卢惠文

被告（反诉原告）：黄祥

原告彭梅生、卢惠文诉称：1997年10月8日至1998年10月8日，两原告将自有的水泥自卸沙船出租给被告使用，租期1年，约定每月租金2.5万元。扣除已支付的租金

6万元和押金5万元,被告尚拖欠租金19万元。请求判令被告黄祥支付租金19万元及从1998年10月8日至1999年7月6日止的利息。

被告黄祥答辩并提起反诉称:两原告不能证明其有权出租"东航146"号船,双方签订的租船协议无效。被告多次向两原告提出,两原告向其交付的船舶证书不齐,导致被告无法在内地和香港水域航行。两原告要求被告代其办理航行证书。被告于1998年6月办好合法航行的手续和证书,证书刚办齐,两原告就强行收回船舶。1997年10月至1998年6月,被告承租的船舶不能正常航行。请求驳回两原告的诉讼请求,判令两原告赔偿因提供船舶证书不全及船舶质量问题造成的船舶不能航行期间的船员工资99 870元、修船费35 500元、验船费、办证费、监督费37 535元,返还已交的租金6万元和押金5万元。

二、法院查明的事实

广州海事法院认定了以下事实:1997年10月8日,原告彭梅生、卢惠文和被告黄祥签订了一份租船协议。约定被告承租两原告水泥自卸沙船"东航146"号;租期1年,自1997年10月8日至1998年10月8日止;租金每月5 000元,每月8日前支付;被告在协议第一天要交给两原告押金5万元,租期届满时,两原告把押金归还被告。在承租期内,该船如有损坏,被告要修理好。两原告在向被告交船时,应保证船只各种正常运作及交付船只有关证书。原、被告均确认该合同为光船租赁合同,没有办理登记手续。租船协议签订后,两原告收到被告押金5万元,把涉案船舶交给被告使用,并于1998年10月8日收回。两原告向被告交船时,双方没有对船舶证书的交接情况作出记载。被告向两原告支付了租金6万元。合议庭对上述事实予以确认。

两原告称:向被告交船时提供了船舶检验证书簿、营运证、签证簿、海关监管簿、国籍证书、航行港澳船舶查验簿、轮机日志、航行日志、航行港澳船舶证明书、通行证、船章、黄卡(预防接种证书)、除鼠证书、除虫证书、卫生证书、船舶出入境检疫书、运输许可证。被告对原告提供的证据1至证据12的真实性予以确认,但认为其中在租赁开始后取得的证书均是由被告办理的。两原告没有对此提出异议。被告称只收到船舶签证簿、船舶检验证书簿、5份过期的海员通行证。结合以上证据,合议庭认定两原告交船时已向被告交付"东航146"号的船舶签证簿、船舶检验证书簿、海员通行证。其中,根据东莞船舶检验处1997年6月28日签发的"东航146"号船舶检验证书簿,适航证书有效期限为1997年6月28日至1998年3月3日。被告称接船后多次向两原告反映船舶证书不齐,没有证据支持,不予采信。鉴于两原告向被告交付了船舶,被告在接受了船舶及相关证书后,没有在适当时间内提出两原告没有完全履行交付船舶证书的异议,合议庭认为可以推定两原告向被告履行了交付船舶证书的义务。租期开始后有关证书由被告办理。

被告称:1998年3月11日在东莞港监年检发现两原告提供的船舶检验证书记载的数据与两原告交付的船舶不符,被迫在1998年4月20日通过东莞市航运公司向东莞市交通局填写新建船舶呈批表,旧船当成新船重新办理了手续。被告提供的新建船舶呈批表记载:"东航146"号为自卸沙船,水泥船质,主机型号吉野,数目2,马力240KW×2,总长49.04米,首尾柱长39.98米,最大宽9.4米,最大深3.2米,船舶吃水满载2.3米,空船1.2米,船舶总吨280吨,装载吨位280吨。"东航146"号1997年6月28日及1998年3月11日取得的船舶检验证书均记载:该船总长43.3米,两柱间长39.98米,型宽8.8米,型深2.8米。1997年船舶证书簿记载满载吃水为艏2.27米、艉2.27米,空载为艏0.77米、艉1.59米;主机为6160A-13一台,额定功率164KW。1998年内河船舶检验证书簿记载:该船满载吃水2.24米,主机为gardner 2台,额定功率264.60KW。新建船舶呈批表记载的船舶数据与1997年"东航146"号的船舶检验证书的记载确有出入。但"东航146"号1998年的船舶检验证书中记载的总长、两柱间长、型宽、型深等数据均与新建船舶呈批表中记载的数据不一致,而与"东航146"号1997年船舶检验证书的记载相同。被告称港监发现船舶数据不一致,后出于照顾性质,按原来记载发给其船舶检验证书,但未能举证证明该主张,故合议庭对被告关于两原告提供虚假船舶证书的主张不予采信。

开庭后被告向本院提供东莞市航运公司出具的证明,称"我司在1998年3月发现'东航146'号的船舶检验证书与船舶实际不符,于同年4月20日向市交通局申请以新建船舶的名义重新核发检验证书"。该份证据在举证期限后提供,被告没有说明未在举证期限内提供的正当理由,合议庭对该份证据不予认定。

被告另提交1999年8月6日广东沙石联合有限公司出具的证明载明:该司为"东航146"号的香港船务代理。该船于1998年期间由于有关证书不齐全,无法申办香港航线许可证等证书。该船于1998年3月10日及3月13日前后两次运沙到屯门,由于以上证书不齐全,多次被香港水警押运回大陆水域。东莞市航运公司1999年8月16日出具证明,称"兹有我司'东航146'号,是运沙船。由于该船本身内航证书不全,无法办理出港航行证书,所以曾在1998年3月9日到我司办理停航手续并说明等办理好全部航行证书后再申请起航"。被告提供的上述两份证据能够相互印证,合议庭予以采信,认定"东航146"号在1998年3月份因证书不齐全不能办理航行香港的手续。

两原告称:其为"东航146"号的所有人,挂靠东莞市航运公司,并提供了以下证据:(1)1997年9月18日叶向阳出具的证明,称其将水泥结构自卸沙船一艘永久性转让给彭梅生使用,船名"东航146"号;(2)2000年2月15日中山市黄圃船务公司黄阜波、罗容炳与两原告签订的船舶转让合同一份,该合同记载两原告将"东航146"号转让给黄阜波、罗容炳,转让费333 380元。同日彭梅生出具收到黄阜波、罗容炳二人"东航146"号转让费333 380元的收据一份;(3)2000年2月15日中山市黄圃船务公司向东莞市航运公司出具的证明记载:该司职工黄阜波前往东莞市航运公司承购"东航146"号,请办理过户手续。

两原告称:该船从叶向阳处购得,但两原告不能证明其提供的叶向阳的证明确系叶向阳所写,也没有证据显示叶向阳曾为该船的所有人。两原告提供的其于2000年将船舶转让给他人的证据,不能证明其在本案所涉租船协议签订时是"东航146"号的所有人,对两原告提供的上述证据,合议庭不予采信。太平港务监督1997年7月22日签发的"东航146"号船舶国籍证书和东莞船舶检验处1997年6月28日签发的"东航146号"船舶检验证书簿均记载,船舶所有人为东莞市航运公司。故,合议庭认为两原告提供的证据不能证明其为"东航146"号的所有人。

被告为证明两原告提供的船舶证书不齐对其造成的损失,提供了以下证据:(1) 东莞市港务监督局1998年5月8日出具的广东省行政事业性收费统一收据,载明收到"东航146"号验船费240元、工本费125元。(2) 广东省船舶检验局东莞分局船舶检验科1999年7月28日出具的证明,载明"东航146"号于1998年3月11日在东莞港进行了检验,同年6月8日交验船费,领取船舶检验证书。(3) 东莞市港务监督局1998年6月8日出具的广东省行政事业性收费统一收据两份,载明收到"东航146"号验船费2 115元、差旅费8元及工本费675元。(4) 东莞市港航企业收据9份,均加盖现金收讫章,分别载明:1997年10月13日收到"东航146"号1万元;11月25日收到2 000元;12月1日收到4 000元;12月11日收到代办查验簿费200元;12月25日收到4 000元;1998年1月20日收到4 000元;2月12日收到4 000元;3月5日收到治安费200元;3月5日收到4 000元。(5) 东莞市航运公司2000年4月26日出具证明,证明该司"东航146"号自1997年10月以来,一切证书均由被告办理(包括1998年度的航行港澳证明书)。(6) 广东沙石联合有限公司收款收据两份,分别载明:1997年11月18日收到"东航146"号1997年11月份港务监督统缴费(广沙公司代)1 000元;1998年3月31日收到"东航146"号3月份口岸费港币1 000元。

上述证据能够相互印证,合议庭予以采信。据此认定,被告在租赁"东航146"号期间支出验船费3 163元、查验簿费200元、治安费200元、港务监督统缴费1 000元、口岸费1 000港元及其他费用32 000元。

被告提交了1997年11月18日广东沙石联合有限公司妈湾办林宏谋发给"东航146"号的便函,称"穗海眸348"船胡先生已帮你船代付《免予除鼠证书》费250元,请付胡先生250元。该证据只有个人签名,而且被告不能证明该人身份,对该份证据,合议庭不予采信。

被告提供的"东航146"号1997年至1998年工资表记载,向李满枝、温明惠、叶刘标等9名船员支付1997年10月至1998年1月的工资共50 520元。两原告对该工资表提出异议,认为制表人、会计、出纳都没有签名,对其数额不予确认。合议庭认为,虽然"东航146"号1997年至1998年工资表中制表人、会计、出纳都没有签名,但船员均在工资表上签字确认收到了工资,对被告提供的该份证据予以采信。"东航146"号1998年2月至10月的9份工资表显示:1998年3月10日向梁志超、李满枝、梁锡谦、温明惠、吴东诺等五名船员支付了2月份工资共12 500元;4月4日向梁锡谦、李满枝、温明惠、吴东诺等5名船员发放了3月份工资8 000元;5月5日向梁锦洪、梁锡谦、李满枝、温明惠、吴东诺等5名船员支付了4月份工资共9 900元;6月15日向梁锦洪、李满枝、温明惠、温沃论、吴东诺、梁锡谦、翁车良等 7 名船员支付了 5 月份工资共 10 450 元;7 月 9 日向梁锦洪、李满枝、温明惠、吴东诺等 4 名船员支付了 6 月份工资 8 500 元。两原告对上述工资表没有提出异议,合议庭予以采信。上述工资表表明,被告 1997 年 10 月至 1998 年 6 月共支付船员工资 99 870 元。

被告称两原告提供的船舶存在质量问题导致其为修船花费 35 500 元,但没有提供相应证据,不予采信。

三、法院裁判

广州海事法院认为:本案为光船租赁合同纠纷。两原告与被告签订的租船协议是当事人真实的意思表示。虽然两原告未能证明其为船舶所有人,但船舶租赁合同的出租人是否船舶所有人,并不影响租船合同的效力。本案两原告将其占有的船舶按约定交付被告使用,无证据证明有第三人主张该行为侵犯其合法权利。被告认为两原告没有出租权,但没有举证证明。被告的合同无效的主张没有依据,不予支持。该份光船租赁合同未办理登记手续,不能对抗第三人,但在原、被告之间具有约束力。

《租船协议》约定,两原告在交船给被告使用时,应保证船只各种正常运作及交付船只有关证书。两原告在交船时已向被告交付"东航 146"号的船舶检验证书簿、船舶签证簿等基本船舶证书。虽然被告在租期内因船舶证书不齐,一度不能航行香港,但《租船协议》没有明确船舶航行区域及原告应交付哪些证书,应当认定两原告已经履行了交付船舶证书的义务。被告以两原告提供的船舶证书不齐为由拒绝支付船舶租金,并要求两原告赔偿其工资支出、验船费、办理通行证费、监督费等费用,缺乏事实依据,不予支持。被告称两原告提供的船舶存在质量问题,使其支出了修船费,但没有提供证据证明该主张,对被告该项诉讼请求,不予支持。被告要求退还已支付的租金和押金无理,不予支持。两原告依约将船舶交给被告使用,被告应依照合同约定支付租金。扣除已交纳的租金 6 万元和押金 5 万元后,被告尚拖欠租金 19 万元,该债务已过清偿期限,应支付两原告。两原告请求被告支付拖欠租金自 1998 年 10 月 8 日起至 1999 年 7 月 6 日按中国人民银行同期流动资金贷款利率计算的利息,符合法律规定,应予支持。

依照《中华人民共和国民法通则》第 111 条的规定,判决如下:

一、被告黄祥支付原告彭梅生、卢惠文租金 19 万元及利息(从 1998 年 10 月 8 日起,至 1999 年 7 月 6 日止,按中国人民银行同期流动资金贷款利率计算);

二、驳回被告黄祥的诉讼请求。

8.3 船舶融资租赁合同纠纷

23 原告湖北某国际融资租赁有限公司与被告宁波某海运有限公司海事债权确权纠纷案

案例来源:宁波海事法院(2012)甬海法权字第 5 号
主题词:船舶融资租赁合同　售后回租　违约责任

> **裁判要旨**
>
> **No. CB-8.3-1** 对于以售后回租方式订立的船舶融资租赁合同,法院确认有效,并据此认定承租人未按合同约定支付租金构成违约,承租人应支付租金及其延付利息、罚息,并承担为实现债权而支出的诉讼费用、律师代理费。承租人预先支付的保证金等,可以冲抵其欠付的租金。

一、基本案情

原告:湖北某国际融资租赁有限公司(以下简称某某融资租赁公司)

被告:宁波某海运有限公司(以下简称某海运公司)

原告某融资租赁公司起诉称:原告与被告某海运公司于 2010 年 12 月 16 日签定了编号为鄂租(回)字第 20101006 号融资租赁合同及附件。根据合同约定,被告以售后回租的方式向原告融资 230 万元,即原告根据被告的要求以 230 万元受让价购买被告自有的"联合 8"轮(即租赁物),并同时将该船出租给被告使用。融资租赁期限为 12 个月,起租日为 2010 年 12 月 17 日,租期月利率为 6.1‰(在租赁期内,如遇央行调整贷款基准利率,则主合同月利率进行同幅度调整),还款方式为按月本息等额偿付租金。同时还约定,如被告未按期偿付租金,除支付延付利息外,还应按日万分之五支付罚息,并承担原告为实现债权产生的所有费用(包括但不限于诉讼费用、律师费等)。合同签订后,原告向被告支付了租赁物转让款 230 万元,被告根据合同向原告支付了租赁保证金 20 万元和租赁手续费 16 万元。之后被告未支付任何一期租金,严重违反了合同约定。故原告诉请法院判令:(1)确认原告对被告"联合 8"轮享有 295 万元的债权(其中租金在扣除 20 万元保证金后为 2 202 878.26 元;延付利息及罚金计算至 2012 年 5 月 30 日分别为 185 115.33 元和 398 448.94 元,此后延付利息和罚息应计算至判决生效之日止;律师费 5 万元)(2)被告支付原告 295 万元;(3)被告支付原告债权登记费 1 000 元并承担本案诉讼费。庭审中,原告放弃第二项诉请请求。

被告某海运公司未提交书面答辩,也未提供证据。

二、法院查明的事实

宁波海事法院认定了下列事实:2010 年 12 月 16 日,原告与被告签订《融资租赁合同》(内含《回租设备所有权转让协议》)1份,双方约定:被告将其所有的"联合8"轮多用途船以230万元转让给原告,被告再以回租的方式使用该轮;起租日为原告支付转让款之日,租赁期限为12个月,租金每月等额支付,租金月利率6.1‰,如遇人民银行调整贷款基准利率,则月利率进行同幅度调整,第一期租金偿付日为起租日所在月后第一个月之当日,以后每月对应日偿付租金,具体偿付金额以原告计算和编制具体的"租金偿还计划表"为准;履约保证金为20万元,租赁手续费为16万元,名义货价为667元,原告可在支付租赁物转让款时扣收保证金和手续费,且原告有权以保证金冲抵被告应该支付给原告的任何欠款;如被告未按期偿付租金,除要支付延付利息外,还应按日万分之五支付罚息,并承担原告为实现债权产生的所有费用,包括但不限于诉讼费、律师费等。同月17日,原告在扣除保证金及租赁手续费36万元后,向被告实际支付196万元转让款,但双方未办理船舶所有权转让登记。被告收到融资款后,未按约定向原告支付任何一期租金,原告诉至法院为此支付律师费5万元。

宁波海事法院另查明,中国人民银行于2010年12月26日、2011年2月9日、4月6日、7月7日分4次上调了一年期贷款基准利率,上调幅度均为0.25%,涉案租金月利率同期上调至6.3‰、6.6‰、6.9‰、7.1‰。

三、法院裁判

宁波海事法院认为:原告某融资租赁公司与被告某海运公司之间系融资租赁合同关系,融资租赁方式属于售后回租业务,双方当事人所签订的《融资租赁合同》意思表示真实、内容合法,宁波海事法院依法确认有效。原告在合同签订后已依约向被告支付了租赁物转让价款,但被告未按合同约定支付任何一期租金,显属违约,原告有权要求被告立即支付租金及其延付利息、罚息,并承担为实现债权而支出的诉讼费用、律师代理费。被告拖欠原告12期租金共2402878.26元,原告主张将被告支付的20万元保证金冲抵租金后尚欠2202878.26元,宁波海事法院予以支持,但原告主张的延付利息和罚息计算方式有误,应予纠正。经重新计算,截至2011年12月17日,被告应支付原告延付利息92851.84元、罚息201119.4元。综上,对原告诉请有理部分,宁波海事法院予以支持。依照《中华人民共和国合同法》第107条、第248条,《中华人民共和国海事诉讼特别程序法》第116条,最高人民法院《关于适用〈中华人民共和国海事诉讼特别程序法〉若干问题的解释》第87条,《中华人民共和国民事诉讼法》第130条的规定,判决如下:

确认原告湖北某国际融资租赁有限公司对被告宁波某海运有限公司享有融资租金2202878.26元及延付利息和罚息(计算至2011年12月17日延付利息为92851.84元、罚息为201119.4元,从2011年12月18日起至本判决生效之日止,以2202878.26元为本金,延付利息按月利率7.1‰、罚息按日万分之五计付)、律师代理费5万元、债权登记申请费1000元的债权,上述款项可从"联合8"轮拍卖价款中依序受偿。

9. 船员劳务合同纠纷

9.1 法律适用

1 上诉人李宝森与被上诉人颜维兵船员工资纠纷案

案例来源:山东省高级人民法院(2009)鲁民四终字第101号
主题词:船员劳务合同　自然人雇主　法律适用

> **裁判要旨**
>
> **No. CB-9.1-1**　《中华人民共和国劳动合同法》《中华人民共和国工伤保险条例》《非法用工单位伤亡人员一次性赔偿办法》和劳动与社会保障部《关于确立劳动关系有关事项的通知》,均是调整用人单位与劳动者之间的劳动关系的法律、法规、部门规章,不适用于自然人之间形成的劳务合同关系。自然人之间的劳务合同关系属于广义的雇佣关系,应由普通民事法律调整。

一、基本案情

上诉人(原审被告):李宝森
被上诉人(原审原告):颜维兵
青岛海事法院查明,颜维兵与李宝森于2007年3月口头达成雇用协议,颜维兵自2007年3月16日起即依据双方的口头协议为李宝森提供劳务。2007年8月20日,颜维兵与李宝森补签了书面的劳务合同。劳务合同载明:

1. 招用颜维兵的工作内容及期限:(1) 李宝森招用颜维兵从事海上捕捞工作。(2) 合同期限:自2007年3月16日起至2009年3月16日止。

2. 工资报酬:(1) 颜维兵的年工资为3万元。(2) 李宝森每月将月工资的一半汇入颜维兵的账卡,余款年终一次性付清等。

2007年10月2日,颜维兵收到李宝森支付的工资4500元。

2007年12月24日,李宝森给颜维兵发出解除合同通知书,通知书中载明:现因朝鲜方面的原因,李宝森与朝鲜不能共同捕捞,而且造成李宝森停产,虽经多次交涉,最终未有结果。为此,李宝森与颜维兵双方签订的劳务合同,现确实无法履行。根据双方签订的"劳务合同"第6条第2项的规定:"在李宝森发生严重亏损或者关闭、停产、转产、确实无法履行本合同时,李宝森有权解除合同",为此,李宝森根据上述合同约定,依据《合同法》第93条、第96条的规定,提出解除合同。

颜维兵同意自收到解除合同通知书之日起,双方解除合同。

二、一审裁判

青岛海事法院认为:颜维兵与李宝森之间签订的劳务合同的性质实际为雇佣合同,该合同成立并有效。李宝森雇用颜维兵从事海上捕捞工作,并且订明了合同期限,则颜维兵从事捕捞作业并根据李宝森指示从事与捕捞相关的工作,李宝森应当依据合同向颜维兵支付工资。合同中载明雇用自 2007 年 3 月 16 日开始,且颜维兵自 2007 年 3 月 16 日起开始为李宝森提供劳务,则李宝森应当自 2007 年 3 月 16 日起向颜维兵支付工资。2007 年 12 月 24 日,李宝森向颜维兵发出解除合同通知书,且颜维兵同意自收到解除合同通知书之日起双方解除合同,则 2007 年 12 月 24 日应视为双方协议解除合同之日,自该日起,双方权利义务关系终止,李宝森无须再向颜维兵支付工资。因此,颜维兵要求李宝森支付 9 个月工资的主张成立,青岛海事法院予以支持。颜维兵的年工资标准为 3 万元,则李宝森应当向颜维兵支付 9 个月工资共计 22 500 元,扣除李宝森已支付的 4 500 元,李宝森还应当向颜维兵支付 18 000 元。根据《中华人民共和国合同法》第 91 条、第 93 条、第 109 条的规定,判决:

李宝森支付颜维兵工资 18 000 元,自本判决生效之日起 10 日内付清。逾期则双倍支付迟延履行期间的债务利息。案件受理费人民币 250 元,由李宝森负担。

三、上诉与答辩

李宝森不服原审判决,上诉称:(1)双方形成广义的雇佣关系,该雇佣关系应受《劳动合同法》调整,李宝森作为自然人,招用颜维兵从事海上捕捞工作,没有营业执照,也未依法登记备案,不是合法的用工主体,双方虽然签订了劳务合同,但是属于非法用工,合同是违法的。根据《劳动合同法》的相关规定,李宝森不应依据合同向颜维兵支付工资。(2)双方于 2007 年 8 月 26 日签订的合同,合同载明的合同期限为 2007 年 3 月 16 日至 2009 年 3 月 16 日,由于当时颜维兵将船扣在海上,强行要求李宝森签订合同的起始日期为 2007 年 3 月 16 日,实际合同签订日期为 2007 年 8 月 26 日。合同签订后,颜维兵并没有立即从事海上捕捞和运输工作,双方之间的劳动关系应从颜维兵从事海上捕捞之日起建立。因此,一审法院认定的自 2007 年 3 月 16 日双方之间建立劳动关系是不正确的。关于工资标准计算问题,李宝森与颜维兵签订合同的目的是招用颜维兵从事海上捕捞和运输工作,双方之间约定的年工资标准是针对从事海上捕捞和运输工作的。合同签订后,颜维兵并不是所有的出勤时间都是从事海上捕捞和运输工作,而是一直看船并没有出海捕捞和运输,李宝森已经就颜维兵付出的劳动支付了劳动报酬。颜维兵主张年工资标准为 3 万元,按合同约定的年工资计算是不合理的,且一审法院没有对此事实予以审查,损害了李宝森的合法权益。综上,李宝森请求二审法院撤销一审判决并予以改判。

被上诉人颜维兵答辩称:原审判决认定事实清楚,适用法律正确,二审法院应维持原审判决。

四、二审裁判

二审查明的事实与一审查明的一致。

山东省高级人民法院认为,根据李宝森的上诉及颜维兵的答辩,本案争议的焦点问题:一是李宝森与颜维兵之间系何种法律关系;二是颜维兵工资的计算期间和标准如何认定。

关于焦点一,李宝森与颜维兵签订了书面劳务合同,合同约定颜维兵从事海上捕捞工作,李宝森向颜维兵支付劳动报酬,该劳务合同关系发生在自然人之间,符合民事法律调整的雇佣关系法律特征,并且,李宝森上诉中认可双方形成的是广义的雇佣法律关系,青岛海事法院认定双方形成雇佣合同法律关系并无不当。双方签订的劳务合同不违反法律、法规的强制性规定,是有效的。《劳动合同法》调整用人单位与劳动者之间的劳动合同关系,《工伤保险条例》《非法用工单位伤亡人员一次性赔偿办法》和劳动与社会保障部《关于确立劳动关系有关事项的通知》,均调整用人单位与劳动者之间的劳动关系,从本案查明的事实看,上述相关法律规定不适用本案。李宝森关于其与颜维兵之间形成的广义雇佣关系根据上述《劳动合同法》等相关规定无效,不应向颜维兵支付工资的上诉理由不成立,山东省高级人民法院不予支持。

关于焦点二,本案劳务合同是 2007 年 8 月 20 日签订的,合同约定的用工起始日期为 2007 年 3 月 16 日,合同约定用工日期早于合同签订日期,证明合同签订时李宝森认可颜维兵从 2007 年 3 月 16 日从事海上捕捞及与海上捕捞相关的工作,包括看船、送船等,李宝森庭审时认可颜维兵看过船,但认为看船不属于海上捕捞作业,不应按照合同约定标准计算,应按照每天 40 元计算劳动报酬,因李宝森既未提交证明颜维兵实际工作情况方面的证据,也未提交计算依据,山东省高级人民法院对李宝森的抗辩理由不予支持。颜维兵主张根据合同约定从事了出海、看船、修网、送船等与海上捕捞相关的各项工作,合同约定的年工资系从事上述工作的报酬,山东省高级人民法院认为,颜维兵的陈述符合渔业捕捞实际情况,颜维兵根据合同约定从事了雇佣活动,青岛海事法院根据合同约定工资标准计算颜维兵的劳动报酬,并无不当。李宝森关于颜维兵未实际从事捕捞工作,不应以合同约定时间和工资标准计算颜维兵的劳动报酬的上诉理由不成立,山东省高级人民法院不予支持。

综上,上诉人李宝森的上诉理由不成立。原审判决认定事实清楚,适用法律正确,应予维持。依照《中华人民共和国民事诉讼法》第 153 条第 1 款第 1 项之规定,判决如下:

驳回上诉,维持原判。

9.2 船员劳务合同关系的认定

2 原告尹长星与被告宁波镇海明旭船务有限公司、福州泰海船务有限公司船员劳务合同欠款纠纷案

案例来源:宁波海事法院(2009)甬海法商初字第196号
主题词:船员劳务合同　光船租赁　雇主认定

> **裁判要旨**
>
> **No. CB-9.2-1**　船员在光船租赁期间上船工作,未提供证据证明其与船舶所有人之间存在劳动合同关系,也未提供证据证明其系受船舶所有人等派遣上船工作,因此不能向船舶所有人主张工资。

一、基本案情

原告:尹长星

被告:宁波镇海明旭船务有限公司(以下简称明旭公司)

被告:福州泰海船务有限公司(以下简称泰海公司)

原告起诉称:2008年8月,原告经被告泰海公司组织至明旭公司工作,双方约定原告从事工作岗位为三副,工资为2500美元/月,汇率按6.9计算为17250元人民币/月。从2008年8月25日开始,原告到被告的"神驹"轮上工作,在该轮工作期间,原告曾经要求签订书面劳动合同,多次与被告明旭公司交涉未果。被告明旭公司于2008年9月25日、11月17日两次向原告的银行卡内转账存入工资款,分别为4988元人民币、17950元人民币,但尚有工资款28812元人民币拖欠未支付。依据我国《海商法》第22条的规定,船员工资享有船舶优先权,被告明旭公司系"神驹"轮实际所有人,应承担相应责任;被告泰海公司系原告派遣单位,应承担连带责任;"神驹"轮承租人先锋船务有限公司(以下简称先锋公司)系注册在香港的公司,其在内地不具有合法用工的主体资格,因此两被告应就原告的工资承担连带赔偿责任。原告就欠付的工资款事宜多次与被告明旭公司、泰海公司交涉未果,故请求法院判令:(1)两被告支付2008年11月30日前拖欠的工资28812元人民币;(2)两被告向原告支付因用工之日起超过1个月未与劳动者订立书面劳动合同两倍工资34500元人民币(从2008年9月26日至2008年11月30日);(3)两被告支付因拖欠上述工资而产生工资报酬25%的经济补偿金15828元人民币;(4)赔偿原告因维权损失的交通费用5000元人民币;(5)赔偿原告工商局查询费50元人民币;(6)赔偿原告利息损失暂计算为2000元人民币(从2008年9月26日起计算)。

被告明旭公司抗辩称:(1)根据相关法律的规定,有关劳动合同的争议应当适用

仲裁前置程序,后才能起诉到法院,原告撇开劳动仲裁程序直接起诉到法院,违反了相关法律的规定。(2)答辩人与原告之间并不存在书面的劳动合同关系,也不存在事实劳动关系,答辩人无须支付被答辩人工资,更谈不上拖欠工资的情况。原告所提供的船员服务簿的登记记录可以看出原告是受雇于案外人先锋公司,而且根据答辩人所提供的光船租赁登记证明书,原告自认为的服务场所"神驹"轮已光租给先锋公司,答辩人和先锋公司存在的是物的租赁关系,故应该由先锋公司而不应由答辩人承担责任。(3)原告所提供的银行卡的存取情况记录,并不能证明其工资收入情况,也没有其他任何充分的证据证明所提供的收入证明与答辩人有关。综上,原告尹长星针对答辩人提起的诉讼在程序上是不妥的,在实体事实上也是不能成立的,请求法院驳回原告针对被告明旭公司的起诉,或者在实体上驳回原告的诉讼请求。

被告泰海公司抗辩称:(1)泰海公司与原告之间的所谓劳动争议已经福州市台江区仲裁委员会作出裁决书,且已产生法律效力,该裁决书可以证明原告与泰海公司之间不存在劳动合同关系,故原告起诉泰海公司从主体上来说是不适格的。(2)从劳动合同的角度来说,如果原告尹长星要针对泰海公司提起劳务合同之诉,应该起诉到被告所在地,而不是宁波。(3)根据原告提供的船务服务簿可以看出,原告实际上受雇于先锋公司,且根据光船租赁登记证书来看,船舶也是租赁给先锋公司的,船舶的运营和员工雇用都是先锋公司负责的。泰海公司就原告与先锋公司之间可能存在的法律关系无关,即不存在泰海公司雇用原告的事实,且原告是以劳动合同关系起诉的,而泰海公司并没有雇用过尹长星,故不存在承担连带责任的情况。综上,请求法院驳回原告的诉请。

二、法院查明的事实

宁波海事法院确认了如下事实:2008年6月27日,被告明旭公司与案外人先锋公司签订了"神驹"轮光船租赁合同1份,约定将被告明旭公司的"神驹"轮光租给先锋船务有限公司,被告泰海公司作为合同的履约担保人。合同签订后,双方于2008年8月25日在宁波海事局进行了光船租赁登记,宁波海事局出具了光船租赁登记证明书。2008年8月25日,原告从宁波登"神驹"轮从事三副工作,2008年11月17日左右原告离船,其船员服务簿上盖有先锋公司的印章。原告认为与被告泰海公司口头约定工资为2500美元/月,汇率按6.9计算为每月17250元人民币。2008年11月6日,被告明旭公司与案外人先锋公司又签订了关于光租的补充协议,担保方仍为被告泰海公司,协议明确"神驹"轮做短期的停运,时间为2008年11月16日至2009年6月30日,后双方于2009年9月7日注销了光船租赁登记。原告离船后,以被告泰海公司拖欠其部分工资及相关补偿款为由,向福州市台江区劳动争议仲裁委员会提起劳动仲裁,福州市台江区劳动争议仲裁委员会于2008年12月19日作出台劳仲(2008)定字第79号裁定书,以原告没有与被告泰海公司建立劳动关系的证据,且原告服务的船舶"神驹"轮并非被告泰海公司所有为由,裁定对原告的申诉请求不予受理。原告又起诉至福州市台江区人民法院,后该案件移送厦门海事法院审理,在审理过程中,原告于2009年4月

30 日提出撤诉申请，厦门海事法院于同日裁定准许。原告查明"神驹"轮实际所有人为被告明旭公司，遂诉至宁波海事法院。

另查明，案外人先锋公司系在香港注册登记的公司。

三、法院裁判

宁波海事法院认为：原告虽实际在"神驹"轮工作，但其工作期间系案外人先锋公司光船租赁期间，原告未提供证据证明其与被告明旭公司之间存在劳动合同关系，也未提供证据证明其系被告泰海公司派遣至"神驹"轮上工作，且泰海公司与原告的劳动争议已经福州市台江区仲裁委员会仲裁并作出裁定，该裁定书载明原告未提供证据证明其与泰海公司之间存在劳动合同关系，故原告关于其与两被告之间存在劳动合同关系的主张，证据和理由均不充分，宁波海事法院不予采信。此外，原告也未能提供证据证明其被拖欠工资的事实和金额，故原告的诉请，证据和理由均不充分，宁波海事法院不予支持。综上，依据《中华人民共和国民事诉讼法》第64条第1款的规定，判决如下：

驳回原告尹长星的诉讼请求。

3 上诉人赵平、刘卫红与被上诉人李本洋船员工资纠纷案

案例来源：山东省高级人民法院（2007）鲁民四终字第7号
主题词：船员劳务合同　雇主死亡　夫妻共同债务　时效中断

裁判要旨

No. CB-9.2-2　雇主死亡后，雇佣关系主体发生变更，接管或继承雇主船舶的人与雇员形成雇佣关系，应承担相应的义务。

No. CB-9.2-3　对于夫妻关系存续期间对外所负的债务，债务人妻子不能举证证明债权人与债务人明确约定涉案债务为个人债务，也未能举证证明债权人知道债务人夫妻对婚姻关系存续期间所得的财产约定归各自所有，夫妻一方在婚姻关系存续期间对外所负的债务应当按夫妻共同债务处理，夫妻应对债务共同承担清偿责任。

No. CB-9.2-4　提起诉讼引起诉讼时效中断的情形，是以当事人向法院递交口头或书面起诉状为准，不以法院是否受理立案为准。对负有连带清偿共同债务人的任何一方主张权利，均会引起对共同债务诉讼时效的中断。

一、基本案情

上诉人（原审被告）：赵平
上诉人（原审被告）：刘卫红
被上诉人（原审原告）：李本洋

青岛海事法院查明:李本洋自 2002 年年初,受雇于案外人刘海滨经营管理的"鲁威渔 1277"号渔船任船长。刘海滨于当年秋天死亡,刘海滨生前,将其经营管理的"鲁威渔 1277""鲁威渔 1278"号渔船转给其姐姐即刘卫红经营管理,李本洋继续担任"鲁威渔 1277"号渔船船长。2003 年 1 月 30 日,年底结算 2002 年全年工资的时候,刘卫红出具了一份结算单,上面载明:"李本洋年工资 30 000 元×80% = 24 000 元",刘卫红按照年工资 30 000 元的 80% 实际向李本洋支付全年工资 24 000 元,剩余 20% 没有支付给原告。刘卫红与赵平系夫妻关系。

李本洋称,其工资是固定工资一年 3 万元,结算工资时赵平、刘卫红称当年效益不好,只发 80%,剩余的 20% 来年再干的时候再发,李本洋第二年一直干到 6 月份,因为工资问题而被辞退,赵平、刘卫红未支付剩余的 20% 工资。赵平与刘卫红系夫妻,共同参与经营管理,应当共同支付李本洋剩余的 20% 工资。为佐证李本样的工资只发了80%,李本洋还提交了刘卫红出具的孙志强、潘世典的工资结算单。为证明赵平曾经参与经营管理,李本洋提交了一份赵平于 2003 年 3 月 23 日出具的欠条复印件,内容为:今欠李本洋工资 10 757 元整,1277 船赵平。赵平、刘卫红认为赵平于 2003 年 3 月 23 日出具的欠条系复印件而未予质证。

赵平、刘卫红对李本洋的说法不予认可,认为:2002 年开船出海时,船主刘海滨与船员当面公布的工资形式是效益工资,即完成 100 万元的产值船长李本洋年工资 3 万元,否则,按实际完成产值比例发工资,当年的产值是 78 万元,船长李本洋的工资应发 24 000 元。且涉案的 1277 船一直由刘海滨负责管理使用,2002 年 8 月刘海滨因病去世后,才由其姐姐刘卫红接替管理,李本洋索要的 6 000 元工资发生在 2002 年。虽然刘卫红与赵平是夫妻关系,但 1277 船 2002 年及之后获得的收益,均由刘卫红负责偿付了刘海滨生前外欠债务,用于支付刘海滨妻儿及其母亲的生活费用等,1277 船不能看做赵平和刘卫红共同管理,其收益亦不能视做夫妻共同财产,即使赵平偶尔参与 1277 船的一些管理活动也不应当以赵平和刘卫红的夫妻共同财产论,李本洋只能向刘海滨及 1277 船的承继者刘卫红起诉主张权利而不应向赵平主张权利。为支持自己的反驳意见,刘卫红提交了证人于国华、姜川、徐承志出具的书面证言均证明,全年完成总产值 100 万元时,船长年工资为 3 万元,完不成则按实际完成产值比例发放,当年实际完成产值约 78 万元。刘卫红并申请于国华、徐承志、姜川出庭作证,用以证明于国华、姜川、徐承志的工资是按照效益工资发放的。

证人于国华出庭作证称:其于 2003 年开始由李本洋叫去在刘卫红的"鲁威渔 1278"号渔船担任船长,工资是固定工资,1 年 3 万,其 2002 年不在船上工作,对 2002 年的工资情况不知道,只是听说 2002 年李本洋在船上工作定的工资是效益工资,而且 2003 年老板定的按比例发工资,产值是老板说了算,船员自己不清楚产值。该证人确认现在已不在刘卫红处工作,并称赵平与刘卫红系夫妻,赵平有时开车送刘卫红发工资,赵平也开车送人,老板娘刘卫红收鱼。

证人徐承志出庭作证称:其从 2000 年至 2003 年在"鲁威渔 1277"号渔船上干大

车，现在"鲁威渔1209"船上干大车。2000年受雇于刘海滨，2002年刘海滨死后，该船交由刘卫红接管，其工资是固定工资，1年23 000元，李本洋在"鲁威渔1277"号渔船作头船船长，自己不知道李本洋的工资，只是听说李本洋的工资是按比例发，除头船船长李本洋是效益工资以外，其他船员都是固定工资，因头船船长的位置很重要，与效益直接联系，所以按效益发工资。2002年出海之前刘海滨对船员并没有定如何发放工资，也没有当着全体船员的面宣布总产值100万，船长工资3万元，完不成按比例发放。2002年年底发工资时，刘卫红当着所有船员的面说拉赔了没有钱，没达到那个数，产值是78万，只发80%的工资，20%过年了开工后再发，李本洋当时也在场，所有船员都这样发，这是威海港的规矩。证人称第二年继续工作的都给了剩余的20%，不继续工作的就没有了，李本洋2003年6月份休渔的时候下船，至于20%的工资如何处理，证人不知道。证人自己当年的工资也只发了80%，剩余的20%直到2004年他不干了，分了七次才付清。证人徐承志还称，刘卫红和赵平是夫妻关系，赵平不管船上的事，但曾开着摩托车拉过刘卫红。

证人姜川出庭作证称：其于2002年3月开始由李本洋找去"鲁威渔1277"号渔船上干大副，当时老板是刘海滨，约定工资是固定工资，1年18 000元，刘海滨7月份左右去世后，该船由刘卫红接管，工资按照刘海滨说的办，证人只记自己的工资，不知道别人的工资。2002年年底老板赵平说没弄到钱，只发了80%工资，剩下的20%第二年干的时候再给，证人剩余的那20%的工资后来老板已付清，李本洋是2003年歇伏的时候下船。证人后来又称，2002年上船的时候，刘海滨把船员叫到一起讲过工资的事情，说弄下100万，给全额工资，2002年出海之前刘海滨当着全体船员的面宣布全年完成总产值100万，船长年工资3万，完不成按比例发放，刘海滨当着证人的面讲过头船船长李本洋的年工资是3万，李本洋在船上和他一起的时候，对证人说过弄100万给3万，弄1万提1千，弄得越多提得越多。产值是78万，是老板娘刘卫红说的，每个船员都有李本洋、潘世典、陈强那样的工资单，工资单是老板娘给的。由老板娘刘卫红发工资，发工资时赵平在场，但赵平不管事，头船船长的工资与效益挂钩，其他船员都是固定工资。但后来证人又称，李本洋对证人说他自己的工资是3万元，老板没说，老板也没有当着船员的面说李本洋的工资是3万元，威海港头船船长都是按年工资3万元付工资。证人解释称不是因为赵平管理船只才称其老板，而是因为赵平是刘卫红的丈夫才称他为老板。

李本洋对被告刘卫红提交的于国华、徐承志以及姜川出具的证明，发表以下质证意见：证人的证明都是假的，于国华不是2002年的船长，2002年的船长是陈强，于国华是2003年上半年的船长，于国华对2002年的工资情况不知道，姜川的证言是假的，3个证人的证言都是假的。李本洋对证人于国华出庭作证的证言质证意见为：于国华2002年不在船上干，2003年才去，对只发80%的工资是听说的，李本洋要的是2002年工资扣押的20%，于国华根本不知道，与2003年不发生关系，其证言没有法律效力，是伪证。对证人徐承志的证言的质证意见为：其证言与证明不同，受刘卫红逼迫所写，没有法律效力,也是伪证。对证人姜川的质证意见为:姜川与李本洋有仇,属于报复,也是伪证,而且刘卫红欠于国华和姜川的工资。

另查明,李本洋陈述,刘海滨死前,将李本洋、刘卫红、赵平叫到家里,对李本洋说,把船交给他姐刘卫红了,让李本洋好好干,让船盈利,刘卫红不会亏待李本洋。原来刘海滨定的李本洋年工资是4万元,后来刘卫红接管船后,在年底结算工资时,把工资改成1年3万元,只发80%,如果第二年还干就发剩余的20%,李本洋干到2003年6月份被刘卫红辞退,连2003年的工资也没有给,80%也没有及时付清。2003年3月23日赵平出具欠10 757元的欠条包括2002年的20%工资,是因为刘卫红出具的欠条,少了个"红"字,李本洋配偶鞠红芹找到赵平让赵平出具了此欠条,后来多次找赵平索要10 757元及20%的工资,但赵平让找刘卫红,并说等10 757元付清后再给那20%的工资,刘卫红直到2005年1月17日还欠付10 757元工资中的2 000元没有付清,李本洋到刘卫红家索要时刘卫红出具了欠2 000元的欠条,并说等付清这些后再付那20%,到1月27日还未付清,到李本洋起诉赵平后,刘卫红于2002年1月28日才付清2 000元,并说不付那20%了。李本洋于2005年1月27日将赵平诉至威海市环翠区人民法院,索要2002年剩余的20%工资,过完春节去交诉讼费时,威海市环翠区法院说应该到海事法院起诉,于是李本洋于2005年3月1日向青岛海事法院威海法庭起诉被告赵平。为佐证自己的主张,李本洋提交了盖有威海市环翠区人民法院立案庭红章的刘卫红书写的欠条复印件以及有"马月1月27日"字样的李本洋的结算单复印件。

赵平、刘卫红对李本洋提交的盖有威海市环翠区人民法院立案庭红章的刘卫红书写的欠条复印件,以及有"马月1月27日"字样的李本洋的结算单复印件没有异议,并认可李本洋就本案所涉纠纷曾于2005年1月27日向威海市环翠区人民法院对赵平提起诉讼的事实。但对于李本洋的其他陈述未予明确答复。

尚查明,李本洋于2005年3月1日以赵平为被告向青岛海事法院起诉,索要所欠的6 000元工资。海事法院经审理作出(2005)青海法威海商初字第37号民事判决书,判决驳回李本洋的诉讼请求。李本洋不服向山东省高级人民法院提出上诉,山东省高级人民法院经审理作出(2006)鲁民四终字第19号民事裁定书中,该民事裁定书查明:赵平对李本洋提交的赵平于2003年3月23日出具的内容为"今欠李本洋工资10 757元整,1277船赵平"的欠条所发表的质证意见为:欠条是赵平替刘卫红打的,实际经营管理的是刘卫红,赵平并没有参与。并查明,2005年1月27日,李本洋在威海市环翠区人民法院提起诉讼,请求赵平支付所欠工资6 000元。威海市环翠区人民法院告知李本洋该院对本案没有管辖权,应到青岛海事法院诉讼,李本洋取回起诉状和证据,于2005年3月1日到青岛海事法院起诉,形成本案。该民事裁定书认定:李本洋于2005年1月27日,向威海市环翠区人民法院递交诉状,应认定李本洋已提起诉讼,已构成法律规定的诉讼时效中断的事由。虽然双方对80%工资的支付时间说法不一,即使认定2003年1月30日支付的,李本洋2005年1月27日提起诉讼,也没有超过两年的诉讼时效。关于李本洋与赵平之间是否具有雇佣关系,李本洋受雇于刘海滨,李本洋和刘海滨之间形成雇佣关系,刘海滨死亡后,其姐刘卫红接管刘海滨1277船,李本洋和赵平对上述事实没有异议。基于刘卫红接管刘海滨渔船的事实,可以认定雇佣关系主体变更为李本洋和刘卫红,本案应追加刘卫红参加诉讼。至于赵平在本案中是否应承担责任,法院应作进一步查证并结合2003年2月23日赵平出具的欠条的证明力作出判断。该民事裁定书以原审判决遗漏当事人为由,裁定撤销山东省高级人民法院(2005)青海法威海商初字第37号民事判决;发回山东省高级人民法院重审。

在海事法院重新审理过程中,李本洋于2006年4月28日,向法院提出追加刘卫红为被告的申请,申请追加刘卫红为本案被告参加诉讼。

还查明,"鲁威渔1277"号渔船的登记船舶所有权人为威海市环翠区海滨塑料制品厂。

二、一审裁判

青岛海事法院认为,本案争议的焦点为:刘卫红出具的结算单载明的"李本洋年工资30 000元×80% =24 000元"的真实含义为原告的年工资3万元是固定工资还是效益工资,剩余20%的工资刘卫红是否应当支付?赵平与刘卫红是否构成共同经营管理"鲁威渔1277"号渔船,是否应当与刘卫红共同承担支付所欠工资的义务?李本洋的诉讼请求是否超过诉讼时效?

(一)关于李本洋的工资标准以及20%工资是否应当支付的问题

法院认为,对刘卫红出具的结算单载明的"李本洋年工资30 000元×80% =24 000元"的真实意思,应当结合语义、特定的出具时间与前提以及当事人提交的其他证据予以综合认定。由于该结算单系结算工资时刘卫红出具的,并非李本洋受雇于刘海滨以及刘卫红之初约定的,其载明年工资3万元的字面意思可以认定就是李本洋的年工资3万元,否则结算时写年工资3万元不符合常理。而且庭审中,刘卫红申请出庭的证人徐承志、姜川陈述"鲁威渔1277""鲁威渔1278"号渔船上所有的其他船员都是固定工资,且当年都是只发80%,剩余的20%后来都已经支付,证人徐承志、姜川的工资当年也只发了80%,剩余的20%后来都发了,证人姜川陈述所有船员都有李本洋、陈强、潘世典那样的结算单,由于证人徐承志、姜川系刘卫红的雇员,与刘卫红有利害关系,其陈述的对刘卫红不利的事实,刘卫红没有提交证据反驳,刘卫红也没有提交证据证明李本洋与刘海滨及刘卫红曾经有过效益工资的约定,因此可以认定李本洋的年工资是3万元。虽然刘卫红及证人徐承志、姜川均称威海港上都是给头船船长按效益发工资,且与李本洋约定的是效益工资,由于证人系刘卫红雇员,与刘卫红存在利害关系,其陈述的对刘卫红有利的证言没有其他证据予以佐证,对其这部分陈述法院不予采信。证人于国华2002年并不在船上工作,其所陈述系传来证据,且其系刘卫红的雇员,与刘卫红存在利害关系,其陈述也无其他证据予以佐证,因此,其证言也不足以采信。证人陈述其他船员都发固定工资,唯独头船船长发效益工资也不符合常理。况且,虽然刘卫红称完成100万元产值发年工资3万元,但没有提交证据予以佐证,且效益工资的年工资在年初应该是无法确定的,而是随着效益的好坏变动,如果如刘卫红所说按照效益发工资,则年初确定年工资 3 万元的说法不符合逻辑和常理。而且证人徐承志当庭作证陈述 2002 年出海之前刘海滨对船员并没有定如何发放工资,也没有当着全体船员的面宣布总产值 100 万元,船长李本洋工资 3 万元,完不成按比例发放,否认了刘卫红以及证人姜川关于 2002 年出海之前刘海滨曾就李本洋年工资 3 万元是效益工资当面公布的说法,由于与刘卫红具有利害关系,其作出的对刘卫红不利的证言,刘卫红没有提交证言予以推翻,可以采信。至于姜川关于 2002 年出海之前刘海滨曾就李本洋年工资 3 万元是效益工资当面公布的陈述,由于其与刘卫红有利害关系,其陈述的证言与徐承志的证言相矛盾,且没有其他证据予以佐证,也不符合常理和逻辑,与其先前陈述的李本洋年工资 3 万元相矛盾,且其后来又否认了自己关于这部分的陈述,因此其这部分陈述不足以采信。此外,证人姜川陈述产值 78 万元是刘卫红单方说的,并未与船员核算产值,故即使存在效益工资的约定,但因刘卫红未举证证明当年的产值只有 78 万元,其按照 80% 支付工资也不符合常理。证人徐承志陈述"2002 年年底发工资时,老板刘卫红当着所有船员的面说拉赔了没有钱,没达到那个数,产值是 78 万元,只发 80% 的工资,20% 过年了开工后再发,李本洋当时也在场,所有船员都这样发,第二年继续工作的都给了剩余的 20%,不继续工作的就没有了,李本洋 2003 年 6 月份休渔的时候下船"。与李本洋关于刘卫红称效益不好,只发 80%,来年干时再发 20% 的陈述一致,这些都足以证明,李本洋的年工资 3 万元为固定工资而非效益工资。综上,可以认定李本洋的年工资为 3 万元,刘卫红按照年工资 3 万元的 80% 实际向李本洋支付工资 24 000 元,剩余 20% 没有支付给李本洋。由于李本洋原来受雇于刘海滨,刘海滨死亡后,"鲁威渔 1277""鲁威渔 1278"号渔船转由刘卫红经营管理,李本洋继续在"鲁威渔 1277"号渔船上任船长,则李本洋与刘卫红之间存在雇佣关系,李本洋提供了劳务,刘卫红应当全额支付工资,其仅支付了 80% 的工资,克扣 20% 工资没有事实和法律依据,应当支付剩余 20% 的工资 6 000 元。

关于赵平是否与刘卫红共同经营管理"鲁威渔 1277"船以及赵平是否应当就该工资与刘卫红共同承担支付所欠工资的义务。法院认为:由于赵平与刘卫红系夫妻,证人徐承志、姜川也证明赵平有时开车送刘卫红到船上发工资,并送菜等物资,而且,赵平认可其代刘卫红给李本洋打过欠工资的欠条,可以认定赵平参与了共同经营管理。而且,即使刘海滨生前明确表示将该船仅交由刘卫红管理经营,根据《中华人民共和国婚姻法》第 17 条第 2 项规定,刘卫红在夫妻关系存续期间经营该船所得的收益也应属于夫妻共同财产。即使刘卫红以个人财产投资经营该船,根据最高人民法院《关于适用〈中华人民共和国婚姻法〉若干问题的解释(二)》第 11 条第 1 项的规定,刘卫红系在夫妻关系存续期间以个人财产投资经营该船取得的收益,也应该属于夫妻共同财产。赵平与刘卫红对夫妻共有的财产享有共同的权利,同时也应承担共同的义务。因此,对于欠付的工资应当承担共同清偿的义务。而且最高人民法院《关于适用〈中华人民共和国婚姻法〉若干问题的解释(二)》第 24 条规定:"债权人就婚姻关系存续期间夫妻一方以自己名义所负债务主张权利的,应当按夫妻共同债务处理。但夫妻一方能够证明债权人与债务人明确约定为个人债务,或者能够证明属于婚姻法第十九条第三款规定情形的除外。"《中华人民共和国婚姻法》第 19 条第 3 款规定:"夫妻对婚姻关系存续期间所得的财产约定归各自所有的,夫或妻一方对外所负的债务,第三人知道该约定的,以夫或妻一方所有的财产清偿。"根据前述规定,即使不能认定"鲁威渔 1277"号渔船及刘卫红经营该船所得收益属于夫妻共同财产,但因欠付李本洋的工资系刘卫红在夫妻关系存续期间对外所负的债务,赵平与刘卫红未举证证明原告与刘卫红明确约定为个人债务,也未举证证明作为第三人的李本洋知道刘卫红和赵平对婚姻关系存续期间所得的财产约定归各自所有,因此刘卫红在婚姻关系存续期间对外所负的债务应当按夫妻共同债务处理,赵平和刘卫红对该债务应共同承担清偿的责任。赵平辩称,刘卫红生产经营所得收益未用于夫妻共同生活没有证据佐证,不应采信。综上,赵平应当与被告刘卫红共同承担支付工资的义务。

关于李本洋的起诉是否超过诉讼时效。法院认为:李本洋于 2005 年 1 月 27 日就本案所涉纠纷曾向威海市环翠区法院对赵平提起诉讼,赵平对此亦无异议,即使认定结算工资是在 2003 年 1 月 30 日,该工资应于结算时支付,原告于 2005 年 1 月 27 日起诉导致诉讼时效中断,诉讼时效应重新起算,其于 2005 年 3 月 1 日向法院起诉并未超过两年的诉讼时效,山东省高级人民法院的裁定也已经认定这一事实。由于刘卫红与赵平系共同债务人,对李本洋的债务负有连带清偿的责任,李本洋有权向任何一方主张权利,其向赵平主张权利当然使该共同债务的时效中断,刘卫红系共同的债务人,系必要共同诉讼的当事人,对赵平起诉也构成对刘卫红的诉讼时效中断,对刘卫红的诉讼时效也应从 2005 年 1 月 27 日重新开始起算,原告于 2006 年 4 月 28 日追加刘卫红参加诉讼,亦未超过诉讼时效。

综上,经审判委员会讨论决定,依据《中华人民共和国民法通则》第 78 条第 2 款、第 135 条、第 140 条,最高人民法院《关于贯彻执行〈中华人民共和国民法通则〉若干问题的意见(试行)》第 89 条,《中华人民共和国婚姻法》第 17 条第 2 项、第 19 条第 3 款,最高人民法院《关于适用〈中华人民共和国婚姻法〉若干问题的解释(二)》第 11 条第 1 项、第 24 条的规定,判决:

赵平、刘卫红共同向李本洋支付工资人民币 6 000 元,于判决生效之日起 10 日内付清。案件受理费 250 元,由赵平、刘卫红负担。

三、上诉与答辩

上诉人赵平、刘卫红不服上述判决,上诉称:青岛海事法院认定事实不清。(1)青岛海事法院未认定李本洋是效益工资不当,对刘卫红、赵平提交的证人证言的采信存在双重标准,对刘卫红、赵平举证不利的证言一律采纳,对刘卫红、赵平有利的证言则以证人与刘卫红、赵平系雇佣关系,双方存在利害关系而不予采信。青岛海事法院认定赵平、刘卫红应支付李本洋 6 000 元工资的主要证据是一份便条,该便条既不是工资发放条也不是双方的约定协议,便条没有任何人签名,青岛海事法院以此作为李本洋主张权利的证据不足。(2)赵平并非本案当事人,1277 号船一直由刘海滨管理使用,2002 年刘海滨病逝后由其姐刘卫红代为管理。赵平与刘卫红是夫妻关系,在刘卫红管理过程中有时会帮忙,法院依此认定赵平参与了管理,没有法律依据。综上,请求二审法院撤销原判,驳回李本洋的诉讼请求。

被上诉人李本洋答辩称:青岛海事法院认定事实清楚,适用法律正确,请求二审法院驳回刘卫红、赵平的上诉请求,维持原判。

四、二审裁判

二审中,上诉人赵平、刘卫红未提交新证据,二审认定事实与青岛海事法院认定事实相同。

山东省高级人民法院认为:李本洋受雇于刘海滨,李本洋和刘海滨之间形成雇佣关系,刘海滨死亡后,其姐刘卫红接管刘海滨 1277 船,基于刘卫红接管刘海滨渔船的事实,可以认定雇佣关系主体变更为李本洋和刘卫红,李本洋和刘卫红之间形成了雇佣法律关系。

关于刘卫红与李本洋的工资约定是效益工资还是固定工资问题。刘卫红主张李本洋的工资是效益工资,刘卫红证明效益工资而提交的证据是刘卫红的陈述,证人于国华、姜川、徐承志出具的书面证言及 3 个证人出庭作证的证言。3 个证人的书面证言与刘卫红的陈述是一致的,均证明是效益工资,但是其中于国华、徐承志两位证人的出庭证言称,不知道李本洋的工资,只是听说李本洋的工资按比例发放,是效益工资。证人于国华、徐承志的书面证言和出庭证言相矛盾,由此认定刘卫红的陈述与证人出庭证言也相矛盾,所以,刘卫红依据其陈述及证人证言主张李本洋工资是效益工资证据不足,山东省高级人民法院不予认定。李本洋提交的一份工资结算单记载李本洋领取的是全年工资 80%即 2.4 万元,刘卫红对李本洋实际领取 80%工资 2.4 万元的事实没有争议,只是针对是否应支付剩余 20%工资提起上诉,因此,即使该结算单是一份便条,仍不影响认定李本洋领取的是全年 80%工资的事实。因刘卫红主张效益工资的证据不足,山东省高级人民法院认定李本洋的工资是固定工资 3 万元,刘卫红已支付 2.4 万元,尚欠李本洋工资 6 000 元,刘卫红应承担支付李本洋剩余工资 6 000 元的民事责任。

关于赵平是否应共同承担偿付责任问题。即使依据 2003 年 3 月 23 日赵平出具的欠条不能认定赵平参与 1277 船的经营管理,《婚姻法》及其司法解释对夫妻共同债务也作出了规定:最高人民法院《关于适用〈中华人民共和国婚姻法〉若干问题的解释(二)》第 24 条规定:"债权人就婚姻关系存续期间夫妻一方以自己名义所负债务主张权利的,应当按夫妻共同债务处理。但夫妻一方能够证明债权人与债务人明确约定为个人债务,或者能够证明属于婚姻法第十九条第三款规定情形的除外。"《中华人民共和国婚姻法》第 19 条第 3 款规定:"夫妻对婚姻关系存续期间所得的财产约定归各自所有的,夫或妻一方对外所负的债务,第三人知道该约定的,以夫或妻一方所有的财产清偿。"根据上述法律、司法解释的规定,在刘卫红和赵平夫妻关系存续期间对外所负的债务,赵平与刘卫红未举证证明李本洋与刘卫红明确约定涉案债务为个人债务,也未举证证明李本洋知道刘卫红和赵平对婚姻关系存续期间所得的财产约定归各自所有,刘卫红对外所负债务以刘卫红所有财产清偿。因此,刘卫红在婚姻关系存续期间对外所负的债务应当按夫妻共同债务处理,赵平和刘卫红应对欠付工资共同承担清偿责任。

综上,青岛海事法院认定事实清楚,适用法律正确,上诉人刘卫红、赵平的上诉理由不成立,山东省高级人民法院不予支持。根据《中华人民共和国民事诉讼法》第153条第1款第1项的规定,判决如下:

驳回上诉,维持原判。

4 原告苏约夫·苏约与被告吉玛印公司、卡斯特里公司船员劳务报酬纠纷案

案例来源:广州海事法院(2000)广海法事字第49号
主题词:船员劳务合同　最密切联系地　事实劳务合同关系

裁判要旨

No. CB-9.2-5　船员劳务报酬纠纷,当事人没有选择处理合同争议所适用的法律,依照《中华人民共和国民法通则》第145条的规定,应适用与争议有最密切联系的法律。因案件管辖地以及涉案船舶被扣押和被拍卖地在中国,故适用中国法律。

No. CB-9.2-6　船员在船舶上工作,虽与船舶的所有人和经营人没有直接签订劳务合同,但双方形成了事实上的劳务合同关系。船员履行了合同义务,有权获取劳动报酬,船舶所有人和经营人应向船员支付薪酬。因船舶所有人违约不支付薪酬,船员提起诉讼,为诉讼而支出的委托律师公证费、外交送达文书翻译费、公证费等,也应由船舶所有人和经营人承担。

一、基本案情

原告:苏约夫·苏约(SHUKYUROV SHUKYUR)
被告:吉玛印公司(GEMARFIN S.A)
被告:卡斯特里公司(CASTELLI HOLDING INC.)

原告苏约夫·苏约诉称:"卡特"轮(M/V KATTEGAT)挂巴拿马旗,船东是被告卡斯特里公司,由被告吉玛印公司经营。1999年5月20日,原告被雇为"卡特"轮船长,月薪为4200美元,伙食补助每天6美元。原告恪尽职守,但被告自原告上船工作的当月就开始拖欠薪酬,计至2000年8月15日,共拖欠原告工资59764.44美元。1999年9月,"卡特"轮驶入中国广州黄埔港后,被告对原告弃之不理,船上物资匮乏,船员生

活极度困难,彷徨无助,身心受到严重伤害。请求法院判令被告:(1)向原告支付欠薪59 764.44 美元;(2)按国际惯例向原告支付赔偿金 8 400 美元;(3)支付原告委托律师公证费 16 美元,外交送达文书翻译费、公证费人民币 2 412 元;(4)承担本案全部诉讼费用。

被告吉玛印公司、卡斯特里公司均没有答辩,也没有提供证据。

二、法院查明的事实

广州海事法院认定了以下事实:两被告未应诉答辩,应视为放弃了对原告提交的证据进行质证的权利。对原告提交的上述证据,合议庭予以确认。

"卡特"轮船籍国是巴拿马,船舶所有人是被告卡斯特里公司(CASTELLI HOLDING INC.),船舶经营人是被告吉玛印公司(GEMARFIN S.A)。

从 1999 年 5 月 20 日开始,原告苏约夫·苏约在"卡特"轮担任船长职务,并一直在"卡特"轮工作至 2000 年 8 月 18 日。根据盖有"卡特"轮船章确认的《船员薪水清单》记载,原告每月总薪酬为 4 200 美元。从 1999 年 5 月 20 日至 2000 年 4 月 30 日,被告拖欠原告的薪酬总额为 45 064.44 美元。其中,1999 年 5 月 20 日至 31 日为 1 914.44 美元,6 月 1 日至 30 日为 4 200 美元,7 月 1 日至 31 日为 4 200 美元,8 月 1 日至 31 日为 2 200 美元,9 月 1 日至 30 日为 4 200 美元,10 月 1 日至 31 日为 3 650 美元,11 月 1 日至 30 日为 4 200 美元,12 月 1 日至 31 日为 3 650 美元,2000 年 1 月 1 日至 31 日为 4 200 美元,2 月 1 日至 29 日为 4 200 美元,3 月 1 日至 31 日为 4 200 美元,4 月 1 日至 30 日为 4 200 美元 。另,5 月 1 日至 8 月 15 日间原告的工资总额应为 14 700 美元。被告共拖欠原告的薪酬总额为 59 764.44 美元。

2000 年 5 月 17 日,原告等 4 名船员委托中国律师代为诉讼,在广州市荔湾区公证处办理公证,共交纳公证费用人民币 540 元,原告承担 16 美元。为将起诉状副本等法律文书翻译成被告所在国文字,以便经外交途径送达,原告向广州市荔湾区公证处和广东省公证处交纳了翻译费、公证费人民币 2 412 元。

5 月 18 日,原告与"卡特"轮其余 3 名船员同时起诉两被告,要求其支付劳动报酬。同日,原告等 4 名船员同时向广州海事法院申请扣押"卡特"轮。法院于 5 月 24 日作出裁定,扣押"卡特"轮。6 月 22 日,原告等 4 名船员同时向本院申请拍卖"卡特"轮。广州海事法院于 6 月 23 日裁定拍卖"卡特"轮,保存价款。8 月 2 日法院公开拍卖了"卡特"轮,拍卖所得价款 393 862 美元合人民币 2 931 830 元由广州海事法院保存。8 月 18 日,法院将该轮交给买方,原告离船。

原告在本案审理过程中,向广州海事法院提出先予执行申请,法院于 8 月 9 日依法作出准予原告先予执行申请的裁定,并从拍卖"卡特"轮所得价款中先予执行 25 000 美元给原告。

在庭审中,原告主张应适用中华人民共和国法律解决本案争议。

三、法院裁判

广州海事法院认为:本案是一宗涉外船员劳务报酬纠纷。原、被告没有选择处理合同争议所适用的法律。本案管辖地是中国,原告实施劳务的"卡特"轮是在中国被扣押和被拍卖的,因此,中国是与本案有最密切联系的国家。依照《中华人民共和国民法通则》第145条的规定,应适用中华人民共和国法律处理本案的争议。

虽然原、被告之间没有直接签订劳务合同,但是,原告事实上在被告所有或经营的船舶上工作,原、被告形成了事实上的劳务合同关系。原告在"卡特"轮上服务,履行了合同义务,有权获取劳动报酬,被告应向原告支付薪酬。原告请求被告支付拖欠的薪酬,证据充分,予以支持。因为被告违约不支付薪酬,原告提起诉讼,请求被告支付为本案诉讼而支出的委托律师公证费、外交送达文书翻译费、公证费,理由充分,予以支持。原告请求被告按照国际惯例支付两个月工资的赔偿金8 400美元,但是未能举证证明合同有此约定,也没有提供证据证明有此国际惯例的存在,对其该项请求,不予支持。

综上,依照《中华人民共和国民法通则》第111条、第112条的规定,判决如下:

一、被告吉玛印公司、卡斯特里公司支付原告苏约夫·苏约工资59 764.44美元(应扣除先予执行的25 000美元);

二、被告吉玛印公司、卡斯特里公司赔偿原告苏约夫·苏约委托律师公证费16美元,外交送达文书翻译费、公证费人民币2 412元;

三、驳回原告苏约夫·苏约请求被告吉玛印公司、卡斯特里公司按两个月工资支付赔偿金的诉讼请求。

5 上诉人王作成与上诉人沧州市远盛劳务合作有限公司船员劳务合同返还保证金纠纷案

案例来源:天津市高级人民法院(2005)津高民四终字第123号
主题词:船员劳务合同　对外劳务合作资质　合同无效　船员服务簿

裁判要旨

No. CB-9.2-7　公司在不具备从事对外劳务合作资质的情况下,与海员签订具有对外劳务合作性质的船员培训、劳务合同的行为超越了经营范围,且其超越经营范围所从事的经营活动,违反了国家特许经营的有关规定,应认定所涉船员培训、劳务合同无效。

No. CB-9.2-8　根据《中华人民共和国海员证管理办法》,海员证仅限持证人在为其申请办理海员证的单位工作时使用。海员脱离原所在单位或派出单位,应将海员证交回,由所在单位或派出单位送交原颁发机关注销。法院对海员提出由其个人保管船员服务簿的请求不予支持。

一、基本案情

上诉人（原审原告）：王作成

上诉人（原审被告）：沧州市远盛劳务合作有限公司（以下简称远盛公司）

天津海事法院一审查明：2004年3月31日，王作成与远盛公司签订《船员培训、劳务合同》。双方约定：王作成在远盛公司指定的院校，经过技术培训，达标获证经上船实习后，由远盛公司根据王作成业务、技术及表现推荐到国内外远洋船舶上服务；王作成经远盛公司考核认可后，签订在船工作时间为120个月。合同期间王作成的全部证件必须在下船后及时交给远盛公司，由远盛公司统一保管；合同履行地点为远盛公司指定的悬挂任何国家国旗（包括悬挂五星红旗）并且航行在世界任何海域或水域的远洋船舶；王作成理解我国和远盛公司的实际情况而采取的对ITF组织的态度，完全接受远盛公司制定的工资标准及王作成各种待遇规定，保证不闹工资、待遇……同年5月14日，双方签订《实习船员派遣协议书》，双方约定：远盛公司安排王作成到天津鸿远公司"福盛1号"轮实习，实习期原则上为6个月，王作成实习期间没有工资，船东按规定发给王作成的加班费、清扫货舱费、自修奖及其他津贴等正当合法收入归王作成所有……同日，双方签订了《船员交纳保险金协议书》，由王作成向远盛公司交纳1万元保险金，待王作成履行完全部劳务合同后，如王作成在履行合同期间未因个人原因及王作成连带因素给远盛公司带来损失，远盛公司将王作成交纳的保险金全部返还王作成……同日，王作成向远盛公司交付了1万元。5月15日，王作成到"福盛1号"轮担任厨师。7月24日，因"福盛1号"轮卖船，王作成下船。10月9日，王作成与远盛公司签订1份协议，约定王作成自愿到外公司上船工作，并向远盛公司交纳管理费（暂定10个月）2 400元，最后以实际天数计算，多退少补。实际天数自从公司取走证书之日到证书送回公司之日结算。10月10日，王作成从远盛公司处取走海员证、海员服务簿、专业培训合格证书、职业资格证书，并向远盛公司出具证明，承诺如不能按期交回海员证，同意远盛公司从其所交纳的保险金中扣除3 000元作为海事局罚金。此后，王作成未向远盛公司提出上船，远盛公司也未再安排王作成上船。又查明，远盛公司在2003年10月16日取得的营业执照，经营范围包括：代理培训船员、船舶代理、货运代理、船员招聘中介服务、劳务合作、机电产品经营、船舶信息咨询。后远盛公司变更了经营范围，并于2004年2月26日取得新的营业执照，经营范围是：代理培训船员、船舶信息咨询。2005年远盛公司又增加了经营范围，并于同年1月28日取得新的营业执照，经营范围包括：代理培训船员、船舶信息咨询、职业介绍（船员招聘、管理、劳务合作）。

二、一审裁判

天津海事法院认为，根据最高人民法院《关于适用〈中华人民共和国合同法〉若干问题的解释（一）》第10条的规定："当事人超越经营范围订立合同，人民法院不因此认定合同无效。但违反国家限制经营、特许经营以及法律、行政法规禁止经营规定的除外。"本案远盛公司与王作成订立合同时，经营范围虽然不包括招聘、管理船员、劳务合作，但不能因此而认定双方所签合同无效。中华人民共和国国务院第412号令虽然规定对外劳务合作经营资格核准属于行政许可项目，但该令自2004年7月1日起施行，而双方是在2004年3月31日签订的合同，因此国务院第412号令不适用于本案。王作成认为其与远盛公司所签合同是远盛公司采取欺诈、胁迫手段签订的，但未提供充分有效证据予以证明，因此王作成要求确认双方签订的合同为无效合同的主张不予支持。但双方签订的《船员培训、劳务合同》是远盛公司提供的格式合同，作为合同主要条款的船员工资规定为"乙方（王作成）理解我国和甲方（远盛公司）的实际情况而采取的对ITF组织的态度，完全接受甲方（远盛公司）制定的工资标准及乙方（王作成）各种待遇规定，保证不闹工资、待遇……"此规定使王作成在约定的合同期10年内没有争取合理报酬的权利，显然是不公平的。合同约定王作成在船工作时间是120个月，却未规定远盛公司应在多长时间内为王作成提供上船的机会，同样显失公平。因此，双方所签合同显失公平，应认定为是可撤销的合同。王作成在本案中主张合同无效，解除合同，没有要求变更合同，应认为包含行使撤销权的意思表示，双方所签的《船员培训、劳务合同》应予撤销。

劳动部《关于贯彻执行〈中华人民共和国劳动法〉若干问题的意见》第24条规定："用人单位在与劳动者订立劳动合同时，不得以任何形式向劳动者收取定金、保证金（物）或抵押金（物）。"财政部、商务部《关于取消对外经济合作企业向外派劳务人员收取履约保证金的通知》第2条规定："自本通知生效之日起，企业不得再向外派劳务人员收取履约保证金，也不得由此向外派劳务人员加收管理费及其他费用或要求外派劳务人员提供其他任何形式的担保、抵押。"该通知已于2004年1月1日生效。王作成与远盛公司签订的《船员上船交纳保险金协议》虽然使用的名称是保险金，但从其性质和实质看是保证金。远盛公司收取保证金违反了劳动部、财政部和商务部的上述规定，收取的1万元保证金应返还王作成。王作成在2004年10月9日向远盛公司提出请求到其他公司工作，远盛公司同意了王作成的请求，却要求王作成交纳管理费。对此，原审法院认为，王作成2004年7月24日下船后，远盛公司未再安排王作成上船，王作成要求到其他公司工作征得了远盛公司同意，从此以后，远盛公司并未对王作成实施任何管理职责，因此要求王作成交纳管理费显失公平。2004年10月10日，王作成取走海员证等证件，向远盛公司出具证明，如不能按期归还证件，同意远盛公司从所交纳的保险金中扣除3 000元作为海事局罚金。远盛公司没有提供证据证明海事局已对其进行了处罚，因此远盛公司所称的该项费用不能从王作成交纳的保证金中扣除。但海员证、船员服务簿，在船员下船后应交回发证机关是发证机关的管理规定，王作成没有证据证明其手中持有的海员证是其本人自行办理的，在庭审中王作成也同意将上述证件返还远盛公司，因此王作成应将海员证、船员服务簿返还远盛公司。护照是公民身份的证明，远盛公司应将由其保管的王作成的护照返还王作成。

王作成在2004年3月31日与远盛公司签订合同后，远盛公司于同年5月14日已将王作成派往"福盛1号"轮实习,7月24日下船属于船公司卖船,而非远盛公司的过错。10月9日王作成要求到其他公司工作,远盛公司也同意,之后王作成未再向远盛公司要求回远盛公司工作,因此其要求远盛公司赔偿经济损失的请求没有事实和法律依据,不予支持。

综上,原审法院依据《中华人民共和国民法通则》第6条、第59条第2款,《中华人民共和国合同法》第39条、第54条第2款之规定,判决:

一、撤销王作成与远盛公司2004年3月31日签订的《船员培训、劳务合同》。

二、远盛公司应在判决生效之日起10日内返还王作成交纳的保证金1万元。

三、远盛公司按中国人民银行同期存款利率向王作成支付自2004年5月14日起至判决生效之日止上述1万元的利息。上述款项逾期不付,按《中华人民共和国民事诉讼法》第232条执行。

四、远盛公司返还王作成护照。

五、王作成将其海员证、船员服务簿交还远盛公司,由远盛公司交还发证机关。

六、驳回王作成的其他诉讼请求。

三、上诉与答辩

王作成与远盛公司均不服一审判决,向天津市高级人民法院提起上诉。王作成上诉请求撤销原审判决第五项;变更原审判决第六项为赔偿王作成经济损失12 000元。主要理由:(1)王作成的海员证和船员服务簿不是远盛公司办理的。王作成的海员证是2004年2月27日签发的,当时王作成与远盛公司尚未签订任何合同;王作成的船员服务簿的签发日期是2003年9月28日,当时远盛公司尚未成立,因此没有任何证据证明王作成的海员证是远盛公司办理的。况且,船员服务簿是记录船员本人的服务资历的证件,属于应由个人保管的证件。(2)王作成请求法院判决远盛公司赔偿12 000元经济损失,是有充足的事实依据的。王作成与远盛公司所签合同实际上是对外劳务输出合同,对外劳务输出现称对外劳务合作,是国家商务部统一管理的、限制经营的业务,而被上诉人经营范围仅仅是代理培训船员、船舶信息咨询,注册资本仅100万元,其所签订的合同严重超出其经营范围,而且违反国家限制经营的规定。根据最高人民法院《关于适用〈中华人民共和国合同法〉若干问题的解释(一)》第10条的规定,该合同应认定无效。原审判决没有确认远盛公司超越经营范围且违反国家限制经营的规定,没有履行合同的资格和能力,判决远盛公司不承担赔偿责任是错误的。

远盛公司上诉请求驳回王作成的起诉或发回重审。主要理由为:(1)原审判决认定双方于2004年3月31日订立的合同为可撤销的格式合同无法律依据。合同订立后,远盛公司按约履行了自己应尽的义务,为王作成联系到"福盛1号"轮实习。由于不可预见的因素,船东卖船,而使王作成不能继续工作,远盛公司不存在过错。原审法院主观推定合同显失公平有违事实。(2)原审法院认定远盛公司收取的1万元为保证金与事实不符。远盛公司的经营范围是代理培训船员,但其真正的经营无非是以中介的性质为主,以此推定远盛公司收取的1万元应定性为中介劳务费用,而不能毫无根据地定为保证金。2004年10月9日,双方协定王作成到其他船公司工作,该协议也是双方真实意思表示,不存在王作成所讲胁迫情形,故该协议亦应认定合法有效。(3)原审法院在程序适用方面有不当之处。本案合同所涉事实不属于海事法院专属管辖的范围,该案应由地方法院管辖。王作成变更诉讼请求已过法定期限,原审法院不应支持。

四、二审裁判

天津市高级人民法院认为,本案系船员劳务合同纠纷,从远盛公司与王作成签订的《船员培训、劳务合同》的条款看,有对外劳务合作的内容。根据对外贸易经济合作部、监察部、公安部、国家工商行政管理局于1996年4月颁布的《关于加强对外劳务合作归口管理有关问题的通知》第1条的规定:"任何部门、单位、企业(包括外商投资企业)未经外经贸部批准,未经工商行政管理部门办理登记注册,不得擅自经营对外劳务合作业务。"远盛公司在与王作成签订《船员培训、劳务合同》时,虽有从事劳务合作的经营范围,但其未取得从事对外劳务合作的资质。远盛公司在不具备从事对外劳务合作资质的情况下,与王作成签订具有对外劳务合作性质的《船员培训、劳务合同》的行为,显然超越了经营范围,且其超越经营范围所从事的经营活动,违反了国家特许经营的有关规定,因此王作成与远盛公司签订的《船员培训、劳务合同》依据最高人民法院《关于适用〈中华人民共和国合同法〉若干问题的解释(一)》第10条的规定,应认定无效。造成本案合同无效的主要过错责任在远盛公司,王作成未依法核实远盛公司的资质,应承担次要责任。远盛公司对因合同无效而给王作成造成的损失,应承担主要责任。王作成虽提出远盛公司赔偿其12 000元损失之主张,但王作成所提交的证据尚不足以证明其损失的存在,故王作成的该项请求缺乏事实依据,天津市高级人民法院不予支持。

根据《中华人民共和国海员证管理办法》第8条的规定,海员证是由海员所在单位或派出单位向颁发机关申请办理的。根据王作成与远盛公司签订的《船员培训、劳务合同》及此后远盛公司将王作成派到"福盛1号"轮实习的事实,可以认定王作成的海员证是通过远盛公司办理的。《中华人民共和国海员证管理办法》第18条规定,海员证仅限持证人在为其申请办理海员证的单位工作时使用。海员脱离原所在单位或派出单位,应将海员证交回,由所在单位或派出单位送交原颁发机关注销。据此,在王作成与远盛公司合同关系终止后,王作成应将海员证交回远盛公司,王作成提出由其自己保管海员证的请求天津市高级人民法院不予支持。船员服务簿作为记录船员本人服务资历的证件,应由船员个人保管,王作成提出由其个人保管船员服务簿的请求,天津市高级人民法院予以支持。

关于远盛公司收取王作成1万元款项的性质问题,根据双方在《船员上船交纳保险金协议书》中的约定,远盛公司收取的该1万元属于保证金,而非远盛公司主张的中介劳务费用。远盛公司收取保证金的行为,违反了劳动部、财政部、商务部有关企业不得向劳动者收取保证金的规定,远盛公司应将 1 万元返还王作成。由于远盛公司一审期间提出的管辖异议已超过答辩期,所以原审法院对该问题的处理并无不当,远盛公司提出的原审法院在程序方面存在不当之处的理由不能成立。综上,原审判决判令远盛公司返还王作成交纳的保证金 1 万元及护照、王作成将其海员证交还远盛公司是正确的,但以远盛公司与王作成签订的《船员培训、劳务合同》显失公平为由,对该合同予以撤销欠妥,应予纠正。此外,原审判决判令王作成返还船员服务簿缺乏依据,亦应予以纠正。依照最高人民法院《关于适用〈中华人民共和国合同法〉若干问题的解释(一)》第 10 条、《中华人民共和国民事诉讼法》第 153 条第 1 款第 2 项之规定,判决如下:

一、维持天津海事法院(2005)津海法商初字第 35 号民事判决主文的第二、三、四、六项,即:沧州市远盛劳务合作有限公司应在判决生效之日起 10 日内返还王作成交纳的保证金 1 万元;沧州市远盛劳务合作有限公司按中国人民银行同期存款利率向王作成支付自 2004 年 5 月 14 日起至判决生效之日止上述 1 万元的利息;沧州市远盛劳务合作有限公司返还王作成护照;驳回王作成的其他诉讼请求;

二、撤销天津海事法院(2005)津海法商初字第 35 号民事判决主文的第一项,即:撤销王作成与沧州市远盛劳务合作有限公司 2004 年 3 月 31 日签订的《船员培训、劳务合同》;

三、王作成与沧州市远盛劳务合作有限公司于 2004 年 3 月 31 日签订的《船员培训、劳务合同》无效;

四、变更天津海事法院(2005)津海法商初字第 35 号民事判决主文的第五项为:王作成将其海员证交还沧州市远盛劳务合作有限公司,由沧州市远盛劳务合作有限公司交还发证机关。

9.3 船员工资的优先权

6 原告冯剑辉与被告海南汇祥实业有限公司、海南汇威货运有限公司船员劳动合同纠纷案
案例来源:广州海事法院(2000)广海法商字第 161 号
主题词:船员劳务合同　船舶优先权　解除船舶扣押担保　合同解除

> **裁判要旨**
>
> **No. CB-9.3-1**　船员按合同约定,接受用人单位委派登轮工作,用人单位应依合同约定支付报酬。船舶所有人虽然与船员之间不存在劳动合同关系,但根据《中华人民共和国海商法》第 22 条第 1 款第 1 项的规定,船员因在船舶工作期间的船员劳务报酬提出的海事请求,对船舶享有船舶优先权,船员可以依法通过法院扣押船舶行使船舶优先权。船舶所有人为解除对船舶的扣押提供的相应担保,船员对船舶所有人提供的担保享有优先受偿权。

> **No. CB-9.3-2** 合同约定的聘用期限届满前,用人单位派人上船接替船员的大副职务,船员办理了交接手续,双方对解除该合同均无异议。根据《中华人民共和国劳动法》第28条和劳动部发布的《违反和解除劳动合同的经济补偿办法》第5条的规定,经劳动合同当事人协商一致,由用人单位解除劳动合同的,用人单位应根据劳动者在本单位的工作年限,每满1年发给相当于1个月工资的经济补偿金。工作时间不满1年的,按1年的标准发给经济补偿金。

一、基本案情

原告:冯剑辉

被告:海南汇祥实业有限公司(以下简称汇祥公司)

被告:海南汇威货运有限公司(以下简称汇威公司)

原告冯剑辉诉称:汇威公司与原告签订了聘用合同,2000年9月5日至11月29日委派原告至"国邦"轮担任大副职务。汇威公司拖欠其工资,并无故提前解约。汇祥公司是"国邦"轮所有人。请求判令两被告连带清偿其2000年9月5日至10月31日的工资10 266.67元及按中国人民银行同期流动资金贷款利率计算至11月29日的利息47.72元,11月1日至11月29日的工资5 316.67元,无故提前解约的补偿金5 500元,遣返费100元,及上述款项自11月30日至实际偿付之日,按中国人民银行同期流动资金贷款利率计算的利息。

被告汇祥公司没有答辩,在举证期限内没有提供证据。

被告汇威公司辩称:拖欠原告2000年9月5日至10月31日工资10 266.67元属实。但原告在2000年10月"国邦"轮第13航次值班时,由于工作失误使该航次少装货物,造成汇威公司经济损失,汇威公司依据公司奖惩规定,扣发了冯剑辉奖金5 000元。由于原告工作不称职,汇威公司原拟解雇原告。后原告主动提出终止合同,所以汇威公司不应支付补偿金。遣返费应由原告自行承担。

二、法院查明的事实

广州海事法院认定了以下事实:2000年9月5日,原告与汇威公司签订聘用合同。约定汇威公司聘用原告在"国邦"轮担任大副职务,期限为6个月;聘用期间,汇威公司每月支付原告在船工作工资5 500元,汇威公司每月扣发原告300元作为保证金,待合同期满原告离船时一次性发还原告;非合同期满或非汇威公司违约造成原告离船,原告自负遣返费用;原告由于技术业务水平原因不能胜任本职工作,在汇威公司核实后第二天终止合同。同日,原告上船任职。

10月26日,汇威公司派新大副到"国邦"轮接替原告职务,但接班大副知道汇威公司拖欠工资的情况后,当即不接班离船。11月29日,汇威公司再次派人上"国邦"轮接替原告的大副职务,原告办理交接手续后离船。原告在船任职期间,汇威公司未向原告支付过工资。

对以上证据及事实,汇祥公司没有提出异议,也没有提供相反证据,合议庭予以确认。

"国邦"轮船长孙长茂于2000年12月1日出具证明称,2000年10月5日,"国邦"轮靠大连新港4号泊位装油之前,已接到汇威公司与货主通知,本航次装载数量不能少于5000吨。10月6日装货到07:30时左右,大副通知码头业务员停泵,告知货已装完。当货主到船与大副测量实装数量时,发现不足5000吨。货主马上与码头业务员联系,想开泵继续装油至5000吨,但码头业务员没有答应。最后经货主同意,"国邦"轮下午起锚出航。2000年10月20日,汇威公司作出《关于"国邦"轮大连—广州航次责任事故处理决定》,称"国邦"轮在大连—广州航次中承运180号燃料油,按合同规定装载量为5500吨,运费105元/吨。该轮仅装载4577吨,少装923吨,给公司造成直接经济损失96 915元。公司办公会议决定给予直接责任人大副冯剑辉以下处理:扣发工资5000元及上船后全部奖金。11月初,由船长将上述处理决定通知原告。

庭审时汇威公司称其对原告的上述处理决定的依据是其2000年8月1日制定的《船员奖惩条款》。该文件第1条规定:对于个人过失造成损失的,除扣发全船安全奖金外,还要对事故责任人进行相应的经济处罚。原告称直到其与"国邦"轮其他26名船员2000年10月27日向广州海事法院申请扣押"国邦"轮之时,从未见到该份文件,故该文件并未生效。汇威公司称该文件已发给船长,约在2000年8月份由船长向船员传达,但未提供相应证据证明,合议庭不予采信。

原告称汇祥公司是"国邦"轮的船舶所有人,汇祥公司在广州海事法院受理的(2000)广海法商字第199号案审理过程中对此予以确认。

2000年10月27日,广州海事法院应原告等27名"国邦"轮船员的诉前财产保全申请,裁定扣押了"国邦"轮。11月29日,被告汇祥公司为原告的诉讼请求向法院提供了20 600元担保,应原告等27名申请人的申请,广州海事法院解除了对"国邦"轮的扣押。

三、法院裁判

广州海事法院认为:本案是船员劳动合同纠纷。原告与汇威公司签订的聘用合同是双方当事人真实、一致的意思表示,合法有效,对双方有约束力,双方均应严格依约履行。原告按合同约定,自2000年9月5日起至11月29日在"国邦"轮担任大副,汇威公司应依合同约定向原告支付报酬。合同规定原告每月工资标准为5 500元,汇威公司应支付原告工资15 565元,并应自每月工资支付之日起,对每期工资额扣除原告依合同约定应向汇威公司交纳的保证金300元后的金额,按中国人民银行同期流动资金贷款利率计收利息,计算至本判决生效之日止。

被告汇威公司称因原告过失造成其经济损失,故根据公司制定的《船员奖罚条款》规定扣发原告工资5 000元,应从汇威公司拖欠原告的工资中扣减。汇威公司上述主张的事实依据是"国邦"轮船长孙长茂于2000年12月1日出具的关于"国邦"轮第13航次少装油情况的证明。但该证明并非"短装"发生后即时作出的原始记录,也不是在汇威公司10月20日处理决定前所收集的调查材料,而是在原告提起诉讼后出具的;该证明关于该航次规定装货数量、短装数量的说明与汇威公司处理决定所记载的内容有500吨的出入,而且在划分"短装"责任的问题上,"国邦"轮船长与大副存在利害冲突,故该证据不能单独作为认定原告对该航次"短装"有过错的依据。汇威公司对原告上述处理决定的依据是该公司制定的《船员奖罚条款》,但原告称在汇威公司对其作出处理决定前没有见过该文件,汇威公司未能举证证明其已向原告发布过该文件,故该文件不能约束原告。综上,汇威公司关于应扣除原告工资5 000元的主张缺乏事实与法律依据,法院不予支持。

合同约定的聘用期限是6个月,原告只实际工作两个多月,汇威公司即于2000年11月29日派人上船接替原告的大副职务,原告办理了交接手续,双方对解除该合同均无异议。根据《中华人民共和国劳动法》第28条的规定,汇威公司应根据国家规定向原告支付经济补偿金。劳动部发布的《违反和解除劳动合同的经济补偿办法》(劳部发[1994]481号)第5条规定:"经劳动合同当事人协商一致,由用人单位解除劳动合同的,用人单位应根据劳动者在本单位工作年限,每满一年发给相当于一个月工资的经济补偿金。最多不超过十二个月。工作时间不满一年的按一年的标准发给经济补偿金。"原告为汇威公司工作不足1年,请求汇威公司支付1个月的工资,符合法律规定,应予支持。汇威公司称原告主动要求解除合同,无权要求经济补偿金,但没有提供相应证据证明该主张,该项抗辩不能成立。

聘用合同中有在非合同期满或非汇威公司违约造成原告离船的情况下,原告自负遣返费用的约定。原告在合同期满前离船,向汇威公司主张遣返费用,缺乏法律和合同依据,不予支持。

汇祥公司虽然与原告之间不存在劳动合同关系,但原告因在"国邦"轮工作期间的船员劳务报酬提出海事请求,根据《中华人民共和国海商法》第22条第1款第1项的规定,原告该项海事请求对"国邦"轮享有船舶优先权,原告依法通过本院扣押该轮行使了船舶优先权。汇祥公司是"国邦"轮船舶所有人,为解除对扣押"国邦"轮提供了相应担保。原告对汇祥公司提供的上述担保享有优先受偿权。

据上,依据《中华人民共和国劳动法》第24条、第28条、第50条,《中华人民共和国海商法》第21条、第22条第1款第1项、第28条的规定,判决如下:

一、被告汇威公司支付原告冯剑辉工资15 565元及各期工资额的逾期付款利息(按中国人民银行同期流动资金贷款利率,自每月工资应支付之日起算至本判决生效之日止,各期工资额应支付之日及数额:2000年10月5日,5 200元;2000年11月5日,

5 200元;2000年11月29日,5 165元)。

二、被告汇威公司支付原告冯剑辉提前解约的补偿金5 500元,及自2000年11月30日起算至本判决生效之日止,按中国人民银行同期流动资金贷款利率计算的利息。

三、原告上述债权,从被告汇祥公司提供的担保20 600元中优先拨付。

四、驳回原告冯剑辉的其他诉讼请求。

本案受理费915元、由被告汇威公司负担。

7 原告朱沛云与被告浙江鸿嘉海运有限公司船员劳务合同纠纷案

案例来源:宁波海事法院(2012)甬海法台商初字第22号

主题词:船员劳务合同　船舶优先权　扣押船舶

> **裁判要旨**
>
> **No. CB-9.3-3**　船员就工资欠款主张船舶优先权,法院不再要求其以扣押船舶的方式行使。

一、基本案情

原告:朱沛云

被告:浙江鸿嘉海运有限公司(以下简称鸿嘉公司)

被告:江君文

原告朱沛云起诉称:原告在被告鸿嘉公司所有的"鸿嘉85"轮上担任水手。2011年12月17日,被告鸿嘉公司向原告出具欠条一份,确认尚欠原告工资款7 000元。被告江君文作为被告鸿嘉公司的法定代表人在该欠条上签字。后原告多次催讨无果。现要求:(1)两被告支付原告工资7 000元,并赔偿自起诉之日起至实际付款之日止按银行同期同类贷款利率计算的利息损失;(2)确认原告工资7 000元对"鸿嘉85"轮具有船舶优先权。

被告鸿嘉公司对原告诉称的事实无异议。

二、法院查明的事实

宁波海事法院认定本案事实与原告诉称的事实一致。

三、法院裁判

宁波海事法院认为:本案系船员劳务合同工资欠款纠纷。被告鸿嘉公司雇用原告朱沛云工作,应按约支付报酬,逾期不付的,还应赔偿相应损失。根据《中华人民共和国海商法》的规定,原告因劳务合同所产生的工资给付请求,对产生该海事请求的船舶即"鸿嘉85"轮具有船舶优先权。综上,原告的诉请符合法律规定,宁波海事法院予以支持。依据《中华人民共和国合同法》第109条、第112条,《中华人民共和国海商法》第21条、第22条第1款第1项之规定,判决如下:

一、被告浙江鸿嘉海运有限公司于本判决生效起10日内支付原告朱沛云工资欠款7 000元,并支付该款自2012年2月7日起至判决确定的履行之日止按中国人民银行同期贷款利率计算的利息损失;

二、原告朱沛云就上述判决给付款对被告浙江鸿嘉海运有限公司所有的"鸿嘉85"轮享有船舶优先权。

8 原告欧某某与被告广州某船务有限公司船员劳务合同纠纷案

案例来源:广州海事法院(2012)广海法初字101号
主题词:船员劳务合同　船舶优先权　内河船

裁判要旨

No. CB-9.3-4　内河船不适用《中华人民共和国海商法》有关船舶优先权的规定。

一、基本案情

原告:欧某某

被告:广州市某船务有限公司

原告诉称:原告于2006年至2011年4月30日在被告所属的"某某17号"等船舶服务,任船长等职务。双方没有签订书面劳动合同。被告没有及时向原告支付工资及其他劳动报酬。经原、被告双方结算,被告确认尚欠原告工资及其他劳动报酬等费用共计620 962.30元。请求法院判令被告向原告支付620 962.30元,确认原告的上述海事请求对"某某17号"具有船舶优先权,本案受理费由被告负担。

被告对原告请求的金额无异议,在举证期限内未提交证据。

二、法院查明的事实

经审理查明:"某某17号"登记为内河船舶,船舶所有人和船舶经营人为被告。原告在"某某17号"上任船长和负责人,但一直未与被告签订书面劳动合同。原、被告共同确认,"某某17号"所有船员均与被告形成劳动法律关系,被告指定原告管理"某某17号",被告将应发给"某某17号"船员的工资付给原告,再由原告付给船员。经原、被告结算,被告确认拖欠原告2006年至2009年10月期间的船员工资及其他劳动报酬等费用共计620 962.30元。

三、法院裁判

广州海事法院认为:本案系船员劳务合同纠纷。被告是"某某17号"的所有人和经营人,原告在该轮上任大副和负责人,原、被告对双方存在事实劳动关系没有争议,而原告提供的《船员服务簿》可证实原告在被告所属船舶工作的事实,广州海事法院确认原、被告之间的劳动关系合法有效。根据《中华人民共和国劳动法》第50条的规定,被告作为用人单位,负有向作为劳动者的原告及时足额支付工资的义务。经原、被告结算,被告确认尚欠原告工资及其他劳动报酬等费用共计620 962.30元。原告据此提出诉讼请求,要求被告支付工资及其他劳动报酬等费用共计620 962.30元,证据充分,予以支持。因"某某17号"为内河船而非海船,依照《中华人民共和国海商法》第3条的规定,该轮不适用《中华人民共和国海商法》有关船舶优先权的规定,原告主张其工资债权享有船舶优先权,没有法律根据,不予支持。

综上,根据《中华人民共和国劳动法》第50条和《中华人民共和国海商法》第3条的规定,判决如下:

一、被告广州市某船务有限公司支付原告欧某某工资及其他劳动报酬等费用共计620 962.30元;

二、驳回原告欧某某要求确认上述工资债权对"某某17号"具有船舶优先权的诉讼请求。

9.4 船员的劳务报酬、社会福利、经济补偿或赔偿金

⑨ 原告何某与被告广州市某船务有限公司船员劳务报酬纠纷案
案例来源:广州海事法院(2011)广海法初字第425号
主题词:船员劳务合同 未订立书面合同 解除合同 经济补偿金 经济赔偿金

裁判要旨

No. CB-9.4-1 船员的用人单位自用工之日起超过1个月不满1年未与船员订立书面劳动合同的,应当向船员每月支付两倍的工资。

No. CB-9.4-2 由于用人单位没有为船员购买社会保险,船员有权在评定伤残后主动解除劳动关系,而且可以向用人单位主张解除合同的经济补偿金。

No. CB-9.4-3 船员应当证明其已依法向劳动行政部门投诉并且用人单位逾期未付工资,否则无权向用人单位主张迟延支付工资及经济补偿金的赔偿金。

一、基本案情

原告:何某

被告：广州市某船务有限公司

原告何某诉称：2009年7月22日，原告入职被告公司，担任被告所属的"穗某某328"轮的水手，但被告一直没有与原告签订书面劳动合同，也没有为原告购买社会保险。同年11月13日，原告随船到香港，发生被吊钩打伤的工伤事故，原、被告之间的劳动关系于2010年4月9日解除。虽然原、被告之间的工伤保险待遇纠纷已经审结，但被告还应根据《中华人民共和国劳动合同法》等相关法律、法规，支付或者赔偿原告以下费用：(1) 支付未签订劳动合同的双倍工资19686元；(2) 支付停工留薪期之外的工资2214.68元；(3) 支付原告解除合同的经济补偿金2460.75元；(4) 被告按100%的比例向原告支付其未及时支付原告受伤后的部分工资及未及时支付解除劳动合同的经济补偿金的赔偿金14518.43元。本案诉讼费用由被告负担。

被告广州市某船务有限公司辩称：(1) 原告主张未签订劳动合同的双倍工资19686元，其计算标准错误，主张金额过高。原告每月工资2000元，双方未签订劳动合同的时间不足4个月，原告有权主张未签订劳动合同的双倍工资只有6000元。(2) 原告主张停工留薪期之外的时间有27天，无事实依据。即使原告主张的停工留薪期之外的时间属实，也因原告没有为被告提供劳动而无权主张该部分的工资。(3) 原告于2009年11月15日自动离职，原、被告双方均无提出解除劳动合同，原告要求被告支付解除合同的经济补偿金缺乏依据。(4) 原告主张的被告按100%的比例支付其未及时向原告支付受伤后的部分工资及未及时支付解除劳动合同的经济补偿金的赔偿金，没有任何事实根据和法律依据，请求法院予以驳回。

二、法院查明的事实

广州海事法院经审理查明并确认了如下法律事实：原告是被告所属的"穗某某328"轮的船员，原告在船上担任水手职务，上船任职时间为2009年7月22日，解职离船时间为2009年11月16日。原、被告之间没有签订书面劳动合同，被告也没有为原告购买工伤保险。

2009年11月13日，原告随"穗某某328"轮从佛山市南海区九江码头重载开往香港油麻地卸载，在卸载过程中，原告被吊钩打中，从集装箱上摔落到甲板受伤。

2009年11月15日至18日，原告在九江医院进行了治疗，住院时间为2009年11月16日，出院时间为2009年11月18日。经九江医院诊断，伤情为"腰1椎体压缩性骨折；右股骨粗隆间不全性骨折；左桡骨下端骨折"。

2009年11月18日至2010年3月17日，原告转至佛山市中医院住院治疗。被告为原告支付了大部分医疗费。

2010年2月8日，广州市黄埔区劳动和社会保障局出具《工伤认定决定书》，认定原告为工伤。

2010年4月9日，广州市劳动能力鉴定委员会出具《工伤职工劳动能力鉴定结论书》，认定原告劳动功能障碍程度（伤残等级）为九级，停工留薪期从2009年11月13

日起至 2010 年 3 月 13 日止。

广州市统计局公布的 2009 年度广州市城镇非私营单位职工年平均工资(即城镇单位职工年平均工资)为 49 215 元。

原告就工伤保险待遇纠纷向广州海事法院提出诉讼,案号为(2010)广海法初字第 300 号。原告提出的诉讼请求包括:(1) 原告住院期间工资 16 405 元和出院后的工资 4 101.25 元(计至 2010 年 4 月 9 日);(2) 未签劳动合同的双倍工资 32 810 元;(3) 解除劳动合同的待通知金 4 101.25 元;(4) 解除劳动合同的经济补偿金 4 101.25 元;(5) 迟延支付原告受伤后工资及解除劳动合同的经济补偿金的赔偿金 24 607.5 元;(6) 违法解除劳动合同的赔偿金 8 202.5 元;(7) 医疗费和护理费 30 512.6 元;(8) 伙食补助费 2 520 元、交通食宿费 1 582 元及鉴定费 331 元;(9) 一次性伤残补助金 32 810 元;(10) 一次性伤残就业补助金 32 810 元;(11) 工伤医疗补助金 8 202.5 元;(12) 未来两年半的预期收入损失 123 037.5 元。

广州海事法院于 2010 年 12 月 16 日作出(2010)广海法初字第 300 号民事判决,判决被告应向原告支付医疗费 23 312.6 元、护理费 7 200 元、住院伙食补助费 2 520 元、停工留薪期的待遇 9 843 元、一次性伤残补助金 19 686 元、一次性伤残就业补助金 19 686 元、一次性工伤医疗补助金 4 921.5 元、劳动能力鉴定费 331 元、交通费 100 元,合计 87 600.1 元。对原告请求赔偿的《工伤保险条例》规定范围以外的赔偿项目,在该案中不予审理,原告可以另行起诉。被告不服广州海事法院一审判决,向广东省高级人民法院提出上诉,广东省高级人民法院于 2011 年 5 月 18 日作出(2011)粤高法民四终字第 40 号民事判决,驳回被告上诉,维持原判。

上述案件生效后,原告就(2010)广海法初字第 300 号案件中被认定为属于《工伤保险条例》规定范围以外的赔偿项目另行提出诉讼,即本案。原告提出各项请求的具体事实和理由如下:

(一) 未签订劳动合同的双倍工资

原告主张,原告于 2009 年 7 月入职被告公司,双方劳动关系于 2010 年 4 月 9 日解除,由于被告一直没有与原告签订书面劳动合同,根据《中华人民共和国劳动合同法》第 82 条和《中华人民共和国劳动合同法实施条例》第 6 条的规定,被告应支付双倍工资的期间为 2009 年 8 月至 2010 年 4 月共 8 个月。根据(2010)广海法初字第 300 号民事判决的认定,原告的工资按广州地区职工平均工资的 60% 计算,8 个月的工资共计 19 686 元(49 215 × 60% ÷ 12 × 8 = 19 686)。

(二) 停工留薪期之外的工资

原告主张,原告受伤后于 2009 年 11 月 13 日离船,2010 年 4 月 9 日解除劳动关系。(2010)广海法初字第 300 号民事判决,根据的是广州市劳动能力鉴定委员会出具的《工伤职工劳动能力鉴定结论书》,认定原告劳动功能障碍程度(伤残等级)为九级,停工留薪期从 2009 年 11 月 13 日起至 2010 年 3 月 13 日止,据此支持原告停工留薪期的工资 9 843 元,没有涉及停工留薪期之外的工资,故被告应支付原告 2010 年 3 月 14 日至

2010年4月9日共27日的工资2 214.68元(49 215÷12×60%÷30×27=2 214.68元)。

（三）解除合同的经济补偿金

原告主张，由于被告没有为原告购买社会保险，原告有权在评定伤残后主动解除劳动关系。根据《中华人民共和国劳动合同法》第46条和第47条的规定，被告应向原告支付解除合同的经济补偿金。因双方的劳动关系持续9个月，故应按1年计算，经济补偿金为1个月的工资2 460.75元(49 215÷12×60%=2 460.75元)。

（四）被告按100%的比例向原告支付其未及时支付受伤后工资及未及时支付解除劳动合同的经济补偿金的赔偿金

原告主张，被告应向原告支付停工留薪期的工资9 843元、停工留薪期之外的工资2 214.68元和解除合同的经济补偿金2 460.75元，上述三项共计14 518.43元，由于被告没有及时支付，根据《中华人民共和国劳动合同法》第85条和最高人民法院《关于审理劳动争议案件适用法律若干问题的解释（三）》的规定，被告应按未付金额的100%的标准支付赔偿金，即14 518.43元。

三、法院裁判

广州海事法院认为，原、被告之间存在事实的船员劳务合同法律关系，原告在被告所属的船舶任职，原告以被告一直未与原告签订书面劳动合同，违反《中华人民共和国劳动合同法》等相关法律、法规的规定，据此要求被告承担相应责任。因此，本案是一宗船员劳务报酬纠纷。对原告的各项请求，合议庭认定如下：

（一）关于未签订劳动合同的双倍工资

《中华人民共和国劳动合同法》第82条规定："用人单位自用工之日起超过一个月不满一年未与劳动者订立书面劳动合同的，应当向劳动者每月支付二倍的工资。"《中华人民共和国劳动合同法实施条例》第6条规定："用人单位自用工之日起超过一个月不满一年未与劳动者订立书面劳动合同的，应当依照劳动合同法第八十二条的规定向劳动者每月支付两倍的工资，并与劳动者补订书面劳动合同；劳动者不与用人单位订立书面劳动合同的，用人单位应当书面通知劳动者终止劳动关系，并依照劳动合同法第四十七条的规定支付经济补偿。前款规定的用人单位向劳动者每月支付两倍工资的起算时间为用工之日起满一个月的次日，截止时间为补订书面劳动合同的前一日。"原告于2009年7月22日入职被告公司，根据广州海事法院(2010)广海法初字第300号民事判决认定，双方劳动关系于2010年4月9日解除。由于被告一直没有与原告签订书面劳动合同，被告应根据上述规定向原告支付两倍工资，支付双倍工资的期间为2009年8月22日至2010年4月8日共7个月零17天。本案非工伤保险待遇纠纷，原告主张根据广州海事法院(2010)广海法初字第300号民事判决，原告每月工资按2009年广州地区职工每月平均工资的60%计算，缺乏依据。原告每月工资收入2 000元，据此计算，被告应向原告支付7个月零17天的双倍工资为15 133.33元(2 000×7+2 000÷30×17=15 133.33)。

(二) 关于停工留薪期之外的工资

广州海事法院(2010)广海法初字第 300 号民事判决认定,原告停工留薪期从 2009 年 11 月 13 日起至 2010 年 3 月 13 日止,据此支持原告停工留薪期的工资 9 843 元,没有对 2010 年 3 月 14 日至 2010 年 4 月 9 日解除劳动关系之日共 27 日涉及的停工留薪期之外的工资作出认定,因此,原告在本案中有权主张上述期间的工资,但每月的工资标准应以原告每月工资 2 000 元的标准计算,27 天的工资为 1 800 元(2 000 ÷ 30 × 27 = 1 800)。

(三) 关于解除合同的经济补偿金

由于被告没有为原告购买社会保险,原告有权在评定伤残后主动解除劳动关系。根据《中华人民共和国劳动合同法》第 46 条和第 47 条的规定,被告应向原告支付解除合同的经济补偿金。因双方的劳动关系持续 9 个月,故应按 1 年计算,以 1 个月工资的标准向原告支付经济补偿金,即 2 000 元。

(四) 关于被告主张按 100% 的比例向原告支付其未及时支付受伤后工资及未及时支付解除劳动合同的经济补偿金的赔偿金

《中华人民共和国劳动合同法》第 85 条规定:"用人单位有下列情形之一的,由劳动行政部门责令限期支付劳动报酬、加班费或者经济补偿;劳动报酬低于当地最低工资标准的,应当支付其差额部分;逾期不支付的,责令用人单位按应付金额百分之五十以上百分之一百以下的标准向劳动者加付赔偿金:(一) 未按照劳动合同的约定或者国家规定及时足额支付劳动者劳动报酬的;(二) 低于当地最低工资标准支付劳动者工资的;(三) 安排加班不支付加班费的;(四) 解除或者终止劳动合同,未依照本法规定向劳动者支付经济补偿的。"根据上述规定,劳动者根据《中华人民共和国劳动合同法》第 85 条规定向劳动行政部门投诉,当劳动行政部门已责令用人单位限期支付而用人单位逾期不支付的,劳动者有权要求用人单位按应付金额 50% 以上 100% 以下的标准向劳动者加付赔偿金。本案中,原告未能证明已向劳动行政部门投诉,而用人单位逾期不予支付的情形,故其请求赔偿金缺乏依据,不予支持。

综上,依照《中华人民共和国劳动合同法》第 46 条、第 47 条、第 82 条、第 85 条,《中华人民共和国劳动合同法实施条例》第 6 条和《中华人民共和国民事诉讼法》第 64 条第 1 款的规定,判决如下:

一、被告广州市某船务有限公司向原告何某支付两倍工资 15 133.33 元、停工留薪期之外 27 天的工资 1 800 元、经济补偿金 2 000 元,三项合计 18 933.33 元;

二、驳回原告何某的其他诉讼请求。

⑩ 原告周庆华与被告广东华龙远洋渔业有限公司船员劳动合同纠纷案

案例来源：广州海事法院(2004)广海法初字第43、78号

主题词：船员劳务合同　船员社会福利　扣减工资　押金

裁判要旨

No. CB-9.4-4　船员的用人单位应当按照法律的规定和合同的约定向船员支付工资，并且为船员缴纳社会保险、提供福利待遇。

No. CB-9.4-5　船舶驾驶不是船长的个人行为，而是以船长为指挥的全体船员相互协作的共同行为，同时受船舶本身的技术状况、航行水域的各种自然条件等因素的影响。对于船舶碰撞事故，船长的用人单位如不能举证证明船长对碰撞事故有过错以及过错程度，就不能相应扣减船长的工资。

No. CB-9.4-6　船员劳动合同中约定用人单位从船员收入中预扣部分款项作为合同押金，应认定为无效条款。

一、基本案情

原告（反诉被告）：周庆华

被告（反诉原告）：广东华龙远洋渔业有限公司

原告周庆华诉称：原告与被告于2002年8月11日签订劳动合同，约定被告聘用周庆华为"华龙022"渔船船长，合同期暂定为两年，在国外工作保底工资每月180美元，毛利则按原告45%，被告55%的比例分配。2003年4月8日，"华龙022"渔船因不适渔而返回国内，原告也随船回国。原告的月工分标准为145—150，在国外捕鱼期间每工分工值为2.18美元，按150工分乘2.18美元计算，得出原告月工资为327美元，按美元兑人民币1∶8.27的汇率，折合人民币2 704.29元（本判决所涉货币除注明为外币外，均为人民币）。原告在国外为被告工作了8个月，工资总额为21 634.32元，而被告除分两次向原告支付了3 500元外，尚拖欠原告工资18 134.32元。"华龙022"渔船返回国内后，被告没有安排原告工作，使原告一直处于待工状态。被告应按在国外工作期间每月40美元伙食费的标准向原告支付12个月生活费480美元，按美元兑人民币1∶8.27的汇率折合人民币3 969.60元，以赔偿原告的待工损失。被告在劳动合同期间内没有为原告缴纳社会保险费，应为原告补缴或向原告支付两年劳动合同期内的社会保险费8 349.12元。原告请求法院判令：(1)被告向原告支付拖欠的8个月工资18 134.32元及拖欠工资25%的经济补偿金4 533.58元；(2)被告向原告支付待工期间的生活费3 969.60元；(3)被告为原告补缴或向原告支付两年劳动合同期内的社会保险费8 349.12元；(4)本案诉讼费用由被告负担。

原告在举证期限内提供了以下3份证据：(1)原告及其他8名船员与被告订立的

《合同》；(2)《送货单》15 份；(3) 原告委托代理人何丹智律师向被告发出的《关于拖欠周庆华船长工资的核对函》。

被告广东华龙远洋渔业有限公司答辩并反诉称：原告的诉讼请求中的工资部分计算方法错误。根据劳动合同的约定，原告工资起付时间应为原告出国离境之日，原告以合同签订时间作为其工资起算时间不当。合同约定，毛利分成超过平均每人每月 180 美元(含 180 美元)的，被告不负责发放保底工资。原告在不计算各月毛利状况的情况下，按每月 327 美元主张工资，没有依据。合同约定的每月 40 美元伙食费系被告向在境外进行渔业生产的员工提供的福利补助，且原告拒绝被告的工作安排回国，已违约。船员应主动与用人单位联系工作，而原告离船后一直没有到被告公司去要求工作。劳动合同已于原告回国之日终止，原告要求被告按每月 40 美元的标准向其支付 12 个月的生活费无理。船员按一定比例获得的收益或保底工资已包含社会保险费，这是远洋渔业的行业惯例，原告要求被告补缴或支付两年的社会保险费没有法律依据。被告代原告垫付原告驾船撞坏他船的赔偿金，在原告无力偿还时扣发原告工资以抵偿原告所欠债务，合理合法。请求法院驳回原告的诉讼请求。

2002 年 8 月 21 日，"华龙 022"渔船随"华龙 021""华龙 023""华龙 024"3 艘渔船自湛江市沙湾渔港起航赴斯里兰卡基地。8 月 22 日，"华龙 022"渔船途经硇州港时与"粤湛江 00012"渔船碰撞，使"粤湛江 00012"渔船受损，经调解，由原告一次性支付赔偿金 17 000 元，因原告当时无钱赔偿，被告替原告垫付了全部赔偿金。2002 年 9 月底，"华龙 022"渔船到达斯里兰卡基地进行生产。"华龙 022"渔船船员消极怠工，信息不灵，致使该船经营严重亏损，原告作为船长负有不可推卸的责任。被告对停产的"华龙 022"渔船进行重组，仅有 3 人同意继续工作，周庆华等 6 人不同意继续工作，于 2003 年 3 月 17 日驾船回国，发生回国航渡费 4 844 美元。原告的行为已经违反了合同约定，应当赔偿被告损失。请求法院判令：(1) 原告偿还被告垫付的赔偿款 17 000 元；(2) 原告向被告支付违约金 400 美元，并赔偿被告因原告违约所遭受的其他经济损失；(3) 原告向被告支付回国航渡费 807 美元。

被告在举证期限内提供了以下 19 份证据：(1) 原告及其他 8 名船员与被告订立的《合同》复印件；(2) 关于被告名称变更的《证明》复印件；(3) 被告的《远洋船队生产经营管理章程》(以下简称《船队章程》)；(4) 农业部农渔函[2001]104 号文件《关于同意舟山康丞水产有限责任公司派船赴印度洋公海从事金枪鱼延绳钓生产的批复》复印件；(5) 冯登元关于"华龙 022"渔船事故经过的书面说明；(6) "华龙 022"渔船与"粤湛江 00012"渔船之间关于碰撞损害赔偿的《协议书》；(7) 李建宾关于"华龙 022"渔船情况的书面说明；(8) 华龙 021-024 渔船产量统计表、生产船 2002 年 9 月至 2003 年 2 月的结算表及结算统计表(共 8 份)；(9) "华龙 022"渔船于 2003 年 3 月 17 日从斯里兰卡航渡回国费用清单；(10) 何况关于华龙 021-024 4 艘渔船从斯里兰卡基地返航回到闸坡港接船情况的书面说明；(11) 何况关于华龙 021-024 4 艘渔船修船情况的书面说明；(12) 原告的工资结算表；(13) 吴雪清代原告领取工资的清单复印件；(14) 原告的《海员证》复印件;(15)原告的《职务船员证》《船员服务簿》复印件;(16)《渔业船舶国籍证书》复印件;(17)被告与舟山康丞水产有限责任公司签订的《渔船租赁合同》;(18)"华龙022"渔船维修结算单复印件(共3张);(19)船员工资预支表、领款单复印件。

原告周庆华对被告广东华龙远洋渔业有限公司的反诉答辩称:原告在被告征求船员意见时选择继续留在国外从事渔业生产,而被告则安排原告和其他船员驾船回国,并且在原告回国后被告一直没有安排原告工作,使原告一直处于待工状态。违约者是被告而非原告,被告反诉原告要求原告支付400美元违约金及回国费用无理。"华龙022"渔船与"粤湛江00012"渔船发生碰撞事故是因"华龙022"渔船船舶机械故障所引起,赔偿责任应由被告承担,原告只是代表被告处理事故善后事宜,被告以代原告垫付赔偿款为由要求原告偿付17 000元赔偿款没有事实及法律上的依据。请求法院驳回被告的反诉请求。

在诉讼中,法院应原告的申请向湛江边防检查站调取了有关原告的《入出旅客员工详细情况单》。

经质证,被告对原告提供的3份证据的真实性、合法性、关联性均无异议。原告对被告的证据(1)、(2)、(10)、(13)、(14)、(15)、(19)的证据效力予以确认;对被告的证据(5)、(7)、(12)的证据效力予以否认,对被告的证据(3)、(8)、(9)、(11)、(17)、(18)的真实性和合法性表示不清楚并认为该6份证据与本案无关;对被告的证据(4)、(6)、(16)的真实性和合法性无异议,但认为该3份证据与本案无关。

经审核,因被告承认原告的证据1、2、3的证据效力,原告承认被告的证据1、2、10、13、14、15、19的证据效力,法院直接确认双方提供的上述10份证据的证据效力。被告的证据3是被告自己制定的《船队章程》,原告否认该证据的证据效力,称从未见过该章程,被告没有提供证据证明原告见过该章程并表示接受章程内容,故该章程不能作为双方当事人之间劳动合同的一部分,对原告无约束力,与本案无关,不能作为本案的定案依据。被告的证据5是证人冯登元(被告的职员)作出的关于"华龙022"船碰撞损害赔偿事宜的书面证明,该证人到庭接受询问时,说明:碰撞事故赔偿事宜由原告与对方调解,所以在书面证言中写明由原告一次性付款17 000元,但该证人并不知道具体情况,不知道损失是由原告还是被告承担。因此,被告的证据5尚不能证明原告当时同意由其个人负担碰撞损失。被告的证据7为书面证言,因被告没有提供证人李建宾到庭接受质询,原告否认该证据的证据效力,该证据不能单独作为定案的依据,须结合本案其他证据进行综合认定;证据7中关于"华龙022"渔船船员消极怠工、信息不灵给被告造成严重损失,在被告对"华龙022"渔船进行重组过程中,原告和其他5名船员不同意继续工作的证明内容,因没有其他有效证予以印证,不予采信。被告的证据4、11、18与本案需查明的事实无关,且被告的证据11、18均为被告职员何况所作的书面材料复印件,属于被告单方制作的证据,没有其他有效证印证其内容,故该3份证据均不能作为本案定案的依据。被告的证据6、16与本案需要证明的事实有关,且原告对其真实性、合法性无异议,故该两份证据的证据效力应予确认。被告的证据 8、9、12 为其单方制作的清单,没有其他证据相印证,原告否认其证据效力,故该 3 份证据的证据效力应不予认定。被告的证据 17 为原件,可作为本案的定案依据。原、被告对法院调取的《入出旅客员工详细情况单》的证据效力均予以确认,法院直接确认该证据的证据效力。

二、法院查明的事实

2002 年 8 月 11 日,被告与原告及其他 8 名船员订立劳动合同,约定:被告聘请原告及其他 8 名船员到被告所属的"华龙 022"渔船上工作,受被告指派随远洋渔船船队到印度洋从事金枪鱼捕捞,合同期暂定 2 年,其中原告的职务是船长。合同期内受聘船员享受的待遇包括:从出国离境之日起计发国外工资,每月保底工资为 180 美元;在国外工作期间每月伙食为 40 美元,由被告按月发放;被告因经营业务的需要解雇船员时,除发足在职期间的工资外,加发 1 个月国外工资作为遣散费等。工资及生产分成的发放标准与办法为:船员一方的劳动报酬按毛利提成分配,被告与船员两方分别提成毛利的 55% 与 45%;如渔船生产亏损或按毛利分成平均每人每月少于 180 美元,被告负责按平均每人每月 180 美元的标准向船员发放保底工资,毛利分成超过平均每人每月 180 美元,被告不负责发放保底工资。各船员的工分标准分别为:船长 145—150、轮机长 130—135、大副 120—125、大管轮 110—115、其他船员 90—105、轮机员和炊事员各加 3 工分。被告的责任包括:按被告的《船队章程》管理船舶与船员;办妥船舶与船员出国的有关证件和手续,支付办证费用;为船员处理国外的涉外事务,并支付处理正常涉外事务的费用;因船员违法违纪所引起的费用由船员承担,由被告从船员的工资中扣除或由船员以其他方式支付;按合同约定向船员支付工资、伙食费等。船员的责任包括:严格执行《船队章程》;爱岗敬业,遵纪守法,如实通报信息,搞好团结与生产,服从被告的领导和管理;船员每人每年向被告缴交 400 美元的合同押金,由被告从船员第一年的收入中扣缴,如果船员没有违反《船队章程》和合同条款,合同期满被告归还船员押金等。如果一方违反合同约定和《船队章程》,造成对方损失,应予以赔偿。原告在签订劳动合同以前没有看见被告的《船队章程》,也没有认可章程内容。

2002 年 8 月 21 日,原告上"华龙 022"渔船担任船长,驾船随同被告的"龙华 021"船(指挥船)等其他 3 艘渔船从湛江市沙湾渔港出境前往斯里兰卡海域从事金枪鱼捕捞工作。当日 7:00 时左右,在原告驾船经过硇洲港时,"华龙 022"渔船与停泊在渔港停泊区内的"粤湛江 00012"渔船发生碰撞,致使"粤湛江 00012"渔船受损。8 月 22 日,两船方面的经办人经过调解达成赔偿协议,商定"华龙 022"渔船方面一次性赔偿"粤湛江 00012"渔船修理费和船员工资 17 000 元。被告所派的代表冯登元和原告作为"华龙 022"渔船方面的经办人,与"粤湛江 00012"渔船方面的经办人冯文在协议书上签字。同日,被告支付了上述赔偿金,"华龙 022"船同其他 3 艘船舶离港继续驶往斯里兰卡。本案没有有效证据证明"华龙022"渔船与"粤湛江00012"渔船发生碰撞的详细经过及具体原因。

2003年3月17日,原告开始随"华龙022"渔船及被告经营的其他3艘渔船从斯里兰卡海域返航回国。4月8日15时许,"华龙022"渔船和其他3艘渔船进入阳江市闸坡港,停靠于华龙船排厂码头。4月9日,原告离船。4月11日,被告租赁大巴将原告及其他船员分别送回湛江郊区硇洲镇和遂溪县港门镇。之后,被告没有另行安排原告工作。

被告在原告工作期间,分两次共向原告支付了3500元工资,除此之外未向原告支付其他工资,也未为原告缴纳社会保险费。本案没有有效证据证明"华龙022"渔船在斯里兰卡基地从事渔业生产的经营状况,以及原告在工作期间是否有违反合同约定或法律规定的不当行为,也没有有效证据证明原告回国的费用。

"华龙022"渔船为钢质延绳钓渔船,长24.36米,宽5.72米,深2.4米,82总吨,24净吨,船籍港为舟山,登记的船舶所有人为舟山康丞水产有限责任公司,该公司将该船租赁给被告从事渔业生产。

另查,被告是在广东省工商行政管理局注册登记的企业法人。广东省劳动厅、财政厅于1999年8月30日发布《关于提高国有企业下岗职工基本生活保障水平有关问题的紧急通知》(粤劳关[1999]247号)要求广东省各地市劳动、财政部门根据本地情况制定提高下岗职工基本生活保障水平的实施方案和具体标准(没有为全省制定统一标准)。广州市劳动局、财政局、社保局、民政局于1999年9月10日发布的《关于提高三条社会保障线水平等有关问题的紧急通知》(穗劳计[1999]14号)规定,从1999年7月1日起,广州市下岗职工基本生活费调整为每人每月442元。根据广东省和广州市有关社会保险费征缴的规定和广州市社会保险基金管理中心公布的社会保险费征缴办法,广州市属以上单位在广州市社会保险基金管理中心缴纳社会保险基金,广州市的国有、集体企业等单位及其职工一般按以下办法缴纳社会保险费:以上年度申报个人所得税的工资、薪金税项的月平均额为缴费基数,低于上年度市职工月平均工资60%的,按60%缴纳;高于300%以上部分不计征(每年7月进行调整),其中2001年7月至2002年6月缴费基数上下限分别为949元与4743元;2002年7月至2003年6月缴费基数上下限分别为1107与5535元;自2001年7月至2003年6月,养老保险费由单位按缴费工资的20%缴纳,个人按缴费工资的8%缴纳;失业保险费由单位按缴费工资的2%缴纳,个人按缴费工资的1%缴纳;工伤保险费由单位按缴费工资的0.5%至1.5%缴纳(从事海上捕捞的单位按1.2%缴纳),个人不缴费;医疗保险费自2002年12月份起由单位按缴费工资的8%缴纳,个人按缴费工资的2%缴纳(以上有关年度均为社会保险费的缴费年度,相应的自然年度为上一年)。2003年4月8日,美元对人民币汇率的基准价为1:8.2772。

三、法院裁判

本案为船员劳动合同纠纷。原告与被告自愿订立劳动合同,在劳动合同期内,原告作为劳动者有取得劳动报酬、享受社会保险和福利的权利;被告作为用人单位应按照法律的规定和合同的约定向原告支付工资,为原告缴纳社会保险费并提供福利待遇。

原、被告在劳动合同中约定原告的工资按平均每月 180 美元的保底工资或毛利分成计算。本案没有有效证据证明"华龙 022"渔船从事渔业生产的经营状况以及船员工分的价值,原告的工资无法按毛利分成的方式计算,只能以每月 180 美元的保底工资标准计算。原告从 2002 年 8 月 21 日、22 日起驾驶"华龙 022"渔船开始出境,于 2003 年 4 月 8 日驾船回国,共在国外工作了 7 个月又 18 天,按每月 180 美元的工资标准计算,其应得的工资总额为 1 368 美元,以 2003 年 4 月 8 日美元对人民币汇率的基准价 1∶8.2772 计算,折合人民币 11 323.21 元。扣除被告已向原告支付的 3 500 元工资,被告仍拖欠原告 7 823.21 元工资,应按月向原告支付。被告长期拖欠原告工资,势必会给原告造成损失。按照《中华人民共和国劳动法》第 91 条第 1 项的规定,并参照劳动部颁布的《违反和解除劳动合同的经济补偿办法》第 3 条的规定,被告除向原告支付被拖欠的工资外,还应给予原告被拖欠工资 25% 的经济补偿金 1 955.80 元。

被告聘请原告担任海员,双方约定合同期暂定为 2 年。所谓"暂定"也属于一种确定,绝非有随意变更之意,该 2 年劳动合同期为固定期限,除非双方协商一致解除或其他约定或法定解除情形出现,任何一方不得擅自解除劳动合同。原告自愿与被告签订劳动合同,已表明原告愿意受被告雇用上船出海捕鱼,被告在合同期内应当按照约定为原告安排工作。2003 年 4 月 9 日,原告已随"华龙 022"船回国,暂时客观上不能从事劳动合同约定的工作(到印度洋从事金枪鱼捕捞),此时原告下船,不表明其不愿意从事合同约定的工作。本案没有证据表明原告拒绝受被告雇用,也没有证据表明原告作为劳动者在劳动期限内存在用人单位(被告)可以解除劳动合同的情形。双方当事人没有相互通知解除劳动合同,应认定双方当事人没有解除劳动合同。工作岗位由用人单位掌管和安排,劳动者被动地受用人单位安排参加劳动,被告在原告下船后没有再通知原告上船工作,却以原告没有主动与其联系工作作为其不再为原告安排工作的理由之一,无理无据。被告一方面与原告签订劳动合同表示雇用原告两年,另一方面却在安排原告上船工作不足 8 个月后,没有再通知原告上船工作,不按合同约定继续为原告安排工作,使原告在合同期内较长时间不能从事约定的工作,获得正常的工作收入。原告从 2003 年 4 月 9 日离船起至本案开庭审理时待工已逾 12 个月,本案没有证据表明原告在该期间内另行就业,参照劳动部《关于贯彻执行〈中华人民共和国劳动法〉若干问题的意见》第 58 条关于企业下岗人员由企业依据当地政府的有关规定支付其生活费的规定,原告有权向被告请求 12 个月的生活费。原告以每月 40 美元的标准主张待工期间的生活费,没有超出被告所在地广州市政府有关部门所规定的每人每月 442 元的下岗职工生活费标准,是合理的。原告请求被告按每月 40 美元给付 12 个月待工期间的生活费 3 969.60 元,理据充分,应予以支持。

根据《中华人民共和国劳动法》第 72 条的规定:"用人单位和劳动者必须依法参加

社会保险,缴纳社会保险费。"按照国务院于1999年1月22日发布的《社会保险费征缴暂行条例》第7条、第10条第1款的规定,缴费单位必须向当地社会保险经办机构办理社会保险登记,参加社会保险,按月向社会保险经办机构申报应缴纳的社会保险费数额,经社会保险经办机构核定后,在规定的期限内缴纳社会保险费。被告提出船员工资已包含社会保险费的抗辩,于法无据。原告提出要求被告缴纳社会保险费8 349.12元的请求后,被告没有按照最高人民法院《关于民事诉讼证据的若干规定》第6条关于用人单位应对减少劳动报酬等事项负举证责任的规定,就减少缴纳社会保险费进行举证,应承担举证不能的不利后果。被告作为用人单位没有提供证据证明其是否为原告办理社会保险登记,应认定被告没有为原告办理社会保险登记。在被告没有为原告办理社会保险登记的情况下,有关社会保险经办机构没有关于被告欠缴原告社会保险费确切金额等详细情况的记录。本案参照被告所在地广州市的社会保险费征缴的一般办法,计算原告自2002年8月21日上船工作时起至2004年3月止(本案开庭审理前一月)的各项社会保险费。原告在工作期间的月工资180美元,以2003年4月8日美元对人民币汇率的基准价1∶8.2772折合人民币1 489.90元,在相近年度广州市社会保险费计征的缴费基数上下限之间,可作为计算缴纳原告社会保险费的缴费基数。广州市的单位在与本案劳动合同期相近的时间为职工缴纳养老保险费、失业保险费、工伤保险费(按海上捕捞业的单位缴费比例1.2%计)、医疗保险费的一般比例总和为31.2%。以原告的月工资1 489.90元为缴费基数乘以31.2%的单位缴费比例计算,被告在劳动合同期内每月应为原告缴纳社会保险费464.85元。自2002年8月21日起至2004年3月止(共19个月又11天),被告应为原告缴纳各项社会保险费9 002.59元。原告请求被告补缴社会保险费8 349.12元,没有超出按上述一般标准所计算的数额,合法合理,应予以支持。

原告作为船长与其他船员一起驾驶"华龙022"渔船赴斯里兰卡海域捕鱼,为被告从事经营活动,在航行中与他船"粤湛江00012"渔船发生碰撞事故致使他船受损,首先应由被告对"粤湛江00012"渔船的经营人或所有人承担赔偿责任。原告在赔偿协议书上与被告的代表冯登元一起以"华龙022"船经办人的名义签字,这表明原告是以被告的名义,而不是以其个人名义参与协商赔偿事宜并签署赔偿协议的。被告赔偿船舶碰撞损失17 000元后,只能在原告对碰撞事故的发生有过错的情况下,按照其过错程度向其追偿相应的损失。船舶驾驶不仅仅是船长一人的行为,而是以船长为指挥的全体船员相互协作的共同行为,同时受船舶本身的技术状况、航行水域的各种自然条件等因素的影响。本案没有证据表明本案所涉船舶碰撞的原因是船舶本身的机械故障,或者是原告一人驾驶上的过错、其他船员的操作过错、原告和其他船员的共同过错等。被告没有举证证明原告对碰撞事故的发生有过错及过错程度,却将全部碰撞损失归咎于原告(船长)一人,请求其赔偿,理据不足,应予以驳回。

《中华人民共和国劳动法》第50条规定,工资应当以货币形式按月支付给劳动者;不得克扣或者无故拖欠劳动者的工资。法律没有规定用人单位可预扣劳动者的工资作为违约金。上述法律规定属于强制性规定,劳动合同的当事人不得作出有悖上述规定的约定。原告与被告在劳动合同中约定被告从原告第一年的收入中扣缴400美元作为合同押金,违反了上述法律的强制性规定,应认定为无效,被告不得根据此项约定预扣原告的劳动收入。本案没有证据表明原告有违反合同约定并造成被告损失的行为。被告请求原告支付400美元违约金及其他违约损失,没有事实与法律依据,应予以驳回。

2003年3月17日,原告随"华龙022"渔船及其他3艘渔船从斯里兰卡返航回国。被告经营的4艘船舶一起回国的事实本身表明这不是原告的个人行为。本案也没有证据表明因原告一人的请求或其他行为导致被告必须安排4艘船舶一起回国。被告没有举证证明原告回国的费用,其要求原告支付回国航渡费807美元,无理无据,应予以驳回。

综上,依照《中华人民共和国劳动法》第50条、第72条、第91条第1项,《中华人民共和国民事诉讼法》第64条第1款的规定,判决如下:

一、被告广东华龙远洋渔业有限公司向原告周庆华支付工资7 823.21元、经济补偿金1 955.80元、生活费3 969.60元(三项给付金额合计13 748.61元);

二、被告广东华龙远洋渔业有限公司应为原告周庆华向有关社会保险经办机构缴纳社会保险费8 349.12元;

三、驳回被告广东华龙远洋渔业有限公司对原告周庆华的反诉请求。

11 原告伍兴与被告珠海经济特区海通船务有限公司船员劳务报酬纠纷案

案例来源:广州海事法院(2000)广海法事字第71号

主题词:船员劳务合同 船员社会保险 船舶优先权

裁判要旨

No. CB-9.4-7 船员依照合同约定,接受用人单位指派登轮完成了安排的工作任务,用人单位有义务按其工资分配制度和标准,向原告发放工资和有关福利补贴。但由于社会保险费是由用人单位向社会保险部门缴纳的费用,船员没有提供社会保险手册以证明用人单位已经停止为其缴纳社会保险费用,对其申请用人单位支付保险费的请求不予支持。关于雇主两全险保险费,由于用人单位已经投保,船员也已享受相应福利,对船员的该请求不予支持。法院将两项保险费从应付工资中予以扣除。

No. CB-9.4-8 根据《中华人民共和国海商法》第22条第1款第1项的规定,船员工资及其他劳动报酬属于船舶优先权,船员已在法院拍卖船舶时办理了债权登记,故可就拍卖价款优先受偿。

一、基本案情

原告：伍兴

被告：珠海经济特区海通船务有限公司

原告伍兴诉称：原告系"东区一号"轮船员，每月工资及固定福利共计3 018元，其具体项目如下：基础工资1 300元；社会保险费336元；福利租房482元；雇主两全险300元；伙食补助450元；值班补助150元。2000年3月16日，中国工商银行珠海分行营业部申请广州海事法院依法扣押了"东区一号"轮，该银行委托被告守船。该轮扣押至7月5日，期间共计112天。原告在上述期间应得的工资福利11 267.20元无人发放，故根据《中华人民共和国海商法》第22条及《中华人民共和国海事诉讼特别程序法》第116条的规定，请求法院确认原告在上述守船期间应得的工资福利共计11 267.20元具有优先权。

被告珠海经济特区海通船务有限公司辩称：原告所诉称的每月工资、福利补贴的构成与发放标准属实。

二、法院查明的事实

广州海事法院认定了以下事实：

1999年3月1日，原、被告双方签订《珠海市全员劳动合同制职工劳动合同书》，约定：被告聘用原告从事船舶轮机部的工作，原告应完成被告正常安排的生产（工作）任务和规定的数量、质量指标；合同期限从1999年3月1日起至2004年3月1日止；原告劳动报酬按被告工资分配制度和标准执行，被告在每月10日以货币形式支付原告工资。该合同对劳动纪律、劳动保护和劳动条件、终止、变更、解除劳动合同等也作了相应的规定。2000年3月16日，中国工商银行珠海分行营业部申请广州海事法院依法扣押了"东区一号"轮，该银行方面委托被告守船，该轮扣押至7月5日，期间共计112天，原告在"东区一号"轮上工作，上述期间原告应得的工资及某些福利被告没有发放。根据原告提供的业经被告承认的证据记载，被告给原告每月发放工资、福利补贴的标准如下：基础工资600元；岗位工资200元；航补768元；值班补助70元；独生子女补助20元；安全奖200元；各项补助200元；伙食补助275元；租房补助300元；雇主两全险保险费300元（1999年12月28日已投保，保险费1年3 600元）；社会保险费336元。以上月工资及福利总额为3 269元。

"东区一号"轮已被本院公告拍卖，原告已就上述工资福利债权向本院申请债权登记。

三、法院裁判

广州海事法院认为，本案是一宗船员劳动工资确权诉讼。原、被告之间订有《珠海市全员劳动合同制职工劳动合同书》，该劳动合同合法有效，双方当事人均应履行。原告受被告指派，在"东区一号"轮上工作，完成了被告安排的工作任务，依照上述劳动合同,被告有义务按其工资分配制度和标准,向原告发放工资和有关福利补贴。因此,原告要求被告支付欠发的工资福利有理,应予支持。但是,由于社会保险费是由用人单位即本案被告向社会保险部门缴纳的费用,原告没有提供社会保险手册以证明被告已经停止为其缴纳社会保险费用。因此,对原告请求被告支付每月社会保险费336元的主张不应支持。关于原告对雇主两全险保险费每月300元的请求,由于被告于1999年12月28日已经为原告投保,该部分福利原告已经享受。因此,对原告的该项请求不应予以支持。据此,应将上述两项保险费用从前面认定的月工资及福利总额中扣除,即原告守船期间应得工资福利每月为2 633元。故原告在守船期间应得的工资福利数额应为9 742.10元。根据《中华人民共和国海商法》第22条第1款第1项的规定,该笔款项是原告作为在"东区一号"轮上工作的船员,根据劳动合同所产生的工资及其他劳动报酬,原告的该项给付请求,具有船舶优先权。综上所述,依据《中华人民共和国劳动法》第3条、第50条,《中华人民共和国海商法》第22条第1款第1项及《中华人民共和国海事诉讼特别程序法》第116条的规定,判决如下:

被告珠海经济特区海通船务有限公司应向原告伍兴支付船员工资福利9 742.10元,该笔款项对"东区一号"轮具有船舶优先权。

本案受理费461元,被告珠海经济特区海通船务有限公司承担398元,原告伍兴承担63元。

本判决为终审判决。

12 原告金祥定与被告浙江勤丰海运有限公司船员劳务合同工资欠款纠纷案
案例来源:宁波海事法院(2010)甬海法台商初字第29号
主题词:船员劳务合同　经济补偿金　举证责任　加班工资

> **裁判要旨**
>
> **No. CB-9.4-9**　劳动合同在合同期届满前被解除,用人单位即被告应在解除劳动合同时一次付清劳动者工资。无故拖欠劳动者工资,用人单位除全额支付原告的工资报酬外,还需加付25%的经济补偿金。
>
> **No. CB-9.4-10**　劳动者认为用人单位提出解除合同,应当支付解除合同的经济补偿金,对此劳动者应就用人单位的解约负有举证责任。
>
> **No. CB-9.4-11**　根据船运业的惯例,船员在航行期间轮流当班、轮流休息,在没有证据证实双方在船上有额外加班工作或就休息日、法定节假日有特别约定的情况下,劳动者主张休息日、法定节假日的加班工资,法院不予支持。

一、基本案情

原告:金祥定

被告:浙江勤丰海运有限公司

原告金祥定起诉称:2009年10月26日,原告受聘于被告,担任轮机长,从事船上工作。在原告的催促下,原、被告于2009年11月25日签订劳动合同,约定工资为17 500元/月,合同期限从2009年11月25日至2010年5月25日。于2010年3月20日,通过办理交接手续,原告与被告解除了劳动合同。根据"劳动合同"第4条第2款关于工资发放办法的约定:次月20日前发放上月工资。但被告自原、被告解除劳动合同止,仍拖欠原告2010年2月的整月工资和3月1日至20日的工资。并且,原告自上船至下船间的休息日和法定节假日,被告也没有按《劳动合同法》的规定,给予原告休息,因此,原告请求被告支付38天休息日和4天法定节假日的加班工资。原告认为,从2009年10月26日至2010年3月20日,原、被告存在着劳动关系。因被告拖欠工资、未支付加班费,损害了原告的合法权益。故请求判令被告:(1)支付拖欠的工资报酬29 568.97元;(2)支付因拖欠工资报酬而加付25%的经济补偿金7 392.24元;(3)支付解除劳动合同经济补偿金13 125元;(4)支付加班工资70 804.6元。

被告浙江勤丰海运有限公司答辩称:(1)原告作为轮机长,工作极不负责任,致使船舶的应急发电机、救生艇等设备损坏,原告自知责任重大,才提出离船。(2)按合同约定,2010年2月份工资应在3月20日前发放,原告未到发工资时间就提出离船,被告不存在拖欠工资,原告请求支付因拖欠工资报酬而加付25%的经济补偿金,没有依据。(3)合同期未满,原告擅自离船,已构成违约,原告请求支付解除劳动合同经济补偿金的事实不存在、理由不成立。(4)船员属于特殊工种,上班采用轮班制,每个星期的上班根据轮班情况确定,所有船员的吃、住、休息都在船上,原告主张休息日、法定节假日加班工资没有依据。

二、法院查明的事实

宁波海事法院认定案件事实如下:2009年10月26日,被告聘用原告到"勤丰177"轮上从事轮机长工作。至同年11月25日,原、被告补签了一份船员聘用合同,约定:合同期限为6个月,如期满时,船舶正在航行或停泊的港口不适合遣返,期限延至下一个适宜遣返的港口;原告的月薪为17 500元(已含按国家有关规定参加的工伤保险、医疗保险、养老保险、失业保险及其他社会保险),于次月20日前发放;被告为原告在船工作期间投保人身伤害险,如原告发生意外工伤及死亡,其医疗费、抚恤金按保险部门规定索赔等。2010年3月20日"勤丰177"轮抵达天津港时,双方经商议,原告离船遣返。2009年10月26日至2010年1月31日原告的工资已按约向被告领取,2010年2月1日至3月20日,原告的工资双方未予结算。被告至今尚欠原告工资款29 166.67元。

三、法院裁判

宁波海事法院认为:原、被告之间为建立劳动关系而签订的船员聘用合同,系双方真实意思的表示,并不违反法律、行政法规的强制性规定,应认定有效,双方均应依法享受权利,并承担和履行相应的义务。本案合同在合同期届满前被解除,依据劳动部《工资支付暂行规定》第 9 条的规定,用人单位即被告应在解除劳动合同时一次付清劳动者即原告工资,被告无正当理由至今未付清原告工资,已构成无故拖欠劳动者工资,除全额支付原告工资报酬 29 166.67 元外,还需加付 25% 的经济补偿金计 7 291.67 元。就本案案情看,本案劳动合同的解除方式应属于双方协商解除(不存在单方解除劳动合同的情形),至于谁提出解除劳动合同,双方存在争议,根据"谁主张谁举证"的原则,原告以被告提出解除劳动合同为由,主张要求被告支付解除合同经济补偿金,对此原告负有举证责任,现原告未提供证据证明本案系被告提出解除合同,故原告主张不符合《劳动合同法》第 46 条第 2 项规定的情形,此诉求宁波海事法院不予支持。本案原告系高级船员,与被告签订短期船员聘用合同,并就有关劳动报酬和社会保险等作了特别的约定,根据船运业的惯例,适航的船舶须配备最低安全配额的船员,航行期间轮流当班、轮流休息,在没有证据证实原告在船上有额外加班工作或就休息日、法定节假日有特别约定的情况下,原告主张休息日、法定节假日的加班工资,宁波海事法院不予支持。因此,原告诉讼请求中的合理部分,宁波海事法院予以支持。综上,依照《中华人民共和国劳动合同法》第 29 条、第 30 条第 1 款,劳动部《违反和解除劳动合同的经济补偿办法》第 3 条和《中华人民共和国民事诉讼法》第 64 条第 1 款的规定,判决如下:

一、被告浙江勤丰海运有限公司于本判决生效之日起 10 日内向原告金祥定支付拖欠的工资款 29 166.67 元及其经济补偿金 7 291.67 元。

二、驳回原告金祥定的其他诉讼请求。

13 原告邓兰艳与被告重庆东方轮船公司船员劳务合同纠纷案

案例来源:武汉海事法院(2005)武海法商字第 548 号
主题词:船员劳务合同　解除合同　补缴社保

> **裁判要旨**
>
> **No. CB-9.4-12**　在雇员未履行相应的劳动义务的情况下,雇主有权根据法律规定或者双方的合同约定解除与其之间的劳动合同关系,但是必须证明其已向雇员履行了通知义务。
>
> **No. CB-9.4-13**　雇员有权要求雇主根据法律规定或者合同约定补缴不当除名期间的养老金。由于养老金的缴纳数额并非由当事人自行决定,而是由社会保险经办机构根据国家法律、行政法规以及被告东方公司的经营状况、职工人数等有关情况确定,故法院判令雇主向社保机构核定并补缴养老费用。

一、基本案情

原告:邓兰艳

被告：重庆东方轮船公司

原告邓兰艳诉称，原告于1987年1月进入被告重庆东方轮船公司（以下简称东方公司）工作。2003年，由于受"非典"影响，东方公司经营状况较差，原告遂将船员适任证书交给东方公司后回家工休。2005年9月2日，因公司经营状况有所好转，原告即回东方公司报到上班，但东方公司告知原告，2003年11月6日，东方公司已以原告多次旷工为由，作出《关于给予邓兰艳除名处理的决定》，将原告除名。原告认为，被告东方公司对原告予以除名缺乏事实根据，且程序违法，故诉请法院判令撤销被告东方公司作出的除名决定，并补缴自2003年以来拖欠原告的养老保险金人民币（以下均为人民币）3 500元。

被告东方公司在法定期间未提交书面答辩状，但在庭审中辩称，东方公司于2003年11月6日作出的关于给予邓兰艳除名处理的决定是合法有效的。在对原告作出除名处理以后，东方公司不应再为原告支付养老保险金。

二、法院查明的事实

武汉海事法院查明了以下法律事实：

邓兰艳于1987年1月始，一直在东方公司所属相关船舶上担任驾驶员工作。自2003年年初开始，由于受"非典"等不利因素影响，东方公司的经营状况日渐下滑，部分船员因此闲置在家。邓兰艳也如上述部分船员一样，根据公司的有关规定，将自己的《船员适任证书》交给公司相关管理部门后，在家休息。2003年1月10日，东方公司作出一份"通知"，要求邓兰艳于2003年1月17日以前到东方公司劳动人事部门报到，否则，将按公司的相关规定进行处理。2003年2月19日，东方公司再次作出"通知"，并附"客轮船员工作调令"，要求邓兰艳于2003年2月21日携专业技术证书到公司所属"东方之珠"轮上担任大副工作。2003年3月18日，东方公司作出东轮发（2003）33号《关于对邓兰艳违纪的处理决定》，以邓兰艳"在离职期间未能及时按照公司规章制度要求办理休假和技术证书保管手续，违反了公司关于船员工休和专业技术证书管理相关规定"为由，对邓兰艳作出行政警告及罚款250元等处分。2003年8月14日，东方公司再次作出"通知"，要求邓兰艳于2003年8月19日到公司所属"东方之星"轮担任大副工作。2003年11月6日，东方公司作出东轮发（2003）98号《关于给予邓兰艳除名处理的决定》，以邓兰艳于2003年5月29日至11月5日长期旷工为由，决定给予邓兰艳除名处理。东方公司在对邓兰艳作出除名处理后，向重庆市万州区就业局移交了相关的档案材料。2005年8月29日，邓兰艳从东方公司领取其所持有的编号为990008-11102327号的《船员适任证书》。2005年9月2日，邓兰艳得知其于2003年11月6日已被公司除名。

武汉海事法院同时查明，东方公司作出的上述3份"通知"以及《关于对邓兰艳违纪的处理决定》《关于给予邓兰艳除名的处理决定》，虽然都以邮寄方式向邓兰艳送达，但无证据证明邓兰艳本人及其同住亲属已实际收到上述文件。2003年4月，邓兰艳的月标准工资为 1 059 元,东方公司代扣保险金为 63.54 元。邓兰艳在东方公司工作期间,东方公司于 1992 年 4 月 1 日在万县市(重庆市万州区)社会保险事业管理局为其办理了编号为 2201×10019001951 号的"职工养老保险登记卡",载明自 1992 年 9 月至 2003 年 12 月,东方公司已代其缴纳全部养老保险金。

三、法院裁判

武汉海事法院认为,原告邓兰艳与被告东方公司之间劳动关系成立有效,双方在履行劳动合同过程中,均应根据法律规定或者合同的约定承担相应的义务并享受相应的权利。原告邓兰艳作为被告东方公司的雇员,应该根据公司的安排履行相应的劳动义务,在其未履行相应的劳动义务的情况下,公司有权根据法律规定或者双方的合同约定解除与其之间的劳动合同关系。庭审中,被告东方公司并未举证证明在公司的经营状况下滑的情况下,原告邓兰艳在家工休违反公司的相关规定。被告东方公司虽然先后 3 次作出"通知",要求原告邓兰艳在规定的时间内担任相应的劳动职位,但是,被告东方公司并未提交有效的证据证明原告邓兰艳及与其同住成年亲属收到了上述通知,所以,被告认为原告长期旷工,并无相应的证据材料加以证明。在被告东方公司以原告邓兰艳长期旷工为由作出《关于给予邓兰艳除名处理的决定》后,同样没有证据证明被告东方公司已实际向原告邓兰艳及与其同住成年亲属送达了该决定,被告东方公司这一违反相应法律规定的行为,不仅剥夺了原告邓兰艳的申辩权利,同时损害了原告邓兰艳根据法律或者双方合同的约定所享有的权益。综上,武汉海事法院认为,被告东方公司于 2003 年 11 月 6 日作出的《关于给予邓兰艳除名的决定》既无法律依据,也无事实依据,依法应予撤销。作为被告东方公司的职工,原告邓兰艳有权要求被告东方公司根据法律规定或者合同约定补缴不当除名期间的养老金。由于养老金的缴纳数额并非由原告邓兰艳和被告东方公司自行决定,而是由社会保险经办机构根据国家法律、行政法规以及被告东方公司的经营状况、职工人数等有关情况确定。而原告邓兰艳要求被告东方公司补缴 3 500 元养老金的请求未经社会保险经办机构核定,无法证明该具体数额的准确性,所以,原告邓兰艳该部分具体诉讼请求武汉海事法院不予支持。被告东方公司应该向社会保险经办机构申报原告邓兰艳应缴纳的养老金数额,经社会保险经办机构核定后,及时予以补缴。

根据《中华人民共和国劳动法》第 4 条、第 72 条和《中华人民共和国民事诉讼法》第 128 条之规定,判决如下:

一、撤销被告重庆东方轮船公司于 2003 年 11 月 6 日作出的《关于给予邓兰艳除名的决定》;

二、被告重庆东方轮船公司应在本判决生效后 20 日内向社会保险经办机构补缴因对原告不当除名而尚未缴纳的全部养老金。

14 上诉人居琦与被上诉人长航凤凰股份有限公司上海华泰海运分公司船员劳务合同纠纷案

案例来源:上海市高级人民法院(2010)沪高民四(海)终字第 174 号
主题词:船员劳务合同　举证责任　连带责任　最低工资标准

> **裁判要旨**
>
> **No. CB-9.4-14**　因用人单位作出的解除劳动合同决定而发生的劳动争议,由用人单位承担举证责任。
>
> **No. CB-9.4-15**　用人单位招用与其他用人单位尚未解除或者终止劳动合同的劳动者,给其他用人单位造成损失的,应当承担连带赔偿责任。
>
> **No. CB-9.4-16**　用人单位支付劳动者的工资报酬低于当地最低工资标准的,要在补足低于标准部分的同时,另外支付相当于低于部分 25% 的经济补偿金。

一、基本案情

上诉人(原审原告):居琦

上诉人(原审被告):长航凤凰股份有限公司上海华泰海运分公司(以下简称长航凤凰)

上海海事法院查明:1994 年,居琦从中国人民解放军某部队转业至中国长江轮船总公司下属南京华夏海运公司(以下简称:华夏公司)工作,并于 1996 年 1 月开始担任船舶政委。1996 年 2 月 1 日,居琦与华夏公司签订了无固定期限劳动合同,约定华夏公司安排居琦从事船员工作,具体工作部门(岗位)以书面通知书为准;居琦在法定工作时间内履行了正常劳动义务后,可获得岗位劳动报酬;华夏公司每月 25 日前如期发放货币工资;华夏公司确因生产(工作)需要变动居琦的岗位时,居琦应予服从,对无正当理由不服从华夏公司调配的,劳动合同予以解除;居琦严重违反劳动纪律及华夏公司依法制定的规章制度的,华夏公司可以解除劳动合同。1996 年 2 月,华夏公司部分船舶和人员成建制转入上海长江轮船公司下属的上海华泰海运公司(即长航凤凰的前身,以下简称华泰海运),其中包括居琦。1996 年 8 月,华泰海运的上级单位上海长江轮船公司为居琦签发了工作证,载明工作部门为华泰海运,职务为政委。居琦于 1996 年 2 月 26 日下船,之后再未上船。华泰海运向居琦发放工资至 1997 年年底,之后,华泰海运及长航凤凰未向居琦支付工资。

1998 年 11 月 20 日,华泰海运根据居琦长期不上班的情况,将"再就业服务中心托管协议书"寄给居琦,并书面要求其签订该协议,接受再就业服务中心管理。居琦认为,华泰海运的要求违反国家有关军队转业干部政策,未予同意。2001 年,华泰海运通知居琦上船担任水手,居琦认为不符合军队转业干部安置政策,未予接受。2003 年,居琦接华泰海运通知前去报到时,华泰海运又安排其上船担任水手,居琦同样以不符合政策为由未接受。

2007年7月,华泰海运根据上级公司的企业资源重组计划办理了注销手续,其权利义务全部由长航凤凰承继。同年8月,长航凤凰对原劳动合同文本进行了修改,并派员至南京与居琦商谈重新签订劳动合同。因与长航凤凰就部分合同条款不能达成一致,居琦未签订。同年8月29日,长航凤凰书面通知居琦于8月30日、31日或9月1日到上海远洋运输公司海事培训中心报到,参加海船船员专业证书基本安全培训,取得合格证书后将安排上船工作。同年9月3日,长航凤凰又向居琦发送律师函,要求其9月9日前到公司签订劳动合同,并到上海船员培训中心参加9月9日至30日期间的基本安全专业知识培训,称如居琦继续不与长航凤凰重新签订劳动合同也不参加培训,则视为自愿与长航凤凰解除劳动关系,长航凤凰将依法为居琦办理退工手续。同年9月5日,居琦向长航凤凰发函《我的申诉——关于对律师函的几点不同意见》,称新的劳动合同文本中必备条款"工作内容"和"劳动报酬"不明确,长航凤凰第一次培训时间安排不合理。

同年9月7日,居琦向长航凤凰发函《关于"尽快明确参加安全培训要素"的请求报告》,认为上述9月3日律师函中诸多参训要素不明确,请求尽快明确具体参训内容、参训目的、参训要求、参训待遇、参训经费保障措施以及职务和岗位等要素。同年9月16日,居琦向长航凤凰发函《关于对长航凤凰股份有限公司上海华泰海运分公司本次与我拟签订的"劳动合同"和安排我参加"安全培训"工作的若干疑问》。同年9月19日,长航凤凰通知居琦到上海远洋运输公司海事培训中心参加9月26日至10月19日期间的熟悉和基本安全专业培训,并列明了培训的内容、目的、要求以及培训期间的待遇,注明"培训相关费用和住宿费由公司与培训部结算"。同年9月23日,居琦向长航凤凰发送《关于"所谓三次安排我参加培训"的说明及要求》。在该函中,居琦称:其于8月30日收到长航凤凰上述8月29日第一次培训通知后,于31日到长航凤凰处,在已开课且无培训经费保障的情况下,只好返回南京;收到长航凤凰上述9月3日第二次培训通知后,前往长航凤凰指定报到处,"接待人员问我的岗位及职务,我无言以对",故向长航凤凰提交了上述《关于"尽快明确参加安全培训要素"的请求报告》;关于9月19日第三次培训通知,无论居琦是否参加培训,还是培训是否合格,长航凤凰都应先与居琦签订明确岗位和待遇的无固定期限劳动合同。上述长航凤凰通知居琦参加的三次培训,居琦最终均未参加。2007年9月21日,长航凤凰的总经理向居琦发函,约其面谈。同年9月25日,居琦回函长航凤凰总经理,表达自己的意见。同年9月29日,长航凤凰总经理向居琦发函,代表公司书面回答居琦提出的签订劳动合同、过去11年的工资和福利待遇等问题。同年10月8日,居琦回函,就上述问题再次提出意见。同年10月17日,长航凤凰总经理致函居琦,仍表示希望与其面谈。

2007年11月29日,长航凤凰以居琦1996年2月起一直拒绝上船工作、2007年三次拒绝参加培训、1999年2月注册成立南京中证企业管理顾问有限公司(以下简称中证公司)、2004年12月至2006年3月到江苏华博实业集团有限公司(以下简称华博公司)工作并领取工资等为由,决定与居琦解除劳动合同关系,并向居琦出具了退工证明,还通知居琦将有关材料寄给长航凤凰,以便长航凤凰为其办理失业保险金及人事档案转移手续。同年12月4日,居琦向长航凤凰发送《关于明确相关问题的函》,称长航凤凰如需单方解除劳动关系,应提前30天通知,并认为长航凤凰应当与其签订无固定期限劳动合同。

上海海事法院另查明:1999年2月26日,居琦出资成立中证公司并担任法定代表人,该公司注册资本人民币(以下币种均为人民币)10万元,居琦占99%股份。居琦提供给江苏省工商行政管理局的履历表中,"工作经历"一栏填写"1996年至今"为"华夏公司停薪留职",并提供了华夏公司于1996年4月20日出具的证明,证明中称居琦系华夏公司职工,现已办理停薪留职手续。2001年,中证公司注册资本变更为100万元,居琦仍占99%股份。2004年8月至2006年3月,居琦在华博公司领取报酬,并由该公司代扣代缴个人所得税。该公司于2007年12月24日、2008年5月30日两次出具证明,称居琦在攻读南京大学MBA学位期间,曾于2003年10月至2006年4月在公司实习,为公司编写行业研究分析、投资分析报告、项目风险评估等材料,公司据此向其发放补助(劳务费),并依法代为纳税。

上海海事法院再查明:2007年8月6日,中国人民解放军某部队后勤处向司令部管理局营房处出具了一份证明,称居琦在后勤处工作期间,没有从该处分配过住房及安排过租赁住房。同年11月29日,长航凤凰出具了一份证明,称居琦在华泰海运未分过房。

又查明:2008年1月16日,居琦向上海市浦东新区劳动争议仲裁委员会(以下简称浦东仲裁委)申请仲裁,请求裁决:(1) 长航凤凰与居琦签订无固定期限劳动合同,确认无固定期限劳动合同关系;(2) 长航凤凰按4 000元/月支付1998年1月至2008年1月的工资48万元及25%的经济补偿金12万元;(3) 长航凤凰支付住房补贴5万元;(4) 长航凤凰按国家有关规定补发军队转业干部待遇5万元。同年4月15日,浦东仲裁委裁决对居琦的第1项请求不予处理,对原告的其他3项请求不予支持。

二、一审裁判

上海海事法院一审认为,居琦与华夏公司1996年2月即签订了《劳动合同书》,双方之间建立了无固定期限劳动合同关系。此后,华泰海运承继华夏公司的权利义务,长航凤凰又承继了华泰海运的权利义务。截至长航凤凰单方解除合同之前,居琦与华夏公司、华泰海运和长航凤凰之间的劳动合同关系一直存在并延续。对此,居琦与长航凤凰均无异议。鉴于居琦与华泰海运或长航凤凰未重新签订劳动合同,故《劳动合同书》对居琦与长航凤凰具有约束力,双方均应依约履行。长航凤凰于2007年11月29日发出退工证明和通知,居琦于2008年1月16日申请仲裁。虽然居琦的仲裁申请为与长航凤凰"签订无固定期限劳动合同,确认无固定期限劳动合同关系",但其真实意思系基于长航凤凰的单方解除行为,主张恢复双方之间的劳动合同关系,继续履行劳动合同。因此,居琦的第1项诉请没有超过60日内申请仲裁的期间。长航凤凰的第1点抗辩意见,上海海事法院一审不予采纳。

《劳动合同书》约定,居琦从事船员工作,"具体工作部门(岗位)以书面通知书为准"。1996年2月,居琦即在华夏公司担任船舶政委,同年8月有工作证件为证继续在华泰海运担任船舶政委。依照最高人民法院《关于审理劳动争议案件适用法律若干问题的解释》第13条的规定,因用人单位作出的解除劳动合同决定而发生的劳动争议,用人单位承担举证责任。经查,居琦自1996年2月下船后再未上船工作,曾以不符合军队转业干部安置政策为由拒绝华泰海运对其工作岗位和职务进行的变动。长航凤凰认为,居琦在2007年3次未按长航凤凰的要求参加培训,还投资设立中证公司,并向工商部门提供了华夏公司出具的停薪留职证明,又在华博公司领取报酬,据此决定与居琦解除合同。本案审理过程中,长航凤凰并未举证证明华泰海运或长航凤凰曾就居琦具体工作岗位和职务的变动向居琦发出书面的正式通知。上海海事法院一审认为,居琦的上述行为尚不能构成《劳动合同书》约定的"无正当理由不服从调配",长航凤凰也未能举证证明居琦的上述行为已构成《劳动合同书》约定的"严重违反劳动纪律及规章制度",故长航凤凰解除劳动合同的理由尚不充分。因此,长航凤凰作出的解除劳动合同决定不当,居琦与长航凤凰之间的无固定期限劳动合同关系应当自2007年11月29日起予以恢复。长航凤凰的第2点抗辩意见,上海海事法院一审不予采纳。

《劳动合同书》约定:"居琦在法定工作时间内履行了正常劳动义务后,可获得岗位劳动报酬。"居琦自1996年2月之后未上船工作。1999年,居琦设立中证公司,其为此所提供的停薪留职证明虽非长航凤凰出具,但可以说明居琦主观上不愿意上船工作。2004年至2006年,居琦又在其他公司领取报酬。居琦也未举证证明其曾经主动要求履行劳动义务而华泰海运或长航凤凰拒不接受。故居琦关于其下船后一直在家等待用人单位上船通知的理由,既与上述事实不符,也有悖于常理和社会生活经验。综上,居琦请求长航凤凰按船舶政委岗位和职务标准支付工资及相应的经济补偿金,缺乏事实和法律依据,上海海事法院一审不予支持。上海海事法院一审认为,鉴于居琦与华泰海运及长航凤凰之间的无固定期限劳动合同关系一直延续,没有确定的终止时间,并考虑船员工作的特殊性和行业惯例,居琦有权向长航凤凰主张船员离船的涉案工资,而长航凤凰按照上海市企业职工最低工资标准向居琦支付其诉请时段的工资,较为合理。长航凤凰的第3点抗辩意见,上海海事法院一审不予采纳。依据原上海市劳动局、原上海市劳动和社会保障局及上海市人力资源和社会保障局公布的数据,1998年1月1日至3月31日、1998年4月1日至1999年3月31日、1999年4月1日至6月30日、1999年7月1日至2000年11月30日、2000年12月1日至2001年6月30日、2001年7月1日至2002年6月30日、2002年7月1日至2003年6月30日、2003年7月1日至2004年6月30日、2004年7月1日至2005年6月30日、2005年7月1日至2006年8月31日、2006年9月1日至2007年8月31日、2007年9月1日至2008年3

月31日、2008年4月1日至2009年7月31日期间的上海市企业职工月最低工资分别为315元、325元、370元、423元、445元、490元、535元、570元、635元、690元、750元、840元、960元,据此长航凤凰应当向居琦补发工资共计82 921元。依照《中华人民共和国劳动法》(以下简称《劳动法》)第91条,并参照原劳动部于1994年12月3日颁布的《违反和解除劳动合同的经济补偿办法》第4条的规定,长航凤凰还应当以上述工资为计算基础,向居琦加发25%的经济补偿金计20 730.25元。居琦关于2008年1月至2009年7月期间应按照月工资的100%计算经济补偿金的诉讼请求,缺乏法律依据,上海海事法院一审不予支持。

居琦主张的住房补贴,《劳动合同书》中并无约定,居琦也未能举证证明其与华夏公司、华泰海运和长航凤凰之间关于住房补贴有过其他约定,住房补贴亦非法定福利待遇,因此,居琦的第3项诉请,上海海事法院一审不予支持。

综上,上海海事法院一审判决:

一、自2007年11月29日起恢复居琦与长航凤凰之间的无固定期限劳动合同关系;

二、长航凤凰向居琦支付工资82 921元、经济补偿金20 730.25元;

三、对居琦的其他诉讼请求不予支持。

三、上诉与答辩

居琦上诉请求依法撤销原审第二、第三项判决,支持其原审全部诉讼请求。主要理由为:直至长航凤凰发出《退工证明》时,其职务仍然为船舶政委,长航凤凰从未免除或撤销其政委职务,造成居琦自1996年3月起未实际上船的责任在于长航凤凰未书面通知其上船,而非其本人主观不愿意上船工作,原审对此存在事实认定错误。在此情况下,居琦不得不多年在家休息等待长航凤凰新的上船通知时间,而等待的时间应当属于继续履行劳动合同的时间。同时鉴于其职位仍然为船舶政委,长航凤凰理应按照船舶政委的标准向其支付上述期间的工资和经济补偿金,原审按照上海市职工最低工资标准判决长航凤凰向其给付不符合法律和政策规定。

长航凤凰上诉请求撤销原审第一、第二项判决,并改判驳回居琦原审全部诉讼请求。主要理由为:(1)原审事实认定错误和遗漏。居琦因离船时间较长,故公司三次书面通知其参加的培训是上船工作所需的强制性培训,目的在于让居琦先熟悉基本工作,再根据其能力确定岗位,这是海船船员工作的特殊性所在,而居琦却再三以各种理由和借口拒绝参加强制性专业培训,其主观意图为不愿意履行劳动合同,故公司与其解除劳动合同是合法合理的。(2)原审适用法律错误。由于居琦自1996年2月下船后再未上船工作,也一直不接受公司的安排,同时居琦办理过停薪留职、在外开办公司、攻读MBA以及在其他公司领取报酬,长航凤凰停发居琦工资是有正当理由且符合事实和法律规定的。据此,本案应当适用《劳动法》第48条第2款等,而并非如原审判决长航凤凰仍需按照上海市企业职工最低标准向居琦支付自1998年至2009年的工资以及25%的经济补偿金。

针对居琦的上诉请求,长航凤凰辩称:居琦一直以不符合部队转业干部政策为由,拒绝参加海员安全培训等上岗必需的培训项目和单位对其的工作安排,但并未提供任何书面依据。事实上,居琦从1996年2月份之后,就未到公司船上工作过。居琦已经根本性违反了劳动合同义务,单位有理由与其解除劳动合同;同时长航凤凰从未任命居琦担任船舶政委,故不存在免除其该项职务的问题。因此,居琦的上诉请求及相应的事实理由都是不成立的。

针对长航凤凰的上诉请求,居琦辩称:根据船员,尤其是涉外船员工作的特殊性,船员下船经过一段时间的休整,等待公司再上船的通知,但长航公司从未举证曾经通知过居琦在何时何地上船,因此造成居琦无法上船工作的责任应当是单位,而非其个人。居琦船舶政委的职务是华泰海运任命的,长航凤凰承继了华泰海运,自然确认了该职务,因此直至长航凤凰发出解除劳动合同的退工证明,居琦的职务仍然应当是船舶政委。

二审中,居琦提交了下列两份证据材料:(1)1994年签发的居琦海员专业训练合格证复印件,以证明居琦是符合海员资格的;同时居琦该合格证应于2001年自然换发。长航凤凰质证认为根据相关的规定上述合格证现在已经失效,公司通知居琦参加培训就是为了重新办理合格证。(2)1996年3月14日至3月15日上海长江轮船公司第十一届第一次职代会议程安排表,其中居琦是第3组组员,以证明居琦在1996年2月下船后没有再上船工作,但还是按照公司的规定和通知履行工作义务。长航凤凰质证认为上海长江轮船公司是华泰海运的上级单位,居琦是否参加职代会,与有无上船工作没有关联性。

长航凤凰提交了案外人旧版海员专业训练合格证复印件、新版海员专业培训合格证书复印件、港监字[1997]367号关于颁布《中华人民共和国船员基本安全专业培训、考试和发证办法》《中华人民共和国船员精通救生艇筏和救助艇专业培训、考试和发证办法》和《中华人民共和国船员精通急救和船上医护专业培训、考试和发证办法》的通知,以证明居琦原先的合格证书已经失效,需要通过培训后重新颁发,因此单位通知居琦参加的培训是国家规定的强制性培训。居琦质证认为其从未收到过华泰海运换证的通知。

四、二审裁判

上海市高级人民法院结合居琦与长航凤凰的证据材料,发表认证意见如下:上海市高级人民法院对居琦提供的证据1和长航凤凰提供的证据材料的真实性予以确认,但是其各自证明对象与本案争议焦点之间是否存在关联性,上海市高级人民法院将综合两上诉人在原审提交的证据材料和一、二审庭审笔录作出认定。关于居琦提交的证据材料2,上海市高级人民法院认为仅凭居琦提交的职代会议程安排表,无法判断其是否参加了会议、履行了单位的工作义务,故对其证明效力不予认可。

上海市高级人民法院经审理查明，基于现有证据，上海海事法院一审查明的事实属实。

上海市高级人民法院认为，本案系船员劳务合同纠纷，双方争议的焦点为：长航凤凰单方解除与居琦的劳动关系是否有效？根据海员工作的特殊性，在每次下船后经过一段时间的休整，按照公司的书面上船通知接受新的上船任务。长航凤凰认为居琦自1996年2月下船后再未上船工作，然其并未提供相应的证据证明华泰海运或长航凤凰曾经书面通知居琦接受上船的工作安排，并且华泰海运或长航凤凰从1998年开始停止向居琦发放工资。据此，上海市高级人民法院对长航凤凰坚称居琦主观上不愿意上船工作的主张不予采信。

长航凤凰公司主张居琦不愿意与公司重新签订劳动合同，也不服从公司安排的强制性专业培训，从客观上无法继续履行劳动合同，故居琦的行为属于根本性违反劳动合同的约定，长航凤凰据此与居琦解除劳动合同符合法律规定。上海市高级人民法院认为，根据《劳动法》第17条之规定："劳动合同应当具备以下条款：……（三）劳动合同期限；（四）工作内容和工作地点；……（六）劳动报酬；……"《劳动法》第25条规定："劳动者有下列情形之一的，用人单位可以解除劳动合同：……（二）严重违反劳动纪律或者用人单位的规章制度的……"本案中，长航凤凰提供的系空白的劳动合同，故居琦以此不符合相关法律规定，拒绝签署。长航凤凰则认为，由于船员工作的不确定性，故无法明确其具体岗位。上海市高级人民法院认为，船员工作岗位的不确定并不影响用人单位提供相应的大类职务工种以及合同期限、月均工资报酬等内容，故居琦在此情况下不愿意签署该劳动合同、不接受单位要求的专业培训，并几次以书函形式与单位协商的行为，并非严重违反用人单位的规章制度，故长航凤凰以此解除与居琦的劳动合同关系，依据不足。据此，上海市高级人民法院对上海海事法院一审判定双方之间的无固定期限劳动合同关系恢复予以认可。

双方争议焦点二：长航凤凰是否应当给付居琦系争时段的工资报酬以及按何种标准予以给付或补偿。鉴于居琦与长航凤凰之间的无固定期限劳动合同关系一直持续，而居琦自1996年2月后未再上船工作，原审综合考量船员工作的特殊性以及行业惯例，并结合《劳动法》的相关规定，判决长航凤凰按照上海市企业职工最低工资标准向居琦支付其诉请时段的工资并以上述时段为基础加发25%的经济补偿金，有一定的合理性，上海市高级人民法院予以认可。

综上，原判认定事实清楚、适用法律正确，上海市高级人民法院予以维持。依据《中华人民共和国民事诉讼法》第152条、第153条第1款第1项、第158条之规定，判决如下：

驳回上诉，维持原判。

10. 船员服务合同纠纷

1 上诉人林强与被上诉人杨春燕船员服务合同纠纷案

案例来源:山东省高级人民法院(2009)鲁民四终字第 18 号
主题词:船员服务合同　经营资质　合同效力

> **裁判要旨**
>
> **No. CB-10.1-1**　在未取得《境外就业中介许可证》的情况下,从事船员出国中介服务属于《无照经营查处取缔办法》第 4 条第 1 款第 5 项规定的由工商行政管理部门予以查处的行为。
>
> **No. CB-10.1-2**　工商行政管理局依照规定作出处罚决定,是行政处罚行为,不属于《中华人民共和国合同法》第 52 条规定的导致合同无效的情形,不能以中介受到行政处罚为由认定关于安排培训和实习后取得相关船员证件、安排船员到境外船舶工作的合同无效。

一、基本案情

上诉人(原审原告):林强
被上诉人(原审被告):杨春燕

青岛海事法院查明:2006 年 6 月 7 日,林强与杨春燕签订了《WD 船舶咨询服务处协议书》,同时杨春燕为林强出具了收款收据,该收据载明以"培训、安排工作等费"名义收取林强人民币 35 000 元,收款人为杨春燕,收款单位(盖章)落款处为"文登市航顺船舶信息中心财务专用章"。

由文登市工商行政管理局提供的个体工商户注销登记情况显示,2006 年 6 月 30 日,杨春燕以个体工商户设立方式成立文登市航顺船舶信息中心,负责人杨春燕,经营范围为船舶信息咨询服务,行业代码为职业中介服务;2008 年 1 月 16 日,文登市航顺船舶信息中心因"其他原因"予以注销。

2006 年 6 月 30 日,林强与文登市航顺船舶信息中心签订《WD 航顺船舶信息中心合同书》,双方约定:文登市航顺船舶信息中心(以下简称甲方)接受林强(以下简称乙方)委托负责为乙方安排海事局承认的专业海事学校进行培训;培训内容为四小证(商船船员专业培训合格证)、值班证(适任证书)、高级船员适任证书、其他;乙方经专业培训、评估、考试合格取得《培训证明》和《合格证明》两白皮书后,甲方负责到海事局按照中华人民共和国海事法律法规代办出《船员服务簿》和《海员证》;乙方证书办出后,甲方根据船舶的航行情况陆续安排上船实习,实习期每月 300 元—1 000 元人民币左右;

乙方一次性付清甲方代办培训费、考试评估费、证件费、食宿费、安排工作、服务费35 000元人民币;乙方实习4个月左右后,甲方负责到海事局办理出蓝皮值班证书(适任证书),乙方领到所有相关证书后,甲方负责安排乙方上国内船舶工作,乙方经船东方面考试评估合格后,甲方负责安排乙方到境外船舶工作。

同日,林强与文登市航顺船舶信息中心签订《船员委托协议书》,双方就培训办证、实习、上船、费用支付以及该协议的终止等事项作出了约定,2007年11月27日,林强与杨春燕签订《合同终止协议书》,林强于当日在天津上船跑东南亚航线。双方确认2006年6月30由双方签订的《船员委托协议书》已履行完毕,同时林强确认收到《专业培训合格证书》《海员证》《船员服务簿》《海船船员适任证书》及《海船船员特殊培训合格证书》各一本。

另查明,林强的《海船船员专业培训合格证书》由中华人民共和国莆田海事局于2006年8月24日签发,《海船船员特殊培训合格证书》由中华人民共和国烟台海事局于2007年3月6日签发,《海船船员适任证书》由中华人民共和国福建海事局于2007年9月10日签发,《海员证》由中华人民共和国深圳海事局于2007年10月31日签发。林强曾于2007年1月15日在厦门以实习水手职务登上"浩航368"轮实习,于2007年7月28日在南通港离船。

二、一审裁判

青岛海事法院认为,本案双方当事人签订的《WD船舶咨询服务处协议书》《WD航顺船舶信息中心合同书》《船员委托协议书》以及《合同终止协议书》,系双方真实的意思表示,其所涉及的内容不违反法律规定,应认定有效,对双方应具有约束力。杨春燕依约履行了相关义务,林强主张杨春燕存在欺诈的事实并请求认定合同无效,缺乏事实和法律依据,因此林强的诉讼请求证据不足,理由不充分,不予以支持。依照《中华人民共和国民事诉讼法》第64条之规定,判决:驳回林强的诉讼请求。案件受理费675元,由林强负担。

三、上诉与答辩

上诉人林强不服原审判决,向山东省高级人民法院提起上诉称:杨春燕未取得《境外就业中介许可证》,没有从事境外就业中介的资质,存在欺诈行为。双方所签订的协议所指的标的都是出口劳务,而非一般意义的合同,而境外就业中介许可证是杨春燕能否进行合法经营的前提,其采用欺诈手段所签订的合同,不是双方当事人的真实意思表示。退一步说,就真的是双方当事人的真实意思表示,也因为违反法律、行政法规的强制性规定而导致合同无效。文登市工商行政管理局行政处罚决定书引用的《无照经营查处取缔办法》的制定依据是国务院发布的《城乡个体工商户管理暂行条例》。该条例第19条规定:"个体工商户应当遵守国家法律和政策的规定……不得从事下列活动……(七) 法律和政策不允许的其他生产经营活动。"第22条规定了相应的处罚种类共 5 项,而对杨春燕适用的处罚就有 3 项。

林强与杨春燕签订协议书,交 35 000 元的目的,就是要杨春燕安排上船工作 1 年。林强跑了去东南亚的一个航次后船东就不再让上船了。杨春燕未取得《境外就业中介许可证》,因而不能履行将林强安排上外轮工作 1 年的合同义务。林强请求撤销原判,判令杨春燕返还出国劳务培训费 35 000 元及利息,并承担一、二审诉讼费用 1 350 元。

林强在二审期间提交了两份证据:(1) 林强在天津上船后船公司办的巴拿马有关证件;(2) 海员证,欲证明林强 2007 年 11 月 28 日从天津塘沽出境,2007 年 12 月 14 日广西防城入境,杨春燕安排工作没有成功。杨春燕对以上两份证据的真实性没有异议,但对证明的事项有异议。

被上诉人杨春燕辩称:林强与杨春燕所签订的合同是双方真实的意思表示,其内容不违反法律规定,应认定有效。双方签署《合同终止协议书》半年后,文登市工商行政管理局才下发了行政处罚决定书,那时协议已终止并履行完毕。杨春燕收费后安排林强到国家承认的海员培训学校学习,取得证书后安排上船。双方并未约定杨春燕安排林强上船工作 1 年,安排到上船就协议终止了,上船多长时间杨春燕就不能控制了。

四、二审裁判

山东省高级人民法院查明:杨春燕因在未取得《境外就业中介许可证》的情况下从事经营船员出国中介服务,于 2008 年 4 月 7 日被文登市工商行政管理局处罚。

山东省高级人民法院查明的事实与原审判决认定的事实相同。

山东省高级人民法院认为,林强主张其与杨春燕约定由杨春燕安排其上船工作 1 年,但因为双方书面协议中并无此约定,林强也没有提交其他证据证实,所以山东省高级人民法院对林强的该项主张不予认定,双方签订的协议的内容应为林强的真实意思表示。《中华人民共和国合同法》第 54 条第 2 款规定,一方以欺诈的手段,使对方在违背真实意思的情况下订立的合同,受损害方有权请求撤销。林强未能举证证明杨春燕使其在违背真实意思的情况下订立协议,故其撤销本案所涉协议的主张,山东省高级人民法院不予支持。

杨春燕在未取得《境外就业中介许可证》的情况下,从事船员出国中介服务,属于《无照经营查处取缔办法》第 4 条第 1 款第 5 项规定的由工商行政管理部门予以查处的行为。文登市工商行政管理局依照《无照经营查处取缔办法》的规定对其作出处罚决定,是行政处罚行为,与在民事诉讼中确定合同效力不属于同一类法律关系。杨春燕在未取得《境外就业中介许可证》的情况下,从事船员出国中介服务,不属于《中华人民共和国合同法》第 52 条规定的导致合同无效的情形,林强以杨春燕受到行政处罚为由主张合同无效没有法律依据。

按照双方签订的协议,杨春燕的义务是为林强安排培训和实习后取得相关船员证件,安排林强到境外船舶工作。协议签订后,杨春燕按照协议约定安排林强参加了培训和实习并取得了相关证件,后按照协议的约定安排了林强上船,双方于 2007 年 11 月

27日签订《合同终止协议书》,确认双方签订的协议已履行完毕,因此可以认定杨春燕已经履行了双方协议规定的义务。林强主张杨春燕未完成安排其上船工作1年的义务,但其未举证证明杨春燕负有上述义务,故林强的该项主张没有事实依据。

综上,上诉人林强的上诉理由均不成立。原审判决认定事实清楚,适用法律正确,应予维持。依照《中华人民共和国民事诉讼法》第153条第1款第1项的规定,判决如下:

驳回上诉,维持原判。

❷ 上诉人于忠敏与被上诉人青岛中邦国际船舶管理有限公司海员服务合同纠纷案

案例来源:山东省高级人民法院(2009)鲁民四终字第12号
主题词:船员服务合同　经营资质　撤销合同　损失赔偿

裁判要旨

No. CB-10.1-3　　根据山东省交通厅港航局文件及其颁发的国际海运辅助业经营资格登记证,涉案的外派单位可以接受船舶所有人或船舶承租人、船舶经营人的委托,经营船舶买卖、租赁及其他船舶资产管理;机务、海务和安排维修;船员招聘、训练和配备;保证船舶技术状况和正常航行的其他服务等国际船舶管理业务。但是,上述文件不足以证明该外派单位具有外派船员的经营资质。外派单位明知其不具有外派船员的经营资质而与船员签订劳务派遣合同,法院认定外派单位在合同签订时存在欺诈行为,船员有权主张撤销该合同。

No. CB-10.1-4　　由于外派单位不具有外派船员的资质,致使合同目的不能实现,外派单位存在过错,双方的外派合同应予撤销。外派单位应向船员返还所收取的费用,船员通过培训取得的船员证书等应予退还。但是,船员未提交证据证明其主张的未能外派期间的损失,而且法院认为虽然未从事外派海员工作,尚可通过其他途径获取收入,故法院对船员主张的经济损失不予支持。

一、基本案情

上诉人(原审原告):于忠敏

被上诉人(原审被告):青岛中邦国际船舶管理有限公司(以下简称中邦公司)

青岛海事法院认定:2006年7月26日,于忠敏与中邦公司签订了《赴韩海员培训派遣合同书》。合同约定中邦公司按照国家交通部新海员培训章程的规定及其要求,将于忠敏送至有资质的国家交通部定点海事学校进行培训;于忠敏取得证书后,派出其赴韩国上船工作;于忠敏在校培训期间要遵守学校纪律,努力学习,并通过海事局考试,成绩合格,可签发《专业培训合格证书》《值班水手/机工适任考试合格证明》,再由中邦公司在海事局为其申办《海员证》及《海员服务簿》;在于忠敏证件齐全后,由中邦公司派出于忠敏进行4—6个月的船上实习,并于实习期结束后,由中邦公司为其申请换发正本乙类适任证书(无限航区);中邦公司安排于忠敏执行特殊条件下的(海上工作)不定时工作制,于忠敏取得《海员证》后,由中邦公司统一安排上船工作,并与船东签订合法有效的工作劳动合同,工作中必需的劳保护具由船东提供;中邦公司按照规定组织安排于忠敏进行必要的健康检查,健康检查的费用由于忠敏负担。

2006年7月26日,中邦公司向于忠敏收取了学费、实习费、派遣费等人民币31 000元。之后于忠敏被派到广州金桥管理干部学院学习。2006年10月23日于忠敏获得了由中华人民共和国海事局颁发的《海船船员专业培训合格证书》、2007年3月13日获得了由中华人民共和国海事局颁发的《船员服务簿》、2007年3月16日获得了由中华人民共和国湛江海事局颁发的《海员证》。2008年1月3日获得了由中华人民共和国海事局颁发的《海船船员适任证书》。于忠敏取得《海员证》之后,中邦公司安排其于2007年5月2日至2007年11月20日作为实习水手上船进行了实习。

另查明,2006年6月9日,山东省交通厅港航局鲁交港航港(2006)113号《关于登记许可青岛中邦国际船舶管理有限公司国际船舶业务经营资格的通知》中规定,经登记许可的青岛中邦国际船舶管理有限公司可接受船舶所有人或者船舶承租人、船舶经营人的委托,经营业务包括船舶买卖、租赁以及其他船舶资产管理;机务、海务和安排维修;船员招聘、训练和配备;保证船舶技术状况和正常航运的其他服务等国际船舶管理业务。中邦公司于2007年1月1日领取了由山东省交通厅港航局签发的《国际海运辅助业经营资格登记证书》。

2008年3月19日,于忠敏起诉中邦公司至青岛市市北区人民法院。2008年5月12日,该案移送至青岛海事法院。

二、一审裁判

青岛海事法院认为,本争议的焦点在于中邦公司签订《赴韩海员培训派遣合同书》的过程中是否存在欺诈行为。于忠敏主张中邦公司不具备境外派遣的资质,使用欺诈手段与于忠敏签订该合同。中邦公司认为在签订合同时候,中邦公司拥有山东港航局颁发的相应的资质证书,可以进行合同所约定的船员配备业务,故该合同合法有效。因此,认定中邦公司是否存在欺诈行为的关键,是看中邦公司是否具有履行该合同的资质,即是否超出经营范围经营或违反法律规定经营。中邦公司为经许可并依法成立的企业法人,其经营业务包括船舶买卖、租赁以及其他船舶资产管理;机务、海务和安排维修;船员招聘、训练和配备;保证船舶技术状况和正常航运的其他服务等国际船舶管理业务。双方在《赴韩海员培训派遣合同书》中约定,在于忠敏取得《海员证》后,由中邦公司统一安排上船工作,并与船东签订合法有效的工作劳动合同。该约定说明,中邦公司只是为于忠敏与船东订立劳动合同提供机会,起介绍作用,不具有劳务派遣的属性,因此中邦公司并不存在违反法律规定进行经营的情况,不存在欺诈的行为。于忠敏与中邦公司双方签订的《赴韩海员培训派遣合同书》系双方真实的意思表示,中邦公司并不存在以欺诈的手段使于忠敏在违背真实意思的情况下订立合同的行为,该合同依法成立并有效,对双方应具有约束力。中邦公司依约履行了相关义务,并不存在《合同法》第54条规定的可以撤销的情形,于忠敏以欺诈为由申请法院撤销该合同,缺乏事实和法律依据。因此,于忠敏的诉讼请求证据不足,理由不充分,不应予以支持。综上,依照《中华人民共和国民事诉讼法》第64条之规定,判决驳回于忠敏感的诉讼请求,案件受理费1 263元,由于忠敏负担。

三、上诉与答辩

上诉人于忠敏不服原审判决上诉称:青岛海事法院认定事实错误,采信证据有误,适用法律错误,导致判决错误,要求撤销原审判决,重新作出判决,由被上诉人承担一、二审诉讼费用。

被上诉人中邦公司辩称,双方签订的赴韩海员派遣合同不具有劳务派遣属性,中邦公司只是为海员与船东签订劳动合同提供机会。中邦公司无超范围经营或违反规定经营的情况,我公司已为于忠敏办理了海员证,并安排到国外实习,如果双方都按约定履行合同,完全能实现合同目的。

四、二审裁判

山东省高级人民法院审理查明,于忠敏主张其在中邦的安排下实习了1个月,因不能让其继续上船,未再实习;中邦公司认可于忠敏未实习完毕,并称如其实习完毕完全可以实现合同目的。

中邦公司与于忠敏签订的《赴韩海员培训派遣合同书》第4项载明:(1)乙方应遵守甲方制定的各种规章制度。服从甲方调遣,按照甲方要求外派……(3)甲方应及时向乙方解释外派合同并负责监督乙方在外派期间的行为。维护乙方派出期间的正当权益,就乙方在工作和生活中遇到的实际困难与船东联系解决。(4)为顺利履行外派合同,根据外派合同规定,乙方在船期间,甲方可采取相关的保证制度,以维护外派纪律。若乙方在合同期内有违纪违约等行为,将依照我公司的规定处罚。

合同书第5项甲方的权利与义务载明:(1)乙方有下情形之一,甲方有权解除合同,甲方所收取费用不予退还……(C)本合同期内,乙方未经甲方同意而向船东提出辞职,或无正当理由不服从甲方工作安排的……(5)如因甲方原因无法派遣乙方上船工作的,甲方应退还乙方交纳给甲方的所有款项。

合同书第8项载明:……(2)乙方在执行外派合同期间,应无条件遵守外派合同条款和船公司的管理规定……(4)乙方应理解甲方及船东现时采取的对ITF组织的态度,完全接受甲方制定的工资标准。在执行外派期间,保证不同ITF组织进行联系。查明的其他事实同青岛海事法院认定的事实。

山东省高级人民法院认为,本案争议的焦点是中邦公司在与于忠敏签订赴韩海员派遣培训合同书时是否存在欺诈及涉案合同书应否撤销。从山东省交通厅港航局文件及其颁发的国际海运辅助业经营资格登记证可看出,中邦公司可以接受船舶所有人或船舶承租人、船舶经营人的委托,经营船舶买卖、租赁及其他船舶资产管理;机务、海务和安排维修;船员招聘、训练和配备;保证船舶技术状况和正常航行的其他服务等国际船舶管理业务。该两份文件不能说明中邦公司具有外派船员的经营资质。于忠敏与中邦公司签订《赴韩海员派遣培训合同书》的目的,是由中邦公司外派于忠敏至韩国上船工作,合同约定的培训及实习均是为该合同目的服务。中邦公司明知其不具有外派船员的经营资质而与于忠敏签订外派船员合同,中邦公司在合同签订时存在欺诈行为,于忠敏主张撤销该合同应予支持。于忠敏在等待外派过程中,中邦公司一直未予外派,经于忠敏了解,中邦公司不具有外派资质,遂提起诉讼主张撤销该合同并无不当。

将于忠敏外派至韩国上船工作是《赴韩海员培训派遣合同书》的根本目的,由于中邦公司不具有外派船员的资质,该合同目的不能实现,其过错在中邦公司,于忠敏与中邦公司签订的《赴韩海员培训派遣合同书》应予撤销,中邦公司所收取的费用31 000元应予退还。于忠敏通过培训取得的相关证件,应予退还。

于忠敏所主张的经济损失没有提供证据予以支持,况且其虽然未从事外派海员工作,尚可通过其他途径获取收入,故对其主张经济损失的诉讼请求不予支持。

综上,青岛海事法院认定事实基本清楚,适用法律不当,根据《中华人民共和国民事诉讼法》第153条第1款3项、《中华人民共和国合同法》第54条第2款、第58条,最高人民法院《关于民事诉讼证据的若干规定》第2条第2款之规定,判决如下:

一、撤销(2007)青海法海商初字第100号民事判决;

二、青岛中邦国际船舶管理有限公司于本判决生效后10日内返还于忠敏31 000元;

三、于忠敏于本判决生效后10日内将《海船船员专业培训合格证书》《船员服务簿》《海员证》《海船船员适任证书》退还青岛中邦国际船舶管理有限公司;

四、驳回于忠敏的其他诉讼请求。

11. 船员人身伤亡损害赔偿纠纷

11.1 船员自身过错的影响

1 上诉人李新东与被上诉人刘和国、被上诉人员心奎海上人身损害赔偿纠纷案

案例来源：浙江省高级人民法院（2009）浙海终字第 103 号
主题词：海上人身伤亡　雇佣合同　承揽合同　雇员重大过失　显失公平

> **裁判要旨**
>
> **No. CB-11.1-1**　本案争议在于双方当事人之间是雇佣合同关系还是承揽合同关系。法院认为，承揽合同具有为完成一定工作、合同标的为承揽人的工作成果的重要特征。本案双方当事人约定按数量计酬，但这只是报酬支付方式，而缺少关于承揽的标的、质量、承揽方式、材料的提供、履行期限、验收标准和方法等承揽合同通常应具备的内容，故认定当事人构成雇佣合同关系。
>
> **No. CB-11.1-2**　雇员在从事涉案清砂劳动前，已有多次类似的劳动经历，对于该类工作之性质、特点、风险及本案作业的具体环境、条件、风险等应有相当之经验及认识。据此，法院认定雇员对于事故发生具有重大过失，酌定雇员自负 20% 的损失。
>
> **No. CB-11.1-3**　涉案《补偿协议》是在雇员受伤未完全康复的情况下所签订，雇员此后还产生了误工费、伤残赔偿金、后续治疗费等费用。法院认为，该协议构成显失公平，可予撤销。

一、基本案情

上诉人（原审原告）：李新东
被上诉人（原审被告）：刘和国
被上诉人（原审被告）：员心奎

宁波海事法院审理查明：刘和国、员心奎 2008 年 7 月从他人处承包了在修船舶的内喷砂工程后，经人介绍于 8 月 6 日确定由李新东及李玉、闫瑞廷等 5 名安徽籍民工从事舱内废砂清除、吊运、冲洗活动。双方口头约定，李新东等人使用刘和国、员心奎的卷扬机，每清运 1 吨废砂给付劳务工资 75 元。李新东等 5 人当日即投入工作，具体工作分工、时间安排由 5 人自行掌握。8 月 17 日下午，李新东 1 人在舱内毛竹架上作业时，脚踩在沾油的毛竹片上，打滑摔下致伤，后即送入医院治疗，医院诊断为：特重型颅

脑损伤,T4-6 椎体骨折,C2-5 颈髓损伤,C2/3、C3/4 椎间盘突出症。经治疗,李新东于 2008 年 9 月 23 日出院,刘和国、员心奎支付了李新东住院诊疗期间的医疗费。在李新东出院前一天(9 月 22 日),刘和国、员心奎与李新东及其亲属签订了《补偿协议》,内称,甲方(刘和国、员心奎)于 2008 年 7 月 10 日将涉案清砂工程承包给李新东等 5 人,并签订了具体施工条款和劳动报酬、安全事故责任等相关事宜,但乙方(李新东)在施工过程中由于缺乏安全意识、违规操作,于 2008 年 8 月 17 日下午不慎从脚手架上跌落致伤。事故发生后,刘和国、员心奎先后 5 次为李新东垫付医疗费共计 104 000 元,保障了李新东住院及手术费用,同时达到了李新东及时治疗、出院的目的;刘和国、员心奎承诺对已垫付的费用不作追回而补偿给李新东,为保证李新东出院后需进一步巩固治疗及生活上的具体困难,刘和国、员心奎愿意再给付李新东 2 万元作为其本次受伤事故的终结帮助;双方协商并承诺,对上述事故补偿无任何异议,刘和国、员心奎放弃对其他 4 位承包者的责任和经济上的追诉,李新东对受伤事故也不作任何途径申办和以后向刘和国、员心奎提出任何其他要求和索赔;上述协议内容,双方须严格遵守,自双方签订协议后,刘和国、员心奎付清后期补偿款,以后如李新东发生任何情况均与刘和国、员心奎无涉。该协议签订后,刘和国、员心奎即全额履行。李新东出院后多次到门诊治疗,于 2009 年 3 月 2 日进行伤残鉴定,支付鉴定费 1 600 元。舟山市普陀东港医院司法鉴定所 3 月 7 日出具鉴定报告,确定李新东伤残等级为七级,以后内固定拆除费用为 1 万元,营养费为 2 000 元。李新东认为,《补偿协议》显失公平,应予撤销,遂于 2009 年 4 月 9 日诉至宁波海事法院,请求判令刘和国、员心奎赔偿其医疗费、误工费、伤残赔偿金等 95 190 元。

宁波海事法院另查明:李新东事故前多次从事与本案类似的舱内洗、清砂工作,但声称本案工作架上未架设棚板;李新东在事故当天 13 时午餐时饮用了半瓶啤酒。

对李新东诉请的各项费用及损失,宁波海事法院依据本案事实、证据及相关法律规定,审核如下:(1) 出院后医疗费。据门诊收费收据及门诊记录,据实认定为 2 230 元。(2) 护理费及误工费。据医院诊断证明书及相关规定,李新东所需护理期限及误工时间均自 2008 年 8 月 17 日(受伤日)至 2009 年 3 月 6 日(鉴定报告出具之前一日),故对李新东主张的 200 天予以确认;李新东主张护理费标准过高,参酌舟山护理市场及李新东伤情、时间,确定为 40 元/日;李新东无固定职业及固定收入,其证据亦不足以证明其最近 3 年之平均收入为 3 000 元/月,故其误工费参酌 2008 年度职工平均工资标准及其无固定职业及固定收入的情况确定为 1 500 元/月。综上,该院确认李新东之误工费为 1 万元,护理费为 8 000 元。(3) 住院期间伙食补助费,参照国家机关一般工作人员出差伙食标准应确定为 540 元。(4) 交通费。根据门诊次数及实际情况,李新东主张的 160 元尚属合理,予以确认。(5) 伤残赔偿金,据李新东伤残等级,其依浙江省农村居民人均收入主张 66 120 元,合法有理,予以确认。(6) 刘和国、员心奎对鉴定结论无实质异议,且未请求重新鉴定或提出相反证据,故据鉴定结论确认后续治疗费

1万元、营养费2000元。李新东因事故所产生之各项费用及损失共计为203014元（前述6项费、款,鉴定费及刘和国、员心奎已支付的住院医院费）。

二、一审裁判

宁波海事法院认为,李新东受伤事实基本清楚,根据双方当事人的诉辩主张,本案的争议焦点在于:(1) 双方之间的法律关系;(2) 李新东对事故发生是否有过错及应当自承之责任;(3) 双方事故后所订《补偿协议》的效力。

关于焦点一,该院认为,本案李新东及其他四人虽在刘和国、员心奎指定的工作环境、提供的工作条件下工作,但双方约定按清砂数量计酬而非以各人之工作时间单独、分别计酬,李新东等5清砂人员亦可自主安排具体工作时间及分工配合等,故李新东及其他4人与刘和国、员心奎之间应属承揽合同关系。李新东主张双方系雇佣合同关系,证据与理由均不充分。

关于焦点二,该院认为,李新东在为刘和国、员心奎从事涉案清砂劳动前,已有多次类似劳动经历,涉案清砂作业也进行了11天,其对于该类工作之性质、特点、风险及本案作业的具体环境、条件、风险等均应有经验及认识;据证人陈述及涉案按工作量计酬之特点,李新东等人可自主安排工作时间和工作进度,故李新东主张"刘和国、员心奎未告知职业危害和安全生产状况,在酷暑高温的天气条件及船舱油气饱和、闷热闭塞的环境中,安排李新东等人连续作业17小时",无事实依据;李新东未证明刘和国、员心奎所提供之工作环境、工作条件有违法之处,且该违法与事故之发生有因果联系,亦未证明刘和国、员心奎对于事故之发生具有过错,且李新东亦自认其不会饮酒但事故日午餐饮酒之事实。故李新东对于事故之发生有重大过错。

关于焦点三,该院认为,双方当事人均具有完全民事行为能力,其在事故发生后所订之《补偿协议》应确认为合法有效。李新东主张该协议系刘和国、员心奎乘人之危或胁迫下签订,证据与理由均不充分,不予采纳。且据双方之间法律关系之性质,李新东对事故发生自身应承担的过错,刘和国、员心奎已赔付的情况,也难以推定并认定双方之间的《补偿协议》严重有失公允或有欺诈、胁迫之情事。

综上,李新东工作中受伤及受损之事实虽然清楚明确,但鉴于双方之间的法律关系,李新东对事故发生有重大过错,特别是双方对事故处理已签订了《补偿协议》并履行完毕,且该协议合法有效,故李新东诉请证据与理由均不充分,无事实与法律依据,不予支持。宁波海事法院依照《中华人民共和国民事诉讼法》第64条第1款的规定,于2009年7月9日判决:驳回李新东的诉讼请求。案件受理费2180元减半收取1090元,由李新东负担。

三、上诉与答辩

李新东不服原审判决,向浙江省高级人民法院提起上诉称:(1) 本案双方的法律关系是雇佣合同关系,而不是原审认定的承揽合同关系。从劳务内容、计酬方式、工作条件、履行期限以及隶属关系等方面看,双方均是雇佣关系,而非承揽关系。(2) 李新东在作业中受伤无主观故意或者重大过失,不是原判认定的"对于事故之发生有重大过错"。(3)《补偿协议》系无效民事行为,不是原判认定的《补偿协议》应该确认为合法有效。请求二审法院撤销原判,依法改判,支持李新东的诉讼请求。

刘和国、员心奎答辩称:(1) 原审判决在查明本案事实后认定本案双方当事人之间为承揽合同关系完全正确。(2) 李新东对事故发生有重大过错。(3)《补偿协议》合法有效,且已全面履行。请求二审法院驳回上诉,维持原判。

四、二审裁判

浙江省高级人民法院经审理查明:双方当事人对原判认定的李新东在工作期间受伤的相关事实无异议,浙江省高级人民法院予以确认。浙江省高级人民法院另查明:2008年9月22日双方当事人签订了《补偿协议》,该《补偿协议》上"李新东"和"蔡秀珍"的签字均是李新东妻子蔡秀珍书写,再由两人各自捺上手印。双方签订《补偿协议》的次日,李新东在刘和国、员心奎付清住院期间医疗费用后出院在家休养。李新东体内因治疗需要植入的内固定至今尚未拆除。

根据双方当事人的上诉请求与理由以及答辩意见,本案二审争议的焦点为:(1) 双方当事人之间是雇佣合同关系还是承揽合同关系。(2) 李新东在涉案事故中是否有重大过失。(3)《补偿协议》是否有效以及李新东的诉请是否成立。对于浙江省高级人民法院归纳的争议焦点,双方当事人均无异议。

针对上述争议焦点,浙江省高级人民法院分析认定如下:

(一) 双方当事人之间是雇佣合同关系还是承揽合同关系

本案中,双方当事人对李新东在劳动过程中受伤并无异议,但因双方当事人并未订立书面合同,故应根据本案的基本事实和实际工作内容等情况认定双方之间的法律关系。根据《中华人民共和国合同法》第251条第1款"承揽合同是承揽人按照定作人的要求完成工作,交付工作成果,定作人给付报酬的合同"的规定,承揽合同具有合同目的为完成一定工作、合同标的为承揽人的工作成果的重要特征。具体到本案中,李新东及其他4人在刘和国、员心奎指定的工作环境、提供的工作条件下工作,李新东等人付出的只是个人劳动,双方虽约定按清砂数量75元/吨计酬,但这只是报酬支付方式,而缺少关于承揽的标的、质量、承揽方式、材料的提供、履行期限、验收标准和方法等承揽合同通常应具备的内容。刘和国、员心奎主张其与李新东等5人之间形成承揽合同关系,既无证据支持,也与事实相悖。浙江省高级人民法院认为,双方当事人之间为雇佣合同关系,而非承揽合同关系,原审判决对双方之间的法律关系认定有误,浙江省高级人民法院予以纠正。

(二) 李新东在涉案事故中是否有重大过失

本案中,李新东虽主张"刘和国、员心奎未告知职业危害和安全生产状况,在酷暑高温的天气条件及船舱油气饱和、闷热闭塞的环境中,安排李新东等人连续作业17小时",但无证据佐证。而且,李新东亦未证明刘和国、员心奎所提供之工作环境、工作条件有违法之处且该违法与事故发生之因果联系。故刘和国、员心奎对涉案事故的发生并无过错,只因雇主身份而应依法承担赔偿责任。同时,李新东在从事涉案清砂劳动前,已有多次类似劳动经历,而2008年8月17日事故发生时已进行了11天作业,故浙江省高级人民法院认为李新东对于该类工作之性质、特点、风险及本案作业的具体环境、条件、风险等应有相当之经验及认识。李新东自认在事发当日午餐期间饮酒,嗣后两个小时左右在舱内毛竹架上作业时因脚踩在毛竹片上打滑而摔下受伤。据此,浙江省高级人民法院认定李新东对于事故之发生有重大过失。原审判决认定李新东负有重大过错,并不准确,浙江省高级人民法院亦予纠正。

(三)《补偿协议》是否有效以及李新东的诉请是否成立

浙江省高级人民法院认为,民事法律行为应当具备下列条件:(1)行为人具有相应的民事行为能力;(2)意思表示真实;(3)不违反法律或者社会公共利益。本案《补偿协议》是在李新东并未完全康复的情况下所签订,虽然刘和国、员心奎已经支付李新东住院期间的医疗费,但李新东受伤后还产生了住院期间医疗费以外的误工费、伤残赔偿金、后续治疗费等费用。本案中,原审判决认定李新东因事故产生的经济损失总计203 014元,法律依据充分,数额基本合理,且刘和国、员心奎在二审中对此不持异议,故浙江省高级人民法院对此予以确认。据上,双方在签订《补偿协议》时,扣除刘和国、员心奎已经支付的李新东住院期间的医疗费用104 000元,李新东尚有99 014元经济损失存在,且其出院后无法劳动尚需休养并需后续治疗。而《补偿协议》载明"刘和国、员心奎愿意再给付李新东2万元作为本次受伤事故的终结帮助,李新东对受伤事故也不再作任何途径申办和以后向刘和国、员心奎提出任何其他要求和索赔"。显然,刘和国、员心奎给付李新东的2万元与99 014元经济损失相比,二者差距甚远。根据《中华人民共和国民法通则》第59条第1款第2项的规定,《补偿协议》已经构成显失公平,浙江省高级人民法院准许李新东的请求,予以撤销。

根据最高人民法院《关于审理人身损害赔偿案件适用法律若干问题的解释》第2条第2款"适用民法通则第一百零六条第三款规定确定赔偿义务人的赔偿责任时,受害人有重大过失的,可以减轻赔偿义务人的赔偿责任"的规定,李新东在本案事故中有重大过失,故刘和国、员心奎作为雇主依法可以减轻赔偿责任。浙江省高级人民法院根据本案的事故发生的原因及李新东的过失情况,酌定刘和国、员心奎承担80%的赔偿责任,其余20%责任由李新东自负。故刘和国、员心奎在本案中应当赔付李新东162 411元,二人已经支付的医疗费104 000元及2万元,可直接扣减,不再返还,故刘和国、员心奎尚应再支付38 411元。

海上人身伤亡・雇佣合同・承揽合同・雇员重大过失・显失公平

综上,浙江省高级人民法院认为,李新东在受雇刘和国、员心奎从事劳务活动期间受伤,刘和国、员心奎依法应当承担雇主赔偿责任。刘和国、员心奎与李新东在其出院前签订的《补偿协议》,显失公平,应予撤销。因李新东在本案事故中有重大过失,依法可减轻雇主的赔偿责任,浙江省高级人民法院酌定刘和国、员心奎承担80%赔偿责任。刘和国、员心奎已经支付的款项,可直接扣减,不再返还,故刘和国、员心奎尚应再赔付李新东38 411元。李新东的上诉请求与理由部分成立,浙江省高级人民法院予以支持。原审判决认定事实不清,适用法律错误,浙江省高级人民法院予以纠正。依照《中华人民共和国民法通则》第59条第1款第2项、第106条第3款,最高人民法院《关于审理人身损害赔偿案件适用法律若干问题的解释》第2条第2款,《中华人民共和国民事诉讼法》第153条第1款第3项之规定,判决如下:

一、撤销宁波海事法院(2009)甬海法舟事初字第24号民事判决;

二、刘和国、员心奎于本判决送达之日起10日内赔偿李新东误工费、伤残赔偿金、后续治疗费等经济损失38 411元;

三、驳回李新东的其他诉讼请求。

2 原告徐明与被告丁立军海上人身伤亡损害赔偿纠纷案
案例来源:宁波海事法院(2002)甬海事初字第104号
主题词:海上人身伤亡　损害赔偿　船员过错

裁判要旨

No. CB-11.1-4　船员在工作之中操作不当,对其自身受伤害有一定的过错,应适当减轻雇主的赔偿责任。

一、基本案情

原告:徐明

被告:丁立军

原告徐明诉称,原告受雇于被告,并在被告所有的"浙普渔42211"船上任二轨兼烧饭。2002年4月23日晚,原告在起锚作业中,身体被起网机卷入,造成伤害。原告先后在嵊山医院、上海市第六人民医院、中国人民解放军413医院(以下简称413医院)抢救治疗。至今,原告已构成四级伤残,终身丧失劳动能力。父母均系残疾人,没有生活来源,依靠原告扶养。为此,要求被告赔偿医疗费19 512.66元(不包括由被告已支付的上海市第六人民医院的住院治疗费用)、拆内固定费5 000元、护理费3 288元、继续治疗费11 000元、住院伙食补助费2 790元、护理住宿费234.80元、交通费2 057.70元、误工费9 610元、残疾者生活补助费92 036元、假肢安装费72 600元、轮椅购买费750元、被扶养人生活费105 600元,以上合计324 479.16元。

被告丁立军辩称,原告受伤是因其自身有重大过失所致,原告自己应负主要责任;原告伤残补助费、残疾用具费等请求过高;原告父母亲有自己的生活来源,不是主要靠原告扶养;原告在413医院发生的医疗费不合理,原告诉请的金额,不能成立。被告对原告的抢救尽到了义务,并已支付大部分医疗费105 773.54元,要求法院驳回原告的诉讼请求。

二、法院查明的事实

宁波海事法院认定:

原告徐明受雇于被告丁立军,并在被告所有的"浙普渔42211"船上任二轨兼烧饭。2002年4月23日晚,原告在起锚作业过程中,因操作不慎,身体被起网机卷入而受伤。原告立即被送往嵊山医院抢救处理;4月24日,原告被送往上海市第六人民医院抢救及治疗,9月13日出院;9月13日至原告起诉时,原告在413医院住院治疗。至2002年10月17日伤残鉴定时,原告左肘关节强直畸形,拇指及2、3、4、5指均不能屈曲,对指对掌障碍,左腕关节伸屈功能障碍,左大腿中段缺损,右股骨骨折,内外固定。经舟山市中级人民法院法医鉴定,原告伤残程度为四级。被告为原告因受伤治疗而垫付了105 773.54元。另查明,原告父母亲均系先天性残疾,平时做些临时工,无其他生活来源,主要靠原告扶养。

宁波海事法院确认,原告因受伤而造成的经济损失如下:原告在嵊山医院抢救及献血费用3 700元、上海市第六人民医院抢救、住院治疗费用95 211.54元,413医院住院治疗费用19 512.66元;假脚安装费用3 220元、购置轮椅费用750元;住院护理费用3 288元;住院伙食补助费2 790元;护理人员住宿费4 109.70元;误工费3 229元;残疾者生活补助费92 036元;被扶养人生活费50 000元。其他损失不予确认。

三、法院裁判

宁波海事法院认为,原、被告的雇佣关系成立,被告作为雇主应当提供安全的作业场所,对原告的人身安全负责。原告在被雇用期间,在起网作业过程中受伤,被告应负主要责任。原告因操作不当,对其自身受伤害有一定过错,应适当减轻被告的赔偿责任。对于原告所主张的经济损失,按照被告应负的责任,合理部分予以支持,不合理部分予以剔除。被告已向原告垫付的部分费用,在被告所承担的赔偿款项中应予以扣除。依照《中华人民共和国民法通则》第106条第2款、第119条、第131条,《中华人民共和国民事诉讼法》第64条第1款、第130条的规定判决如下:

一、被告丁立军赔偿原告徐明因人身伤害而遭受的经济损失27万元,扣除被告已支付的105 773.54元,计164 226.46元。此款于本判决生效之日起10日内履行完毕。

二、原告徐明其余诉讼请求不予支持。

③ 原告吴桂萍与被告宁波滨海船舶修造有限公司、浙江省三门县海运公司海上人身伤亡损害赔偿纠纷案

案例来源:宁波海事法院(2008)甬海法事初字第45号

主题词:海上人身伤亡　雇员重大过失　发包人连带责任

> **裁判要旨**
>
> **No. CB-11.1-5**　受害人在作业时未进行必要的工具检查,在作业过程中亦未采取必要的防护措施,安全意识淡薄,故受害人对事故的发生具有重大过错,法院酌定其自负20%的损失。
>
> **No. CB-11.1-6**　发包人明知承包人自身不具备船舶除锈的安全生产条件,仍然将生产场所等出租,根据《中华人民共和国安全生产法》的有关规定,认定发包人与承包方、承租方承担连带赔偿责任。

一、基本案情

原告:吴桂萍

被告:宁波滨海船舶修造有限公司(以下简称滨海船厂)

被告:浙江省三门县海运公司(以下简称三门海运)

原告吴桂萍起诉称:被告三门海运所属的"永泰达10"号轮进坞到被告滨海船厂进行修理,原告受雇于被告三门海运从事船舶的除锈、油漆工作。2008年2月24日,原告在该轮的船首右侧外除锈时,因被告滨海船厂提供的跳板架子的横档断裂,致使原告从高处坠地,随后被送到石浦台胞医院进行简单处理,因病情严重被送至宁波市第六医院进行手术并住院治疗。原告于2008年3月20日出院,经诊断为:腰1椎体骨折不全瘫痪,圆锥综合症,骨盆多发骨折,双跟骨骨折。根据医嘱:绝对卧床休息3个月,加强营养,定期复查,在当地医院进一步康复治疗。2008年8月18日,原告经宁波崇新司法鉴定所鉴定为五级伤残,护理期限为出院后3个月,误工休息时间1年,后续治疗费15 000元。事发后,被告滨海船厂给付原告25 000元,被告三门海运给付原告48 500元,其他损失和费用两被告互相推诿,经协商无果。原告认为,原告受雇于被告三门海运在船上工作,被告滨海船厂未提供安全有效的工作设备和环境,致使原告在工作中受伤,两被告均应承担一定的责任。故诉至法院,(1)请求依法判令两被告共同赔偿原告经济损失264 007元(开庭前请求将伤残补偿金及被扶养人的费用从2007年的标准变更为2008年的标准,交通费增加1 633.5元,住宿费增加100元,总额增至289 629.4元);(2)诉讼费由被告负担。

被告滨海船厂答辩称:对原告受伤的基本事实无异议。但认为原告与被告滨海船厂没有劳动关系,发生事故的铁架子也不属于租用的修理工具,所以被告滨海船厂不应承担任何责任。首先,滨海船厂不是本案适格的当事人,不应承担法律责任。

(1) 滨海船厂只是将自己的船舶检修场地出租给三门海运进行船舶修理保养,两被告之间是租赁关系,不是委托维修保养关系;(2) 三门海运将"永泰达10"号轮的修理工程包给王国夫、李正相,其双方之间是除锈保养的承揽关系,被告滨海船厂与王国夫、李正相没有承揽关系;(3) 原告受雇于李正相,是承包团队的一员,双方是雇佣关系。由以上法律关系可见,滨海船厂与原告不直接发生劳动用工法律关系,无须对劳动保障或人身安全承担责任。本案应该依法追加王国夫、李正相为本案被告。其次,被告滨海船厂提供的是场地,收取的也是场地租赁费,不包括工具租赁费。如果三门海运需要再租用跳板等,需要另行支付费用。因擅自使用工具而造成的受伤,与被告滨海船厂无关。

被告三门海运答辩称:对原告受伤的基本事实予以认可,但认为被告三门海运不应成为本案被告。(1) 滨海船厂有维修船舶的资质,三门海运与滨海船厂有维修合同关系,滨海船厂提供的各种费用证据能够对此予以证明;(2) 三门海运与原告之间未签订劳动合同,而原告长期在滨海船厂工作,已经与滨海船厂有事实劳动关系;(3) 原告自身存在过错,其自身没有系安全带才导致惨剧的发生;(4) 原告主张的部分损失和费用项目金额过高。

二、法院查明的事实

宁波海事法院认定了以下事实:

被告三门海运所属的"永泰达10"号轮进坞到被告滨海船厂进行修理,被告滨海船厂收取了被告三门海运场地出租费4 800元和电费800元。被告三门海运雇用了原告与案外人王国夫、张夏定等人对船舶进行除锈、油漆工作,每人每天120元。原告等人长期从事船舶的除锈、油漆工作,也经常在滨海船厂从事此项工作。进行除锈工作所需的跳板(脚手架)由原告等人自行从被告滨海船厂堆放在厂内空地的架子中选取、搭建。2008年2月24日,原告在该轮的船首右侧外除锈时,因跳板架子的横档断裂,致使原告从架子上跌落受伤。原告随后被送到石浦台胞医院进行简单处理,因病情严重于同日被送至宁波市第六医院进行手术并住院治疗。原告于2008年3月20日出院,经诊断为:腰1椎体骨折不全瘫痪,圆锥综合症,骨盆多发骨折,双跟骨骨折。出院医嘱:绝对卧床休息3个月,加强营养,定期复查,在当地医院进一步康复治疗。2008年8月18日,原告经宁波崇新司法鉴定所鉴定为五级伤残,护理期限为出院后3个月,误工休息时间1年,后续治疗费15 000元。事发后,被告滨海船厂给付原告25 000元,被告三门海运给付原告48 500元,其他损失和费用两被告拒付,故原告诉至法院。

对于原告诉请的赔偿项目和损失数额,依据本案证据及最高人民法院《关于审理人身损害赔偿案件适用法律若干问题的解释》(以下简称《解释》)之规定,宁波海事法院审核认定如下:对于原告主张的医疗费80 288.50元,两被告无异议,宁波海事法院予以认定;对于原告主张的误工费,根据鉴定意见,宁波海事法院认定原告误工时间为1年,根据庭审中查明的原告日工资120元的标准,并考虑原告误工时间较长,扣除法定的休息时间,酌定原告每月收入 2 400 元,误工损失合计为 28 800 元(2 400 元/月×12月);对于原告主张的住院伙食补助费,应按浙江省公务员出差伙食补贴 15 元/天的标准计算,原告住院时间为 25 天,故住院伙食补助费应为 375 元;对于原告主张的护理费,宁波海事法院对原告主张的护理费标准 50 元/天予以支持,护理时间参照住院期间全护理(住院时间为 25 天),出院后部分护理 3 个月的鉴定意见,宁波海事法院酌定部分护理的费用为每月 1 200 元,核定原告的护理费合计 4 850 元;对于原告主张的残疾赔偿金 137 400 元(11 450 元×20 年×60%),符合法律规定,宁波海事法院予以认定;对于原告主张的被扶养人生活费,因原告户籍在宁波市,而宁波市 2008 年农村居民人均年生活消费支出的标准高于浙江省(全省平均)的相关标准,故原告主张被扶养人生活费以宁波市的标准计算符合法律规定,原告的女儿应海英在原告受伤时未满 18 周岁,应从原告受伤后误工计算完毕时计算至 18 周岁,抚养费为 19 265.4 元(9 174 元/年×7 年/2×60%),原告的父亲吴礼珍在原告受伤后误工计算完毕时满 67 周岁,包括原告在内,吴礼珍共有 3 个儿女,扶养费为 23 852.40 元(9 174 元/年×13 年/3×60%),宁波海事法院核定本案被扶养人生活费合计 43 117.80 元;对于原告主张的精神损害抚慰金 20 000 元,考虑本案原告受伤的原因和伤残等级,酌定 5 000 元。对于原告主张的营养费,酌定 3 000 元,对于原告主张的交通费 3 976 元,因原告未能说明每次治疗所合理花费的交通费,宁波海事法院根据原告治疗和鉴定的情况酌定为 1 000 元;对于原告主张的住宿费,其中 310 元,原告既不提供正式发票(为"宁波市江东荷婷小宾馆"出具的收款收据,且其中一张收据的时间为原告受伤以前的 2008 年 2 月 2 日),亦未证明该费用系就医支出的合理费用,宁波海事法院不予确认,对于另外的 100 元,有正式发票予以证明,宁波海事法院予以认定;对于原告主张的后续医疗费用 15 000 元,符合司法鉴定意见,宁波海事法院予以确认,对于辅助用具费 1 300 元、救护车费 2 630 元和司法鉴定费 1 920 元,被告无异议,宁波海事法院予以确认。

综上,原告各项损失经宁波海事法院核定后合计为 324 781.30 元。

三、法院裁判

宁波海事法院认为:本案原告的受伤事实,同时存在两个法律关系。

首先,被告三门海运将涉案船舶上坞到被告滨海船厂处,并将船舶的除锈油漆工作交给原告等人实施,报酬的计算方式为按工作的人数和天数计算,原告与被告三门海运之间在船舶除锈作业中形成雇佣法律关系。根据《解释》第 11 条第 1 款"雇员在从事雇佣活动中遭受人身损害,雇主应当承担赔偿责任"的规定,被告三门海运应对原告在雇佣活动中所受伤害承担无过错赔偿责任。

本案中造成事故发生的脚手架系由原告等人自行从船厂堆放的材料中选取搭建,原告对其未进行必要的检查,在作业过程中亦未采取必要的防护措施,安全意识淡薄,故原告自己对事故的发生具有重大过错,根据《解释》第 2 条"受害人对同一损害的发生或者扩大有故意、过失的,依照民法通则第一百三十一条的规定,可以减轻或者免除赔偿义务人的赔偿责任"的规定，可以减轻赔偿义务人的赔偿责任。根据本案事实，对于原告的受伤损害，原告在雇佣法律关系中应自行承担20%的责任，被告三门海运承担80%的赔偿责任，为259 825.04元（324 781.30×80%）。

同时，被告滨海船厂明知被告三门海运自身不具备船舶除锈的安全生产条件，仍放任三门海运自行将正在船厂进行修理的船舶的除锈项目发包给原告等人，而原告等人也不具备安全生产的条件。根据《中华人民共和国安全生产法》第86条第1款"生产经营单位将生产经营项目、场所、设备发包或者出租给不具备安全生产条件或者相应资质的单位或者个人的，……导致发生生产安全事故给他人造成损害的，与承包方、承租方承担连带赔偿责任"的规定，被告滨海船厂应对被告三门海运对原告的赔偿承担连带赔偿责任。

其次，被告滨海船厂作为一个专门从事船舶修理的企业，对船舶的除锈油漆工作具有相应资质和管理经验，有明确的规范操作规程，在收取了被告三门海运的相关费用后，本应对船舶在其生产经营场所内进行的具有危险性的相关项目进行管理监督。但被告滨海船厂对其所有的除锈所需的脚手架疏于管理，未对潜在的缺陷进行及时检查修理，也未进行必要的警示，在原告等人将存在缺陷的脚手架按以前惯常做法进行搭建后亦未进行阻止，最终造成事故的发生，构成对原告的侵权。根据前述事实，由于原告自身也存在较大的过失，在侵权法律关系中应当自行承担一定的过失责任。综合双方的过错程度，宁波海事法院认定被告滨海船厂应对原告的受伤承担40%的侵权赔偿责任，为129 912.52元（324 781.30×40%），扣除被告滨海船厂已经支付的25 000元，尚应直接支付原告104 912.52元。

同时，由于本案已确定雇佣关系以外的第三人即滨海船厂直接支付给原告因侵权造成的赔偿数额，因此，应相应扣减被告三门海运对原告在雇佣法律关系中的赔偿数额，即被告三门海运应直接赔偿给原告的数额为129 912.52元（259 825.04元－129 912.52元），扣除已经支付的48 500元，尚应支付原告81 412.52元。但根据《解释》第11条第1款的规定，如果被告滨海船厂未履行赔偿义务，被告三门海运应当根据雇佣关系先行对原告进行赔偿，之后再向被告滨海船厂进行追偿，亦即被告三门海运对被告滨海船厂的赔偿部分负有保证的连带赔偿责任。

综上，原告要求两被告承担赔偿责任的诉请部分有理，宁波海事法院对合理部分予以支持。依照《中华人民共和国民事诉讼法》第64条第1款，《中华人民共和国民法通则》第119条、第131条，《中华人民共和国安全生产法》第86条第1款之规定，判决如下：

一、被告宁波滨海船舶修造有限公司于本判决生效后10日内赔偿原告吴桂萍104 912.52元；

二、被告浙江省三门县海运公司于本判决生效后10日内赔偿原告吴桂萍81 412.52元；

三、被告宁波滨海船舶修造有限公司与被告浙江省三门县海运公司对上述第一项、第二项赔款互负连带赔偿责任；

四、驳回原告吴桂萍的其余诉讼请求。

4 原告李儇娥、于秋仙、林云干、林平诉被告潘爱芳、郑昌富海上人身损害责任纠纷案

案例来源：宁波海事法院（2011）甬海法台事初字第43号

主题词：海上人身伤亡　船员疾病死亡　公平责任

裁判要旨

No. CB-11.1-7　雇员在船舶靠泊装货期间，在船上如厕时突然昏厥，后经医院抢救无效死亡，系自身疾病原因所致。该雇员死亡与其所任船上职务及从事的实际工作之间并无必然因果关系，死者家属亦未举证证实雇主对于死者的去世存在相应的主观过错。但因事发地点位于当时正在进行装货作业的船舶上，属于工作场合，客观上不能完全排除雇员的昏厥、死亡与其从事的实际工作之间存在局部关联的可能。因此，法院根据公平原则，判令雇主承担30%的补偿责任。

一、基本案情

原告：李儇娥

原告：于秋仙

原告：林云干

原告：林平

被告：潘爱芳

被告：郑昌富

原告李儇娥、于秋仙、林云干、林平起诉称：原告李儇娥系林显高之母，原告于秋仙系林显高之妻，原告林云干、林平系林显高之子女，两被告系涉案"万轮达28"船船东。2010年7月19日，林显高受两被告雇用，担任"万轮达28"船大管轮。2011年8月1日，两被告擢升林显高为该船轮机长。次日早上九时许，林显高在船上工作期间突然昏厥，两被告将林显高送至温州市苍南县第二人民医院抢救，林显高经抢救无效于2011年8月3日早上6时30分死亡。四原告认为林显高在为两被告工作期间，两被告分配给林显高的工作繁重，致使林显高过度劳累，身体超负荷运转，突然昏厥后经医院抢救无效死亡，依法应由两被告给予赔偿。特诉至法院，请求判令两被告赔偿四原告各项经济损失385 772.5元，其中死亡赔偿金226 060元、丧葬费15 325元、被扶养人生活费94 387.5元(原告李儇娥有包括林显高在内共4个子女，数额为10 487.5元；原告林云干患有二级肢体伤残疾病，完全丧失劳动能力，数额为83 900元)、精神损害抚慰金50 000元。

被告潘爱芳、郑昌富答辩称：(1)对四原告诉称的原告方内部家庭关系及林显高

与两被告之间存在雇佣关系没有异议。林显高自2010年7月19日起担任两被告所有的"万轮达28"船大管轮,至2011年8月1日开始担任轮机长。(2)四原告诉称林显高在船上工作时突然昏厥不符合客观事实。2011年8月2日上午9时许,"万轮达28"船停靠温州苍南龙港码头装货,船上轮机已停止运行,时值轮机长等轮机管理人员休息期间,林显高系如厕时由于自身突发脑动脉瘤破裂等疾病以致神志不清,经抢救无效死亡。(3)被告方对林显高的死亡不仅在行为上无因果关系,且主观上不存在过错,四原告要求被告方承担损害赔偿责任不符合侵权责任的法定构成要件。林显高的死亡系其自身疾病所致,与涉案船舶靠泊装货且轮机停止运行之间不存在任何因果关系。事发后,被告方的工作人员立即将林显高送往位于龙港镇的苍南县第二人民医院抢救,被告闻讯后也随即与原告方一同赶赴该院组织进一步救治,并为林显高支付了13 000余元医疗费,不存在不作为及主观过错。(4)原告诉称被告方分配给林显高的工作繁重,致使林显高过度劳累,身体超负荷运转从而诱发疾病也与客观事实不符。林显高担任"万轮达28"船大管轮、轮机长期间,其工作范围仅限于职务范围,被告方从未向其分配额外工作和任务,况且林显高担任轮机长仅一天时间。2011年8月1日"万轮达28"船驶往苍南龙港码头装货前,曾停泊在台州椒江章安江面上进行了长达12天的维修保养。期间,包括林显高在内的船上工作人员均在白天参加船上维修保养,晚上回家膳宿,根本不存在"工作繁重""过度劳累"或"身体超负荷运转"等情形。(5)原告要求被告方赔偿385 772.5元既无事实根据,也无法律依据。请求驳回原告的诉讼请求。

二、法院查明的事实

宁波海事法院确认了如下事实:

原告李儇娥系林显高之母,有包括林显高在内共4个子女,原告于秋仙系林显高之妻,原告林云干、林平系林显高之子女,两被告系涉案"万轮达28"船所有人。2010年7月19日,林显高受两被告雇用担任"万轮达28"船大管轮。2011年7月19日至7月29日,"万轮达28"船停靠台州椒江章安码头进行维修保养,期间林显高等本地船员白天上船进行安全检查,晚上回家膳宿,船东未安排其他特殊工作任务。2011年8月1日,林显高升任"万轮达28"船轮机长。同日,"万轮达28"船起锚驶往温州鳌江装货,当晚10时许驶抵龙港码头,船舶驶离和驶抵时点均是林显高值班时段,期间未发生异常情况,船东也未发出特别作业指示。2011年8月2日上午9时许,"万轮达28"船正在进行装货作业,轮机岗位人员均未工作。期间,林显高在如厕时昏倒,后被其他船员发现并被送入苍南县第二人民医院接受救治。事发后,船员郑敬友随即通知了船东暨本案被告潘爱芳,潘爱芳得知后,会同林显高家属驱车赶到医院,并垫付了押金等相关费用。经入院诊断,林显高系心脏骤停后综合征、急性缺血缺氧性脑病、中枢性呼吸衰竭、神经源性休克,住院1天,出院诊断为心脏骤停后综合征、蛛网膜下腔出血、脑动脉瘤破裂、急性缺血缺氧性脑病、急性脑干功能衰竭、中枢性呼吸衰竭、神经源性休克、脑疝形成。2011年8月5日,台州市公安局椒江分局章安派出所开具死亡证明一份,确认林显高于2011年8月3日死亡。事发前林显高的工资已由船方付清。

三、法院裁判

宁波海事法院认为:本案系海上人身损害责任纠纷。林显高受雇在两被告所有的涉案"万轮达28"船上先后担任大管轮和轮机长职务,并向两被告实际领取工资,与两被告之间依法成立雇佣法律关系。林显高于"万轮达28"船靠泊装货期间,在船上如厕时突然昏厥,后经医院抢救无效死亡,系其脑动脉瘤破裂等自身疾病原因所致,与其所任船上职务及从事的实际工作之间并无必然因果关系,原告方亦未举证证实两被告对于林显高的死亡存在相应的主观过错,但因事发地点位于当时正在进行装货作业的"万轮达28"船上,属于工作场所,客观上不能完全排除林显高在船上昏厥最终死亡与其从事的实际工作之间存在局部关联的可能,根据公平原则,结合本案案情,宁波海事法院酌定两被告对林显高的死亡承担30%的补偿责任。四原告诉称林显高的死亡原因系两被告分配给林显高的工作繁重,致使其过度劳累,身体超负荷运转,但未提供有力证据加以证实,两被告亦未予认可,宁波海事法院不予采信。关于四原告诉请的各项费用或损失,其中死亡赔偿金226 060元、丧葬费15 325元,数额合理,两被告未提出异议,予以认定;被扶养人生活费94 387.5元,两被告对原告李偄娥的生活费未提出异议,对原告林云干的生活费有异议,宁波海事法院认为,根据最高人民法院《关于审理人身损害赔偿案件适用法律若干问题的解释》第28条的相关规定,被扶养人生活费的享受对象限于未成年人及无劳动能力又无其他生活来源的成年人,而原告方所举证据材料尚不足以证明原告林云干符合上述条件,故对原告林云干的生活费83 900元不予认定,原告李偄娥的生活费10 487.5元,数额合理,予以认定;精神损害抚慰金50 000元,两被告不予认可,宁波海事法院认为,林显高在船上突发昏厥后经抢救无效死亡,其近亲属遭受的精神损害客观存在,属于原告方实际损失范畴,应予保护。上述各项费用或损失合计301 872.5元,两被告负担90 561.75元。综上,四原告诉请有理部分,宁波海事法院予以支持。依照《中华人民共和国民法通则》第132条、《中华人民共和国民事诉讼法》第64条第1款的规定,判决如下:

一、被告潘爱芳、郑昌富于本判决生效之日起10日内支付原告李偄娥、于秋仙、林云干、林平90 561.75元;

二、驳回原告李偄娥、于秋仙、林云干、林平的其他诉讼请求。

5 原告刘历历与被告舟山市定海永恒船舶修造服务有限公司、舟山市沥港船舶修造有限公司海上人身伤亡损害赔偿纠纷案

案例来源：宁波海事法院(2008)甬海法舟事初字第4号

主题词：海上人身伤亡　雇员重大过失　发包人连带责任

裁判要旨

No. CB-11.1-8　受害人在不具有电焊资质的前提下从事电焊操作，对违规操作导致的事故具有重大过失，法院酌情其承担20%的责任。

No. CB-11.1-9　在船舶修理的承包经营中，如果作为承包人的雇主不具有船舶修理资质，应由发包人与承包人对人身伤亡事故承担连带赔偿责任。

一、基本案情

原告：刘历历

被告：舟山市定海永恒船舶修造服务有限公司（以下简称永恒公司）

被告：舟山市沥港船舶修造有限公司（以下简称沥港公司）

原告刘历历起诉称：2005年始，被告永恒公司向被告沥港公司承包船舶修造业务。2007年9月27日，原告受被告永恒公司雇用从事电焊工作，日薪90元。2007年10月1日，被告永恒公司安排原告节日加班，指令原告到正进行修理的"远东先锋"号轮的船尖舱内电焊船体。因船舱内放有易燃物品松香水，电焊火花飞溅到松香水上，导致舱内着火，原告身体被大面积烧伤。随后原告被送至医院抢救治疗。出院后经鉴定，原告构成八级伤残。被告永恒公司垫付了部分费用，但对其他损失拒绝赔偿。原告为此诉至宁波海事法院，请求法院判令被告永恒公司赔偿原告误工费21 600元、护理费9 884.7元、营养费1 800元、伤残赔偿金109 590元、精神损害抚慰金15 000元、交通费861元、鉴定费1 500元及查档费200元等共计160 435.7元，被告沥港公司承担连带赔偿责任。

被告沥港公司在法定答辩期间未提交书面答辩状，在庭审中对原告受雇于被告永恒公司并在工作过程中受伤以及构成八级伤残的事实没有异议，但口头答辩称：（1）沥港公司与永恒公司是承包经营关系，原告受雇于永恒公司，与答辩人没有关系，且沥港公司在本案事故中并无过错，故原告诉请沥港公司承担连带赔偿责任缺乏事实与法律依据。（2）本案原告存在重大过错。事故是由于原告在船尖舱内进行电焊时，用割枪氧气管绑在裤带背后吹风降体温，由电焊火花引燃氧气所造成；（3）原告提出的某些索赔项目及数额不合理，请求法院按规定予以审查，并根据原告自身的过错程度确定其应承担的份额；（4）被告永恒公司在事故发生后已经垫付医疗费22 980.32元、交通费200元、预付原告现金2 100元。对垫付费用应由原告与被告按责任比例承

担,预付款项应在赔偿款中予以扣除。

被告永恒公司在法定答辩期间未提交书面答辩状,在庭审中除完全认同被告沥港公司的答辩意见外,还辩称其为原告垫付了急救费用300元。

二、法院查明的事实

宁波海事法院认定,本案的争议焦点在于以下三个方面:

（一）本案事故发生的原因与责任

原告主张:原告被烧伤系因原告工作的船舱内存放的易燃物品松香水被电焊火花溅到,引起舱内着火所致。

被告沥港公司主张事故发生时船舱内没有易燃易爆物品,并当庭提供了2007年9月9日舟山中海洗舱有限公司清洗舱作业工程完工单和同日沥港公司消防安全科出具的船舶(库、仓、柜、室)燃爆气体(申请)检测证书予以证明。原告经质证对该两份证据的真实性没有异议,但认为该两份证据只能证明2007年9月9日船舶油舱(燃料舱)的状况,并不能证明事故发生当日船舱内没有易燃易爆物品。宁波海事法院经审查认为,被告沥港公司提供的该两份证据证明的是燃料舱在2007年9月9日时的状况,而本案事故的发生时间是同年10月1日,事故发生的空间为该船的船尖舱,故该两份证据与本案没有关联性。

被告沥港公司还认为,本次事故系原告在船尖舱内进行电焊时,违反规定用割枪氧气管绑在裤带背后吹风降体温,由电焊火花引燃氧气所致。为证明其主张,被告沥港公司申请事故发生前指令原告工作并在事故发生后及时赶到现场的领班赵文利和事故发生时在船尖舱下层工作的陈伟到庭作证。两位证人均证明了事故发生时间为2007年10月1日早上7点半开工后约1个半小时,当时船舱内没有存放松香水,原告除了背部烧伤外,其他部位没有被烧伤。原告的内衣被烧,但外套没有被烧,船舱内没有发生爆炸,也没有任何物品燃烧;原告被烧之后摔下底层船舱,用于焊割的氧气管跟着掉下来,并在漏气。被告沥港公司认为,据原告仅背部烧伤,其他部位没有被烧伤的事实,应推断出原告受伤系其用氧气吹风所致。对该主张,原告先辩称原告逃离时肯定背对火源,一般就会烧伤背部;后又辩称发生事故时,船舱内有一个没有盖子的油漆桶,内有少量的松香水,原告因工作劳累便坐在上面进行电焊,电焊火花溅到桶里引起燃烧,故只有背部被烧伤。就被告沥港公司申请到庭作证的两位证人的证言,原告指出事故发生时,赵文利并未在现场,而陈伟与被告永恒公司有利害关系,故该证言不能采信。

宁波海事法院经审查认为,两位证人到庭作证,所述事实基本一致,符合逻辑,虽然证人赵文利、陈伟并未与原告共同在船尖舱上层工作,但证人所陈述的有关原告背部被烧伤、内衣被烧、外套未被烧及氧气管还在漏气等事实均为证人亲眼所见,且证人关于原告仅背部受伤的陈述与原告提供的病历、出院记录等证据相佐证。故宁波海事

海上人身伤亡·雇员重大过失·发包人连带责任

法院对该两位证人的主要证言予以采信。原告抗辩证人与被告有利害关系,却不能提供证据予以证明,故宁波海事法院对原告的意见不予支持。宁波海事法院经审查还认为,单纯氧气本身并不会发生燃烧,但在纯氧气的作用下,能够加大加快其他物品的燃烧,这是公认的科学道理;根据原告受伤的情形,被告提出的原告受伤原因的意见(即原告在船尖舱内进行电焊时,违反规定用割枪氧气管绑在裤带背后吹风降体温,由电焊火花引燃氧气引起)具有合理的推断基础。相反,原告关于其坐在装有松香水的油漆桶上电焊、桶内松香水燃烧导致事故发生的意见却无法合理解释为何原告只有背部被烧伤,臀部未被烧伤的事实。故宁波海事法院采信被告主张,对原告意见不予支持。

结合庭审调查和上述认证,宁波海事法院认定如下事实:2007年10月1日9时左右,原告"远东先锋"号轮的船尖舱内电焊船体时,用割枪氧气管绑在裤带背后吹风降体温,因电焊火花引燃充满氧气的背部衣服,使原告背部被烧伤,随后原告摔下船尖舱下舱。原告没有电焊质证,且在上班前被告没有对其进行相关技术培训。

根据以上认定事实,宁波海事法院认为,被告永恒公司雇用原告从事电焊作业,原告在工作过程中受伤,被告永恒公司依法应承担雇主责任。原告不具有从事电焊工作的资格,且原告作为一个具有正常理智的成年人,应该知道在电焊作业中用氧气管对身体进行吹风的危险性,但原告疏于关注自身安全,违规操作,并最终酿成事故,故原告对事故的发生具有重大过错。被告永恒公司在雇用原告之前对原告是否具备电焊资质未加核实,雇用之后又未对其进行相关的岗前培训,故被告永恒公司对原告的错误做法也具有一定过错。根据最高人民法院《关于审理人身损害赔偿案件适用法律若干问题的解释》第2条第2款的规定,在法定雇主无过错责任归责原则下,受害人有重大过失的,可以减轻赔偿义务人的赔偿责任。结合本案案情,被告永恒公司应对本次事故承担80%的责任,原告自行承担20%的责任。

(二)原告可得的赔偿款数额

原告对其所提出的各项赔偿项目,提出计算依据如下:(1)误工费:司法鉴定意见书建议原告病休8个月,原告每日工资为90元,每月按30天计算,为21 600元,有司法建议书为证;(2)护理费:每月1 500元,护理6个月零20天,为9 884.7元;(3)伤残赔偿金:按2007年浙江省城镇居民人均可支配收入18 265元,乘以20年,再乘以30%,为109 590元;(4)精神损害抚慰金按原告伤残程度计算,为15 000元;(5)交通费:实际发生费用为861元,有相关票据为证;(6)鉴定费1 500元,有鉴定费发票为证;(7)查档费200元。

被告沥港公司对原告提出的营养费、鉴定费没有异议。对交通费要求法院根据原告病历按实际支出确定。对于误工费,认可原告每天90元的工资报酬,但认为应按每月法定工作日20.92天计算,并从出事之日2007年10月1日起计算至鉴定前一天11月28日止,误工时间为两个月。对于护理费,认为原告未提供医院证明,且原告住在无菌病房期间无须其他护理,不应予以保护。对于伤残赔偿金,认为原告是农村户口,其暂住地在农村,故应按农村居民标准计算。对于精神损害抚慰金,认为被告没有过错,主要过错在于原告,请求法庭在 5 000 元以下幅度内考虑。对于查档费,认为原告没有提供证据证明,不予认可。

被告沥港公司另举证证明被告永恒公司已垫付部分费用:(1) 医疗费 22 980.32 元(其中住院医疗费 22 172.54 元、门诊医疗费 808.78 元),有宁波市第二医院住院收费收据及门诊收费发票为证;(2) 救护车费 150 元和院前急救费 150 元,有宁波市镇海龙赛医院往来款票据为证;(3) 交通费(租船)200 元,有证人尹某的书面证明为证;(4) 预付原告现金 2 100 元,有借条为证。

原告对被告永恒公司垫付医疗费 22 980.32 元及预付 2 100 元没有异议;对救护车费及院前急救费的票据没有异议,但指出该款项系由原告支付,因原告当时受伤,所以票据由被告收取;对交通费,承认租船是事实,但被告没有提供正式的票据为证,不予认可。

被告永恒公司同意被告沥港公司的以上意见。

对于原告诉请的各赔偿项目,宁波海事法院依据本案证据及最高人民法院《关于审理人身损害赔偿案件适用法律若干问题的解释》之规定,审核认定如下:(1) 两被告对原告主张的营养费 1 800 元、鉴定费 1 500 元没有异议,宁波海事法院予以直接认定;(2) 误工时间依法应从原告受伤之日计算至鉴定前一日,为 59 天。被告关于误工时间为两个月的主张并无不当,按原告每日工资 90 元,每月法定工作日 20.92 天计算,误工费为 3 765.6 元;(3) 对于护理费,原告虽没有提供医院证明,且住院收费收据中已有护理费项目收费,但鉴于原告的受伤情形,原告离开无菌病房直至出院后仍需一定的护理,宁波海事法院酌情给予保护 2 000 元;(4) 对伤残赔偿金,原告为农村户口,且其不能提供其应按城镇人口标准计算的依据,故伤残赔偿金应以 2007 年浙江省农村居民人均可支配收入为计算标准,为 7 335 元/年 × 20 年 × 30% = 44 010 元;(5) 对于精神损害抚慰金,在被告自愿的前提下,宁波海事法院根据本案事实,酌定为 3 000 元;(6) 对于交通费,根据原告提供的票据,结合病历记录,酌定为 300 元;(7) 对于查档费,因原告没有提供证据证明,不予认定。以上共计 56 375.6 元,被告永恒公司承担 56 375.6 × 80% = 45 100.48 元。

对于被告沥港公司提出的永恒公司预付给原告的 2 100 元及垫付医疗费 22 980.32 元,原告没有异议,宁波海事法院予以认定;对于救护车费 150 元和院前急救费 150 元,原告的辩解不合常理,被告持有相应的票据,应认定该费用为被告垫付;对于租船的交通费 200 元,原告认可了租船事实,且数额符合实际,宁波海事法院予以认定。以上被告永恒公司垫付费用共计 23 480.32 元,原告应承担 23 480.32 × 20% = 4 696.06 元;被告永恒公司预付给原告的款项为 2 100 元。

综上,原告可得的赔款为被告永恒公司应承担的数额,减去被告永恒公司已垫付而为原告所应承担的数额和永恒公司预付给原告的数额,即38 304.42元(45 100.48元 - 4 696.06元 - 2 100元)。

(三)沥港公司是否承担连带赔偿责任

原告认为,被告沥港公司将船舶修造业务承包给没有相应资质的被告永恒公司,并发生事故,被告沥港公司应对原告损失承担连带赔偿责任。

被告沥港公司认为,沥港公司与永恒公司是承包经营关系,被告永恒公司是独立的法人,原告受雇于永恒公司,沥港公司在本案事故中并无过错,故其不应对原告的损失承担连带赔偿责任,并提供其与永恒公司签订的《工程承包合同》《船舶修造外包工安全协议》予以证明。

原告对以上两份证据的真实性没有异议,但认为被告沥港公司提供的证据并不能证明被告永恒公司具有船舶修造的资质。

宁波海事法院经审查认为,原告质证意见有理。但被告沥港公司提供的证据只是其与被告永恒公司之间的内部协议,并不能证明被告永恒公司具有船舶修造的资质。且根据被告永恒公司的营业执照记载,其经营范围并没有直接进行船舶修造的项目。根据最高人民法院《关于审理人身损害赔偿案件适用法律若干问题的解释》第11条第2款"雇员在从事雇佣活动中因安全生产事故遭受人身损害,发包人、分包人知道或者应当知道接受发包或者分包业务的雇主没有相应资质或者安全生产条件的,应当与雇主承担连带赔偿责任"的规定,被告沥港公司将船舶修理业务承包给没有相应资质的永恒公司,依法应与永恒公司对原告的人身损害承担连带赔偿责任。原告关于被告沥港公司承担连带赔偿责任的主张合法有理,宁波海事法院予以支持。

三、法院裁判

宁波海事法院认为,原告诉请部分合法有理,宁波海事法院予以支持。依照《中华人民共和国民法通则》第106条第3款;最高人民法院《关于审理人身损害赔偿案件适用法律若干问题的解释》第2条第2款,第11条,第17条第1款、第2款,第18条第1款,第20条,第21条第1款、第2款、第3款,第22条,第24条,第25条第1款;《中华人民共和国民事诉讼法》第64条第1款之规定,判决如下:

一、被告舟山市定海永恒船舶修造服务有限公司支付原告刘历历误工费、护理费、营养费、伤残赔偿金、精神损害抚慰金、交通费、鉴定费等共计38 304.42元;

二、被告舟山市沥港船舶修造有限公司对上述赔款承担连带赔偿责任。

三、驳回原告刘历历的其他诉讼请求。

11.2 船东的安全保障义务

6 原告蒋荷娣与被告乐亨国海上人身伤亡损害赔偿纠纷案

案例来源:宁波海事法院(2002)甬海事初字第18号

主题词:海上人身伤亡　船东必要照顾义务　公平责任

裁判要旨

No. CB-11.2-1　雇主负有对雇员工作期间的人身健康给予必要照顾的附随义务。对远洋渔船上生产作业的雇员,雇主对其人身健康给予关照的附随义务应与这种特殊的工作环境相适应,未能及时帮助雇员回航治病导致延误治疗的,法院认定雇主没有尽到对雇员健康给予必要照顾的附随义务,构成责任竞合。

No. CB-11.2-2　当事人对造成损害均无过错,但一方是在为对方的利益或者共同的利益进行活动的过程中受到损害的,法院根据公平原则,判令一方给予另一方经济补偿。

一、基本案情

原告:蒋荷娣

被告:乐亨国

原告蒋荷娣诉称,原告之子张海明,生前受雇被告并在其所属的"浙远东803"船上任捕捞长。张海明于2000年5月7日离舟山赴北太平洋钓鱿鱼,5个月后,张海明开始患病,头痛、发热,因船上医疗条件差,以致病情加重,高烧不退,甚至发展到神志迷糊,全身无力,不能起床,只能用吸管放在冷水桶里吸水度日。在此期间,曾经有两艘收鲜冷冻船到达北太平洋海域,张海明两次要求被告同意其随冷冻船返港治疗,但被告均没有同意。此后,直至同年12月10日"浙远东803"船才返航回到舟山,张海明在舟山医院经诊断为松果休区肿瘤,引起阻塞性脑水肿,在治疗及住院两个月左右后死亡。原告认为,被告兼为雇主和船长,在张海明已患重病的情况下,漠不关心,延误治疗,应对此后果承担责任。请求法院依法判令被告赔偿原告死亡补偿费47 800元。

原告提供了如下证据:(1) 2001年12月11日普陀区虾峙镇大岙村村委会、普陀区公安分局虾峙边防派出所共同出具的证明,证明原告家庭成员和张海明已死亡的事实。(2)原告代理人对于华臣、柴能渡(到庭作证)、庄飞定的调查笔录,证明张海明发病经过、病情严重、被告拒绝原告搭冷冻船回港等事实。(3)病历,证明病因与治疗经过。

被告乐亨国辩称:(1)无论本案适用雇主与雇工的合同之诉还是侵权之诉,首先,原告不能证明张海明所从事的工作与其生病有因果关系或被告对张海明患病有过错,其次,原告也不能证明张海明之死系延误治疗造成,故被告不应对张海明生病至死承担责任。(2) 双方曾于 2002 年 1 月份在当地镇司法所主持下就本案纠纷达成口头补偿协议，且被告已按该协议补偿完毕，故双方纠纷业已解决，原告不应再次起诉。

被告提供如下证据：(1) 船员聘用合同。(2) 被告代理人对陆松军、应静国、庄飞定的调查笔录，证明张海明在船上曾患过感冒，但总体上身体还可以，基本上一直都在工作。(3) 船员产量统计表，证明张海明产量较高，一直都在工作。(4) 虾峙镇司法所证明、于华臣出具的收条，证明双方曾达成过一次性补偿 15 000 元的协议且被告已履行完毕的事实。

二、法院查明的事实

宁波海事法院认定：张海明系原告之子，生前受雇被告并在其所属的"浙远东 803"船上任捕捞长。2000 年 5 月 7 日，张海明随船出海赴北太平洋钓鱿鱼，10 月份左右，张海明开始患病，头痛、发热，直至发展到卧床不起，不能工作。张海明患病期间，曾经有两艘收鲜冷冻船到达北太平洋海域。同年 12 月 10 日，张海明随"浙远东 803"船返回舟山，并立即到医院住院治疗，经诊断为松果体区肿瘤，引起阻塞性脑水肿。手术后，张海明于 12 月 30 日出院，2001 年 2 月 28 日因治疗无效死亡。事后，双方曾在虾峙镇司法所处理过本案纠纷，此间被告已向原告支付过 15 000 元作为补偿。

三、法院裁判

宁波海事法院认为，本案的实体处理可从以下三个层次进行分析：

(一) 被告的行为有无违约或构成过失。原告之子张海明与被告间的雇佣合同关系依法成立，根据雇用合同履行的基本原则，雇主负有对雇工工作期间的人身健康给予必要照顾的附随义务，由于张海明在远离大陆的远洋渔船上生产作业，疾病对健康的威胁程度远大于陆上作业，雇主对其人身健康给予关照的附随义务应与这种特殊的工作环境相适应，亦即，被告有责任对在远洋作业雇工的健康状态给予比普通情况下的雇工以更多的关照。同时，作为雇主的被告又身兼船长，根据《中华人民共和国海商法》第 35 条的规定精神，船长对船员的人身安全负有管理责任，船长应当采取必要的措施，保护船员的人身安全。张海明的病情由轻至重，病程持续长达两个月，且得不到有效治疗，理应引起被告必要的关注，期间虽有两次机会可以让张海明尽早回航治病，但被告均未采取可以采取的必要措施，导致张海明在治疗上的延误。因此，有理由认为，被告没有尽到对雇工健康给予必要照顾的附随义务。被告的这种行为，既违反雇佣合同，也违反船长的法定义务，构成侵权中的过失，属违约与侵权行为的竞合。原告虽然未在违约与侵权两种诉因中作出明确选择，宁波海事法院将在本案全面审理后本着平衡权利人和义务人的利益关系的原则酌情处理。

(二) 被告的行为与张海明病死的因果关系。应当说，张海明所患之病与受雇工作即鱿钓作业本身不可能存在因果联系，张海明最终病故的原因也较为复杂。被告的行为只是延误了张海明的及早治疗，严格地说，被告应对由其延误所造成的扩大损害承担相应的责任。根据一般的医学知识,延误治疗将会产生两个层次的不良后果,首先是会导致病情的加重,其次是病情的加重又可能进一步导致患者的死亡。第一层次的后果在一般的延误治疗中都会存在,本案也不例外,但客观上不可能达到具体量化的认识程度。对于第二层次的后果,尤其在本案中,受多种因素的制约,对被告造成的延误(或病情加重)与张海明最终病死间是否存在必然联系以及联系程度的强弱,已不可能得出客观、科学的结论。故对本案因果关系和被告延误造成的扩大损害的认定,应以上述第一层次为限,即在加重病情的范围内予以考虑。

(三) 被告的补偿责任。即使可以肯定,被告的行为与张海明病死没有因果联系,但原告之子张海明的患病与被告还有另一种联系,即张海明是在从事有利于被告获益的受雇工作中患病的,而被告所受的损失仅是一定数量的经营利益。原告本人年事已高,谋生能力较弱,儿子病故后,生活更为艰难,二者相比,原告受到的损害比被告更为深重。根据最高人民法院《关于贯彻执行〈中华人民共和国民法通则〉若干问题的意见(试行)》第157条的规定:"当事人对造成损害均无过错,但一方是在为对方的利益或者共同的利益进行活动的过程中受到损害的,可以责令对方或者受益人给予一定的经济补偿。"根据这一规定和原、被告双方的经济状况,为权衡双方的利益,酌情由被告补偿原告一定的经济损失,也是必要和合理的。

综上,虽然被告在诉前已向原告补偿15 000元,但仍应酌情对原告的损害给予必要的赔偿和补偿,原告的诉请,宁波海事法院酌情予以保护。被告的抗辩,理由不足,不予采纳。依照《中华人民共和国民法通则》第106条的规定,判决如下:

被告乐亨国于本判决生效后10日内支付原告蒋荷娣款项18 000元。

7 上诉人郑建国与被上诉人刘学军海上人身伤亡损害赔偿纠纷案

案例来源:浙江省高级人民法院(2009)浙海终字第151号
主题词:海上人身伤亡　船东安全保障义务　船东安全注意义务

裁判要旨

No. CB-11.2-3　最高人民法院《关于审理人身损害赔偿案件适用法律若干问题的解释》第6条规定的安全保障义务的责任主体,为从事住宿、餐饮、娱乐等经营活动或者其他社会活动的自然人、法人、其他组织。事发船舶在当时尚处于改建阶段,未对公众开放,故不属于经营活动,也不属于从事其他社会活动,因此其船舶所有人不属于司法解释规定的社会活动的安全保障义务人。但是,由于该改建船舶存在危险性,船舶所有人也有义务对登船人员的安全尽相应的注意义务,如警示提醒、提供伴护、照明指引等,否则应当对事故损失承担次要责任。

一、基本案情

上诉人(原审原告):郑建国

被上诉人(原审被告):刘学军

宁波海事法院审理查明:郑建国所属的"浙舟海源48"船系油污水处理船,2008年8月4日12时许,该船因故停靠在"帆顺67"船外边。当天晚上9时左右,郑建国到"帆顺67"船上找李海("帆顺67"船老轨,即轮机长),李海当晚不在船上,郑建国即与当晚管船的应日锋在船员室聊了一会儿后离开返回"浙舟海源48"船,行走在甲板时跌落到"帆顺67"船右后方的机舱内。该机舱深约5米,事发当时机舱口没有舱盖,没有专门的灯照射,亦没有防护栏保护。郑建国受伤后,即被送至普陀区人民医院六横分院,简单处理后于8月5日转至舟山市人民医院,经医院诊断为颅脑损伤、颅底骨折、左颞骨骨折、左耳外伤、左侧多发肋骨骨折、左肩胛骨骨折、胸8椎体骨折伴脱位、两下肢不全瘫等,住院43天后于9月17日出院。2009年2月18日,郑建国委托舟山市普陀东港医院司法鉴定所对其伤残等级进行鉴定,该所于2月19日出具意见,确定郑建国伤残等级为七级。在审理过程中,刘学军申请重新鉴定。宁波海事法院委托宁波三益司法鉴定所对郑建国伤残等级、出院后护理期限及等级予以鉴定。该所2009年7月28日出具司法鉴定意见书,确定"郑建国摔伤致T8椎体骨折伴T7/8平面胸髓损伤,经手术治疗,目前遗有功能障碍的伤残等级为八级(人标)、伤后一段时间内存在三级护理依赖,护理期限为出院后3个月"。涉案事故发生前后,刘学军所属的"帆顺67"船正在改建中,船上废料、杂物零乱。事故发生前2日(2008年8月2日),郑建国"浙舟海源48"船曾将"帆顺67"船拖出船坞并曾在改建期间(事故前)为"帆顺67"船抽过污水。

因主张涉案事故系刘学军过错导致,郑建国诉至宁波海事法院,请求判令刘学军赔偿其各项损失217 282.81元。

对郑建国诉请的各项费用及损失,宁波海事法院依据本案事实及证据审核如下:对于医疗费,郑建国提供的病历和医疗费票据能相互印证,该院对医疗费88 104.48元予以确认。对于交通费,郑建国提供了交通费发票若干,对租船费收据2 500元郑建国解释为因事发当晚没有其他船舶,郑建国包船从普陀人民医院六横分院急转到舟山医院,有关调查笔录中也证实有租船之事实,故该院对该解释及该笔费用予以采信,对其他交通费结合医疗次数酌定为500元,故对交通费总数酌定为3 000元。对于误工费,郑建国提供了医院诊断证明书,误工时间自2008年8月5日起算至2009年2月19日止,合计194天,误工工资郑建国没有提供相应证据,因郑建国在庭审中确认自己为农村户口,该院根据2008年浙江省农林牧渔业工资标准23 090元/年计算为12 272.50元。对于护理费,结合医院诊断证明书和重新鉴定的司法鉴定意见书,郑建国诉请护理期间102天予以确认,该院对护理费用按照每日40元标准合计4 080元。对于鉴定费1 200元和住院伙食补助费1 260元刘学军没有异议,予以确认。对于残疾赔偿金,根据重新鉴定的司法鉴定意见书确定郑建国伤残等级为八级,残疾赔偿金为49 590元。郑建国主张因重新鉴定额外支出费用合计554.90元,有发票证实,亦予以确认。宁波三益司法鉴定所鉴定费1 600元,刘学军已支付,由刘学军承担。综上,郑建国的具体费用及损失合计160 061.88元。

二、一审裁判

宁波海事法院审理认为：在双方当事人均认可郑建国在刘学军船上受伤的事实基础上，应审查事故原因及各方对此有无过错及其程度。对郑建国为何在夜晚登临刘学军船舶，双方陈述不一，且有关调查笔录内容也有不同。郑建国主张其系应"帆顺67"船轮机长李海的要求去"帆顺67"船上抽油污水，因而将船停靠在"帆顺67"船旁，并在当晚找李海商量抽污事宜。而刘学军则主张，其曾拒绝郑建国船舶停靠在其船旁边，否认联系抽污一事。宁波海事法院认为，郑建国登临刘学军船舶找李海，即非为联系商定抽污一事之必须途径，更非为实际履行抽污，且登船与事故之发生亦无必然联系，故郑建国夜晚登船之原因、目的与本案处理缺乏关联性。本案的关键问题是，郑建国夜晚登船至事故发生，据当时之情况，相关当事人有无相应义务、对事故之发生有无错。对此，郑建国根据最高人民法院《关于审理人身损害赔偿案件适用法律若干问题的解释》（以下简称《人身伤亡解释》）第6条的规定，提出刘学军未尽到安全保障义务，因而导致郑建国受伤，需由刘学军承担全责。宁波海事法院认为，《人身伤亡解释》第6条规定的安全保障义务是一种特别的安全注意义务，是对从事住宿、餐饮、娱乐等经营活动或者其他社会活动的自然人、法人、其他组织而言。刘学军船舶处于改建阶段，未对公众开放，并不属于经营活动，因此，并不适用《人身伤亡解释》第6条的规定，刘学军无须承担该条所定之安全保障义务。但郑建国事发当晚去刘学军船上，虽未经刘学军允许，但刘学军亦无证据证实其明确拒绝郑建国上船，郑建国上船和刘学军的船员聊天也符合情理。故郑建国上船后，根据一般公序良俗，刘学军对郑建国在船上之安全，应据船上实际情况尽到相应的注意义务，如明确提醒、提供伴护、予以照明指引等。同时，郑建国在刘学军船舶改建期间，已为该船多次提供服务，对该船状况应有相应的了解，其夜晚登船应据其对该船了解程度及当时的情况，自己尽量谨慎或要求刘学军船上人员提供合理帮助。根据本案事实及证据，刘学军对郑建国登、离船舶这一特定事件未充分尽到相应的临时注意义务，故其对事实之发生依法应承担相应的责任。同时，郑建国对其自行登、离刘学军船舶，较之刘学军应尽更大之注意与谨慎，在有疑、惧时应更小心或求助。根据本案证据与事实，该院认为郑建国未能恪尽应有之谨慎与注意，故其对事故之发生应承担主要责任，确定其应自担80%之责任。刘学军在庭审中辩称郑建国曾多次到刘学军船上闹事，给刘学军造成了损失，但其对此即未充分举证亦未相应提出诉请，故该主张与本案处理无关，本案不予审理。综上，宁波海事法院认为，郑建国的诉请部分合法有理，予以支持。

宁波海事法院依照《中华人民共和国民法通则》第106条第1款、第131条、《中华人民共和国民事诉讼法》第64条第1款的规定，于2009年9月24日判决：

1. 刘学军于本判决生效后10日内赔偿郑建国人身伤害各项损失计32 012.38元；

2. 驳回郑建国的其他诉讼请求。如果未按本判决指定的期限履行给付金钱义务，应当依照《中华人民共和国民事诉讼法》第229条之规定，加倍支付迟延履行期间的债务利息。案件受理费4 560元,由郑国建负担3 890元,刘学军负担670元。

三、上诉与答辩

郑建国不服原审判决,向浙江省高级人民法院提起上诉称:(1)一审法院认定郑建国对"帆顺67"船状况应有相应了解及郑建国应尽更大注意与谨慎不当,郑建国系为抽污水所需而登临"帆顺67"船。(2)一审判决主次责任比例认定有误。"帆顺67"船停靠的码头为公用码头,应承担对进出人员的安全保障义务。刘学军对涉案事故应负80%的责任,并应赔偿郑建国相应的经济损失。请求二审法院依法改判,支持郑建国的诉讼请求。

刘学军答辩称:(1)郑建国在一审主张双方成立承揽合同关系,据此,郑建国作为承揽人,自身损害应自行承担。(2)刘学军对本案的损失不存在过错。刘学军在"帆顺67"船的修理过程中,船舶本身具有危险性。郑建国明知船在修理过程中,不管其登船是出于何种目的,其注意义务都应高于普通人。郑建国在事故发生前也多次登船抽污水,其对船舶内部结构应该十分熟悉。恳请二审法院驳回上诉,维持原判。

四、二审裁判

浙江省高级人民法院经审理查明:双方当事人对原审判决认定的事实无异议,浙江省高级人民法院予以确认。另查明,郑建国2008年8月4日12时许将"浙舟海源48"船停靠在"帆顺67"船外边后,与妻子、孩子登临"帆顺67"船借道至六横台门电厂码头。当晚9时左右,郑建国及妻子、孩子又准备借道"帆顺67"船返回"浙舟海源48"船。郑建国的妻子、孩子直接经由"帆顺67"船回到"浙舟海源48"船,而郑建国则与"帆顺67"船当晚值守的应日锋在船员室聊天,后离开返回"浙舟海源48"船,行走在甲板时跌落到"帆顺67"船右后方的机舱内。郑建国二审中还确认事故当夜天气尚好,其与妻子、孩子登临"帆顺67"船时,未携带手电筒等照明工具。

根据双方当事人的上诉请求和理由以及答辩意见,本案二审争议的焦点为:原审判决认定的责任比例是否正确。对于浙江省高级人民法院归纳的争议焦点,双方当事人均无异议。

针对上述争议焦点,浙江省高级人民法院分析认定如下:

浙江省高级人民法院认为,《人身伤亡解释》第6条规定的安全保障义务的责任主体为从事住宿、餐饮、娱乐等经营活动或者其他社会活动的自然人、法人、其他组织。刘学军所有的"帆顺67"船在事故时处于改建阶段,未对公众开放,故不属于经营活动,也不属于从事其他社会活动。因此,刘学军不属于《人身伤亡解释》第6条规定的社会活动安全保障义务人,无须按照《人身伤亡解释》第6条的规定承担安全保障义务。但是,从本案的事实看,郑建国于事故当晚与妻子、孩子借道"帆顺67"船准备回到"浙舟海源48"船上。只是郑建国在登临"帆顺67"船后又与值守船员聊天,回船时不慎跌入船舱受伤。而且,刘学军无证据证实其明确拒绝郑建国上船。同时,郑建国借道登临

"帆顺67"船及与刘学军船员聊天也符合渔区习惯及情理。而且,涉案事故发生时,刘学军所属的"帆顺67"船正在改建中,船上废料、杂物零乱。据上,刘学军对郑建国在船上之安全应据船上正在改建存有一定危险的实际情况尽到相应的注意义务,如警示提醒、提供伴护、照明指引等。但是,郑建国在"帆顺67"船改建期间已为该船提供过服务,对该船状况应有相应了解,且其事故当天借道该船去码头,夜晚再登船系回程,应据其原先及当天白天经过该船对船上情况的了解程度及当夜天气情况等自己恪尽谨慎,或要求刘学军船上人员提供合理帮助。故郑建国对当夜其自行登、离刘学军船舶,应更为注意与谨慎。二审中,郑建国亦当庭明确其与妻子、孩子登临"帆顺67"船时未携带手电筒等照明工具。而刘学军对郑建国登、离船舶这一特定事件未充分尽到相应的临时注意义务,故其对事故之发生应承担相应的责任。据上,可以认定郑建国对涉案事故的发生应负主要责任。宁波海事法院确定郑建国应自行承担80%之责任并无不当。至于郑建国主张其登临"帆顺67"船系找李海联系商定抽污事宜,但未证明其登船确系商定抽污事宜,故郑建国主张刘学军应承担主要责任的理由不能成立。此外,宁波海事法院认定郑建国具体费用及损失合计160 061.88元,双方当事人二审中均无异议,浙江省高级人民法院亦予确认。据此,刘学军应当赔付郑建国人身伤害各项损失计32 012.38元。

综上,浙江省高级人民法院认为,郑建国夜晚9时左右登临刘学军所有的"帆顺67"船,在借道回自己所有的"浙舟海源48"船时,不慎受伤,主要责任在于其自身。但刘学军的"帆顺67"船在改建期间,船舶存在一定的危险,刘学军未尽到相应的临时注意义务,故其对事故之发生依法应承担相应的责任。原审判决确定刘学军承担20%责任,并无不当。郑建国的上诉请求与理由不能成立,浙江省高级人民法院不予支持。原审判决认定事实清楚,适用法律正确,实体处理恰当。依照《中华人民共和国民事诉讼法》第153条第1款第1项之规定,判决如下:

驳回上诉,维持原判。

8 原告孙胜然与被告亚太船务有限公司海上人身伤亡损害赔偿纠纷案
案例来源:厦门海事法院(2010)厦海法事初字第48号
主题词:海上人身伤亡　船员工作期间　船员安全注意义务

裁判要旨

No. CB-11.2-4　在船舶停泊期间,非值班船员上岸休息,是航海实践的惯例,均属于工作期间。船员为了回到工作的船舶而受伤,应当属于在受雇期间间接为了雇佣活动而受伤,雇主应当承担赔偿责任。船员未尽到应有的安全注意义务,也未尽到一般人对自己应有的通常的安全注意义务,可以减轻船东的赔偿责任。

一、基本案情

原告：孙胜然。

被告：亚太船务有限公司（Asiapacs Shipping Limited）

原告孙胜然诉称，原告自 2009 年 1 月 24 日起在被告所属"力星"轮（M/V Power Star）担任船长兼任值班三副职务。2010 年 1 月 10 日，"力星"轮在巴布亚新几内亚 ALOTAU 锚地装货时，原告在从港口返回船上时坠落到装货驳船上，造成双足跟骨粉碎性骨折。2010 年 1 月和 5 月，原告分别在巴布亚新几内亚太平洋国际医院以及福州市第二医院治疗后出院。根据医嘱，原告仍需进一步做二期手术治疗。2010 年 4 月 27 日，福建正中司法鉴定所出具伤残等级鉴定，认定原告的伤残程度为八级。根据我国相关法律，被告应赔偿原告误工损失人民币（下同）1 313 532 元，后续医疗、护理费 10 万元，安抚费 5 000 元，其他必要费用 5 000 元，合计 1 423 532 元。特起诉请求判令被告支付人身损害损失 1 423 532 元及自事故发生之日起至实际支付之日的利息。

二、法院查明的事实

厦门海事法院查明：2010 年 1 月，原告孙胜然在被告所属"力星"轮担任船长兼值班三副。1 月 10 日，"力星"轮在巴布亚新几内亚 ALOTAU 锚地装货。中午吃饭时原告喝了些酒。饭后，原告与部分船员上岸游玩。下午 4 时许，原告与上岸船员乘坐摩托艇准备回"力星"轮。由于风浪较大，无法从船舶左舷舷梯上船，原告及其他船员遂决定通过正在船舶右舷装货的驳船回"力星"轮。原告第一个登上驳船后，即要求驳船吊机工人用吊机将其吊上"力星"轮。而后原告双手抓住吊机钩头，吊机将原告吊离地面。当吊机向"力星"轮靠近时，原告脱手，在离甲板 3 米左右的空中摔到驳船上。

事故发生后，原告当即被送往当地医院治疗。2010 年 1 月 19 日，原告回国转入福州市第二医院继续治疗。1 月 27 日进行手术。4 月 27 日，原告在被告的船舶管理公司的帮助下，委托福建正中司法鉴定所按《劳动能力鉴定职工工伤与职业病致残等级》标准，对原告的损伤进行伤残等级评定。4 月 30 日福建正中司法鉴定所作出《司法鉴定意见书》，认定原告的伤残程度为八级。5 月 24 日经原告申请福州市第二医院同意原告出院。《出院小结》记载出院状况："患者诉双踝肿痛、活动受限，余一般情况可。查体：神清，生命征平稳，双足肿胀、压痛，手术切口愈合良好，I/甲愈合，双踝关节活动受限，足底麻木，双下肢肢端血运可，各足趾活动良好。"出院医嘱"必要时行二期手术"。治疗结果为治愈。

另查明，原告担任船长兼值班三副，每月的工资及奖金等收入为 33 000 元，原告受伤住院期间，被告仍按此金额发放至 2010 年 4 月份，2010 年 5 月份工资发放金额为 24 484 元。住院期间原告还向被告 4 次领取共计 15 000 元，收条记载用于日常生活开支和支付护工费用，但原告住院期间护工工资 9 810 元，被告已另行支付。出院当日，被告又支付原告现金 4 万元。被告的上述款项均通过其船舶管理公司福建万星海运有限公司支付。又查明,原告住院期间,其妻姐及妻姐夫于2010年1月30日从济南到福州看望,1月31日从福州回济南。产生交通费及住宿费4388元。

三、法院裁判

厦门海事法院认为,本案是一起船员返回工作船舶途中发生的海上人身伤亡损害赔偿纠纷,被告系中国香港地区注册法人,主体涉港;事故发生地在巴布亚新几内亚,法律事实涉外,因此是一起涉外海上人身伤亡损害赔偿案件。被告对厦门海事法院管辖未提出异议且参加开庭并进行答辩,根据《中华人民共和国民事诉讼法》第243条的规定,视为承认厦门海事法院具有管辖权。根据《中华人民共和国民法通则》第146条的规定,因原、被告双方均为中国当事人,虽然本案事故发生地在外国,但本案可以适用中国法律处理。同时双方在庭审中均表示同意适用中国法律处理本案,因此本案纠纷适用中国法律处理。

原告受派遣在被告所属船舶服务,双方形成事实上的雇佣关系。原告在船舶装货期间上岸休息,回船时因上船方式不当受伤。由于船员工作的特殊性,船员长时间工作、生活在狭小的空间里,在船舶航程停泊期间,非值班船员上岸休息,是航海实践的惯例,均属于工作期间。且原告是为了回到工作船舶而受伤,应当属于在受雇期间,间接为了雇佣活动而受伤。在雇员因工人身伤亡损害赔偿责任承担问题上,最高人民法院《关于审理人身损害赔偿案件适用法律若干问题的解释》第11条规定了无过错责任,根据最高人民法院《关于审理涉外海上人身伤亡损害赔偿的具体规定(试行)》第2条,本案在责任承担上适用该规定。根据最高人民法院《关于审理人身损害赔偿案件适用法律若干问题的解释》第11条的规定,雇员在从事雇佣活动中遭受人身损害,雇主应当承担赔偿责任。因此被告应当对原告的受伤承担赔偿责任。

但是原告作为船长,根据《中华人民共和国船员条例》的规定,负有管理和指挥船舶的职权,在保障海上人身与财产安全上负有最终的责任,应当知道通过吊机吊运人员上船是违反安全管理规定的禁止性行为,但原告没有选择正常的符合安全管理规定的上船方式,而自行要求吊机工人将其吊运上船,导致事故发生。显然原告不仅未尽到作为船长应有的安全注意义务,也未尽到一般人对自己应有的通常的安全注意义务。因此原告对事故的发生有重大过失。根据最高人民法院《关于审理人身损害赔偿案件适用法律若干问题的解释》第2条第2款的规定,可以减轻被告的赔偿责任,因此酌定被告承担事故40%的赔偿责任。

根据最高人民法院《关于审理涉外海上人身伤亡损害赔偿的具体规定(试行)》第3条、第5条的规定,被告应赔偿的范围及数额为:(1)收入损失。按原告月收入33 000元计算至原告70周岁即2043年3月12日,由于原告住院期间仍照常领取工资,住院期间的收入损失不应再赔付,因此收入损失的起算时间应为治愈出院后的2010年5月24日,损失期间为32.8年,由于原告经鉴定为工伤标准八级伤残,其主张按10%计算收入损失法院予以支持。据此计算金额为:3 300(元)×12(月)×10%×40%×32.8

(年)=519 552元。(2)医疗、护理费。原告未主张住院期间的医疗及护理费,法院对此不予审理。原告主张后续治疗费及护理费未实际发生,且伤残鉴定亦未说明需要护理,该主张法院不予支持。(3)安抚费。原告因工受伤,为此主张安抚费5 000元法院予以支持,但由于原告受伤是由于自己的重大过失引起,应减轻被告的赔偿责任,被告实际应赔偿500×40%=2 000元。(4)其他必要费用。原告主张被告赔付其住院期间家属看望产生的交通、住宿等费用4 388元。法院认为,原告住院家属探望,这是人情之常,对于受伤的原告心理上的安慰是护理无法替代的,这部分费用被告应赔偿40%即1755.2元。其他费用因未提交证据,法院不予支持。

以上4项合计被告应赔偿原告523 307.2元,扣除被告在原告住院期间及出院后已支付款项共计55 000元,实际应赔偿468 307.2元。

综上,依照《中华人民共和国民事诉讼法》第64条第1款,《中华人民共和国民法通则》第106条第3款,最高人民法院《关于审理涉外海上人身伤亡损害赔偿的具体规定(试行)》第3条、第5条第1款,最高人民法院《关于审理人身损害赔偿案件适用法律若干问题的解释》第2条第2款、第11条第1款的规定,判决如下:

一、被告亚太船务有限公司应于判决生效之日起10日内赔偿原告孙胜然收入损失、安抚费、其他必要费用共468 307.2元;

二、驳回原告孙胜然的其他诉讼请求。

11.3 赔偿金的确定标准

⑨ 原告周良米与被告张志挺海上人身伤亡损害赔偿纠纷案
案例来源:宁波海事法院(2007)甬海法事初字第60号
主题词:海上人身伤亡　误工费标准　护理时间　被扶养人生活费

裁判要旨

No. CB-11.3-1　雇主与船员未签订书面船员劳务合同,致使船员担任的具体职务与工资标准产生争议,主要责任在于雇主。法院据此认定船员的职务,并按当地情况酌定船员的工资标准。

No. CB-11.3-2　双方当事人对护理时间有争议,法院根据司法鉴定意见书认定护理时间。

No. CB-11.3-3　被扶养人还有其他成年子女等扶养人的,赔偿义务人只需赔偿受害人应当承担的部分扶养费。

一、基本案情

原告:周良米

被告：张志挺

原告周良米起诉称：2005年，原告经他人介绍到"浙象渔300129"轮担任轮机长。2006年9月21日，该轮在起网作业时桅杆倾倒，将原告砸伤。原告先后在象山县红十字台胞医院、宁波市第六医院治疗，共住院20天。被告在支付住院医疗费后，不再支付后续治疗费，也不赔偿原告的各项损失。原告认为，其在从事雇佣活动中受伤，被告作为雇主应当承担赔偿责任。请求法院判令被告赔偿原告各项损失总计61 501.70元。在诉讼过程中，原告因再次住院治疗，并由司法鉴定机构确定了残疾等级，故两次增加诉讼请求，最终确定的诉讼请求金额为：医疗费11 280.81元、后续治疗费8 500元、误工费55 800元、护理费9 940元、交通费1 932元、住宿费48元、住院伙食补助费1 250元、其他经济损失25元、残疾赔偿金35 388元、被扶养人生活费22 871.80元、营养费10 000元、精神损害抚慰金40 000元、司法鉴定费1 300元，总计198 335.61元。

被告张志挺答辩称：原告在被告所有的"浙象渔300129"轮工作属实，但其担任的职务是普通水手，而不是轮机长；被告已向原告支付了前期医疗费及部分生活费，并在其他方面给予了原告许多照顾，尽到了雇主的义务；原告请求的部分损失项目数额明显过高，对不合理的损失不予认可。

经开庭审理，双方当事人对被告系"浙象渔300129"轮所有人，原告受被告雇用在该轮工作，参加作业期间被倾倒的桅杆砸伤，原告两次住院治疗后身体致残，被告已经支付原告第一次住院结束之前产生的医疗费并暂借原告15 000元生活费等事实陈述一致，宁波海事法院予以认定。

二、法院查明的事实

对双方当事人争议的事实，宁波海事法院分别认定如下：

（一）关于原告在"浙象渔300129"轮担任的职务及月平均收入

原、被告未签订书面船员劳务合同，约定原告担任的职务及工资标准。原告提交了渔业船舶职务船员证书、渔业船员专业训练合格证，证明原告具有担任四等A类渔船轮机长的资质，在"浙象渔300129"轮实际担任的职务也是轮机长，原告主张按照当地渔船船员的工资标准，轮机长的工资每月至少有3 600元。

被告质证认为，不能从原告具有担任轮机长资质的事实，当然地推断出其在"浙象渔300129"轮实际担任轮机长，实际担任该轮轮机长的是陈辉。为证明该事实，被告提交了陈辉的渔业船舶职务船员证书、任职情况记载表。被告进一步主张，由于原告担任的职务是普通水手，其月工资在1 000元左右；即使原告担任轮机长，在船期间才能获得工资，扣除3个月禁渔期和春节休息时间，每年领取工资的时间最多只有8个月。

宁波海事法院认定，原、被告未签订书面船员劳务合同，致使原告担任的具体职务与工资标准产生争议，主要责任在于作为雇主的被告；被告虽然提供了相关书面证据，证明具有轮机长资质的陈辉上船工作，但在庭审中又陈述，陈辉是被告的亲戚，有时上船，有时不上船，而轮机长工作具有连续性，被告关于一直由陈辉担任轮机长的辩称不足采信。基于上述情况，结合原告具有轮机长资质的事实，宁波海事法院认定原告在"浙象渔300129"轮实际担任的职务是轮机长。关于原告的工资标准，宁波海事法院结合象山当地渔船船员的通常工资标准、船员在船期间才能获得工资等事实，酌情认定原告的月工资为3 000元。

（二）关于原告遭受的损失

1. 医疗费。原告主张，已经产生的门诊及住院医疗费11 280.81元、尚未发生的后续治疗费8 500元，并提交了门诊收费收据、门诊病历、住院收费收据、司法鉴定意见书等证据。被告质证认为，分别于2007年10月11日、11月1日发生的338.10元、346.80元西药费涉及的药品系营养品，不应保护；后续治疗费由法院酌情认定。

宁波海事法院经审理认为，结合原告提交的病历记载，该药品用于治疗原告遭受的身体伤害，并非营养药品；后续治疗费有司法鉴定机构的鉴定意见为依据，足以确定。宁波海事法院对原告主张的已经产生的医疗费11 280.81元、尚未实际发生的后续治疗费8 500元均予认定。

2. 误工费。原告主张，其每月工资为3 600元，已经发生的误工时间为14个月，误工费为50 400元；后续治疗期间还将误工1.5个月，误工费为5 400元。原告为证明误工时间，向宁波海事法院提交了住院病历、诊断证明书等证据。被告对原告主张的住院时间没有异议，但对第一次出院后的诊断证明书质证认为，诊断证明书的日期有涂改，且存在联号现象，是事后补开的，对其真实性不予认可；原告属于无固定收入的人员，误工费应当参照宁波市农村居民人均纯收入计算。

宁波海事法院经审理认为，原告第一次住院时间为20天，第一次出院后医院开具的3张诊断证明书，确实存在日期涂改及联号现象，而且第一张诊断证明书于2006年10月12日开具，建议原告休息3个月，而第二张诊断证明书开具的时间为2007年2月12日，中间有一个月的空缺。原告在其提交的诊断证明书存在缺陷，被告在第一次庭审中对原告主张的误工时间提出强烈异议的情形下，在诉讼过程中自行申请司法鉴定机构对伤残等级、后续治疗费、护理时间进行鉴定时，仍然未在申请鉴定的事项中包括误工时间，应进一步补强证据。据此，宁波海事法院酌情认定原告第一次出院后的休息时间为6个月。第二次住院至定残之日的时间为3个月15天。故，原告在定残之日前总计误工时间为10个月零5天。原告在"浙象渔310029"轮预计工作时间为1年，应视为有固定收入，按照宁波海事法院认定的原告每月工资3 000元的标准，原告在定残之日前遭受的误工费损失总计为30 500元。至于后续治疗期间的误工费，因为原告已经主张了残疾赔偿金，再主张误工费系重复主张，宁波海事法院不予认定。宁波海事法院总计认定误工费30 500元。

3. 护理费。原告根据其已经发生的住院时间、出院后的护理时间、预计后续住院时间，主张护理时间总计为140天，按照每天71元的平均护理工资，总计主张护理费

8 875 元。原告以住院病历、司法鉴定意见书作为确定护理时间的依据。被告认为,只能计算第一次住院期间的护理费,护理工资标准应当参照宁波市农村居民人均纯收入标准,按照每天 24 元计算。

宁波海事法院经审理认为,根据原告提交的司法鉴定意见书记载:"(原告)伤后一段(时间)需要他人护理,护理时间一般为三个月左右。"据此,宁波海事法院确定护理时间为 3 个月。原告的护理,部分发生在宁波市区住院期间,部分发生在象山农村,结合两地生活水平等因素,宁波海事法院酌情认定护理费为每天 40 元。宁波海事法院对护理费总计认定 3 600 元。

4. 交通费。原告总计主张 1 932 元,并提交了相关交通费票据。被告质证认为,原告第一次住院期间的交通费已由被告支付,至于复诊、再次住院产生的交通费,由法院酌定。宁波海事法院根据门诊、复诊次数等,酌情认定交通费 1 500 元。

5. 住宿费。原告主张 48 元,提交了一张住宿费发票。被告质证认为,该发票的记载未体现与原告治疗的关联性。由于住宿费发票未载明付款人名称,被告的质证意见有理,宁波海事法院对 48 元住宿费不予认定。

6. 住院伙食补助费。原告按照每天 25 元的标准,主张 1 250 元。被告认为,原告主张的标准过高,应当按照每天 15 元计算。被告主张有理,宁波海事法院认定住院伙食补助费为 750 元。

7. 其他经济损失。原告主张 25 元,提交了一张收款收据。收款收据记载的商品名称为大小便器,该费用属于医疗费的范畴,被告又未提出异议,宁波海事法院予以认定。

8. 残疾赔偿金。根据司法鉴定意见书,原告的伤情构成九级伤残,原告据此主张 35 388 元残疾赔偿金。被告无异议,宁波海事法院予以认定。

9. 被扶养人生活费。原告主张,其父周正德需扶养 5 年,其母斯春妹需扶养 6 年,其智障的兄弟周良福需扶养 20 年,该 3 人的扶养人为两个,被扶养人生活费总计为 22 871.80 元。原告提交了户籍证明;当地村民委员会出具的证明,证明周良福患有痴呆症,丧失劳动能力。被告质证认为,村民委员会不具备证明周良福丧失劳动能力的资格,根据被告了解,周良福虽然有一定的智力障碍,但能参加劳动,生活能够自理;周正德夫妇共有 5 个成年子女。原告解释,除周良福外的 4 个成年女子中,其中一个从小过继给别人,另一个自己家庭生活困难,无力承担扶养义务。

宁波海事法院经审理认为,原告提交的现有证据不足以证明周良福完全丧失劳动能力,宁波海事法院根据被告自认,认定周良福有能力负担自己的生活费用,但无能力承担扶养父母的义务。原告主张两个成年女子可以不承担扶养义务的依据不足,宁波海事法院认定周正德夫妇应由 4 个成年女子扶养,原告有权主张的被扶养人生活费总计为 4 057.90 元。

10. 营养费。原告主张 10 000 元,但未提交医疗机构出具的证明,被告认为数额过高。根据原告的伤情及两次住院实施手术的事实,宁波海事法院酌情认定 2 000 元。

11. 精神损害抚慰金。原告主张 40 000 元,被告认为数额明显过高。宁波海事法院结合原告的伤残等级、原告承担的责任性质等因素,酌情认定 2 000 元。

12. 司法鉴定费。原告主张 1 300 元,被告没有异议,宁波海事法院予以认定。

综上,原告的损失总额为 100 901.71 元。

根据上述认定,结合双方当事人没有异议的其他事实,宁波海事法院确认了以下事实:被告系"浙象渔 300129"轮所有人。2006 年 9 月,原告受被告雇用,到"浙象渔 300129"轮担任轮机长。同年 9 月 21 日,该轮在起网作业时桅杆倾倒,将原告砸伤。原告当即被送到象山县红十字台胞医院治疗,并于同年 9 月 22 日入宁波市第六医院住院治疗。同年 10 月 11 日,原告出院,出院诊断为:左侧锁骨、肩胛骨骨折,肩锁关节脱位,多发肋骨骨折,左胫腓骨远端骨折,左膝韧带损伤。出院后,原告休息 6 个月,中间又经数次门诊治疗。2007 年 8 月 30 日至 9 月 14 日,原告又入宁波市第六医院住院治疗,行左膝关节镜下检查、清理及交叉韧带紧缩术,半月板部分切除。根据医嘱,原告出院后需休息 3 个月。同年 12 月 12 日,原告的伤情经宁波三益司法鉴定所鉴定,构成九级伤残,并需后续治疗费 8 500 元左右。被告已经支付第一次住院结束之前的医疗费及其他相关费用。此外,被告暂借原告生活费 15 000 元,双方约定等伤残赔偿处理结束后再行结算。原告至今产生的各项损失分别为:医疗费 11 280.81 元、误工费 30 500 元、护理费 3 600 元、交通费 1 500 元、住院伙食补助费 750 元、其他经济损失 25 元、残疾赔偿金 35 388 元、被扶养人生活费 4 057.90 元、营养费 2 000 元、精神损害抚慰金 2 000 元、司法鉴定费 1 300 元。原告尚需支出后续治疗费 8 500 元。原告的损失总计为 100 901.71 元。原、被告就赔偿事宜未能达成协议,纠纷成讼。

三、法院裁判

宁波海事法院认为,原告受被告雇用,在"浙象渔 300129"轮工作,原、被告之间形成雇佣合同关系。原告在从事雇佣活动中遭受人身损害,被告作为雇主应当承担赔偿责任。原告因事故受伤遭受的损失总计为 100 901.71 元,扣除被告暂借原告的生活费 15 000 元,被告还应支付原告 85 901.71 元。原告在庭审中主张被告尚未支付原告受伤之前产生的工资,该工资原告可另行主张。依照《中华人民共和国民法通则》第 106 条第 3 款,最高人民法院《关于审理人身损害赔偿案件适用法律若干问题的解释》第 11 条第 1 款、第 17 条第 1 款,最高人民法院《关于确定民事侵权精神损害赔偿责任若干问题的解释》第 1 条第 1 款、第 10 条第 1 款,《中华人民共和国民事诉讼法》第 64 条第 1 款的规定,判决如下:

一、被告张志挺于本判决生效后 15 日内支付原告周良米赔偿款 85 901.71 元;

二、驳回原告周良米的其他诉讼请求。

⑩ **原告张理想与被告毛华兵、陈福华、中国人寿保险股份有限公司三门县支公司海上人身伤亡损害赔偿纠纷案**

案例来源:宁波海事法院(2007)甬海法台事初字第33号

主题词:海上人身伤亡　误工时间　护理费　残疾赔偿金　直诉保险公司

> **裁判要旨**
>
> **No. CB-11.3-4**　虽然医院出具证明认定受害人可休息3个月,但根据有关规定,因伤持续误工的误工时间最晚只能计算至定残前一日,故以较短的后者为准。
>
> **No. CB-11.3-5**　受害人未能提供其需要护理的证明,但考虑其受伤严重,法院保护其住院期间的护理费,酌定35元/天。
>
> **No. CB-11.3-6**　原告不能证明其曾在城镇连续生活1年以上,其住所应认定为其户籍所在地,并按农村户口计算残疾赔偿金。
>
> **No. CB-11.3-7**　法院未支持雇员向保险公司直接起诉。

一、基本案情

原告:张理想

被告:毛华兵

被告:陈福华

被告:中国人寿保险股份有限公司三门县支公司(以下简称保险公司)

原告张理想诉称:原告受雇于被告两船东,在两船东所有的"浙三渔运538"船(以下简称"538船")上从事海上渔货收购工作,该船船老大为陈云长。2007年1月2日,原告随船出海,在进行海上收购作业时,因船舶舱盖板脱落,原告跌落舱底受伤。船老大陈云长让陈清法和王东亮送原告到浙江省象山县红十字台胞医院抢救治疗,原告因肾破裂出血而采取左肾摘除手术,构成八级伤残。但两船东仅支付了住院医疗费用,对其他损失未予赔偿。"538船"在被告保险公司处投保了人身伤害险,但保险公司亦未进行理赔。原告认为,两船东作为原告的雇主,应对原告的人身伤害损失进行赔偿,请求法院判令被告毛华兵、陈福华赔偿原告张理想误工费、残疾赔偿金、精神抚慰金等共计158 000元,被告保险公司在保险总金额内承担赔偿责任。

被告毛华兵、陈福华辩称:"538船"确系我二人所有,但原告称其受雇于我二人的事实举证不足;此外,原告主张的损失数额没有法律依据,请求驳回原告的诉讼请求。被告两船东没有提供证据。

被告保险公司辩称:原告未在我司投保,我司对原告的损失没有义务承担赔偿责任;原告以雇佣关系为由要求赔偿,我司不是原告的雇主,与本案无关,请求驳回对我司的诉讼请求。

二、法院查明的事实

根据原、被告各自的主张,本案争议存在于以下方面:

(一)原、被告之间的法律关系及原告受伤的经过

原告当庭陈述,原告受雇在"538 船"上打工,在船上搬运鱼货时因舱盖板脱落而摔到舱底受伤,提供如下证据为据:(1)原告委托代理人沈西顺对王东亮、王生火、王三妮、李娟所作的调查笔录 4 份(其中前两份经安徽省阜阳市惠颖公证处公证),以及对陈军保进行调查对话的录像资料一份。(2)浙江省象山县红十字台胞医院的病历,有病人的"联系人:陈清法(主雇)"的记载,证明两船东指派陈清法送原告去医院抢救,说明原告在"538 船"上受伤的事实。

被告两船东质证认为:根据证据规则的规定,证人必须当庭作证,证据 1 中的 5 个被调查人均未出庭接受质询;即使调查笔录经公证处公证,也不能改变该证据为证人证言的性质,不能免除证人当庭作证的义务;制作调查笔录应有两个调查人,而 4 份笔录都只有沈西顺一人;陈军保的录像是原告代理人在没有征得被调查人同意的情况下用自己的手机私自录制,违反了《律师法》的规定,录像内容中看不到被调查人的脸部,无法核实被调查人的身份,故对该 5 份证据的真实性、合法性均有异议。证据 2 中病历的记载是医生根据原告在医院里的自述写的,按该记载应认定"主雇"是陈清法而不是两船东,故证据 2 同样不能证明本案的雇佣关系。被告保险公司同意两船东的上述质证意见,并补充认为上述证据无法证明原告与保险公司存在雇佣关系。

对于原告提供的上述证据,宁波海事法院经审理认为,证据 1 中的 4 份笔录及陈军保的录像资料,均属证人证言,因证人未出庭接受质询,无法核实其真实性,故均不予认定。证据 2 与原件核对无误,与本案密切相关,各被告未对其真实性提出异议,故宁波海事法院予以认定。对于本案雇佣关系方面的事实,应结合书证、当事人陈述等证据作综合认定。首先,原告关于其在"538 船"上工作时从舱盖板上摔落舱底而受伤的陈述,与证据 2 病历中有关其病情为摔伤的诊断以及送原告到医院抢救的人为"538 船"船员陈清法等事实能相互印证,故可以确认原告受雇在"538 船"上工作及在工作中摔伤的事实。其次,被告两船东确认"538 船"属其所有,但未举证说明该船有交由他人经营使用的情形,故宁波海事法院认定原告张理想受雇于被告两船东的事实成立。

(二)原告可得的赔偿数额

原告提出以下赔偿项目及数额,并提供相应的证据如下:(1)误工费,以医院的诊断证明书为据,误工时间自受伤之日 2007 年 1 月 2 日起算,计至医生建议休息 3 个月的 4 月 28 日共计 118 天;误工工资以 64.97 元/天计算,共计误工费 7 666.46 元。(2)住院伙食补助费,住院 28 天×15 元/天=420 元。(3)护理费,原告主张住院期间需 2 人护理×护工工资 64.97 元/天×住院 28 天=3 638 元,加上住院期间医院收取的护理费 28 天×35 元/天=980 元,共计护理费 4 618 元。(4)营养费,按每天 10 元计算,住院 28 天共需 280 元。(5)住宿费,以陪护人员产生的住宿登记表 5 份为据,共计

460 元。(6) 交通费 2 675 元,有汽车票和车费收款收据为证;其中一份包车费发票 1 500 元,原告陈述其出院时船方要求原告家属立即从安徽赶到象山,因春节时期买不到火车票,所以包车花了 1 500 元。(7) 车辆加油费、过路通行费合计 1 935 元,有加油费发票和过路费发票为证,为包车从安徽到象山所发生的实际费用。(8) 伤残鉴定费 600 元,有鉴定费发票为证。(9) 残疾赔偿金,以阜阳公平司法鉴定所检验报告为据,主张原告构成 8 级伤残;另提供暂住证一份为据,主张原告自 2005 年 3 月 4 日起居住在宁波市区内,故计算标准应适用 2006 年城镇居民人均纯收入 18 265 元 × 20(年)× 30% = 109 590 元。(10) 陪护人员的伙食补助费 420 元,计算方法同第 2 项。(11) 精神抚慰金 30 000 元。(12) 原告及委托代理人前来台州开庭的住宿费 346 元,有黄岩桔都大酒店有限公司开具的住宿费发票为据。上述费用总计 159 010.46 元。

被告两船东对上述证据及计算方法提出如下意见:(1) 误工费,误工时间按法律规定最晚只能计算至定残日前一日,共计 97 天;误工工资应以台州市当地规定的误工费 35 元/天为准。(2) 住院伙食补助费,没有异议。(3—4) 护理费与营养费,均没有医院出具的相关证明,不应予以保护。(5) 住宿费,原告在住院期间都是住在医院里,无须再给予住宿费。(6—7) 交通费明显过高,包车费 1 500 元及加油费、过路费更不合理,不应得到保护;(8) 伤残鉴定费 600 元无异议。(9) 残疾赔偿金,原告在诉状中写明其身份为农民,其提供的暂住证只能说明其在 2005 年 3 月 4 日开始曾在宁波居住,但不能证明原告在宁波连续居住 1 年以上,更不能证明其在温岭某城镇连续居住 1 年以上,因此该证据不能证明原告的经常居住地为宁波市区,应适用农民人均纯收入的标准计算残疾赔偿金。(10) 陪护人员的伙食补助费,没有医院的证明,不应保护。(11) 精神损失费 30 000 元过高。(12) 住宿费 346 元明显不合理,不应予以保护。

被告保险公司除同意两船东的质证意见外,补充认为:原告提供的第 5 项住宿费发票,有几张是住宿登记表,不是发票,且连名字都没有。第 6 项交通费中很多不是普通汽车发票,且同一天里有好几张发票。

对于以上赔偿项目及相应证据,宁波海事法院经审理认为,各被告对原告主张的第 2 项住院伙食补助费 420 元、第 8 项鉴定费 600 元无异议,宁波海事法院直接予以认定;对其余项目认定如下:(1) 误工费。原告自 2007 年 1 月 2 日受伤,其提供的医院于 1 月 29 日提供的休息 3 个月的证明应予认定,故原告可休息至 4 月 29 日,但根据有关规定,因伤持续误工的,误工时间最晚只能计算至定残前一日即 2007 年 4 月 18 日,故宁波海事法院认定原告的误工时间为 106 天;原告在渔船上做工,其误工工资参照受诉法院所在地农林牧渔上一年度职工的平均工资 23 715 元/年计算,原告的误工费为 23 715 元/年 ÷ 365(天) × 106(天) = 6 887 元。(2) 护理费。原告未能提供其需要护理的证明,但考虑其受伤严重,住院期间(1 月 3 日至 1 月 29 日为 26 天)确需 1 人护理,按台州当地护工平均工资 35 元/天,宁波海事法院保护护理费 26 天 × 35 元/天 = 910 元。(3) 营养费。原告遭受重伤,住院期间确需加强营养以利身体恢复,原告主张 10 元/天较为合理,宁波海事法院保护营养费 260 元。(4) 陪护人员伙食补助费。原告未能提供发票以证明实际支付数额,且主张陪护人员住宿费亦无法律依据,宁波海事法院不予保护。(5—6)交通费。交通费的支出应合理,原告主张的包车费、车辆过路费和加油费等较大数额的交通费开支均不合理,宁波海事法院不予保护;根据车票等证据,宁波海事法院酌情保护交通费1 500元。(7)残疾赔偿金。原告的残疾等级为八级,各被告无异议,应予认定;原告提供的暂住证只能证明其2005年3月4日开始在宁波居住,无法得知住到何时为止,且原告受伤期间居住在温岭,与宁波的暂住证无关,因此原告不能证明其曾在城镇连续居住1年以上,其住所应认定为其户籍所在地;原告为农民,按受诉法院所在地农村居民人均纯收入标准计算,残疾赔偿金为7 335元/年×20年×30% =44 010元。(8)陪护人员伙食补助费。无相应法律依据,宁波海事法院不予保护。(9)精神抚慰金。根据原告残疾等级等实际情况,宁波海事法院酌情保护3 000元。(10)开庭所产生住宿费346元,亦无法律依据,不予保护。综上,宁波海事法院核定原告因本次受伤事故遭受的经济损失为57 587元。

宁波海事法院根据认定的证据及当事人在庭审中的陈述,确认如下事实:

原告张理想受雇于被告两船东在"538船"上工作。2007年1月2日,"538船"在海上进行收购作业,原告在搬运鱼货时,因船舱盖板脱落而掉到舱底摔伤。原告被急送至浙江省象山县红十字台胞医院抢救,因肾脏破裂出血行左肾摘除手术,住院治疗26天后身体留下八级残疾。住院期间的医疗费已由被告两船东支付。经宁波海事法院核定,此次摔伤事故共造成原告经济损失57 587元(不包含被告两船东已支付部分)。

三、法院裁判

宁波海事法院认为:原告张理想与被告两船东间的雇佣关系成立。雇员在雇佣期间因从事雇佣活动遭受人身损害,雇主应承担损害赔偿责任;本案中雇员张理想在"538船"出海作业期间摔伤,属于在从事雇佣活动中遭受人身损害,被告两船东应当承担赔偿责任,其数额按宁波海事法院核定的经济损失确定。原告诉请有理部分,宁波海事法院予以保护。被告两船东关于未雇用原告到船上工作、不应承担赔偿责任的抗辩,证据与理由不足,宁波海事法院不予采信。因原告未提供其与被告保险公司之间存在保险协议的证据,且原告明确以雇佣关系为由提起诉讼,保险公司非原告雇主,故原告向被告保险公司提出赔偿的诉讼请求,证据与理由不足,宁波海事法院不予支持。依照《中华人民共和国民法通则》第106条第3款,最高人民法院《关于审理人身损害赔偿案件适用法律若干问题的解释》第11条第1款、第17条第1、2款、第18条、第31条,《中华人民共和国民事诉讼法》第64条第1款的规定,判决如下:

一、被告毛华兵、陈福华支付原告张理想人身损害赔偿款57 587元,于本判决生效后10日内一次性付清;

二、驳回原告张理想的其余诉讼请求。

11 原告刘勇诉被告郑原兵海上人身伤亡损害赔偿纠纷案

案例来源：宁波海事法院(2010)甬海法台事初字第36号

主题词：海上人身伤亡　误工费标准　违约诉因　精神抚慰金

> **裁判要旨**
>
> **No. CB-11.3-8**　受害人未提供有效证据证实其月工资为5 000元，雇主亦不予认可，故法院按照全省上一年度职工日平均工资标准计算受害人的误工损失。
>
> **No. CB-11.3-9**　受害人以违约为诉因进行起诉，并主张精神抚慰金。法院认为受害人的人身损害较为严重，精神损害客观存在，故支持精神抚慰金的诉请，并酌定合理数额。

一、基本案情

原告：刘勇

被告：郑原兵

原告刘勇起诉称：原告受雇于被告在其所有的"浙玉渔4293"船上担任轮机员职务，除值班时间外，如需要时还要参加船上其他生产劳动，双方约定原告的月工资为5 000元。2010年2月25日中午11时许，"浙玉渔4293"船在外海起网作业过程中，原告被转动的起网机缆绳绞住左小腿致旋转数圈后被甩出数米，头部撞到甲板后当场昏迷。原告受伤后，被告令该船舶返航并将原告送至台州骨伤医院住院治疗。经诊断，原告的伤情为：(1)左小腿绞压伤；(2)左腓骨上段粉碎性骨折伴腓总神经损伤；(3)左胫前肌、腓肠肌开放断裂；(4)右膝关节脱位伴腓总神经严重损伤；(5)右内外侧副韧带、交叉韧带断裂；(6)右内踝骨折；(7)右腓骨下段多段骨折；(8)脑震荡；(9)头部外伤；(10)右侧第11肋骨折。2010年5月8日，原告出院，出院后尚需接受内固定拆除术。2010年9月8日，原告伤势经台州华鸿司法鉴定所评定构成八级伤残。期间，被告除支付了大部分医疗费并支付给原告11 000元之外，对原告的其余损失均未赔付，双方为此多次协商未果。特诉至法院，请求判令被告赔偿原告医疗费771.50元、误工费42 000元、护理费4 320元、住院伙食补助费2 160元、营养费3 000元、残疾赔偿金147 666元、鉴定费1 200元、交通费715元、精神损害抚慰金20 000元、后续治疗费5 000元，合计226 832.50元。

被告郑原兵对原告主张的其受被告雇用在涉案"浙玉渔4293"船上担任轮机员职务，并在务工期间受伤的事实没有异议，但认为原告受伤系操作不当所致，原告对自身所受损害的发生存在重大过错，应自行承担主要的过错责任，且其诉请的部分费用或损失不合理，其中误工费应按每天71元计算，双方并未约定原告的月工资为5 000元，而原告的误工时间应该计算至2010年6月8日，即出院后1个月；护理费、营养费因无任何证据证明原告的伤势需要护理和加强营养，不予认可；交通费应以公交车票据为准,结合原告治疗的次数确定为 200 元左右;本案系雇佣合同纠纷,原告主张精神损害抚慰金没有依据;后续治疗费应以 4 000 元为准;而且,被告为原告垫付了医疗费 142 585.41 元及聘请专家的费用 3 800 元,并分批支付给原告 11 000 元和 4 000 元,对上述医疗费之外的款项 18 800 元及不合理的医疗费应予扣除,并视原告自身的过错程度确定被告应予赔偿的数额。

二、法院查明的事实

宁波海事法院确认了如下事实:被告系涉案"浙玉渔 4293"船所有人,原告受雇于被告在该渔船上担任轮机员职务,除值班时间外,如需要时还要参加船上其他生产劳动。2010 年 2 月 25 日中午 11 时许,涉案渔船在外海进行起网作业过程中,原告被船上转动的起网机的缆绳绞住左小腿,导致其随起网机旋转数圈后被甩出,头部撞到甲板后当场昏迷。尔后,被告令涉案渔船返航并于当日将原告送入台州骨伤医院住院治疗。经诊断,原告系左小腿绞压伤、左腓骨上段粉碎性骨折伴腓总神经损伤、左胫前肌与腓肠肌开放断裂、右膝关节脱位伴腓总神经严重损伤、右内外侧副韧带与交叉韧带断裂、右内踝骨折、右腓骨下段多段骨折、脑震荡、头部外伤、右侧第 11 肋骨折。2010 年 5 月 8 日,原告出院,累计住院 72 天。原告住院及复查期间,被告为其支付了各项医疗费共计 141 824.41 元,其中住院费用 140 827.21 元中存在不合理费用,金额为 12 500.74 元,原告自行支付了部分医疗费 771.5 元。此外,被告另以现金形式向原告支付了 4 000 元,向有关医疗专家支付了 3 800 元,并分别于 2010 年 6 月 2 日和 7 月 27 日交与原告 10 000 元和 1 000 元,共计 18 800 元。2010 年 8 月 28 日,台州骨伤医院出具疾病诊断证明书两份,建议原告出院后休息 6 个月,并需接受内固定拆除术,费用为 5 000 元左右。2010 年 9 月 8 日,原告所受伤势经台州华鸿司法鉴定所鉴定被综合评定为八级伤残,原告为此支付鉴定费 1 200 元。双方就赔偿事宜多次协商未果,遂纠纷成讼。

三、法院裁判

宁波海事法院认为:本案系海上人身伤亡损害赔偿纠纷。原告受雇于被告在其所有的"浙玉渔 4293"船上担任轮机员职务并在工作期间受伤,被告作为雇主,依法应当承担赔偿责任。根据相关法律规定,只有受害人存在重大过失才可以减轻赔偿义务人的赔偿责任,而本案中被告始终未能提供证据证实原告对自身所受人身损害的发生存在故意或者重大过失,原告亦不予认可,故宁波海事法院对被告提出的原告存在过错,须自行承担相应责任的抗辩不予采信。

关于原告诉请的各项费用或损失的数额,其中医疗费 771.5 元,被告无异议,予以认定。误工费 42 000 元,因原告未提供有效证据证实其月工资为 5 000 元,被告亦不予认可,故应按全省上一年度职工日平均工资标准 71 元 / 天计算;原告主张的误工时间 8.4 个月虽有住院病历、疾病诊断证明书等相关证据予以证实,但根据最高人民法院《关于审理人身损害赔偿案件适用法律若干问题的解释》第 20 条第 2 款的规定,受害人因伤致残持续误工的,误工时间最长可计算至定残日前一天,故原告的实际误工时间为 122 天,宁波海事法院认定原告的误工损失为 8 662 元[71 元×122(天)]。护理费 4 320 元,系原告住院期间按每日护理费 60 元的标准计算得出,计算方法及数额合理,且原告伤情严重,确需专人护理,宁波海事法院酌情予以保护。住院伙食补助费 2 160 元,被告无异议,予以认定。营养费 3 000 元,因原告受伤后确需加强营养,数额合理,予以保护。残疾赔偿金 147 666 元,系按浙江省城镇居民上一年度人均可支配收入 24 611 元,结合原告的八级伤残等级确定,计算方法及数额合法合理,予以认定。鉴定费 1 200 元,被告无异议,予以认定。交通费 715 元,被告对其数额不予认可,结合庭审调查,宁波海事法院酌情确定原告住院及复查期间支出的交通费用为 500 元。精神损害抚慰金 20 000 元,因原告所受人身损害较为严重,精神损害客观存在,被告主张本案系合同纠纷而非侵权纠纷,不存在精神损害赔偿,欠缺事实与法律依据,不予采信,但其数额明显偏高,宁波海事法院酌情减低为 3 000 元。后续治疗费 5 000 元,有台州骨伤医院疾病诊断证明书附卷佐证,系原告日后发生的必要医疗支出,被告未提供相反证据予以反驳或作出合理说明,故予以认定。上述各项费用或损失共计 176 279.5 元,扣除被告已支付给原告的相关款项 18 800 元及原告住院期间的不合理费用支出 12 500.74 元,余额 144 978.76 元应由被告偿付。综上,原告诉请有理部分,宁波海事法院予以支持。依照《中华人民共和国民法通则》第 106 条第 3 款,最高人民法院《关于审理人身损害赔偿案件适用法律若干问题的解释》第 2 条第 2 款、第 11 条第 1 款、第 17 条第 1 款和第 2 款的规定,判决如下:

一、被告郑原兵于本判决生效后十日内赔偿原告刘勇医疗费等各项损失合计 144 978.76 元;

二、驳回原告刘勇的其他诉讼请求。

12 上诉人杨守俊与被上诉人刘金亮海上人身损害赔偿纠纷案

案例来源:山东省高级人民法院(2010)鲁民四终字第 104 号
主题词:海上人身伤亡　录音证据效力　违约诉因　精神抚慰金

裁判要旨

No. CB-11.3-10　录音包含雇员工作天数、月工资数额、雇主为雇员购买人身保险、雇主给雇员看病治疗等内容。雇主否认该录音系其与雇员通话情况的记录。鉴于该录音内容足以体现雇主与雇员之间的雇佣情况,对其真伪,法院给予雇主 7 日期限提出鉴定申请,若其在给定期限内未申请,法院视其放弃异议的权利。雇主未在法院给定期限内对录音真伪申请鉴定,法院据此认定该录音资料具有证明力,予以采信。而且,住院病案首页联系人的记载,与录音资料中关于雇主为雇员看病的情况相互印证,进一步佐证了雇员受雇于雇主、因受雇作业受伤的事实。

> **No. CB-11.3-11**　雇员在受雇用过程中从事雇佣工作而受伤,雇主应向雇员赔偿医疗费、住院伙食补助费、护理费、残疾赔偿金等。
>
> **No. CB-11.3-12**　目前我国精神损害抚慰金责任的承担仅适用于民事侵权案件,雇员基于雇佣关系起诉精神损害抚慰金,法院不应支持。

一、基本案情

上诉人(原审原告):杨守俊

被上诉人(原审被告):刘金亮

青岛海事法院(2008)青海法海事初字第59号民事判决经审理查明,杨守俊,住山东省鄄城县,系农业户口。杨守俊于2007年10月22日因左眼睑全层撕裂伤在莱州市人民医院住院治疗,住院病历记载损伤原因为被船缆绳崩伤,于2007年10月31日出院,住院共9天。2007年11月8日,杨守俊因鼻骨骨折、眼睑挫裂伤(左)在莱州市人民医院第二次住院治疗,住院病历记载损伤原因为不慎摔伤,于2007年11月17日出院,住院共9天。2008年4月7日,杨守俊的伤情经山东衡信司法鉴定中心鉴定为十级伤残。

杨守俊称其要求刘金亮赔偿的款项包括:(1)医疗费1 691.05元,按照单据结算;(2)护理费每天按50元计算,住院18天,共计900元;(3)住院伙食补助费每天12元,住院18天,共计216元;(4)误工费,从发生事故2007年10月22日到鉴定之日2008年4月7日,计5.5个月,每月工资3 300元,共计18 150元;(5)残疾赔偿金按照2007年青岛市农村居民人均纯收入的7 477元标准计算赔偿20年,十级伤残10%,共计14 954元;(6)精神损害抚慰金1 000元。以上共计36 911.05元。

杨守俊所主张的医疗费,提交了莱州市人民医院门诊收费专用票据、莱州嘉华医院处方明细发票和在莱州市同德大药房等药店购买药品的发票以及莱州市站北旅社的住宿费收据。护理费,杨守俊没有提交护理人员及其收入状况的证据。误工费,杨守俊没有提交接受治疗的医疗机构出具的关于误工时间的证明,但18天住院期间应计算为误工时间。

根据青岛市统计局2008年2月3日发布的2007年青岛市国民经济和社会发展统计公报,2007年青岛市农村居民人均纯收入为7 477元。

二、一审裁判

青岛海事法院认为,杨守俊以受雇于刘金亮并在雇佣活动中遭受人身损害为由,要求刘金亮承担侵权的赔偿责任,双方是否存在雇佣合同关系是本案争议的焦点。

本案可以确定的事实是,杨守俊因眼部受伤两次住院治疗,经过鉴定为十级伤残。但是杨守俊没有证据证明受雇于刘金亮在工作过程中受的伤,无法证明与刘金亮之间存在雇佣合同关系,即双方之间不存在权利义务关系,刘金亮无法定义务对杨守俊承担赔偿责任。综上,杨守俊请求青岛海事法院依法判令刘金亮承担医疗费1 691.05元、护理费900元、住院伙食补助费216元、误工费18 150元、残疾赔偿金14 954元、精神损害抚慰金1 000元等共计36 911.05元的诉讼请求,证据不足,理由不充分,青岛海事法院不予支持。依照《中华人民共和国民事诉讼法》第64条的规定,判决如下:驳回杨守俊的诉讼请求。案件受理费222元由杨守俊负担。

三、上诉与答辩

上诉人杨守俊不服上述判决,上诉称:一审法院对杨守俊与刘金亮之间不存在雇佣关系的事实认定错误。(1)杨守俊于2007年9月11日受雇于刘金亮处从事海上捕捞,2007年10月22日在作业过程中被崩断的船缆绳致伤。后由刘金亮雇车将杨守俊送至医院治疗。杨守俊提交的住院病历、录音资料均能证明其与刘金亮之间存在雇佣关系。一审中,刘金亮对住院病历首页中填写的"联系人姓名刘金良,雇主关系"答辩称:"不知道医生根据谁的陈述所写,不知道是谁写的",一审法院据此认定:"因没有其他证据予以佐证,不能证明原告主张的与被告之间存在雇佣关系"。杨守俊认为,一审法院认识错误。在杨守俊被送至医院后的一段时间内,杨守俊处于昏迷状态,自然无法对医院进行陈述,该记录是医院对雇主刘金亮陈述的记录。且一审法院应对此向医院求证,但一审法院在未对该关键事实进行详细查证的情况下,草率下定结论,显系未尽到"维护当事人合法权益,维护法律公正"的义务。(2)杨守俊提交的录音证据完全能够证明杨守俊与刘金亮之间存在雇佣关系的事实,一审法院以不清晰为由不予采信错误。杨守俊受伤后,面临生活极度拮据及病痛的双重折磨,坚持维护自己的合法权益。杨守俊取得录音证据完全可以断定一个事实,即杨守俊与雇主进行人身伤害赔付的交涉,而雇主在谈话中自称自己为刘金亮也是不争的事实。刘金亮若对该证据有异议,应提交相关证据。一审法院对此未加详细审查核实,草率认定不予采信,是错误的。(3)最高人民法院《关于民事诉讼证据的若干规定》第73条规定:"双方当事人对同一事实分别举出相反的证据,但都没有足够的依据否定对方证据的,人民法院应当结合案件情况,判断一方提供证据的证明力是否明显大于另一方提供证据的证明力,并对证明力较大的证据予以确认。"本案中,杨守俊提交的证据均指向刘金亮,而刘金亮未提交任何证据予以反驳。杨守俊恳请法院适用裁量权对杨守俊提交的证据予以采信。综上,杨守俊请求撤销青岛海事法院(2008)青海法海事初字第59号民事判决;请求依法对本案进行改判,支持杨守俊一审全部诉讼请求;诉讼费用由刘金亮负担。

被上诉人刘金亮答辩称,杨守俊的上诉理由不成立,其提交的住院病历不能证实当事人之间存在雇佣关系的上诉主张;其提交的录音证据,不能体现是对杨守俊与刘金亮的对话进行的录音。请求法院依法维持原判。

四、二审裁判

二审诉讼中,杨守俊再次当庭播放了其一审中提交的用以证明雇佣关系存在的录音资料。该录音涉及杨守俊干活天数、月工资数额、刘金亮为杨守俊购买人身保险、刘金亮给杨守俊看病治疗等内容。刘金亮否认该录音系其与杨守俊通话情况的记录。鉴于该录音内容足以体现杨守俊与刘金亮之间的雇佣情况,对其真伪,山东省高级人民法院给予刘金亮7日期限提出鉴定申请,若刘金亮在给定期限内未申请,山东省高级人民法院视其放弃异议的权利。刘金亮未在山东省高级人民法院给定期限内对录音真伪申请鉴定,山东省高级人民法院视其认可该录音资料的内容。该录音资料具有证明力,山东省高级人民法院予以采信。由此,山东省高级人民法院对杨守俊受雇于刘金亮、在受雇作业期间受伤的事实予以确认。

对杨守俊一审提交的医疗费单据48张,山东省高级人民法院根据病历记载的出院医嘱、单据的真实性及关联性,确认其中45张单据的证据效力;对其他的三张单据,因单据记载的姓名与杨守俊不符或有修改,山东省高级人民法院不予采信。另外,杨守俊未提交证据证明其支出的具体护理费数额,亦未提交证据证明护理人员明确的收入水平。

山东省高级人民法院经审理查明,刘金亮雇用杨守俊从事海上捕捞作业,并为杨守俊购买了海上捕捞作业期间的人身伤害保险,双方约定杨守俊的月工资为3 300元。2007年10月22日,杨守俊在船上工作时,被船缆绳崩伤,造成左眼受伤及鼻骨骨折。2007年10月22至10月31日、2007年11月8日至11月17日,杨守俊在莱州市人民医院住院治疗,共计18天。杨守俊第二次住院的病案首页记载有"联系人姓名刘金良,关系雇主关系,地址莱州市三山岛村"的字样。住院期间的各项医疗费用,已由刘金亮为杨守俊支付。出院后,杨守俊为治愈伤情,又支出门诊费、药品费共计1 602.98元。

2008年4月8日,山东衡信司法鉴定中心对杨守俊的伤残情况、误工时间及护理人数作出法医鉴定意见书(衡信司鉴中心[2008]临鉴字第122号),其鉴定意见为:(1)被鉴定人杨守俊面部损伤构成十级伤残。(2)建议误工时间3个月;住院期间1人护理。

山东省高级人民法院查明的其他事实与青岛海事法院查明的事实相同。

山东省高级人民法院认为,本案双方当事人争议的焦点为杨守俊与刘金亮之间是否存在雇佣关系,及杨守俊各项请求数额的确定问题。

对杨守俊与刘金亮之间是否存在雇佣关系的问题,山东省高级人民法院已在本判决证据效力的论述部分予以确认。杨守俊提交的录音资料足以认定双方雇佣关系的存在,及杨守俊因从事雇佣活动而受伤的事实。同时,杨守俊提交的2007年11月8日住院病案首页有联系人为"刘金良"(音)的记载,该住院病案是对杨守俊住院相关情况的真实反映,与录音资料中关于刘金亮为杨守俊看病的情况相印证,由此进一步佐证了杨守俊受雇于刘金亮、因受雇作业受伤的事实。因此,刘金亮应对杨守俊的伤情承担人身损害赔偿责任。

关于杨守俊各项请求数额的确定。刘金亮应对杨守俊支出的医疗费承担赔偿责任,即45张医疗费单据证明的1 602.98元医疗费,刘金亮应予赔偿。杨守俊请求的住院伙食补助费216元[12元×18(天)]、误工费18 150元[3 300元/月×5.5(月)]、残疾赔偿金14 954元[7 477元×20(年)×10%],根据《中华人民共和国民法通则》、最高人民法院《关于审理人身损害赔偿案件适用法律若干问题的解释》的相关规定,均于法有据,应予支持。对杨守俊请求的护理费,因其诉讼中未明确具体的护理人员及护理人员的收入情况,山东省高级人民法院不认可其该项请求。又因目前我国精神损害抚慰金责任的承担仅适用于民事侵权案件,本案杨守俊的请求理由系基于雇佣关系,故其精神损害抚慰金的请求,依法不应支持。

综上,根据《中华人民共和国民法通则》第119条,最高人民法院《关于审理人身损害赔偿案件适用法律若干问题的解释》第11条、第17条、第19条、第20条、第21条、第23条、第25条,《中华人民共和国民事诉讼法》第153条第1款第2项的规定,判决如下:

一、撤销原审法院(2008)青海法海事初字第59号民事判决书;

二、刘金亮赔偿杨守俊医疗费1 602.98元,住院伙食补助费216元,误工费18 150元、残疾赔偿金14 954元,共计34 922.98元。

11.4 船员工伤保险

13 原告黄贞生、钟国珍、黄郑、黄顺、何洁云诉被告陈炳根水上工伤事故社会保险待遇赔偿纠纷案

案例来源:广州海事法院(2004)广海法初字第360号
主题词:海上人身伤亡　未参加工伤保险　赔偿标准

> **裁判要旨**
>
> **No. CB-11.4-1**　我国境内的各类企业、有雇工的个体工商户应当按规定参加工伤保险,为单位全部职工或者雇工缴纳工伤保险费。如果未参加工伤保险,用人单位职工发生工伤的,应当由用人单位按照《中华人民共和国工伤保险条例》规定的工伤保险待遇项目和标准,支付费用。

一、基本案情

原告:黄贞生
原告:何洁云
原告:黄郑
原告:黄顺
原告:钟国珍

被告：陈炳根

原告黄贞生、钟国珍、黄郑、黄顺、何洁云诉称：2003年4月，五原告的亲属黄祥钦到被告的"粤东莞货0613"轮担任船工，从事水上运输工作，月薪1500元。2004年2月16日，该轮停泊在广州市番禺区南沙虎门南北台岸边维修自卸设备，黄祥钦在维修过程中不幸被该轮的自卸架压成重伤，后被送到广州南沙经济技术开发区医院进行抢救，终因伤势过重死亡。3月25日，东莞市社会保障局认定黄祥钦因工伤死亡，并经过了东莞市人民政府的行政复议程序。被告没有向五原告支付黄祥钦因工伤死亡的补偿。5月26日，东莞市劳动争议仲裁庭麻涌分庭作出仲裁裁决，该裁决不公。据此，请求法院判令被告支付五原告丧葬补助金4212元、工亡补助金42120元、黄贞生、黄郑、黄顺供养费198900元、黄祥钦生前未领的18天工资900元、尸体冷藏、火化及其他费用5220元、办事人员伙食费10828元、误工费10440元、住宿费10100元、包车费用6660元、交通费2160元，并承担本案诉讼费。以上费用由被告一次性付清。

原告黄贞生、钟国珍、黄郑、黄顺、何洁云在举证期限内提供了以下证据：(1)施炳东的月薪证明、被告付款单。(2)工伤认定书。(3)行政复议决定书。(4)仲裁裁决书。(5)户口簿。(6)情况说明的复印件。(7)殡仪馆发票、收据。(8)车船票183份。(9)伙食费收据、发票13份。(10)住宿费、水电费收据、发票23份。(11)番禺区职工工伤认定表。(12)沙田派出所证明。(13)山曜村村委会证明3份。

被告陈炳根辩称：(1)疾病证明书、门诊病历本没有记载黄祥钦醉酒的情况，并不等于黄祥钦没有醉酒。南沙办事处出具的情况说明不能作为黄祥钦没有醉酒的证据。黄祥钦死亡的原因是其醉酒之后故意违反安全规程进行维修，不应认定为工伤，被告不应承担任何赔偿责任。(2)被告在该事故中并没有过错，对五原告请求赔偿的款项，被告没有义务，也没有能力支付。即使按照工伤事故进行处理，原告请求的赔偿项目和数额也不符合《工伤保险条例》的规定。事故发生后，被告垫付了全部抢救费用以及尸体冷藏费2000元。2004年2月17日至2月20日期间，被告垫付了黄祥钦家属车费、丧葬费、伙食费、住宿费、补偿金等共计10238元。被告于3月11日和3月26日向黄祥钦家属垫付了10000元，于4月中旬向何洁云垫付了500元。上述垫付费用共计20738元，应在被告支付款项中扣除。黄祥钦的18天工资应为421元，工资可以从被告垫付的费用中扣减。五原告提出的丧葬补助金4212元、供养费37800元、死者生前未领的18天工资900元、办事人员伙食费10828元、误工费10440元、住宿费10100元、交通费2160元、包车费用6660元以及要求一次性赔偿，均无事实、法律依据。五原告在劳动仲裁时没有请求赔偿的尸体冷藏费4000元、火化及其他费用1220元，其在劳动仲裁时请求的工亡补助金为33696元，法院裁决时不应超出劳动仲裁时请求的范围。(3)东劳仲(麻涌)分庭案字[2004]7号裁决书的申诉人是黄祥萧，被诉人是"粤东莞货0613"轮，与本案主体不同。(4)根据五原告的诉讼请求和提供的证据，本案属于劳动争议，不属于人身损害赔偿。综上，黄祥钦死亡是其酒后违反安全操作规程所致，被告不应承担赔偿责任，请求驳回五原告的诉讼请求。

海上人身伤亡·未参加工伤保险·赔偿标准

被告陈炳根在举证期限内提供了以下证据：(1)船舶年审合格证。(2)收据3份、收条2份。(3)调查笔录3份。

二、法院查明的事实

死者黄祥钦，住广东省高州市沙田镇。黄祥钦系原告黄贞生、钟国珍之子，原告黄郑、黄顺之父。原告何洁云系原告黄郑、黄顺之母，何洁云与黄祥钦未办理结婚登记手续。原告委托代理人黄祥萧系黄祥钦之兄。

"粤东莞货0613"轮为自卸沙船，总吨133吨，主机功率为110.25千瓦，船籍港为东莞，船舶所有人、船舶经营人均为被告。该轮的船舶年审合格证记载：根据《中华人民共和国水路运输管理条例》的有关规定，于2003年4月28日对船舶经营人的经营资质和上年度经营情况进行审验，年审合格，有效期至2004年4月30日止。该合格证的使用期限至2006年4月15日止。该轮核定经营范围为珠江三角洲内河各港间普通货物运输。被告的水路运输许可证记载：企业名称为被告，经济类型为个体户，经营期限从2003年4月16日到2006年4月15日止。

2003年4月，被告雇用黄祥钦在"粤东莞货0613"轮上工作，被告没有为黄祥钦办理工伤保险。2004年2月16日，该轮的自卸设备出现故障，被告要求黄祥钦和施炳东对该设备进行维修，并嘱咐先将输送带机放低才能拆减速机。黄祥钦和施炳东在维修过程中，由于安全意识淡薄、疏忽大意、违规操作，没有将输送带机放低就拆减速机，致使输送带机下滑，导致黄祥钦死亡、施炳东受伤。

被告在事故处理过程中已向五原告支付了22 238元。

东莞市2003年度镇区职工月平均工资702元。

黄祥萧作为申诉人，就黄祥钦因工死亡待遇补偿问题与被诉人"粤东莞货0613"发生劳动争议，黄祥萧向东莞市劳动争议仲裁庭麻涌分庭申请劳动仲裁，要求被诉人支付丧葬费1万元、工亡费33 696元、精神损失费5万元、子女抚养费10万元、父母补偿金4万元、工资18天900元、伙食费10 828元、误工费10 440元、住宿费10 100元、家里来回包车费6 660元、出差办事车费2 160元。东莞市劳动争议仲裁庭麻涌分庭于2004年8月30日作出东劳仲（麻涌）分庭案字[2004]7号裁决书，五原告认为该裁决不公，向法院提起诉讼。

对双方当事人争议的事实，法院认定如下：

(一) 黄祥钦死亡是否属于工伤？

五原告为证明黄祥钦死亡属于工伤，提供了工伤认定书、行政复议决定书、情况说明、番禺区职工工伤认定表。东莞市社会保障局依黄祥萧的申请，于2004年3月25日作出东社保工伤认字[06]第04031606号工伤认定书，认定黄祥钦于2004年2月16日所发生的事故为工伤。被告不服东莞市社会保障局的上述决定，向东莞市人民政府申请行政复议，东莞市人民政府于6月18日作出行政复议决定书，决定维持东莞市社会保障局作出的东社保工伤认字[06]第04031606工伤认定书。该行政复议决定书记载：申请人"粤东莞货0613"认为事故是黄祥钦醉酒造成，但从一系列证据材料（施炳东的证明材料、南沙办事处出具的情况说明及广州南沙经济技术开发区人民医院的疾病证明书、门诊病历本）来看，并无显示黄祥钦在维修前喝过酒。该行政复议决定书已生效，原、被告没有提供广州南沙经济技术开发区人民医院的疾病证明书、门诊病历本。南沙办事处于2月16日出具的情况说明记载：此次船员工伤事故的主要原因是船员安全意识淡薄、疏忽大意、违规操作造成的。广州南沙经济技术开发区安全生产监督管理办公室于3月9日在番禺区职工工伤认定表上的主管单位意见一栏中签署的意见为："经我办、南沙虎门边防派出所及南沙海事处查实，该事件属因工死亡事故"。

被告对工伤认定书、行政复议决定书的真实性、合法性、关联性及所证明的事实均没有异议，对情况说明的真实性、关联性没有异议，对番禺区职工工伤认定表的真实性没有异议，但对番禺区职工工伤认定表的关联性、合法性有异议。被告认为，番禺区劳动行政部门没有作出工伤认定的证明，黄祥钦在事故发生前存在酗酒行为，对事故的发生具有严重过错，为此，被告提供了广东莞诚律师事务所律师萧俊杰、丁艳章所作的3份调查笔录予以证明。萧俊杰、丁艳章于2004年4月20日对施炳东进行调查时所作的笔录记载：黄祥钦在出事前一天晚上去饮喜酒，并在出事当天7点半吃早餐时饮了半个多小时的酒，事故发生的原因之一是饮完酒工作。萧俊杰、丁艳章于4月21日对谢忠洋进行调查时所作的笔录记载：黄祥钦在出事当天吃早餐时饮了半个多小时的酒，事故的发生跟酒后工作有关，因为黄祥钦那天吃早餐时饮了过多的酒，头脑不太清醒。同日，萧俊杰、丁艳章对钟润利进行调查时所作的笔录记载：黄祥钦在出事前一天晚上去饮喜酒，并在出事当天7点半吃早餐时饮了半个多小时的酒，事故发生的原因之一是酒后工作。

法院认为，五原告提供的工伤认定书、行政复议决定书、情况说明、番禺区职工工伤认定表能够相互印证，工伤认定书、行政复议决定书是国家机关依职权制作的公文书证，根据最高人民法院《关于民事诉讼证据的若干规定》第77条第1款第1项的规定，工伤认定书、行政复议决定书的证明力大于被告提供的广东莞诚律师事务所律师萧俊杰、丁艳章所作的3份调查笔录。该3份调查笔录的被调查人属于证人，上述证人未出庭作证，故对该3份调查笔录不予采信。综上所述，根据工伤认定书、行政复议决定书可以认定黄祥钦死亡属于工伤，被告主张"黄祥钦在事故发生前存在酗酒行为"，缺乏充分的证据，不予认定。

（二）五原告请求的费用

1. 黄祥钦尸体冷藏、火化及其他费用。五原告为证明黄祥钦尸体冷藏、火化及其他费用共计5 220元，提供了发票、收据。广州市番禺区殡仪馆于2004年3月27日开具的发票记载：死者黄祥钦，项目为收殓、消毒、防腐等，金额合计4 790元。广州市番禺区殡仪馆于同日开具的收据记载：死者黄祥钦，项目为火化、运尸等，金额合计430元。黄祥钦尸体冷藏、火化及其他费用共计5 220元。

被告对上述发票、收据的真实性没有异议，但被告认为，上述费用应包括在丧葬补助金中,五原告请求上述费用属于重复请求,被告在此之前已向广州市番禺区殡仪馆交纳了2 000元。

法院认为,五原告提供的发票、收据可以证明黄祥钦尸体冷藏、火化及其他费用共计5 220元。

2. 办事人员的伙食费。五原告为证明办事人员伙食费为10 828元,提供了13份伙食费收据、发票。丰盛大排档于2004年2月18日出具的收据记载餐费为253元。顺景小食店的1份收据记载早餐费为40元,该小食店的另1份收据记载早餐费为50元。2月16日收据记载夜餐费为18元。广州市番禺南沙丽华旅店的收据记载金额为21.50元。广州市番禺南沙新兴发饮食店的7份收据记载餐费共582元,该饮食店的另1份发票记载金额为50元。上述收据、发票记载的金额共计1 014.50元。

被告认为,上述单据中,丰盛大排档、顺景小食店的收据均为无印章的白条。广州市番禺南沙新兴发饮食店于4月18日出具的收据记载早餐15人、金额120元,黄祥钦尸体已于3月27日火化,从日期上看该餐费不属于处理事故的必须费用。被告对上述单据及没有单据的伙食费,不予确认。被告确认的有单据的伙食费为551.50元。

五原告庭审时称,被告在事故发生后通知黄祥钦家属包车来处理丧事,并承诺包车费、住宿费、伙食费均由被告负担。事故发生后,黄祥钦家属共26人处理丧事,有单据的伙食费共计778元,无单据(自己煮饭)的伙食费按每人每天30元的标准乘以335天计算共计10 050元,办事人员伙食费共计10 828元。

法院认为,五原告提供的收据、发票所记载的伙食费为1 014.50元,不能证明其请求的办事人员伙食费10 828元。五原告计算伙食费的依据不能成立。对上述单据中无印章的伙食费收据及黄祥钦尸体火化后的伙食费收据,不予认定。对被告确认的有单据的伙食费551.50元,予以认定。

3. 办事人员的误工费。五原告请求被告支付办事人员误工费10 440元,但没有提供相关的证据。五原告称,误工费按南沙安全办提供的每人每天30元的出差补助标准计算,2月16日,黄祥钦家属共26人处理丧事,其中,14人乘以3天,10人乘以5天,2人乘以4天,共100天,误工费共计3 000元;2月21日至9月14日,共计248天,误工费共计7 440元。上述误工费共计10 440元。

被告认为,五原告应该提供相关的证据证明其请求的误工费。

法院认为,五原告计算的办事人员误工费,没有充分的依据,且没有相关的证据佐证,不予认定。

4. 办事人员的住宿费。五原告为证明办事人员住宿费为10 100元,提供了23份住宿费、水电费收据、发票。东莞市中堂镇一村外来人员居住中心的6份收据记载:2月25日到7月25日期间,黄祥萧共交房租1 500元。4月份的两份收据分别记载水费8.75元、污水处理费0.90元。5月份的两份收据分别记载水费6.25元、污水处理费2.30元。7月份的两份收据分别记载水费2.50元、污水处理费0.90元。东莞供电分公司5月1日开具的发票记载电费为7.32元。广州市番禺南沙花都旅店的5份收据记载,收到 2 月 16 日至 2 月 21 日房租共计 960 元,其中 2 月 17 日收据记载,5 间房的房租 400 元。另有 5 份收据为 2 月 22 日至 2 月 23 日的房租共 95 元,均没有记载收款单位。上述款项共计 2 583.92 元。

被告认为,对没有单据的住宿费,不予确认。因黄祥钦尸体已于 3 月 27 日火化,故对五原告提供的上述住宿费单据中 4 月至 7 月的房租 1 000 元、5 月至 7 月的水费、污水处理费、电费共计 19.27 元,不予确认。被告确认的有单据的住宿费共计 1 564.65 元,但被告认为,黄祥钦家属处理丧事是否必须 26 人。

五原告庭审时称,住宿费按南沙安全办提供的每人每天 30 元的出差补助标准乘以 336 天计算为 10 080 元,另有 20 元住宿费没有单据,住宿费共计 10 100 元。

法院认为,五原告提供的住宿费、水电费收据、发票所记载的住宿费共计 2 583.92 元,不能证明其请求的住宿费 10 100 元。五原告计算住宿费的依据不能成立。对上述单据中黄祥钦尸体火化后的住宿费收据、发票,不予认定。对被告确认的有单据的住宿费 1 564.65 元,予以认定。

5. 办事人员的交通费。五原告为证明办事人员交通费为 2 160 元,提供了车船票 181 份。

被告确认上述车船票的总金额为 2 160 元,但被告对其中没有加盖税务机关印章的车船票 200 元及与深圳相关的车票 183 元不予确认,并认为上述金额应从办事人员交通费总金额中扣除,五原告应对上述车船票实际如何产生、涉及人员的数量及相关的路程情况进行说明或提供相关证据,办事人员应该是处理丧事所必须的人员。

五原告庭审时称,办事人员有些是从深圳来的,有些是从东莞来的,有些是处理事故,有些是处理工伤认定,具体情况不清楚。

法院认为,五原告提供的车船票所记载的交通费共计 2 160 元,但其没有对上述车船票进行具体说明,无法认定上述车船票是办事人员所产生的交通费。

6. 黄祥钦家属的包车费用。五原告庭审时称,被告在事故发生后通知黄祥钦家属包车来处理丧事,并承诺包车费由被告负担。黄祥钦家属包车费 6 600 元,没有单据。

被告认为,五原告没有提供包车费的相关证据,对该费用不予确认。五原告已请求了办事人员交通费,包车费的请求属于重复请求。

法院认为,五原告没有提供包车费的相关证据,不予认定。

7. 黄祥钦的月薪及其生前未领的 18 天工资。五原告为证明黄祥钦的月薪为 1 500 元及其生前未领的 18 天工资为 900 元,提供了施炳东的月薪证明、被告付款单。施炳东于 2004 年 2 月 19 日出具的月薪证明记载:"施炳东,于 2004 年 1 月 31 日同广东省高州市沙田镇满村黄祥钦一起在东莞麻涌镇陈炳根老板处打工。黄祥钦工资每月 1 500 元,这完全是事实。"被告于 2 月 20 日出具的付款单记载:"黄祥钦:工资月薪 1 500 元。从农历 1 月初 9 至 1 月 26 日,共计 18 天。18×50＝900 元,工资发放人陈炳根。"

被告对五原告提供的被告付款单的真实性提出异议,认为该付款单上只有陈炳根

3个字是被告所写,其余内容是被告将付款单交给五原告后他人加上去的。被告主张黄祥钦的月薪为900元,并提供广东莞诚律师事务所律师萧俊杰、丁艳章于2004年4月20日对施炳东进行调查时所作的笔录予以证明,该笔录记载:施炳东称,黄祥钦固定工资每月900元,我(施炳东)每月固定工资800元。

五原告认为,施炳东出具的月薪证明与被告提供的上述笔录相互矛盾。该月薪证明是在事故发生后第三天所作,与被告出具的付款单能够相互印证。施炳东没有到庭作证,上述笔录不能单独作为证据。

法院认为,施炳东出具的月薪证明与被告出具的付款单能够相互印证,该付款单有被告的签名,据此可以认定黄祥钦的月薪为1 500元及其生前未领的18天工资为900元。施炳东未出庭作证,对上述笔录不予采信。

三、法院裁判

法院认为,被告雇用黄祥钦在"粤东莞货0613"轮上工作,被告与黄祥钦产生劳动雇佣关系。2004年2月16日,黄祥钦在对该轮自卸设备进行维修过程中死亡,黄祥钦的亲属起诉请求被告支付丧葬补助金、工亡补助金、供养亲属抚恤金及其他费用,故本案属于水上工伤事故社会保险待遇赔偿纠纷。

黄祥钦在对该轮自卸设备进行维修过程中,由于安全意识淡薄、疏忽大意、违规操作,没有将输送带机放低就拆减速机,致使输送带机下滑,导致黄祥钦死亡。东莞市社会保障局所作的工伤认定书和东莞市人民政府所作的行政复议决定书均已认定黄祥钦死亡为工伤。黄祥钦在工作时间和工作场所内,因工作原因受到事故伤害而死亡,根据《工伤保险条例》第14条第1款第1项的规定,应认定黄祥钦死亡为工伤。没有证据证明黄祥钦死亡存在《工伤保险条例》第16条规定的不得认定为工伤或者视同工伤的情形,被告主张"黄祥钦死亡的原因是其在醉酒之后故意违反安全规程进行维修,不应认定为工伤",缺乏证据,不予支持。

《工伤保险条例》第2条第1款规定:"中华人民共和国境内的各类企业、有雇工的个体工商户(以下称用人单位)应当依照本条例规定参加工伤保险,为本单位全部职工或者雇工(以下称职工)缴纳工伤保险费。"被告是"粤东莞货0613"轮的船舶所有人和经营人,属于个体工商户。黄祥钦是被告的雇工,属于职工。被告作为用人单位,没有为黄祥钦办理工伤保险,即没有参加工伤保险,根据《工伤保险条例》第60条的规定:"用人单位依照本条例规定应当参加工伤保险而未参加的,由劳动保障行政部门责令改正;未参加工伤保险期间用人单位职工发生工伤的,由该用人单位按照本条例规定的工伤保险待遇项目和标准支付费用。"根据《中华人民共和国劳动法》第73条和《工伤保险条例》第2条第2款、第37条的规定,黄祥钦依法享受工伤保险待遇,被告应当向其直系亲属支付丧葬补助金、供养亲属抚恤金、一次性工亡补助金。被告主张"其在该事故中没有过错,对上述费用,其没有义务、也没有能力支付",没有法律依据,不予支持。

原告黄贞生、钟国珍分别为黄祥钦的父亲和母亲，原告黄郑、黄顺为黄祥钦的女儿，上述四原告属于黄祥钦的直系亲属，有权请求被告支付丧葬补助金、供养亲属抚恤金、一次性工亡补助金。原告何洁云与黄祥钦未办理结婚登记手续，不属于夫妻关系，属于非法同居关系，原告何洁云以黄祥钦妻子的身份向被告提出诉讼请求，没有法律依据，不予支持，应驳回原告何洁云的诉讼请求。本案属于水上工伤事故社会保险待遇赔偿纠纷，东劳仲（麻涌）分庭案字[2004]7号裁决书对本案原告没有约束力，被告提出的与该裁决书有关的异议，没有法律依据，不予支持。

《工伤保险条例》第37条第1款第1项规定："丧葬补助金为6个月的统筹地区上年度职工月平均工资"。据此，按6个月的东莞市2003年度镇区职工月平均工资702元计算，黄祥钦的丧葬补助金为4 212元。

《工伤保险条例》第37条第1款第3项规定："一次性工亡补助金标准为48个月至60个月的统筹地区上年度职工月平均工资。具体标准由统筹地区的人民政府根据当地经济、社会发展状况规定，报省、自治区、直辖市人民政府备案。"据此，按60个月的东莞市2003年度镇区职工月平均工资702元计算，黄祥钦的一次性工亡补助金为42 120元。

《工伤保险条例》第37条第1款第2项规定："供养亲属抚恤金按照职工本人工资的一定比例发给由因工死亡职工生前提供主要生活来源、无劳动能力的亲属。标准为：配偶每月40%，其他亲属每人每月30%，孤寡老人或者孤儿每人每月在上述标准的基础上增加10%。核定的各供养亲属的抚恤金之和不应高于因工死亡职工生前的工资。供养亲属的具体范围由国务院劳动保障行政部门规定。"本案中，提出供养亲属抚恤金请求的包括黄祥钦的父亲黄贞生和非婚生女儿黄郑、黄顺。根据劳动和社会保障部《因工死亡职工供养亲属范围规定》第2条第1、3款和第3条第1款第3项的规定，黄贞生属于黄祥钦供养的亲属。根据劳动和社会保障部《因工死亡职工供养亲属范围规定》第2条第1、2款和第3条第1款第4项的规定，黄郑、黄顺属于黄祥钦供养的亲属。《工伤保险条例》第61条第3款规定："本条例所称本人工资，是指工伤职工因工作遭受事故伤害或者患职业病前12个月平均月缴费工资。"黄祥钦的月薪为1 500元，该月薪可以视为黄祥钦本人的工资。综上所述，从2004年2月17日起，至原告黄贞生、黄郑、黄顺失去供养条件为止，被告应按每人每月450元的标准向原告黄贞生、黄郑、黄顺支付供养亲属抚恤金。其中，从2004年2月17日起，至2004年12月16日止，已经发生的供养亲属抚恤金13 500元，被告应当一次性支付。

根据《中华人民共和国劳动法》第50条的规定，被告应当向黄祥钦支付工资。原告黄贞生、钟国珍、黄郑、黄顺请求被告支付黄祥钦生前未领的18天工资900元，予以支持。

被告在事故处理过程中已向原告支付的22 238元，可以从被告应当支付的丧葬补助金、一次性工亡补助金中扣除，据此计算，被告支付给原告黄贞生、钟国珍、黄郑、黄顺的丧葬补助金、一次性工亡补助金合计23 094元。

海上人身伤亡·未参加工伤保险·赔偿标准

原告黄贞生、钟国珍、黄郑、黄顺的其他诉讼请求,没有事实或者法律依据,不予支持。

综上,依照《中华人民共和国劳动法》第50条、第73条,《工伤保险条例》第37条,劳动和社会保障部《因工死亡职工供养亲属范围规定》第2条、第3条、第4条的规定,判决如下:

一、被告陈炳根向原告黄贞生、钟国珍、黄郑、黄顺支付其亲属黄祥钦的丧葬补助金、一次性工亡补助金23 094元。

二、被告陈炳根一次性向原告黄贞生、黄郑、黄顺支付2004年2月17日至2004年12月16日的供养亲属抚恤金13 500元。

三、从2004年12月17日起,至原告黄贞生、黄郑、黄顺失去供养条件为止,被告按每人每月450元的标准向原告黄贞生、黄郑、黄顺支付供养亲属抚恤金。

四、被告陈炳根向原告黄贞生、钟国珍、黄郑、黄顺支付黄祥钦生前未领的18天工资900元。

五、驳回原告黄贞生、钟国珍、黄郑、黄顺的其他诉讼请求。

六、驳回原告何洁云的诉讼请求。

14 原告黄国辉与被告佘明仁、李宛然海上人身损害赔偿纠纷案

案例来源:厦门海事法院(2010)厦海法事初字第19号

主题词:海上人身伤亡　自然人雇主　工伤保险　伤残等级标准

裁判要旨

No. CB-11.4-2 个人非《中华人民共和国劳动法》意义上的用人单位,与个人之间系《中华人民共和国民法通则》所调整的雇佣关系,而非《中华人民共和国劳动法》所调整的劳动关系,个人并无义务为其雇员建立工伤保险关系。鉴于个人在雇佣活动过程中受伤,雇员选择以侵权起诉其个人雇主,其伤残等级应参照《道路交通事故受伤人员伤残评定》标准予以确定。《劳动能力鉴定——职工工伤与职业病致残等级鉴定》对涉案情形不适用。

一、基本案情

原告:黄国辉

被告:佘明仁

被告:李宛然

原告诉称:其受佘明仁雇用在李宛然的渔船上工作,佘明仁与李宛然系夫妻。2009年7月7日11时许,原告在拉吊秤杆时绳子断裂,秤杆砸在原告身上,佘明仁将原告送到中国人民解放军第180医院(以下简称第180医院)治疗,花费医疗费

46 043.22 元。后经泉州东南医院协和司法鉴定所(以下简称协和司法鉴定所)鉴定,原告腰 1 椎体压缩性骨折,右肩胛骨骨折,构成八级伤残。佘明仁仅支付了医疗费和伤残鉴定费,其余损失不予赔偿。为此,诉请判令两被告连带赔偿原告误工费 4 300 元、残疾赔偿金 50 850 元、后续治疗费 6 000 元、住院伙食补助费 1 260 元、护理费 8 460 元、交通费 1 000 元、营养费 8 000 元、精神损害抚慰金 10 000 元等,合计 90 050 元。

二、法院查明的事实

厦门海事法院查明:佘明仁与李宛然为夫妻。李宛然系"闽狮渔 3953"船《渔业捕捞许可证》上载明的持证人。"闽狮渔 3953"船登记的船舶所有人为李宛然,该船主要由佘明仁负责经营,有时委托李宛然兄弟管理。

黄国辉持有 2009 年 7 月 5 日签发的编号为 ZX08-Q4587 的《渔业船员专业训练合格证》。2009 年 7 月上旬,黄国辉受李宛然兄弟雇请到"闽狮渔 3953"船上从事捕捞作业。2009 年 7 月 7 日,在船上从事捕捞作业过程中,黄国辉被掉落的秤杆砸伤,后被送往第 180 医院就诊并住院进行手术等治疗。2009 年 7 月 28 日,黄国辉出院,根据第 180 医院《诊断证明书》《出院小结》及《出院通知书》等资料记载,诊断意见为:(1)腰 1 椎体压缩性骨折;(2)右肩胛骨骨折。

出院医嘱为:(1)卧床休息 3 个月或 1 个月后戴胸腰支具下床活动;(2)逐步加强腰部、双下肢及右上肢功能锻炼,6 个月内避免腰部负重及剧烈活动,3 个月内避免右上肢持物及剧烈活动;(3)定期复查(术后 1、3、6、12、18、24 个月),门诊随访;(4)待骨折愈合后手术取出内固定物(约 1.5—2 年)。原告住院期间花费的医疗费合计 46 043.22 元,已由佘明仁支付。

原告出院后,与两被告协商至协和司法鉴定所进行伤残等级鉴定,依据《劳动能力鉴定——职工工伤与职业病致残等级 GB/T16180-2006》,鉴定结论为工伤八级伤残。鉴定费已由佘明仁支付。

本案在审理过程中,两被告向厦门海事法院申请对原告的伤情重新进行司法鉴定。厦门海事法院依法委托福建正泰司法鉴定中心依据《道路交通事故受伤人员伤残评定》进行鉴定。该鉴定中心于 2010 年 7 月 13 日出具鉴定结论为:黄国辉腰 1 椎体爆裂性粉碎性骨折,参照 GB18667-2002《道路交通事故受伤人员伤残评定》第 4.9.3.b 条之规定,构成九级伤残;其目前遗留右肩关节活动功能丧失小于右上肢的 10%,参照 GB18667-2002《道路交通事故受伤人员伤残评定》的相关条款,达不到伤残程度。鉴定费 700 元已由佘明仁支付。另查明,泉州地区国家机关一般工作人员出差的伙食补助标准为 20 元/人/天。2009 年福建省农村居民人均纯收入为 6 680 元,农林牧渔业职工年平均工资为 19 462 元。

三、法院裁判

原告主张其伤情应以协和司法鉴定所出具的《司法鉴定意见书》中确定的工伤八

级伤残为准,且称系被告带原告去并要求鉴定人按工伤标准做的鉴定,应视为双方就此形成民事合同,被告应认可工伤八级伤残的鉴定结论。两被告主张原告应以福建正泰司法鉴定中心的鉴定结论即九级伤残为依据。

厦门海事法院认为,原告受两被告雇佣到"闽狮渔3953"船上劳动,由于两被告均非我国《劳动法》意义上的用人单位,因此原告与两被告之间系我国《民法通则》所调整的雇佣关系而非《劳动法》所调整的劳动关系,两被告并无义务为原告建立工伤保险关系。原告选择以侵权起诉两被告,所主张的赔偿项目也均系依照最高人民法院《关于审理人身损害赔偿案件适用法律若干问题的解释》而提出。根据该司法解释的精神及司法活动中的惯常做法,原告在雇佣活动过程中受伤,其伤残等级应参照《道路交通事故受伤人员伤残评定》予以确定,《劳动能力鉴定——职工工伤与职业病致残等级鉴定》在本案中并不适用。原告关于系被告带其到协和司法鉴定所进行鉴定因而双方就此形成民事合同的说法,缺乏法律依据,厦门海事法院不予采纳。故此,本案原告的伤残程度应参照《道路交通事故受伤人员伤残评定》标准,确定为九级伤残。

综上合计,两被告共应赔偿原告黄国辉误工费、护理费、交通费用、住院伙食补助费、残疾赔偿金、后续治疗费、营养费、精神损害抚慰金合计44 303.32元。两被告辩称原告系因自身过错导致受伤,但未能就此进行举证,故本院对其辩称理由不予采纳。依照《中华人民共和国民法通则》第119条,最高人民法院《关于审理人身损害赔偿案件适用法律若干问题的解释》第11条第1款、第17条第1款及第2款、第18条第1款,《中华人民共和国民事诉讼法》第64条第1款,最高人民法院《关于民事诉讼证据的若干规定》第2条第2款的规定,判决如下:

一、被告佘明仁、李宛然应于本判决生效之日起10日内连带赔偿原告黄国辉人身损害赔偿金合计44 303.32元;

二、驳回原告的其他诉讼请求。

15 原告陈成法与被告浙江中兴海运有限公司海上人身伤亡损害赔偿纠纷案

案例来源:宁波海事法院(2010)甬海法舟事初字第3号
主题词:海上人身伤亡　工伤保险　索赔程序　公平责任

> **裁判要旨**
>
> **No. CB-11.4-3**　在存在劳动合同关系的情形下,受雇人主张其在工作期间因履行职务而受伤害,不能选择依赖"雇主责任"直接向雇主索赔人身伤害损失,而应依法经由工伤认定——行政诉讼之程序获得工伤保险救济。
>
> **No. CB-11.4-4**　受雇人在工作期间受伤,在其可能丧失工伤保险等其他救济权利的情况下,法院根据民法的公平原则,判令雇主补偿部分损失。

一、基本案情

原告:陈成法

被告:浙江中兴海运有限公司

原告陈成法起诉称:2007年11月,原告由被告雇用到"中兴油88"轮担任船长职务,工资为21 000元/月,工作期限为1年。2008年1月7日,"中兴油88"轮在山东潍坊码头装运燃料油,时值杜红雷为值班船员。在装运过程中,因船体发生倾斜,船上二副向原告汇报后,发现杜红雷在他船串岗聊天,于是原告急忙通知杜红雷到岗。而杜红雷认为搅和了他的兴致,就开始不停地谩骂。原告向杜红雷指出应该坚守自己的岗位。为此杜红雷恼羞成怒,并不问青红皂白冲上来殴打原告面部,原告当即被打昏倒地,脸上鲜血直流。船员急忙将原告送到山东滨海经济区人民医院治疗,为保证船只将货物按时运输到目的地,原告在医院住了一夜,作了简单检查后,忍着剧痛驾驶船舶3天3夜到达舟山。此后,原告多次到普陀区人民医院、舟山市人民医院、复旦大学附属眼耳鼻喉科医院住院治疗,诊断原告伤势为:鼻骨多段骨折、鼻中隔骨折、穿孔。后又行鼻中隔矫正手术。在原告治疗期间,被告支付全部医疗费和相关的工资。2008年10月,原告就赔偿费用多次和被告沟通协商,但遭到被告拒绝。现原告身体未愈,至今病休在家。原告认为,依据最高人民法院《关于审理人身损害赔偿案件适用法律若干问题的解释》(以下简称《人身损害赔偿解释》)第11条"雇员在从事雇佣活动中遭受人身损害,雇主应当承担赔偿责任"的规定,本案原告在指挥船员工作时,因履行职务过程中受伤,故被告作为雇主,应当承担全部赔偿责任。并依据最高人民法院《关于适用〈中华人民共和国海事诉讼特别程序法〉若干问题的解释》第8条的规定,诉请法院判令被告赔偿原告误工费、住院伙食补助费、营养费、精神抚慰金等计149 690元。

被告浙江中兴海运有限公司当庭答辩称:原告所述不实。原告受伤系因其与他人打架引起的侵权的人身损害赔偿,被告既非侵权人也不是加害人,被告按理无需对原告受伤承担相应的医疗及工资费用。但被告出于人道主义考虑,不但为其支付了全部医疗费用,并对其治疗期间的工资也作了相应的补偿。原告的全部费用均已处理完毕,且双方劳动合同关系已实际解除。因此,原告无权起诉被告,原告的诉讼既无事实依据也无法律依据;原、被告签订了正规的劳动合同,双方系劳动关系,不属于雇工和雇主的劳务关系。因此,原告主张本案适用《人身损害赔偿解释》第11条,属于适用法律错误;原告受伤于2008年1月7日,法院于2009年2月24日受理其起诉,故原告诉请已过诉讼时效。被告据此请求法院驳回原告的起诉。

二、法院查明的事实

宁波海事法院认定了下列事实:2007年10月30日,原、被告签订船员劳务合同,约定被告聘任原告担任"中兴油88"轮船长职务,工资为20 000元/月,工作期限为1年等。2008年1月7日,"中兴油88"轮在山东潍坊码头装运燃料油过程中,杜红雷系当时值班水手长,缺岗被找回后与原告发生争执,其间击打原告面部致原告昏倒。船员当日即送原告到山东滨海经济区人民医院检查治疗,确定为鼻骨多段骨折、鼻中隔骨折、穿孔。后原告随船返回舟山,于2008年1月12日至2月13日在舟山市普陀区人民医院住院治疗,出院医嘱:注意休息,必要时行鼻中隔矫正术。2008年2月19日,原告到复旦大学附属眼耳鼻喉科医院门诊,医院处理意见为"建议3个月后行矫正术,随访,休息1个月",2008年7月1日至7月4日,原告在该院进行手术,出院医嘱"定期门诊复查"。在两次住院治疗之外,原告多次到舟山市普陀区人民医院、舟山市人民医院、复旦大学附属眼耳鼻喉科医院门诊,向法院提交了计约21份主旨为"休假"的病情处理意见书或疾病诊疗证明书,除2008年2月19日一份为"休息1个月"外,建议休息2周的有3份(2008年7月8日、7月22日、8月5日),其他基本为建议休息1周(均在赴上海治疗前)。

2008年6月18日,被告作出"关于陈成法病假期间工资待遇的决定",称与原告协商后对原告病假期间工资待遇作出如下决定:(1)2008年1月13日至2月12日,原先住院期间原工资待遇不变,即21000元/月;2008年2月13日—5月31日,因原告处于待术休息期,工资按3000元/月计发;因原告需到上海进一步治疗,上海住院期间工资按3000元/月计发。出院后遵医嘱的休息期间工资按3000元/月计发;医疗期满后原告应及时向公司报到并听从公司的工作安排等。原告同日在该决定书上签字,并称"收到中兴海运公司现金款后到上海医院治疗"。2008年8月26日,原告向被告书面提交"上岗报告",称其"现身体恢复尚可,向贵公司报到上岗复职"。被告收到该报告后于2008年9月3日复函,称:因"中兴油88"轮船长岗位暂无空缺,经研究将原告安排在公司岸基安全监督部担任安全监督员职务,月工资3000元,待"中兴油88"轮船长岗位空缺时另行派遣,要求原告接函后3日内携带各类船员证书报到,逾期视为原告自愿作自动解除劳动合同处理。此后,原告未到被告公司报到。原告治疗期间及其后,被告支付了全部医疗费及相关车费、食宿费等(原告医疗费、车票、食宿费、用餐费单据128张,于2008年10月6日在公司报销),支付原告2008年1月份工资(自1月14日始)21000元,自2008年2月至7月(31日)按3000元/月支付工资(其中5月份为15天计工资1500元,六七月份工资在8月初发放)。原告称,其自2008年10月即就赔偿费用多次和被告沟通协商无果,遂诉至宁波海事法院。

另查明:事故发生后,双方未到公安机关报案。原、被告双方于2008年6月上旬曾向劳动保障行政部门提交工伤认定申请,该部门未予最终处理且未出具书面处理意见。诉讼中,双方均称有关劳动保障行政部门曾口头回复称不构成工伤,原告述称其曾向有关机构咨询,称不构成伤残。

宁波海事法院曾于2009年2月24日正式受理本案,经审理,于2009年7月20日作出(2009)甬海法舟事初字第10号民事裁定,认为:原、被告双方系劳动合同关系,根据最高人民法院《关于审理人身损害赔偿案件适用法律若干问题的解释》第12条第1款、第11条第3款、《工伤保险条例》第2条第1款、第2款的规定,原告因劳动中受到伤害而与被告发生的损害赔偿纠纷,应按《工伤保险条例》的规定处理,宁波海事法院作为专门法院对此无主管及管辖的权限;双方系船员劳动合同纠纷而非船员劳务合同纠纷、原告诉请非《中华人民共和国海商法》第22条第1项所规定的海事请求,且原告所受之伤害系船员殴打所致,并非海上特殊风险引起,故原告主张本案适用最高人民法院《关于适用〈中华人民共和国海事诉讼特别程序法〉若干问题的解释》第8条的规定,无事实与法律依据。综上,本案纠纷不属于海事法院应当受理之案件,宁波海事法院对本案无主管及管辖之权力,裁定驳回原告陈成法的起诉。原告不服该裁定而提起上诉,浙江省高级人民法院经审理,于2009年11月13日作出(2009)浙海终字第121号民事裁定,指出:虽然最高人民法院《关于海事法院受理案件范围的若干规定》仅规定船员劳务合同纠纷案件属于海事法院管辖,而未对船员劳动合同纠纷案件作出规定,但劳务合同的概念本身即有广义与狭义之分,广义的劳务合同包括劳动合同;且据"(2002)民四他字第16号"函,船员劳务合同纠纷包含了"劳动法律、行政法规或者劳动合同"等所产生的工资、其他劳动报酬、船员遣返费用和社会保险费用的给付请求,应当是指广义上的劳动合同,故原审认为船员劳动合同纠纷不属于海事法院管辖的理由不能成立;最高人民法院《关于审理人身损害赔偿案件适用法律若干问题的解释》第12条虽有规定,但本案是否属于工伤事故尚未查明,并不必然适用该条款。即使属于工伤事故,根据《工伤保险条例》第17条,原告未在1年期间内提起工伤认定,已丧失向劳动保障行政部门提出工伤认定的权利,原审法院应当直接进行审理予以查明后进行处理。

三、法院裁判

宁波海事法院认为,根据《工伤保险条例》的相关规定,工伤保险系通过社会保障机制保护用人单位及职工的合法权益、分散用人单位的用工风险。工伤保险待遇主要源自工伤保险基金,用人单位仅承担特定情形下的补充责任。本案原、被告之间系劳动合同关系,原告又主张其在工作期间因履行职务而受伤害,故在双方法律关系明确(劳动合同关系)、原告事实主张明确(因履行职务而受伤害)之前提下,原告不能当然选择依赖所谓的"雇主责任",而依法应经由工伤认定—行政诉讼之程序获得工伤保险救济。本案原告虽提出过工伤认定申请{被告亦予配合,且根据劳动和社会保障部关于实施《工伤保险条例》若干问题的意见(劳社部函[2004]256号)第5条的规定,被告之配合并非工伤认定申请之必要条件},但未坚持续行相关程序并因有关期间届满而丧失可能的工伤认定权利、失去可能的工伤保险救济,原告应自承相关的风险与损失。且,原告诉讼中亦承认相关劳动保障行政部门曾口头回复称不构成工伤,故原告无论是以"雇佣"、劳动关系、劳务关系,还是以丧失工伤救济之过错责任的民事角度,其以民事诉讼之方式向被告主张责任,均证据与理由不充分,无事实与法律依据,宁波海事法院不予支持。在一般民法原理、原则的层面上,原告亦未主张并证明被告应负之侵权责任,故原告向被告主张责任,在侵权法的层面上亦因证据与理由均不充分而应予驳回。根据本案事实,被告不仅支付了原告所有的医疗费用,也支付了其住院期间及待术期间的工资,且被告对原告待术期间工资的调整亦作出了书面决定并通知原告,原告未予明确异议并经由相关法律程序予以救济(工资调整是否合法、合理应属于劳动争议),本案原告径以本案诉讼在海事法院以"误工费"之名义涵盖该工资调整的情形,无法律依据。但,基于本案原告系在为被告工作期间受伤之基本事实,在原告可能丧失其他救济权利的情况下,综合考虑原告之各项费用及损失、被告支出之医疗费及工资等,根据民法公平原则,宁波海事法院酌定被告另行补偿原告 15 000 元(不包括已支付的医疗费、工资等)。综上,根据《中华人民共和国民事诉讼法》第 64 条第 1 款、《中华人民共和国民法通则》第 4 条、第 132 条的规定,判决如下:

一、被告浙江中兴海运有限公司另补偿原告陈成法 15 000 元(不包括已支付的医疗费、工资等);

二、驳回原告陈成法的其他诉讼请求。

11.5 调解协议书的法律效力

16 原告苟洪源与被告欧后顺海上人身伤亡损害赔偿纠纷案
案例来源:宁波海事法院(2010)甬海法事初字第 54 号
主题词:海上人身伤亡 调解协议 重大误解

裁判要旨

No. CB-11.5-1 在雇主与受伤船员签订调解协议书时,受害人尚未确定伤残等级,双方对定残后应获得的赔偿未明确约定。考虑到受害人当时尚未定残,其对定残后可得之赔偿亦存在认识上的显著缺陷,且受害人定残后依法可获之赔偿额与调解协议书约定的赔偿额差距巨大,已构成重大误解并导致显失公平。因此,法院判决对调解协议书内容予以变更,对原告定残之后 3 项费用(包括残疾赔偿金、精神损害抚慰金、鉴定费),雇主应当另行支付。

一、基本案情

原告:苟洪源

被告:欧后顺

原告苟洪源起诉称:2010 年 8 月 1 日,原告经职业介绍所介绍,进入被告所有的"浙象渔 13075"船工作,工资每月 3 600 元。同年 8 月 5 日,原告在从事起网过程中,左下肢被网袋砸中,于同年 8 月 9 日被送至石浦镇台胞医院治疗,经诊断为左侧胫骨下段骨折。因原告对自己的伤情及后续治疗费用不知情,同年 8 月 18 日,经象山县高塘岛乡人民调解委员会调解,被告仅赔偿原告误工费、医疗费等共计 8 000 元,对其他损失未予赔偿。同年 11 月 10 日,经宁波崇新司法鉴定所鉴定,原告的损伤构成十级伤残,误工时间为 4 个月,护理期限为两个月,营养期限为两个月。原告在受被告雇用过程中受伤,被告理应承担赔偿责任。原、被告间签订的调解协议显失公平,属于可撤销协议。原告因本次事故所造成的损失为:医疗费 1 499 元(不包括被告已支付部分)、误工费 14 400 元、交通费 426 元、护理费 5 142 元、营养费 2 000 元、残疾赔偿金 25 282 元、鉴定费 1 280 元、精神损害抚慰金 3 000 元,共计 53 029 元,扣减被告已支付的 8 000 元,尚需支付 45 029 元。双方就支付其余费用协商未果,原告为维护自己的合法权益,故诉至法院,请求判令:(1)依法撤销原、被告于 2010 年 8 月 18 日达成的人民调解协议;(2)被告另行支付原告各项损失共计 45 029 元。

被告欧后顺对原告受其雇用并在"浙象渔 13075"船上受伤的事实无异议,对其系"浙象渔 13075"船唯一所有权人的事实亦无异议,但答辩称:(1)原、被告于 2010 年 8 月 18 日所达成的调解协议合法有效,该协议系原、被告双方的真实意思表示;(2)调解协议的内容符合法律规定,赔偿款项包括医疗费、误工费、伤残赔偿金等费用;(3)调解协议无显失公平的情况,不属于法律规定的可撤销协议;(4)司法鉴定意见书系原告单方委托,根据相关规定,原告的伤情未恢复就进行鉴定,不符合法律规定;综上,请求驳回原告的诉请。

二、法院查明的事实

宁波海事法院确认了如下事实:被告欧后顺系"浙象渔 13075"船的所有权人。原告苟洪源受雇于被告欧后顺在该船工作。2010 年 8 月 5 日,原告在从事起网过程中,左下肢被网袋砸中,于同年 8 月 9 日被送至石浦镇台胞医院治疗,经诊断为左胫骨下段骨折。同年 8 月 10 日,原、被告签订协议,载明从下船后,原告的损伤出现的意外由原告自己负责,船老大不再负其他责任和经济损失。同年 8 月 18 日,经象山县高塘岛乡人民调解委员会调解,原、被告签订人民调解协议书,载明被告共支付原告误工费、医疗费等人民币 8 000 元,受伤当天就诊的医疗费 600 余元由被告负责,原、被告原协商达成已支付 3 000 元人民币,本次事故作一次性了结,本协议生效后,双方互不相干。同日,原告出具收条,载明收到被告 8 000 元。同年 11 月 10 日,经宁波崇新司法鉴定所鉴定,原告的损伤构成十级伤残,误工时间为 4 个月,护理期限为两个月,营养期限为两个月。原告遂以调解协议显失公平,属于可撤销协议为由,要求被告另行支付各项损失。原、被告双方就支付其余费用协商未果,遂纠纷成讼。

三、法院裁判

宁波海事法院认为,本案是一起海上人身伤亡损害赔偿纠纷,原告苟洪源受被告欧后顺雇用,从事捕捞作业,双方雇佣关系成立。原告苟洪源在生产作业过程中受伤致残,根据《中华人民共和国侵权责任法》第 35 条第 2 款"提供劳务一方因劳务自己受到损害的,根据双方各自的过错承担相应的责任"之规定,在无证据证明原告苟洪源对自己的损伤存在过错的前提下,被告欧后顺作为雇主,理应对原告苟洪源承担赔偿责任。原、被告双方签订调解协议书时,医疗费、误工费、护理费、交通费、营养费,或者已实际发生,或者可预见必然发生,原、被告双方在调解协议书中约定的损失赔偿金,应包含上述损失项目,该约定系原、被告的真实意思表示,宁波海事法院予以确认。对原告的该部分诉讼请求,宁波海事法院不予支持。但在签订调解协议书时,原告尚未确定伤残等级,双方对原告在定残后应获得的赔偿未明确约定。考虑到原告当时尚未定残,其对定残后可得之赔偿亦存在认识上的显著缺陷,且原告定残后依法可获之赔偿额与调解协议书约定的赔偿额差距巨大,已构成重大误解并导致显失公平,宁波海事法院对调解协议书予以变更,对原告定残后确定的损失(包括残疾赔偿金、精神损害抚慰金、鉴定费),被告应另行支付。对原告定残后确定的损失数额,根据《中华人民共和国侵权责任法》之规定并结合原告的诉请,适用 2009 年浙江省统计数据核定如下:

1. 残疾赔偿金。根据原告的十级伤残,以浙江省 2009 年度农村居民人均纯收入(10 007 元/年)计算 20 年,共计 10 007×20×10% = 20 014 元。

2. 鉴定费。原告主张 1 280 元,对进行伤残等级鉴定产生的鉴定费 1 000 元,宁波海事法院予以支持,对其他鉴定项目所产生的鉴定费,宁波海事法院不予支持。

3. 精神损害抚慰金。原告主张 3 000 元过高,宁波海事法院根据最高人民法院《关于确定民事侵权精神损害赔偿责任若干问题的解释》的相关规定,考虑原告的伤残等级,酌定为 1 000 元;

以上损失合计 22 014 元。

综上,依照《中华人民共和国民法通则》第 59 条第 1 款,《中华人民共和国侵权责任法》第 16 条、第 35 条第 2 款,最高人民法院《关于贯彻执行〈中华人民共和国民法通则〉若干问题的意见(试行)》第 73 条,《中华人民共和国民事诉讼法》第 64 条第 1 款之规定,判决如下:

一、被告欧后顺于本判决生效后 15 日内支付原告苟洪源 22 014 元;

二、驳回原告苟洪源的其余诉讼请求。

17 原告李剑与被告李爱松海上人身伤亡损害赔偿纠纷案

案例来源:宁波海事法院(2010)甬海法台事初字第 16 号
主题词:海上人身伤亡　调解协议　显失公平

裁判要旨

No. CB-11.5-2　涉案《人民调解协议书》系双方真实意思表示,形式规范,但因约定的和解款项与原告各项费用或损失的数额相差过大,对原告而言显失公平,法院同意受害人申请撤销该调解协议。

一、基本案情

原告:李剑

被告:李爱松

原告李剑起诉称:原告原系"浙玉渔1616"船船员,被告李爱松、李爱忠系该渔船船主。2009年5月28日下午6时许,"浙玉渔1616"船在福建240、241海区作业时,原告因进入储藏烂鱼的船舱救助两位昏倒的同事,吸入气体后当即乏力昏倒,约半小时后被人救出。事故发生十几小时后,原告被送入福鼎市医院进行抢救治疗,被确诊为重度硫化氢中毒。2009年6月10日,原告转入温州市中西医结合医院(以下简称温州医院)接受治疗至今,被确诊为缺氧性脑病。2009年7月29日,经玉环县珠港镇坎门办事处人民调解委员会调解,原告之父李志明与原告兄弟李钊、李侠在急需支付原告医疗费的情况下,迫于无奈与被告李爱松签订了编号为140的《人民调解协议书》。2010年1月18日,经温州医学院司法鉴定中心法医临床鉴定,原告被鉴定为呈去皮层状态(植物性生存状态),构成人体损伤一级伤残,生活完全不能自理,属于一级(完全)护理依赖,护理时间为终生,后续治疗费用难以具体评估。截至2010年3月2日,原告在温州医院发生的治疗费用为383 442.54元,已欠费197 558.94元,后续治疗费用难以评估。原、被告双方签订的上述赔偿协议显失公平,应予撤销。特诉至法院,请求判决撤销玉环县珠港镇坎门办事处人民调解委员会于2009年7月29日作出的编号为140的《人民调解协议书》,判令两被告赔偿原告至2010年3月2日发生的各项费用或损失合计1 543 079.2元,其中在温州医院发生的医疗费383 442.54元(在福鼎市医院发生的费用已全部由被告支付,未计算在内)、护理费438 000元(护理时间为终生,按20年和60元/天计算)、住院伙食补助费8 400元、伤残赔偿金185 160元、被扶养人生活费18 858.7元、鉴定费2 000元、精神损害抚慰金10万元、交通费4 500元、住宿费2 718元、后续治疗费30万元、营养费5万元。庭审中,原告当庭变更其诉请的住宿费和鉴定费的数额分别为3 618元和1 980元,变更后各项费用或损失的总额为1 493 959.2元。

被告李爱松未提交书面答辩状,在庭审中口头答辩称:原告诉称的其受雇于两被告并在受雇期间受伤的情况属实。事故发生后,两被告及时对原告进行了救治,后将其转送到温州医院接受治疗,两被告已竭尽全力。原、被告双方达成的《人民调解协议书》自愿、真实,是在原告主动要求与两被告协商的情况下在两被告居住地达成的,各方当事人均具有完全的民事能力,根本没有违反法律规定,不符合显失公平的成立要件,应认定为合法。被告方在签订上述调解协议后全额支付了2009年7月30日之前的医药费,并另行补偿给原告10.5万元,完全履行了调解协议书中确定的义务。请求驳回原告的诉讼请求。

被告李爱忠的答辩意见与上述答辩意见一致。

二、法院查明的事实

宁波海事法院确认了如下事实:原告原系涉案"浙玉渔1616"船船员,两被告系该渔船船东,双方系雇佣关系。2009年5月28日下午6时许,"浙玉渔1616"船正在福建240;241海区作业,原告进入该船储藏烂鱼的船舱救助另两名昏倒的船员时,因吸入有毒气体昏倒,约半小时后被人救出。事故发生后,两被告于次日下午将原告送入福鼎市医院治疗。经诊断,原告系重度硫化氢中毒,当日住院。2009年6月9日,原告自动出院,次日下午转入温州医院,急诊诊断为"有毒气体中毒",进入该医院ICU科接受治疗、供养至今。2009年7月29日,原、被告双方在玉环县珠港镇坎门办事处人民调解委员会接受调解,达成《人民调解协议书》1份,共两页,原告之父李志明、原告之弟李钊、李侠为乙方,被告李爱松为甲方,分别在该协议书首页落脚处签名并捺指印,人民调解委员会在协议书两页尾部加盖公章。该《调解协议书》一式3份,原、被告双方各执1份,约定:(1)甲方于2009年7月30日一次性赔偿乙方10.5万元,乙方亲属表示同意;(2)若乙方在治疗过程中死亡,乙方亲属要及时通知甲方并提供乙方死亡证明等相关资料,协助甲方办理有关保险理赔手续;(3)保险公司支付的20万元死亡赔偿金归乙方所有;(4)若发生保险公司拒赔,甲方再支付乙方8万元,乙方表示同意;(5)前期乙方在医院治疗所支付的各种费用由甲方承担,时间截止到2009年7月30日,之后乙方开支的各种费用由乙方亲属自行承担;(6)乙方亲属自愿放弃各种权利主张,不再追究甲方的任何责任。上述调解协议书签订过程中,原告之父李志明在协议书首页落款处签名时,书写了"人继李志明治"字样,在己方所持协议书文本次页尾部以蓝色字迹亦作了相同内容的批注。次日,两被告向温州医院为原告交纳费用3.1万余元,并将上述调解款10.5万元支付给原告之弟李侠,李侠出具收条1份予以确认。此前,原告住院治疗所产生的各项费用均由两被告直接支付或通过原告家属的银行账户间接支付给相应的医院。2010年1月18日,温州医学院司法鉴定中心作出温医司鉴中心[2010]临鉴字第95号法医临床鉴定书,鉴定意见如下:(1)被鉴定人李剑因有毒气体吸入中毒致缺氧性脑病,经综合治疗呈去皮层状态(植物性生存状态),其损伤后遗症构成人体损伤一级伤残;(2)被鉴定人李剑属于一级(完全)护理依赖,护理时间为终生;(3)被鉴定人李剑继续治疗费用难以具体评估,建议以实际发生医疗费用为准。原告为此支付鉴定费1980元。原告住院治疗期间,原告家属累计支出交通费约4192元、住宿费3618元。

三、法院裁判

宁波海事法院认为:本案系海上人身伤亡损害赔偿纠纷。原告受雇于两被告在其所有的"浙玉渔1616"船上担任船员,双方成立雇佣法律关系。原告在受雇期间,为救助该渔船另两名船员而进入储藏烂鱼的船舱,以致吸入有毒气体中毒昏迷,至今仍处于植物性生存状态,两被告作为雇主,依法应当承担相应的民事责任。关于原告诉请的各项费用或损失,其中医疗费383 442.54元,原告在庭审中确认已付款项185 883.6元系两被告提供,余额197 558.94元应予保护;伤残赔偿金185 160元,有温州医学院司法鉴定中心法医临床鉴定书佐证,数额合理,予以认定;交通费、住宿费以宁波海事法院酌情确认的数额 4 192 元和 3 618 元为准,予以认定;护理费 43.8 万元,有温州医学院司法鉴定中心法医临床鉴定书佐证,宁波海事法院酌情先予保护 5 年,其数额为 109 500 元,对 5 年后发生的护理费用原告可另行起诉;住院伙食补助费 8 400 元,以原告起诉之日为限,数额合理,两被告无异议,予以认定;鉴定费 1 980 元,有鉴定费发票原件佐证,两被告无异议,予以认定;被扶养人生活费 18 858.7 元,两被告无异议,但因原告之父李志明已于 2010 年 8 月 24 日病故,对该款项的数额减低为 3 051.03 元[7 375 元×453(天)÷365(天)÷3(人)];继续治疗费用 30 万元,两被告无异议,予以认定;精神损害抚慰金 10 万元,原告因有毒气体中毒致缺氧性脑病,处于一级护理依赖,其所遭受的精神损害客观存在,应予支持,但其数额明显偏高,结合案情,宁波海事法院酌情减低为 5 万元;营养费 5 万元,因原告仍处于植物性生存状态,无法独立进食,每日确需补充营养以维持生命,故对该款项酌情予以认定。上述各项费用或损失的数额合计 913 459.97 元。原、被告于 2009 年 7 月 29 日签订的涉案《人民调解协议书》,系双方真实意思表示,形式规范,但因约定的和解款项 10.5 万元与原告诉请的上述各项费用或损失的数额相差过大,对原告而言显失公平,根据我国《合同法》第 54 条第 1 款第 2 项的规定,对原告提出的该调解协议显失公平的主张予以采信,对其要求撤销该调解协议的诉讼请求依法予以支持。综上,原告诉请有理部分,宁波海事法院予以支持。依照《中华人民共和国合同法》第 54 条第 1 款第 2 项,最高人民法院《关于审理人身损害赔偿案件适用法律若干问题的解释》第 11 条第 1 款、第 17 条第 1 款和第 2 款、第 18 条第 1 款,最高人民法院《关于确定民事侵权精神损害赔偿责任若干问题的解释》第 10 条第 1 款,《中华人民共和国民事诉讼法》第 64 条第 1 款的规定,判决如下:

一、撤销原告李剑与被告李爱松于 2009 年 7 月 29 日签订的《人民调解协议书》;

二、被告李爱松、李爱忠于本判决生效后 10 日内赔偿原告李剑医疗费等各项损失合计 913 459.97 元;

三、驳回原告李剑的其他诉讼请求。

海上人身伤亡・调解协议・显失公平

案例索引

S

上诉人 Grand Rodosi Inc.（格兰德罗德西公司）与被上诉人舟山万邦永跃船舶修造有限公司船舶修理合同纠纷案　216

上诉人 Sealink Sdn Bhd（西林克公司）、Era Surplus Sdn Bhd（易拉公司）与被上诉人绍兴天龙进出口有限公司船舶所有权侵权纠纷案　072

上诉人蔡华峰与被上诉人林洪船舶物料供应合同纠纷案　283

上诉人福建国航远洋运输（集团）股份有限公司与上诉人武汉国裕物流产业集团有限公司、扬州国裕船舶建造有限公司船舶建造合同纠纷案　122

上诉人福州浩航船务有限公司与上诉人浙江七里港船业有限公司、原审被告陈华平船舶建造合同纠纷案　115

上诉人福州源洲航运有限公司与被上诉人南安市轮船有限公司定期租船合同纠纷案　352

上诉人富阳市天旺煤炭有限公司与上诉人宁波宇顺船舶有限公司船舶建造合同纠纷案　092

上诉人宏源国际海运有限公司与被上诉人五星锦绣海运有限公司船舶买卖合同纠纷案　146

上诉人珲春市瑞达贸易有限公司与被上诉人杨由发船舶代理合同纠纷案　011

上诉人胶南市水产供销公司与被上诉人胶南市船舶修造厂船舶修理合同纠纷案　232

上诉人居琦与被上诉人长航凤凰股份有限公司上海华泰海运分公司船员劳务合同纠纷案　442

上诉人李宝森与被上诉人颜维兵船员工资纠纷案　397

上诉人李新东与被上诉人刘和国、被上诉人员心奎海上人身损害赔偿纠纷案　456

上诉人林强与被上诉人杨春燕船员服务合同纠纷案　449

上诉人刘伯林与被上诉人刘殿茂、刘德芝、郑苏卿、刘金钢及原审被告鞠世胜船舶合伙纠纷案　268

上诉人刘友敏与被上诉人福建明辉海外投资有限公司船舶营运有关的借款合同纠纷案　307

上诉人钱广法与被上诉人付万和船舶租赁合同纠纷案　342

上诉人三星洛基克斯公司与被上诉人五矿船务代理有限责任公司、五矿船务代理有限责任公司日照分公司船舶代理合同纠纷案　001

上诉人上海电气国际经济贸易有限公司、上海华利船舶工程有限公司与被上诉人格雷格航运公司船舶建造佣金合同纠纷案　132

上诉人王建才、周桂荣与被上诉人文登市泽库镇滩西村村民委员会船舶租用合同纠纷案　385

上诉人王志康与被上诉人赵后军、赵志军、邵悟挺、王科、钱召权、王惠庆、夏良位船舶合伙经营纠纷案　264

上诉人王作成与上诉人沧州市远盛劳务合作有限公司船员劳务合同返还保证金纠纷案　412

上诉人吴其华等与被上诉人高体雄、高学华船舶买卖合同纠纷案　160

上诉人杨守俊与被上诉人刘金亮海上人身损害赔偿纠纷案　495

上诉人叶宗耀与上诉人裘明通、被上诉人泮振宇船舶合伙经营合同纠纷案　255

上诉人印度国家航运公司、联合印度保险公司与被上诉人青岛北海船舶重工有限责任公司船舶修理合同纠纷案　195

上诉人营口经济技术开发区福海疏浚工程有限公司与被上诉人天津港丰船舶燃料销售有限公司船舶燃油供应合同纠纷案　275

上诉人于忠敏与被上诉人青岛中邦国际船舶管理有限公司海员服务合同纠纷案　452

上诉人赵平、刘卫红与被上诉人李本洋船员工资纠纷案　402

上诉人浙江海宇疏浚工程有限公司与被上诉人陈刚、傅明丰、郑怀洪、张宏光等船舶买卖合同违约赔偿纠纷案　141

上诉人郑建国与被上诉人刘学军海上人身伤亡损害赔偿纠纷案　477

上诉人中远航运股份有限公司与被上诉人中国人民财产保险股份有限公司上海市分公司定期租船合同保险代位求偿纠纷案　364

上诉人周青顺与被上诉人戎松堂、原审被告贝红明船舶所有权侵权纠纷案　077

上诉人周绍利与被上诉人周海艳船舶所有权确认纠纷案　069

申请再审人浙江国联港务工程股份有限公司与被申请人杭州蓝海港务工程有限公司船舶抵押借款合同纠纷案　037

X

肖宏银诉福建世达海运有限公司船舶挂靠合同纠纷案　295

Y

原告 Sealink Sdn Bhd、Era Surplus Bhd 与被告绍兴天龙进出口有限公司、浙江天龙进出口贸易有限公司船舶所有权侵权纠纷案　102

原告阿卓燃油有限公司与被告瑞德柏格航运有限公司、曼德福钦航运公司船舶油料供应合同纠纷案　288

原告北欧商业银行—欧洲银行与被告佛他贸易有限公司船舶抵押权纠纷案　052

原告陈昌根、张国恒与被告徐振石、吴美火、宋昌华、郑建国、陈云国、孔海丰、杨仁德船舶所有权侵权纠纷案　066

原告陈成法与被告浙江中兴海运有限公司海上人身伤亡损害赔偿纠纷案　509

原告陈贺高与被告盈高管理服务有限公司定期租船合同纠纷案　313

原告邓兰艳与被告重庆东方轮船公司船员劳务合同纠纷案　439

原告东方航运有限公司与被告海南龙力船务公司船用燃油确权纠纷案　273

原告(反诉被告)陈志安与被告(反诉原告)鲁忠瑞船舶买卖合同纠纷案　180

原告(反诉被告)林梅友与被告(反诉原告)梁美玲、周余良、管华平船舶买卖合同纠纷案　172

原告(反诉被告)王勤稳与被告台州市江海船务有限公司、被告(反诉原告)管保顺、王仙根、王小康、吴保法、王保连、张理法租船合同纠纷案　371

原告冯剑辉与被告海南汇祥实业有限公司、海南汇威货运有限公司船员劳动合同纠纷案　417

原告奉化市桐照农村信用合作社与被告林汉章船舶抵押借款合同纠纷案　036

原告福建省马尾造船股份有限公司与被告亚联管理咨询服务有限公司船舶修理合同纠纷案　235

原告福州成明贸易有限公司与被告珠海经济特区长源船务企业有限公司船舶挂靠、代管合同纠纷案　017

原告苟洪源与被告欧后顺海上人身伤亡损害赔偿纠纷案　513

原告广东海运股份有限公司与被告湛江海滨船厂船舶修理合同纠纷案　251

原告广东省石龙港务局诉被告东宝船务有限公司定期租船合同纠纷案　362

原告广州市番禺德和航运有限公司诉被告广州市番禺粤新造船有限公司船舶修理合同纠纷案　225

原告广州渔轮厂与被告阳江市江城阳兴渔业有限责任公司、冯祖兴船舶建造合同纠纷案　097

原告广州远洋船舶修理厂有限公司与被告卡斯特里公司船舶修理合同纠纷案　237

原告桂平市城厢第二水运公司诉被告广西壮族自治区桂平船厂船舶建造质量损害赔偿纠纷案　083

原告郭能广与被告佛山市顺德区晋宏贸易有限公司与疏浚工程有关的船舶租金支付纠纷案　357

原告海发船务有限公司与被告福州保税区星浦数字船务有限公司定期租船合同欠付租金纠纷案　327

原告海口南青集装箱班轮有限公司与被告厦门南泰船业有限公司定期租船合同纠纷案　316

原告杭州联合农村合作银行周浦支行与被告邵雪良船舶所有权纠纷案　060

原告何某与被告广州市某船务有限公司船员劳务报酬纠纷案　423

原告何世福、何观仁、何洪达诉被告梁光民、湛江市捷海砂石工程有限公司船舶权属纠纷案　062

原告荷属安的列斯/东方航运有限公司诉被告中国/澄西船舶修造厂船舶修理合同纠纷案　190

原告鹤山市水运公司诉被告江门江宁航运有限公司、江门国际货运代理公司定期租船合同租金纠纷案　322

原告湖北某国际融资租赁有限公司与被告宁波某海运有限公司海事债权确权纠纷案　395

原告寰宇租船公司与被告中国湛江外轮代理公司船舶代理合同纠纷案　007

原告黄国辉与被告佘明仁、李宛然海上人身损害赔偿纠纷案　507

原告黄贞生、钟国珍、黄郑、黄顺、何洁云诉被告陈炳根水上工伤事故社会保险待遇赔偿纠纷案　499

原告吉利轮船有限公司与被告北京华夏企业货运有限公司船舶租赁合同纠纷案　359

原告嘉某有限公司与被告广东江门某有限公司船舶权属纠纷　108

原告蒋荷娣与被告乐亨国海上人身伤亡损害赔偿纠纷案　475

原告蒋泉茂与被告毛顺忠定期租船合同欠付租金纠纷案　334

原告金祥定与被告浙江勤丰海运有限公司船员劳务合同工资欠款纠纷案　437

原告科纳银行诉被告江门市银湖拆船有限公司、澳大利亚五矿公司、广东省金属回收公司船舶抵押权纠纷案　045

原告李剑与被告李爱松海上人身伤亡损害赔偿纠纷案　515

原告李经明与被告厦门厦经纬船务有限公司船舶经营管理合同纠纷案　298

原告李树怀等与被告顺德市勒流镇扶间建联船舶修造厂船舶买卖合同纠纷案　157

原告李儇娥、于秋仙、林云干、林平诉被告潘爱芳、郑昌富海上人身损害责任纠纷案　467

原告李智洪与被告石德友船舶买卖合同纠纷案　169

原告刘历历与被告舟山市定海永恒船舶修造服务有限公司、舟山市沥港船舶修造有限公司海上人身伤亡损害赔偿纠纷案　470

原告刘勇诉被告郑原兵海上人身伤亡损害赔偿纠纷案　493

原告罗继福与被告杨贻武、宁波福海海运有限公司船舶股份转让纠纷案　185

原告毛某某、应某某与被告浙江某海洋经济科技开发有限公司定期租船合同纠纷案　346

原告南通友好海运有限公司与被告无锡市安

泰动力机械有限公司、浙江华夏船舶制造有限公司船舶建造合同违约赔偿纠纷案　111

原告宁波某控股有限公司与被告宁波某运有限公司、宁波某海运有限公司、胡某某船舶营运借款合同纠纷案　306

原告宁波市商业银行股份有限公司北仑支行与被告中宇浙江疏浚工程有限公司、赵军、沈国庆、阮惠利船舶抵押借款合同欠款纠纷案　041

原告欧某某与被告广州某船务有限公司船员劳务合同纠纷案　422

原告潘大庚、王金保、郑军法与被告王仙寿、杨智慧、连云港星环贸易有限公司船舶所有权纠纷案　079

原告彭梅生、卢惠文与被告黄祥船舶租赁合同纠纷案　390

原告全玉清诉被告郭永昌、湛江市水运总公司船务公司光船租赁合同纠纷案　376

原告阮维昌、阮维潮、张舟为与被告张亚寿船舶权属纠纷案　057

原告上海远宏游艇销售服务有限公司与被告上海混沌投资有限公司船舶买卖合同纠纷案　155

原告上海兆新船务有限公司与被告上海宝英航运有限责任公司定期租船合同纠纷案　319

原告苏约夫·苏约与被告吉玛印公司、卡斯特里公司船员劳务报酬纠纷案　410

原告孙胜然与被告亚太船务有限公司海上人身伤亡损害赔偿纠纷案　481

原告台山市南方船务有限公司与被告广州市环通建港工程有限公司定期租船合同纠纷案　349

原告王新军与被告周正日船舶营运借款合同纠纷案　304

原告王跃康与被告孙腾、董海芬船舶买卖合同纠纷案　182

原告吴桂萍与被告宁波滨海船舶修造有限公司、浙江省三门县海运公司海上人身伤亡损害赔偿纠纷案　463

原告吴海山与被告洞头县新起点旅游有限公司、第三人洞头县兴海渡运有限公司船舶租用合同纠纷案　382

原告伍兴与被告珠海经济特区海通船务有限公司船员劳务报酬纠纷案　435

原告徐立明与被告浙江海鑫船舶贸易有限公司、杨林斌、潘林国、吴正忠船舶物料供应合同欠款纠纷案　286

原告徐明与被告丁立军海上人身伤亡损害赔偿纠纷案　461

原告尹长星与被告宁波镇海明旭船务有限公司、福州泰海船务有限公司船员劳务合同欠款纠纷案　400

原告湛江造船厂与被告湛江市东海岛经济开发试验区航运公司船舶修理合同纠纷案　241

原告张理想与被告毛华兵、陈福华、中国人寿保险股份有限公司三门县支公司海上人身伤亡损害赔偿纠纷案　489

原告张某某与被告宁波某围垦工程有限公司船舶共有纠纷案　080

原告浙江省舟山市普陀永安海运有限责任公司与被告徐保云、济南济通轮船运输有限公司定期租船合同履行纠纷案　339

原告中国长城资产管理公司杭州办事处与被告孔仙昌、朱友营、李先进、陈茂民、尚贤法、台州市椒江区白云街道办事处、赵加勤船舶借款合同纠纷案　301

原告中国工商银行股份有限公司宁波某支行与被告恒某某航运有限公司船舶抵押合同纠纷案　033

原告中国工商银行汕头市韩江支行与被告中国汕头外轮代理公司无正本提单交货纠纷案　003

原告中海国贸(广州)有限公司与被告广州新公铁运输服务有限公司船舶购买和管理服务合同纠纷案　049

原告钟海平与被告邵道元光船租赁合同纠纷案 374

原告重庆中侨船务有限公司与被告重庆新世纪游轮管理有限公司船舶租赁合同纠纷案 336

原告舟山市金晖石油有限公司与被告王兴君、舟山安邦船务发展有限公司、宁波宁杭海运有限公司船舶物料供应合同纠纷案 281

原告舟山市升宇石油销售有限公司与被告林永生、郑海明船舶物料供应合同纠纷案 278

原告周良米与被告张志挺海上人身伤亡损害赔偿纠纷案 484

原告周庆华与被告广东华龙远洋渔业有限公司船员劳动合同纠纷案 428

原告朱沛云与被告浙江鸿嘉海运有限公司船员劳务合同纠纷案 421

原告卓平与被告黄卫群船舶买卖合同纠纷案 144

Z

再审申请人东宁县华埠经济贸易公司与原审上诉人威海外运、威海原木材公司船舶进口代理合同、废钢船买卖合同纠纷案 021

主题词索引

B

被扶养人生活费　484
变更修理项目　216,225
补缴社保　439
捕捞许可证　011
部分判决　255

C

残疾赔偿金　489
差价损失　115
超越代理权　007
超越经营范围　157
撤船　327
撤销合同　452
承包经营　275
承揽合同　456
船舶安全责任　195
船舶承租人　077
船舶代理　001
船舶代理合同　021
船舶代理人　003,007
船舶登记所有人　278
船舶抵押权　033,036,037,041,045,049,
　052,057,060,097
船舶改建　083
船舶改造　141
船舶共有　079,080
船舶股份转让　185
船舶挂靠　185,281,286,357,371
船舶挂靠合同　295
船舶挂靠及代管　017
船舶管理合同　298
船舶合伙　255,264,268,304
船舶建造合同　092,097,111,115,122

船舶建造合同佣金　132
船舶扣押及拍卖　273
船舶留置权　216,237
船舶买卖合同　141,144,146,155,157,160,
　169,172,180,182
船舶融资租赁合同　395
船舶识别　108
船舶适航　146,169,241,334
船舶损失　180
船舶所有权　062,066,069,072,298,327
船舶所有权转让　036,057,060,079
船舶物料供应　286
船舶修理合同　190,195,216,225,232,235,
　237,241,251
船舶营运借款合同　301,304,306
船舶优先权　182,417,421,422,435
船舶证书　390
船舶转让　374
船舶转租　376
船舶状况　359
船舶资料　017
船东安全保障义务　477
船东安全注意义务　477
船东必要照顾义务　475
船用燃油　273,275,278,281,283,288
船员安全注意义务　481
船员服务簿　412
船员服务合同　449,452
船员工作期间　481
船员过错　461
船员疾病死亡　467
船员劳务合同　397,400,402,410,412,417,
　421—423,428,435,437,439,442
船员社会保险　435
船员社会福利　428

船员疏忽的责任归属 364
船章 275,278
从属性 045
错误扣押船舶 102

D

担保范围 041
担保期间 033
担保责任 306
调解协议 513,515
定金罚则 144
定金责任 374
定期租船合同 313,316,319,322,327,334,336,339,342,346,349,352,357,359,362,364
独立物 108
对抗效力 069,072,298
对外劳务合作资质 412

E

恶意串通 021,382

F

发包人连带责任 463,470
法律适用 111,237,288,364,397
法人人格混同 352
返还财产 307
废钢船 146
夫妻共同债务 385,402

G

根本违约 122,157
工伤保险 507,509
公平责任 467,475,509
公司股东诉权 382
公证债权文书 060
股本性合伙 264
雇佣合同 456
雇员重大过失 456,463,470

雇主认定 400
雇主死亡 402
光船租赁 400
光船租赁合同 371,374,376,382,385,390
滚动结算 278
国内当事人 155
国外拍卖 052
过错比例 083

H

海上船舶检验证书簿 160
海上货物运输合同追偿时效 316
海上人身伤亡 456,461,463,467,470,475,477,481,484,489,493,495,499,507,509,513,515
海事调查报告 195
航区限制 339,342,371
合伙清算 255,268
合伙性质 264
合同变更 349
合同解除 141,182,295,334,342,359,374,417
合同无效 011,079,083,283,376,412
合同效力 092,097,132,307,322,327,336,346,390,449
合同性质 111,295
合同主体 313
护理费 489
护理时间 484
还款性质 304
汇率损失 155
混合过错 049,371

J

继续履行 362
加班工资 437
建造中的船舶所有权 102,108
建造资质 092
交船日期 232

交接手续　180
解除船舶扣押担保　417
解除合同　423,439
借款关系　080
金融债权　037
经济补偿金　423,437
经济犯罪嫌疑　021
经济赔偿金　423
经营范围　283
经营性合伙　264
经营资质　336,449,452
精神抚慰金　493,495
举证责任　080,180,190,437,442

K

扣减工资　428
扣押船舶　072,421

L

连带责任　111,281,286,442
录音证据效力　495
履行期限　237
律师费　235

M

名为投资实为借贷　307

N

内河船　422

P

赔偿标准　499
赔偿责任　017
凭单放货　001

Q

期租合同　273
其他法院判决　033
企业间借贷　049

企业间借款　306
欠付租金　334
侵权责任　003
侵权之诉　066
情势变更　115
确认之诉　069

R

燃油所有权　288
认定标准　352

S

丧失抵押权　052
善意取得　045,077
伤残等级标准　507
涉港纠纷法律适用　313
申请建造检验　083
时间损失　319
时效中断　301,402
实际履行　346
实际损失　172
实际所有权人同意　185
实现留置权　235
事实劳务合同关系　410
适航责任　316
受让人清偿债务　57
授权起诉　190,195
售后回租　395
书面形式　144
诉讼时效　062,172,190,385
损害赔偿　461
损失计算　122,319,359
损失赔偿　182,452
所有权保留条款　322
索赔程序　509

T

提单质权　003

W

外币结算　155
外国法查明　102
违约诉因　493,495
违约责任　395
未参加工伤保险　499
未订立书面合同　423
伪造证书　172
委托人指示　001
无权处分　077
无正本提单放货　003
物上请求权　062,066
误工费标准　484,493
误工时间　489

X

先履行抗辩　115
显失公平　456,515
现状交付　172
修理标准　241
修理期限　216,225

Y

押金　428

盈亏分担　268
营运损失　169
远洋捕捞　011
运费预付提　007

Z

责任归属　339,342
债权转让　037,301
债务抵消　232
直诉保险公司　489
质量保证期　111,251
质量检验　251
重大误解　160,513
主合同解除　132
追及权　036
自然人雇主　397,507
租金收取　357
租金支付　349
租赁期满　362
租期届满　385
最低工资标准　442
最高额抵押　041
最密切联系地　410

后记

司玉琢(大连海事大学原校长、教授、博士生导师)

带着全体编纂人员的期盼与诚意,《中国海事案例裁判要旨通纂》终于面世了。

自1984年以来,我国海事法院迄今已设立32年,审判的案件数以万计,其中不乏许多典型的、疑难复杂的并在国际上产生重大影响力的案件。然而,传统上认为,我国为大陆法系国家,判例并非为法律渊源,对其后案件的审理不具备法律效力,只有我国最高人民法院对具体案件作出的司法解释方与英美法系国家的判例有类似的司法效力。因此,大量的海商海事判决沉睡在浩如烟海的故纸堆中,并没有发挥其应有的司法指引作用。尤其是一些类似案件,在不同的法院判决结果可能截然不同。这既浪费了法院的审判资源,又有损司法的公正性。鉴于此,2010年11月26日,最高人民法院颁发了《关于案例指导工作的规定》,该规定第7条规定:"最高人民法院发布的指导性案例,各级人民法院审判类似案例时应当参照。"2015年6月2日,最高人民法院又印发了《〈关于案例指导工作的规定〉实施细则》。该细则进一步明确了"类似案件"的判定标准,要求具体参照指导性案例的裁判要点,并在裁判文书说理部分予以援引。究其实,在我国司法裁判中吸收借鉴英美法中的判例制度,对法院正确适用法律进行有益补充,与我国的大陆法传统并不相悖。

本书以海事、海商法调整的具体对象为标准,共分为五卷:海事卷、船舶船员卷、海上保险卷、海上货物运输卷和综合卷。有的案例可能涉及多卷内容,本书编纂时取其重者予以归类,以免重复。各分卷执行主编(侯伟负责海事卷,李晓枫负责船舶船员卷,张虎负责海上保险卷,陈敬根负责海上货物运输卷,张波负责综合卷)首先通过各种途径收集10个海事法院及其上诉法院、最高人民法院相关海事海商裁判文书,经过多遍筛选,选取了一些最具有代表性且能涵盖海商海事各个领域的案例进行编纂,对其争议焦点和裁判要旨予以归纳总结,最终经过各分卷执行主编对各自负责编撰的分卷反复校对以及总主编审定成书,定名为《中国海事案例裁判要旨通纂》,以求对海事海商法律工作者有所助益。

案例编纂是一项繁琐而复杂的工作,或许呈现在大家面前的只是数百页的几卷书籍,但背后却凝结着编纂者的大量心血。首先,编纂前需要将数以万计的案例一一筛选,进行归类和取舍;其次,要将案件争议焦点总结并描述出来;最后,还要将判决中的裁判要旨用凝练的语言准确地表述出来。这些工作耗费了编者大量的体力和脑力劳动,特别是我国的判决书中往往不详尽写明判决理由,因此,作者只能从法官引用的法条对其裁判要旨进行逻辑推理和提炼,这是一个二次创作过程,并非简单的"汇编"一词可以涵盖。在这里,我要对各卷的主编与编委们表示诚挚的谢意,对一直支持本项工作的最高人民法院、提供案例的各省高级人民法院和各海事法院表示感谢,对为本书的编写付出了辛勤劳动的大连海事大学法学院蒋跃川副教授,我的博士生彭先伟、刘博、曹兴国以及吴亚男女士、万仁善先生表示感谢。在此,还要特别感谢北京大学出版社蒋浩副总编,没有他的创意和坚持不懈的推动,也就没有本书的诞生!感谢北京大学出版社陆建华编辑的联络、统筹,感谢苏燕英、陈康、王建君、田鹤编辑的辛勤付出,他们为本书的最终出版付出了艰辛而富有成效的努力。

在英国,《劳氏法律报告》主要收录了自1919年以来英国各级法院审理的海事、海商判例,是为法律工作者提供的最具权威性的专业文献资料之一。希望本案例书的编纂工作像《劳氏法律报告》一样,也能一直持续下去,打造百年精品。一方面借此架起联结英美法和大陆法的桥梁,另一方面也给海商法学界提供翔实的法律实践资料,成为中国的权威海商法专业文献。若如是,编纂本书的目的也就达到了。

2016年12月26日于大连